Die Grundbuchpraxis

Ein Handbuch für den täglichen Gebrauch in Grundbuchsachen

von

Amtsgerichtsrat Gerhard Ricks
Grundbuchrichter beim Amtsgericht Berlin-Tempelhof

Nicht unsertwegen Juristerei, Konstruktionstheorie, Formalismus und Beanstandung in erster Linie, sondern schlichte, einfache, natürliche Rechtspflege und Hülfe für Andere, aufgebaut auf der Nächstenliebe!
Ricks, BayNot V 1925, 5, DNot V 1924, 419

Achte Auflage

Berlin und Leipzig 1929.

Walter de Gruyter & Co.

vormals G. J. Göschen'sche Verlagshandlung — J. Guttentag, Verlagsbuchhandlung — Georg Reimer — Karl J. Trübner — Veit & Comp.

Vorwort zur dritten Auflage.

Die dritte Auflage hat eine erhebliche Erweiterung und Verbesserung erfahren, weil ich aus dem täglichen Leben ersah, woran es hauptsächlich fehlte. Ich habe es daher besonders für zweckmäßig gehalten, noch die Grundsätze über die Beschwerde, das Deich-, behördliche Vertretungs-, Reichs- und Preußische Landesstempelrecht, das Vor- und Nacherbenrecht, das Verwaltungszwangsverfahren, die Beibringung der Briefe, den Widerruf der Anträge usw. in einfacher Form kurz und geordnet im Sachregister zusammenzustellen. Selbstverständlich ist auch die neueste Rechtsprechung eingefügt.

Wer sich schnell zurechtfinden will, suche zunächst im alphabetischen Verzeichnisse nach dem Stichworte. Dort findet er die nötigen Grundsätze und daneben am Rande die Nr. der Seiten und Beispiele.

Berlin, Ende März 1912.

Der Verfasser.

Vorwort zur fünften Auflage.

Beispiele und Sachregister sind erheblich erweitert, verbessert und dem neuesten Stande der Gesetzgebung und Rechtsprechung angepaßt. Mir genügen sie fast ausnahmslos für die Praxis des von mir geleiteten, fast alle einschlägigen Verhältnisse umfassenden Grundbuchamts und sind aus dem Leben genommen.

Die fünfte Auflage und meine darin genannten Aufsätze haben eine doppelte Aufgabe:

I. Verstärkt einzutreten gegen noch immer stark herrschende Umständlichkeit im Grundbuch-, Beurkundungs- und Formularwesen, gegen die Unklarheit über das wahre Wesen und den eigentlichen Zweck des Grundbuchs, gegen den Umfang, die Unübersichtlichkeit, Unrichtigkeit und Unverständlichkeit des Grundbuchs und der Hypothekenbriefe, gegen unnötige Arbeit und Kosten; endlich gegen den vielfach noch in der Praxis und Rechtsprechung herrschenden Formalismus und die dadurch geförderte Neigung, nicht das Gesetz zum Besten des Lebens fortzubilden, nicht Mängel unrichtiger oder unvollständiger Eintragungen für heilbar zu erklären, sondern sie sowie klare Rechtshandlungen und nach dem erklärten Willen wohl erworbene Rechte zu vernichten und Staat wie Beamte, Notare und Rechtsanwälte durch nicht nötige Haftpflichtfeststellung zu gefährden (J W 1921, 1590),

II. allen Grundbuchbeamten vom Grundbuchführer, Referendar bis zum Richter, den Notaren und ihren Bürovorstehern und allen sonst mit dem Grundbuchamte in Berührung kommenden Gerichten, Behörden, Banken, Firmen und Personen durch seine Beispiele und sein, nicht nach vielfach unbekannten Gesetzen und §§, sondern nach Stichworten alphabetisch geordnetes Sachregister eine **möglichst schnelle praktische**, leichtverständliche Hilfe oder Anlehnung bei Zweifeln zu bieten.

Berlin, den 5. Mai 1922.

Der Verfasser.

Vorwort zur achten Auflage.

Diese Auflage geht mit Absicht erst jetzt heraus, da nunmehr nach vollständiger Aufwertungsgesetzgebung, umfangreichster Rechtsprechung des Reichsgerichts, der Oberlandesgerichte, nach angeblich bevorstehender letzter Durchführungsverordnung über die Rangwirkung der Befugnis des Eigentümers (R G 7.7.1927) und Allgemeiner Preußischer Verfügung über die Umschreibung unübersichtlicher Grundbuchblätter ein klareres Bild über die Bearbeitung der Aw-Gbsachen, das künftige Aussehn des Grundbuchs möglich ist. Die bisherigen verbesserten Grundbuchtabellen und Beispiele sind zur Erkennbarmachung des Werdegangs des Grundstücks und als heute noch voll verwertbar belassen. Die Muster 54—72 bringen das ganze neue heutige Hypothekensystem. Die zahlreichen Aufwertungsbeispiele sind erforderlich. Denn das Aw G wird leider noch lange Zeit im Grundbuchamte eine große und unangenehme, gefährliche Rolle spielen und jeder Richter und Rechtspfleger, der bisher Aufwertungs-Grundbuchsachen nicht bearbeitet hat, muß erkennen können, was bisher unrichtig gemacht und wie es jetzt zu machen ist. Nach meinen Erfahrungen glaube ich, daß die herrschende große Not der Grundbuchämter noch weiter wachsen wird. Und dabei wollte ich nach Kräften gern helfen.

Berlin, den 1. Dezember 1928.

Der Verfasser.

Inhaltsverzeichnis.

Erläuterung der Abkürzungen.

B G B — Bürgerliches Gesetzbuch.
G B O — Reichsgrundbuchordnung.
Freiw — Reichsgesetz über die Freiwillige Gerichtsbarkeit.
H G B — Handelsgesetzbuch.
Z P O — Zivilprozeßordnung.
Zw — Zwangsversteigerungsgesetz.
K O — Konkursordnung.
E G B G B — Einführungsgesetz zum B G B.
A G — Diese Buchstaben vor einem der vorgenannten Gesetze bezeichnen das betreffende preußische Ausführungsgesetz dazu.
Verf 20.11.99. Allgem Verfügung des preußischen Justizministers zur Ausführung der Grundbuchordnung J M Bl 1899 S 349.
Ver oder Vo 13.11.99. Preuß Verordnung betreffend das Grundbuchwesen. Ges S 1899 S 519.
Aw G — Aufwertungsgesetz 16.7.1925.
D Vo — Durchführungsverordnung zum Aw G 29.11.1925.
Awerg — Aufwertungsergänzungsgesetz 9.7.1927.
D Vo 12.9.1927 Durchführungsverordnung zum Awerg 12.9.1927.
R G oder K G 31.1.07 VIII 233. Entscheidung des Reichsgerichts oder des Kammergerichts vom 31. Januar 1907, Bd 8 Seite 233 in der Entscheidungs-Sammlung des Reichsjustizamts über die Freiwillige Gerichtsbarkeit und Grundbuchsachen.
R G 61, 28 Reichsgerichtsentscheidungen Bd 61 Seite 28.
O L E — Oberlandesgerichtsentscheidungen von Mugdan u Falkmann.
Joh 40, 10 = Bd 40 Seite 10 des alten Jahrbuchs der Entscheidungen von Johow und Ring.
Ring I 20 = Bd 1 Seite 20 des neuen Ring über Grundbuchsachen.
Ring 1926, 20 oder 1927, 10 usw. So (Sonderheft) I, 20. Die Awrechtsprechung von Ring Jahrgang 1926 Seite 120, 1927 Seite 10.
J M Bl — Preußisches Justizministerialblatt.
V d G — Verzeichnis der Grundstücke.
A L R — Allgemeines Preußisches Landrecht.
J W — Juristische Wochenschrift.
D Not V — Zeitschrift des Deutschen Notarvereins.
D J Z — Deutsche Juristenzeitung.
Aufl=Auflassung; Beschw=Beschwerde; Eigt=Grundstückseigentümer; Gb =Grundbuch; Gba=Grundbuchamt; Gbf=Grundbuchführer; Gbr=Grundbuchrichter; Gl=Gläubiger; Hyp=Hypothek; Rpf =Rechtspfleger; S, s=Siehe; u=und; vorm Gen=vormundschaftsgerichtliche Genehmigung; Ges S = Preußische Gesetzsammlung.
Aw = Aufwertung; Awstelle=Aufwertungsstelle.
W H, w H — Wertbeständige Hypotheken.
W — Widerspruch.
We — Wiedereintragung.
Die **fettgedruckten Nr** mit Zahlen im Stichworteverzeichnis bedeuten die Nummern der Verfügungsbeispiele 1—72; die nicht fettgedruckten Zahlen die Seitenzahl.

Zusammenstellung der für das Grundbuchamt regelmäßig in Betracht kommenden gesetzlichen Bestimmungen.

---

1. B. G. B. § 873—902 (Allgemeine Vorschriften über Rechte an Grundstücken), § 925—928 (Erwerb und Verlust des Eigentums), 1008—1203, 1273—1291 (die eintragungsfähigen Rechte des B. G. B.), 648 (Sicherungshypothek des Bauwerksunternehmers), 1363—1563 (gesetzliches und vertragliches Güterrecht), 1627 ff., 1643, 1684—1698 (elterliche Gewalt, Kindesvermögen, Vormundschaftsgerichtliche Genehmigung, Rechte der Witwe als Mutter, Beistand), 1793—1832, 1896, 1897 (vormundschaftliche Vertretung, vormundschaftsgerichtliche Genehmigung), 1909 ff. (Pflegschaft), das 5. Buch (Erbrecht), 181 (Vertreter darf nicht ohne besondere Ermächtigung mit sich selbst abschließen), 185 (Konvalescensprinzip).
2. E. G. B. G. B.
3. G. B. O.
4. Freiw. § 1, 2 (Rechtshülfe), 6, 7 (§ 10 G. B. O.; Ausschließung des Richters), 8—10 (Gerichtssprache, Dolmetscher, Gerichtsferien), 13 (Beistände), 14 (Armenrecht), 16 (Zustellung von Verfügungen), 17 (Fristenberechnung), 32 (Nachträglicher Verlust der Rechtsfähigkeit), 33 (Ordnungsstrafen), 162 (Vereins- und Güterrechtsregister), 167 ff., 175, 176, 177 ff., 182, 183, 184 (gerichtliche und notarielle Urkunden).
5. Z. P. O. Das achte und neunte Buch.
6. Zw. § 19, 34, 146 (Mitteilungen des Grundbuchamtes, Versteigerungs- und Verwaltungsvermerk), 90 (mit dem Zuschlage wird der Ersteher Eigentümer des Grundstücks), 127 (Behandlung der Briefe durch das Vollstreckungsgericht), 128, 129 (Sicherungshypothek), 130, 131 (Berichtigung des Grundbuchs auf Ersuchen).
7. H. G. B. § 9 (Handelsregister, Bescheinigung daraus); ferner die Bestimmungen über das Firmenrecht, Vertretungsmacht und Zeichnung des Prokuristen, offene Handelsgesellschaft, die übrigen Gesellschaften, Firmenzeichnung, Vertretung vor und nach der Auflösung.
8. K. O. § 1, 6, 7, 14, 15, 24, 81 Abs. 2, 113, 114, 134 Nr. 1—136, 193, 116, 190, 205.
9. A. G. B. G. B. Art. 6, 7 (Erwerbsbeschränkungen juristischer Personen), 12 (Beurkundung von Grundstücksveräußerungen, Urkundsbeamten öffentlicher Behörden), 15 (Leibgedings- [Altenteils-, Ausgedinge-] Vertrag), 19, 20 (Unschädlichkeitszeugnis), 21 (Landeskulturrenten), 22 (der Eintragung nicht bedürfende Rechte, z. B. Rentenbank- und Domänenamortisationsrenten), 26 (Form der Auflassung im rheinischen Rechtsgebiete), 27 (Eigentumsübertragung an buchungsfreien Grundstücken), 32

Kündigungsrecht bei Hypotheken und Grundschulden), **33**, **34** (alte Hypotheken nnd Grundschulden), 35 (Rentenschulden), 37 (Bergrecht), 40 (selbständige Gerechtigkeiten), **44** ff. (ehelicher Güterstand).

10. A. G. G. B. O. a) Die Zuständigkeit des Amtsgerichts als Grundbuchamts in den Art. 1—3,
b) Entgegennahme der Anträge und Erklärungen gemäß § 29 G. B. O., Eingangsvermerke, Zuständigkeit der Beamten eines Amtsgerichts in den Art. 4, 5,
c) Art der Eintragungs-Verfügung und ihre Ausführung in Art. 6,
d) das Unterschreiben der Hypothekenbriefe u. s. w., der begl. Abschriften im Art. 7,
e) Haftpflicht der Grundbuchbeamten gegenüber dem Staate im Art. 8, (§ 12 G. B. O.),
f) Form der Erklärungen und Ersuchen von Behörden im Art. 9,
g) die Ausschließung der öffentlichen, den übrigen eingetragenen Rechten im Range vorgehenden Grundstückslasten von der Eintragung in das Grundbuch im Art. 11,
h) Befugnisse der Auseinandersetzungsbehörden, Renten, Rezesse in Art. 12—14,
i) Vorschriften über Familienfideikommisse, Fideikommißbehörde, Lehen, Unschädlichkeitszeugnisse, ritterschaftliche und landschaftliche Kreditanstalten in den Art. 16—21,
k) Bergwerkseigentum (Verleihung, Konsolidation, Eintragung) in Art. 23 ff.,
l) Aufhebung bisheriger Landesgesetze in den Art. 32 ff.

11. A. G. Freiw. Unter Anderen Bestimmungen über Beschwerde (4—8), Kosten (9—14), Ordnungsstrafen (15—17), Ausfertigung gerichtlicher Verfügungen (18), gerichtliche und notarielle Urkunden, Zuständigkeit (31—39), Urkunden über Rechtsgeschäfte (Zweifel über Geschäftsfähigkeit, Verstoß gegen ein Strafgesetz, offenbare Ungültigkeit 40, Protokoll, Ausfertigung 41—52), sonstige Urkunden, äußere Form (53—65), Notare (77 ff.)

12. A. G. Zw. Art. 1—3 Aufzählung der öffentlichen und gemeinen Lasten.

13. Preuß. Verordnung vom 13. 11. 99 und Verf. 20. 11. 99., die die gesamte preußische Grundbucheinrichtung mit Gesetzeskraft regeln.

14. Gesetz über die Bahneinheiten vom 11. 6. 1902 (Ges. S. 1902, Seite 237 ff.), Bahneinheiten und deren Rechtsverhältnisse, Bahngrundbücher (auch § 45 Preuß. Verordnung vom 13. 11. 99), Zwangsvollstreckung u. s. w.).

15. S ferner im **Sachregister:** Erbbaurecht. — Grunderwerbsteuer und Reichssiedlungsgesetz unter „Reichssteuer". — Reichsheimstättengesetz. — Reichsnotopfergesetz. — Reichsabgabenordnung unter „Verwaltungszwangsverfahren 2". — Richterentlastungsgesetz mit Ausführungsbestimmungen unter „Grundbuchamt". — Zurückführungen. — Hypotheken in ausländischer Währung unter „Währung".

16. Gesetz 13. 5. 1918 (Ges S 51) über die Aufnahme der Auflassungen durch die Notare.

17. Aw G 16.7.1925 (R G Bl 117) mit D Vo 29.11.1925 (392).
18. Awerg 9.7.1927 (191) mit D Vo 12.9.1927 (299).
19. Vo 26.3.1926, 20.1.1927 (R G Bl 182, 49) über Zwischenzinsberechnung bei vorzeitiger Awbetragszahlung.
20. Vo 27.3.1926 zu Art 11 D Vo 29.11.1925, der den üblichen Zinsfuß auf 11 v H festsetzt, mit Herabsetzung auf 10 v H (R G Bl 183).
21. Vo 18.6.1926 (R G Bl 273) zur Erleichterung des Gbverkehrs in Awsachen über Eintragung der Zins- u Rückzahlungsbestimmungen, Nichteintragung neuer Brieferteilung bei We u Brieferteilung.
22. Preuß Vo a) v 28.7.1925 (Ges S 103, 111) über das Kostenwesen bei den Awstellen bzw Änderung des Gerichtskostengesetzes mit justiz- und finanzministeriellen Allgem Verfggen und Erlassen v 30.9; 2, 3, 17.11.1925 (J M Bl 363, 397, 404 über Gebührenberechnung in Awsachen. b) v 27.8.1925 (109), wonach für Preußen das K G über die sofortige weitere Beschwerde in Awsachen entscheidet. c) das J M v 8.12.1925 (J M Bl 426) betr Übertragung richterlicher Geschäfte in Aw- und Gbsachen auf die Urkundsbeamten. d) des J M v 9.1.1926 (12) über Spruchstellen in Awsachen zu Art 54, 55 D Vo. e) des J M v 11.1; 2.11.1926 (10, 387) über I Awregister, II Mitteilung der Aw-Anmeldungen, III Eintragung der Befugnisse aus § 7 Aw G in Spalte 1—4 linke Halbspalte; des Verzichts darauf nur in Sp 7 Abt III, falls die Befugnisse noch nicht im Gb eingetragen sind, mit Angabe der einzelnen Befugnisse oder daß er sich auf alle bezieht und in Sp 9—11, falls die Befugnisse schon eingetragen sind, unter Rötung in Sp1—4. — Weiter Eintragung der Widersprüche in Sp 1—4 linke Halbspalte bezw Sp 5—7. Nachprüfung bei Übertragung von Grundstücken wegen Awbarkeit gelöschter Rechte.
23. Industriebelastungsgesetz 30.8.1924 R G Bl II, 257 VIII D Vo 27.4.1926, R G Bl II 251.
24. Preuß Vo 29.10.1928, Ges S 205 über die Auflassung Preußischer Grundstücke vor Amtsgerichten oder Notaren anderer deutscher Länder. Inkrafttreten am 1.4.1929.

Amtsgericht Berlin-Tempelhof.

Grundbuch

von

Schönwald,

Kreis Teltow.

Band 1 Blatt Nr. 1.

Wegen Unübersichtlichkeit in das Blatt Schönwald Band 21 Blatt Nr 621 umgeschrieben und geschlossen am 5. März 1908.

R. G.

I. Verzeichnis der

Laufende Nummer der Grundstücke.	Bisherige laufende Nummer der Grundstücke.	Gemarkung.	Flurbuch. Kartenblatt (Flur) Nr.	Flurbuch. Parzelle Nr.	Grundsteuermutterrolle. Art.	Gebäudesteuerrolle. Nr.	Wirtschaftsart und Lage.	Größe. ha	a	qm	Grundsteuerreinertrag. Tlr.	1/100	Gebäudesteuernutzungswert Mk.
1.	2.	3.	4.		5.	6.	7.	8.			9.		10.
1		Schönwald			1	1	Bauergut Nr. 1	10	20	30	100	20	60
2			1	27/25			Wiese am Teich		40	20	4	20	
3	**Rest von 1, 2**				**1**	**1**	Bauergut Nr. 1	**10**	**50**	**20**	**102**	**20**	60
4			**2**	**169/110**			**Acker an der Berliner Chaussee**		**8**	**43**	**1**	**33**	
5	**4**		**2**	**169/110**			**Hofraum an der Berliner Chaussee mit Gebäuden** *)		**8**	**40**			**40**
6	**3**				**1**	**1**	Restbauergut Nr. 1	6	**25**	50	67	50	60
7			3	179,195/111			Acker am Kirchhofe		**21**	40	12	**50**	
8	6, 7				1	1	Restbauergut Nr. 1	6	66	90	86	00	90

*) Anmerkung: Von jetzt an: Bebauter Hofraum mit Hausgarten.

Bestand und Zuschreibungen.		Abschreibungen.	
Zur laufenden Nummer der Grundstücke.		Zur laufenden Nummer der Grundstücke.	
11.	12.	13.	14.
1	Bei Anlegung des Grundbuchs eingetragen am 1. Juli 1901. R. G.	1	Kbl. 1 $\frac{75}{65}$ nach Bd. 3 Bl. 75 übertragen am 2. Dezember 1901. Rest Nr. 3. R. G.
1, 2, 3	Nr. 2 bei Anlegung des Grundbuchs als Bestandteil hier zugeschrieben und Nr. 3 aus Nr. 1, 2 neu eingetragen am 2. Dezember 1901. R. G.	5	Übertragen nach Bd. 4 Bl. 97 am 4. Januar 1903. R. G.
4	Von Bd. 3 Bl. 65 hierher übertragen am 4. Mai 1902. R. G.	3	Kbl. 1 $\frac{10,14,19,21}{1}$ und Kbl. 2 $\frac{37}{31}$ übertragen nach Bd. 5 Bl. 143 am 12. April 1904. Rest Nr. 6. R. G.
4, 5	Nr. 4 nach dem Steuerbuche berichtigt und unter Nr. 5 neu eingetragen am 7. Oktober 1902. R. G.		Anmerkung: Wenn abweichend vom hiesigen Falle Bestand und Eintragungen aller Abteilungen auf verschiedene Blätter übertragen werden, muß überall angegeben werden, zu welchem Blatte die Übertragung erfolgt. Z. B. Sp 13, 14:
7	Von Bd. 6 Bl. 173 und 174 hierher übertragen und infolge Vereinigung unter Nr. 7 zusammen eingetragen am 3. Oktober 1906. R. G.	8	Kbl 1 Nr $\frac{10,11}{1}$ nach Bd 5 Bl 143 Nr $\frac{12,13}{1}$ „ „ „ 144
6, 7, 8	Nach dem Steuerbuche berichtigt und Nr. 8 aus Nr. 6, 7 neu eingetragen am 4. März 1908. R. G.		Abt III Sp 5
		3	10 000 nach Bd 5 Bl 143
		4	6000 „ „ „ 144
			übertragen am S. Umschreibung

II. Verzeichnis der mit dem Eigentume verbundenen Rechte.

Laufende Nummer der Eintragung.	Laufende Nummer des beteiligten Grundstücks.	Bezeichnung des Rechtes.	Veränderungen.	Löschungen.
1.	2.	3.	4.	5.
1	7	Dem jeweiligen Eigentümer von Kbl. 3 $\frac{195}{111}$ steht ein Wegerecht über Kbl. 3 $\frac{199}{111}$ von Bd. 6 Bl. 172 gemäß der Bewilligung vom 7. Februar 1903 zu. Von Bd. 6 Bl. 174 hierher mitübertragen am 3. Oktober 1906. R. G.		Nr. 1 gelöscht am 5. März 1908. R. G.
2	3	Der jetzige Besitzer des Bauerguts Nr. 1 ist auf Lebenszeit berechtigt, aus der auf Kbl. 6 $\frac{237}{37}$ von Bd. 11 Bl. 323 befindlichen Grube Kies zu fahren, soweit er ihn für seine Wirtschaft nötig hat. Eingetragen am 2. März 1907. R. G.		Nr. 2. Von Amtswegen als unzulässig wieder gelöscht am 5. März 1908. R. G.

Erste Abteilung. 1

Eigentümer.	Laufende Nummer der Grundstücke.	Grund des Erwerbes. Verzicht.	Erwerbspreis. Wert. Feuerversicherungssumme.
1.	2.	3.	4.
Der Bauergutsbesitzer Friedrich Uhl in Schönwald.	1	Bei Anlegung des Grundbuchs auf Grund des Kaufvertrags vom 1. April 1885 eingetragen am 1. Juli 1901. R. G.	
	2	Bei Anlegung des Grundbuchs auf Grund des Besitzzeugnisses des Kreisausschusses des Kreises Teltow vom 15. November 1901 eingetragen am 2. Dezember 1901. R. G.	
	4	Aufgelassen und eingetragen am 4. Mai 1902. R. G.	
	7	Aufgelassen am 1. und eingetragen am 3. Oktober 1906. R. G.	
Die verwitwete Frau Bauergutsbesitzer Auguste Uhl geb. Schulz in Schönwald als befreite Vorerbin.	6,7	Auf Grund des Erbscheins des Gerichts vom 20. November 1906 eingetragen am 4. Dezember 1906. R. G.	
Die Kaufleute Paul und Gustav Meier in Schönwald zu gleichen Anteilen.	6,7	Auf Grund des Zuschlagsbeschlusses vom 5. Juli 1907 eingetragen am 9. August 1907. R. G.	*) Anmerkung: Bei Auflassung des Anteils an einen Dritten würde es lauten: Sp. 1: Der N. N. in N. Sp. 2: 6, 7. Sp. 3: Nach der Auflassung des Gustav Meier'schen Anteils vom 4. Oktober 1907 als Miteigentümer eingetragen am 5. .... S. auch Erbschaftskauf 3.
Der Kaufmann Paul Meier in Schönwald.	6,7	Nach der Auflassung des Gustav Meier'schen Anteils vom 4. Oktober 1907 als Alleineigentümer eingetragen am 5. Oktober 1907. *) R. G.	
Die Kaufleute Paul und Gustav Meier in Schönwald zu gleichen Anteilen.	6,7	Auf Grund der Berichtigungserklärung vom 2. November 1907 wieder eingetragen am 10. November 1907. R. G.	
Die Landhausgesellschaft mit beschränkter Haftung in Schönwald.	6,7	Aufgelassen und eingetragen am 6. Januar 1908.	

Laufende Nummer der Eintragung.	Laufende Nummer der belasteten Grundstücke.	Lasten und Beschränkungen.	Zur laufenden Nummer der Eintragung.
1.	2.	3.	4.
1	1	Das Grundstück ist der Rentenbank für die Provinz Brandenburg aus dem Rezesse I vom $\frac{23.\ \text{April}}{28.\ \text{Dezember}}$ 1877 rentenpflichtig. Eingetragen am 1. Juli 1901. R. G.	1
2	1	Ein Altenteil gemäß § 4 des Kaufvertrages vom 1. April 1885 für den Vorbesitzer August Uhl in Schönwald. Zur Löschung genügt der Nachweis des Todes des Berechtigten. Eingetragen am 1. Juli 1901. R. G.	3, 4
3	4	Ein Wegerecht, lastend auf Kbl. 1 $\frac{169}{110}$, unter Bezugnahme auf § 7 des Vertrages vom 1. April 1902 für den jeweiligen Eigentümer der Wiese Kbl. 1 $\frac{189}{111}$ von Bd. 3 Bl. 65. Eingetragen am 4. Mai 1902. R. G.	1
4	4	Eine Rentenbankrente (Rezeß I vom 23. April 1877) von Bd. 3 Bl. 65 zur Mithaft hierher übertragen am 4. Mai 1902. R. G.	
5	7 ($\frac{79}{111}$)	Ein Vorkaufsrecht gemäß § 5 der Bewilligung vom 8. September 1906 für den Bauersohn Paul Schönfeld in Schönwald. Eingetragen am 3. Oktober 1906. R. G.	
6	6, 7	Nach dem Erbscheine des Gerichts vom 20. November 1906 sind die Geschwister Uhl in Schönwald, Friedrich, Gustav, Paul, Marie, Anna (geb. 10. II. 1890) Nacherben der Grundstückseigentümerin und auf das eingesetzt, was beim Tode der Vorerbin übrig sein wird. Eingetragen am 4. Dezember 1906. R. G.	
7	6, 7	Die Zwangsversteigerung des Grundstücks ist angeordnet. Eingetragen am 25. April 1907. R. G.	
8	6, 7	Ein Widerspruch gegen die Eintragung des Kaufmanns Paul Meier als Alleineigentümers zu Gunsten des früheren Miteigentümers Gustav Meier. Auf Grund der einstweiligen Verfügung des Kgl. Landgerichts II vom 12., eingetragen am 15. Oktober 1907. R. G.	
9	6, 7	Eine Auflassungsvormerkung aus dem Vertrage vom 20. 12. 1907 für die Landhausgesellschaft mit beschränkter Haftung in Schönwald. Eingetragen am 22. Dezember 1907. R. G.	
10	8	Der Eigentümer ist gemäß dem Vergleiche v. 10. 2. 1907 verpflichtet, das Straßen- u. Vorgartenland unentgeltlich u. lastenfrei der Gemeinde Schönwald auf deren Verlangen aufzulassen. Eingetragen am 2. Jan. 1908. R. G.	
11	8	Ein Erbbaurecht auf dem Straßenlande dieses Grundstücks gemäß dem Katasterauszuge und dem Vertrage vom 29. Dezember 1907 für den Kreis Teltow (Gasanstaltsverwaltung). Eingetragen am 2. März 1908. R. G.	
12	8	Der Eigentümer ist verpflichtet, sich: a) den baupolizeilichen Bestimmungen zu unterwerfen, b) die Eingemeindung in die Gemeinde Schönsee gefallen zu lassen und die öffentlichen Lasten der Gemeinde Schönsee mitzutragen. Eingetragen am 2. März 1908. R. G.	

Veränderungen. Eintragung. 5.	Veränderungen. Löschung. 6.	Zur laufenden Nummer der Eintragung. 7.	Löschungen. 8.
Zur Mithaft übertragen nach Bd. 3 Bl. 75 am 2. Dezember 1901. R. G.	1. Die Mithaft von Bl. 75 gelöscht am 5. Juni 1902. R. G.	1	Gelöscht am 10. August 1906. R. G.
Übertragen nach Bd. 4 Bl. 97 am 4. Januar 1903. R. G.		2	Gelöscht am 4. Mai 1902. R. G.
Die Trennstücke Kbl. 1 $\frac{10,\ 14,\ 19,\ 21}{1}$ und Kbl. 2 $\frac{37}{31}$ sind aus der Mithaft entlassen. Eingetragen am 12. April 1904. R. G.	1. Als überflüssig gelöscht am 5. März 1908. *) R G.	3 4	hier gelöscht am 4. Januar 1903. R. G.
		5, 6, 7	Gelöscht am 9. August 1907. R. G.
		8	Gelöscht am 10. November 1907. R. G.
		9	Gelöscht am 6. Januar 1908. R. G.
		10	Der Vermerk **) „unentgeltlich und lastenfrei" sowie
		12	Nr. 12 als ***) unzulässig von Amtswegen gelöscht am 5. März 1908. R. G.

*) Anmerkung: Überflüssig bei gleichzeitiger Abschreibung des Trennstücks wegen § 47 Abs. 2 G. B. O.

**) S. Vormerkung 2a.

***) Als gesetzliche Verpflichtungen nicht eintragungsfähig. S. Verfügungsbeschränkungen 3.

Laufende Nummer der Eintragung.	Laufende Nummer der belasteten Grundstücke.	Betrag. Mark	Pf.	Hypotheken, Grundschulden, Rentenschulden.		Zur laufenden Nummer der Eintragung.	Betrag. Mark	Pf.
1.	2.	3.		4.		5.	6.	
1	1	3000 – 1000 2000		Dreitausend Mark Restkaufgeld zu 3 vom Hundert jährlich verzinslich, in Teilen von je 1000 M. bei der Eheschließung der drei Kinder des Gläubigers Friederike, Auguste, Anna Uhl oder nach dreimonatiger Kündigung ganz zahlbar, für den Vorbesitzer August Uhl in Schönwald. Eingetragen am 1. Juli 1901. R. G.		2	50 000	
2	6, 7	50 000 – 20 000 30 000		Fünfzigtausend Mark Darlehn, mit 4 vom Hundert jährlich verzinslich, für den Kaufmann Paul Reich in Berlin. Unter Bezugnahme auf die Bewilligung vom 5. Juni 1907 eingetragen am 9. August 1907 auf Bd. 1 Bl. 1, Bd. 11 Bl. 310 und 322. R. G.				
3	6, 7	420		Sicherungshypothek wegen vierhundertzwanzig Mark Gerichtskosten für den Freistaat Preußen (Gerichtskasse Berlin-Tempelhof) — Kassenzeichen —. Eingetragen am 22. August 1907 zu gleichem Range mit der Hypothek Nr 4 infolge Zwangsvollstreckung. R. G.				
4	6, 7	1320		Sicherungshypothek wegen eintausenddreihundertzwanzig Mark rückständiger Umsatzsteuer 1907 für den Kreis Teltow. Eingetragen am 22. August 1907 zu gleichem Range mit der Hypothek Nr. 3 infolge Zwangsvollstreckung. R. G.		2	50 000	
5	6, 7	1675		Eine Vormerkung zur Sicherung des Anspruchs auf Einräumung einer Sicherungshypothek wegen eintausendsechshundertfünfundsiebenzig Mark Werkvertragsforderung für den Maurermeister Wilhelm Mörtel in Tempelhof. Auf Grund der einstweiligen Verfügung des Gerichts vom 28. August 1907 — Aktenzeichen — eingetragen am 1. September 1907. R. G.	Umgeschrieben in eine gewöhnliche, zu 4 vom Hundert jährlich seit 1. September 1907 verzinsliche Hypothek wegen einer Werkvertragsforderung von eintausendsechshundertfünfundsiebenzig Mark für den Maurermeister Wilhelm Mörtel in Tempelhof. Unter Bezugnahme auf die Bewilligung vom 20ten eingetragen am 22ten September 1907. R. G.	6 7 5 2	507 10 000 1675 30 000	

Veränderungen.		Löschungen.			
Eintragung.	Löschung.	Zur laufenden Nummer der Eintragung.	Betrag. Mark	Pf.	
7.	8.	9.	10.		11.
Infolge Erbgangs umgeschrieben auf die verwitwete Frau Kaufmann Georgine Reich geb. Rasch in Berlin als Vorerbin. Nacherben sind a) der Kaufmann Georg Reich, b) Fräulein Gertrud Reich, } geb. 5. c) Fräulein Anna Reich, } Okt. 1889, zu Berlin. Testamentsvollstrecker ist ohne Nachfolger Georg Reich, der jedoch über eingetragene Rechte nur mit Zustimmung der Vorerbin verfügen darf. Die Auseinandersetzung über diese Hypothek ist auf 5 Jahre, spätestens bis zum Tode der Vorerbin, ausgeschlossen. Auf Grund des Testaments vom 22. November 1903 — Aktenzeichen — eingetragen am 9. September 1907. R. G.	2. Nebenstehender Vermerk über das Vor- und Nacherbenrecht vom 9. September 1907 ganz gelöscht am 10. Oktober 1907. R. G.	1	1000		Eintausend Mark Teilbetrag gelöscht am 1. Oktober 1901. R. G.
		1	2000		gelöscht am 1. Februar 1902. R. G.
		2	20 000		Zwanzigtausend Mark letztstelliger Teilbetrag der Reich'schen Erben hier gelöscht am 10. Oktober 1907. R. G.
		3	420		} gelöscht am 10. Oktober 1907. R. G.
Der Zinssatz beträgt vom 1. Oktober 1907 ab 5 vom Hundert. Bestimmungen wegen Zins- und Kapitalszahlung sind neu vereinbart. Der jeweilige Grundstückseigentümer ist der sofortigen Zwangsvollstreckung unterworfen. Unter Bezugnahme auf die Bewilligung vom 1ten eingetragen am 9. September 1907. R. G.		4	1320		}
Ein Widerspruch gegen die Eintragung dieser Hypothek wegen unterlassener Zustellung des Urteils. Für den Grundstückseigentümer N N in N eingetragen am 25. September 1907. R. G.	Nr. 6. Der Widerspruch gelöscht am 10. Oktober 1907. R. G.				
Dieser Hypothek ist vor der Nr. 5 der Vorrang eingeräumt. Eingetragen am 10. Oktober 1907. R. G.					
Vor dieser Hypothek ist der Nr. 7 der Vorrang eingeräumt. Eingetragen am 10. Oktober 1907. R. G.					
Die Mithaft von Bl. 310 und 322 ist erloschen. Eingetragen am 10. Oktober 1907. R. G.					

Dritte

Laufende Nummer der Eintragung.	Laufende Nummer der belasteten Grundstücke.	Betrag. Mark	Pf.	Hypotheken, Grundschulden, Rentenschulden.	Zur laufenden Nummer der Eintragung.	Betrag. Mark	Pf.
1.	2.	3.		4.	5.	6.	
6	6, 7	507		Fünfhundertundsieben Mark Sicherungshypothek wegen 500 M. Wechselforderung nebst 6 vom Hundert Zinsen seit 15. Juli 1909 und 7 M. Wechselkosten auf Grund des Urteils des Kgl. Landgerichts I zu Berlin vom 1. August 1909 — Aktenzeichen — für den Kaufmann Otto Wechselmann in Berlin. Eingetragen am 2. September 1907. N. G.	2 2	30 000 10 000	
7	6, 7	10 000		Sicherungshypothek für die Genossenschaftsbank der Vororte, eingetragene Genossenschaft mit beschränkter Haftpflicht zu Berlin, zur Sicherheit ihrer aus der Geschäftsverbindung mit den Grundstückseigentümern bestehenden und noch entstehenden Ansprüche bis zum Höchstbetrage von zehntausend Mark. Eingetragen am 10. September 1907. N. G.	2	10 000	
					2 5 7	30 000 1675 10 000	

Anmerkung: Wäre nur der Anteil des Gustav Meier (Abt. I) mit der Hypothek Nr. 7 belastet worden, würde man in Spalte 2 oder hinter September 1907 hinzusetzen: „auf dem Anteile des Gustav Meier".

Die Sicherungszwhyp 3, 4, 6 konnten hier trotz § 687 ZPO, RG 84, 270 auf die verschiedenen Nr BVG 6, 7 eingetragen werden, weil Nr 7 nach dem Willen des Eigt unselbständiger Teil des Bauerguts ist. Es liegt deshalb keine Gesamthyp vor. S. Sicherungszwangshyp 1 b.

Veränderungen.		Löschungen.			
Eintragung.	Löschung.	Zur laufenden Nummer der Eintragung.	Betrag. Mark	Pf.	
7.	8.	9.	10.		11
nebst den Zinsen seit 1. Oktober 1907 an die offene Handelsgesellschaft Bluff & Co. in Charlottenburg abgetreten. Über diese Post ist ein neuer Brief erteilt. Eingetragen am 10. Oktober 1907. R. G.		6	507		gelöscht am 10. Oktober 1907. R. G.
Erststelliger Teilbetrag der Bluff & Co.-schen Post ist Eigentümergrundschuld geworden und unter Umwandlung in eine gewöhnliche zu 4½ vom Hundert jährlich verzinsliche Darlehnshypothek nebst Zinsen seit 1. Januar 1908 an die Aktiengesellschaft Schönbau, Berlin-Dahlem, abgetreten. Unter Bezugnahme auf die Bewilligung vom 2ten eingetragen am 6. Januar 1908. R. G.					
der Aktiengesellschaft Schönbau, Berlin-Dahlem. Der Eigentümer ist verpflichtet, diese Hypothek löschen zu lassen, wenn und soweit sie sich mit dem Eigentume in einer Person vereinigt. Zu Gunsten der offenen Handelsgesellschaft Bluff & Co. als Gläubigerin der Resthypothek Nr. 2 eingetragen am 6. Januar 1908. R. G.	2. Die Löschungsvormerkung vom 6. Januar 1908 gelöscht am 5. März 1908. R. G.				

Wiederbenutzung eines geschlossenen Grundbuchblatts.

Allgem Verf 20. 11. 1899, 31. 3. 1919, 15. 4. 1921 (JMBl 99, 349; 19, 207; 21, 260). Diese Bestimmungen ergeben:

Die Wiederbenutzung erfolgt, wenn keine Verwirrung zu besorgen und genügender Raum vorhanden ist, so: a) Jede Seite des geschlossenen Gbblattes erhält, soweit sich darauf irgendwelche Einschreibungen befinden, unter der letzten Einschreibung einen rot-schwarzen Doppel-Abschluß-Querstrich über alle Seiten. Hierunter (also nur unter dem Doppelstrich!) ist auf jede Seite zu setzen: „Wiederbenutzt als Blatt Nr 90 A". Es bleibt also die alte Blatt-Nr mit dem Zusatz A, bei 2ter Schließung und Wiederbenutzung B usw.! b) Ist das alte Blatt nach der Allgem Verf 31. 3. 1919 (also nur in der Aufschrift geschlossen und sonst nur jede Seite rot durchkreuzt, so lautet der Vermerk unter dem Doppelstriche nur der Aufschrift „Amtsgericht B. Schönwald, Kreis Teltow.

Wiederbenutzt als Blatt Nr. 90 A." — Sonst wie a!

c) Geschlossene Blätter alter Formulare vor 1900 dürfen nur nach Anweisung des OLGPräsidenten wieder benutzt werden. d) Hat trotz Einlagen ein nicht geschlossenes, aber noch übersichtliches Blatt keinen genügenden Raum mehr, so kann ein geschlossenes Blatt zur Fortsetzung benutzt werden. Vermerk „Fortsetzung der Eintragung in Blatt Nr . ." bezw. „Wiederbenutzt als Fortsetzung von Blatt . ." gemäß a, b. — e) Bei Wiederbenutzung geschlossener Blätter neue Akten und Tabellen anlegen. Eine (wegen geringer Ausfüllung oder zu zahlreicher leerer Seiten) ausnahmsweise wiederbenutzte alte Tabelle ist wie das Gb herzurichten; über ihren Verbleib bei den neuen Akten Vermerk in den alten Akten.

Sobald Grundbücher mit Blättern verschiedenen Umfangs geliefert werden, werden zwei Gbbände großen und kleinen Umfangs fortlaufend durchnummeriert nebeneinander geführt werden. Der Erstere für Grundstücke, die sicher viele und wechselnde Eintragungen erhalten werden; der zweite für die mit nur wenigen und bleibenden Eintragungen; z B Grundstücke mit Eigenheimen. Keine Raum-, Papier- und Gbverschwendung mehr! S auch Gbblätter 1.

Unter der Annahme, daß das in diesem Buche geschlossene Blatt 1 (Seite 1—11) nur weniger Eintragungen und genügenden Raum hätte, würde es **bei Wiederbenutzung** folgende Eintragungen (in der Aufschrift unter dem Schließungsvermerke) erhalten:

I. Schönwald Band 1 Blatt Nr 1 A:

1. Aufschrift:

Amtsgericht Berlin-Tempelhof. Schönwald, Kreis Teltow.

Wiederbenutzt als Blatt Nr. 1 A.

2. Hinter der letzten Eintragung des Verz d G u R I, II und der Abt I, II, III:

Wiederbenutzt als Blatt Nr. 1 A.

II. Wäre Schönwald Bl 1 nach früheren Bestimmungen in der Aufschrift und allen Abteilungen mit dem Vermerke „Geschlossen am . . ten" versehen gewesen, so würde überall zu I 1, 2 nur der Vermerk zu I 2 einzutragen sein. Nicht beschriebene Abteilungen erhalten den Vermerk nicht.

Amtsgericht Berlin-Tempelhof.

Grundbuch

von

Schönwald,

Kreis Teltow.

Band 21 Blatt Nr. 601.

Dieses Blatt ist an die Stelle des wegen Unübersichtlichkeit geschlossenen Blattes Schönwald Band 1 Blatt Nr 1 getreten. Eingetragen am 5 ten März 1908.

R. G.

I. Verzeichnis der

Laufende Nummer der Grundstücke	Bisherige laufende Nummer der Grundstücke	Gemarkung	Flurbuch. Kartenblatt (Flur) Nr.	Flurbuch. Parzelle Nr.	Grundsteuermutterrolle Art.	Gebäudesteuerrolle Nr.	Wirtschaftsart und Lage	Größe ha	Größe a	Größe qm	Grundsteuerreinertrag Tlr.	Grundsteuerreinertrag 1/100	Gebäudesteuernutzungswert
1.	2.	3.	4.		5.	6.	7.	8.			9.		10.
1		Schönwald			1	1	Restbauergut Nr. 1	6	66	90	86	00	90
2	1		Restbestand des Restbauergutes Nr. 1 laut Generalauszug vom 22. Februar 1908.		1		Acker an und zur neuen Straße	3	43	45	40	00	
3	2		1	1310/71			Acker an Straße 1		12	40	4	03	
				1311/71			Acker zur Straße 1		2	10	0	90	
4	3		1	1310/71			Bebauter Hofraum Kurfürstenstraße Nr. 1		12	39			12000

Bestand und Zuschreibungen.		Abschreibungen.	
Zur laufenden Nummer der Grundstücke.		Zur laufenden Nummer der Grundstücke.	
11.	12.	13.	14.
1	Von Bd. 1 Bl. 1 nach dessen Schließung wegen Unübersichtlichkeit hierher übertragen am 5. März 1908 R. G. (oder nach amtlichem Muster: Bei Umschreibung des unübersichtlichen Blattes Bd Bl 1 als Bestand eingetragen am 5. März 1908. R. G.) Da die Schließung in der Aufschrift steht, ist sie hier überflüssig erwähnt.	1	Von Nr. 1 Kbl. 1 $\frac{1257, 1258}{71}$ nach Bd. 40 Bl. 1170, $\frac{1259, 1260}{71}$ nach Bd. 40 Bl. 1171, $\frac{1261 \text{ bis } 1270}{71}$ nach Bd. 40 Bl. 1172 übertragen am 2. August 1908. Rest Nr. 2. R. G.
4	Gebäudesteuernutzungswert (oder die Größe) nach dem Steuerbuche berichtigt am 5. 12. 1909. Anmerkung: Sind zahlreiche Trennstücke in Sp. 4—9 einzeln aufgezählt und nur wenige nach dem Kataster in neue aufgeteilt, so ist es das Einfachste, diese wenigen zu röten und die daraus neugebildeten unter der alten Nummer unterhalb der anderen einzutragen. In Sp. 11, 12 muß es dann heißen: Nr. . . : „Die Nr. . . Nr. . . . . . . nach dem Steuerbuche in die Nr. . . Nr. . . . . . . umgeschrieben am . . . . . ten . . . ." — Diese genaue Bezeichnung ist zur Erkennung der Entwicklung nötig.	2	Von Nr. 2 Kbl. 1 $\frac{1271 \text{ bis } 1280}{71}$ nach Bd. 41 Bl. 1201, $\frac{1281 \text{ bis } 1284}{71}$ nach Bd. 41 Bl. 1202, $\frac{1285, 1286}{71}$ nach Bd. 41 Bl 1203, $\frac{1287 \text{ bis } 1310}{71}$ nach Bd. 41 Bl. 1204 übertragen am 30. August 1908. Rest Nr. 3. R. G.
		3	Von Nr. 3 Kbl. 1 $\frac{1311}{71}$ ohne Übertragung auf ein anderes Blatt für die Gemeinde Schönwald abgeschrieben und aus dem Grundbuche ausgeschieden am 2. September 1909. R. G. (oder besser: Kbl 1 Nr $\frac{1311}{71}$ an die Landgemeinde Schönwald aufgelassen am 1. und ausgebucht am 2. 9. 1909.)

II. Verzeichnis der mit dem Eigentume verbundenen Rechte.

Laufende Nummer der Eintragung.	Laufende Nummer des beteiligten Grundstücks.	Bezeichnung des Rechtes.	Veränderungen.	Löschungen.
1.	2.	3.	4.	5.
		Amtliches Beispiel: Zweckmäßiger lautete dieses hier:		
1	3 außer Buchhain Kbl 2 Nr 110	Dem jeweiligen Eigentümer des Grundstücks Buchhain Kbl 2 Nr 110 steht die auf dem Grundstücke Buchhain Kbl 10 Nr 5 von Bd 1 Bl 15 Abt II Nr 3 eingetragene jährliche Rente von 200 M. zu. Bei Bd 1 Bl 12 vermerkt am 10. 9. 1901. Umgeschrieben am 5. 3. 1908. R. G.		
2		Gelöscht.		

Erste Abteilung.

Eigentümer.	Laufende Nummer der Grundstücke.	Grund des Erwerbs. Verzicht.	Erwerbspreis. Wert. Feuerversicherungssumme.
1.	2.	3.	4.
Die Landhausgesellschaft mit beschränkter Haftung in Schönwald.	1	Bei Bd. 1 Bl. 1 aufgelassen und eingetragen am 6. Januar 1908 und hierher übertragen am 5. März 1908. R. G.	
Der Tischlermeister August Gutholz in Schönwald.	3	Aufgelassen am 29. und eingetragen am 30. August 1908. R. G.	
	3	Der Eigentümer Gutholz hat laut notariell beglaubigter Urkunde vom 29. April 1909 auf das Eigentum an diesem Grundstücke verzichtet. Eingetragen am 10. Juni 1909. R. G.	
Die Aviatiker Heinrich und Paul Kühn in Berlin gemäß dem Gesellschaftsvertrage vom 24. Juli 1909.	3	Auf Grund des Zuschlagsbeschlusses vom 25. Juli 1909 eingetragen am 31. August 1909. R. G. (Die obige erste kurze u genügende Eintragung vom 5. 3. 08 würde nach amtlichem, gegen die Spaltenüberschrift verstoßendem und ohne Not umfangreicherem, wegen unzweckmäßigen Fehlens des Erwerbsgrundes unvollständigem Muster vollständig lauten: Das auf dem unübersichtlichen Blatte Schönwald Bd 1 Bl 1 infolge Auflassung vom 6. 1. 08 am gleichen Tage eingetragene Eigentum bei Umschreibung des Blattes hier eingetragen am 5. 3. 08.)	

Laufende Nummer der Eintragung.	Laufende Nummer der belasteten Grundstücke	Lasten und Beschränkungen.	Zur laufenden Nummer der Eintragung
1.	2.	3.	4.
1—9		Gelöscht.	
10	1	Der Eigentümer ist nach dem Vertrage vom 12. 12. 1907 verpflichtet, das Straßen- und Vorgartenland der Gemeinde Schönwald aufzulassen. Eingetragen am 25. Januar 1908. Umgeschrieben am 5. März 1908. R. G.	10
11	1	Ein Erbbaurecht auf dem Straßenlande dieses Grundstücks gemäß dem Katasterauszuge und der Bewilligung vom 29. Dezember 1907 für den Kreis Teltow (Gasanstaltsverwaltung). Eingetragen am 2. März 1908. Umgeschrieben am 5. März 1908 R. G.	
12	3	Auf dem Grundstücke dürfen weder Wasser oder Luft verderbende Fabriken noch Irren- oder Krankenhäuser errichtet werden. Für die Gemeinde Schönwald eingetragen am 30. August 1908 mit dem Range vor den Hypotheken Nr. 8, 9. R. G.	11
13	3	Ein Nießbrauch für den Kaufmann Paul Billig in Berlin. Unter Bezugnahme auf die Bewilligung vom 27ten eingetragen am 31. April 1909 mit der Maßgabe, daß der Nießbrauch bei Tilgung der Hypothek Nr. 12 erlischt. R. G.	10, 11
14	3	Die Zwangsverwaltung und Zwangsversteigerung ist angeordnet. Eingetragen am 20. Juni 1909. R. G.	10, 11
15	3	Die Verwaltung und Benutzung des Grundstücks ist durch den notariellen Vertrag vom 1. August 1909 geregelt. Der Eigentümer Paul Kühn kann die Aufhebung der Gemeinschaft nur mit einjähriger Kündigungsfrist verlangen. Eingetragen am 31. August 1909 für die Eigentümer Heinrich und Paul Kühn in Berlin. R. G.	
16	4	Wegen des Trennstücks Kbl. 1 $\frac{1424}{71}$ ist das Enteignungsverfahren eingeleitet. Zu Gunsten des Preußischen Eisenbahnfiskus (Eisenbahndirektion Berlin) vorgemerkt am 1. September 1911. R. G.	

Veränderungen.		Zur laufenden Nummer der Eintragung.	Löschungen.
Eintragung.	Löschung.		
5.	6.	7.	8.
Die Auflassungsvormerkung ist durch Urteil des Landgerichts II zu Berlin — Aktenzeichen — vom 25. Mai 1908 auf das im Gemeinde-Fluchtlinienplan vom 2. Februar 1908 festgesetzte Straßenland beschränkt. Eingetragen am 30. Juni 1908. R. G.			
Für das Erbbaurecht ist das besondere Grundbuchblatt Bd. 16 Bl. 470 angelegt. Eingetragen am 2. Juli 1908. R. G.		11	Gelöscht am 2. September 1909. R. G.
Zur Mithaft übertragen nach Bd. 40 Bl. 1170, 1171, 1172 am 2. August 1908. R. G.	Nr. 10, 11. Die Mithaft von Bl. 1170, 1172 gelöscht am 9. Oktober 1908. R. G.		
Zur Mithaft übertragen nach Bd. 41 Bl. 1201, 1202, 1203, 1204 am 30. August 1908. R. G.	Nr. 10, 11. Die Mithaft von Bl. 1202, 1204 gelöscht am 2. Januar 1909. R. G.	13 14	Gelöscht am 31. August 1909. R. G.

Laufende Nummer der Eintragung.	Laufende Nummer der belasteten Grundstücke.	Betrag.	Hypotheken, Grundschulden, Rentenschulden.	Zur laufenden Nummer der Eintragung.	Betrag.
1	2	3	4	5	6
1			Gelöscht.		
2	1	30 000 − 10 000 20 000	Dreißigtausend Mark und zwar a) Zwanzigtausend Mark Darlehn, mit 5 vom Hundert verzinslich, für die offene Handelsgesellschaft **Bluff & Co.** in Berlin. Der jeweilige Grundstückseigentümer ist der sofortigen Zwangsvollstreckung unterworfen. Es ist ein neuer Brief erteilt. Unter Bezugnahme auf die Bewilligung vom 1. September 1907 zuerst eingetragen am 9. August 1907, 9. September/10. Oktober 1907 mit dem Range nach der Teilhypothek 1b. b) Zehntausend Mark Darlehn, mit $4\frac{1}{2}$ vom Hundert verzinslich, für die Aktiengesellschaft Schönbau in Dahlem. Unter Bezugnahme auf die Bewilligung vom $\frac{5}{2}$ ten zuerst eingetragen am 9. August 1907/6. Januar 1908 mit dem Range vor der Teilhypothek 1a. Umgeschrieben am 5. März 1908. R. G.		
3,4			Gelöscht.		
5	1	1675	Eintausendsechshundertfünfundsiebenzig Mark Hypothek wegen Werkvertragsforderung, zu 4 vom Hundert jährlich verzinslich, für den Maurermeister **Wilhelm Mörtel** in Tempelhof aus einer Vormerkung umgeschrieben und unter Bezugnahme auf die Bewilligung vom 20. eingetragen am 22. September 1907. Diese Hypothek steht im Range nach der Nr. 7. Umgeschrieben am 5. März 1908. R. G.		
6			Gelöscht.		
7	1	10 000	Sicherungshypothek für die Genossenschaftsbank der Vororte, eingetragene Genossenschaft mit beschränkter Haftpflicht zu Berlin zur Sicherheit ihrer aus der Geschäftsverbindung mit den Grundstückseigentümern bestehenden und noch entstehenden Ansprüche bis zum Höchstbetrage von zehntausend Mark. Eingetragen am 10. September 1907. Diese Hypothek hat den Rang vor der Nr. 5. Umgeschrieben am 5. März 1908. R. G.	8	25 000
8	3	25 000 − 13 000 12 000 = 3 000 FGM.	Fünfundzwanzigtausend Mark Restkaufgeld mit $4\frac{1}{2}$ vom Hundert jährlich seit 1. Januar 1909 an den Kalendervierteljahresersten verzinslich, am 1. Januar 1911 zahlbar, für die Landhausgesellschaft mit beschränkter Haftung in Schönwald. Die Erteilung eines Briefes ist ausgeschlossen. Eingetragen am 30. August 1908 mit dem Range nach der Last Abt. II Nr. 12. R. G.	8 9	25 000 28 000 }

Veränderungen.		Löschungen.		
Eintragung.	Löschung.	Zur laufenden Nummer der Eintragung.	Betrag.	
7.	8.	9.	10.	11.
Anmerkung. Einige amtliche Beispiele a—c für Eintragungen nur in Spalte 5—7 bei Umschreibungen: a) Nr 1 : 3000 M, „ 2 : 2800 „, „ 3 : 3000 „ } Über diese Hypotheken ist ein gemeinschaftlicher Brief erteilt. Eingetragen am 20. Oktober 1905. Umgeschrieben am 15. April 1919. b) Nr 5 : 500 M. Verpfändet dem Händler Albert Krause in B zur Sicherung der diesem gegen den Häusler Karl Schmidt in S zustehenden mit 4 vom Hundert seit 1. Oktober 1912 verzinslichen Darlehnsforderung. Eingetragen am 29. September 1912. Umgeschrieben am 15. April 1919. c) Nr 8 : 1000 M. Vormerkung zur Sicherung des Anspruchs auf Löschung der Hypothek für den Fall, daß sie sich mit dem Eigentum in einer Person vereinigt, für den Getreidehändler Siegfried Cohn in B. Eingetragen am 4. November 1913. Umgeschrieben am 15. April 1919.				
		2	10 000	der Aktiengesellschaft Schönbau.
		5	1675	
		7	10 000	gelöscht am 2. August 1908. R. G.
Die Ausschließung der Erteilung des Briefes ist aufgehoben und ein solcher der Gläubigerin erteilt worden. Eingetragen am 15. September 1908. R. G.		2	20 000	von Bluff & Co. gelöscht am 30. August 1908. R. G.
Vor diesen Hypotheken ist der Nr. 10 der Vorrang mit der Maßgabe eingeräumt, daß Nr. 8 und 9 unter sich den bisherigen Rang behalten. Eingetragen am 15. Sep-		8	13 000	Dreizehntausend Mark letztstelliger Teilbetrag gelöscht am 1. Mai 1909. R. G.

Laufende Nummer der Eintragung.	Laufende Nummer der belasteten Grundstücke.	Betrag	Hypotheken, Grundschulden, Rentenschulden.	Zur laufenden Nummer der Eintragung.	Betrag.
1.	2.	3.	4.	5.	6.
9	3	28 000 = 7 000 GM.	Achtundzwanzigtausend Mark abgetretenes Restkaufgeld, zu 5 vom Hundert jährlich verzinslich, für a) den Kaufmann Paul Billig, b) den Schlächtermeister August Rindfleisch, in Berlin zu gleichen Anteilen. Unter Bezugnahme auf die Bewilligungen vom 5./8. eingetragen am 30. August 1908 mit dem Range nach der Last Abt. II Nr. 12. R. G.	10 10	150 000 150 000
10	3	150 000 – 10 000 140 000 – 5 000 135 000 – 2 500 132 500 = 33 125 GM.	Hundertundfünfzigtausend Mark Baugelddarlehn zu $5^1/_2$, vom 1. April 1909 bezw. von der Bauabnahme ab zu $4^1/_2$, im Verzugsfalle zu 6 vom Hundert jährlich verzinslich, für die Märkische Baubank zu Berlin. Unter Bezugnahme auf die Bewilligung vom 1ten eingetragen am 10. September 1908. R. G.		
11	3	15 000	Eine Vormerkung aus § 18 G. B. O. zur Sicherung des Anspruchs auf Eintragung einer zu 6 vom Hundert jährlich verzinslichen und unter Bezugnahme auf die Bewilligung vom 10. September 1908 einzutragenden Darlehns-Hypothek von fünfzehntausend Mark eingetragen für den Rentier Wilhelm Bauer in Tempelhof am 18. September 1908. R. G. Umgeschrieben in eine zu 6 vom Hundert jährlich verzinsliche Darlehns-Hypothek von fünfzehntausend Mark für den Rentner Wilhelm Bauer in Tempelhof. Unter Bezugnahme auf die Bewilligung vom 10. September 1908 eingetragen am 9. Oktober 1908. R. G.	10 10	150 000 150 000
12	3	20 000	Zwanzigtausend Mark Grundschuld zu 5 vom Hundert jährlich seit 1. 9. 1908 verzinslich, drei Monate nach Kündigung zahlbar, für Frau Tischlermeister Josefine Guthholz, geb. Eiche, in Schönwald. Eingetragen am 18. September 1908. R. G.	10	130 000

Veränderungen.		Löschungen.		
Eintragung.	Löschung.	Zur laufenden Nummer der Eintragung.	Betrag.	
7.	8.	9.	10.	11.
tember 1908 mit dem Bemerken, daß für Nr. 8 und 9 Bd. 21 Bl. 623 mithaftet. R. G.				
Dieser Hypothek ist vor den Nr. 8 und 9 der Vorrang eingeräumt. Eingetragen am 15. September 1908. R. G.				
Der Eigentümer ist verpflichtet, diese Hypothek löschen zu lassen, wenn und soweit das Hypothekendarlehn nicht gegeben und somit die Hypothek dem Eigentümer zustehen sollte. Zu Gunsten der jeweiligen Gläubiger der Hypotheken Nr 8 und 9 eingetragen am 15. September 1908. R. G.	Nr. 10. Die Löschungs-Vormerkung gelöscht am 10. April 1909. R. G.	10	10 000	Zehntausend Mark Teilbetrag gelöscht am 10. April 1909. R. G.
		10	5000	Fünftausend Mark Teilbetrag des Rentiers Bauer gelöscht am 31. August 1909. R. G.
Wegen eines Teilbetrages von 60000 M. (sechzigtausend Mark) ist der jeweilige Grundstückseigentümer der sofortigen Zwangsvollstreckung unterworfen. Eingetragen am 15. September 1908. R. G.		10	2500	Zweitausend-fünfhundert Mark Teilbetrag des Rentiers Bauer auf dem Grundstücksanteile des Heinrich Kühn gelöscht am 3. November 1909. R. G.
Diese Hypothek nebst Zinsen seit 1. Oktober 1908 ist der Deutschen Bank zu Berlin für eine ihr gegen die Hypothekengläubigerin Märkische Baubank zustehende, zu 6 vom Hundert jährlich seit dem 1. Oktober 1908 verzinsliche Darlehnsforderung von 120000 M (einhundertzwanzigtausend Mark) verpfändet. Unter Bezugnahme auf die Bewilligung vom 28 ten eingetragen am 30. September 1908. R. G.	Nr. 10. Der Verpfändungsvermerk gelöscht am 10. April 1909. R. G.	11	15 000	gelöscht am 31. August 1909. R. G.
Einhundertdreißigtausend Mark Teilbetrag mit dem Range vor dem Reste nebst den Zinsen seit 1. April 1909 an die Berliner Hypotheken-Aktiengesellschaft zu Berlin abgetreten. Eingetragen am 10. April 1909. R. G.		12	20 000	gelöscht am 31. August 1909. R. G.

Dritte

Laufende Nummer der Eintragung.	Laufende Nummer der belasteten Grundstücke.	Betrag.		Hypotheken, Grundschulden, Rentenschulden.	Zur laufenden Nummer der Eintragung.	Betrag.
1.	2.	3.		4.	5.	6.
13	3	181	75	Hunderteinundachtzig Mark 75 Pfennig Sicherungshypothek wegen Gerichtskosten, Anwaltsgebühren und Auslagen für den Bauunternehmer Karl Richter in Lichtenrade auf Grund des Kostenfestsetzungsbeschlusses des Kgl. Landgerichts II zu Berlin vom 13. Juli 1909 eingetragen am 25. April 1909 auf Schönwald Bd. 21 Bl. 601 und 623. R. G.	10	130 000
14	3	5000		Fünftausend Mark Sicherungshypothek nebst 4 vom Hundert jährlicher Zinsen seit dem 25. Juli 1909 für den Rentier Wilhelm Bauer in Tempelhof zur Sicherung seiner wegen Nichtzahlung des Versteigerungserlöses übertragenen Forderung gegen die Ersteher Heinrich und Paul Kühn. Auf Grund eines Zwangsversteigerungsverfahrens zufolge Ersuchens des Vollstreckungsrichters eingetragen am 31. August 1909. R. G.	10	10 000 – 5 000 5 000 – 2 500 2 500
15	3	15 000		Fünfzehntausend Mark Sicherungshypothek nebst 6 vom Hundert jährlicher Zinsen seit dem 1. April 1909 für den Rentier Wilhelm Bauer in Tempelhof zur Sicherung seiner Forderung wegen Ausfalls der Hypothek Nr. 11 von gleicher Höhe. Eingetragen auf Grund eines Zwangsversteigerungsverfahrens am 31. August 1909 mit dem Bemerken, daß diese Hypothek dem Gläubiger nur zusteht, wenn und soweit die Hypotheken Nr. 8 und 9 von zusammen 40 000 M. nach Maßgabe der besonderen Vorschriften über die Gesamthypotheken an diesem Grundstücke erlöschen und die Ersteher dadurch bereichert sind. R. G.	8 9	25 000 28 000
16	3	702	57	Siebenhundertundzwei Mark 57 Pfennig Sicherungshypothek für den Freistaat Preußen (Gerichtskasse Berlin-Tempelhof) zur Sicherung seiner Forderung wegen des Ausfalls bei der in dieser Höhe für ihn gepfändeten Grundschuld Nr. 12. Eingetragen auf Grund . . . . wie vorher zu Nr. 15. . . . . R. G.		

Veränderungen.		Löschungen.			
Eintragung.	Löschung.	Zur laufenden Nummer der Eintragung.	Betrag		
7.	8.	9.	10		11.
Der Berliner Hypotheken-Aktiengesellschaft. Der Zinssatz, auch von rückständigen Zinsen, beträgt seit 1. April d. J. 4 1/2, im Verzugsfalle 5 vom Hundert jährlich. Wird das Kapitel ganz oder teilweise vor dem 31. März 1919 fällig, ist der Gläubigerin von der früheren Fälligkeit bis zum 31. März 1919 eine Entschädigung von 1/4 vom Hundert des Kapitals für das Jahr, wenigstens aber 1 vom Hundert zu entrichten. Alle Bestimmungen wegen Zins- und Kapitalszahlung sind neu vereinbart. Der jeweilige Grundstückseigentümer ist der sofortigen Zwangsvollstreckung unterworfen. Unter Bezugnahme auf die Bewilligung vom 25. März 1909 eingetragen am 10. April 1909 mit dem Bemerken, daß die Entschädigung der Hypothek Nr. 11 und der Grundschuld Nr. 12 im Range nachsteht.*) R. G.		13	181	75	als unzulässig von Amtswegen gelöscht am 30. April 1909. R. G. *) Anmerkung: Werden bei einer Hypothek, der Hypotheken nachstehen, Zinsen über 5 v. H. oder Entschädigungen nachträglich eingetragen, so erhalten sie nur dann den Rang ihrer Hypothek, wenn die nachstehenden Gläubiger beglaubigt zustimmen. (§ 1119 B.G.B.) Wenn nicht wie hier, alle Nebenbestimmungen neu vereinbart sind, sagt man besser nicht nur „Bestimmungen", sondern „Einige Bestimmungen sind neu vereinbart". Sind alle Bestimmungen neu vereinbart sagt man „Alle Bestimmungen sind neu vereinbart". Dann kann man die früheren röten. S. Rötung.
Zehntausend Mark letztstelliger Restbetrag der Märkischen Baubank sind Eigentümergrundschuld geworden und unter Umwandlung in eine gewöhnliche, mit 5 vom Hundert jährlich verzinsliche Darlehnshypothek nebst den Zinsen seit 1. April 1909 an den Rentner Wilhelm Bauer in Tempelhof abgetreten. Einige Bestimmungen wegen Kapitalszahlung sind neu vereinbart. Unter Bezugnahme auf die Bewilligung vom 26. März 1909 eingetragen am 10. April 1909. R. G.					
Eine Vormerkung zur Sicherung des Anspruchs auf folgende Vorrangseinräumung gemäß § 18 G. B. O.: Vor dem erststelligen Teilbetrage von 12000 Mark der Hypothek Nr. 8 ist der Nr. 9 von 28000 M. d. Vorrang eingeräumt. Eingetragen für den N N in N am 30. April 1909. R. G.	Nr. 8, 9: Die Vormerkung vom 30. April 1909 gelöscht am 20. Mai 1909. R. G.				

Laufende Nummer der Eintragung.	Laufende Nummer der belasteten Grundstücke.	Betrag		Hypotheken, Grundschulden, Rentenschulden.	Zur laufenden Nummer der Eintragung	Betrag.	
1.	2.	3.		4.	5.	6.	
17	3	10 000		Zehntausend Mark Sicherungshypothek nebst 5 vom Hundert Zinsen seit 1. Juni 1909 für die geschiedene Frau Anna Schramm, geb. Leidig, in Berlin zur Sicherung ihrer Forderung wegen des Ausfalls ihrer Teilgrundschuld Nr. 12 von gleicher Höhe. Eingetragen auf Grund . . . . wie vorher zu Nr. 15 . . . . R. G.	8 9[b]	12 000 14 000	
18	3	9297	43	Neuntausendzweihundertsiebenundneunzig Mark 43 Pfennig Sicherungshypothek nebst 5 vom Hundert Zinsen seit 1. Juni 1909 für Frau Tischlermeister Josefine Gutholz, geb. Eiche, in Schönwald . . . . wie vorher zu Nr. 17 . . . . R. G.	12	20 000	
19	4	140 000		Einhundertvierzigtausend Mark Darlehn mit $4^1/_4$ vom Hundert jährlichen Zinsen und mit den in §§ 14 Abs. 2, 18 der Satzung der Gläubigerin vom 13. Februar 1900 (Gesetzblatt für Bayern 1901 Seite 20) bezeichneten Nebenleistungen für die Bayerische Hypothekenbank, Aktiengesellschaft, in München. Der jeweilige Grundstückseigentümer ist der sofortigen Zwangsvollstreckung unterworfen. Die Erteilung eines Hypothekenbriefes ist ausgeschlossen. Unter Bezugnahme auf die Satzung und die Bewilligung vom 19., eingetragen am 27. Juli 1910. R. G.	 12	702 20 000	57
20	4	33 125 FGM.		Der Eigentümer ist gemäß § 7 AwG befugt, eine Hypothek oder Grundschuld von 33 125 FGM i B zum üblichen Zinssatze mit dem Range nach der Hypothek Nr. 10 und vor den Hypotheken 8, 9, 14, 15, 16, 17, 18, 19 eintragen zu lassen. Eingetragen am 10. Oktober 1928.	9[b] 8 9 12	14 000 12 000 28 000 40 000 10 000	

Veränderungen.		Löschungen.		
Eintragung.	Löschung.	Zur laufenden Nummer der Eintragung.	Betrag.	
7.	8.	9.	10.	11.
Zwölftausend Mark Teilbetrag mit dem Range vor dem Reste abgetreten an den Kaufmann Paul Billig in Berlin. Eingetragen am 30. April 1909. R. G.				
Dem Gläubiger Rindfleisch ist untersagt, über diesen Hypothekenanteil zu verfügen. Auf Grund der einstweiligen Verfügung des Gerichts — Aktenzeichen — vom 24ten eingetragen am 30. April 1909. R. G.	9b Nebenstehender Vermerk gelöscht am 4. Juni 1909. R. G.			
Diese Grundschuld nebst Zinsen seit 1. April 1909 ist auf Grund des Zahlungsverbotes und Beschlusses der Gerichtskasse Berlin-Tempelhof — Aktenzeichen — vom 25. Mai 1909 wegen 702,57 M. Kostenforderungen in dieser Höhe für den Preußischen Staat (Gerichtskasse Berlin-Tempelhof) gepfändet. Eingetragen am 1. Juni 1909. R. G.				
An Stelle des für kraftlos erklärten Briefes ist ein neuer Brief erteilt. Eingetragen am 1. Juni 1909. R. G.				
nebst den Zinsen seit dem 1. Juni 1909 an den Kaufmann Paul Billig in Berlin abgetreten. Eingetragen am 4. Juni 1909. R. G.				
Diesen Hypotheken ist der gleiche Rang eingeräumt. Dem Gläubiger ist ein gemeinschaftlicher Brief erteilt worden. Eingetragen 4. Juni 1909. R. G.				
Zehntausend Mark Teilbetrag mit dem				

Laufende Nummer der Eintragung.	Laufende Nummer der belasteten Grundstücke.	Betrag.		Hypotheken, Grundschulden, Rentenschulden.	Zur laufenden Nummer der Eintragung.	Betrag.	
1.	2.	3.		4.	5.	6.	
				Anmerkung: Kürzer sagt man: Brieferteilung ausgeschlossen oder statt S 21: Briefausschließung aufgehoben u ein Brief erteilt.			
				Umschreibungsbeispiele aus dem amtlichen Muster:			
7	3	3500	M	Einhundertfünfundsiebenzig Mark vom 1. April 1912 an jährlich am 1. April zahlbare Restrentenschuld, ablösbar mit dreitausendfünfhundert Mark, für die Kirchengemeinde in Hochdorf. Die Post Abteilung III Nr 5 steht seit 4. April 1912 im Range nach, die Post Nr 11 seit 4. Januar 1913 im Range vor. Zuerst eingetragen am 4. April 1912 und umgeschrieben am 15. April 1919. R. G.	10	2500	M
11	3, 8, 11, 15—18	20 000	M	Zwanzigtausend Mark und zwar a) Darlehnshypothek in Höhe von sechszehntausend Mark für die Terrainaktiengesellschaft Südost in Berlin mit dem Range vor den Teilbeträgen zu b, c, b) Darlehnshypothek in Höhe von dreitausend Mark für den Hausbesitzer Ernst Dachstein in Berlin mit dem Range hinter dem Teilbetrage zu a, aber vor dem Teilbetrage zu c,	10	130000	M
				c) Eigentümergrundschuld in Höhe von eintausend Mark, den Miteigentümern Paul und Fritz Weinhold je zur Hälfte zustehend, mit dem Range hinter den Teilbeträgen zu a, b,	8	12000 3000	M FGM
				mit 5 vom Hundert jährlich verzinslich. Im Falle nicht pünktlicher Zinszahlung ist für die Dauer des Verzugs ein Zuschlag von eins vom Hundert zu den Zinsen zu zahlen. Unter Bezugnahme auf die Bewilligung vom 25. September 1912 zuerst eingetragen am 5. Oktober 1912.	9	28000 7000	M FGM
				Der Post steht seit dem 12. Februar 1913 der Rang vor den Posten Abteilung III Nr 1, 2, 4 und seit dem 4. Januar 1913 vor den Posten Abteilung III 5, 7, 8, 9 zu. Umgeschrieben am 15. April 1919. R. G.	10	132500 33125	M FGM

Abteilung.

Veränderungen.		Löschungen.		
Eintragung.	Löschung.	Zur laufenden Nummer der Eintragung.	Betrag.	
7.	8.	9.	10.	11.

Range nach den der Gerichtskasse Berlin-Tempelhof verpfändeten 702,57 M. und vor dem Reste von 9297,43 M. nebst den Zinsen seit dem 1. Juni 1909 abgetreten an die geschiedene Frau Anna Schramm, geb. Leidig in Berlin. Eingetragen am 6. Juni 1909.

R. G.

letztstelliger Restbetrag des Rentners Bauer sind Grundschuld des Miteigentümers Paul Kühn auf dessen Grundstücksanteile geworden und unter Umwandlung in eine Sicherungshypothek zur Sicherstellung eingebrachten Gutes an Frau Aviatiker Paul Kühn, Karla, geb. Motor in Berlin abgetreten. Eingetragen am 3. November 1909.

R. G.

der Berliner Hypotheken-Aktiengesellschaft nebst den Zinsen seit 1. Januar 1910 an die Stadtgemeinde Rixdorf (Sparkasse) abgetreten. Eingetragen am 23. Dezember 1909.

R. G.

auf 25 v H =
dreitausend Feingoldmark

auf 25 v H =
siebentausend Feingoldmark aufgewertet.
Eingetragen am 10. Oktober 1926.

aufgewertet auf 25 v H =
dreiunddreißigtausendeinhundertfünfundzwanzig Feingoldmark.
Eingetragen am 10. Oktober 1926.

Anm: Nr 10 (2500 M) war Eigtgrundschuld geworden u konnte deshalb in eine Hyp umgewandelt werden. Wäre sie Eigthyp geworden, hätte zu gleichem nebigen Zweck nach § 1180 B G B eine Forderungsauswechslung stattfinden müssen. In der Bewilligung muß angegeben werden, ob die ursprüngliche Hyp oder Grundschuld eine Grundschuld oder Hyp geworden ist. Beispiel für § 1180 B G B: 2500 M des N N nebst Zinsen seit 1. 11. 1909 an die N N in N abgetreten. An die Stelle der bisherigen Kaufgeldforderung ist eine Forderung für eingebrachtes Gut gesetzt (oder eine mit 5 v H seit 1. 11. 1909 verzinsliche Darlehnsforderung. Unter Bezugnahme auf die Bewilligung vom . ten). Eingetragen am . ten. Joh 45, 282; § 1143, 1153, 1163, 1177, 1180, 1198 B G B.

Beispiele.

1. Gleichzeitige Ab- und Zuschreibung eines Trennstücks.

(Für das zuzuschreibende Stück bestand noch kein Grundbuchblatt; Vergl. Tabelle Blatt 1, Nr. 1, 2, 3 des V. d. G.).

V.

1. Schönwald Band 1 Blatt Nr. 1 V. d. G.

   a) Sp. Abschreibungen Nr. 1: Von Nr. 1 Kbl. 1 $\frac{75}{65}$ nach Band 3 Blatt 75 übertragen am ten Dezember 1901. Rest: Nr. 3.

   b) Spalte 1—10. Nr. 2. Kbl. 1 $\frac{27}{25}$ Wiesen am Teich von 40,20 a 4,20 Tlr. R. E.
   Nr. 3. (Rest von 1, 2). Bauergut Nr. 1 von 10 ha 50,20 a 102,20 Tlr. R. E. 60 M. N. W.
   (Nr. 1, 2 des V. d. G. röten).

   c) Spalte Best. und Zuschr.
   Nr. 1, 2, 3: Nr. 2 bei Anlegung des Grundbuchs als Bestandteil hier zugeschrieben und Nr. 3 aus Nr. 1, 2 neu eingetragen am Dezember 1901.

   d) Abt. I.
   Nr. 2. Bei Anlegung des Grundbuchs auf Grund des Besitzzeugnisses des Kreisausschusses des Kreises Teltow vom 15. November 1901 eingetragen am Dezember 1901.

   e) Abt. II Sp. Ver.
   Nr. 1. Zur Mithaft nach Bd. 3 Bl. 75 übertragen am Dezember 1901.

2. Brief Abt. III Nr. 1 mit Abschreibungsvermerk an August Uhl.

3. Nachricht an a) Katasteramt, Zuwachssteueramt,
   b) Eigentümer Friedrich Uhl,
   c) Rentenbank,
   d) August Uhl von pfandfreier Abschreibung wegen Abt. II Nr. 2 und Abt. III Nr. 1.

4. Weitere Verfügungen bei Bl. 75.

V. 1. 12. 01.

N.

Anmerkung: Wenn ein Trennstück bisher keine Nummer hatte, erhält es öfter die Bezeichnung eines daneben liegenden Trennstückes; nur wird dann vor den Nenner ein O. (Orientierungsnummer) gesetzt.

Die Anlegung des Grundbuchs erfolgt nicht nur durch Eintragung auf einem neuen Grundbuchblatte, sondern auch durch Zuschreibung zu einem schon bestehenden Blatte desselben Eigentümers.

2. Zurückführungs-Verfügungen.

(Zu Nr. 6, 7, 8 Verzeichnis I der Tabelle Bl. 1.)

I. V.

1. Veranlassung Nr. 68 des Flurbuchsanhangs 1907 und der schriftliche Antrag des Eigentümers auf Vereinigung (0 Nr. 37).

2. Schönwald Bl. 1.

   B. d. G.

   Nr. 8 (bisher 6, 7),

   Sp. 5: 1; Sp. 6: 1.

   Sp. 7. Restbauergut Nr. 1 von 6 ha 66,90 a 86,00 Tlr. R. E. 90 M. N. W.

   Sp. 11 ff., 6, 7, 8: Nach dem Steuerbuche berichtigt und Nr. 8 aus Nr. 6, 7 neu eingetragen am ten 3. 1908.

3. Nr. 6, 7 röten.

4. Nachricht dem Eigentümer.

5. Zu schreiben dem Katasteramt: In pp. war zur Zusammenlegung und Vereinigung der Trennstücke die Zustimmung des Eigentümers erforderlich, die wir von Amtswegen eingeholt haben.

B. 3. 3. 08.

R.

II. V.

1. Veranlassung Nr. 79 des Flurbuchsanhangs und Nr. 9 des Gebäudesteuerrollenanhangs 1908.

2. Schönwald Bl. 17 B. d. G.

   Nr. 3. Bei Kbl. $2\frac{77}{63}$ für „Acker an der Straße 13" „Bebauter Hofraum Kurfürstenstraße 3" setzen, R. E. röten und 9000 M. N. W. eintragen.

   Nr. 3. Nach dem Steuerbuche berichtigt am ten 12. 1909.

3. Nachricht an Eigt.

B. 17. 12. 09.

R.

3. Auflassung. Eintragung des Eigentümers, eines Altenteils und einer Hypothek.

Amtsgericht Berlin-Tempelhof.
Abt. 11.

Eingegangen denselben nachm.
12[35] Uhr.

1 Anlage. Richter.

Anwesend

Amtsrichter Richter
als Richter.

Berlin, den 30. Juni 1901.

Es erschienen von Person bekannt:

1. der Bauergutsbesitzer August Uhl,
2. dessen Sohn Friedrich Uhl aus Schönwald

und erklärten:

Wir sind darüber einig, daß das Eigentum an dem im Grundbuche von Schönwald Bd. 1 Bl. 1 verzeichneten Grundstücke auf mich, Friedrich Uhl, übergehen soll. Wir beantragen die Eigentumsänderung in das Grundbuch einzutragen. Wir überreichen den der Auflassung zu Grunde liegenden Kaufvertrag vom 30. April 1901. Der wahre Grundstückswert beträgt 30000 M. Die Kosten trage ich, Friedrich Uhl. Wir legen Kostenvorschußquittung über 20,70 M. (E. J. 1031) vor.

Das Protokoll ist vorgelesen, genehmigt und unterschrieben von:

August Uhl. Friedrich Uhl.

Richter.

V.

1. Schönwald Bd. 1 Bl. 1:
   a) Abt. I Sp. 1—3.
      Der Bauergutsbesitzer Friedrich Uhl in Schönwald.
      Nr. 1. Aufgelassen am 30. Juni und eingetragen am Juli 1901.
   b) Abt. II Sp. 1—3:
      Nr. 2 auf 1.
      . . . . wie Tabelle Bl. 1 Abt. II Nr. 1 Seite 6 . . . .
   c) Abt. III Sp. 1—4:
      Nr. 1 auf 1.
      . . . . . . wie Tabelle Abt. III Nr. 1 Seite 8 . . . .
2. Begl. Abschrift des Vertrages z. d. A.
3. Brief an August Uhl.
4. Nachricht an
   a) Kataster- und Steuerämter,
   b) August und Friedrich Uhl,
   c) Rentenbank.
5. Wohnbl.

V. 30. 6. 01.

R.

Anmerkung: 1) Zur Zeit sind vor jeder Eigentumseintragung noch beizubringen:
a Die Grunderwerbsteuerbescheinigung,
b unter Umständen die Genehmigung, der Verzicht auf das Vorkaufsrecht, (zu a, b s Auflassung Einleitung),
c die Erklärungen oder Bescheinigungen gemäß Industriebelastungsgesetz (s dort VIII, X DVo), soweit sie nicht im Kaufvertrage enthalten sind.

2) Zur Kostenberechnung muß das Lebensalter der Ausgedinger und der Jahreswert des Ausgedinges angegeben werden. S. Reichsstempel.

3) Es genügt m. E. auch dann als erklärte Auflassung, wenn die Beteiligten erklären: Wir beantragen, mich, Friedrich Uhl, als Eigentümer des Grundstücks N. N. in das Grundbuch einzutragen.

3a. Auflassung, in der die Erklärung des Nichterschienenen durch rechtskräftiges Urteil ersetzt ist.

Amtsgericht Berlin-Tempelhof.
Abt. 11.

Eingegangen am 10. 1. 1910
mittags 12 Uhr.

1 Anl. Richter.

Anwesend

Amtsrichter Richter
als Richter.

Berlin, den 10. Januar 1910.

Es erschien durch Überreichung des anliegenden Urteils und Vorlegung seiner Postausweiskarte ausgewiesen der Bankier Wilhelm Reichmann von hier, Wilhelmstraße 5 II, und erklärte:

Der Eigentümer des Grundstücks Schönwald Bl. 567, Kaufmann Ernst Wermut, ist durch das überreichte rechtskräftige Urteil des Kgl. Landgerichts I vom 20. November 1909 verurteilt, mir das genannte Grundstück aufzulassen. Ich beantrage, mich als Eigentümer in das Grundbuch einzutragen. Der wahre Kaufpreis beträgt 70 000 M., wie der Vertrag Seite 60 der Akten ergiebt. Die Kosten trage ich. Kostenvorschußquittung lege ich vor.

Vorgelesen, genehmigt, unterschrieben von

Wilhelm Reichmann.

Richter.

V.

1. Schönwald Bl. 567
   Abt. I Sp. 1—3.

   Der Bankier Wilhelm Reichmann in Berlin.

   Nr. 1. Aufgelassen und eingetragen am Januar 1910.

2. Nachricht an
   a) Katasteramt, Zuwachssteueramt.
   b) Wermut,
   c) Reichmann.

3. Wohnbl.

B. 10. 1. 10.
R.

Anmerkung:
S Anmerkung bei Beispiel Nr 3.

Der Schlußvermerk „Vorgelesen u. s. w." enthält m. E. keine pflichtwidrige Abkürzung. Daß ein Protokoll vorliegt, sieht ein Jeder. Es bedarf deshalb nicht der Hervorhebung, und „unterschrieben von" drückt die Eigenhändigkeit der Unterschrift aus.

Nimmt ein die vorgeschriebene Zeit im Ausbildungsdienste befindlicher Referendar die Verhandlung auf, so schreibt er an Stelle des Richters: „Referendar R als Richter kraft Auftrags". Nichts abkürzen, damit auch Nichteingeweihte verstehn! Abkürzung ist auch verboten. Unmittelbar darunter (nicht in eine beliebige spätere Verfügung) gehört unabgekürzt: „Auftrag bestätigt. Datum, Name u Amtsbezeichnung des Auftrag erteilenden Richters". Diese Bestätigung wird nötigenfalls mit ausgefertigt.

4. Auflassung bei einer „Parzellierung“.

Amtsgericht Berlin-Tempelhof.
Abt. 11.

Eingegangen denselben
vormittags 11 Uhr 43 Minuten.
Richter.

Gegenwärtig:
Inspektor Strebsam
als Rechtspfleger.

Anmerkung:

1. Vor der Eintragung wird das Grundstück nicht eingebrachtes Gut. Daher kann die Frau allein kaufen, Restkaufgeld bestellen und die Auflassung erklären.
2. Eine Person kann Vollmacht erhalten, eine Auflassung zu erteilen und entgegenzunehmen.
3 Die Abschreibungsverfügung von mehreren gleichzeitigen Auflassungen, wie hier, wird zweckmäßig zusammengefaßt.
4. S Anmerkung bei Beispiel Nr 3.

Berlin, den 1ten August 1908.

Es erschien für die Landhausgesellschaft mit beschränkter Haftung in Schönwald und für sich die bekannte Frau Kaufmann Anna Erich geb. Lützow aus Tempelhof, Germaniastraße 3, unter Bezugnahme auf die ihr im überreichten Kaufvertrage vom 1. Juni 1908 erteilte Auflassungsvollmacht und erklärte gleichzeitig im Namen ihrer Vollmachtgeberin: *)

V.

(Vergl. V. d. G. von Bl. 601 Abschreibungen vom 2. August 1908. S. 15.)

1. Einzutragen Schönwald Bd. 21 Bl. 601 A V. d. G. Sp. Abschreib.

Nr. 1 Kbl. 1

$\frac{1257,\ 1258}{71}$ nach Bd. 40 Bl. 1170,

$\frac{1259,\ 1260}{71}$ nach Bd. 40 Bl. 1171,

$\frac{1261 \text{ bis } 1270}{71}$ nach Bd. 40 Bl. 1172

übertragen am ten August 1908.
Rest Nr. 2.

Nr. 2 (1) Restbestand des Restbauergutes Nr. 1 laut Generalauszug vom 22. Februar 1908. Acker an und zur neuen Straße von 3 ha 43,45 a 40 Tlr. R. E.

B. Abt. II. Sp. Ver.

Nr. 10, 11: Zur Mithaft übertragen nach Band 40 Blatt Nr. 1170, 1171, 1172 am ten August 1908.

Die

*) Anmerkung: Will der laut Gesellschaftsvertrag zum Geschäftsführer bestellte und mit Auflassungsvollmacht versehene Eigentümer eines Grundstücks dieses an die G. m. b. H. auflassen, würde es heißen: Es erschien der bekannte N. N. aus N. unter Überreichung des Gesellschaftsvertrages nebst Vollmacht und des Registerauszuges und erklärte: ..... — Will jedoch der Geschäftsführer Grundstücke der G. m. b. H. an sich auflassen, müßte wegen § 181 B. G. B. ein anderer Geschäftsführer zur Erteilung der Auflassung oder Vollmacht bestellt werden.

2. Nr. 1 d. V. d. G. röten.

3. Schönwald

Band 40 Blatt Nr. 1170

A. Verzeichnis der Grundstücke.

a) Spalten 1—9

Sp. 1: Nr. 1:

Nr. 2:

Sp. 4, 7, 8, 9: (wie nebenstehend) (Straßenland unter 2).

b) Spalte, Bestand und Zuschr.

Nr. 1, 2 von Band 21 Blatt Nr. 601 hierher übertragen am ten August 1908.

B. Abt. 1.

Sp. 1: Frau Kaufmann Anna Erich geb. Lützow in Tempelhof.

Sp. 2: 1, 2

Sp. 3: Aufgelassen am 1. und eingetragen am August 1909.

Die Landhausgesellschaft und ich sind darüber einig, daß das Eigentum an folgenden Trennstücken, welche bisher zu dem im Grundbuche von Schönwald, Band 21 Blatt Nr. 601 unter der laufenden Nr. 1 verzeichneten Grundstücke gehörten:

Flurbuch		Wirtschaftsart und Lage	Größe		Reinertrag	
Kbl.	Nr.		a	qm	Tlr	1/100
1	1257/71	Acker an der neuen Straße	7	09	1	25
	1258/71	Acker zur neuen Straße	1	63	0	35

auf mich

übergehen soll.

C. Abt. II Sp. 1—3

Nr. 1 auf 2:

a) Der Eigentümer . . . .
b) Ein Erbbaurecht . . . .
} einrücken Abt. II Nr. 10, 11 von Bl. 601 ohne „eingetragen am 25ten I. 1908 bezw. 2. III. 08." (S. 18.)

Von Bd. 21 Bl. 601 zur Mithaft hierher übertragen am   August 1908.

d) Abt. III Sp. 1—4

Nr. 1 auf 1:

1200 M. i. B. Restkaufgeld, seit 1. Juli 1908 am Vierteljahrsersten zu 4 v. H. jährlich verzinslich, am 1. April 1910 zahlbar, für die Landhausgesellschaft mit beschränkter Haftung in Schönwald. Die Erteilung eines Briefes ist ausgeschlossen. Eingetragen am   ten August 1908.

4. Nachricht an

a) Katasteramt, Zuwachssteueramt.

b) Frau Erich

c) Landhausgesellschaft

d) zu den Akten Bl. 601.

5. Wohnblatt.

B. 1. 8. 08.

R.

Ich beantrage

1. Die Eigentumsänderung in das Grundbuch einzutragen,

2. Die Trennstücke auf ein neues Grundbuchblatt zu übertragen.

Die Kosten übernehme ich. Kostenquittung über 10,60 M. (E. J. 2023) lege ich vor.

Der wahre Kaufpreis beträgt 3000 M.

Vorgelesen,   genehmigt,

unterschrieben von:

Anna Erich.

Richter.

5. Erben auf Grund eines Testaments lassen einem Dritten ein Grundstück des Erblassers auf.

Amtsgericht Berlin-Tempelhof.
Abt. 11.

Eingegangen am 30. Juni 1903
vorm. 10 Uhr.
Richter.

Anwesend

Amtsrichter Richter
als Richter,

Obersekretär Schneider
als Urkundsbeamter.

Berlin, den 30. Juni 1903.

Es erschienen:

1. Der Bauergutsbesitzer Friedrich Uhl,
2. Fräulein Friederike Uhl,
3. der Gärtner Paul Fehlan und dessen Ehefrau Auguste geb. Uhl,
4. Fräulein Anna Uhl,
5. der Bauersohn August Schönfeldt,

sämtlich aus Schönwald und von Person bekannt. Sie erklärten:

Wir alle und zwar die zu 1—4 genannten Geschwister Uhl als Erben des Bauergutsbesitzers August Uhl sind darüber einig, daß das Eigentum an dem im Grundbuche von Schönwald Bd. 2 Bl. 35 verzeichneten Grundstücke auf mich, August Schönfeldt, übergehen soll. Wir beantragen die Eigentumsänderung in das Grundbuch einzutragen. Wir überreichen den der Auflassung zu Grunde liegenden Kaufvertrag vom 20. Mai 1903 und das Testament des Bauergutsbesitzers Aug. Uhl vom 7. November 1901 mit dem Antrage, das Testament an Friedrich Uhl zu senden. Der wahre Kaufpreis beträgt 1200 M. Die Kosten trage ich, Schönfeldt.

Ich, Friederike Uhl, kann nicht schreiben. Kostenquittung über 17,65 M. legen wir vor.

Vorgelesen, genehmigt, unterschrieben von

Friedrich Uhl. Anna Uhl.
Paul Fehlan. Auguste Fehlan.
August Schönfeldt.

Richter. Schneider.

Anmerkung.

Die Verhandlung kann auch kurz lauten: Wir .... beantragen mich, August Schönfeld, als Eigentümer des Grundstücks N. N. in das Grundbuch einzutragen. Wir überreichen u. s. w.

Vgl Anmerkung zu Beispiel 3.

Die Verfügung ist wie bei Nr. 3.

Die Testamentsausfertigung ist an Friedr. Uhl zu senden, da die Testamentsakten sich beim Gerichte befinden.

Es bedarf meines Erachtens keiner längeren Darstellung des Erbganges. Ob die erklärte Einigung genügt und die nötigen Unterlagen vorhanden sind, muß von Amtswegen geprüft werden.

Es bedarf keiner Verfügung, daß der Kaufvertrag oder eine andere Urkunde bei den Akten bleibt, wenn sie sich schon dabei befindet; es wird nur angeordnet, wenn eine Urkunde zurückgegeben und in begl. Abschrift zu den Akten genommen werden soll. Der Ehemann braucht die Erklärungen seiner Ehefrau nicht besonders zu genehmigen, wenn er sie gleichzeitig ebenfalls abgiebt.

Der Urkundsbeamte muß zugezogen werden, weil Friederike Uhl nicht schreiben kann.
§ 177 Freiw.

6. **Wiedereintragung eines Miteigentümers im Wege der Berichtigung des Grundbuchs ohne Auflassung.** (Vergl. Berichtigung.)

Amtsgericht Berlin-Tempelhof.
Abt. 11.

Eingegangen 2. November 1907
vorm 10 12 Uhr.

Richter.

Anwesend

Amtsrichter Richter
als Richter.

Berlin, den 2. November 1907.

Es erschienen die bekannten Kaufleute Paul und Gustav Meier aus Schönwald und erklärten:

Der Kaufvertrag vom 1. Oktober 1907, welcher der Auflassung des Gustav Meierschen Anteils an dem Grundstücke Schönwald Bd. 1 Bl. 1 vom 4. Oktober 1907 an mich, Paul Meier, zu Grunde lag, ist ebenso wie die Auflassung durch rechtskräftiges Urteil des Kgl. Landgerichts II zu Berlin für nichtig erklärt. Wir beantragen das Grundbuch zu berichtigen und uns als Eigentümer des genannten Grundstücks zu gleichen Rechten und Anteilen wieder einzutragen.

Der wahre Grundstückswert beträgt 70000 M. Die Kosten werde ich, Paul Meier, verauslagen. Kostenquittung über 63 M. (E. J. 2167) legen wir vor.

Vorgelesen, genehmigt, unterschrieben von:

Paul Meier. Gustav Meier

Richter.

V.

1. Schönwald Bd. 1 Bl. 1.
   a) Abt. I Sp. 1—3.

   Die Kaufleute Paul und Gustav Meier in Schönwald zu gleichen Anteilen.

   Nr. 6, 7. Auf Grund der Berichtigungserklärung vom 2. November 1907 wieder eingetragen am November 1907.

   b) Abt. II Nr. 8 gelöscht.

   am ten November 1907.

2. Nachricht an
   a) Katasteramt, Zuwachssteueramt.
   b) Paul und Gustav Meier von 1,
   c) Witwe Georgine Reich,
   d) Bluff & Co.,
   e) Mörtel,
   f) Genossenschaftsbank,

   zu c bis f von 1 a.

3. Wohnbl.
   (Seite 5, 6.)

Anmerkung: M. E. genügt in obigem Falle auch, daß der Kläger das Urteil einreicht und schriftlich mit beglaubigter Unterschrift die obige Berichtigung beantragt. Denn infolge des Urteils ist die Eintragung vom 5. 10. 1907 (Seite 5) nichtig und die frühere Eintragung vom 9. 8. 1907 wiederherzustellen. § 22 Abs. 2, 29 G. B. O. S. 86. — Aus diesem Grunde können auch Reichs- und Landesstempel nicht erfordert werden. — S Anmerkung bei Beispiel 3.

7. Erbeneintragungen in Abt I, II.

§ 14 (S Pfändung 4—6, 9) 19, 22, 29, 36, 37, 38, 40, 41, 52, 53 GBO.
(S Vorerbe, Testamentsvollstrecker.)

a) Eintragung der Vorerbin Witwe Auguste Uhl geb. Schulz als Eigentümerin von Schönwald Bd. 1 Bl. 1. (Vergl. Tabelle Bl. 1 Seite 5.)

Die Vorerbin hat unter Einreichung der Erbscheinausfertigung, in der auch die Nacherben erwähnt sind, schriftlich ohne Unterschriftsbeglaubigung beantragt, sie als Eigentümerin in das Grundbuch einzutragen.

I. V.

1. An Antragstellerin: Zustellen!

In der Grundbuchsache Schönwald Bd. 1 Bl. 1 stehen Ihrem Antrage vom 25 ten d. M., Sie als Eigentümerin des genannten Grundstücks einzutragen, die §§ 22 Abs. 2, 29 G. B. O. entgegen. Diese schreiben vor, daß Sie wenigstens Ihre Unterschrift unter Ihrem Antrage gerichtlich oder notariell beglaubigen lassen müssen. Gemäß § 18 G. B. O. wird zur Nachbringung der Beglaubigung eine Frist von 1 Monate gesetzt. Verstreicht diese Frist fruchtlos, muß Ihr Antrag kostenpflichtig abgewiesen werden. Die Beglaubigung kann auch hier auf dem Grundbuchamte wochentags vormittags zwischen 10 und 12 Uhr erfolgen. Außerdem wollen Sie den wahren Wert des Grundstücks ohne Berücksichtigung der Lasten und Schulden angeben.

2. 1 Monat nach Zust.

3. Entwurf umseitig.

II. Das Hindernis ist beseitigt.

V.

1. Schönwald Bd. 1 Bl. 1.
   a) Abt. I Sp. 1—3.
   Die verwitwete Frau Bauergutsbesitzer Auguste Uhl, geb. Schulz, in Schönwald als befreite Vorerbin.
   Nr. 6, 7. Auf Grund des Erbscheins des Gerichts vom 20. November 1906 eingetragen am Dezember 1906.
   b) Abt. II Sp. 1—3.
   Nr. 6 auf 6,7: Wie Tabelle Bl. 1 Seite 6. (S. Anm.)
2. Begl. Abschrift des Erbscheins z. d. A.
3. Nachricht an a) Katasteramt, Steuerämter,
   b) die Vorerbin nebst Erbschein,
   c) die Nacherben.
4. Wohnblatt.
5. Frist löschen.

Anmerkung: Tritt die Nacherbfolge früher als beim Tode des Vorerben ein, muß dies eingetragen werden. — Wird ein Grundstück von der Vorerbin unter ausdrücklicher beglaubigter Zustimmung der Erben belastet, so ist m. E. ein dahingehender Zusatz in Abt. III, bei der Hypothek angebracht z B. eingetragen am ten . . . . mit dem Bemerken, daß die Eintragung mit Zustimmung der Nacherben Abt. II erfolgt ist. Wird ein Grundstück mit Zustimmung der Nacherben aufgelassen, s. Vorerbe 14. Wird eine Hypothek mit Nacherbenvermerk mit oder ohne Zustimmung der Nacherben abgetreten, so muß dies im Grundbuche wie vorher zum Ausdrucke gelangen, um Versehen und Unklarheiten zu vermeiden.

b) Eintragung von gesetzlichen Erben an Stelle 3 verstorbener, in Erbengemeinschaft eingetragener Miteigentümer eines Nachlaßgrundstücks und aller neu vereinbarten Nebenbestimmungen einer Hyp.

Dem Gba sind eingereicht: 3 Erbscheine in Ausfertigung, 3 Grunderwerbsteuerbescheinigungen (s Reichssteuer 1) auf die Erben der 3 Erbscheine, begl Antrag aller Erben auf ihre Eintragung als Eigentümer in Erbengemeinschaft in das Gb, Hypbrief u die notariell beurkundeten, wegen des vermißten, durch Abwesenheitspfleger vertretenen Karl N, vorm genehmigten neuen Hypvereinbarungen. 2 Erben sind durch die Witwe mittels Vollmachtsausfertigung vertreten. § 13, 22 Abs 2, 29, 36, 40, 41 GBO.

1. Schönwald Bd 1 Bl 1.

a) Abt I 1) Witwe Helene N geb N, 2) Landwirt Hans N, 3) Ingenieur Fritz N in N, 4) der durch Pfleger vertretene vermißte Kfm Karl N, 5) Frau Bertha N geb N, 6) Kfm Otto N in N, 7) Kfm Felix N in N

in Erbengemeinschaft.

Sp 2ff Nr 1: Die Miteigt Nr 1—7 an Stelle der Voreigt Anna N auf Grund der 2 Erbscheine (2 VI 62, 12, VI 50, 14) des AG N vom 3. 9. 1912, 23. 12. 1914,

Die Miteigt Nr 1—4 an Stelle des Voreigt Max N auf Grund des Erbscheines VI 50, 14 des AG N vom 23. 12. 1914,

die Miteigt Nr 2—7 an Stelle der Voreigt Helene N auf Grund des Erbscheins 3 VI 52, 20 des AG N vom 24. 9. 1920. Eingetragen am ten.

b) Abt III Sp 5—7: 3 : 330 000 M. Alle Nebenbestimmungen (oder alle Zins- u Kapitalszahlungsbestimmungen) sind neu vereinbart. Der Zinssatz beträgt seit 1. Oktober 1920 4½, gegebenenfalls 5 u 6 v H. Der jeweilige Gr ..... U Bez auf die Bewilligung vom 2 ten eingetragen am ten Januar 1922.

c) Röten frühere Miteigt u Abt III Sp 5—7 wie rot geklammert. (S Goldklausel, Rötung.)

2. Begl Abschrift der Erbscheine, Schuldurkunde u Vollmacht z d A.

3. Nachr an a) Kat, Finanzamt, b) alle Eigt nebst Erbscheinen an Wwe,
c) Gl Abt III von 1a, d) Gl III 3 nebst berichtigtem Briefe,
e) Notar.

4. Wohnbl.

c) Berichtigung der Grundstückshälfte des Erblassers auf seine Witwe gemäß mehreren notariellen Testamenten, deren beglaubigte Abschriften mit einer Ausfertigung der gerichtlichen Eröffnungsverhandlung verbunden eingereicht sind.

Die Witwe ist als Vorerbin und als gemeinschaftliche Testamentsvollstrecker sind Nacherben eingesetzt. Es ist kein Vollstreckerzeugnis, aber Amtsannahmebescheinigung des Nachlaßgerichts beigefügt. Es sind als Nacherben die gemeinschaftlichen Kinder u deren ungenante Abkömmlinge als Ersatznacherben (oder die in Klammer genannten Kinder) eingesetzt. Eine Grunderwerbsteuerbescheinigung ist auf Beanstandung nachgereicht.

V.

1. Schönwald Bd 2 Bl 31.
   a) Abt I: Witwe Marie B geb H in Sch als befreite Vorerbin mit Testamentsvollstreckern. Nr 1. Auf Grund des Testaments 6 IV 46, 19 vom 9. 7. 1918 beim Amtsgericht B an Stelle des Voreigt Hermann B zur einen Grundstückshälfte eingetragen am ten.
   b) Abt II Nr 2 auf 1: Witwe Marie B geb H ist befreite Vorerbin auf Grund des Testaments 6 IV 46, 19 vom 9. 7. 1918 nach dem Voreigt Hermann B. Nacherben auf den Todesfall sind ihre 4 Kinder Fräulein A, B, C u D B in Sch, deren Abkömmlinge als Ersatznacherben bestellt sind, zu gleichen Teilen. (Oder: Die durch besonderen Erbschein beim Eintritt des Nacherbfalls noch zu bezeichnenden Nacherben bei dem Tode oder der Wiederverheiratung der Vorerbin sind die zu Lebzeiten des Erblassers u der Vorerbin geborenen Kinder bezw Abkömmlinge der Kinder der Geschwister des Erblassers bezw auch die später von der Vorerbin infolge Wiederverheiratung geborenen oder an Kindesstatt angenommenen Kinder.) Es sind zwei gemeinschaftliche Testamentsvollstrecker ernannt. Eingetragen am ten.
2. Begl Abschrift des Testaments ohne die geklammerten Stellen und der Annahmebescheinigung z d A.
3. Nachr an a) die beiden Eigt, b) die Testamentsvollstrecker mit Test u Annahmebescheinigung, c) die Nacherben, d) Gläub III, e) Notar, f) Kat, Fin.
4. Wohnbl.

Anmerkung: Bei Hypothekenumschreibungen würde die Eintragung lauten: Abt III Sp5—7 Nr 2: 20000 M: umgeschrieben auf die Witwe N als befreite Vorerbin usw wie Abt II oben

8. **Eigentumsverzicht.**

§ 928 B. G. B. Der Fiskus ist aneignungsberechtigt. Art. 129 E. G. B. G. B.

Danach sind die landesgesetzlichen Vorschriften über das Aneignungsrecht anderer Personen (Stadtgemeinden oder Gutsherren) unberührt geblieben. § 58, 787 Z. P. O. (Bestellung von Vertretern bei einer Klage oder bei der Zwangsversteigerung). J. M. Bl. 1911 S. 94. § 9 Nr. 1d. Siehe Rang 12.

B.

1. Schönwald Bl. 601 Abt. I Sp. 2, 3.

Nr. 3. Der Eigentümer Gutholz hat laut notarieller Urkunde vom 29. April 1909 auf das Eigentum an diesem Grundstücke verzichtet. Eingetragen am 10. Juni 1909.

2. Nachricht an a) Katasteramt,
b) Eigt. Gutholz,
c) Regierung in Potsdam,
d) Gläub. der Abt. II und III.

3. Wohnbl.

9. **Eintragung einer Grunddienstbarkeit unter Vorbehalt gemäß § 881 B. G. B.**

1. Schönwald Blatt 709 Abt. II.

a) Sp. 1—3: Nr. 1 auf 2. Eine Grunddienstbarkeit (Hofgemeinschaft) für den jeweiligen Eigentümer von Band 24 Blatt 708 unter Bezugnahme auf die Bewilligung vom 7 ten eingetragen am ten April 1904.

b) Sp. Ver. Nr. 1. Der Eigentümer hat sich die Befugnis vorbehalten, mit dem Range vor dieser Eintragung ein Wegerecht für den jeweiligen Eigentümer von Bd. 24 Bl. 710 eintragen zu lassen. Eingetragen am April 1904.

2. Nachr. an Eigt. von Bl. 708, 709 und 710.

3. Wohngsbl.

Nach amtlichem Formular, Joh 46, 202, Güthe, D Not B 1914, 587 soll der Rangvorbehalt mit dem Rechte in der Hauptspalte eingetragen werden. Ich behandele ihn wie die Löschungs- u Pfandentlassungsverpflichtungsvormerkungen usw, die besondere Rechte bezw Pflichten gegenüber der Hypothek enthalten. Es ist daher nicht nur zulässig, sondern auch nötig, übersichtlicher u zweckmäßiger, sie alle in Sp Ver einzutragen. Das zurücktretende Recht u der Vorbehalt sind besondere Rechte des Gl u Eigt. Der Vorbehalt ist eine sofortige Einschränkung u damit „Veränderung“ des für sich fertig bestellten Hauptrechts, die in Sp Ver gehört.

10. **Der Eigentümer von Schönwald Bd. 6 Bl. 174 beantragt gemäß § 8 G. B. O. schriftlich**, das auf dem Trennstücke des Grundstücks Bd. 6 Bl. 172, Kbl. 3 $\frac{199}{111}$, eingetragene Wegerecht bei seinem zu Bl. 174 gehörigen, **berechtigten** Trennstücke Kbl. 3 $\frac{195}{111}$ einzutragen. Die nachstehend verfügte Eintragung ist nach Bd. 1 Bl. 1 (vergl. Tabelle) bei der Auflassung von Kbl. 3 $\frac{195}{111}$ am 1. Okt. 1906 an Friedrich Uhl mitübertragen. Diese Mitübertragung darf nicht unterlassen werden. Seite 4.

Vergl. auch § 21 G. B. O. und die Winke zu Verzeichnis II. Seite 110.

Nr. 2 des Verzeichnisses II der Tabelle Bl. 1 ist eine beschränkte persönliche Dienstbarkeit. Sie war daher hier nicht eintragbar und als eine hier ihrem Inhalte nach unzulässige Eintragung gemäß § 54 G. B. O. von Amtswegen kostenfrei zu löschen, ehe sie bei Schließung des Blattes nach Bl. 601 übertragen wurde. Seite 4.

V.

1. a) Schönwald Bd. 6 Bl. 174. Verz. II.

   Nr. 1, Sp. 2: 7: Dem jeweiligen Eigentümer von Kbl. 3 $\frac{195}{111}$ steht ein Wegerecht über Kbl. 3 $\frac{199}{111}$ von Bd. 6 Bl. 172 gemäß der Bewilligung vom 7. Febr. 1903 zu. Eingetragen am März 1903.

   b) Schönwald Bl. 172 Abt. II Sp. Ver.:

   Nr. 2. Das Wegerecht ist im Verzeichnis II von Bl. 174 vermerkt. Eingetragen am März 1903.

2. Nachricht an die Eigentümer von Bl. 172 und 174.
3. Gegenstandswert 500 M.
4. Wohnbl.

11. **Das Grundbuchamt ist von der Zwangsversteigerungsabteilung um Eintragung der Anordnung der Zwangsversteigerung** und um Mitteilung von beglaubigten Abschriften, Urkunden und Nachrichten gemäß § 19 Zw. formularmäßig ersucht. (Vergl. Tabelle von Bl. 1 Seite 6.) — S. Rang 12.

V.

1. Schönwald Bd. 1 Bl. 1. Abt. II Sp. 1—3.

   Nr. 7 auf 6, 7:

   Die Zwangsversteigerung ist angeordnet. Eingetragen am April 1907.

2. Nachricht an a) Eigt.
   b) Nacherben der Abt. II Nr. 6.
   c) Zwangsversteigerungsabteilung wie ersucht.

Anmerkung: Der Vollstreckungsrichter muß auch von allen späteren Eintragungen Nachricht erhalten, damit er über den Grundbuchinhalt genau unterrichtet ist.

12. Ersuchen der Zwangsversteigerungsabteilung um Berichtigung des Grundbuchs gemäß § 130 Zw.

Vorher war schon zu den Grundakten O Nr. 60 eine notariell beglaubigte Bewilligung des Erstehers auf Eintragung von 50 000 M. eingegangen mit dem Antrage, die Hypothek und den Vorbehalt gemäß § 881 B. G. B. erst bei Berichtigung des Grundbuchs auf den Ersteher einzutragen. (Vergl. „Entscheidung des Grundbuchamts auf einen Antrag" Seite 105, 113.) — S. Rang 12.

V.

1. Schönwald Bd. 1 Bl. 1.
   a) Abt. I Sp. 1—3.
      Die Kaufleute Paul und Gustav Meier in Schönwald zu gleichen Anteilen.
      Nr. 6, 7: Auf Grund des Zuschlagsbeschlusses vom 5. Juli 1907 eingetragen am ten August 1907.
   b) Abt. II.
      Nr. 5, 6, 7: gelöscht am ten August 1907.
   c) Abt. III Sp. 1—4:
      Nr. 2 auf 6, 7: 50 000 M.
      Wie bei O Nr. 60 zu Bl. 1 Abt. III Nr. 2 verfügt. (Siehe Tabelle Bl. 1 Seite 8.)
   d) Abt. III Sp. Ver.: Nr. 2: 50000 M.
      Die Eigentümer haben sich die Befugnis vorbehalten, vor dieser Hypothek eine bis zu 6 v. H. jährlich verzinsliche Baugeldhypothek von nicht über 120000 M. eintragen zu lassen. Eingetragen am ten 8. 07.
2. Begl. Abschrift der Bewilligung über 50000 M. z. d. A.
3. Brief an Gläub. Reich.
4. Nachricht an a) Kataster- und Steuerämter.
   b) die Kaufleute Meier } von Allem,
   c) Reich }
   d) Ww. Auguste Uhl und die Nacherben Abt. II Nr. 6 von 1 a, b d. V.
   e) Paul Schönfeld (Abt. II Nr. 5),
   f) Zw-Abt. von 1 a b,
   g) Zu Bl. 310 und 322 wegen Abt. III Nr. 2.
5. Wohnbl.

Anmerkung: Das amtliche Formular verlangt für Abt. I die Eintragung des Erwerbsgrundes. Das ist nicht das Berichtigungsersuchen, sondern der Zuschlag, dem natürlich ebenso wie der Auflassung das Datum beizufügen ist. (S. Zuschlag 2.) Denn durch den Zuschlag geht das Eigentum über. Nach der Eintragung des Zwangsversteigerungsvermerks muß der Versteigerungsabteilung von allen neuen Eintragungen Nachricht gegeben werden, was bei der Buchhypothekenumschreibung von besonderer Wichtigkeit für den Vollstreckungsrichter ist. (S auch „Praktische Winke für Abt. II" am Schlusse!) — Wird ein Vorerbengrundstück versteigert und ersucht der Vollstreckungsrichter nicht um Löschung des Nacherbenvermerks in Abt. II, so muß die Löschung von Amtswegen erfolgen oder das Berichtigungsersuchen beanstandet werden. S. 112 und Vorerbe 14. — Hier gelten die Vorschriften zu a, c der Anmerkung bei Beispiel 3. Der Vollstreckungsrichter muß für Beschaffung dieser Voraussetzungen (möglichst schon im Versteigerungstermin) sorgen und darf ohne diese kein Berichtigungsersuchen erlassen, da er weiß, daß das Gba „ihm gegenüber" die Berichtigung des Gb nach § 18 GBO beanstanden „muß".

13. Ersuchen der Zwangsversteigerungsabteilung um Berichtigung des Grundbuchs gemäß § 50, 130, 128, 129, 112, 122, 123, 125, Zw. unter Beifügung des Gesellschaftsvertrages in notarieller Form.

§ 42 G. B. O. (Vorlegung von Briefen) ist zur Löschung nicht anwendbar. Die Unbrauchbarmachung und Berichtigung der Briefe veranlaßt nach § 127 Zw. der Vollstreckungsrichter; dasselbe tut er bei den vollstreckbaren Titeln. Die Einreichung der Briefe und Titel kann er nach § 127 a. a. O. nicht erzwingen. Sollen jedoch bei den stehenbleibenden Hypotheken usw. im Grundbuche vereinbarte Veränderungen eingetragen werden, so sind die Briefe nach § 42 G. B. O. dem Grundbuchrichter einzureichen. (Vergl. auch §§ 58, 787 Z. P. O., § 48 G. B. O. und Vollstreckungsrichter sowie Tabelle Bl. 601).

V.

I. Schönwald Bl. 601.

1. Abt. I Sp. 1—3.

Die Aviatiker Heinrich und Paul Kühn in Berlin gemäß dem Gesellschaftsvertrage vom 24. Juli 1909.

Nr. 3. Auf Grund des Zuschlagsbeschlusses vom 25. Juli 1909 eingetragen am ten August 1909.

2. Abt. II Nr. 13, 14 gelöscht am ten August 1909.

(Seite 18.)

3. Abt. III Sp. Lösch.

Nr. 10: 5000 M. i. V. Teilbetrag des Rentiers Bauer,
Nr. 11: 15000 M.,
Nr. 12: 20000 M.
gelöscht
am ten August 1909.

(Seite 23.)

4. Abt. III Sp. 1—4.

a) Nr. 14 auf 3: 5000 M. i. V.
b) Nr. 15 auf 3: 15000 M. i. V.
c) Nr. 16 auf 3: 702,57 M.
d) Nr. 17 auf 3: 10000 M.
e) Nr. 18 auf 3: 9297,43 M.

} wie Tabelle von Bl. 601 Abt. III Nr. 14—18. (Seite 24, 26.)

II. Nachricht an

a) Katasteramt, Zuwachssteueramt.
b) die Aviatiker Kühn
c) August Gutholz
d) der bestellte Vertreter des August Gutholz, R.-A. Schulz
e) Zw. Abteilung

} von Allem.

f) Paul Billig von Abt. II Nr. 13 und I. 1. d. V.
g) Rentier Bauer von Abt. III Nr. 10, 11 (I. 3) und 14, 15 sowie I. 1. d. V.,
h) Gerichtskasse von Abt. III Nr. 12 und 16, I. 1,
i) Frau Schramm von Abt. III Nr. 12, 17, I. 1.,
k) Frau Gutholz von Abt. III Nr. 12, 18 I. 1.,
l) Berliner Hypotheken-Aktiengesellschaft von Abt. III 10: 130000 M. und I. 1.

III. Wohnbl.

V., 30. 8. 09.

R.

14. Erklärung der Einigung über Bestellung eines Erbbaurechts vor dem Grundbuchamte. (Seite 85.)

Amtsgericht Berlin-Tempelhof.
Abt. 11.

Eingegangen denselben
vorm. 11²⁴ Uhr.
2 Anl.
Richter.

Anwesend

Amtsrichter Richter
als Richter.

Berlin, den 1. März 1908.

Es erschienen

1. Für den Kreis Teltow der Kreisausschußsekretär Bernhard Müller von hier,
2. Für die Landhausgesellschaft mit beschränkter Haftung in Schönwald der Geschäftsführer Otto Silberberg, ebendaher,

als bekannte Vertreter des Kreises bezw. der Landhausgesellschaft, wie die Verhandlung vom heutigen Tage in denselben Grundakten ergibt, und erklärten:

Wir beantragen, das im notariellen Vertrage vom 29. Dez. 1907 (Reg. Nr. 55/07 des Notars Sauer in Berlin) an dem Straßenlande des Grundstücks Schönwald Bd. 1 Bl. 1 bestellte Erbbaurecht in das Grundbuch des genannten Grundstücks für den Kreis (Gasanstaltsverwaltung) einzutragen. Den Vertrag und den Generalauszug des Katasteramts vom gleichen Tage überreichen wir. Die Kosten trägt der Kreis. Der Gegenstandswert beträgt 20000 M.

Vorgelesen, genehmigt, unterschrieben von

Müller. Silberberg.
Richter.

V.

1. Schönwald Bl. 1.
   Abt. II Sp. 1—3.
   Nr. 11 auf 8.
   Ein Erbbaurecht auf dem Straßenlande dieses Grundstücks gemäß dem Katasterauszuge und dem Vertrage vom 29. Dezember 1907 für den Kreis Teltow (Gasanstaltsverwaltung). Eingetragen am März 1908.
2. Nachricht an Landhausgesellschaft und Kreis bei ONr. 5.
3. Wohnbl.

V. 1. 3. 08.
R.

Anmerkung. Vergl. § 20, 7, 6, 22², G. B. O. Falls das Erbbaurecht einem Anderen überlassen werden soll, würde es heißen müssen: „Wir sind darüber einig, daß das Erbbaurecht Abt. II Nr. 11 von Schönwald Bd. 1 Bl. 1 auf mich, N.N., oder den Kreis übergehen soll. Wir beantragen die Eintragung des Überganges in das Grundbuch.“ Alsdann aber § 7 Abs. 1 Satz 2 G. B. O. (Siehe Behörden, Erbbaurecht.)

14. A. Erbbaurechtseintragung auf dem belasteten Grundstücke.

Das Erbbaurecht muß an erster Rangstelle eingetragen werden. Sonst Beanstandung. S Erbbaurecht. Es liegt Auflassung vor. Vgl. auch amtliches Muster J M Bl 1919, 138.

1. Schönwald Bd 2 Bl 82 Abt II Nr 1 auf 1:
   Ein Erbbaurecht für die gemeinnützige Heimstätten-Genossenschaft Schönwald e G m b H in Schönwald auf die Dauer von 99 Jahren seit dem Tage der Eintragung mit dem in Bezug genommenen Inhalte der Erbbaurechts-Eintragung unter Nr 1 des Bestandsverzeichnisses des Erbbaugrundbuchs Schönwald Bd 24 Bl 943. Eingetragen am ten
2. Nachr an Eigt von Bl 82, Genossenschaft Schönwald, Notar.
3. Wohnbl.

Anmerkung: Eine nachträgliche Änderung der Eintragung in Sp 1—3 ist in Abt II Sp 4, 5 wie folgt einzutragen: Der Inhalt des Erbbaurechts ist geändert. Unter Bezugnahme auf den Vermerk Nr 2 im Bestandsverzeichnisse des Erbbaugrundbuchblattes hier eingetragen am ten . . . . — Eine Zeitänderung ist vollständig ohne Bezugnahme einzutragen.

B. Erbbaugrundbuchblatt des Erbbaurechts.

S Erbbaurecht u auch amtliches Muster J M Bl 1919, 138. Diese Verfügung ist nach einem fremden Praxisfalle bearbeitet. Das Blatt für das Erbbaurecht ist von Amtswegen gleichzeitig mit der Eintragung des Rechts auf dem belasteten Grundstücke in selbigem Grundbuche unter nächster Blattnummer einzutragen. Die Eintragung des Rechts muß vollständig, niemals mit Bezugnahme auf die Eintragungsbewilligung eingetragen werden und erfolgt über die Spalten 2—10 des Bestandsverzeichnisses. Ist der Inhalt des Erbbaurechts zu umfangreich, muß dem Gb eine Einlage (s zu 1 b) eingeheftet werden. — Es liegen die Auflassung nach § 20 G B O, alle in den nachstehenden Eintragungen genannten notariell beglaubigten Eintragungsbewilligungen und Grunderwerbsteuerbescheinigung sowie Erklärung bzw Bescheinigung wegen Industriebelastung nach Anmerkung c bei Beispiel 3 vor.

1. Schönwald Bd 24 Bl 943.
   a) Aufschrift: Erbbaugrundbuch.
   b) Verz d G: Sp 1: Nr 1: Sp 2—10: Das auf dem im Grundbuche Schönwald Bd 2 Bl 82 unter Nr 2 verzeichneten Grundstücke Kbl 2 Nr 129 (Garten neue Straße von 43,90a; 7,74 Taler R E) lastende und dort in Abt II Nr 1 eingetragene, bis 31. 3. 2019 währende Erbbaurecht mit folgendem Inhalte: . . . . . . einrücken die Eintragungsbewilligung von — bis . . . (oder mit dem Inhalte der Einlage A Seite 1—8).
      Eingetragene Eigentümerin des belasteten Grundstücks ist die gemeinnützige . . . . (wie oben 14 A) . . . . in Schönwald.
      Bei Anlegung dieses Blattes hier eingetragen am ten
   c) Abt I Die gemeinnützige . . . . (wie oben 14 A) . . . .
      Nr 1: Bei Bestellung des auf Schönwald Bd 2 Bl 82 Abt II Nr 1 auf Grund der Auflassung vom 7. am 31. März 1920 eingetragenen Erbbaurechts hier eingetragen am

d) **Abt II** Nr 1 auf 1: Ein an die jeweiligen Eigentümer des Grundstücks Schönwald Bd 2 Bl 82 zahlbarer jährlicher Erbbauzins von 9000 M i B gemäß § 16 des Erbbauvertrages vom 10. Januar 1920. Eingetragen am ten

e) Nr 2 auf 1: Ein Vorkaufsrecht für alle Verkaufsfälle bis 31. 3. 2019 für den . . . . sonst wie d . . . .

f) Nr 3 auf 1: Eine beschränkte persönliche Dienstbarkeit (das Recht, Straßen und Vorgärten zu Beleuchtungs- und Feuerlöschzwecken zu benutzen) für die Landgemeinde Schönwald gemäß der Eintragungsbewilligung vom 28. 2. 1920. Eingetragen am

g) Nr 4 auf 1: Vormerkung zur Sicherung des Anspruchs auf Übertragung des Erbbaurechts für . . . . wie f . . . .

h) Abt III Nr 1 auf 1: 4 000 000 Sicherungshypothek bis zum Höchstbetrage von i B für die Landgemeinde Schönwald zur Sicherung ihrer Ansprüche aus dem Vertrage vom 10. 1. 1920 wegen Baukostenzuschüsse und Kreditgewährung gegen die Erbbauberechtigte, gemeinnützige...... Eingetragen am ten

i) Nr 2 auf 1: 100 000 M i B Sicherungshypothek für die Landgemeinde Schönwald wegen der im § 6 des Erbbauvertrags vom 10. 1. 1920 festgesetzten Vertragsstrafen. Eingetragen am

2. Nachr an a) Kat.
   b) Die Berechtigten Abt I—III.
   c) Eigt von Bl 82.
   d) Notar

3. Wohnbl.

28. 3. 20.

R.

15. Schließung eines Grundbuchblattes wegen Unübersichtlichkeit

(§ 20 Allgem Verf vom 20. XI. 1899) mit gleichzeitiger Grundbuchreinigung. (Seite 2ff.)

V.

1. Schönwald Bd 1 Bl 1.
   A. Aufschrift: Wegen Unübersichtlichkeit in das Blatt Schönwald Bd 21 Bl 621 umgeschrieben und geschlossen am 5 ten März 1908.
   B. Verzeichnis der Grundstücke Abschnitt II:
      Sp Lösch Nr 1.
      Nr 2. Von Amtswegen als unzulässig } gelöscht am 5 ten März 08.
   C. Abt I: —
   D. Abt II.
      a) Sp Lösch Nr 10 der Vermerk „unentgeltlich und lastenfrei" sowie Nr 12 als unzulässig gelöscht am 5 ten März 1908.
      b) Sp 6: Nr 1 als überflüssig gelöscht am 5 ten März 1908.
   E. Abt III Sp 8: Nr 2: Die Löschungsvormerkung vom 6. 1. 08 gelöscht am 5. März 1908.
   F. Die beschriebenen Seiten, soweit ausgefüllt, außer dem Schließungsvermerke rot durchkreuzen.
2. Schönwald Bd 21 Bl 601.
   A. Aufschrift: (S Tabelle S 13).
   B. Verz d Grundst Abschnitt I
      a) Sp 1—10: Nr 1 . . . wie Bd 1 Bl 1 V d G Nr 8 . . . (Seite 2.)
      b) Bestand und Zuschreib Nr 1: Von Bd 1 Bl 1 nach dessen Schließung wegen Unübersichtlichkeit hierher übertragen am 5 ten März 1908.
   C. Abt I Sp 1—3. Die Landhausgesellschaft mit beschränkter Haftung in Schönwald.
      Nr 1: Bei Bd 1 Bl 1 aufgelassen und eingetragen am 6. Januar 1908 und hierher übertragen am 5 ten März 1908.
      Oder nach amtlichem Muster: Nr 1: Das auf dem unübersichtlichen Blatte Bd 1 Bl 1 auf Grund der Auflassung vom 6. 1. 1908 am gleichen Tage eingetragene Eigentum bei Umschreibung des Blattes hier eingetragen am 5. 3. 1908.
   D. Abt II Sp 1—3.
      Nr 1—9 gelöscht.
      Nr 10 auf 1
      Nr 11 auf 1 } einzurücken Abt II Nr 10 und 11 von Bd 1 Bl 1 ohne Rötung. (Seite 6, 18.)
   E. Abt III Nr 1, 2, 3,4, 5, 6, 7 } einrücken wie Tabelle Bl 601 Abt III Sp 1—7. Seite 20.

3. Nachricht an a) das Katasteramt,
b) den Eigentümer,
c) die Berechtigten von Verz II und Abt II,
d) die Berechtigten der Abt III mit dem Ersuchen um Einreichung der Briefe zwecks Berichtigung.

4. Die Umschreibung und Grundbuchreinigung ist von Amtswegen erfolgt. Daher keine Kosten.

B., 3. 4. 08.

R.

15a. **Ein Gbblatt geht auf ein anderes Gba über.**

§ 18 Allgem Vfg 20. 11. 99. Auf Schönsee Bd 3 Bl 83 vom Amtsgericht in R und Schönwald Bd 1 Bl 3 vom Amtsgericht in B lasten zur Gesamthaft ein Ausgedinge u 2 Hyp. Bl 83 geht auf das Gba in B über. — Beim Übergange von ganzen Gbbänden infolge Bezirksänderungen § 18a u bei Vereinigung von Gemeinde- u Gutsbezirken § 18b. Allgem Vfg 22. 11. 99.

B.

I. Das A G in R:

1. Schönsee Bl 83

a) Aufschrift: Wegen Übertragung des Bestandes nach Bd 1 Bl 3 von Schönwald, beim A G in B geschlossen am ten.

b) Alle Abteilungen soweit beschrieben, mit Ausnahme des Schließungsvermerks rot durchkreuzen.

2. Grundakten, Tabelle nebst Übereinstimmungsbescheinigung u begl Abschrift der Verfg an A G in B mit Ersuchen um Mitteilung u Hinweis auf Zuständigkeitsübergang S 131 d A nebst Bestandteilseigenschaft.
(Auf Anfrage des A G R hatte B mitgeteilt, daß Zuschreibung zu Bl 3 von Sch erfolgen würde.)

II. Das A G in B:

1. Schönwald Bd 1 Bl 3

a) Aufschrift unter Bd 1 Bl 3: Das jetzt zugeschriebene Trennstück Kbl 1 $\frac{27}{2}$ bildete bisher das geschlossene Gbblatt Schönsee Bd 3 Bl 83 beim A G in R.

b) Verz d G unter Nr 1 Sp 3ff: Kbl 1 Nr $\frac{27}{2}$ Wiese am Teiche 10, 20 a. 0,13 R T.

Sp 11ff: Nr 1: Kbl 1 Nr $\frac{27}{2}$ von Schönsee Bd 3 Bl 83 beim A G in R hierher übertragen u der Nr 1 als Bestandteil zugeschrieben am ten

c) Abt I Sp 2, 3: Nr 1: Kbl 1 Nr $\frac{27}{2}$ bei Schönsee Bd 3 Bl 83 aufgelassen am 7. 11. 1914 u eingetragen am 13. 12. 1914 sowie hier eingetragen am ten.

d) Abt II Sp Ver Nr 1: e) Abt III „ „ Nr 1: 10 000 2: 17 000	Das mithaftende Grundstück Schönsee Bd 3 Bl 83 ist jetzt das Trennstück Kbl 1 Nr $\frac{27}{2}$ dieses Grundstücks. Eingetragen am ten. (Mithaft röten.)

2. Nachr an a) Kat b) Eigt c) A G N,
d) Gl II, III mit Ersuchen um Hypbriefe.

III. Das A G in B, falls keine Gesamt-Belastungen bei Schönsee Bl 83 vorhanden gewesen u ein neues Gbblatt genommen wäre:

1. Schönwald Bd 10 Bl 303: Darunter „Bisher das geschlossene Grundbuchblatt Schönsee Bd 3 Bl 83 des A G in N."

a) Verz d G Sp 1ff: Nr 1: Kbl 1 Nr $\frac{27}{2}$ . . . . . Sp 11ff: Nr 1: Von Schönsee Bd 3 Bl 83 beim A G in N hierher übertragen am ten.

b) Abt I Sp 1, 2, 3: Landwirt N N in N. Nr 1: Bei Schönsee Bd 3 Bl 83 . . . . wie II c.

c) Abt II Nr 1 gelöscht Nr 2 auf 1: . . . . d) Abt III Nr 1, 2, 3 gelöscht 4 auf 1: 10 000 5 auf 1: 17 000	Die Belastungen von Schönsee Bl 83 sind auch hier neu zu fassen wie bei Umschreibung eines unübersichtlichen Gbblattes in der Tabelle S 18—20, sodaß nicht das Blatt gegenstandslose, sondern nur die nach den letzten Vereinbarungen gültigen Eintragungen erhält. Nachricht wie II 2.

2. Nachr . . . . wie II 2.
3. Wohnbl.

16. Verteilung des Grundstücks Schönwald Bl. 269 und zweier darauf lastender Hypotheken auf 3 Grundbuchblätter.

Es liegt eine notariell beglaubigte Bewilligung vor, in der der Eigentümer unter Zustimmung des Gläubigers der 2 Hypotheken beantragt hat, die das Stammgrundstück bildenden 3 Trennstücke mit je einem Hypothekenbetrage von 10 000 M. auf 3 neue Grundbuchblätter (das alte ist schon zu unübersichtlich!) zu übertragen. Ein General- und 2 Sonder-Katasterauszüge nebst Karten sowie die 2 Hypothekenbriefe sind mitüberreicht. Die Abtretung der Hypotheken an den jetzigen Gläubiger ist schon früher eingetragen. Abt. III ist nicht belastet. Es dürfen keine Teilbriefe, vielmehr müssen neue Briefe gebildet werden.

I. V.

1. Schönwald Bl. 269 (Für das Stammgrundstück)

a) V. d. G.

Von Nr. 1

Kbl. 2 $\frac{67}{23}$ nach Bd. 21 Bl. 611,

$\frac{68}{23}$ nach Bd. 21 Bl. 612,

$\frac{69}{23}$ nach Bd. 21 Bl. 613

übertragen am ten Mai 1908.

b) Aufschrift unter Rotdurchkreuzung aller Seiten, soweit beschrieben: Wegen Verteilung des Grundstücks geschlossen am

c) Abt. III Sp. Ver.

Nr. 1: 20 000 M. } Von
Nr. 2: 10 000 M. }

Nr. 1 je zehntausend nach Bd. 21 Bl. 611 und 612, Nr. 2 nach Bd. 21 Bl. 613

übertragen am Mai 1908.

d) Sp. Lösch. Nr. 1: 20 000 M.
Nr. 2: 10 000 M.

hier gelöscht am ten Mai 1908.

2. Die bisherigen Briefe unbrauchbar mit Vermerken von 1 c, d und der Bildung neuer Briefe an Eigentümer. Die bisherigen Schuldurkunden sind abzutrennen und zu den neuen Briefen von Bl. 611, 612, 613 zu verwenden. Soweit sie nicht ausreichen, sind begl. Abschriften zu fertigen.

3. Nachricht an a) Katasteramt
b) Eigentümer N.N.
c) Gläubiger N. N.

4. Weitere Verfügung bei den neuen Akten.

II. V.

1. Schönwald Bd. 21 Bl. 611 (Entsprechend bei Bl. 612, 613!)

a) V. d. G.

Nr. 1. Kbl. 2 $\frac{67}{23}$ Acker an der neuen Straße von 10,69 a 2,67 Tlr. R. E.

Nr. 1. Von Bd. 9 Bl. 269 hierher übertragen am ten Mai 1908.

b) Abt. I. Der Kaufmann Paul Beier in Berlin.

Nr. 1. Bei Bd. 9 Bl. 269 aufgelassen und eingetragen am 7. März 1902 sowie hierher übertragen am ten Mai 1908.

c) Abt. III Nr. 1 auf 1:

10 000 M. i. B. Teilbetrag der Hypothek von 20 000 M.... einrücken Abt. III Nr. 1 von Bl. 269 Sp. 4.....

Die Abtretung dieser Hypothek nebst den Zinsen seit 1. April 1907 an die Rheinische Bank in Köln a. Rh. ist am 20. Mai 1907 eingetragen.

Von Bd. 9 Bl. 269 Abt. III Nr. 1 zur Alleinhaft hierher übertragen. Es ist ein neuer Brief erteilt. Eingetragen am ten V. 1908.

2. Brief mit der bisherigen Schuldurkunde des Briefes über 20000 M. an Rheinische Bank.

3. Vorgänge und Nachricht bei Bl. 269.

4. Wohnbl.

17. Eintragung einer Baugeldhypothek infolge notarieller Bewilligung nebst Antrag, der vom beurkundenden Notar bei der Einreichung nur wiederholt ist.
(Vergl. Nebenleistung.)

V.

1. Schönwald Bd. 20 Bl. 619.

Abt. III Sp. 1—4. Nr. 1 auf 1: 155 000 M. i. B. Baugeld-Darlehen, zu 5, von der Vorlegung des Gebrauchsabnahmescheins, frühestens jedoch vom 1. Oktober 1908 ab zu 4, bei Zins- oder Kapitalszahlungsverzug zu 6 vom Hundert jährlich verzinslich, für die Moabiter Bockbrauerei in Berlin. Der jeweilige Grundstückseigentümer ist der sofortigen Zwangsvollstreckung unterworfen. Unter Bezugnahme auf die Bewilligung vom 2. eingetragen am März 1908.

2. Begl. Abschrift der Urkunde z. d. A., falls nicht inzwischen die zugesagte 2. Ausfertigung eintrifft.

3. Brief an Bockbrauerei.

4. Nachricht an
   a) Eigt. N.N.,
   b) Bockbrauerei,
   c) Notar,

sämtlich mit dem Zusatze:

Der Antrag auf Eintragung der Abmachungen, wonach der Schuldner für jeden Fall der Nichtdeckung seines Bierbedarfs bei der Gläubigerin 20 M. Vertragsstrafe zu zahlen hat, wird kostenpflichtig abgewiesen. Hierin ist lediglich ein von der Hypothek selbst in keiner Beziehung abhängiger persönlicher Anspruch auf Zahlung, nicht aber eine Nebenleistung im Sinne des § 1115 B. G. B. zu sehen. Außerdem ließe sich im Falle der Eintragung aus dem Grundbuche der Höchstbetrag, für den das Grundstück haften soll, nicht ersehen. Dies ist nach § 1115 B. G. B. erforderlich. (Entsch. des Kgl. K. G. vom 22. 3. 06.)

5. Wohnbl.

Anmerkung: Die obige Formel konnte auch lauten: 155000 M. i. B. Baugelddarlehen, zu 5, später zu 4, im Verzugsfalle zu 6 v. H. jährlich verzinslich, ...

In Abt. II war längere Zeit vorher der Zwangsversteigerungsvermerk eingetragen. Auf Anfrage war die Nachricht ergangen, daß der Versteigerungstermin erst nach 10 Tagen ansteht. Wäre der Zuschlag schon erteilt gewesen, Seite 113. —

Wegen Eintragung einer verzinslichen Hypothek für die Ehefrau auf dem Grundstücke des Mannes s. Eheleute 11. Die Forderung, für die die Hypothek bestellt wird, muß vom Besteller genau bezeichnet sein. S. Hypothek 4.

Eintragung einer Grundschuld in Protokollform: Ich beantrage, auf meinem Grundstücke Schönwald Bd 20 Bl 619 einzutragen: „155000 RM i B Grundschuld, ... einrücken wie oben von „zu 5" bis „unterworfen" ohne Gläubiger . . . . für den Kaufmann Hans Tünn und seine Frau Berta geb Schäl in Köln in Fahrnisgemeinschaft. Brieferteilung ausgeschlossen." — Wegen der Grundschuld unterwerfe ich mich . . . . (Vollstreckungsklausel wie Beispiel 55 I a) . . . . —

Die Verfügung lautet wie oben ohne Nr 2, 3 und ohne Zusatz zu 4.

18. Eintragung einer Hypothek, die bisher nur auf einem Grundstücksanteile lastete, auf dem anderen Anteile, den die Miteigentümer als Erben erworben haben.

Amtsgericht Berlin-Tempelhof.
Abt. 11.

Anwesend

Amtsrichter Richter
als Richter.

Eingegangen denselben nachm. 12[17] Uhr.

Richter.

Berlin, den 19. Mai 1906.

Es erschienen von Person bekannt:

1. der Kaufmann Max Schulz aus Schönwald, Akazienstraße 10,
2. der Gemeindevorsteher Paul König,
3. dessen Ehefrau Anna König, geb. Schulz,

zu 2, 3 ebendaher, Dorfstraße 2, und erklärten:

Wir, Max Schulz und Anna König sind Eigentümer der ideellen Hälfte des Grundstücks Schönwald Bd. 3 Bl. 87 und die Erben des Eigentümers der anderen Grundstückshälfte. Auf unserem bisherigen Anteile lastet für den Miterschienenen Paul König die Hypothek Abt. III Nr. 1 von 3000 M. Wir alle beantragen unter Überreichung des Erbscheins und Hypothekenbriefes, uns, Max Schulz und Anna König als Eigentümer des ganzen Grundstücks zu gleichen Rechten und Anteilen sowie die Hypothek von 3000 M. auch auf der anderen Hälfte des Grundstücks in das Grundbuch einzutragen. Das ganze Grundstück hat einen Wert von 7000 M. Die Kosten verauslage ich, Max Schulz. Vorschußquittung über 20 M. (E. J. 1387) lege ich vor.

Vorgelesen, genehmigt, unterschrieben von:

Max Schulz. Anna König.
Paul König.

Richter.

V.

1. Schönwald Bl. 87.
   a) Abt. I. Der Kaufmann Max Schulz und Frau Gemeindevorsteher Anna König, geb. Schulz, in Schönwald zu gleichen Rechten und Anteilen am ganzen Grundstücke.
      Nr. 1, 2. Auf Grund der früheren Auflassung und Eintragung vom 2./3. September 1901 und des Erbscheins des Gerichts vom 20. November 1905 eingetragen am Mai 1906.
      (Die früheren Eintragungen röten.)
   b) Abt. III Sp. Ver.
      Nr. 1: 3000 M. Mit dieser Hypothek ist nunmehr das ganze Grundstück belastet. Eingetragen am ten Mai 1909.
      (In Sp. 2, 3. Den Vermerk der Anteilsbelastung röten und in Sp. 2 nur „1, 2" stehen lassen.)
2. Brief mit Vermerk an Paul König.
3. Nachricht an
   a) Katasteramt,
   b) Max Schulz,
   c) die Eheleute König.

B., 19. 5. 06.

R.

Anmerkung: § 22, 40, 41 G. B. O. Ausnahme von § 1114 B. G. B., der einen ideellen Bruchteil im Gegensatze zu § 6 G. B. O. (einen wirklichen Teil, eine besondere Fläche) meint. (Vergl. Bruchteilsbelastung.) Ehemännliche Genehmigungserklärung wegen gemeinschaftlichen Antrages nicht nötig.

19. Fall einer Gesamthypothek auf den Grundstücken einer Ehefrau mit Unterwerfung unter die sofortige Zwangsvollstreckung.

Persönlicher Schuldner ist der Ehemann.

Amtsgericht Berlin-Tempelhof.
Abt. 11.

Anwesend
Amtsrichter Richter
als Richter.

V.

1. Schönwald Abt. III Sp. 1–4.

Bd. 1 Bl. 1	: Nr. 2 auf 6,7	50 000 M. i. B.
Bd. 10 Bl. 310	: Nr. 1 auf 1	
Bd. 10 Bl. 322	: Nr. 3 auf 2	

Darlehn mit 4 vom Hundert jährlich seit dem 1. Oktober 1907 verzinslich für den Kaufmann Paul Reich in Berlin. Der jeweilige Grundstückseigentümer ist der sofortigen Zwangsvollstreckung unterworfen. Unter Bezugnahme auf die Bewilligung vom 5ten eingetragen am 7. Juni 1907 auf Schönwald Bd. 1 Bl. 1, Bd. 10 Bl. 310 und 322.

2. Brief mit einer Ausfertigung der Verhandlung an Reich.
3. Nachricht an
   a) die Eheleute Meier,
   b) Reich,
   c) zu den Akten Bl. 310, 322.
4. Wohnbl.

B., 5. 6. 07.

R.

Anmerkung: Es ist einfacher und ungefährlicher, die Mithaft aller 3 Grundstücke wie oben auszudrücken, anstatt drei Mal oder noch öfter, wie dies vielfach geschieht, besonders zu verfügen:

Hier und Bl. 310 und 322,
Hier und Bl. 1 und 322 usw.

Es empfahl sich hier ferner, den Beginn der Verzinsung miteinzutragen, damit aus dem Grundbuche sofort ersichtlich ist, daß die Zinsen erst erheblich später zu laufen beginnen.

Vergleiche Ehefrau, Gesamthypothek. Die Ehefrau ist hier nicht persönliche Schuldnerin. Befriedigt sie später den Gläubiger, so erwirbt sie die Forderung gegen ihren Ehemann und eine Eigentümerhypothek, nicht Eigentümergrundschuld. (§ 1142 ff, 1177² B. G. B.)

Eingegangen denselben nachm. 1 Uhr.
Richter.

Berlin, den 5. Juni 1907.

Es erschienen der Kaufmann Paul Meier und dessen Ehefrau Anna, geb. Sauer aus Schönwald, durch den bekannten Rechtsanwalt Jakob ebendaher ausgewiesen, und erklärten:

Ich, Paul Meier, bekenne dem Kaufmann Paul Reich in Berlin, Paulstraße 17, als Darlehn 50000 M. (fünfzigtausend Mark) zu schulden. Das Kapital soll vom 1. Oktober 1907 ab mit jährlich 4 vom Hundert an den Vierteljahresersten verzinst und nach dreimonatiger Kündigung zurückgezahlt werden. Werden die Zinsen innerhalb 8 Tagen nach der Fälligkeit gezahlt, ist die Kündigung für den Gläubiger bis zum 1. Oktober 1917 ausgeschlossen. Wir Beide unterwerfen uns für den Fall der Nichterfüllung dieser Verpflichtungen wegen dieser der sofortigen Zwangsvollstreckung in die nachbenannten Pfandgrundstücke und in mein, des Ehemanns Paul Meier, sonstiges Vermögen. Die Zwangsvollstreckung soll auch gegen den jeweiligen Grundstückseigentümer zulässig sein. Dem Gläubiger soll jederzeit auf seinen Antrag ohne Weiteres eine vollstreckbare Ausfertigung dieser Urkunde erteilt werden.

Wir bestellen für obige Forderung an dem mir, der Ehefrau, gehörigen, im Grundbuche von Schönwald Bd 1 Bl 1, Bd 10 Bl 310 u 322 verzeichneten Grundstücken eine Gesamthypothek und beantragen deren Eintragung nebst der Unterwerfung unter die Zwangsvollstreckung in das Grundbuch. Der Hypothekenbrief ist dem Gläubiger auszuhändigen. Ich, Paul Meier, trage die Kosten und bewillige die sofortige Zwangsvollstreckung in das Grundstück meiner Frau nach § 794 Abs 2 Z P O.

Vorgelesen, genehmigt, unterschrieben von:

Paul Meier. Anna Meier.
Rechtsanwalt Jakob.
Richter.

20. Gesamthypothek auf Grundstücken verschiedener Grundbuchämter.

Es liegt eine Bewilligung gemäß § 19, 29 G. B. O. vor. Der nach § 15 G. B. O. beantragende Notar hat auf Anfrage erklärt, daß an das Amtsgericht Oranienburg keine Bewilligung gesandt sei. — Wie faßt man zweckdienliche Anträge und Urkunden auf Gesamthypotheken bei mehreren Grundstücken? (S Ricks, DNotV 1925, 110; 1926, 221 in Beispiel 61.)

I. V.

1. Schönwald Bd. 11 Bl. 303 / 304 } Abt. III Sp. 1—4:

Nr. 5 auf 1: 30000 M. i. B. Darlehn, zu 5 v. H. jährlich verzinslich, für die offene Handelsgesellschaft Brünig und Co. in Berlin. Der jeweilige Grundstückseigentümer ist der sofortigen Zwangsvollstreckung unterworfen. Unter Bezugnahme auf die Bewilligung vom 29. April 1908 eingetragen am Mai 1908 auf Schönwald Bd. 11 Bl. 303 und 304.

2. Begl. Abschrift der Urkunde z. d. A.

3. Brief mit der Urkunde an das Amtsgericht zu Oranienburg mit folgendem Begleitschreiben:

In pp. ersuchen wir ergebenst auf Grund der dem beigefügten Hypothekenbriefe angehefteten Urkunde die Hypothek auch dort einzutragen und den mit dem dort zu erteilenden Briefe verbundenen Brief unter Beifügung der Kostenrechnung zurückzusenden.

4. Wohnbl.

5. Nach 1 Monate mit Bl. 304.

B., 2. 5. 08.

R.

II. V.

(Der Gesamtbrief ist wie ersucht zurückgelangt.)

1. Schönwald Bl. 303 und 304 Sp. Ver.:
Nr. 5: 30000 M. Das Grundstück Oranienburg Bd. 20 Bl. 596 haftet mit. Eingetragen am Mai 1908.

2. Brief mit Vermerk an Brünig und Co.

3. Nachricht a) Eigt. N. N.
b) Brünig und Co.
c) Notar.
d) zu Bl. 304
} Auch von den Eintragungen der Verfgg. vom 2. 5. 08 O Nr. 10.

4. Frist löschen.

B., 29. 5. 08.

R.

21. Umschreibung einer Hypothek infolge Erbganges (Vor- und Nacherben, Testamentsvollstrecker, Ausschließung der Erbauseinandersetzung) auf Grund Testaments.

I. Der Gläubiger Paul Reich (Abt. III Nr. 2 von 50000 M. der Tabelle Bl. 1) ist verstorben. Es liegt vor

1. Eine beglaubigte Abschrift des gemeinschaftlichen Testaments des Paul Reich und seiner Witwe vom 22. November 1903 mit dem Inhalte der Verfügung unter II 1a und der Hypothekenbrief.
2. Eine notarielle Verhandlung in Ausfertigung über die vom Eigentümer und dem Testamentsvollstrecker vereinbarten neuen Bedingungen unter II 1b mit dem Antrage auf Eintragung der neuen Bestimmungen. Der beurkundende Notar hat die Vorgänge mit dem Antrage auf Eintragung überreicht.

V.

1. An Notar Seidel. Zust.

In der Grundbuchsache Schönwald Bd. 1 Bl. 1, Bd. 11 Bl. 310 und 322 steht Ihrem Antrage (Not. Reg. 222/07) folgendes Hindernis entgegen:

Zunächst bedarf es der Zustimmung der Vorerbin zu den von Ihnen beurkundeten Erklärungen, weil nach dem Testamente der Testamentsvollstrecker über eingetragene Rechte wie hier nicht allein ohne die Vorerbin verfügen darf.

Alsdann ist vor der Eintragung der Änderungen die Eintragung der Erben des Testaments nebst den Einschränkungen notwendig. (§ 40, 41, 52, 53 G. B. O. 2044 B. G. B.). Es liegt keine der im § 41 a. a. O. vorgesehenen Ausnahmen (Aufhebung, Übertragung, alleinige Bewilligung der Eintragung eines Rechts durch einen Testamentsvollstrecker) vor.

Zur Beibringung der beglaubigten Zustimmung der Vorerbin und des schriftlichen formlosen Antrags auf Eintragung der Erben in das Grundbuch wird gemäß § 18 G. B. O. eine Frist von 1 Monate bestimmt.

2. 1 Monat nach Zustellung.
3. Entwurf umseitig (oder nachstehend).

II. V. (Entwurf.)

1. Schönwald Abt. III Sp. Ver.:

a) Bl. 1 Nr. 2, Bl. 310 Nr. 1, Bl. 322 Nr. 3 } 50 000 M. wie Tabelle Bl. 1 Abt. III Nr. 2 Sp. Ver. von 9. 9. 07. Seite 9.

b) Bl. 1 Nr. 2, Bl. 310 Nr. 1, Bl. 322 Nr. 3 } 50 000 M. wie Tabelle Bl. 1 ebenda zweite Eintragung. Seite 9.

2. Brief mit Vermerk einschließlich blauer Klammer der Urkunde vom 1. 9. 1907 an Testamentsvollstrecker nebst Testament.
3. Begl. Abschrift des Testaments z. d. A.
4. Nachricht an a) Eigt. N. N.
   b) Testamentsvollstrecker,
   c) die Vorerbin,
   d) Notar.
5. Wohnbl.
6. Frist O Nr. 17 löschen.

Anmerkung: Obiger Entwurf zu II ist nach Hebung des Hindernisses zu I vom Richter datiert und unterschrieben. Die zu II 1b in Bezug genommenen Bestimmungen waren für die Uebersichtlichkeit des Grundbuchs, aber nicht für die des Briefes zu umfangreich, so daß sie in diesen hinter die auf den Brief gesetzte Grundbucheintragung mit folgender Einleitung gesetzt werden: „Die in Bezug genommenen Bestimmungen lauten: ...."

Siehe auch Beispiel Nr. 7.

22. Verteilung einer Gesamthypothek durch den Gläubiger. (§ 1132 Abs. 2 B. G. B., § 64, 68, 48, 49 G. B. O.).

Der Testamentsvollstrecker hat unter Überreichung des Briefes Schönwald Bl. 1, Bl. 310, Bl. 322 Abt. III über 50 000 M. und einer Sterbeurkunde über den Tod der Vorerbin Witwe Reich in einer notariellen Urkunde die Gesamthypothek ohne Zuziehung des Eigentümers in der Weise verteilt, daß er

a) die Löschung der Hypothek auf Bl. 310 beantragte,
b) die Löschung eines letztstelligen Teilbetrages von 20 000 M. auf Bl. 1 beantragte und den erststelligen Restbetrag von 30 000 M. an Bluff & Co. abtrat,
c) die auf Bl. 1 gelöschten 20 000 M. auf Bl. 322 zur Alleinhaft übertrug und die übrigen auf Bl. 322 stehenden 30 000 M. zu löschen beantragte.
d) beantragte, die Erbenvermerke bei der Hypothek auf Bl. 1 und 322 zu löschen und die 20 000 M. auf Bl. 322 auf die 3 Nacherben zu gleichen freien Rechten und Anteilen umzuschreiben.

(Vergl. Verteilung und Tabelle Bl. 1 Abt. III Nr. 2 Sp. Ver. Seite 9, 11.)

V.

1. Schönwald Bl. 310 Abt. III Sp. Lösch.
   Nr. 1: 50 000 M. gelöscht am 10. 1907.
2. Ebenda Bl. 1 Abt. III.
   a) Sp. Ver. Nr. 2: 30 000 M.: Die Mithaft von Bl. 310 und 322 ist erloschen. Eingetragen am 10. 1907.
   b) Sp. Ver. Nr. 2: 30000 M. nebst den Zinsen seit dem 1. Oktober 1907 an die offene Handelsgesellschaft Bluff & Co. in Charlottenburg abgetreten. Über diese Post ist ein neuer Brief erteilt. Eingetragen am ten 10. 1907.
   c) Sp. 8 Nr. 2: Nebenstehender Vermerk über das Vor- und Nacherbenrecht vom 9. 9. 1907 ganz gelöscht am ten 10. 1907.
   d) Sp. Lösch. Nr. 2: 20000 M. i. B. letztstelliger Teilbetrag der Reichschen Erben hier gelöscht am ten 10. 1907.
      (Sp. 3 Rest 30 000 M.: die Mithaft von Bl. 310 und 322 in Sp. 4 röten.)
3. Schönwald Bl. 322
   a) Sp. Lösch. Nr. 3: 30000 M. i. B. Teilbetrag gelöscht am 10. 1907. (Rest 20 000 M. in Sp. 3.)
   b) Sp. 8 Nr. 3 wie vorher zu 2c.
   c) Sp. Ver. Nr. 3: 20 000 M. Die Mithaft von Bl. 1 und 310 ist erloschen. Eingetragen am ten 10. 1907.
   d) Sp. Ver. Nr. 3: 20 000 M. zu gleichen freien Rechten und Anteilen auf die bisherigen Nacherben Georg, Gertrud und Anna Reich umgeschrieben. Über diese Post ist ein neuer Brief erteilt. Eingetragen am ten 10. 1907.
      (Die Mithaft von Bl. 1 und 310 in Sp. 4 röten.)
4. Brief über 50 000 M. unbrauchbar z. d. A.
5. Neuer Brief über 30000 M. mit Vermerken von 2 d. V. und mit bisheriger Urkunde vom 1. 9. 07 gemäß § 64, 68 G. B. O. an Bluff & Co.
6. Neuer Brief über 20000 M. mit Vermerken von 3 d. V. und einer begl. Abschrift der Urkunde zu 5 d. V. gemäß § 64, 68 G. B. O. an Georg Reich.
7. Nachricht an a) Eigt. Paul Meier
   b) Georg Reich, gleichzeitig als Vormund von Gertrud und Anna Reich. } von Allem,
   c) Bluff & Co. von 2 d. V.
   d) die Akten Bl. 310, 322.
   e) Vorm-Gericht.
8. Wohnbl.

23. Freiwillige Bestellung von Sicherungshypotheken aus § 1184 bis 1190 B. G. B. (Siehe auch Beispiel Nr. 49.)

Die beglaubigten Bewilligungen sind gleichzeitig überreicht.

Eine Hypothek aus § 1184 muß als Sicherungshypothek bezeichnet werden und wird wegen einer bei der Eintragung schon bestehenden bestimmten Forderung bestellt.

Die Höchstbetragshypothek aus § 1190 B. G. B. wird für eine bei der Eintragung ganz oder zum Teile noch nicht feststehende Forderung, in deren Höchstbetrag etwaige Zinsen einzurechnen sind, bestellt und braucht als Sicherungshypothek nicht bezeichnet zu werden, obwohl es empfehlenswert ist. Neben dem Höchstbetrage können Zinsen nicht in das Grundbuch eingetragen werden. (Vergl. Höchstbetragshypothek.) — Da für die Kosten ein Brief nicht bei der Gerichtskasse zurückbehalten werden kann, bedarf es nicht notwendig der gemeinschaftlichen Einziehung der Kosten beider Amtsgerichte; aber es geschieht besser.

Die Forderung muß vom Besteller genau bezeichnet werden. S. Hypothek 4.

V.

I. 1. Schönwald Bl. 303 }
Bl. 304 } Abt. III Sp. 1—4.

a) Nr. 3 auf 1: 10000 M. i. B. Sicherungshypothek zur Sicherheit für eine zu 6 vom Hundert jährlich seit dem 1. Januar 1908 verzinsliche Darlehens- und Wechselforderung von 9330 M. für die offene Handelsgesellschaft Brünig & Co. in Berlin. Eingetragen zu gleichem Range mit der Hypothek Nr. 4 am Februar 1908 auf Schönwald Bd. 11 Bl. 303 und 304.

b) Nr. 4 auf 1: 20000 M. Sicherungshypothek für die offene Handelsgesellschaft Brünig & Co. in Berlin zur Sicherheit für ihre aus der Geschäftsverbindung mit dem Kaufmann N.N. in N. bestehenden und noch entstehenden Ansprüche bis zum Höchstbetrage von zwanzigtausend Mark eingetragen zu gleichem Range mit der Hypothek Nr. 3 am Februar 1908 auf Schönwald Bd. 11 Bl. 303 u. 304.

2. Begl. Abschrift der beiden Urkunden z. d. A.

3. Nachricht an
   a) Brünig & Co. und Eigentümer N.N.
   b) zu den Akten Bl. 304.
   c) das A. G. zu Oranienburg mit den 2 Urkunden und folgendem Zusatze: Wir ersuchen ergebenst um gefl. Eintragung der beiden Sicherungshypotheken und um Nachricht davon.

4. Wohnblatt.

5. Nach 1 Monate.

II. Die Nachricht vom A. G. Oranienburg ist eingegangen.

V.

1. Schönwald Bl. 303 und 304 Abt. III Sp. Ver.

Nr. 3: 10000 M. }
4: 20000 M. } Das Grundstück Oranienburg Bd. 20 Bl. 596 haftet mit. Eingetragen am III. 08.

2. Nachricht an
   a) Eigentümer N.N.
   b) Brünig & Co.
   c) A. G. Oranienburg.
   d) zu Bl. 304.

3. Frist löschen.

Anmerkung: Der Richter nimmt zweckmäßig den Antrag wie folgt auf: Ich beantrage auf meinem Grundstücke N. N. folgende Hypothek einzutragen: 10000 M. . . . . wie oben I 1 a bis „Berlin" . . . . und rückt dann die Formel der Verhandlung in die Verfügung ein. Bei einer gewöhnlichen Hypothek empfiehlt sich der Zusatz gemäß § 58 Abs. 3 G. B. O., daß eine Urkunde nicht errichtet ist. Bei Unterwerfung unter die sof. Zwangsvollstreckung müssen die Erklärungen wie Seite 50 lauten

24. Sicherungszwangshypotheken.

I. Fall Tabelle Bl. 1 Abt. III Nr. 6. Der Rechtsanwalt Schulz hat ein mit Vollstreckungsklausel versehenes, zugestelltes vorläufig vollstreckbares Versäumnis-Wechselurteil, den zugehörigen Wechsel und seine Vollmacht überreicht und die Eintragung Abt. III Nr. 6 beantragt, außerdem aber die Eintragung von nicht festgesetzten Gebühren, Auslagen und Eintragungskosten verlangt.

V.

1. Schönwald Bl. 1 Abt. III Sp. 1—4.
   Nr. 6 auf 6, 7:
   607 M. . . . . wie Tabelle Bl. 1 Seite 10.
2. Beglaubigte Abschrift des Urteils und Anlagen (ohne Vollmacht) z. d. A.
3. Urteil nebst Vermerk von 1 d. V. und Anlagen ohne Vollmacht an R.-A. Schulz.
4. Nachricht an a) Paul und Gustav Meier,
   b) Gläub. Wechselmann,
   c) R.-A. Schulz mit dem Zusatze: Der Antrag auf Eintragung von Gebühren und Auslagen sowie Eintragungskosten muß in Ermanglung eines Schuldtitels dafür kostenpflichtig abgewiesen werden. Gemäß § 867 Z. P. O. haftet das Grundstück für die dem Schuldner zur Last fallenden Kosten der Eintragung. Diese Eintragung ist daher überflüssig und deshalb unzulässig.
5. Wohnbl.

II. Fall Tabelle Bl. 1 Abt. III Nr. 3, 4:

a) die (durch den Rendanten oder Kassenkurator vertretene) Gerichtskasse ersucht in einem unterschriebenen und mit Amtsstempel versehenen Anschreiben (Art. 9 A. G. G. B. O.) unter Angabe des Kassenzeichens (Kostenrechnung nicht notwendig) um Eintragung der Sicherungshypothek Nr. 3;

b) der Kreisausschuß des Kreises Teltow, vertreten durch den Landrat, ersucht in einem Anschreiben wie zu a um Eintragung der Sicherungshypothek Nr. 4 wegen nichtgezahlter Grundstücks-Umsatzsteuer, die die Kreise und Gemeinden neben Reichs- und Landesstempel erheben dürfen.

Die Ersuchen sind gleichzeitig eingegangen und mit demselben Eingangsvermerke versehen.

V.

1. Schönwald Bl. 1 Abt. III Sp. 1—4.
   Nr. 3 auf 6, 7: 420 M. } wie Tabelle Bl. 1 Seite 8.
   Nr. 4 auf 6, 7: 1320 M. }
2. Nachricht an a) Eigt. Paul und Gustav Meier, b) Gerichtskasse, c) Kreis.
3. Wohnblatt.

III. Für wertbeständige Hypotheken s. Beispiel 62.

25. Nachträgliche Erteilung eines Briefes. Vorrangseinräumung mit gleichzeitiger Löschungsvormerkung aus § 1179 B. G. B. und Vollstreckungsklausel wegen eines Teilbetrages (§ 800 Z. P. O). Fall: Abt. III Sp. Ver. Tabelle Bl. 601 die Eintragungen zu Nr. 8, 9, 10 vom 15. 9. 1908. Seite 21, 23.

Überreicht sind die Briefe zu Abt. III Nr. 9, 10; die Vorrangseinräumungen der Gläubiger von Nr. 8, 9, 10; die Zustimmung des Eigentümers dazu nach § 880 B. G. B. und dessen Antrag auf Eintragung der Löschungsvormerkung zu Gunsten der jeweiligen Gläubiger von Nr. 8 und 9 ohne die vom Kammergerichte verlangte Fassung und einseitige Erklärung des Gläubigers von Nr. 8 auf nachträgliche Erteilung eines Briefes. Endlich hat sich der Eigentümer in notarieller Verhandlung wegen 60000 M. der sofortigen Zwangsvollstreckung unterworfen. Der beurkundende Notar hat die Vorgänge unter schriftlicher Wiederholung aller Anträge überreicht.

V.

1. An Notar: Zust.

In pp. stehen Ihrem Antrage vom 20ten d. M. (Not. Reg. 110 bis 114/08) folgende Hindernisse entgegen:

Die Bewilligung (111/08) betont, daß die Löschungsvormerkung für die jeweiligen Gläubiger der Hypotheken Nr. 8 und 9 eingetragen werden soll, hat aber nicht die vom Kgl. Kammergerichte in seiner Entscheidung vom 1. III. 1906 (Reichsjustizamt Bd. 7 Seite 147) verlangte Fassung.

Die nachträgliche Erteilung des Hypothekenbriefes zur Hypothek Nr. 8 ist nur vom Gläubiger (110/08) beantragt. Der Eigentümer muß jedoch der Erteilung in begl. Form zustimmen.

Gemäß § 18 G. B. O. wird zur Beseitigung der Hindernisse eine Frist von einem Monate gesetzt. Nach deren fruchtlosem Ablaufe wird der Antrag auf Erteilung des Briefes abgewiesen und den übrigen Anträgen mit der Maßgabe stattgegeben werden, daß die Löschungsvormerkung nur für die jetzigen Gläubiger der Hypotheken Nr. 8, 9 eingetragen werden wird, weil auf alle Fälle ein dahingehender Antrag schon jetzt vorliegt. Der weitergehende Antrag wird abgewiesen werden.

Im übrigen ersuchen wir ergebenst, gefälligst künftig nicht sämtliche Anträge in dem Anschreiben wiederholen zu wollen. Dem Gerichte ersteht durch die Prüfung der nur wiederholten Anträge eine erhebliche unnötige Arbeit. Es genügt eine kurze Verweisung auf die Urkunden.

2. 1 Monat nach Zust.

3. Entwurf umseitig.

II. (Entwurf, der nach Hebung des Hindernisses unterzeichnet ist.)

V.

1. Schönwald Bl. 601 Abt. III Sp. Ver.

a)	Nr. 8: 25000 M.	wie Tabelle Abt. III Sp. Ver. von Bl. 601 vom 15. 9. 1908. Seite 21, 23.
b)	Nr. 8: 25000 M.	
	Nr. 9: 28000 M.	
c)	Nr. 10: 150000 M.	
d)	Nr. 10: 150000 M.	
e)	Nr. 10: 150000 M.	

2. Der neu zu bildende Brief Abt. III Nr. 8 mit Vermerk von 1 a b d. V. und der Ausfertigung des Kaufvertrags vom 27./7. 08 (Seite 2ff. d. A.) an Landhausgesellschaft.

3. Begl. Abschrift des Vertrages zu 2 z. d. A.

4. Brief Abt. III Nr. 9 über je 14000 M. mit Vermerken von 1 b an Billig und Rindfleisch.

5. Brief über 150000 M. mit Vermerken von 1 c d e d. V. an Märkische Baubank.

6. Nachricht an
   a) Eigt. Gutholz von Allem,
   b) Landhausgesellschaft von 1 a b d,
   c) Billig und Rindfleisch von 1 b d,
   d) Märkische Baubank von 1 c d e,
   e) Notar.

7. Frist O Nr. 11 löschen.

Anmerkung.

Die Rangänderungsvermerke müssen bei der vor- und bei der zurücktretenden Post eingetragen werden. (Vergl. die amtlichen Musterbeispiele und die wiederholten Entscheidungen des Kammergerichts.)

Wenn mit den Vorrangseinräumungen ein Antrag auf Eintragung einer Löschungsvormerkung für die zurücktretenden Gläubiger eingereicht wird, darf man nicht den Vorrang ohne die Vormerkung eintragen. Letztere ist offenbar die Voraussetzung des ersteren. Vergl. Löschungsvormerkung, Rangänderung. Erstere kann selbstverständlich nur bei der später zu löschenden Hypothek eingetragen und auf dem dazu gehörigen Briefe vermerkt werden; sie geht, wenn sie zugunsten einer bestimmten Person eingetragen wird, nur dann auf den Erwerber der abgetretenen berechtigten Hypothek über, wenn die Rechte aus der Vormerkung mit abgetreten sind. Der Gläubiger der zu löschenden Hypothek braucht der Eintragung der Vormerkung bei seiner Hypothek nicht zuzustimmen. Seine Rechte werden nicht betroffen. Vergl. Hypothekenbrief (3).

26. Ein Teil einer Hypothek ist Eigentümergrundschuld geworden.

Es handelt sich um die 30000 M. von Bluff & Co. in der Tabelle Bl. 1 Abt. III Nr. 2 Sp. Ver., Eintragungen vom 10. Oktober 1907 und 6. Januar 1908.

Es liegen vor:

1. Eine vom Notar beglaubigte Löschungsbewilligung und Quittung der Firma Bluff & Co. über gezahlte erststellige 10000 M. ihrer Hypothek von 30000 M.
2. Eine beglaubigte Bewilligung des Eigentümers, worin er sich wie gewöhnlich als Schuldner eines Darlehns von 10000 M. mit neuen Bedingungen bekennt und erklärt, daß er die Eigentümerteilgrundschuld der erststelligen 10000 M. unter Umwandlung in eine gewöhnliche Hypothek abtrete und die Aushändigung des zu bildenden Teilbriefes an den neuen Gläubiger beantrage.
3. Der Brief über 30000 M. und der Registerauszug von Bluff & Co.
4. Der schriftliche Antrag des Notars auf Eintragung gemäß § 15 G. B. O.

V.

1. Schönwald Bl. 1 Abt. III Sp. Ver.
   Nr. 2: 10000 M. i. B. erststelliger Teilbetrag . . . . . .
   wie Tabelle Bl. 1 Abt. III Nr. 2 Sp. Ver. Seite 11.
2. Begl. Abschrift der neuen Schuldurkunde z. d. A.
3. Teilbrief nur mit der neuen Schuldurkunde an die Aktiengesellschaft Schönbau.
4. Stammbrief mit Vermerk von 1 d. V. an Bluff & Co.
5. Nachricht an
   a) Eigt. Landhausgesellschaft.
   b) Bluff & Co.
   c) Akt.-Ges. Schönbau.
   d) Notar.
6. Wohnbl.

Anmerkung: Hätte der Notar den Teilbrief schon selbst gebildet und mitüberreicht, wäre nur noch der Eintragungsvermerk auf die Briefe gesetzt, aber die vom Notar auf die Briefe gesetzten Vermerke wären in begl. Abschrift zu den Akten genommen worden. —

27. **I. Zwei Eigentümer eines Grundstücks zu gleichen Teilen verfügen über eine getilgte Hypothek verschieden.** (Vergl. Eigentümergrundschuld und Tabelle Bl. 601 Abt. III Sp. Ver. Nr. 10: 2500 M. Seite 29.)

Von den 10000 M. des Rentiers Bauer (Abt. III Nr. 10 von Bl. 601) war am 31. August 1909 ein Betrag von 5000 M. gelöscht und abgeschrieben worden. Der Rest ist von den beiden Eigentümern Heinrich und Paul Kühn laut notarieller Löschungsbewilligung des Gläubigers gemeinschaftlich gezahlt. Die Hypothek ging zu gleichen Teilen als Eigentümergrundschuld auf die Eigentümer über. Heinrich Kühn beantragt die Löschung des seinen Anteil belastenden Hypothekenteils, während Paul Kühn wie in den Beispielen 26, 32 verfährt, nur daß er in eine Sicherungshypothek umwandelt. Die Bewilligungen nebst Anträgen in beglaubigter Form und der Restbrief über 5000 M. liegen vor.

V.

1. Schönwald Bl. 601 Abt. III.
   a) Sp. Lösch.
      Nr. 10: 2500 M. Teilbetrag des Rentiers Bauer auf dem Grundstücksanteile des Heinrich Kühn gelöscht am November 1909.
   b) Sp. Ver.
      Nr. 10: 2500 M. . . . . . .
      wie Tabelle Bl. 601 Abt. III Sp. Ver. Seite 29.
2. Nachricht an
   a) Eigt. Heinrich Kühn nebst unbrauchbarem Brief über 5000 M. von 1a b.
   b) Paul Kühn von 1a b.
   c) Bauer von 1a b.
   d) Frau Karla Kühn von 1b.
3. Wohnbl.

II. Teilung einer Hypothekenforderung gemäß § 1151, 1152 B. G. B.

Es liegt vor: Die beglaubigte Erklärung der Gläubigerin, daß sie die Forderung von 155 000 M. in einen Teilbetrag von 130 000 M. und einen diesem nachstehenden Betrag von 25 000 M. teile und die Erteilung eines Teilbriefes über 25 000 M. sowie die Eintragung in das Grundbuch beantrage; ferner der Brief über 155 000 M. und der Register-Auszug der Bank.

V.

1. Schönwald Bl. 1097 Abt. III Sp. Ver. Nr. 5 : 155 000 M. Diese Hypothek ist in erststellige 130 000 M. und in letztstellige 25 000 M. geteilt. Über die 25 000 M. ist ein Teilbrief erteilt. Eingetragen am ten
2. Stammbrief über 130 000 M. und Teilbrief über 25 000 M. an Bank.
3. Nachricht an
   a) Eigt. N. N.
   b) Gläub. Bank N. N.

28. Eine nicht seltene Berliner Stadtgrundbuch-Verfügung.

Reinigung des Gb durch Rötung der durch vollständig neue Vereinbarung aller Zins- und Kapitalszahlungsbestimmungen (Nebenbestimmungen) aufgehobenen und deshalb zu beseitigenden bisherigen Nebenbestimmungen von Hypotheken. (S. Rötung.) Ferner Rangfeststellung und genaue Bezeichnung von rangverschiedenen, durch zahlreiche Hände gegangenen Teilhypotheken mit Buchstaben von Amtswegen ohne Kosten, weil das Gb dieserhalb durch Schuld des Gba unübersichtlich geworden ist. Rangänderungen zwischen Voll- und einzelnen Teilhypotheken einerseits und einer neuen Hyp. andrerseits. Die Neubestellung, Veränderungen und Rangänderungen der Hyp. liegen in Ausfertigungen von Verhandlungen mit Erklärungen der Eigt, dem die Gläubiger in nur beglaubigter Form zugestimmt haben, vor. Forderungsauswechslung nach § 1180 B G B.

V.

1. Schönwald Bl 1954 Abt III Sp 5—7 außer a:
   a) Sp 1—4: 19 auf 1: 5000 M i B Darlehn, mit $4^1/_2$, gegebenenfalls 5 und 6 v H verzinslich, für die Stadtgemeinde Sch (Sparkasse). Der jeweilige Grundstückseigentümer ..... U Bez auf die Bewilligung vom 15. 9. 21 eingetragen am ten 12. 1921.
   b) Nr 1 : 46 700
2 : 78 300
5a: 10 000 M erststell. Teil der Hyp Nr 5 } Alle Nebenbestimmungen sind neu vereinbart. An die Stelle der Restkaufgeldforderung der Hypothek Nr 2 ist eine Darlehnsforderung gesetzt. Der Zinssatz beträgt ab 1 Okt 1921 $4^1/_2$, gegebenenfalls 5 u 6 v H. Der jew Gr ..... wie a weiter .....
   c) Nr 5: 61 000 M. Diese Hypothek besteht aus folgenden Teilen im Range ihrer nachstehenden Reihenfolge:
      5a: 10 000 M erststelliger Teil der Stadtgemeinde Sch.
      5b: 10 000 M zweitstelliger Teil des Paul H.
      5c: 13 000 M drittstelliger Teil
5d: 2 000 M viertstelliger Teil
5e: 26 000 M fünftstelliger Teil } des Oskar H.
      Zur Klarstellung von Amtswegen eingetragen am ten 12. 1921.
   d) Nr 5b: 10 000 M
5c: 13 000 M
5d: 2 000 M
5e: 26 000 M
18: 14 000 M
19: 5 000 M } Der Hypothek Nr 19 ist vor den Hypotheken 5b c d e, 18 der Vorrang eingeräumt. Eingetragen am ten 12. 21.
   e) Röten wie in der Tabelle rot geklammert. (Anm.: Von den Teilabtretungen Nr 5 sind nur die ersten und die letzten Teilabtretungen auf die jetzigen Gl im Gb belassen, da die Teile nunmehr so feststehn.)
2. Begl Abschrift der Urkunden Not Reg 425/21 z d A und für alle Briefe mit Ausnahme von III 19, der mit der Ausfertigung zu verbinden ist.
3. Tabelle, Gb und Briefe III 5 überall mit den Buchstaben zu 1b c d d V versehn.
4. Nachr an a Eigt.
   b Stadtgemeinde mit berichtigten Briefen III 19, 1, 2, 5a
   c Paul H " " " III 5b
   d Oskar H " " " III 5c d e
   e Gl III 18 von 1d
   f Notar.
5. Wohnbl.
6. Keine Kosten zu 1c d V wegen früherer unrichtiger Behandlung des Gb durch das Gba gemäß § 10 Pr G K Ges.

Anmerkung: Wenn in der neuen Urkunde unzweckmäßig nicht alle Nebenbestimmungen neu zusammengefaßt sind, sondern wenige Bestimmungen früherer Urkunden durch Verweisung aufrecht erhalten sind, kann man dennoch alle früheren Eintragungen in Sp 5—7 röten, muß dann aber auf alle alten u neuen Urkunden Bezug nehmen, was das Gb vereinfacht. S Rötung

29. Abtretungen verschiedener Art.

I. Eine Hypothek ist mehrfach abgetreten gemäß § 19, 29 G.B.O. unter Übergabe des Briefes und zwar von A. an B., von B. an C.; C. ist verstorben; D. ist laut Erbschein sein Erbe und hat an E. ebenso weiter abgetreten. E. legt Brief und alle Abtretungen nebst Erbschein und Brief vor und beantragt formlos schriftlich seine Eintragung als Gläubiger. (Vergl. Abtretung und Berichtigung 6). § 1155 B. G. B., § 26, 36, 22 G. B. O.

V.

1. Schöntwald Bl. 700 Abt. III Sp. Ver.
   Nr. 3: 6700 M. nebst den Zinsen seit 1. Januar 1909 an den Kaufmann E. in Berlin abgetreten. Eingetragen am ten 12. 08.
2. Nachricht an a) Eigt. N. N.
   b) die Gläubiger A., B., D.,
   c) Gläub. E. nebst Brief mit Vermerk.
3. Wohnbl.

II. E. tritt ebenso in 2 Urkunden mit dem Antrage auf Erteilung von Teilbriefen, wie folgt, an F., G., H. ab und zwar an die beiden Letzteren mit gleichem Range.

V.

1. Schöntwald Bl. 700 Abt. III Sp. **Ver.***
   Nr. 3: 2700 M. i. B. erststelliger Teilbetrag nebst den Zinsen seit dem 1. April 1909 an den Kaufmann F. in Berlin abgetreten.
   Nr. 3: 2000 M. i. B. Teilbetrag an den Kaufmann G. in Potsdam, 2000 M. i. B. Teilbetrag an den Rentier H. in Steglitz, mit dem Range nach den 2700 M. des Kaufmanns F. in Berlin, nebst den Zinsen seit dem 1. Mai 1909 abgetreten. Eingetragen am ten März 1909.
2. Stammbrief über 2700 M. mit Vermerken an F.
3. Je ein Teilbrief über 2000 M. an G. und H.
4. Nachricht an a) Eigt. N. N.
   b) E.
   c) F. G. H.
5. Wohnbl.

III. F. tritt seine 2700 M. an J. ab.

V.

1. Schöntwald Bl. 700 Abt. III Sp. Ver.*
   Nr. 3: 2700 M. des Kaufmanns F. abgetreten an den Rentier J. in Berlin. Eingetragen am ten 6. 1909.
2. Nachricht an a) Eigt. N. N.
   b) F.
   c) J. nebst Brief mit Vermerk.
3. Wohnbl.

IV. Es liegt vor ein Teilhypothekenbrief über 15 000 M., dem Kaufmann A. gehörig. Dieser hat davon, notariell beglaubigt, erststellige 5000 M. und zwar je 2500 M., die gleichen Rang haben sollen, an die Kaufleute B. und D. abgetreten. Letztere haben mit dem Eigentümer in derselben Urkunde eine Zahlungsbestimmung geändert. Behalten gleichzeitig abgetretene Teilbeträge gleichen Rang, so braucht dies an sich nicht ausgedrückt zu werden.

V.

1. Schönwald Bl. 1109 Abt. III Sp. Ver.

a) Nr. 1: 5000 M. i. B. erststelliger Teilbetrag der 15 000 M. des Kaufmanns A. mit den Zinsen seit dem 18. September 1909 und zwar je 2500 M. an die Kaufleute B. und D. in Berlin abgetreten. Eingetragen am ten

oder

Nr. 1: 2500 M. i. B. }
2500 M. i. B. } gleichstellige Teilbeträge der 15 000 M. des Kaufmanns A. mit dem Range vor dem Reste von 10 000 M. und mit den Zinsen seit 18. September 1909 an die Kaufleute B. und D. in Berlin abgetreten. Eingetragen am ten

b) Nr. 1: 2500 M. }
Nr. 1: 2500 M. } der Kaufleute B. und D. Das Kapital ist alljährlich am 1. Oktober vom 1. Oktober 1912 ab in Höhe von je 1000 M. zahlbar. Eingetragen am ten

2. Teilbrief über 15 000 M. mit Vermerk zu 1 a an A.

3. Teilbriefe über je 2500 M. an B., D. mit Vermerk von 1 b.

4. Nachricht an a) Eigt. von 1 a, b,
b) A. von 1 a,
c) B., D. von 1 a, b.

5. Wohnbl.

* **Anmerkung:** Das Grundbuchamt muß, wenn die Abtretungserklärung oder Umschreibungsbewilligung Anlaß zu Zweifeln bietet, ob die Zinsen mit abgetreten oder vorbehalten sind, eine zweifelsfreie Erklärung des bisherigen Gläubigers (nicht des Notars) gemäß § 18 G. B. O. fordern, da die Forderungsabtretung nicht notwendig den Übergang der Zinsen zur Folge hat und der Zinsübergang miteinzutragen ist. Joh. 40 A. 273 K. G. 23 5. 10. Nach der Entscheidung ebenda vom 14. 11. 10 kann das Zinsrecht auch einem Dritten auf Lebenszeit (eine Nießbrauchsbestellung kann darin liegen) abgetreten werden. Nach Beendigung des Nießbrauchs steht das Zinsrecht dem neuen Hypothekengläubiger zu. — S. Zinsen ff.

Teilhypotheken werden, sobald eine häufigere weitere Teilung oder Abtretung erkennbar ist, zur Ermöglichung der Rötung und Vermeidung der Verwirrung des Gb durch zahlreiche Teilabtretungsvermerke zweckmäßig mit unterscheidenden Buchstaben A, B, C usw versehn. Alsdann kann man alle Teilabtretungen außer dem ersten u letzten röten. S **Rötung,** Beispiel Nr 28. Darnach würde es oben besser lauten: **Zu II Nr 3 A:** 2700 M i B erststelliger Teil der Hyp Nr 3 nebst.....; Nr 3 B: 2000 M i B zweitstelliger Teil der Hyp Nr 3 an den.....; Nr 3 C: 2000 M i B zweitstelliger Teil.....! — **Zu III:** Nr 3 (oder 3 A) 2700 M erststelliger Teil der Hyp Nr 3 nebst Zinsen.....! — **Zu IV** entsprechend.

30. Abtretung mehrerer Hypotheken durch die verschiedenen Gläubiger und Vereinbarung neuer Bedingungen in zwei Urkunden zwischen dem Eigentümer und neuen Gläubiger gemäß § 19, 29, 13 G. B. O.

Zwei Briefe und ein Teilbrief sind überreicht und sollen nach den Urkunden der **Baubank**, nach dem schriftlichen Antrage des Notars **diesem** übersandt werden. S. Notar.

V.

1. Schönwald Bl. 19 Abt. III Sp. Ver.

   a) Nr. 1: 27 100 M.
   Nr. 2: 22 660 M.
   Nr. 3: 140 240 M. des Kaufmanns Reich
   190 000 M.

   nebst den Zinsen seit dem 1. April 1909 an die Aktiengesellschaft Berliner Baubank in Berlin abgetreten. Eingetragen am März 1909.

   b) Nr 1, 2, 3.... wie a der Baubank: Der Zinssatz beträgt seit 1. April 1909 $4^1/_2$, gegebenenfalls 5 v H. Alle (oder „Einige") Nebenbestimmungen sind neu vereinbart. Der jeweilige Grundstückseigentümer ist der sofortigen Zwangsvollstreckung unterworfen. Unter Bezugnahme auf die Bewilligung vom 15 eingetragen am März 1909.

2. Begl. Abschrift der Urkunde vom 15. März 1909 z. d. A.

3. Briefe mit den 3 überreichten Ausfertigungen und Vermerken an Baubank.

4. Nachricht an a) Eigt. N. N. } von allem,
   b) Baubank }
   c) Schulz von 1 a Nr. 1,
   d) Pinnow von 1 a Nr. 2,
   e) Bose von 1 a Nr. 3,
   f) Notar mit dem Zusatze:

   Die Briefe müssen nach den notariellen Urkunden der Baubank übersandt werden. Nach § 15 G. B. O. ist der Notar nicht befugt, dem Inhalte der von ihm aufgenommenen Urkunden widersprechende Anträge zu stellen. Auch haben Sie die Briefe nicht unter der ausdrücklichen Bedingung der Rückgabe an Sie überreicht.

5. Wohnbl.

31. Hypotheken-Abtretung durch den Erben des Gläubigers mit gleichzeitiger Abänderung von Zins- und Kapitalszahlung.

Der Fiskus vereinbart als gesetzlicher Erbe des eingetragenen Gläubigers neue Bestimmungen mit dem Eigentümer und tritt in derselben notariellen Urkunde die Hypothek ab. Wegen dieser Gleichzeitigkeit finden § 40, 41 G. B. O. über vorherige Eintragung des Erben keine Anwendung (S. Abtretung (2), Berichtigung 6).

V.

1. Schönwald Bl. 210 Abt. III Sp. Ver.

Nr. 6: 8000 M. nebst den Zinsen seit dem 1. April 1907 an den Kaufmann Karl Wende in Berlin abgetreten. Der Zinssatz beträgt vom 1. April 1907 ab 5 vom Hundert. Das Kapital ist vor dem 1. Oktober 1917 für den Gläubiger nicht kündbar. Eingetragen am 3. 1909.

2. Brief mit Vermerk an Wende.

3. Nachricht an a) Eigentümer N. N.
b) Kgl. Regierung in Potsdam.
c) Wende.

4. Wohnbl.

32. Umwandlung einer Eigentümergrundschuld und Abtretung der Hypothek von 155 000 M. auf Schönwald Bl. 519 Abt. III Nr. 1 (Beispiel 26) unter Hinzufügung einer Nebenleistung und Erhöhung des Zinssatzes auf 6 v. H.

I. Hinter der Hypothek stehen schon unter 2, 3, 4 andere Hypotheken. Wichtig wegen § 1119 B. G. B. Es ist, weil gleicher Rang mit der Hypothek nicht verlangt ist, notwendig, die Eintragung sofort wie nachstehend zu verfügen, ohne erst mit Hilfe des § 18 G. B. O. die Zustimmung der nachstehenden Gläubiger zu verlangen. — § 65 G. B. O. — Wird eine brieflose Hypothek (z. B. Sicherungshypothek) umgewandelt und abgetreten, so ist auch die neue Post brieflos einzutragen, wenn in der Bewilligung von Erteilung oder Aushändigung eines Briefes nichts gesagt ist. (Vergl. Sicherungshypothek.) Es liegen vor:

1. Die beglaubigte Erklärung der Moabiter Bockbrauerei, daß die Hypothek von 155 000 M. nicht entstanden sei. (Es genügt nicht, daß sie nur die Löschung bewillige.)
2. Die begl. Erklärung des Eigentümers, worin er sich wie gewöhnlich als Darlehnsschuldner der Rheinischen Bank mit neuen Bedingungen bekennt, ferner die Hypothek von 155 000 M. in eine gewöhnliche Darlehnshypothek umwandelt, an die neue Gläubigerin abtritt und sich und den jeweiligen Eigentümer der sofortigen Zwangsvollstreckung unterwirft.
3. Der Brief über 155 000 M. und der Handelsregisterauszug der Brauerei.

V.

1. Schönwald Bl. 619 Abt. III Sp. Ver.:
   Nr. 1: 155 000 M. Diese Hypothek ist Eigentümergrundschuld geworden und unter Umwandlung in eine gewöhnliche zu 6 vom Hundert jährlich verzinsliche Darlehnshypothek an die Rheinische Bank in Köln abgetreten. Alle Bestimmungen wegen Zins- und Kapitalszahlung sind neu vereinbart. Wird das Kapital vor dem 31. Dezember 1918 fällig, ist der Gläubigerin bis dahin seit der früheren Fälligkeit eine Entschädigung von 1/4 vom Hundert für das Jahr zu entrichten. Der jeweilige Grundstückseigentümer ist der sofortigen Zwangsvollstreckung unterworfen. Unter Bezugnahme auf die Bewilligung vom 7ten eingetragen am April 1908 mit dem Bemerken, daß die 5 vom Hundert übersteigenden Zinsen und die Nebenleistung den Hypotheken Nr. 2, 3, 4 im Range nachstehen.
2. Begl. Abschrift der neuen Schuldurkunde über 155 000 M. z. d. A.
3. Brief gemäß § 65 G. B. O. ohne bisherige, aber mit der neuen Schuldurkunde und Vermerk von Nr. 1 d. V. an die Rheinische Bank.
4. Nachricht an a) Eigt. N. N.
   b) Brauerei und Rheinische Bank,
5. Wohnbl.

B., 14. 4. 08.

R.

II. Am Tage nach der vorstehenden Eintragung gehen in 3 besonderen Urkunden die vom Eigentümer genehmigten Vorrangseinräumungen der Hypotheken Nr. 2, 3, 4, betreffend die 5 v. H. übersteigenden Zinsen und Nebenleistungen der Hypothek Nr. 1, nebst Briefen ein. S. Rang (10).

V.

1. Schönwald Bl. 619 Abt. III Sp. Ver.:
   a) Nr. 1: 155 000 M. Dieser Hypothek ist in vollem Umfange der Rang vor den Hypotheken Nr. 2, 3, 4 eingeräumt. Eingetragen am
   b) Nr. 2: 17 000 M. Vor dieser Hypothek ist der Nr. 1 der Vorrang in vollem Umfange eingeräumt. Eingetragen am
   c) Nr. 3: 8000 M. wie zu b....
   d) Nr. 4: 5000 M. wie zu b....
2. Briefe Abt. III Nr. 1—4 berichtigen.
3. Nachricht an
   a) Eigt. und Rheinische Bank zus. mit Verf. vom 14. 4.
   b) Sarno nebst Brief Nr. 2.
   c) Moritz nebst Brief Nr. 3.
   d) Darlehnskasse nebst Brief Nr. 4.

B., 15. 4. 08.

R.

33. Unzulässige Abtretung einer Hypothek, da der Gläubiger lediglich deren Löschung bewilligt hat.

Es liegen der Hypothekenbrief und in 2 besonderen beglaubigten Urkunden die Erklärung des Hypothekengläubigers, „daß er die Löschung der Hypothek bewillige", und die Erklärung des Eigentümers vor, daß er die Eigentümergrundschuld unter Umwandlung in eine Hypothek an den N. N. abtrete. (Vergl. Löschungsbewilligung und als Beispiel der Umschreibung Beispiel Nr. 26. 32.)

I. V.

1. An Eigt.: Zust.

In pp. steht Ihrem Antrage vom 1ten d. M. auf Abtretung Ihrer angeblichen Eigentümergrundschuld folgendes Hindernis entgegen:

Da der bisherige Gläubiger N. N. lediglich die Löschung der Hypothek bewilligt hat, liegt weder eine Quittungs- noch Verzichtsleistung vor, sodaß die Hypothek gemäß § 1163, 1168 B. G. B. keine Eigentümergrundschuld geworden ist und Sie darüber nur durch Löschung verfügen können. Falls Sie nicht gemäß § 18 G. B. O. binnen Monatsfrist eine beglaubigte Erklärung des Gläubigers, daß er auf die Hypothek verzichte oder über den Empfang des Hypothekenkapitals nebst Zinsen quittiere oder die Nichtentstehung der Hypothekenforderung bekenne, beibringen, muß Ihr Antrag kostenpflichtig abgewiesen werden.

2. 1 Monat nach Zust.

II. Es ist auf vorstehende Verfügung ein beglaubigter Löschungsantrag des Eigentümers eingegangen. Die nachfolgende Verfügung würde zu 2, 3 ebenso lauten, wenn der Gläubiger auf die Hypothek verzichtet oder zusammen mit dem Eigentümer die Hypothek gemäß § 1183 B. G. B. aufgehoben hätte.

V.

1. Schönwald Bl. 697 Abt. III Sp. Lösch.

Nr. 2: 10 000 M. gelöscht am November 1908.

2. Brief unbrauchbar an Eigentümer; Schuldurkunde an Gläubiger.

3. Nachr. an a) Eigent. N. N.
b) Gläub. N. N. } mit dem Zusatze: Die Schuldurkunde erhält der Gläubiger zurück, weil der Untergang der persönlichen Forderung des Gläubigers nicht feststeht.

4. Wohnbl.

5. Frist löschen.

Anmerkung: Wird durch Verzicht eine Hypothek Eigentümergrundschuld und dann sofort mit oder ohne Umwandlung in eine Hypothek abgetreten, so bedarf es nicht noch der vorherigen Eintragung des Namens des Eigentümers als Gläubigers der Eigentümergrundschuld. Es genügt wie Tabelle Seite 11 (2), 25 (10). Bleibt jedoch die Grundschuld beim Eigentümer, so wird es in Spalte Veränderungen heißen müssen: „Nr. 2: 10 000 M. Diese Hypothek ist infolge Verzichts des Gläubigers vom 2. 1. 1910 Grundschuld des Grundstücks-Eigentümers N. N. geworden. Eingetragen am 6. 1. 1910." — — — Zu obigem Beispiel gehört auch der Fall der Aufhebung der Hypothek.

34. Vorrangseinräumung. (S. No. 32 II.)

Es liegen vor die beiden Hypothekenbriefe, die Bewilligung des zurücktretenden Gläubigers nebst Zustimmung des Eigentümers gemäß § 19, 29, 13, 42 G. B. O., § 880 Abs. 2 B. G. B. (Räumen Teile derselben Stammhypothek einander den Vorrang ein, braucht Eigentümer nicht zuzustimmen § 1151 B. G. B.). — S. Rang 12.

V.

1. Schönwald Bl. 1 Abt. III Sp. Ver.

   Nr. 7: 10 000 M. } wie Tabelle Bl. 1 Abt. III Sp. Ver. Nr. 7
   Nr. 5: 1 675 M. } und 5 vom 10. 10. 1907. Seite 9.

2. Briefe berichtigen.
3. Nachricht an a) Eigt. Paul Meier,
   b) Mörtel mit Brief Nr. 5,
   c) Genossenschaftsbank mit Brief Nr. 7.
4. Wohnblatt.

35. Einräumung des gleichen Ranges — Gemeinschaftlicher Brief.

(§ 66 G. B. O. Siehe Hypothekenbrief)

Es liegt eine Bewilligung des berechtigten Gläubigers gemäß § 19, 29, 13 G. B. O. nebst beiden Briefen vor. Der Eigentümer hat in derselben Urkunde zugestimmt. § 880 B. G. B. trifft nicht zu; wohl aber § 66, 68 Abs. 3 G. B. O.

V.

1. Schönwald Bl. 601 Abt. III Sp. Ver.

   Nr. 8: 12 000 M. } Diesen Hypotheken ist der gleiche Rang eingeräumt.
   Nr. 9: 28 000 M. } Dem Gläubiger ist ein gemeinschaftlicher Brief erteilt. Eingetragen am ten Juni 1909.

2. Brief gemäß 66, 68 Abs. 1 G. B. O. nebst den beiden bisherigen Schuldurkunden an Billig.
3. Nachricht an a) Eigt. N. N.
   b) Billig.

36. Verfügungsbeschränkungen.

I. Es liegt das mit Unterschrift und Amtsstempel versehene Ersuchen der Konkursabteilung eines Amtsgerichts vor, dem der Eröffnungsbeschluß in Ausfertigung beigefügt ist.

V.

1. Schönwald Bd. 7 Bl. 222 Abt. II Sp. 1—3.
   Nr. 1 auf 1. Über das Vermögen des Eigentümers Paul Meier ist das Konkursverfahren eröffnet. Eingetragen am April 1909.
2. Nachricht an Eigt., Konkursverwalter und Konkursgericht.

B. 2. 4. 09.

R.

II. Der Konkursvermerk bei einer Hypothek oder Eintragung der Abt. II und Abt. III wird in Sp. Ver. eingetragen. Ist der Eröffnungsbeschluß nicht beigefügt, so muß die Eintragung auf das Ersuchen allein erfolgen. Die Nachricht an den Gläubiger erhält wegen der Postsperre der Konkursverwalter trotzdem, sodaß man seinen Namen an sich nicht zu erfragen brauchte. Bei der Eintragung braucht der Brief nicht vorzuliegen. Er muß aber zur Berichtigung von dem Konkursgerichte oder Verwalter erfordert werden. § 42 ff. G. B. O.

III. Es liegt ein formularmäßiges Ersuchen des Landgerichts auf Eintragung unter Beifügung der Ausfertigung der einstweiligen Verfügung vor. Diese Beifügung ist notwendig. Fall Tabelle Bl. 601 Sp. Ver. Abt. III Nr. 9b Seite 27. Der nicht beigefügte Brief ist gemäß § 42 G. B. O., 18 G. B. O. vom Landgerichte erfordert und beigebracht. Diese Beschränkung hätte auch auf Grund freiwilliger Bewilligung eingetragen werden können. Dagegen § 1136, 135, 136 B. G. B.

V.

1. Schönwald Bl. 601 Abt. III Sp. Ver.:
   Nr. 9b: 14000 M. Dem Gläubiger Rindfleisch ist untersagt, über diesen Hypothekenanteil zu verfügen. Auf Grund der einstweiligen Verfügung des Landgerichts II — Aktenzeichen — vom 24 zu Gunsten des N N in N. eingetragen am April 1909
2. Brief mit Vermerk an Rindfleisch.
3. Nachricht an
   a) Eigt. N.N.
   b) Rindfleisch.
   c) Billig.
   d) Landgericht.
4. Wohnbl.
5. Frist löschen.

37. Freiwillige Verpfändung einer Hypothek gemäß § 19, 29, 13 G. B. O.

Sie erfolgt durch den Gläubiger unter Vorlegung des Briefes. Vergl. Verpfändung.

V.

1. Schönwald Bl. 601 Abt. III Sp. Ver.
   Nr. 10: 150 000 M.
   wie Tabelle Bl. 601 Abt. III Sp. Ver. Nr. 10 vom 30. 9. 1908. Seite 23.
2. Brief mit Vermerk von 1 d. V. an Deutsche Bank.
3. Verpfändungsurkunde z. d. A.
4. Nachricht an
   a) Eigt. Gutholz.
   b) Deutsche Bank.
   c) Märkische Baubank.
5. Wohnblatt.

38. Zwangsweise Pfändung einer zinslosen Hypothek.

Es liegen vor: Der Hypothekenbrief über 3000 M, der zugestellte Pfändungs- und Überweisungsbeschluß, schriftlicher Antrag des im Rubrum genannten klägerischen Anwalts auf Eintragung des Pfändungsvermerks und Aushändigung eines Teilbriefes in Höhe des gepfändeten Betrages an den Pfändungsgläubiger sowie Rückgabe des Restbriefes an den Schuldner.

V.

1. Schönwald Bl. 622 Abt. III Sp. Ver.:
   Nr. 6: 3000 M. Diese Hypothek ist auf Grund des Pfändungs- und Überweisungsbeschlusses des Gerichts vom 25. Mai 1909 — Aktenzeichen — wegen einer Forderung von 900 M. nebst 6 v. H. jährlicher Zinsen seit dem 1. April 1909 für den Kaufmann Georg Reich in Berlin gepfändet. Eingetragen am 10. 1909.
2. Brief über 3000 M. mit Vermerk an Reich.
3. Nachricht an
   a) Eigt. N.N. }
   b) Reich. } mit dem Zusatze:
   c) Rechtsanwalt }

   Ein Teilbrief über 900 M. nebst 6 v. H. Zinsen konnte nicht erteilt werden. Die gepfändete Hypothek ist zinslos und in voller Höhe durch die Pfändung betroffen, weil die Pfändungsforderung sich jeden Tag um 6 v. H. Zinsen erhöht und schließlich der ganzen Hypothek gleichkommen kann.
4. Wohnbl.

39. Eintragung der Pfändung eines Teiles einer Hypothek bezw. Eigentümergrundschuld unter Erteilung eines Teilbriefes an den Pfändungsgläubiger.

Überreicht sind:

1. der Hypothekenbrief über 65 000 M., die Hypothek ist zu 6 v. H. verzinslich,
2. Pfändungs- und Überweisungsbeschluß mit Zustellungsurkunde wegen nachbenannter Forderungen,
3. Notariell beglaubigte Erklärung des Hypotheken-Gläubigers, daß die Forderung von 65 000 M. nicht zur Entstehung gelangt ist,
4. Schriftliche Vollmacht des Pfändungsgläubigers für R.-A. Leider und dessen schriftlicher Antrag auf Eintragung, wie nachstehend verfügt ist, und Erteilung eines Hypothekenbriefes sowie Aushändigung des Reststammbriefes an den Eigentümer des Grundstücks.

(Vergl. Bildung und Behandlung von Hypothekenbriefen. Der Fall Tabelle Bl. 601 Abt. III Sp. Ver. Nr. 12 über 702, 57 M. der Gerichtskasse ist ebenso zu behandeln. Es lagen bei ihm Ersuchen und zugestelltes Zahlungsverbot und Beschluß vom 25. Mai 1909 in Ausfertigung vor. Seite 27.)

V.

1. Schönwald Bl. 673 Abt. III Sp. Ver.

   Nr. 4: 65 000 M. Diese Hypothek ist Eigentümergrundschuld geworden und auf Grund des Pfändungs- und Überweisungsbeschlusses des Gerichts vom 7. August 1907 — Aktenzeichen — wegen zweier Forderungen von insgesamt 1350 M. i. B. nebst 6 v. H. jährlicher Zinsen von 650 M. seit 1. April 1907 und von 700 M. seit 1. Mai 1907 für den Kaufmann Paul Wechselmann in Berlin gepfändet. Eingetragen am ten August 1907.

2. Stammbrief mit Vermerk von Nr. 1 und 3 d. V. und abgetrennter Schuldurkunde an Eigentümer. (§ 65 G. B. O.)

3. Teilbrief über 1350 M. ohne Urkunde an Wechselmann.

4. Begl. Abschrift des Beschlusses vom 7. 8. 07 z. d. A.

5. Nachricht an a) Eigt. N. N.,
   b) früheren Gläub. der Hypothek N. N.,
   c) Wechselmann,
   d) R.-A. Leider mit Beschluß vom 7. 8. 07.

6. Wohnbl.

40. Löschungsvormerkung.

Es ist eine Löschungsvormerkung „für den jetzigen Gläubiger und dessen Rechtsnachfolger" (oder „für die Gläubiger") der Hypothek Abt. III Nr. 10 von 150 000 M., aber ohne die vom Kammergerichte verlangte Fassung der Bewilligung (vergl. Löschungsvormerkung) in beglaubigter Form vom Eigentümer unter Einreichung des Briefes beantragt. Der Notar hat den Antrag schriftlich in seinem Anschreiben wiederholt. Hier treffe ich, namentlich wenn gleichzeitig Rangänderungen beantragt sind, zur Vermeidung von Verzögerungen und Vermögensnachteilen für die Beteiligten folgende Verfügung:

V.

1. Schönwald Bl. 601 Abt. III Sp. Ver.

Nr. 10: 150 000 M. Der Eigentümer ist verpflichtet, diese Hypothek zur Löschung zu bringen, wenn und soweit sie sich mit dem Eigentume in einer Person vereinigt. Zugunsten der Landhausgesellschaft mit beschränkter Haftung in Schönwald, des Kaufmanns Billig und Schlächtermeisters Rindfleisch als Gläubiger der Hypotheken Nr. 8 und 9 eingetragen am ten 9. 1908.

2. Brief mit Vermerk an Baubank.

3. Nachricht an a) Eigt. Gutholz
b) Märk. Baubank
c) Landhausgesellschaft
d) Billig
e) Rindfleisch
f) Notar

mit folgendem Zusatze beim Eigentümer und Notar:

Die Eintragung der Löschungsvormerkung konnte nicht für eine unbestimmte Zahl von Gläubigern erfolgen, weil die vom Kammergerichte in seinem Beschlusse vom 1. III. 1906 verlangte Fassung der Urkunde nicht vorliegt, aber jedenfalls in dem gestellten Antrage wenigstens die geschehene Eintragung für die jetzigen Gläubiger als gewollt anzusehen ist. Der weitergehende Antrag wird abgewiesen.

Anmerkung: In der Praxis kommt gewöhnlich nur eine Löschungsvormerkung entweder für irgend einen Dritten, der überhaupt noch kein Recht am Grundstücke hat, oder für den derzeitigen Gläubiger einer Hypothek, die der zu löschenden Hypothek den Vorrang eingeräumt hat, oder für den jeweiligen Gläubiger der zurücktretenden Hypothek vor. Der erste und letzte Fall sind umfassender als der zweite. Man darf deshalb, wenn die Vormerkung für Jemanden als „Gläubiger einer Hypothek" eingetragen werden soll, nicht nur „für den N. N. in N." eintragen, weil er nur Berechtigter sein soll, solange er die Hypothek hat. Die Vormerkung ist ein selbständiges Recht, kein Nebenrecht der Hypothek und geht deshalb im ersten wie zweiten Falle nur mittels besonderer Abtretung usw über. S. Löschungsvormerkung. Man wähle nicht obige allgemeine Formel, wenn die Löschung nur für bestimmte Fälle vorgeschrieben ist.

41. Eintragung einer Vormerkung aus § 18 Abs. 2 G. B. O.

A Gemäß beglaubigter Bewilligung der Landhausgesellschaft als Gläubigerin der Hypothek Abt. III Nr. 8 der Tabelle Bl. 601 ist vor erststelligen 12000 M. dieser Post der Hypothek Nr 9 von 28000 M. der Vorrang eingeräumt. Es fehlen jedoch außer dem von der Landhausgesellschaft überreichten Briefe Nr. 8 die beiden Briefe Abt III Nr. 9 und die Zustimmung des Eigentümers. (§ 880 B. G. B., § 42 G. B. O.) Gemäß § 18 G. B. O. ist für deren Nachbringung eine Frist bis zum 1. Juni 1909 bestimmt. Am nächsten Tage geht die notarielle Urkunde über Abtretung der erststelligen 12000 M. an den Mit-Gläubiger der Hypothek Nr. 9, Billig, ohne daß in der Urkunde die Umschreibung bewilligt ist, ein. Ebensowenig ist die Erteilung eines Teilbriefes beantragt. Billig hat die Urkunde übersandt und schriftlich beantragt, den Brief Nr. 8 ihm zu übersenden. (§ 26 G. B. O.) — **Unterschied zwischen Widerspruch und Vormerkung des § 18 II G. B. O. s Hindernis** (Einleitung).

V.

1. Schönwald Bl 601 Abt III Sp Ver.

a)	Halbspalte:	Nr 8: 25 000 M	wie Tabelle Bl 601 Abt III Sp Ver. vom 30. 4. 1909. Seite 25.
		Nr 9: 28 000 M	
b)		Nr 8: 12 000 M	

2. Wegen des Vermerks auf dem Briefe Abt III Nr 8 wird erst nach dem Fristablaufe O Nr 17 verfügt werden.

3. Nachricht an a) Eigt N N.,
   b) Landhausgesellschaft,
   c) Rindfleisch,
   d) Billig, zustellen mit Zusatz: Falls Sie nicht bis zum 1. Juni 1909 die beglaubigte Zustimmung der Landhausgesellschaft zur Aushändigung des Briefes Nr. 8 an Sie beibringen, muß dieser der genannten Gesellschaft ausgehändigt werden. Ihr alleiniger Antrag reicht nicht aus.

4. Frist lft. O Nr 17.

B Eine Auflassung ist eingegangen, aber aus § 18 G. B. O. beanstandet. Während der Frist geht ein Eintragungsantrag des Verkäufers oder eines Gläubigers auf eine Zwangshyp. gegen den Verkäufer ein. (S Rang 12 wegen Ranges; Frist, Hindernis):

V.

1. Schönwald Bl 601: **a** Abt II Nr 17 auf 4: Eine Vormerkung aus § 18 GBO zur Sicherung der Eintragung des NN in N als Eigentümers gemäß der Auflassung vom 1 ten 10. 1927. Eingetragen am ten
   b Abt III Sp 1—4: Nr 20 auf 1: . . . . . Beispiele 24 . . . . . .

2. Nachricht an Eigt, Gläubiger Abt II Nr 17, III 20.

42. **Eintragung einer Vormerkung auf Ersuchen des Gerichts** unter Beifügung der ausgefertigten einstweiligen Verfügung gemäß § 941 Z. P. O. und **ihre Umschreibung in eine endgültige Hypothek** auf Grund besonderer Bewilligung der Eigentümer gemäß § 19, 29, 13 G. B. O. Fall der Tabelle Bl. 1 Abt. III Nr. 5 und des § 648 B. G. B. (Weitere Vormerkungen ebenda Abt. II Nr. 9, 10 Seite 6.)

V.

1. Schönwald Bl. 1 Abt. III Sp. 1—4:

Halbspalte.

Nr. 5 auf 6, 7: 1675 . . . . . wie Tabelle Bl. 1 Seite 8.

2. Nachricht an
   a) Eigt. Paul und Gustav Meier,
   b) Mörtel,
   c) Ersuchendes Gericht (oder Abt. Nr. . . .)
3. Wohnbl.

V.

1. Schönwald Bl. 1 Abt. III Sp. 4 unter Nr. 5.

Zweite Halbspalte.

Umgeschrieben . . . . . wie Tabelle Bl. 1 Seite 8.

2. Beglaubigte Abschrift der Urkunde z. d. A.
3. Brief an Mörtel.
4. Nachricht an
   a) Eigt. Paul und Gustav Meier,
   b) Mörtel.

43. **Eintragung einer Vormerkung aus § 18 Abs. 2 G. B. O.**

Die Eintragung einer Hypothek ist auf Grund einer am 1. Oktober 1909 eingegangenen Bewilligung beantragt. Wegen Beseitigung eines Hindernisses ist dem Eigentümer gemäß § 18[1] G. B. O. eine Frist bestimmt. Am 2. Oktober 1909 geht das Ersuchen auf Eintragung, daß die Zwangsverwaltung und Zwangsversteigerung angeordnet ist, ein. (Ein gleichliegender Fall vergl Tabelle Bl. 601 Abt. III Nr. 11, 12 Seite 22.) Die Umschreibung erfolgt nach Hebung des Hindernisses, wie vorher verfügt ist.

V.

1. Schönwald Bl. 521.
   a) Abt. III Sp. 1—4 Halbspalte.

      Nr. 7 auf 2: 20 000 M. Eine Vormerkung aus § 18 G. B. O. zur Sicherung des Anspruchs auf Eintragung folgender Hypothek; Zwanzigtausend Mark Darlehn zu 6 v. H. jährlich verzinslich, für den Kaufmann Heinrich Wechselmann in Berlin. Unter Bezugnahme auf die Bewilligung vom 27. September 1909 eingetragen am ten Oktober 1909 mit dem Range vor der Eintragung Abt. II Nr. 2.
   b) Abt. II Nr. 2. Die Zwangsverwaltung und Zwangsversteigerung ist angeordnet. Eingetragen am ten Oktober 1909 mit dem Range nach der Vormerkung Abt. III Nr. 7.
2. Nachricht von Allem an a) Eigentümer N. N.,
   b) Wechselmann,
   c) Abteilung 9 wie ersucht.
3. Wohnbl.

44. Widerspruch

gegen eine Eigentumseintragung auf Grund beglaubigter Bewilligung des eingetragenen Eigentümers wegen schwebenden Rechtsstreits um die Kosten einer einstweiligen Verfügung zu ersparen. (Vergl. Widerspruch.)

V.

1. Schönwald Bd. 1 Bl. 1 Abt. II. Sp. 1—3.

Nr. 8 auf 6, 7. Ein Widerspruch gegen die Eintragung des Kaufmanns Paul Meier als Alleineigentümers zugunsten des Kaufmanns Gustav Meier in Schönwald wegen Anfechtung des der Auflassung zu Grunde liegenden Vertrages. Eingetragen am Oktober 1907.

2. Nachricht an Paul und Gustav Meier.

3. Gegenstandswert 2000 M.

45. Widerspruch

gegen die Eintragung einer gewöhnlichen Hypothek auf Grund einstweiliger Verfügung und Ersuchens des Prozeßgerichts gemäß § 941 Z. P. O., § 42[1] Satz 2 G. B. O. (Vergl. Widerspruch.) Der Brief ist nicht vorgelegt, sondern in Händen des Gläubigers. Die Bestimmungen über Vorlegung der Briefe befinden sich in den §§ 40, 42—44, 54, 62 G. B. O. Die Einreichung kann erzwungen werden. (§ 33 Freiw, Art. 15—17 Preuß. Freiw. und Verordnung vom 15. 11. 99 Ges. S. Seite 545. Ordnungsstrafen bis 1000 RM gemäß Art. 14 Nr 3 Vo 6. 2. 1924. S. Grundbuchamt 9, Hypothekenbrief 18.

V.

1. Schönwald Bl. 917 Abt. III Sp. Ver.

Nr. 6: 2300 M. Ein Widerspruch gegen die Eintragung dieser Hypothek ..... entsprechend Seite 9 Nr. 6 .....

2. Nachricht an a) Eigt. N. N.
   b) Gläubiger N. N. mit dem Ersuchen um gefällige freiwillige Einreichung des Hypothekenbriefes über 2300 M. binnen 2 Wochen zwecks Vermeidung der Erzwingung der Einreichung durch das Gericht.
   Zust. an Gläubiger.

3. 2 Wochen nach Zustellung wegen 2 b d. V.

46. Verschiedene Löschungen. (§ 19, 29, 13, 25, 27, 47, 69, 70 G. B. O., § 11, 12, 13 Verf. v. 20. 11. 99.)

I. Überreicht sind der Teilhypothekenbrief Schönwald Bl. 700 Abt. III Nr. 3 über 2700 M. des eingetragenen Kaufmanns F., eine notarielle Abtretung des F. an G., eine weitere beglaubigte Abtretung des G. an H. sowie Löschungsbewilligung nebst Antrag von H. und dem Eigentümer. Die Forderung ist nach der Urkunde getilgt.

V.

1. Schönwald Bl. 700 Abt. III Sp. Lösch.
   Nr. 3: 2700 M. des F. gelöscht am 8. 1909.
   (Rest 4000 M.)
2. Brief unbrauchbar an Eigt.
3. Nachricht an a) Eigt. N. N., b) Gläubiger F., G., H.
4. Wohnbl.

II. Wenn eine Löschungsvormerkung gelöscht werden soll, ist außer der Bewilligung und dem Antrag des berechtigten Gläubigers auch dessen Hypothekenbrief beizubringen, damit er sich als berechtigter Hypothekengläubiger ausweist. Denn das Eigentum an Briefhypotheken geht auch ohne Eintragung über. (§ 1155 B. G. B.) Der Eigentümer braucht nicht zuzustimmen. Sein Recht wird nicht betroffen. Außerdem § 27 G. B. O.

V.

1. Schönwald Bl. 1 Abt. III Sp. 8.
   Nr. 2: Die Löschungsvormerkung vom 10. 4. 09 gelöscht am
2. Brief Nr. 2 mit Vermerk von 1 an den Gläubiger N.N. zurück.
3. Nachricht an
   a) Eigt. N.N.
   b) Gläubiger N.N.
   c) Gläubiger N.N. nebst Brief Nr. 3.

III. Grundbuchreinigung.

Vergl. Tabelle Bl. 1, Verz. II Nr. 2 Seite 4, Abt. II Nr. 10, 12 Seite 6, 7. Vergl. Vormerkung und Ausführungen über Abt. II. Beispiel Nr. 15. Die Verfügung ist einfach.

Liegen Eintragungen vor, die auf irgendwie nicht richtiger Behandlung durch das Grundbuchamt erfolgt sind, sind Kosten nicht zu berechnen. Handelt es sich aber um Eintragungen, die nach altem Rechte eintragbar waren und auf Antrag erfolgt, jetzt aber gänzlich überflüssig sind, sind Kosten nach einem Wert von 200—2000 M. zu berechnen, weil § 1 Preuß. Gerichtskostengesetz (im Interesse des Eigentümers) zutrifft.

47. Bewilligung und Antrag auf Löschung einer getilgten Hypothek, ohne daß eine Quittung aufgenommen wird.

Amtsgericht Berlin-Tempelhof,
Abt. 11.

Eingegangen denselben vorm. 11[13] Uhr.
2 Anlagen. Richter.

Anwesend

Amtsrichter Richter
als Richter.

Berlin, den 1. März 1908.

Es erschienen:

1. Für den Kreis Teltow der Kreisausschußsekretär Bernhard Müller von hier, Lindenstr. 10, laut vorgelegter Vollmacht vom 5. Januar 1906, die sich in beglaubigter Abschrift bei den Grundakten (Seite 91 ff.) befindet,

2. Für die Landhausgesellschaft mit beschränkter Haftung in Schönwald der Geschäftsführer Otto Silberberg aus Schönwald, anliegenden Registerauszug überreichend,

zu 1 durch seine Vollmacht, zu 2 durch ersteren und seinen Militärpaß ausgewiesen.

Sie überreichten den Hypothekenbrief nachstehender Hypothek und erklärten namens des Kreises und der Landhausgesellschaft:

Ich, Müller, bewillige und ich, Silberberg, beantrage die Löschung der Hypothek Schönwald Bd. 1 Bl. 1 Abt. III Nr. 10 von 10000 M. Der Brief nebst Schuldurkunde ist der Landhausgesellschaft, die die Kosten trägt, zu übersenden.

Vorgelesen, genehmigt, unterschrieben von:

Müller. Silberberg.

Richter.

V.

1. Schönwald Bd. 1 Bl. 1 Abt. III Sp. Lösch.
Nr. 10: 10 000 M. gelöscht am ten Oktober 1907.

2. Nachr. an
a) Landhausgesellschaft nebst unbrauchbarem Briefe,
b) Kreis Teltow.

3. Wohnbl.

Anmerkung: Die nebenstehende Verhandlung erspart dem Eigentümer erhebliche Gebühren der Beurkundung, daß die Forderung getilgt sei. Um zu verhindern, daß nach § 69 G. B. O. die Schuldurkunde an den Gläubiger zurückgeht, weil der Untergang der Forderung nicht beurkundet ist, mußte die Übersendung des Briefes nebst Schuldurkunde an den Eigentümer beantragt werden. Die Parteien sind zu belehren, sich eine schriftliche Quittung zu erteilen. Vergl. Löschungsbewilligung, Verzicht auf eine Hypothek (3).

48. Gleichzeitig liegt eine Löschungs- und Umschreibungsbewilligung dieselbe Post betreffend vor.

In Abt. III Nr. 1 steht eine Vormerkung zur Sicherung des Anspruchs auf Einräumung einer Sicherungshypothek für den Kaufmann A. eingetragen.

Am 5. I. 10 geht um 10 Uhr vorm. eine beglaubigte Löschungsbewilligung des Gläubigers A. vom 4. I. 10 nebst unbeglaubigtem Löschungsantrage des Eigentümers B. ein; um 11 Uhr vorm. geht eine beglaubigte Abtretungserklärung desselben Gläubigers vom 16. XII. 09 nebst Umschreibungsantrag betr. dieselbe Vormerkung ein. (§§ 18, 17 G. B. O., § 401 B. G. B.)

V.

1. An Eigt. B. (Zust.): In pp. steht Ihrem Antrage vom 4./5. I. 10 auf Löschung der auf dem genannten Grundstücke in Abt. III Nr. 1 eingetragenen Vormerkung von 2200 M. folgendes Hindernis entgegen:

   Die vom berechtigten A. ausgestellte Löschungsbewilligung datiert vom 4. I. 10. Bereits unter dem 16. XII. 09 hat aber A. die durch die genannte Vormerkung gesicherte Forderung an den Kaufmann F. in beglaubigter Form abgetreten. Durch Abtretung der Forderung ist auch die Vormerkung von selbst auf F. übergegangen. Es bedarf daher zur Löschung der beglaubigten Zustimmung des neuen Gläubigers F. Zur Beibringung dieser Einwilligung wird Ihnen gemäß § 18 G. B. O. eine Frist von 1 Monat gesetzt. Nach fruchtlosem Ablauf der Frist wird Ihr Antrag auf Löschung zurückgewiesen und dem Antrage des B. auf Umschreibung der Vormerkung auf F. stattgegeben.

2. An A. und F.: In pp. ist vor dem Eingange des Antrages auf Umschreibung der auf dem genannten Grundstück in Abt. III Nr. 1 eingetragenen Vormerkung über 2200 M. auf den Kaufmann F. ein Antrag des Grundstückseigentümers B. auf Löschung der genannten Vormerkung nebst Löschungsbewilligung des A. vom 4. I. 10 eingegangen. Gemäß § 17 G. B. O. kann die Umschreibung nicht vor der Entscheidung über Erledigung des Löschungsantrags erfolgen. Dieserhalb ist dem Grundstückseigentümer B. folgendes Schreiben zugegangen: „. . . . einrücken Nr. 1 d. V. . . . ."

3. 1 Monat nach Zust.

48 A. Löschung von Gesamthypotheken im Gb verschiedener Grundbuchämter.

Überreicht sind Löschungsbewilligung nebst Antrag des Gl u Eigt u 2 Briefe über 2 Gesamthyp auf 2 Grundstücken verschiedener Gba.

V.

1. Schönwald Bl 303 Abt III Sp 9 ff: Nr 1: 750 / Nr 2: 750 gelöscht am
2. Begl Abschrift der Löschungsbewilligung z d A.
3. Briefe von Bl 303 unbrauchbar machen.
4. Nachricht an **a** Amtsgericht N durch begl Abschrift der Eintragung u des Notarantrags, mit der Löschungsbewilligung, den Briefen u Ersuchen um Nachricht u Kosteneinziehung laut anl Rechnung.
   b Eigt, **c** Gl, **d** Notar } von 1 d V u der Weitergabe.
5. Wohnblatt.
6. Nach 1 Monat (4 a d V).

B 2. 1. 1919. N.

49. Sicherungshypothek aus Schuldverschreibungen auf den Inhaber vor deren Ausgabe. § 1187—1189 B. G. B., § 44, 51 G. B. O.

Es liegt vor die notarielle durch den Eigentümer erklärte Bewilligung der Eintragung nachstehender Hypothek mit angehefteten Entwürfen der Teilschuldverschreibungen unter Bestellung des Vertreters, der seinerseits in überreichter, der Unterschrift nach beglaubigter Erklärung die Annahme der Vertretung erklärt und deren Eintragung beantragt hat. Registerauszug betreffend den Vertreter liegt bei. Der beurkundende Notar hat unter Wiederholung der Anträge die Urkunden überreicht.

S dazu Beispiel 61 über zweckdienliche Fassung von Urkunden und Anträgen:

1. Schönwald Bl 716 Abt III Sp 1—4.

   Nr 6 auf 3: 600000 M i B Sicherungshypothek für die Inhaber der von der Aktiengesellschaft Rheinische Bank in Köln a Rh, Zweigniederlassung in Berlin ausgegebenen 900 Teilschuldverschreibungen, 300 zu 1000 M, 600 zu 500 M, wie sie in der Eintragungsbewilligung bezeichnet sind. Zum Vertreter der jeweiligen Gläubiger ist die genannte Bank bestellt. Unter Bezugnahme auf die Bewilligung (Reg 317/1910 des Notars Bauer in Berlin) vom 13. eingetragen am 17. Januar 1910.

   oder

   Nr 1 auf 22: 41500000 M i B Sicherungshypothek für die Aktiengesellschaft N Bank in N oder für die durch Indossament ausgewiesenen Inhaber der von der Aktiengesellschaft Deutschen Glasgesellschaft in N ausgegebenen, auf den Namen der N Bank oder deren Order gestellten und durch Indossament übertragbaren, ab 1. Oktober 1919 mit $4^1/_2$ vom Hundert verzinslichen 26 750 in der Eintragungsbewilligung genannten Teilschuldverschreibungen (4000 zu 500 M, 13500 zu 1000 M, 6750 zu 2000 M, 2500 zu 5000 M). Zum Vertreter .... wie oben ....
2. Nachricht an Eigt, Bank, Notar.
3. Wohnblatt.

Anmerkung:

a) Inhabergrundschuld. § 1195 B. G. B., § 43, 51, 54 Abs. 2, 70 G. B. O. Nr. 6 auf 3: 600000 M. i B. zu 5 v. H. jährlich seit 1. April 1912 verzinsliche (gegebenenfalls: in 60 Teile von je 10000 M. zerlegte) Inhabergrundschuld für den Inhaber des (der) Briefes (Briefe). Unter Bezugnahme auf die Bewilligung vom 2. eingetragen am 4. 4. 1912.

b) Orderhypothek. § 1187, 1189, 795 B. G. B., § 44, 51 G. B. O. Nr. 6 auf 3: 600000 M. i. B. Sicherungshypothek wegen der zu 6 v. H. j. seit 1. 4. 1912 verz. Forderung aus dem am 1. Juli 1912 fälligen Wechsel vom 25. 3. 1912 (oder wegen der Forderung aus der an Order lautenden Aktien oder aus der kaufmännischen Anweisung) für den N. N. in N. bezw. den durch Indossament ausgewiesenen Inhaber des Wechsels (der Aktien, Anweisung). Eingetragen am 30. 3. 1912.

c) Geht aus der Bewilligung hervor, daß die Teilschuldverschreibungen schon in den Verkehr gelangt sind, so muß der Grundbuchrichter prüfen, ob dies mit staatlicher Genehmigung (§ 795 B. G. B.) geschehen ist. Er darf nicht etwa eine Eintragung zur Sicherung unzulässig vorgenommener Rechtshandlungen verfügen. Vergl. auch Art. 26 A. G. G. B. O. wegen § 42—44 G. B. O. beim Bergwerkseigentum. — Für die ersten obigen Eintragungen müssen Urkunden wie sonst vorliegen, für spätere § 44 G. B. O. Für die Orderhypothek ist staatl. Genehmigung nicht erforderlich, wohl aber für die Herausgabe der Inhaberpapiere und Grundschuldbriefe. § 795 B. G. B. Die Inhaberpapiere können in der Formel auch näher bezeichnet werden.

Anmerkung: Wenn für eine bestimmte Summe Teilschuldverschreibungen auf mehreren Grundstücken nicht Gesamthyp., sondern Einzelhyp. für Teile der Gesamtsumme eingetragen werden sollen, so ist für jedes Grundstück anzugeben, für welche Nr. der Teilschuldverschreibungen die Hyp. — auch durch Bezugnahme — einzutragen ist: Andernfalls nach K. G. O. L. G. 44, 174 wegen ungenügender Forderungsbezeichnung „**inhaltliche Unzulässigkeit**" u. Löschung v. A. nach § 54 G. B. O.

50. Gedrucktes Formular für Auflassung, Eintragung und Expedition bei Parzellierungen.

Amtsgericht
Berlin-Tempelhof,

Abteilung 11,

Gegenwärtig:

Amtsrichter Richter
als Richter

Verfügung:

1. Einzutragen Schönwald Band 18 Blatt Nr. 682
   A. Titelblatt Sp. Abschreib.
   Nr. Kbl. Nr.

übertragen nach Bd. Blatt Nr.
am 19

Rest lfd. Nr.

Nr. ( ) wie bisher **ha a.**
R. E.

2. Nr. d. V. d. G. **röten.**

Anmerkung: Wenn die Abschreibungsverfügung nicht auf dem Protokoll vorgedruckt ist, bringt man sie zweckmäßig gesondert mit den nur das Stammgrundstück betreffenden Urkunden zu den Stammakten, während die Auflassungs- und die das Kaufgrundstück betreffenden Urkunden mit der Verfügung auf Eintragung des neuen Eigentums usw zu den neuen Akten geht. Bei der Abschreibungsverfügung ist am Schlusse zu sagen: „Weitere Verfügung, Nachrichten und Urkunden bei den neuen Akten."

Schönwald Band Blatt Nr.

Ordnungs-Nr.

Eingegangen denselben
mittags Uhr Minuten.

Berlin, den ten 19

Es erschienen:

1. Für die Landgesellschaft Berlin und Vororte, Aktiengesellschaft in Berlin der Direktor **Oskar Döring** von hier laut Vollmacht nebst Registerauszug vom 3. Juli 1908 bei **dem** Generalakten I 14,

2.

-- Der Erschienene zu 1 ist **dem** Richter bekannt.

— Die Persönlichkeit de Erschienenen wurde durch ersteren ausgewiesen und durch

3. Einzutragen Schönwald

Band Blatt Nr.

A. Verzeichnis der Grundstücke.

a) Spalten 1—9

Sp. 1:

Sp. 3:

Sp. 4, 7, 8, 9: (wie nebenstehend)

b) Spalte, Bestand u. Zuschr.

Nr. von Band 18 Bl. Nr. 682 hierher übertragen am 19

B. Abt. I.

Sp. 1:

Sp. 2:

Sp. 3: Aufgelassen am
und eingetragen am 19

C. Abt. II.

Sp. 1: 1 auf 1:

Auf dem Grundstücke dürfen keine Wasser und Luft verderbende Fabriken oder Irren- und Krankenhäuser errichtet werden.

Für die Landgesellschaft Berlin und Vororte, Aktiengesellschaft in Berlin eingetragen am ten
mit dem Range vor de Hypothek Nr.

Demnächst erklärten sie, Döring, im Namen seiner Vollmachtgeberin:

Wir sind darüber einig, daß das Eigentum an folgenden Trennstücke , welche bisher zu dem im Grundbuche von Schönwald, Band 18 Blatt Nr. 682 unter der laufenden Nr. verzeichneten Grundstücke gehörte :

Flurbuch Kbl.	Flurbuch Nr.	Wirtschaftsart und Lage	Größe ar	Größe qm	Reinertrag Tlr.	Reinertrag 1/100
		Acker an				

auf mich — uns —

zu gleichen Anteilen übergehen soll.

D. Abt. III. Sp. 1—4.

Nr. 1 auf 1.

Mk. (in B.)

Restkaufgeld zu vom Hundert jährlich verzinslich, für die Land-Gesellschaft Berlin und Vororte, Aktiengesellschaft in Berlin. Der jeweilige Grundstückseigentümer ist der sofortigen Zwangsvollstreckung unterworfen. Unter Bezugnahme auf die Bewilligung vom

eingetragen am ten 19

mit dem Range nach der Last Abt. II No. 1.

Nr. 2 auf Nr. 1.

Mk. (in B.) abgetretenes Restkaufgeld, zu vom Hundert jährlich verzinslich, für

Der jeweilige Grundstückseigentümer ist der sofortigen Zwangsvollstreckung unterworfen. Unter Bezugnahme auf die Bewilligung vom ten
eingetragen am ten 19 mit dem Range nach der Last Abt. II No. 1.

4. Brief über

5. Beglaubigte Abschrift der Urkunden

z. d. A.

6. Nachricht an
   a) Katasteramt
   b) Land-Gesellschaft Berlin und Vororte
   c) den neuen Eigentümer
   d) den Gläubigern Abt. III
7. Abschrift der Auflassungsverhandlung an Döring.
8. Wohnblatt
9. Vermerk der Pfandentlassung auf dem verwahrten Briefe.

Wir beantragen:

1. Die Eigentumsänderung in das Grundbuch einzutragen.

2. Das Trennstück auf ein neues Grundbuchblatt des Grundbuches von Schönwald zu übertragen.

Die Kosten übernimmt — der Erwerber
Vorschußquittung über M.
(E. J.) vorlegend.

(Anmerkung: S. Anmerkung a—c bei Beispiel 3.)

Wir überreichen hiermit die Urkunde vom 19
über das der Auflassung zu Grunde liegende Veräußerungsgeschäft.

Der wahre Kaufpreis beträgt M.

Ich, Döring, bitte um eine Abschrift der Auflassungsverhandlung.

Vorgelesen, genehmigt, unterschrieben von:

Tagebuch Nr. ....
Eingetragen ....
Gelesen ....

Entwurf.

1. Je eine Reinschrift der anliegenden Hypothekenbriefe zu fertigen und mit ihnen die Ausfertigung des Kaufvertrages vom 09 durch Schnur und Siegel zu verbinden und zwar mit dem Brief über die die Ausfertigung mit dem Brief über die die Ausfertigung

2. An P. d. S. — Nachricht an beim Brief entworfen. —

Nachricht nach Formular G. S, 19 von sämtlichen Eintragungen zu

D Hypothekenbrief erhält die Gläubigerin von der Gerichtskasse Berlin-Tempelhof, sobald die Kosten von Ihnen gezahlt sind.

3. a) An die Land-Gesellschaft Berlin und Vororte, Aktiengesellschaft S.W. 11. Großbeerenstr. 99.

b) An dieselbe, langes Couvert. fr. l. A. Einschreiben!

Nachricht nach Formular G. S. 20 von sämtlichen Eintragungen zu

Den Hypothekenbrief erhält die Gesellschaft, sobald die Kosten mit M. zum Kassenzeichen gezahlt sind. Abschrift der Auflassungsverhandlung folgt anbei.

4. An die offene Handelsgesellschaft Dittrich & Co. in Schönlinde.

Nachricht nach Form G. S. 21 wegen der 530 000 M. M. Abt. III Nr. 39 und 41. Diese sind auf d andere Blatt nicht übertragen worden. Der Brief bleibt hier in Verwahrung.

5. An den Kaufmann Herrn Carl Dittrich fr. in Schönlinde.

Nachricht wie zu 4 — Abs. 1 und 2 wegen der 10000 M. Abt. III Nr. 40.

6. An den Eisenbahnbau- und Betriebsunternehmer Herrn Hermann Reich S.W. 11. fr. l. A. Großbeerenstr. 99.

Nachricht wie zu 5 wegen der 1 500 000 M. Abt. III Nr. 41.

7. An die Rheinische Bank W. 56. fr. l. A. Am Paulplatz.

Nachricht wie zu 5 wegen der 500 000 M. Abt. III Nr. 41.

8. Auf dem Hypothekenbrief über 530000 M. Abt. III No. 39 a, b hinter dem letzten Vermerk zu schreiben:

D Trennstück Krtbl.

aus der Mithaft für die vorstehende Hypothek entlassen.

Berlin, den 19

Amtsgericht Berlin-Tempelhof
Abt. 11.

Geprüft Entworfen

9. Wohnblatt berichtigen.
10. Dokumentenhülle gefertigt.
11. Kostenrechnung besonders.
12. Katasterliste zu fertigen.
13. Begl. Abschrift der Verfügung zu den Grundakten Schönwald Bl.

51. Beispiele für Verfügungen eines Rechtspflegers in ihm übertragenen Sachen mit gleichzeitigen einfachen Expeditionen.

A.

V.

1. Lichtenrade 607,
   a) Abt I:
   Kaufmann Ferdinand Beier in Berlin.
   Nr 2: Aufgelassen am 5. und eingetragen am   Nov 1921.
   b) Abt III Sp 1—4:
   Nr 8: Auf 2: 50 000 M — i B — Restkaufgeld, mit $4^1/_2$ v H verzinslich, für Witwe Klara Neumann geborene Frey in Berlin. Der jeweilige Grundstückseigt ist der sofort Zwangsvollstr unterworfen. Unter Bezugnahme auf die Bewilligung vom 5. eingetragen am   November 1921.
2. Brief bilden u mit Urkunde Not Reg 90. 21 verbinden; begl Abschrift dieser Urkunde z d A fertigen. — Eingereichte Abschrift verwenden. — Brief an Frau Neumann senden.
3. Eigentumsveränderungsliste u Übereignungsanzeige fertigen.
4. Nachricht dem Zuwachssteueramt, Bezirksamt XIII Spalte 19: 20. Oktober 1913: 60 000 M.
5. Nachricht an

   (bei a, b, c: den Hyp Brief erhält Frau Neumann bezw erhalten Sie anliegend.)

   a) nach G S 5 neuen Eigt Beier von 1a, b,
   b) „ „ 6 Erbin des früh Eigt Neumann von 1a, b mit Erbschein nebst Vermerk von Abschriftentnahme zu Nr 6.
   c) „ „ 7 Renner Emil Stahl, Berlin W 11, Möckern Str 11 von 1a, wegen der Abt III Nr 1 eingetr 8000 M.
   Der Kaufpreis beträgt 90 000 M.
   d) „ „ 7 Sanitätsrat Dr. Franz Klaue, Potsdam, Berliner Str 10 von 1a, wegen der Abt III Nr 2 eingetr 2000 M.
   Der Kaufpreis beträgt 90 000 M.
   e) „ „ 7 Notar Stöhr — zu Not Reg 90/21. von 1a, b.
6. Erbschein ist in begl Abschrift bei Tempelhof Bl 331, S 22.
7. Wohnbl berichtigt.
8. Kostenrechnung besonders.

B 10. 11. 21.

B.

V.

1. Lichtenrade 607,
   Abt III Sp 1—4:
   Nr 5 Auf 1: 8000 M i B Darlehn, mit 5 v H verzinslich, für den Kaufmann Johannes Baum in Berlin. Unter Bezugnahme auf die Bewilligung vom 8. eingetragen am ... 11. 1921.
2. Brief bilden, mit Urkunde Not Reg 100. 21 verbinden; begl Abschrift dieser Urkunde z d A fertigen. — Eingereichte Abschrift verwenden! —
3. Nachricht an
   a) nach G S 46 Eigt Kluge,
   b) „ „ 47 Gl Baum,
   c) „ „ 47 Notar Lahr,
   — zu Not Reg 100.21 —

   (Den Hyp Brief erhält Gl Baum nach Kostenzahlung seitens des Eigt.)
4. Wohnblatt ergänzt.
5. Kostenrechn besonders.

(Bei Buchhyp fällt Nr 2 u Zusatz zu 3 a—c wegen Brief fort.)

B 10. 11. 21.

C. V.

1. Lichtenrade 607,
   Abt III Sp 9.
   Nr 3: 6000 M gelöscht am 11. 1921.
2. Löschungsvermerk auf Brief.
3. Nachricht an
   a) nach G S 42 Eigt Schulze mit unbrauchbarem Brief nebst Schuldurkunde,
   b) „ „ 43 Gl Neumann,
   c) „ „ 43 Notar Irmler — zu Not Reg 63. 21 —
4. Wohnblatt berichtigt.
5. Kostenrechnung besonders.

B 10. 11. 21.

D. V.

1. Lichtenrade 607,
   Abt III Sp 5—7:
   Nr 2: 10 000 M nebst Zinsen seit 1. Oktober 1921 an Frau Kaufmann Johanna Fahl geborene Lange in Potsdam abgetreten. Eingetragen am 11. 1921.
2. Vermerk auf Brief:
   Vorstehende Hypothek von 10 000 M ist nebst Zinsen usw wie bei 1 bis: abgetreten.
   Die Abtretung ist im Grundbuche eingetragen.

   Berlin, den November 1921.

   Amtsgericht N.
   Grundbuchamt.
3. Nachricht an
   a) nach G S 35 Eigt Mann,
   b) „ „ 36 früh Gl Ahl,
   c) „ „ 36 der neuen Gl Fahl,
   d) „ „ 36 Notar Ochs, — zu Not Reg 203. 21 —
   e) ; „ „ 36 dem Bevollmächtigten Grau mit Vollmacht nebst Vermerk über Abschriftentnahme

   } Den Hyp Brief erhält die Gläubigerin Fahl nach Kostenzahlung seitens des früheren Gläubigers Ahl.
4. Begl Abschrift der Vollmacht 6. 3. 20 z d A fertigen.
   — Schreibgebühren berechnen. —
5. Wohnblatt berichtigt.
6. Kostenrechnung besonders.

(Bei Buchhyp fällt Nr 2 u Zusatz 3 a—d fort.)

B 10. 11. 21.

E. B.

1. Lichtenrade 607,
Abt III Sp 5—7:

Nr 3: 30 000 M		Alle Nebenbestimmungen sind neu vereinbart. Der
„ 4: 40 000 M		Zinsfuß beträgt ab 1. Oktober 1921 4½, gegebenen-
„ 5: 50 000 M		falls 6 v H. Der jeweilige Grundstückseigt ist der

sofortigen Zwangsvollstr unterworfen. Unter Bezugnahme auf die Bewilligung vom 10. Oktober 1921 eingetragen am Nov 1921.

2. Vermerke auf Briefe Nr 3, 4, 5:
Alle Nebenbestimmungen vorstehender Hypothek von 30 000 M (bezw 40 000 M) (bezw 50 000 M) sind neu vereinbart usw bis: unterworfen.
Dies ist unter Bezugnahme auf die Bewilligung vom 10. Oktober 1921 im Grundbuche eingetragen.

Berlin, den November 1921.

Amtsgericht N.
Grundbuchamt.

3. Die begl Abschriften der Urkunde Not Reg 344. 21 fertigen.
— Schreibgebühren berechnen. —
4. Verbinden: Brief Nr 5 mit Ausfertigung der Urk,
Briefe Nr 3, 4 mit je einer begl Abschrift.
5. Nachricht an:
a) nach G S 35 Eigt Wauer,
b) „ „ 36 Gl Victoria,
mit Registerauszug.
c) „ „ 36 Notar Klamm,
— zu Not Reg 344. 21 —
} Die Hyp Briefe erhält die Victoria nach Kostenzahl seitens des Eigentümers.
6. Beglaub Abschrift des Handelsregisterauszuges z d A fertigen. —
— Schreibgebühren berechnen. —
(Bei Buchhyp fallen Nr 2, 3, 4 u Zusatz 5 fort.)

B 10. 11. 21.

F. **Zwangsversteigerungsvermerk** wie Beispiel 11 verfügen, aber Zusatz zu 2c der Verfügung: „mit einer beglaubigten Abschrift des Grundbuch- und Wohnungsblatts sowie der Nachricht, daß das Ersuchen vom 1. 4. 1927 am 3. 4. 1927 12¹⁰ Uhr hier eingegangen war.“

52. Das aufteilungsfertige **Stammgrundbuchblatt** eines gemeinnützigen, mit Gebühren- und Stempelfreiheit ausgestatteten **Siedlungsunternehmens.**

Es ist zur Ersparung großer Eintragungskosten in Abt II, III auf den neuen Gbblättern für die Siedler auf den Rat des Gba von vorneherein zur Auflassung u einfachen Übertragung der Einzeltrennstücke mit ihren dann kostenfreien Belastungen auf die neuen Blätter zurechtgemacht. Das Unternehmen hat wegen seiner Gebührenfreiheit die Eintragungen bis auf die Dienstbarkeiten, Vorkaufsrechte, die ein Eigt nicht auf dem eigenen Grundstücke eintragen lassen kann, selbst eintragen lassen. Alle Eintragungsbewilligungen u Siedlerkaufverträge sind vorher mit dem Gbr wegen zweckmäßiger Eintragung, Eintragungsfähigkeit usw nach Entwürfen besprochen. Nachher keine Beanstandung! Alle Verträge, Schuldurkunden, Briefe wurden gedruckt geliefert.

B.

1. a) Verzeichnis der Grundstücke Sp 1ff: Unter Nr 6—356 (Sp 2: 5) ist je ein besonderes Siedlungstrennstück eingetragen; Straßen- u Platzland besonders.

b) Abt I Daheim, ... e G m b H in Sch Nr 5. Aufgelassen u eingetragen am 13. 3. 1920.

c) Abt II Sp 1—3: Nr 3 auf Nr 6—356: Ein Vorkaufsrecht für alle Verkaufsfälle mit Ausnahme der im § 6 Abs 2 des Reichssiedlungsgesetzes vom 11. 8. 1919 genannten für den Preußischen Staat, vertreten durch die Preußische Zentralgenossenschaftskasse in Berlin. Auf Grund der Bewilligung vom 2. eingetragen 6. 12. 1921 mit dem Range vor den Hypotheken Nr 6—175.

d) Abt III Sp 1ff

Nr 6 auf 6: 23 000 i B	(Wurden sofort 2 Hypotheken als zu übernehmende Kaufgeldhypotheken hintereinander eingetragen, kamen gleichzeitig auch Löschungsvormerkungen für die nachstehenden Hyp zur Eintragung.)
7 „ 7: 22 000 i B	
8 „ 8: 20 000 i B	
9 „ 9: 18 000 i B	
(usw bis Nr 175 vorläufig)	

Sp 4: **Zu Nr 6—175:**
Darlehn, mit 4½, gegebenenfalls 5 v H verzinslich, für die Aktiengesellschaft Preußische Pfandbriefbank zu B. Der jeweilige Grundstückseigentümer ist der sofortigen Zwangsvollstreckung unterworfen. Unter Bezugnahme auf die Bewilligung vom 2ten eingetragen am 6. 12. 1921 mit dem Range nach dem Vorkaufsrechte Nr 3.

e) Abt III Sp 1 ff Nr 176 auf 6
177 auf 7
178 auf 8
(usw bis Nr 344 auf bis Nr 175)

Sp 4: Zu Nr 176—344:
Sicherungshypothek für die Stadtgemeinde Berlin (Siedlungsamt) zur Sicherung der dem Grundstückseigentümer gemäß den Reichsratsbestimmungen vom 10. Januar 1920 über die Gewährung von Darlehen aus Reichsmitteln zur Schaffung neuer Wohnungen obliegenden Verpflichtungen. Eingetragen am 6. 1. 1922.

f) Unter Umständen wurden zu d, e auch Rangvorbehalte aus § 881 B G B (Beispiel 9, 12) für Dienstbarkeiten bei den Hypotheken eingetragen.

53. Beispiel für einen Überlassungsvertrag nebst Auflassung.

(S auch Vertragsmuster in DNotV 1927, 356ff.)

Amtsgericht Berlin-Tempelhof. Berlin, den 1ten April 1921.

Anwesend

AGR Richter
als Richter.

Von Person bekannt erschienen
1. der Landwirt NN, der Ältere,
2. dessen Ehefrau NN geb N,
3. deren beider Sohn Landwirt NN, der Jüngere,
sämtlich aus N
und erklärten:

§ 1.

Ich N zu 1 überlasse meinem Sohn zu 3 oben meine Grundstücke Schönwald Bd I Bl 1, 11, 29 mit gesamtem landwirtschaftlichem lebendem u totem Inventar, wie es steht u liegt. Lasten u Vorteile gehn mit der Übergabe auf den Erwerber über. Die Übergabe erfolgt am Tage der Verheiratung des Erwerbers oder bei meinem Tode. Bis dahin haben wir die Eltern zu 1, 2 den Besitz, die Wirtschaftsverwaltung und Nutzung für eigne Rechnung.

§ 2.

Ich, der Sohn, nehme diese Überlassung an u gewähre meinen Eltern folgendes lebenslängliches Altenteil:

I. 1. Freie Wohnung im Vorderzimmer rechts vom Hauseingange, Flur und anstoßende Kammer usw; den Keller links am Stalle. 2. Mitbenutzung des Abortes, Brunnens. 3. Freien Verkehr auf dem Hofe u in den Gärten. 4. Nießbrauch des an der S'schen Grenze belegenen Hauses nebst Stallung. 5. Genügendes kleines trockenes Koch- und Heizholz für die genannten Räume auf dem Platze am Stalle; wenigstens jährlich 6 Raummeter u 50 Ztr Kohlen. 6. Freie Wäsche, ärztliche Behandlung u Aufwartung, insbesondere bei Erkrankung. 7. 12 Besuchsfuhren jährlich bis 10 km in standesmäßigem Wagen nebst Kutscher. 8. In dringenden Fällen Fuhrwerk zur und von der Bahn. 9. Freie Kost am Tische des Wirtes wie dieser; täglich 1 l Vollmilch, 2 Eier. 10. Wöchentlich 1 ℔ Butter, 1 ℔ Schlackwurst, 1/2 ℔ Speck. 11. Auf Wunsch der Altenteiler statt Freitisch 20 Ztr Kartoffeln, 1/2 Ztr Roggen, 1 schlachtfähiges Schwein zur Weihnacht von 2 Ztr, je 1/2 Ztr Weizen- u Roggenmehl; wöchentlich 1 achtpfündiges Brot, 1 1/2 ℔ Butter, 1 ℔ Salz, 1 ℔ Zucker; Gemüse aller Art zum Kochen nach Bedarf aus der Wirtschaft; täglich 1 1/2 l Vollmilch, 2 Eier; alles frei lieferbar in den von den Altenteilern bestimmten Grundstücksräumen. 12. Freies Licht u Gas zum Kochen. 13. Standesmäßiges Begräbnis.

II. Sollten die Altenteiler das Grundstück verlassen, so ist an jeden von ihnen statt der Leistungen zu 1 eine an den Kalendervierteljahrsersten voraus zahlbare Jahresrente von 3000 M, frei Wohnung, zu zahlen. Diese Rente erhöht oder mindert sich entsprechend den wesentlich abweichenden Teuerungsverhältnissen. Falls beide Teile zustimmen, entscheidet der Gemeindevorsteher über die Angemessenheit der Höhe der Rente, sonst das Gericht.*)

III. Das Altenteil zu I bleibt im Falle des Todes eines Altenteilers ganz bestehn.

IV. Der Jahreswert des Altenteils beträgt 6000 M. Mein Vater ist 60, meine Mutter 54 Jahre alt. Zur Löschung genügt der Nachweis des Todes der Gl.

§ 3.

Der Ertragswert der Wirtschaft beträgt 60 000 M, der Wert des beweglichen Beilasses 10 000 M. Soweit der Überlassungspreis geringer ist als der Grundstückswert, gilt die Veräußerung als Schenkung. Der Mutter gegenüber ist das Altenteil die Erfüllung der gesetzlichen Unterhaltspflicht. — Kosten und Steuern aus der Überlassung übernimmt der Überlasser.

Ich, der Überlasser, bewillige und ich, der Erwerber, beantrage, mich, N, den Jüngeren als Eigentümer obiger 3 Grundstücke und das Altenteil in das Grundbuch einzutragen sowie die Grundstücke Bl 11, 29 dem Bl 1 als Bestandteile zuzuschreiben.

Grunderwerbsteuerbescheinigung überreichen wir.

Vorgelesen, genehmigt, unterschrieben von:

*) Anm: Es ist auch nicht unzweckmäßig, die Rente nach den Dienstbezügen einer Beamtengruppe zu bestimmen, da diese sich nach der Teuerung richten.

Beispiel 54 ff. über das neue Hypothekensystem und die Aufwertungs-Grundbuchsachen Seite 117 ff.!

Einigung, Bewilligung, Antrag und ihre Form.

(S auch diese Stichworte im Stichwortverzeichnisse.)

Zur rechtsgeschäftlichen Erwerbung, Belastung und Änderung von Rechten an Grundstücken bedarf es der „Einigung" und Eintragung des Erwerbs des Rechts bezw. dessen Änderung in das Grundbuch. Die Eintragung darf und muß wiederum erfolgen, wenn eine dem Grundbuchrechte (§ 20, 19 G. B. O.) entsprechende Einigung oder Bewilligung dem Grundbuchrichter vorliegt oder vor ihm erklärt wird.

Als solche kommt nun für den Grundbuchrichter nicht eine Einigung oder Abmachung der Beteiligten nach B. G. B. über das von ihnen geschlossene persönliche Rechtsgeschäft in Betracht, sondern nur eine Einigung oder Bewilligung im engeren Sinne der G. B. O., nämlich ihre formellen abstrakten Erklärungen, daß die und die Eintragung im Grundbuche erfolgen soll. Diese Erklärungen können zwar gleichzeitig auch das zu Grunde liegende Rechtsgeschäft mitenthalten; dieser Inhalt ist jedoch kein Erfordernis. Denn das Grundbuchamt hat nicht die Rechtswirksamkeit des zu Grunde liegenden Rechtsgeschäfts zu prüfen (Legalitätsprinzip), sondern nur, ob nach dem Inhalte der vorliegenden Urkunde und den Vorschriften der G. B. O. die Eintragung einer Rechtsänderung richtig bewilligt und beantragt ist. Für den Grundbuchrichter ist also z. B. die Einigung nicht der Kaufvertrag über ein Grundstück, sondern die Auflassungserklärung gemäß § 20 G. B. O. (§ 925 B. G. B.). Beispielsweise kann ein Grundstückseigentümer mehrere ihn persönlich bindende Kaufverträge mit verschiedenen Personen über dasselbe Grundstück dem Grundbuchamte einreichen. Erscheint er aber eines Tages mit irgend einer anderen Person vor dem Grundbuchamte, so muß dieses ohne Rücksicht auf die persönlich bindenden Verträge eine Auflassung des anderweit verkauften Grundstücks beurkunden und die genannte andere Person als Eigentümer eintragen, selbst wenn sie keinen Kaufvertrag vorlegen. Für die früheren Verkaufsfälle fehlt eben die Einigung gemäß § 20 G. B. O. Wie die früheren Käufer zu ihrem Rechte gelangen, hat der Grundbuchrichter nicht zu prüfen. Etwaige bei einer Auflassung überreichte Verträge sind nur wegen der Stempelpflicht daraufhin durchzusehn, ob die darin genannten Personen und das darin verkaufte Grundstück mit den auflassenden Personen und dem aufgelassenen Grundstücke übereinstimmen, ob Reichs- und Landesstempel für die Verträge richtig verwendet und ob aus ihnen vorschriftsmäßig gestellte Anträge auf Eintragung von Lasten, Hypotheken usw. zu erledigen sind. Für eine einfache zwei Hypotheken betreffende Vorrangseinräumung verlangt ferner § 880² B. G. B. die Einigung zwischen dem vor- und zurücktretenden Berechtigten und die Zustimmung des Eigentümers. Der Grundbuchrichter kann jedoch nur die Bewilligung des zurücktretenden Gläubigers und die Zustimmung des Eigentümers gemäß § 19 G. B. O. verlangen. Ihm muß die Bewilligung des betroffenen Berechtigten genügen. Wir sehen, daß die Einigung des § 20 G. B. O. ebenso wie die des B. G. B. eine wahre „Einigung" ist, während nach § 19 G. B. O lediglich eine einseitige „Bewilligung" des derzeitigen Berechtigten vorliegt (R. G. 28. 3. 05, V 103; siehe Einigung). Die Einigung des B. G. B. braucht bei der Eintragung noch nicht vorhanden zu sein; sie kann später erfolgen. Denn der Eigentümer kann die Eintragung einer Hypothek für Jemand beantragen, ehe er mit dem Gläubiger einig ist, ob dieser das Darlehn gibt. § 879 Abs. 2 B. G. B. spricht ausdrücklich von einer nachträglichen Einigung. Der Eigentümer kann auch eine Hypothek ohne Vorlegung einer Schuldurkunde (§ 58 Abs. 3 G. B. O.) eintragen lassen und ihre Löschung kann ohne Vorlegung einer Quittung lediglich bewilligt uud beantragt werden.

Eintragungsfähige Rechte: Die Einigung bezw. Bewilligung darf nun lediglich solche Rechte und Vermerke zum Inhalte haben, die nach B. G. B. und anderen Gesetzen als eintragungsfähig bezeichnet sind. Solche sind:

1. Die geschlossene Zahl der Rechte des B. G. B. wie Eigentum, Erbbaurecht, Grunddienstbarkeiten, Nießbrauch, beschränkte persönliche Dienstbarkeiten, Vorkaufsrechte, Reallasten, Hypotheken, Grundschulden, Rentenschulden und das Pfandrecht,

2. die im E. G. B. G. B. vorbehaltenen nach Landesrecht eintragungsfähigen Rechte wie Familienfideikommisse, Lehen, Stammgüter, Rentengüter (Art. 59, 62), die sogenannte Revenüenhypothek des Art. 60 an den in den Art. 57—59 genannten Gütern, ferner das Erbpacht-, Büdner- und Häuslerrecht (Art. 63), Anerbenrecht (64), Wasser-, Deich-, Siel- und Bergrecht (65—67), Enteignung (109), Zusammenlegung von Grundstücken, Gemeinheitsteilung, Wegeregulierung usw. (113), Stockwerkseigentum (182),

3. alle die Vermerke, Vormerkungen, Widersprüche, welche in den Gesetzen, wie B. G. B., G. B. O., Z. P. O., Zw., AwG. u. a. als eintragungsfähig und eintragungspflichtig bezeichnet werden. — S. Verfügungsbeschränkung 3.

§ 19, 13 G. B. O.: Die Einigung bezw. Bewilligung muß ferner in der von der G. B. O. vorgeschriebenen Form von den dort genannten Beteiligten erklärt sein.

§ 19 G. B. O. bestimmt, daß eine Eintragung nur erfolgt, wenn derjenige sie bewilligt, dessen Recht von ihr betroffen wird. (Siehe Betroffen). § 13 a. a. O. bestimmt, daß, soweit nicht das Gesetz ein Anderes vorschreibt, eine Eintragung nur auf Antrag desjenigen erfolgen soll, dessen Recht betroffen wird oder zu dessen Gunsten die Eintragung erfolgen soll. In der Regel ist also jeder Eingang daraufhin zu prüfen, ob die Bewilligung aller derjenigen, deren Recht irgendwie betroffen wird, und ein Antrag eines Betroffenen oder Begünstigten vorliegt. Es kann nicht genug geraten werden, sich stets wieder die § 19, 13 G. B. O. und die vom Reichsgerichte anerkannte Anschauung, daß ein Antrag auch die Bewilligung des § 19 und zwar in der schärfsten Form enthält, zu vergegenwärtigen (siehe Einigung). Ein solches Verfahren klärt am besten.

Die Bewilligung des Betroffenen ist ersetzbar:

Ersetzbarkeit der Bewilligung: 1. Durch ein rechtskräftiges Urteil, in dem der Betroffene zur Abgabe der Bewilligung verurteilt ist (§ 894—897 Z. P. O.; bei einem nur vorläufig vollstreckbaren Urteile gilt nur eine Vormerkung oder ein Widerspruch als bewilligt, § 894, 895 Z. P. O.). (Einstweilige Verfügung s. 4 unten.)

2. Durch das Ausschlußurteil eines Aufgebotsverfahrens (§ 887, 927, 1104, 1170, 1171 B. G. B.).

3. Durch förmliches Testament, Erbschein, Bescheinigung des Nachlaßgerichts (§ 37, 38 G. B. O.).

4. Durch Ersuchen einer zuständigen Behörde (§ 39 G. B. O.) wie Versteigerungsrichter, Prozeßgericht, Konkursgericht, Vormundschaftsgericht (§ 1844 B. G. B., § 54 Freiw.), Beschwerdegericht (§ 76 G. B. O.), Generalkommission (Art. 113 E. G. B. G. B.), Ritterschaftsdirektionen, Bezirksausschuß und Polizeipräsident (§ 33 Preuß. Enteignungsgesetzes), Kreisausschuß, Gerichtskasse (vertreten durch Rendant oder Curator), Magistrat, Gemeindevorstände, Hauptzollamt (die fünf Letztgenannten im Verwaltungszwangs-

hren), Bergbehörde, Oberlandes- und Landgerichte als Fideikommis-
den, der Gerichte bei Beschlagnahmen in Strafsachen (siehe aber Beschlag-
e).

5. Bei Berichtigung des Grundbuchs im Falle des § 22¹ G. B. O. (Aus-
e § 22 Abs. 2 G. B. O.; Art. 28, 22 A. G. G. B. O.) und § 26, 27²
Satz.

6. § 23, 24, 25 G. B. O., in denen ein Recht nach Ablauf einer be-
ten Zeit und eine Vormerkung oder Widerspruch unter gewissen Voraus-
gen gelöscht werden kann.

Ausnahmen vom Antragsgrundsatze des § 13 G. B. O. sind gegeben: **Kein Antrag aus § 13 G. B. O.:**

1. wenn ein Ersuchen der obigen zuständigen Behörden vorliegt, das
nicht genügt, wenn die Zustimmung Anderer z. B. des Eigentümers
anderer Berechtigter nach § 27 G. B. O. erforderlich ist (s. Ritterschaft
§ 27¹ und Ausschlußurteil wegen § 27²).

2. wenn ein Erbbaurecht oder eine selbständige Kohlenabbaugerechtig-
veräußert oder belastet wird. (§ 7 G. B. O., Art. 27 A. G. G. B. O.).
ist für diese Rechte, nicht aber für andere selbständige Gerechtigkeiten
esonderes Blatt anzulegen.

3. bei Berichtigung des Verzeichnisses der mit dem Eigentume ver-
nen Rechte, wenn das Recht abgeändert oder aufgehoben wird. § 8
2 G. B. O.

4. bei Eintragung und Löschung von Vormerkungen und Widersprüchen
§ 18 Abs. 2 G. B. O.

5. bei Berichtigung des Grundbuchs, wenn eine Eintragung auf mehreren
dstücken lastet und nachträglich ein weiteres Grundstück mitbelastet wird
die Mithaft erlischt. § 49 G. B. O.

6. bei Berichtigung des Grundbuchs in Abt. II, wenn ein Vorerbe
tragen ist oder Testamentsvollstrecker ernannt sind. § 52, 53.

7. in den Fällen des § 54, 23¹ (Eintragung eines Widerspruchs oder
ung eines Rechts von Amtswegen im Falle unzulässiger Eintragung).

8. in den Fällen der § 68³, 64—67 G. B. O., § 928, 1116, 1168²
B. (Eintragung oder Erteilung oder Ausschließung eines Briefes, wenn
Gesamthypothek verteilt oder nachträglich ein Brief oder ein gemeinschaft-
Brief für mehrere Hypotheken oder ein erneuerter Brief erteilt wird),

9. in den Fällen der Grundbuchreinigung. 10. § 6, 7 III, 21 II, 22 II AwG.

Herrscht nach § 19 G. B. O. ein beschränktes formelles „Konsensprinzip", **Beiderseitige Erklärungen:**
lt dieses unbeschränkt für die rechtsgeschäftliche Übertragung des
tums an einem Grundstücke, für die Bestellung oder Übertragung eines
aurechts, des Bergwerkseigentums, der unbeweglichen Bergwerksanteile
alten Rechts) und selbständigen Gerechtigkeiten, wie Apotheken-, Kohlen-
-, Schiffsmühlen- und Abdeckereigerechtigkeiten u. A. (§ 20, 84 G. B. O.,
, 1015 B. G. B., Art. 28 A. G. G. B. O.). Die Einigung muß in diesen
n vor dem Grundbuchamte bei gleichzeitiger Anwesenheit beider Beteiligten
deren Vertreter von diesen zu richterlichem Protokolle erklärt werden,
nicht durch Landesgesetzgebung auch der Notar oder eine andere Be-
für zuständig erklärt ist. (Art. 143 E. G. B. G. B., Art. 26 A. G. B. G. B.;
lmacht, Auflassung von Nichtberechtigten). Diese Erklärungen sind eben-
durch Urteil (§ 894—897 Z. P. O.) ersetzbar. Es muß wiederholt werden, **Erwerb durch Gesetz:**
s sich hier nur um Rechtsveränderung durch ein Rechtsgeschäft, also nicht
Gesetz wie Ersitzung, Aufgebot (§ 900, 927), Aneignung durch den
s und Andere (§ 928 B. G. B., Art. 129 E. G. B. G. B.), Eheschließung,
lge, Zwangsversteigerung, Enteignung, Erwerb bei Gemeinheitsteilungen,

Zusammenlegung von Grundstücken, Anlandung, Anspülung usw. (Art. 113,65 E. G. B. G. B.) handelt. In diesen gesetzlichen Fällen ist das Grundbuch lediglich auf Grund der im Gesetze angegebenen Unterlagen auf Antrag des Berechtigten oder auf Ersuchen zuständiger Behörden zu berichtigen.

Das unbeschränkte „Konsensprinzip" findet auch insofern Anwendung, als die Einigung darüber, ob zu einer Hypothek bezw. Grundschuld nachträglich ein Brief zu erteilen oder auszuschließen ist, vom Gläubiger und Schuldner in der Form des § 29 G. B. O. zu erklären ist.

Form der Bewilligung: Die Formvorschriften für die Erklärungen der Beteiligten sind in den § 29, 30, 32 G. B. O. enthalten. Hierunter fallen die Bewilligungen des § 19; ferner andere Erklärungen, von denen als „Zustimmung, Bewilligung, Abtretungserklärung, Bestimmung" in den § 21—27, 48, 58³ G. B. O. die Rede ist; weiter Vollmachten, auf Grund deren Bewilligungen gemäß § 19 und Erklärungen der eben genannten Art abgegeben werden sollen; sodann Anträge, die dieselben Bewilligungen und Erklärungen ersetzen oder enthalten sollen, sowie endlich die Zurücknahme oder der Widerruf aller Eintragungen, Anträge, Bewilligungen, Erklärungen und Vollmachten. Alle diese Äußerungen müssen beurkundet bezw. enthalten sein entweder gemäß Art. 5 A. G. G. B. O. in einem Protokolle des Grundbuchrichters, eines Notars oder anderer nach Landesrecht zuständiger Beamten oder in Schriftstücken, deren Unterschriften von den Urkundsbeamten (in Preußen Amtsrichter und Notar) beglaubigt oder von zuständigen Behörden gemäß dem oft verletzten Art. 9 A. G. G. B. O. unterschrieben und mit Amtsstempel oder Amtssiegel versehen sind.

Form der Anträge: Dagegen können Anträge, die keine der obigen Erklärungen **ersetzen** oder **enthalten** und nur die Tätigkeit des Grundbuchamts wegen des in § 13 festgestellten Antragsgrundsatzes veranlassen sollen, oder von solchen Antragstellern erteilte Vollmachten schriftlich und unbeglaubigt oder zu Protokoll des **Urkundsbeamten erklärt werden.** Diese Formlosigkeit gilt auch für Anträge, die keine materielle Änderung eines Rechts herbeiführen sollen z. B. auf

a) Übertragung eines Grundstücks oder Trennstücks auf ein anderes Grundbuchblatt oder Zuschreibung eines solchen ohne Grundbuchblatt zu einem schon bestehenden Blatte,

b) Vereinigung zweier Grundstücke (s. jedoch Vereinigung),

c) Eintragung der subjektiv-dinglichen Rechte (Grunddienstbarkeit) in das Verzeichnis der mit dem Eigentume verbundenen Rechte auf dem Blatte des berechtigten Grundstücks. (§ 8 G. B. O.),

d) Eintragung und Löschung von Sicherungszwangshypotheken, Vormerkungen, Widersprüchen, Vermerken, falls die gegen die „Betroffenen" gerichteten Urteile und Beschlüsse vorgelegt werden. (§ 866—868, 895, 932, 936, 942 Z. P. O.),

e) Verteilung einer Sicherungszwangshypothek auf mehrere Grundstücke des Schuldners bei Stellung des Eintragungsantrags. R. G. 3. 7. 09. X 142,

f) Berichtigung des Grundbuchs gemäß § 14, 22, 25—27 letzter Satz G. B. O., wenn abgesehen von der Offenkundigkeit (siehe Offenkundigkeit) die die Unrichtigkeit des Grundbuchs nachweisenden Urkunden (vollstreckbare Entscheidungen, Erklärungen der Beteiligten, Erbschein, Testament, Erbvertrag, Erbauseinandersetzung u. s. w., Sterbeurkunde, Heiratsurkunde) in der vorgeschriebenen Form vorliegen. Ausnahme: § 22 Abs. 2 G. B. O.,

g) Löschung von Rechten in Abt. II, wenn deren Aufhebung oder Untergang nachgewiesen ist, jedoch nicht in Abt. III (§ 27 G. B. O. mit Ausnahme des letzten Satzes),

h) Bildung von Teilbriefen und Erneuerung von Briefen, die nach § 1152 B. G. B., 61, 67 G. B. O. stets beantragt werden muß,

i) Eintragung eines Widerspruchs binnen Monatsfrist, wenn auf eine Buchhypothek die Darlehnssumme nicht gegeben ist. (§ 1139 B. G. B.).

Ein Bevollmächtigter mit nur formloser Vollmacht, auf Grund deren er zwar eine Eintragung gültig beantragen kann, kann die **Zurücknahme** des Antrags nur in beglaubigter Form und auf Grund einer beglaubigten Vollmacht erklären. (§ 29, 32 G. B. O.).

Der Begriff der öffentlichen Urkunde ist aus § 415 Abs. 1 Z. P. O. zu entnehmen. Joh. 40 A. 114 K. G. 3. 10. 10. — Die Urschrift einer öffentlichen Urkunde in den Gerichtsakten genügt nach § 29 G. B. O. auch ohne Stempel oder Siegel. Joh. 40 A. 208 K. G. 9. 5. 10.

Behandlung der beim Grundbuchamte eingegangenen Urkunden und Ersuchen.

I. Die Prüfung der äußeren Form erstreckt sich auf folgende Punkte etwa (§§ 167ff. Freiw., Art. 31—65 A. G. Freiw., Art. 4—7, 9 A. G. G. B. O., Art. 12, 26, 27 A. G. B. G. B.):

1. bei einer **gerichtlichen Verhandlung (Protokoll)**: Ist diese in Form einer Ausfertigung (nicht begl. Abschrift!), vom Gerichtsschreiber des aufnehmenden Gerichts unterzeichnet, mit dem Gerichtssiegel (nicht Stempel) erteilt? Sind mehrere Bogen einer Urkunde durch Schnur und Siegel verbunden? (Art. 63 Preuß. Freiw.). Enthält die Verhandlung die Bezeichnung des Gerichts und des Richters, das Datum, die genaue Bezeichnung der Erschienenen nach Namen, Stand, Wohnort und den Vermerk, ob die Erschienenen dem Richter bekannt waren bezw. wie sie bekannt geworden sind? Ist die Verhandlung mit dem Vermerk der Vorlesung, Genehmigung und des Unterschreibens versehen und von allen Erschienenen, auch von dem Richter bezw. auch dem Urkundsbeamten unterzeichnet? (Bei Verhandlungen unterzeichnen die Vertreter von Firmen, nur mit ihren Vor- und Zunamen ohne Firmenzeichnung. Bei Prozeßvergleichen, § 794 Z. P. O., bedarf es nicht der Unterschrift der Beteiligten unter dem Verhandlungsprotokolle). Ist die Urkunde mit dem Eingangsvermerke (Art. 4 A. G. G. B. O.) versehen? — Siehe Gemeinde.

2. bei einer **notariellen Verhandlung**: Ist die Urkunde reichs- und landesgesetzlich verstempelt? Ist dieser Vermerk ebenso wie der Ausfertigungsvermerk am Schlusse der Urkunde vom Notar unterschrieben? Liegt eine Ausfertigung (nicht begl. Abschrift) der Urkunde mit dem Amtssiegel (nicht Amtsstempel) des Notars vor? Ist die Kostenberechnung des Notars und die Nummer seines Notariatsregisters beigefügt? Ist der Name des unterzeichneten Notars in seinem Amtssiegel enthalten? — Im Übrigen Prüfung wie zu Nr. 1 vorher; der Notar tritt an die Stelle des Gerichts und des Richters mit genauer Angabe seines Wohnsitzes.

3. bei einer **Beurkundungsverhandlung**, die von anderen öffentlichen Behörden oder deren bestellten Urkundsbeamten gemäß Art. 12, 27 A. G. B. G. B. und Art. 32 A. G. Freiw. aufgenommen sind. Hier findet eine entsprechende Prüfung wie zu 1, 2 statt. Als öffentliche Behörden gelten die unten unter Nr. 5 genannten Behörden, die jedoch nur innerhalb ihres zugewiesenen Geschäftskreises und in **ihren** Angelegenheiten Verhandlungen aufnehmen, niemals aber Beglaubigungen von Unterschriften oder Handzeichen vornehmen dürfen (vergl. Nr. 4). S. Landschaftssyndikus.

Anmerkung: Fehlende Verstemplungen, Kostenrechnungen hindern nicht die Eintragung.

4. bei einer nur der **Unterschrift** oder dem **Handzeichen nach beglaubigten Urkunde.** Zuständig für diese Beglaubigung sind nur die Amtsgerichte und Notare. Der Beglaubigungsvermerk muß wenigstens lauten: „Die Unterschrift des N. N. in N. oder „die Zeichnung der Firma N. N. durch den N. N. in N. und dessen Unterschrift wird beglaubigt. Datum und die Bezeichnung des Gerichts oder der Name des Notars" unter Beifügung des Amtssiegels oder Amtsstempels. Der Notar hat seine Kostenberechnung hinter der Beglaubigung beizufügen. Der Beglaubigungsvermerk muß, wenn im Texte des Schriftstücks, unter dem die Unterschrift beglaubigt wird, auffällige und den Inhalt des Schriftstücks wesentlich verändernde **Durchstreichungen** und **Zusätze** sich befinden, zum Ausdrucke bringen, daß die Durchstreichungen und Zusätze schon bei der Beglaubigung vorhanden waren. Andernfalls muß dies nachgeholt werden. Ohne besondere neue Beglaubigung darf keine Änderung und kein Zusatz in dem Texte des Schriftstückes, unter dem schon vorher die Unterschrift beglaubigt war, erfolgen. K. G. 1. 4. 01, II 101. — Über die Form der Beglaubigung entscheidet das Gesetz des Ortes der Beglaubigung.

5. bei **Ersuchen von Behörden** gemäß § 39 G. B. O. (s. Behörde, Magistrat, Landgemeinde, Gemeindevorstand, Kreis, Kirche). Die Ersuchen müssen die Bezeichnung der Behörden tragen, ferner ordnungsmäßig, d. h. leserlich von ihren berufenen Vertretern selbst (nicht mit Farbenstempel) unterzeichnet, sowie mit Amtssiegel oder Amtsstempel versehen sein. (Siehe Grundbuchrichter).

Sollen Eintragungen auf Grund beigefügter Urteile, Beschlüsse oder auf Grund besonderer Erklärungen der Behörden (Löschungsbewilligung, Abtretung, Vollmacht u. dergl.) erfolgen, so müssen Erstere in Ausfertigung vorliegen. Die Erklärungen sind entweder in einer zu 3. oben besprochenen Verhandlungsausfertigung oder in einem mit Datum, Unterschriften der Vertreter und Amtsstempel oder Siegel unterfertigten Schriftstücke zu überreichen.

6. bei anderen als den zu 1—5 erwähnten Urkunden und Ersuchen beigefügten Unterlagen. (§ 29, 30, 32 bis 38 G. B. O.)

a) **Vollmachten** müssen in Urschrift oder Ausfertigung dem Grundbuchamte vorliegen, da nur sie beweisen, daß dem Bevollmächtigten die Vertretungsmacht noch nicht entzogen ist. Wird in der Verhandlung oder in dem Beglaubigungsvermerke der überreichten Eintragungsbewilligung von der Urkundsperson bescheinigt, daß ihr die Urschrift oder Ausfertigung der Vollmacht vorgelegen hat, so genügt eine überreichte oder bei den Grundakten befindliche beglaubigte Abschrift der Vollmacht. Jedenfalls muß das Grundbuchamt den Inhalt der Vollmacht selbst kennen lernen und prüfen. Es bedarf der Prüfung, ob, wenn der Bevollmächtigte selbst beteiligt ist oder einen Dritten vertritt, dies ausdrücklich gemäß § 181 B. G. B. in der Vollmacht gestattet ist. — Wegen Form der Vollmacht oben; s. auch Vollmacht.

b) **Auszüge aus dem Handelsregister,** Genossenschafts-, Vereins- und Güterrechtsregister § 33 G. B. O. spricht nur von einem Zeugnisse des Registergerichts. (Siehe jedoch Handelsregister und Ausland.) Zeugnisse wie durch den Urkundsbeamten erteilte beglaubigte Abschriften des Registerinhalts dienen zum Nachweise über die Vertretungsbefugnis, über das eheliche Güterrecht (s. Verfügungsbeschränkung) und müssen aus der Zeit der Erklärung der Einigung oder Bewilligung gemäß § 20,19 G. B. O. stammen. Auszüge aus dem Güterrechtsregister müssen jedoch aus der Zeit des Einganges der Anträge beim Grundbuchamte stammen, da zwischen der Bewilligung einer Frau (Witwe, Fräulein) und der Eintragung eine Änderung des Güterrechts eintreten kann, welche die nachträgliche Zustimmung des Ehemannes, die früher nicht erforderlich war, notwendig machen könnte. Dies bedarf der Hervorhebung.

Es bedarf keines Auszugs, wenn es sich um Erklärungen handelt, die selbst keiner Form bedürfen oder durch die das Recht der Gesellschaften, Vereine u. s. w. nicht betroffen werden.

Eine Überspannung der Forderung, neueste Registerauszüge beizubringen, würde zur Unmöglichkeit von Eintragungen führen. Denn, ob eine Eintragung im Augenblicke des Einganges der Urkunden beim Grundbuchamt im Register noch besteht, kann nur das Grundbuchamt prüfen, dessen andere Gerichtsabteilung das Register selbst führt. Die übrigen Grundbuchrichter werden je nach Lage der Sache entscheiden. Sie werden im Allgemeinen neue Auszüge verlangen, sich aber, wenn einfache, unbedeutende Sachen ohne Bedenken vorliegen, wenn Hypothekenbriefe mitüberreicht sind, auch mit etwas älteren Auszügen begnügen können. — Ob eine Frau geschieden ist, kann aus einem Auszuge des Heiratsregisters festgestellt werden; es bedarf nicht der mit Peinlichkeiten verbundenen Vorlegung des Scheidungsurteils.

c) **Bestallungen** von Vormündern, Pflegern, Beiständen. Diese müssen stets, wenn nicht die Bestallung der betreffenden Person zu dem Amte offenkundig ist (s. offenkundig) oder aus einer sonst eingereichten Bescheinigung oder Genehmigung des Vormundschaftsgerichts hervorgeht, in Urschrift vorgelegt und in begl. Abschrift zu den Grundakten genommen werden. Vormundschaftsakten, zu denen erledigte Bestallungen einzuziehen sind, werden vernichtet, womit eine später notwendig werdende Nachprüfung in der Grundbuchsache unmöglich wird. Die Heranziehung von in Bezug genommenen Vormundschaftsakten zum Beweise, daß Jemand Vormund ist, genügt also nicht, ist jedenfalls nicht zu empfehlen.

Stellt eine Witwe Anträge kraft elterlicher Gewalt für ihre minderjährigen Kinder, so genügt die Beibringung einer (kostenfrei zu erteilenden) Auskunft (nicht der kostenpflichtigen Bescheinigung) des Vormundschaftsgerichts dafür, daß ein Beistand nicht bestellt sei. Im Falle der Offenkundigkeit bedarf es der Auskunft nicht. (§ 29 G. B. O.).

d) **Erbschein.** Er muß in Ausfertigung vorliegen. Eine beglaubigte Abschrift genügt in der Regel mit Rücksicht darauf nicht, daß die Ausfertigung des Erbscheins gemäß § 2361 B. G. B. als kraftlos eingezogen sein kann. Eine beglaubigte Abschrift, die dasselbe oder ein späteres Datum als der Eingangsvermerk des Grundbuchamts auf den eingegangenen Urkunden trägt, ersetzt die Ausfertigung. Ebenso würde beim Vorliegen einer beglaubigten Abschrift die oben zu 6a erwähnte Bescheinigung der Urkundsperson genügen. Dem Grundbuchamte steht nicht das Recht der Nachprüfung zu, ob das Nachlaßgericht den Erbschein erteilen durfte oder konnte. (S. Erbschein, Testamentsvollstreckerzeugnis). Die Beteiligten dürfen anstatt Vorlegung eines Erbscheins sich auf die beim selbigen Gerichte befindlichen Erbscheinakten beziehen. Der Grundbuchrichter muß sie einsehen. R. G. 1. 10. 00 I 171.

e) **Testamente, Erbverträge.** Ihre Vorlegung genügt in Form der beglaubigten Abschrift oder Ausfertigung. Falls Testamentsakten sich beim selbigen Gerichte befinden, muß der Grundbuchrichter bei Bezugnahme der Beteiligten sie einsehn. (§ 2264 B. G. B.).

Eigenhändige Testamente sind privatschriftliche Urkunden und kommen nicht als Unterlagen für Eintragungen in Betracht. Es muß dafür ein Erbschein vom Nachlaßgerichte beigebracht werden.

Die begl. Abschriften bezw. Ausfertigungen der Testamente müssen das Testament selbst, dessen Umschlag sowie die Annahme- und Eröffnungsverhandlung umfassen. Die Annahmeverhandlung fällt fort, wenn der letzte Wille in einer Verhandlung zu Protokoll erklärt ist. Fälle, in denen der Grundbuchrichter zu einem in öffentlicher Urkunde enthaltenen Testamente einen Erbschein erfordern darf, s. Erbschein. Nach preußischem Rechte gibt es noch eine Ergänzungsbescheinigung des § 9 Ges. 12. III. 69. Über Erbschein s. oben zu d. Erbscheine und Testamentsvollstreckerzeugnisse verursachen große Kosten!

f) **Testamentsvollstreckerzeugnis.** (§ 2368 B. G. B.). Hier gilt das zu 6d, e für den Erbschein gesagte. (S. Testamentsvollstrecker und Testamentsvollstreckerzeugnis).

g) **Bescheinigung des Nachlaßgerichts.** Sie muß ebenfalls in Ausfertigung vorliegen. (Vergl. § 37, 38, 99 G. B. O.; Art. 10 A. G. G. B. O.).

Anmerkung: Unterlagen für eine Eintragung können nicht eidesstattliche Versicherungen, private Schriftstücke oder amtliche Erklärungen von Notaren sein. Falls nicht eine Ausfertigung oder beglaubigte Abschrift einer Urkunde besonders für die Grundakten überreicht ist, oder falls nicht die überreichte, der Eintragung zu Grunde liegende Urkunde selbst bei den Akten bleiben kann, muß eine begl. Abschrift zu den Akten gefertigt werden. Zweck: Die Möglichkeit einer späteren Nachprüfung.

II. Das Verfahren bei der Prüfung des Inhalts von Urkunden.

Bei der Durchsicht der Urkunden bedarf es zunächst der Feststellung, ob gemäß § 28 G. B O. die Bewilligenden bezw. Antragsteller mit den eingetragenen oder wahren Berechtigten übereinstimmen, ob die Grundbuchbezeichnung richtig ist und die nötigen Bewilligungen und Anträge erklärt sind. Zutreffendenfalls ist sodann zu prüfen, was eingetragen werden soll. Es empfiehlt sich hierbei, mit Blau- oder Rotstift sauber und kurz die Bestimmungen zu unterstreichen, die ohne Bezugnahme eingetragen werden müssen, (S. 103) z. B. den Familiennamen des Gläubigers, den Geldbetrag in Zahlen, die Bezeichnung der Forderung, die Zahl des Zinssatzes, des Verzugszinssatzes, ein Wort der Nebenleistung (Entschädigung), eines Vorbehaltes, einer Löschungsvormerkung und Rangbestimmung, das Wort „Satzung" (§ 1115 Abs. 2 B. G. B.), bei Unterwerfung des jeweiligen Grundstückseigentümers unter die sofortige Zwangsvollstreckung die beiden letzten Worte und „jeweiligen", bei der Bestimmung über Aushändigung des Briefes das Wort „Aushändigung" und den Empfänger, bei Ausschließung der Erteilung eines Briefes das Wort „Ausschließung" usw. Der Wert dieses Verfahrens, das keineswegs die Urkunden zu verunstalten braucht und lediglich die Sicherung der Beteiligten, des Staates und des Grundbuchbeamten bezweckt, liegt darin, daß man beim Entwurfe der Verfügung, der unbedingt nach seiner Anfertigung noch einmal mit der Urkunde zu vergleichen ist, weniger leicht notwendige Eintragungen übersieht. Anfänger werden gut tun, jedesmal das Verzeichnis derjenigen Eintragungen, die keine Bezugnahme gestatten, nochmals durchzusehen. S. 103.

Die Fassung der Verfügung des Grundbuchrichters.

(§ 16 Verf. 20. 11. 99).

Sie muß übersichtlich, kurz und in deutscher Sprache gefaßt sein.

Zur Übersichtlichkeit gehört, daß die Verfügung an einen ausreichenden, leicht erkenntlichen Platz, nicht in eine Ecke des Blattes gesetzt wird und eine deutliche Schrift. Der Richter muß besonders in Grundbuchsachen deutlich schreiben. Referendare werden am besten von vornherein darauf aufmerksam gemacht, daß die schlechte Schrift eine Gefahr bedeute und schlecht leserliche Entwürfe von Verfügungen unbrauchbar sind und garnicht geprüft werden. Die mir überwiesenen Herren entwerfen die Verfügungen auf der Rückseite des Anschreibens eingegangener Anträge, um im Falle völliger Unbrauchbarkeit oder einer durch Verbesserungen herbeigeführten Undeutlichkeit, oder, falls eine Verfügung aus § 18 G. B. O. nötig ist, die Vorderseite freizu haben. Ein deutliches Schreiben erspart auch das Ausschreiben der Zahlen, das bei langen, nicht runden Zahlen eine Gefahr des Weglassens von Silben mit sich bringt. Endlich unterlasse man die lateinischen Verfügungen!

Man treffe nicht mehrere Anordnungen unter einer Nummer, sondern reihe sie einzeln in militärischer Kürze untereinander. Ein solches Verfahren ist für die Geschäftsstelle praktischer. Übernimmt ein Richter eine Abteilung, so muß er sich zunächst mit seiner Geschäftsstelle und der Kanzlei ins Einvernehmen setzen. Dies erleichtert das Verständnis und das Zusammenarbeiten; es beschleunigt den Betrieb und erweckt die Freude an gemeinsamer Arbeit. Der Expedition ist durch die Verfügung nicht vorzugreifen; nur in schwierigeren Fällen gehe man ins Einzelne. Der Richter erhält ja die Expedition mit der Ausführung der Verfügung (Briefbildung, Fassung der Vermerke und Nachrichten, Verbindung der Briefe mit den Urkunden usw.), zur genauen Prüfung vorgelegt. Also kein doppeltes Schreibwerk! Wegen des V. d. G. und Abt. I vergl. die Winke unten. In Abt. II wird am meisten gesündigt. Man darf nicht etwa nur verfügen „Eine Grunddienstbarkeit" oder „Eine persönlich beschränkte Dienstbarkeit" oder „Eine Reallast" unter Bezugnahme auf die Bewilligung vom ten . . . eingetragen . . . Es muß vielmehr die Last näher, aber möglichst kurz bezeichnet werden. (Beispiele Nr. 9, 10, 14). Ich habe in Abt. II unzählige, Seiten lange Eintragungen, die in 3—4 Zeilen hätten gefaßt werden können, gefunden. Besonders unnötig fand ich, daß bei sogenannten „Parzellierungen" z. B. die Rentenbankrenten und Domänenamortisationsrenten jedesmal in der ursprünglichen längeren Formel mitübertragen wurden. Es wurde dann noch als unnötige Überschrift „Folgende Last" bei dem neuen Blatte gewählt. Ich verweise auf Beispiel Nr. 4 und Tabelle Schönwald Bl. 1, Abt. II Nr. 4. Diese kurze Fassung genügt aus folgenden Gründen: Das Grundstück haftet kraft Gesetzes für die Rente. Ihre Eintragung ist zur Berücksichtigung bei der Zwangsversteigerung vor allen anderen Eintragungen (Art. 22 A. G. B. G. B., § 10[3] Zw., Art. 1, 2, 3 A. G. Zw.) überhaupt nicht nötig, sondern erfolgt bekanntlich nur infolge besonderer Instruktion (§ 22 A. G. B. G. B.). Es genügt also kurz die Bezeichnung der Rente und des Rezesses. Jede Gefahr ist ausgeschlossen, und die Rente ist für Jedermann, dem Eintragungszwecke entsprechend, genügend ersichtlich. Wozu also die Umständlichkeit und unnötige größte Mehrbelastung des Grundbuchs und des Grundbuchführers! Der Richter muß bei allen Verfügungen nicht nur an sich, sondern auch an seine Gerichtsschreiberei, Kanzlei und Schreibkosten denken. S auch Bezugnahme!

In Abt. III ist es ebenfalls nicht nur gestattet, sondern auch im Interesse des Grundbuchs und nicht zum wenigsten des Versteigerungsrichters auch geboten, überall von der Bezugnahme ausgiebigen Gebrauch zu machen. Wer dies nicht tut, verstößt gegen den Geist des Gesetzes. (§ 1115 B. G. B.; § 57[3], 58 G. B. O.; R. G. 4. 3. 03. V. 98). Die Verbindung der Schuldurkunden mit den Briefen und die Aufnahme des in Bezug genommenen Urkundeninhalts in den Grundschuldbrief (§ 57[3] G. B. O.) beseitigt jeden Nachteil für den Berechtigten. Der Grund dieses Verfahrens ist folgender: Kurze Eintragungen ergeben eine schnellere Übersicht und doch das Notwendige. Lange Formeln füllen das Grundbuch zu schnell aus, machen die zu frühe Einfügung von Einlagebogen oder Umschreibung des Blattes notwendig und, was das Wichtigste ist, sie führen beim Prüfen leicht Ermüdung, Verwirrung und Versehen herbei. Wer alle Bestimmungen wissen möchte, mag sich eine einfache Abschrift der Urkunde geben lassen. Bei einfachen Buchhypotheken empfiehlt es sich, den gesamten Inhalt der Urkunde, praktisch gekürzt, einzutragen, wenn die Formel nicht zu lang wird.*)

Nach § 800 Z. P. O. muß ferner „die Unterwerfung" unter die sofortige Zwangsvollstreckung, d. h. die Tatsache der Unterwerfung eingetragen werden. Also genügt die Formel von nur 8 Worten in dem Beispiele Nr. 19. Die im amtlichen Formulare vorgesehene und in der Praxis so häufige Fassung ist um 12 Worte länger und braucht nach der Entscheidung des K. G. vom 25. 1. 02. III 95 nicht notwendig so zu lauten. Diese Mehrarbeit ist für das Geschäftsjahr erheblich und läßt sich sparen. Die Vollstreckungsklausel muß hinter den Bestimmungen, auf die sie sich bezieht, eingetragen werden. —

Man stelle sich ferner vor, daß von einem Grundstücke nach und nach mehrere Trennstücke und mit ihnen jedesmal eine und dieselbe Eintragung (Rentenbankrente oder Wegerecht oder Hypothek) auf dasselbe neu angelegte Grundbuchblatt übertragen werden. Ich habe in solchen Fällen auf dem letzteren Blatte oft folgende sich wiederholende Eintragung in Abt. II gefunden: Nr. 1 auf 1: Eine Rentenbankrente . . . ., Nr. 2 auf 2: Eine Rentenbankrente . . . ., Nr. 3 auf 3: Eine Rentenbankrente usw. oder sogar Nr. 1 auf 1: Eine Rentenbankrente . . . ., Nr. 2 auf 2: identisch mit Nr. 1 . . . ., Nr. 3 auf 3: identisch mit Nr. 1 usw.

Das sind die mildesten Fälle. Noch schlimmer war es bei Baubeschränkungen mit vielen Unternummern. Ich halte ein solches Verfahren nicht nur für umständlich und unpraktisch, sondern weil ein und dieselbe Last schon auf dem Grundstücke ruht, für unrichtig. Es muß bezw. kann in solchen Fällen in Spalte Veränderungen eingetragen werden: „Nr. 1. Diese Rente ruht auch auf Nr. 2 d. V. d. G. (oder auf Bestandteil 2). Eingetragen am ten . . . ."

Die Ausdehnung der unter Nr. 1 eingetragenen Rente enthält unbedenklich eine Veränderung, die nicht in die Spalten 1—3 gehört. Dasselbe gilt für Abt. III. Es haben Grundbuchrichter, wenn bei bereits eingetragenen Hypotheken ein 5 vom Hundert übersteigender Zinssatz oder eine Entschädigung (vergl. Beispiel 28, Nr. 1c) eingetragen werden sollten, diesen neuen Zinssatz oder die Entschädigung, statt in Spalte Veränderungen, in die Spalten 1—4 unter neuer Nummer mehrfach eingetragen, sodaß eine Hypothek oft unter 3 Nummern der Abt. III stand. Die gesetzliche Unterlage für ein solches Verfahren bei solchen in Spalte 5—7 gehörigen Veränderungen der Zins- und Kapitalszahlungsbestimmungen habe ich bisher nicht gefunden, wohl aber später mehrfach dadurch entstandene Schwierigkeiten. K. G. 9. 6. 06.

Bei aller Gründlichkeit übertreibe man nicht. Unratsam ist es, Verfügungen abzusetzen, in denen vor jede Eintragung die Spalte gesetzt wird, z. B. Abt. III Spalte 1: Nr. 1, Sp. 2: Nr. 2, Sp. 3: 10 000 M. — Diese vielen nebeneinanderstehenden Zahlen verleiten zu unrichtigen Eintragungen, zumal, wenn die Verfügung auf einen engen Platz zusammengedrängt ist. Ich führe zum Beweise an, daß bei einer Verfügung gedachter Art der Grundbuchführer „310 000 M." statt „10 000 M." eingetragen hatte und zwar genau so, wie ich es zufällig dem betreffenden Assessor am Tage vorher prophezeit hatte. Es ist zweckmäßig wie in den Beispielen Nr. 20, 23 zu verfügen.

*) Eine Bezugnahme ist nur gestattet, wenn eintragungsfähige Bestimmungen als eingetragen gelten sollen, jedoch nicht, wenn sie vollständig eingetragen werden.

Wie die Beispiele ergeben, verfüge ich nicht: „Einzutragen in das Grundbuch von . . . .“ oder „Es ist ein Hypothekenbrief zu bilden, mit der Schuldurkunde zu verbinden und dem Gläubiger auszuhändigen“ oder „der Brief ist unbrauchbar zu machen, mit dem Löschungsvermerke zu versehen usw.“ Kann es sich um etwas Anderes als eine Eintragung in das Grundbuch handeln, wenn verfügt ist: „Schönwald, Bl. 1 Sp. 1—4 Abt. III, Nr. 1 auf 1: 10 000 M. . . .“? Greifen nicht alle weiteren Ausführungen über die Briefbehandlung der Expedition unnötig vor? Darum genügt, abgesehen von verwickelteren Fällen, zu verfügen: „Brief an Gläubiger N. N.“ oder „Brief unbrauchbar an N. N.“ Im praktischen Betriebe werden unter „Brief“ dieser und die Schuldurkunde verstanden, es sei denn, daß über die einzelnen Teile besonders verfügt wird. Also kein unnötiges Schreibwerk!

Die **Bekanntmachungen** erfolgen nach § 55 G. B. O. Es empfiehlt sich die zu benachrichtigenden Beteiligten kurz (mit der Hypotheken-Nr oder dem Familiennamen) schon in der Verfügung zu bezeichnen. Dies ist ein Leichtes, weil man beim Abverfügen die Sache noch besser kennt, als wenn einige Zeit später die Expedition zur Prüfung wiedervorgelegt wird. Der Prüfung bedarf es dann nur dahin, ob die Betreffenden in der Expedition genannt sind. Die näheren richtigen Adressen hinzuzufügen, ist rein Sache des Expedienten. Man gebe sodann nicht unnötige Nachrichten. Ich habe oft gelesen, daß bei Auflassungen alle Berechtigten der Abt. II Nachrichten erhalten haben. Diese sind, abgesehen von Reallasten, nicht im § 55 G. B. O. erwähnt. Stellt ein Bevollmächtigter Anträge, so müssen er und sein Machtgeber benachrichtigt werden. Der Notar erhält von Amtswegen nur Nachricht, wenn er Antragsteller gemäß § 15 G. B. O. ist, sonst nur auf sein besonderes Verlangen. Er ist als Antragsteller zu behandeln, auch wenn die notwendigen Anträge schon in den Urkunden gestellt sind und er sie nur wiederholt. (Notar Seite 42 Anm.)

Endlich darf der Grundbuchrichter nicht versäumen, **die Löschung laufender Fristen** selbst zu verfügen. Die Geschäftsstelle darf eine Frist nur auf ausdrückliche Anordnung streichen. Der Richter muß selbst prüfen, ob die Frist und Sache ihre Erledigung gefunden hat oder nicht. Die Fristenbestimmung ist überhaupt eine Angelegenheit, die einer besonderen Sorgfalt bedarf. Ehe eine neue Frist gesetzt wird, muß zunächst geprüft werden, ob nicht schon eine andere läuft und ob diese nicht genügt. Ein ungewandtes Fristenverfügen schafft dem Richter, der Geschäftsstelle und dem gesamten Geschäftsbetriebe die größten Schwierigkeiten und — Gefahren. So manche Überlastung einer Abteilung rührt lediglich daher!

Vor jeder Verfügung ist als besonders wichtig zu prüfen, ob schon ein Antrag vorliegt, dessentwegen eine Frist aus § 18 G. B. O. läuft, und ob die Eintragung einer Vormerkung aus demselben Paragraphen notwendig ist, endlich auch, was in dem Überreichungsschreiben beantragt ist. (Siehe Notar.) Verlangt der Richter durch Verfügung irgend etwas von einer Person, Behörde usw. oder verfügt er eine Frist zum Zwecke der Wiedervorlegung von Akten, so muß zum späteren Verständnisse der Grund der Verfügung bezw. der Frist angegeben werden. Ein Nachfolger im Amte und die angegangene Person oder Behörde muß den Grund erkennen können.

In den Fällen des § 18 Abs. 1 G. B. O. entwerfe ich auf der Rückseite des Einreichungsschreibens, die nach der Beseitigung der Hindernisse notwendig werdende Eintragungsverfügung, es sei denn, daß aus besonderen Gründen dies nicht ratsam erscheint. Die auf der Vorderseite befindliche, das Hindernis bezeichnende Verfügung ergibt, was später noch zu prüfen ist. Ein unnötiger Entwurf gehört nach meinen Erfahrungen zu den größten

Seltenheiten, wogegen die sofortige sorgfältige Niederschrift des Entwurfs, am Schlusse mit der kleinen Bleistiftsnotiz „In Ordnung", eine ganz erhebliche Arbeit erspart, nämlich die der nochmaligen Nachprüfung des gesamten Urkundeninhalts. Beim Entwurfe halte ich mich möglichst an die Ausdrucksweise der Bewilligung, um das Hineinbringen eines anderen Sinnes zu vermeiden, kürze aber zweckmäßig ab, soweit es geht.

Haben Eintragungsbewilligung und die Eintragung in das Grundbuch dasselbe Monatsdatum, so empfiehlt es sich, wie in den Beispielen 17, 19 die doppelte Monatsbezeichnung am Schlusse der Eintragungsformel fortzulassen.

Erfordert Jemand eine **beglaubigte Abschrift** oder „**Ausfertigung**" eines Grundbuchblattes ohne den Grundstückswert anzugeben, so empfiehlt sich folgende Verfügung: 1. An Antragsteller: In pp. wollen Sie umgehend den Wert des Grundstücks angeben, da sich danach die Kosten einer begl. Abschrift des Grundbuchblatts richten. Sollte die billigere einfache Abschrift genügen, so ersuchen wir um gef. umgehende Nachricht. 2. Inzwischen ist eine einfache Abschrift zu fertigen. 3. Nach 1 Woche. — Der Regelfall ist der, daß die Antragsteller schleunigst eine einfache Abschrift erbitten, weil diese für ihre Zwecke genügt. Man erspart unnötige Kosten, Arbeit und Entscheidungen auf spätere Anträge, die Kosten wegen Irrtums zu erlassen. — Endlich prüfe man alle Anträge nicht in dem Gedanken, wie man sie **ablehnen**, sondern wie man ihnen **stattgeben** kann. Außerdem höre man nicht mit dem Prüfen der Antragsunterlagen auf, wenn man ein Hindernis gefunden hat, sondern prüfe die sämtlichen Urkunden, um sämtliche Hindernisse dem Antragsteller mit einem Male mitteilen zu können. Diese Mahnungen sind begründet!

Aufnahme von Protokollen.

Hier muß noch eine große Wandlung vor sich gehen. Die bisherige Fassung der Protokolle ist, und das gilt auch für viele Notare, durchweg zu umständlich. Es geht nach dem alten Schema: „Die Erschienenen zu 3—10 sind dem Richter bekannt .... Die Erschienenen zu 1, 2 wurden durch den N. N. ausgewiesen .... Die Erschienenen erklärten: Wir sind darüber einig, daß das Eigentum .... auf den Erschienenen zu 10 übergehen soll. Wir, die Erschienenen zu 1—9 .... usw. Ich, der Erschienene zu 10 .... usw." Das liest und lernt nun der Nachwuchs unentwegt, weil es immer so war!

Zunächst verweise ich auf das, was über die Form der Einigung und Bewilligung oben gesagt ist. Alsdann auf die Beispiele Nr. 3 bis 6, 14, 18, 19, 47, 50. Die Protokolle müssen m. E. vom Anfange bis zum Ende in einer direkten Rede, kurz, natürlich und möglichst so gefaßt sein, wie man spricht. Was sollen die üblichen Unterbrechungen der direkten Rede: „Die Beteiligten erklärten weiter?" Was die Zusätze: „Ich genehmige die Erklärungen meiner Ehefrau", wenn die Eheleute Erklärungen gemeinschaftlich, „Wir sind darüber einig", „Wir beantragen" abgegeben haben oder der Mann als Bevollmächtigter seiner Frau aufgetreten ist. Kein Mensch sagt im Verkehre „Die verehelichte Kaufmann N. N." oder „Die unverehelichte oder ledige" Anna Müller, wie es in unzähligen Protokollen steht. Man schreibe ruhig:

Es erschienen „Fräulein" Anna Müller oder „Frau" Kaufmann N. N. Das ist einfacher, kürzer und entspricht durchaus der allgemeinen Sprechweise, die „Fräulein" und „Frau" als Bezeichnung für unverheiratet und verheiratet annimmt. Über die Unterlassung des beliebten „Derselbe", das ich noch Niemanden habe aussprechen hören und gut durch „Er" oder Dieser ersetzt werden kann, ist schon Vieles gesagt worden. Bewilligung und Antrag lassen sich, wie das Reichsgericht bestätigt hat, durch einen „Antrag" ersetzen. Ich kann mit gutem Gewissen behaupten: Ich erspare jährlich ungezählte Worte und Sätze beim Schreiben, Vorlesen, Eintragen dadurch, daß ich mich stets so kurz wie möglich fasse. Die dadurch gewonnene Zeit ist so erheblich, daß Grundbuchrichter und Grundbuchführer neben großer Arbeitslast Grundbuchreinigung in großem Umfange sowie die Ausbildung von Referendaren und Justizanwärtern in größerem Maßstabe wahrnehmen können.

Eine Pflicht der Urkundsbeamten ist es auch, möglichst wenige Urkunden für eine Grundbuchsache aufzunehmen, wenn sich dadurch Kosten und Stempel ersparen lassen. Aus demselben Grunde erübrigt sich auch die Quittungsleistung bei Löschungen einer Hypothek, es sei denn, daß die Beteiligten sie ausdrücklich beurkundet haben wollen. (Vergl. Beispiel Nr. 47.) Damit aber nicht etwa der Gläubiger die Schuldurkunde nach § 69, 70 G. B. O. zurückerhält, muß die Aushändigung des Briefes nebst Schuldurkunde an den Eigentümer besonders beantragt werden, was keine Mehrkosten verursacht. Wichtig ist es auch, daran zu denken, daß der Stempel für jedes Protokoll 3 M. beträgt, der allerdings auf den erforderlichen Urkundenstempel für das Rechtsgeschäft verrechnet wird. Die Verteuerung wird erheblich, wenn man über geringe Beträge mehrere Urkunden aufnimmt, da die Urkundenstempel bei einem Werte bis 150 M. garnicht und wenig über 150 M. hinaus nur in geringer Höhe fällig werden. Endlich hüte man sich auch, in Auflassungsverhandlungen ohne Weiteres Abänderungs- oder Ergänzungserklärungen zu überreichten Verträgen aufzunehmen. Diese Erklärungen stellen sich beim Notare, der die Verträge aufgenommen hat, erheblich billiger. Jedenfalls prüfe man zunächst die Höhe der Kosten und Stempel und belehre die Beteiligten.

Im Übrigen müssen Verhandlungen wie Verfügungen in Grundbuchsachen besonders **deutlich geschrieben** werden. Der Nachwuchs ist von vornherein nachdrücklichst darauf hinzuweisen, daß es sich um **öffentliche, staatliche Urkunden,** die auch für die Nachwelt lesbar sein müssen, handelt. Verständliche Abkürzungen von Worten durch ihre Anfangsbuchstaben führen zwar nicht Ungültigkeit herbei, sind aber durch Gesetz (Art. 64 A. G. Freiw.) verboten und enthalten eine Pflichtverletzung. Von Radieren und Unleserlichmachen gilt das Gleiche. (Vergl. auch § 16 Verf. 20. 11. 99). Worte, die nicht mehr gelten sollen, sind so zu durchstreichen, daß man sie noch erkennen kann. Zusätze und Veränderungen füge man am Schlusse an, es sei denn, daß sie deutlich in den Text oder darüber eingefügt werden können. Wegen des Schlußvermerks der Verlesung s. Anmerkung bei Beispiel 3a.

Im Anschlusse hieran empfiehlt es sich noch etwas darüber zu erwähnen, wie **unbekannte Personen** sich **ausweisen** können. Die gewöhnlichen zulässigen Ausweispapiere sind Militärpaß, Landsturmscheine, Bestallungen, Reisepässe, Postausweiskarte, mehrere neuere Steuerquittungen zusammen mit Grundbuchnachrichten, Kostenrechnungen, Zeugenladungen, Steuereinschätzungen, Schreiben von Behörden oder ähnliche offenbar für die Beteiligten bestimmte Schriftstücke. Nötig erscheint aber daneben immer noch die Prüfung, ob der Erschienene mit dem Inhalte der Grundakten vertraut ist, und Vergleichung seiner Unterschrift mit etwaigen Unterschriften in den Akten. Die Vorlegung von Auszügen aus den Kirchenbüchern und Standesamtsregistern beweist hingegen nichts. Solche Auszüge sind leicht von Jedermann gegen Erstattung der Kosten zu erhalten. Anders liegt die Sache bei Vorlegung einer Eheschließungsbescheinigung des Standesamts, die nur die Eheschließenden zur Ermöglichung der kirchlichen Trauung erhalten.

Auch hier dürfen die Ansprüche nicht zu weit gehen! Jedoch bedenke man, daß große Vorsicht in erster Linie die Berechtigten des Grundbuchs schützt. Wenn auch die genaue Beschreibung, wie die Urkundsperson sich die Gewißheit über die Persönlichkeit verschafft hat, nicht ein wesentlicher Bestandteil des Protokolls ist (§ 176 Freiw.), so ist sie doch für den Beamten Vorschrift und ratsam, um später im Notfalle die Sorgfalt beweisen zu können. Eine übermäßig eingehende Beschreibung der vorgelegten Schriftstücke erscheint nicht nötig. Es genügt zu sagen: „Durch Vorlegung seines Militär- oder Reisepasses" oder „von Steuerquittungen und Grundbuchnachrichten". Sonderbarerweise verlangt das Gesetz (§ 183 Freiw. Art. 60 A. G. Freiw.) diese Beschreibung nicht für den Vermerk der Unterschriftsbeglaubigung. Ich füge aus Vorsicht oft einen entsprechenden Zusatz in den Vermerk ein. —

Wenn **mehrere** Antragsteller die **Kosten** übernehmen oder zu tragen haben, ist es zur Vereinfachung des Betriebes zu empfehlen, einen von ihnen zu veranlassen, alle Kosten zu verauslagen. Es ist dann nur eine Rechnung zuzustellen. —

Grundbuchblätter und Grundakten.

Jedes Grundbuch besteht aus mit laufender Nummer versehenen Grundbuchblättern. Seine innere Einrichtung ist aus den beiden Tabellen am Ein ange dieses Buches zu ersehen.

g Ein **Grundbuchblatt** wird **angelegt** für:

a) jedes **Grundstück**, nicht aber für einen ideellen Anteil daran, gemäß § 2 Abs. 2, 3 G. B. O. (Realfolium). Auf Antrag kann auch ein gemeinschaftliches Blatt für mehrere Grundstücke desselben Eigentümers oder derselben Eigentümer im Bezirke eines oder mehrerer Grundbuchämter nach § 4, 86 G. B. O., Art. 2 A. G. G. B. O., Art. 130 A. G. Freiw. angelegt werden (Personalfolium). **Ausnahmen:** Ein Grundbuchblatt braucht nicht oder nur auf Antrag des Eigentümers oder eines Berechtigten gemäß § 90 G. B. O., Art. 1 Verordnung vom 13. 11. 1899 (Ges. S. Seite 519 ff.) angelegt zu werden. Nämlich für die Grundstücke des Reichs und Einzelstaats, der Gemeinden und anderer Kommunalverbände, der Kirchen, Klöster, Schulen, für die öffentlichen Wege und Gewässer sowie für die Grundstücke, welche einem dem öffentlichen Verkehr dienenden Bahnunternehmen gewidmet sind. Steht einem dieser Berechtigten das Eigentum an einem Grundstücke mit einem Grundbuchblatte zu oder erwirbt er ein solches, so ist das Blatt auf seinen Antrag auszuscheiden, wenn nicht im Grundbuche eine Eintragung, durch welche das Recht des Eigentümers betroffen wird, vorhanden ist. Soll eine solche Eintragung (z. B. Hypothek, Grunddienstbarkeit, Erbbaurecht) erst erfolgen oder soll ein blattloses Grundstück aufgelassen werden, muß zuvor bezw. gleichzeitig ein Grundbuchblatt für den bisherigen Eigentümer angelegt werden. S. Auflassung (11). Dann erst erfolgt die Eintragung der Veränderungen.

b) ein in Abteilung II eingetragenes **Erbbaurecht** auf Antrag; es wird von Amtswegen angelegt, wenn ein solches veräußert oder belastet werden soll. Die Anlegung ist auf dem Blatte des belasteten Grundstücks zu vermerken, ohne das Recht selbst zu löschen (§ 7, 20, 22² G. B. O.).

c) ein **Bergwerk, selbständige** Kohlenabbau- und andere selbständige **Gerechtigkeiten** wie Erbpachtrecht, Fähr-, Fischerei-, Schiffsmühlen-Gerechtigkeiten usw. vgl. § 84 G. B. O., Art. 22, 27, 28 A. G. G. B. O., Art. 182, 196 E. G. B. G. B., Art. 40 A. G. B. G. B. und die Kommentare. —

Die Vorschriften über Anlegung der Grundbuchblätter sind in den Artikeln 3ff., 17—20ff. der obigen Verordnung vom 13. 11. 1899, die über Einrichtung der Grundbücher und der Grundakten in den Verfügungen vom 20. November 1899, von 1904, 1907, 1908 (J. M. Bl. 1899 Seite 349ff., 1904 S. 89, 1907 S. 6, 1908 S. 355ff.) enthalten. Hierin stehen alle Einzelheiten; sie brauchen deshalb hier nicht erörtert zu werden. Einige Winke dazu werden unten noch gegeben werden (vergl. auch Beispiel 1 und 15).

Den leider oft geübten unnötigen Anlegungen neuer Grundbuchblätter müssen und können die Grundbuchrichter steuern. Hat jemand schon Grundbesitz in derselben Landgemeinde, so wird man ihn veranlassen, ein neu erworbenes Trennstück seinem bisherigen Grundstücke zuschreiben zu lassen, es sei denn, daß ein vernünftiger Grund dagegen spräche. So, wenn ein Bauer nach und nach von Nachbarn Stücke Acker, Wiesen oder Wald zukauft und angibt, er wolle sie bald wieder verkaufen oder abgesondert belasten oder für ein Kind abgesondert lassen. Anderenfalls wird man auf Zuschreibung zum Bauerngute zureden, um den Grundbesitz zusammen und nicht auf einer großen Reihe von Blättern zu haben. Die Zersplitterung hat oft zu den größten Schwierigkeiten und Rechtsstreitigkeiten geführt, wenn z. B. bei der Auflassung an den Sohn ein Grundbuchblatt übersehen oder vergessen war, wenn dies erst nach dem Tode des Vaters oder gar des Sohnes bemerkt wurde und dann die Auflassung von Erben und Erbeserben erteilt werden sollte.

Ebenso beantragen aufblühende Gemeinden, in denen viele Ländereien zu Bebauungszwecken aufgeteilt werden, für alle neuen Straßen und Plätze je ein neues Grundbuchblatt. Dadurch entsteht gänzlich unnötig eine übergroße Zahl von Grundbüchern und Grundakten, weil nach der Auflassung aller Straßenlandtrennstücke der Regel nach später nie mehr eine Eintragung auf den einzelnen Blättern erfolgt und Grundbücher und Akten zwecklos daliegen. Es sind deshalb mehrere Straßen und Plätze einerseits, andrerseits auch andere Grundstücke der Gemeinden unter sich im Grundbuche von vornherein passend zusammenzuschreiben und einzelne Blätter nur nach Angabe eines besonderen Grundes anzulegen. Im übrigen kann man auch für den sicher ganz seltenen Fall späterer Belastung einzelne Stücke nach § 6 G. B. O. umstandlos entweder unter neuer laufender Nummer desselben Blattes eintragen oder auf ein neues besonderes Blatt übertragen.

Ist ein **Blatt unübersichtlich,** so lege man ein neues an, hüte sich aber davor, durch unnötige Übertragung ganz beseitigter alter Eintragungen das neue Blatt ebenfalls sofort wieder unübersichtlich zu machen (Beispiel 15 und Tabellen). Man übertrage z. B. in Spalte Veränderungen nur noch die letzten für eine Post gültigen Veränderungen, welche die früheren ersetzt oder aufgehoben haben. Die Neuabtretung einer Hypothek wirkt wie eine Löschung auf den früheren Abtretungsvermerk, sodaß dieser wegen besserer Übersicht zweckmäßig jedes Mal zu röten ist. Das gleiche gilt von der Veränderung der Bestimmungen über Zins- und Kapitalszahlungen usw., wobei man jedoch vorsichtig sein muß. Indes ist das alte geschlossene Grundbuchblatt für die

Frage, was als eingetragen gilt, nicht ausgeschieden, weil es als Grundbuch erhalten bleibt und das neue Blatt lediglich eine Fortsetzung des früheren ist. (Vergl. darüber „Umschreibung" in der alphabetischen Übersicht).

Was die **Grundakten** anlangt, so hefte man Katasterauszüge und Karten vor die Tabelle. Sie sind gewissermaßen, besonders wenn im Verzeichnisse der Grundstücke auf einen Auszug verwiesen wird (§ 3 Abs. 2 Verf. vom 20. 11. 1899), Bestandteile der Tabelle. Andere Urkunden, z. B. Vollmachten, die bei jeder Bearbeitung der Sache einzusehen sind, haben unter dem Aktendeckel einen zweckmäßigen Platz. Besonders praktisch ist die Anlegung von Generalakten für die Grundbuchabteilung. In diesen werden alle häufig benötigten Urkunden (Vollmachten, Registerauszüge) möglichst in Urschrift oder Ausfertigung, sonst in begl. Abschrift gesammelt. In letzteren wie in sonstigen Fällen vergesse man nicht vorn oben auf die vorgelegte Vollmacht den Vermerk zu setzen: „Begl. Abschrift bei Schönwald, Bl. 1114, Seite 67", um unnötige Entnahmen von Abschriften zu vermeiden und die Vollmachten schleunigst zurückgeben zu können. Sodann ist anzuordnen, daß Vorgänge, in denen wegen eines Eintragungsantrags eine Frist läuft, nicht eher eingeheftet werden dürfen, als der Antrag erledigt ist. Ein anderes Verfahren bietet die größte Gefahr wegen § 18 Abs. 2 G. B. O. oder macht die doppelte Arbeit. Es müssen dann die Grundakten bei jedem neuen Antrage durchgesehen werden, ob nicht eine Frist wegen eines anderen Antrags läuft. Hypothekenbriefe läßt man durch die Geschäftsstelle besonders verwahren. Die übrigen Schriftstücke lege man nach Zusammengehörigkeit in einander und umschnüre sie oder das Aktenstück nach Bedarf.

Geht ein Antrag zu mehreren Grundakten ein und muß vor ihrer Erledigung eine Frist ablaufen, so ordne man entweder an, daß die Akten nicht getrennt werden dürfen, oder lege unter den Deckel der Akten, zu denen die Schriftstücke nicht überreicht sind, ein Blatt mit dem Hinweise auf den schwebenden Vorgang, um so eine Gefahr aus § 18² G. B. O. zu vermeiden.

Bei Abschreibungen von einem Grundstücke geht die Auflassungsverhandlung mit dem Kaufvertrage, dem Sonderkatasterauszuge und mit Urkunden, die nur das abzuschreibende Trennstück und den Erwerber betreffen, zu den Akten des neuen Grundbuchblattes. Dagegen bleiben Generalauszug, Pfandentlassungen und Urkunden von beim Stammgrundstücke beteiligten Personen bei den Stammakten. Es gibt Grundbuchämter, die anders verfahren. Sie geben die Auflassungsverhandlungen noch zu den Stammakten, obwohl bei diesen nur die Notiz der Verfügung über die Abschreibung des Trennstücks genügt und naturgemäß der Nachweis des Erwerbes des Trennstücks, die Verhandlung und Verfügung der Zuschreibung zum neuen Blatte, in erster Linie bei den neuen Akten von Wert ist und dort stets zuerst gesucht wird, schon um später gelegentlich eine Unterschriftsvergleichung bezüglich des Erwerbers vornehmen zu können.

Die Grundakten sind nur an Staatsbehörden und diesen gleichstehende Behörden, zu denen bei dieser Praxis die Vorstände der Stadt- und Landgemeinden nicht gerechnet werden, zu versenden. Bei Akteneinsicht überspanne man die Forderungen nicht. Ein Grundbuchrichter hatte z. B. einem Entmündigten die Einsicht des eigenen Grundbuchblattes verwehrt. Ich halte diese Einsichtnahme für berechtigt. Aber wenn sie wegen formellen Rechts wirklich zu Unrecht geschähe, so kann m. E. ein Schade nicht durch die Einsicht entstehen. § 11, 93 G. B. O., § 32, 36 Verf. 20. 11. 99.

Die Bildung und Behandlung von Hypotheken- und Grundschuldbriefen.

I. Die einschlägigen Bestimmungen sind in § 1116, 1117, 1152, 1154, 1155, 1185, 1192, 1195 B. G. B., § 56—70, 97 G. B. O., Art. 7 A. G. G. B. O., § 37 ff. Verf. vom 20. 11. 99, Art. 33 A. G. B. G. B. enthalten. Vergl. auch die Beispiele oben. Dazu sei noch für die Praxis erwähnt: Die Urkunden, die die Schuldurkunde einer neueingetragenen Hypothek darstellen, sind mit dem Hypothekenbriefe zu verbinden. (§ 58 G. B. O.). In Ermangelung einer Schuldurkunde (Grundschuld oder nach § 58 Abs. 3 a. a. O.) ist der in Bezug genommene Inhalt der Eintragungsbewilligung gemäß § 57 Nr. 3 G. B. O. in den Brief aufzunehmen. Sollen bei einer Hypothek nachträglich neu getroffene Vereinbarungen wegen Zins- oder Kapitalszahlung, Kündigung oder Fälligkeit des Kapitals eingetragen werden, so sind folgende Fälle zu unterscheiden:

a) Sind die Vereinbarungen nur kurz, trägt man sie ohne Bezugnahme in das Grundbuch ein und vermerkt die Eintragung ganz auf dem Briefe. § 42 G. B. O. Die Bewilligung bleibt bei den Grundakten. Beispiel Nr. 29 IV.

b) Bei Vereinbarungen von nur mittelmäßigem, für die Übersichtlichkeit des Grundbuchs aber doch zu erheblichem Umfange, trägt man nur ein: „Alle oder Einige Bestimmungen wegen Zins- und Kapitalszahlung" oder „wegen Kündigung sind neu vereinbart". Unter Bezugnahme auf die Bewilligung vom ..ten .... eingetragen am ..ten ....". Dieser Vermerk einschließlich nur der in Bezug genommenen Bestimmungen wird auf den Brief gesetzt. Die Urkunde bleibt auch in diesem Falle bei den Akten.

c) Neue Vereinbarungen, die für die Übersichtlichkeit sowohl des Grundbuchs als des Briefes zu umfangreich sind, trägt man wie vorher zu b ein, läßt diese Eintragung als Vermerk auf den Brief setzen und die Schuldurkunde unter Zurückbehaltung einer begl. Abschrift für die Akten an den Brief hängen. Vergl. R. G. 18. 5. 05. VI. 75. Beispiel Nr. 30. — Urkunden über Bestellung eines Nießbrauchs oder Pfandrechts an Hypotheken dürfen den Briefen nicht angehängt werden, wohl aber **muß** die Forderung, wegen der das Pfandrecht bestellt wird, genau in der Eintragungsformel bezeichnet, und **kann** auf die Bewilligung Bezug genommen werden. (Beispiel Nr. 37). — Ich bemerke: Der Eintragungsvermerk „Bestimmungen wegen ...... sind neu vereinbart" ist mit Absicht so gefaßt, weil sich dadurch die zeitraubende Prüfung erübrigt, ob und inwieweit die neueingetragenen Bestimmungen ganz neue sind, und Rötungen (s dort) alter Bestimmungen möglich sind. Ferner das Anfertigen und Lesen beglaubigter Abschriften sowie überhaupt die Abnahme und Berechnungen der Kanzleiarbeiten ist für die Geschäftsstelle und den Betrieb der Grundbuchämter ein arger Hemmschuh. Der Richter kann leicht Abhilfe schaffen, wenn er in geeigneten Fällen dafür sorgt, daß entweder nicht unnötig Abschriften für die Briefe zu nehmen sind, oder von den Beteiligten bei der Verhandlung mit ihnen z. B. bei der Auflassung die erteilten übrigen Ausfertigungen oder beglaubigten Abschriften der Verträge erbittet.

II. Ein **Teilhypothekenbrief** wird nur auf (formlosen) Antrag erteilt. Falls für die Teilhypothek völlig besondere Bestimmungen vereinbart werden, so ist nicht wie beim Bestehenbleiben von Vereinbarungen die alte Schuldurkunde in begl. Abschrift, sondern nur die neue Schuldurkunde in vernünftiger

Auslegung der „Ordnungsvorschrift" des § 61 Abs. 2 G. B. O. dem Teilbriefe anzuhängen. Ein Teilbrief ist trotz entgegenstehender Anträge nicht für den verbleibenden Rest der Hypothek, sondern für den abgetretenen Teil zu erteilen. Dem abtretenden Stammgläubiger ist der Stammbrief zurückzugeben. Dies ist praktischer und entspricht auch dem Sinne des § 1152 B. G. B., 61 Abs. 2 G. B. O. — Wird eine **Hypothek** wegen einer geringeren und verzinslichen Forderung auf Grund eines Pfändungsbeschlusses in Höhe der angegebenen Beträge **gepfändet**, so kann auf Antrag die Eintragung des Verpfändungsvermerks (Beispiel Nr. 39) bei der Hypothek für einen dem Reste im Range vorgehenden und der Forderung entsprechenden Betrag erfolgen, ferner auch ein entsprechender Teilbrief dem Pfändungsgläubiger erteilt werden. Es ist jedoch Voraussetzung, daß die Hypothek selbst überhaupt und wenigstens in gleicher Höhe wie die Pfändungsforderung verzinslich ist. Bei einer nicht oder geringer verzinslichen Hypothek muß der Pfändungsvermerk die ganze Hypothek umfassen. Dies muß auf dem dem Pfändungsgläubiger auszuhändigenden Stammhypothekenbriefe vermerkt werden. Es werden nämlich in diesen Fällen durch **gleiche** Hypothekenteile die Zinsen der Pfändungsforderung nicht gedeckt, weswegen die Pfändung in Höhe der Pfändungsforderung das ganze Hypothekenkapital ergreift. Jedoch kann die Pfändung m. E. nur auf Antrag bei einem erststelligen, anzugebenden Teilbetrage der Hypothek, der die Pfändungsforderung nebst Zinsen und Kosten deckt, eingetragen und alsdann darüber ein entsprechender Teilbrief mit Pfändungsvermerk erteilt werden. Die Bildung von Teilbriefen geschieht in allen diesen Fällen zu Gunsten des Schuldners und Hypothekengläubigers, dem daran gelegen sein muß, durch eine Pfändung wegen 1000 M. nebst Zinsen nicht die Verfügung über die ganze Hypothek von 10 000 M. zu verlieren. (Beispiel Nr. 38). — Die Vermerke, die ein Notar schon auf die von ihm gebildeten Teilbriefe und die Stammbriefe (§ 61 G. B. O.) gesetzt hat, sind in beglaubigter Abschrift zu den Akten zu nehmen, um später verloren gegangene Briefe wieder bilden zu können. Die Eintragungen in das Grundbuch sind hinter den Notarsvermerken auf den Briefen zu vermerken. — Die begl. Abschriften der Stammschuldurkunden sind gesondert hinten an die Teilbriefe zu hängen (§ 61² a. a. O.). — S. auch Teilhypothekenbrief!

III. Die Bildung von **Gesamthypothekenbriefen** verschiedener Grundbuchämter (§ 59² G. B. O.) wird noch oft unrichtig gehandhabt. Nehmen wir den Fall an, daß eine Gesamthypothek auf je einem Grundbuchblatte von Berlin, Charlottenburg, Potsdam eingetragen werden soll und daß der Antrag richtigerweise nur einem Grundbuchamte und zwar zunächst dem von Berlin eingereicht ist. Berlin muß nun, weil die anderen Blätter noch nicht mithaften, eine gewöhnliche Hypothek eintragen, eine begl. Abschrift der Schuldurkunde zu den Akten nehmen, den Brief mit der Urkunde bilden und an das Grundbuchamt Charlottenburg weitergeben mit dem Ersuchen um Eintragung der Hypothek aus der Schuldurkunde, Weitergabe des vervollständigten Briefes nach Potsdam und spätere Rückgabe nebst Nachricht und Kostenrechnung. Das Grundbuchamt Charlottenburg trägt schon eine auf seinem und dem Berliner Grundstück lastende Gesamthypothek ein, nimmt eine begl. Abschrift der Urkunde zu den Akten, hängt seinen Brief vor der Urkunde an den übersandten Brief und gibt diesen unter Rückerbittung mit dem Ersuchen um Eintragung auf dem dritten Grundbuchblatte nach Potsdam weiter. Potsdam trägt eine Gesamthypothek betreffend alle 3 Grundstücke ein, fügt nach Entnahme einer begl. Abschrift der Urkunde seinen Brief dem bisherigen bei und benachrichtigt unter Beifügung des Briefes und der Kostenrechnung das Grundbuchamt Charlottenburg. Dieses ergänzt sein Grundbuch in Spalte Veränderungen und seinen Brief wegen der Mithaft des Potsdamer Grundstücks und benachrichtigt unter Beifügung des Briefes nebst seiner und der Potsdamer Kostenrechnung das Amtsgericht in Berlin. Letzteres berichtigt ebenso wie vorher das Grundbuch und seinen Brief, benachrichtigt jetzt erst von sämtlichen Eintragungen die Beteiligten und händigt den Brief unter Einziehung aller Kosten dem Berechtigten aus. (Beispiel Nr. 20).

Es ist vorgekommen, daß ein Amtsgericht als zuerst angegangenes Gericht zunächst eine gewöhnliche Hypothek eintragen und dann den Brief dem Berechtigten sofort mit dem Anheimgeben, das Weitere selbst zu veranlassen, zusenden ließ. Das ist nicht zulässig. Verlangt ist eine einheitliche Gesamthypothek. Der Berechtigte könnte bei solchem Verfahren je eine Ausfertigung an die beiden anderen Grundbuchämter gleichzeitig senden und unzulässigerweise drei gewöhnliche Hypotheken für eine Forderung erhalten. Die Grundbuchämter müssen daher von Amtswegen mit einander Fühlung nehmen, sich als ein Amt betrachten und, wenn sie aus den Vorgängen ersehen, daß mehrere Eintragungsbewilligungen ausgefertigt sind, sich gegenseitig verständigen, wer das oben geschilderte Verfahren einleiten soll.

Im Falle der **Verteilung einer Gesamthypothek** (nicht gewöhnlichen Hypothek) gemäß § 1132 B. G. B. müssen der Gesamtbrief unbrauchbar gemacht und für jedes Grundstück neue Briefe erteilt werden. Letzteres muß im Grundbuche vermerkt werden. (§ 64, 68 Abs. 3 G. B. O., Beispiel Nr. 22, 16).

IV. Entsteht aus einer Hypothek eine Grund- oder Rentenschuld, so ist die alte Schuldurkunde abzutrennen (§ 65 [1] G. B. O.). Wird bei einer Hypothek eine andere Forderung an die Stelle der bisherigen gesetzt, so geschieht dasselbe; die neue Urkunde ist aber nicht dem alten Briefe anzuheften, sondern es ist nach § 57 Nr. 3 G. B. O. zu verfahren. (§ 65 [2] G. B. O.: „Das gleiche gilt" heißt „die Urkunde abtrennen"). Andernfalls muß ein neuer Brief beantragt werden.

Die Erneuerung eines Briefes muß auf formlosen Antrag im Falle des § 67 G. B. O. ohne weitere besondere Voraussetzungen erfolgen und eingetragen werden. (§ 68 G. B. O.).

Die Bildung eines g e m e i n s c h a f t l i c h e n Briefes für mehrere Hypotheken kann nur efolgen, wenn diese gleichen Rang haben oder auf einander folgen und nicht Teilhypotheken sind. (§ 66 a. a. O. Beispiel Nr. 35).

V. Die Briefe sind, ohne Rücksicht auf Anträge des überreichenden Notars gemäß § 15 G. B. O., nach der ersten Eintragung der Hypothek grundsätzlich dem Eigentümer auszuhändigen, wenn in der Eintragungsbewilligung oder sonst nichts in beglaubigter Form über ihre Aushändigung gesagt ist. (§ 1116, 1117 B. G. B., 60 G. B. O.). Der Gläubiger erhält jedoch den Brief, wenn durch die Erklärung gemäß § 1117 Abs. 2 a. a. O. die Briefübergabe an ihn schon als erfolgt anzusehen ist; ferner im Falle der nachträglichen Erteilung eines Briefes und, wenn der Eigentümer zur Bestellung der Hypothek für den Gläubiger rechtskräftig verurteilt ist. Ein Widerruf der Brieferteilung an den Gläubiger seitens des Eigentümers nach dem Eingange der Eintragungsbewilligung beim Gerichte ist nur wirksam, wenn der Gläubiger in der Form des § 29 G. B. O. zugestimmt hat.

Die Rückgabe von Hypothekenbriefen, die nur zum Zwecke späterer Eintragungen eingereicht sind, erfolgt an diejenigen, welche in den Eintragungsbewilligungen, oder, falls darin nichts gesagt ist, in den Anschreiben der überreichenden Personen (Notar oder Gläubiger u. A.) genannt sind. Diese schriftlichen Anträge sind jedoch nicht beachtlich, wenn die Eintragungsbewilligungen entgegengesetzte Anträge enthalten. Ich pflege in solchen Fällen die Antragsteller der Anschreiben dahin zu bescheiden, daß, falls nicht binnen einer kurzen Frist entgegengesetzte Anträge in beglaubigter Form eingingen, die Briefe den in der Eintragungsbewilligung Genannten zugesandt werden würden. Ist weder in der Bewilligung noch in dem Anschreiben etwas gesagt, entscheidet die Sachlage. Bei der Eintragung nur neuer Vereinbarungen bei der Hypothek erhält der Gläubiger den Brief zurück, da er ja Berechtigter geblieben ist. Bei einer Abtretung der Hypothek mit den Worten „unter Übergabe des Briefes"*) oder bei Einreichung aller Vorgänge durch den neuen Gläubiger erhält ihn dieser. In zweifelhaften Fällen erfordere ich besondere Erklärungen des Notars oder der Beteiligten in beglaubigter Form gemäß § 18 G. B. O. S. Hypothekenbrief, insbesondere 18! Auch O. L. G. R. G. XXIII 319.

Ist nach dem Inhalte der Löschungsbewilligung — eine reine Löschungsbewilligung oder ein reiner Verzicht auf die Hypothek genügt dazu nicht! — anzunehmen, daß die zu Grunde liegende Forderung nicht entstanden oder getilgt ist, erhält der Eigentümer den unbrauchbar gemachten Brief nebst der Schuldurkunde. Anderenfalls ist die letztere dem Gläubiger mit entsprechender Nachricht an ihn und den Eigentümer zurückzusenden. (§ 69 G. B. O.).

Die Entscheidung des Grundbuchamts.

(Eintragung, Abweisung, Verfügung aus § 18 G. B. O.)

Für den Grundbuchrichter gibt es nur 3 Wege, wenn ein Antrag auf Eintragung vorliegt (Siehe Frist, Hindernis):
Er gibt entweder dem Antrage statt oder er weist ihn ab oder erläßt eine mittels Zustellungsurkunde zugestellte Verfügung gemäß § 18 G. B. O. In der Letzteren hat er dem Antragsteller zur Hebung eines der Eintragung entgegenstehenden Hindernisses eine angemessene Frist zu bestimmen, nach deren Ablaufe er den Antrag abzuweisen hat, wenn das Hindernis nicht behoben ist. Stellt sich nachträglich ein neues Hindernis heraus, so findet § 18 wiederum Anwendung. Es ist nun notwendig, an diesen 3 Möglichkeiten der Entscheidnng unbedingt festzuhalten und stets nur auf ganz formellem Wege vorzugehn, nicht etwa sich auf schriftliche Mitteilungen oder persönliche Rücksprachen ohne Fristsetzung einzulassen. Die „Tücke der Objekte" bringt es mit sich, daß gerade harmlos erscheinende Sachen bei gemachten Ausnahmen plötzlich die größten Schwierigkeiten verursachen.

Der **erste Weg** muß dem Grundbuchrichter der liebste sein. Versteht er ihn gut zu gehn, so wird er so leicht nicht überlastet sein. Wir kommen damit zur **Eintragung.** Der Richter muß die Verfügung erlassen, wenn ihm die erforderlichen Erklärungen in der richtigen Form vorliegen, und zwar muß er entweder wörtlich die Eintragungsformel vorschreiben (vergl. die Beispiele 1—50) oder auf eine andere Abfassung so verweisen, daß der Grundbuchführer ohne besondere Mühe und Schwierigkeit klar ersehen kann, was einzutragen ist. Das sogenannte „inser." oder „einrücken" muß zu den Seltenheiten gehören und darf höchstens zur Vermeidung unnötigen großen Schreibwerks dienen. Ein regelmäßiges Zusammenstückeln von getrennten Sätzen, womöglich noch aus verschiedenen Urkunden durch Einklammerungen, halte ich für pflichtwidrig und vor allen Dingen höchst unpraktisch. — Es herrscht

*) Dieser Ausdruck erscheint immer notwendig. S. Konkurs 8. — Ist nicht gesagt, wer den Brief erhalten soll, so erhält ihn grundsätzlich der Einreichende oder der, in dessen Namen er eingereicht ist.

Eintragungszwang d. h. jede rechtsgeschäftliche Rechtsänderung muß, um Wirksamkeit zu erhalten, eingetragen werden. Natürlich gibt es auch hier wieder Ausnahmen, nämlich bei der Abtretung, Verpfändung und dem Nießbrauche an Hypotheken, Grundschulden und Rentenschulden, für welche Briefe erteilt sind. Diese Rechte können schriftlich und durch Übergabe des Briefes erworben werden.

Was eingetragen werden kann, ist bereits bei der Einigung und Bewilligung gesagt. Bei Zweifeln über die Eintragungsfähigkeit versuche man das einzutragende Recht zunächst unter die eintragungsfähigen Rechte unterzubringen oder untersuche, ob sie nicht zu den nach § 1115 B. G. B. eintragungsfähigen Bestimmungen über Zins- und Kapitalszahlung, Kündigung und Fälligkeit gehören oder eine Nebenleistung desselben Paragraphen darstellen. Sind die Bestimmungen nicht unterzubringen, so verfahre man nach den unten aufgestellten Grundsätzen über Abweisung oder gemäß § 18 G. B. O. Hält man eine an sich bedenkliche Bestimmung doch für eintragungsfähig, so mache man, um die sorgfältige Prüfung nachweisen zu können, unter besonderer Nummer der Verfügung eine entsprechende Anmerkung.

Im Gegensatze zur Eintragungsfähigkeit steht das, was bei Vermeidung der Nichtigkeit oder Nichtbeachtung einer Eintragung **eingetragen werden muß, ohne Bezug nehmen zu dürfen** (§ 874, 1115 B. G. B.). Folgende Aufstellung erleichtere die Prüfung:

1. Bei der Hypothek (§ 1115 B. G. B.), der Gläubiger, der Geldbetrag, Zinssatz, andere Nebenleistungen (s. Nebenleistung).
2. Die erste Ausschließung der Brieferteilung, die nachträgliche und erneute Brieferteilung (§ 1116 B. G. B.; 64—68, Abs. 3, 70 G. B. O.).
3. Der Verzicht auf Grundstück und Hypothek (§ 928, 1168 B. G. B.)
4. Die Klausel der sofortigen Zwangsvollstreckung. § 800 Z. P. O.
5. Die Bezeichnung „Sicherungshypothek". § 1184, Abs. 2, B. G. B.
6. Die rechtlichen Beziehungen der Miteigentümer. § 1010 B. G. B.
7. Die Ausschließung der Erbauseinandersetzung. § 2044 B. G. B.
8. Die Beschränkung des Vorerben durch Nacherben, Testamentsvollstrecker. § 52, 53 G. B. O.
9. Die Verfügungsbeschränkung nach § 892, Abs. 1, Satz 2 B. G. B. —
10. § 23, Abs. 2 G. B. O. 11. S auch „Bezugnahme".

Die Eintragung in das Grundbuch ist wirksam erfolgt, wenn der Grundbuchführer die vorverfügte Formel eingeschrieben hat. Es bedarf zur Wirksamkeit nicht der Gegenzeichnung des Richters. (Art. 6 A. G. G. B. O.) Dies genügt hier über die Eintragung.

Wir kommen nunmehr **zum zweiten und dritten Wege.**

Steht ein Hindernis der Eintragung entgegen und ist eine Frist gemäß § 18 dem Antragsteller mittels Zustellungsurkunde bestimmt worden, dann können persönliche Rücksprachen bis zum Ablaufe der Frist Schwierigkeiten nicht bereiten. Man wird aber bei schriftlichen Verhandlungen, durch die das Hindernis nach dem richterlichen Ermessen nicht behoben wird, mittels zugestellter Verfügung immer wieder auf die Frist gemäß § 18 G. B. O. hinweisen; sonst kann das Grundbuchamt durch Eingehen eines anderen Antrages (§ 18, Abs. 2) in Verlegenheit kommen. Eine nicht unzulässige Ausnahme erscheint jedoch zum Besten des Antragstellers geboten. Es kommt häufiger vor, daß in den überreichten Eintragungsbewilligungen das zu belastende Grundbuchblatt nicht richtig bezeichnet ist, daß das genannte Blatt einem Unbeteiligten, dagegen dem betreffenden Antragsteller ein anderes aus der Eigentümerliste ermitteltes Blatt gehört. Hier könnte an sich der Antrag sofort abgewiesen werden. Denn für beide Blätter liegen gültige Bewilligungen und Anträge nicht vor, sodaß § 18 weder durch Fristsetzung noch bezüglich seines Absatzes 2 (Eintragung einer Vormerkung oder eines Widerspruchs, wenn vor Erledigung des Hindernisses ein Antrag zu einem der Blätter eingehen sollte.) Anwendung finden kann. Ich empfehle und wende hier folgende Verfügung ohne Gewährung einer bestimmten Frist an: „An den Antragsteller:

In der Grundbuchsache Schönwald Bd. 11 Bl. 1114 kann Ihrem Antrage vom 10. d. M. (Notariatsregister 720/1909) auf Eintragung einer Hypothek von 10 000 M. nicht stattgegeben werden, da das obige Grundstück dem N. N. in N. gehört, während Ihr Grundstück Bd. 11 Bl. 1124 bezeichnet ist. Eine Behandlung Ihres Antrags nach § 18 G. B. O. durch Fristbestimmung ist nicht angängig, insbesondere ist ein Vorrang für Ihren Antrag bei Ihrem Grundstücke nicht gewahrt. Ihr Antrag muß daher **im ordentlichen Geschäftsgange** kostenpflichtig abgewiesen werden, wenn nicht umgehend eine berichtigende Urkunde in beglaubigter Form eingereicht wird.“

Die Vorgänge sind laut Verfügung nach einer angemessenen Zeit wieder vorzulegen. Die Abweisung erfolgt erst nach deren fruchtlosen Ablaufe. Bei diesem Verfahren kann der Antragsteller unnötige Kosten ersparen, während das Grundbuchamt nicht gebunden ist und jeder Zeit abweisen kann. Die Berichtigungsurkunde geht auch in fast allen Fällen sofort ein. Die Rückreichung der unrichtigen Urkunde ist nicht nötig. Der Notar hat eine beglaubigte Abschrift bei seinen Notariatsakten. Nötigenfalls müßte eine solche bei den Akten zurückbehalten werden.

Im Übrigen ist der Weg der sofortigen Abweisung des Antrags möglichst zu vermeiden und vom § 18 a. a. O. wenn irgend angängig (s. Hindernis) Gebrauch zu machen. Der § 18 G. B. O. ist für den Verkehr, für die Erleichterung des Verfahrens, zur Vermeidung unnötiger Kosten, also für das Publikum gegeben. Theoretische Klügeleien müssen daher unbeachtet bleiben. Die Frist ist je nach Lage der Sache und der Art der Eintragung zu bemessen. Man vergegenwärtige sich dabei: Einerseits muß ein Notar die Verfügung auch erst durch sein Bureau erledigen lassen und hat nicht nur die eine Sache zu bearbeiten; Behörden sind an einen bestimmten Geschäftsgang gebunden; vormundschaftsgerichtliche Genehmigungen, Taxen, Anhörungen mehrerer Personen, bedürfen oft umständlicher Vorbereitungen; Zustimmungen mehrerer Nacherben sind nicht so schnell zu erlangen. Andererseits darf jedoch die Frage der Neueintragung von Rechten nicht so lange hinausgeschoben werden, weil die Rechtsverhältnisse nicht so lange unklar bleiben dürfen. Bei einfachen Abtretungen und Veränderungen schon eingetragener Rechte fällt die Ungewißheit nicht so ins Gewicht. Endlich muß auch den Beteiligten selbst daran liegen, die Hindernisse möglichst schnell zu beseitigen. Abgesehen von Ausnahmefällen ist daher eine Frist von 1 Monate in einfachen Sachen fast überall angemessen, wie die Praxis dem Verfasser bestätigt hat. Sollte auch diese Frist zu kurz sein, muß der Antragsteller vor dem Fristablaufe unter Angabe von Gründen um Verlängerung der Frist einkommen oder diese im Beschwerdewege verlangen, da später die Abweisung ohne Nachfrist mittels Zustellung geboten ist. Dem Verlangen, eine Verfügung auszusetzen oder eine Frist zu bestimmen bis auch eine Klage rechtskräftig entschieden sei, kann nicht stattgegeben werden. S. Frist. Die Verfügung würde etwa so zu fassen sein: 1. An Notar: Zust.

In der Grundbuchsache N.N. Bd. . . Bl. . . fehlt zu Ihrem Antrage vom 1ten Oktober d. J. (Not. Reg. 110/1909) der Hypothekenbrief Abt. III Nr. 3 über 100000 M. (oder die Vollmacht des N.N. oder die Zustimmung der Nacherben), der gemäß § 18 G. B. O. binnen Monatsfrist beizubringen ist.

(Bei Laien wäre hinzuzufügen: Nach fruchtlosem Ablaufe der Frist muß Ihr Antrag kostenpflichtig abgewiesen werden.)

2. 1 Monat nach Zustellung.

Datum. Unterschrift.

Der Abweisungsbeschluß könnte nach genauer Prüfung der Zustellungsurkunde etwa so lauten:

An Notar mit den Anlagen der O.Nr. 13:

„In pp. wird Ihr Antrag vom 1. Oktober d. J. (Not. Reg. 110/1909) kostenpflichtig abgewiesen, da die Ihnen durch am 4ten Oktober 1909 zugestellte Verfügung vom 2ten Oktober d. J. bekannt gemachten Hindernisse innerhalb der bestimmten Frist nicht beseitigt worden sind." —

Ich weise in der besprochenen Weise den fraglichen Antrag sofort nach dem Fristablaufe ab, wenn inzwischen ein anderer Antrag eingegangen ist, der die Eintragung einer Vormerkung oder eines Widerspruchs gemäß § 18² G. B. O. notwendig gemacht hat oder machen würde. Andernfalls erledige ich dieses Aktenstück nicht sofort, womöglich erst nach einigen Tagen, sodaß inzwischen noch die Heilung der Mängel möglich ist. Wiederum zu dem Zwecke, unnötige Abweisungen und Kosten zu ersparen! Dieses Verfahren erscheint mir mangels entgegenstehender Rechte zulässig. Die Zurückweisung des Antrags nach dem Fristablaufe hat gemäß dem Wortlaute § 18 Abs. 1 a. a. O. nicht unbedingt zeitlich sofort, sondern im ordentlichen Geschäftsgange nach dem Fristablaufe zu erfolgen. Im Falle des ersten Satzes dieses Absatzes läuft die Frist 12 Uhr nacht des letzten Tages ab. Wenn der Antragsteller das Hindernis nach der Abweisung beseitigt, genügt ein neuer formloser Antrag auf Eintragung. Durch die Abweisung ist nur der gemäß § 13, 30 G. B. O. formlos zulässige Antrag, nicht aber die beglaubigte Bewilligung aus § 19, 29 G. B. O. verbraucht. Auch das K. G. steht auf diesem Standpunkte. —

In vielen Fällen verspricht der Notar oder Antragsteller bei der Einreichung von Urkunden, die fehlenden Registerauszüge, Vollmachten nachzureichen. Auch hier ist die sofortige Prüfung der Sache in ihrem ganzen Umfange und die Bestimmung einer Frist aus § 18 G. B. O. sowohl wegen der nachzureichenden Urkunden als auch wegen etwaiger anderer Hindernisse erforderlich. Man verfüge nicht etwa erst die Wiedervorlegung der Akten „Nach 1 Monate wegen des nachzureichenden Briefes" und prüfe nicht erst bei dessen Eingange die übrigen Vorgänge. Ein solches Verfahren zieht eine Angelegenheit unnötig in die Länge und verwirrt die Geschäftsführung im Grundbuchamte. Die Antragsteller haben auch Anspruch darauf, so früh wie möglich zu erfahren, was einer Eintragung entgegensteht.

Dieselbe sofortige Prüfung ist nötig, wenn der Ersteher eines in der Zwangsversteigerung erworbenen Grundstücks nach Erteilung des Zuschlags, aber vor seiner Eintragung als Eigentümer in das Grundbuch (§ 130 Zw.) zur Wahrung des Ranges Anträge einreicht. Hier wird eine Ausnahme nötig. (S. Ersteher.) Ich lasse mir nach der Feststellung, daß der Antragsteller zwar nicht eingetragen, das Grundstück aber nach Abt. II in der Zwangsversteigerung ist, vom Vollstreckungsrichter den Zuschlag an den Antragsteller bestätigen. Alsdann teile ich ihm ohne Fristsetzung aus § 18 G. B. O. mit, daß die Eintragung erst nach der Umschreibung des Grundstücks auf ihn erfolgen könne bezw. daß bis dahin von ihm noch die ermittelten Hindernisse zu beseitigen seien, und verfüge die Wiedervorlegung der Akten mit längerer Frist. Die Eintragung erfolgt dann mit der Erledigung des Ersuchens des Vollstreckungsrichters zusammen. Abgesehen von den Gründen des K. G. (s. Ersteher) spricht für dieses Verfahren die Erwägung, daß das Ersuchen des Vollstreckungsrichters gemäß § 130 Zw. erst geraume Zeit nach dem Zuschlage eingehen kann und der Ersteher auf eine Beschleunigung des Versteigerungsverfahrens infolge § 18 G. B. O. keinen Einfluß hat.

Vorsicht ist nötig bei Beantwortung der Frage, mit wem nach Einreichung des Antrags aus § 18 G. B. O. zu verhandeln ist. Einfach liegt die Sache, wenn der Notar (siehe Notar) die Urkunde mit seinem Antrage gemäß § 15 G. B. O. einreicht, oder der Eigententümer oder der Berechtigte (§ 13 G. B. O.) die Urkunden mit einem schriftlichen Antrage oder zu Protokoll des Gerichtsschreibers überreicht. Alsdann ist natürlich diesem Antragsteller die Verfügung zuzustellen. Überreicht jedoch ein Rechtsanwalt oder ein Anderer außer den Beteiligten des § 13 G. B. O. ohne (schriftliche) Vollmacht die Bewilligungen und beantragt die Eintragung, so kann nur mit den aus den überreichten Urkunden ersichtlichen Antragstellern des § 13 a. a. O. gültig gemäß § 18 G. B. O. verhandelt werden, wenngleich ich auch dieselbe Verfügung dem überreichenden Rechtsanwalt bezw. dem Anderen bekannt zu geben pflege mit dem Anheimgeben, nötigenfalls eine Vollmacht einzureichen. Ist in den Urkunden kein Antrag gemäß § 13 G. B. O. gestellt, so dürfte nur mit dem überreichenden Anwalte oder Dritten wegen Nachreichung einer Vollmacht oder des erforderlichen Antrags gemäß § 13 G. B. O. verhandelt werden. Würde nicht mit dem berechtigten Antragsteller der Urkunde, sondern nur mit dem vollmachtlosen überreichenden Rechtsanwalte oder Dritten verhandelt und nach dem fruchtlosen Ablaufe der Frist der Antrag ohne Weiteres abgewiesen werden, so wäre die Abweisung und der Verlust eines Vorrangs durch die Abweisung zu Unrecht eingetreten. Wird nur eine Bewilligung gemäß § 19 G. B. O. in richtiger Form übersandt, ist von dem Bewilligenden oder Berechtigten ein Antrag zu erfordern.

Eine **Vormerkung** oder ein **Widerspruch** (s. Vormerkung, Widerspruch) ist einzutragen (§ 18 Abs. 2 G. B. O.), wenn wegen der Eintragung eines Rechts und wegen eines Hindernisses eine Frist läuft und vor der Beseitigung des Hindernisses die Eintragung eines anderen Rechts beantragt wird, durch welches das vorher beantragte Recht betroffen d. h. im Range zurückgesetzt oder ausgeschlossen oder geschmälert würde. Werden hintereinander Anträge wegen Eintragung zweier Darlehns-Hypotheken gestellt, so muß für die zuerst beantragte Hypothek eine Vormerkung eingetragen werden. Das Gleiche gilt, wenn vor Eintragung einer beanstandeten Darlehnshypothek ein Ersuchen bezw. Antrag auf Eintragung des Vermerkes der Zwangsversteigerung, der Konkurseröffnung, des Nacherbenrechts u. s. f. einginge oder die Eintragung eines 5 v. H. übersteigenden Zinsfußes (§ 1119 B. G. B.) oder eine neue Nebenleistung beantragt würde. (Beispiele 41, 43.) Dagegen würde die inzwischen beantragte Eintragung der Abtretung oder Veränderung einer vorgehenden Hypothek, deren Zinssatz nach § 1119 B. G. B. 5 v. H. nicht übersteigen würde, eine Eintragung aus § 18 Abs. 2 G. B. O nicht veranlassen können.

Wann muß nun der Grundbuchrichter einen **Eintragungsantrag ganz ablehnen** oder wann kann er **ihm zum Teile stattgeben** und ihn sonst ablehnen, falls ein Teil der Bewilligung nicht eintragungsfähig ist? Das K. G. hat (s. Hindernis) entschieden, daß in einem solchen Falle der Antrag stets abzuweisen ist. Diese Anschauung ist m. E. nicht zutreffend. Vielmehr muß der Grundbuchrichter durch Auslegung der Bewilligung unter Berücksichtigung der Umstände festzustellen versuchen, ob für die Beteiligten die fragliche nicht eintragungsfähige Bestimmung so wesentlich ist, daß sie im Falle ihrer Nichteintragung überhaupt keine Eintragung wünschen, oder, ob diese Bestimmung so unwesentlich ist, daß sie sich nur mit deren Beurkundung begnügen und auf jeden Fall die übrige Eintragung wollen. M. E. liegt ein solcher Fall vor im Beispiel 25 I, 38 und 40, ferner wenn von dem Eigentümer beantragt wird, daß für eine Landgemeinde seine Verpflichtung, ihr Straßen- und Vorgartenland „unentgeltlich und lastenfrei" aufzulassen, eingetragen wird. Der Gemeinde ist mit der Eintragung der Auflassungsvormerkung selbst ohne den Vermerk der Unentgeltlichkeit und Lastenfreiheit völlig gedient. Die Erfüllung des übrigen persönlichen Anspruchs hat sie sicher anderweit gesichert. Dasselbe würde ich bei einem Antrage auf Eintragung einer Hypothek annehmen, wenn neben anderen Zinsen unzulässigerweise noch Zinseszinsen eingetragen werden sollen. Alles dies natürlich nur, wenn nicht Umstände und besondere Zusätze das Gegenteil ergeben. So wird es auch m. W. überall, wenigstens sehr viel, in der Praxis gehandhabt. Die Eintragung der übrigen Hypothek ist unbedenklich gültig. Vergl. Beispiel Nr. 17, 25, 30, in denen ein häufiger, noch wichtigerer Fall bearbeitet ist, ohne daß Beschwerde eingelegt worden ist. Ein solches Verfahren liegt auch im Interesse des Publikums. — Ähnlich sind auch andere Fälle zu behandeln. Oft enthält die Bewilligung unter den Bedingungen der Hypothekenbestellung die einzutragende Abmachung, daß der Gläubiger verpflichtet sein soll, gegen Zahlung bestimmter Summen Trennstücke aus der Pfandverbindlichkeit der Hypothek zu entlassen. Die Eintragung dieser an sich nicht eintragungsfähigen persönlichen Verpflichtung kann nur als Vormerkung bei der Hypothek eingetragen werden, da sie auf die Löschung von Hypothekenteilen auf Teilen des Grundstücks ausgeht. Indeß trage ich diese Abmachung sofort als Vormerkung ein, ohne erst gemäß § 18 G. B. O. von den Beteiligten zu verlangen, daß sie ausdrücklich die Eintragung einer Vormerkung beantragen. Ich nehme an, daß die Parteien die nach der G. B. O. zulässige Sicherung und Eintragung wünschen und es ihnen gleich ist, in welcher Form diese geschieht. Ist eine solche Annahme nach dem Wortlaute und Sinne nicht möglich, muß natürlich vom § 18 G. B. O. Gebrauch gemacht werden, ohne die Hypothek vorher einzutragen. — (Bewilligung 2).

Ohne die (etwa versandten) Grundakten zu haben, darf der Grundbuchrichter grundsätzlich keine Entscheidung treffen! Dagegen können Abschriften nach dem Grundbuche erteilt werden.

Praktische Winke!

I. Verzeichnis der Grundstücke.

(§ 8 Verf. 20. 11. 99).

Zunächst erscheint mir in Verfügungen wie in Eintragungsformeln neben der Angabe des Kartenblatts und der Nummer eines Grundstücks (Kbl. 1 $\frac{613}{77}$) der Zusatz „Parzelle" oder besser „Trennstück" überflüssig. Um Anderes kann es sich nicht handeln. Ebenso ist die auf demselben Blatte sich immer wiederholende Bezeichnung der Gemarkung in Spalte 3 unnötig, wenn es sich um keine andere als die des betreffenden Grundbuchs handelt (§ 28 Abs. 2 Verf. 20. 11. 99). — Sobald ein Trennstück auf ein neues Blatt übertragen wird, unterlasse man der Regel nach die Übertragung der Artikelnummern (Sp. 5, 6) oder trage nur diejenigen ein, die schon auf dem eingereichten neuen Katasterauszuge für das neue Blatt angegeben sind. Im ersteren Falle zeigt das Katasteramt infolge der Benachrichtigung von der Veränderung alsbald die richtigen Artikel an. — Die Größe, den Nutzungswert und Reinertrag mehrerer Trennstücke unter einer Nummer (Sp. 8, 9, 10) fasse man, abgesehen von besonderen Gründen zusammen (§ 8 Abs. 2 Verf. 20. 11. 99), obwohl dies für demnächstige Abschreibungen einzelner Stücke oft unnötige Arbeit und keine bessere Übersicht schafft. Es ist aber ausdrücklich vorgeschrieben. Es ist ferner unzweckmäßig bei einem Grundstücke, insbesondere, wenn seine Aufteilung bevorsteht, zahlreiche Trennstücke einzeln aufzuführen, beispielsweise, wenn die Trennstücke nicht die in derselben Größe aufzulassenden Stücke, sondern größere Flächen (Blocks) darstellen, die erst nach und nach aufgeteilt werden müssen. Der Fehlgriff wird Einem erst klar, wenn später aus den verschiedenen großen Blocks einzelne Stücke abgeschrieben und das V. d. G. zurückgeführt werden muß. Man verfahre vielmehr, wenn der Generalauszug des Katasteramts eingereicht wird, wie oben bei Nr. 2 des V. d. G. Spalte 4, 7 der Tabelle Schönwald Blatt 601 S. 14. Man fasse die sämtlichen Trennstücke unter einer Sammelbezeichnung, einer Gesamtgröße usw., und unter dem Hinweise auf den Auszug zusammen. Spalte 7 braucht nicht notwendig ausgefüllt zu werden; ihre Ausfüllung ist in manchen Fällen zu umfangreich und schwierig. Werden Trennstücke dann später vom Gesamtbestande abgeschrieben, so wird der verbleibende Rest unter neuer Nummer eingetragen und die neue Blattnummer neben den abgeschriebenen Teilen des Generalauszugs auf dessen rechter Hälfte vermerkt (§ 8 Abs. 7 Verf. 20. 11. 99). Ab und zu teile man die Größe des Restbestandes dem Katasteramte mit, um Irrtümer rechtzeitig zu entdecken. Werden mit einem solchen Sammelbestande neue Trennstücke, die von einem anderen Blatte hierher übertragen werden, unter einer Nummer vereinigt, so kann das Grundbuchamt den früheren Generalauszug am Schlusse selbst ergänzen. (§ 3 Abs. 2 Verf. 20. 11. 99). Zur Vermeidung der Nachprüfung sämtlicher Abschreibungen bei Schließung eines aufgeteilten Blattes oder früher, weil der Restbestand nicht stimmt, sei hier dringend vor unsorgfältiger Behandlung des Generalauszugs gewarnt.

Werden mehrere Trennstücke desselben Blattes an einem oder an zwei aufeinanderfolgenden Tagen aufgelassen, so fasse man die Abschreibung aller Stücke in einer Verfügung für die Stammakten zusammen. (Tabelle Bl. 601 Sp. 13, 14 S. 15; Beispiel Nr. 4). Dagegen treffe man für jedes neue Blatt und seine Akten eine besondere Verfügung nebst allen Benachrichtigungen. (Siehe Grundakten S. 98). Benachrichtigungen an das Katasteramt und an die Berechtigten der Abt. II, III des Stammgrundstücks verfüge ich als Sammelnachricht bei dessen Akten, um zu vermeiden, daß ein Berechtigter unter unnötigen Kosten eine große Zahl von Einzelnachrichten von der pfandfreien Abschreibung der einzelnen Trennstücke erhält. Etwas Anderes ist es bei Gläubigern mitübertragener Reallasten, Renten oder Hypotheken und beim Eigentümer! Diese müssen den Trennstücksverbleib genauer erfahren. Für sie verfüge ich die Benachrichtigung bei den neuen Blättern. — Wird ein in Sp. 1—7 des V. d. G. besonders aufgeführtes Trennstück abgeschrieben, so wird es allein gerötet. Eine Neueintragung der unter der früheren Nummer verbliebenen Stücke unter neuer Nummer findet natürlich nicht statt. Wird jedoch von einem Restbestande oder aus einer einheitlichen größeren Fläche ein Trennstück mit anderer Bezeichnung abgeschrieben, so muß auf dem Stammblatt unter neuer laufender Nummer der nach dem Katasterauszuge verbleibende Rest eingetragen werden. (Beispiel Nr. 1, 4: ferner Tabelle Bl. 1 Nr. 1, 3 S. 2 und Bl. 601 Nr. 1, 2 des V. d. G. S. 14). Standen außer dem Trennstücke, aus dem das abgeschriebene Stück herrührt, noch zahlreichere andere Trennstücke unter derselben Nummer des V. d. G., so wird man diese unter der neuen Nummer nicht nochmals neu eintragen, sondern unter der bisherigen stehn lassen, es sei denn, daß ein besonderer Grund (Vereinigung von Grundstücken, Bestandteilszuschreibung usw.) vorliegt. In diesem Falle würde die Verfügung betreffend den neu einzutragenden Rest etwa lauten: Sp. 1: 3; Sp. 2: 2 Rest von Kbl. $2\frac{26}{11}$ usw. Ich habe oft eine unsachgemäße Behandlung dieser Fälle feststellen können.

Die **Zurückführungen** des Grundbuchs auf die Steuerbücher können hier nicht behandelt werden. Es wird auf die Anweisung vom 21. 2. 1896 für das Verfahren bei der Fortschreibung der Grundsteuerbücher und Karten, auf deren Abänderungen vom 16. 3. 1909 die wichtige ausführliche Darstellung unter „Zurückführungen" im Stichwortverzeichnisse und auf das Beispiel Nr. 2 verwiesen. Das Zurückführen lernt man am besten in der Praxis an Einzelfällen. **S. jetzt J. M. Bl. 1911 Seite 91 ff.**

Im Falle des § 6 G. B. O. (Belastung eines Grundstücksteils mit einem Rechte) bedeutet „von dem Grundstücke abschreiben" nicht nur ein Übertragen auf ein anderes Grundbuchblatt, sondern auch die Eintragung des zu belastenden Trennstücks abgesondert unter einer neuen Nummer desselben B. d. G. (§ 8 Abs. 3 Nr. 4 Verf. 20. 11. 99).

Eine **Vereinigung** von Grundstücken (§ 890 Abs. 1 B. G. B., § 5 G. B. O.) liegt vor, wenn man mehrere bisher selbständige Grund- oder Trennstücke verschiedener Blätter oder mehrerer Nummern desselben B. d. G. unter einer Nummer eines Blattes entweder mit derselben alten oder einer neuen gemeinschaftlichen Bezeichnung z. B. „Bauerngut Nr. 4" oder „bebauter Hofraum Paulstraße 11" einträgt. Der unbeglaubigte (das K. G. verlangt Beglaubigung) Antrag des Eigentümers auf Eintragung der Vereinigung (s. Vereinigung) ist auch dann erforderlich, wenn das Katasteramt schon in den Steuerbüchern die Trennstücke zu einer Fläche zusammengelegt hat (K. G. 4. 12. 05. O. L. G. XVI 166). Ist Verwirrung zu besorgen bezw. sind die Trennstücke verschieden belastet, so wird der Grundbuchrichter gut tun, gemäß § 5 a. a. O. die Vereinigung ebenso wie eine Bestandteilszuschreibung abzulehnen und zwar schon wegen der Schwierigkeiten bei späterer Zwangsversteigerung. S. Verwirrung.

Verschieden von der Vereinigung ist die **einfache Zuschreibung** und die **Zuschreibung** einer Fläche **als Bestandteil** (§ 890 Abs. 2 B. G. B.) Wird nur einfach die Zuschreibung beantragt, so darf keine Bestandteilszuschreibung, sondern nur eine Übertragung auf das neue Blatt unter eigener Nummer ohne Vereinigung mit anderen Stücken erfolgen. Die Bestandteilszuschreibung muß als solche ausdrücklich beantragt werden. Der Richter wird zweckmäßig bei Auflassungen die Beteiligten nach ihrer Absicht fragen und sie über die Unterschiede und rechtliche Bedeutung gemäß § 890, 1131 B. G. B. belehren. Jedenfalls kommen bei einer Bestandteilszuschreibung nur Hypotheken, Grundschulden und Rentenschulden des neuen Blattes, nie aber Lasten der Abt. II als Folge der Zuschreibung in Betracht.

In Fällen der Vereinigung oder Bestandteilszuschreibung sind die zusammengehörigen Grundstücke unter einer Nummer des B. d. G. zusammen einzutragen. (Beispiele Nr. 3, 7, 8 des B. d. G. der Tabelle Bl. 1 S. 2; § 8 Abs. 4 Verf. 20. 11. 99.) Man wird jedoch eine unnötige Zusammenschreibung unterlassen, wenn andere Veränderungen bevorstehen.

Bei **Aufteilung von Grundstücken** erscheint es zweckmäßig, die Käufer und Verkäufer von vornherein zu veranlassen, das der Gemeinde später aufzulassende Straßenland dieser unmittelbar aufzulassen oder es wenigstens nicht erst noch mit Eintragungen zu belasten. Acker „an Straße" ist Bauland; Acker „zur Straße" ist Straßenland. In Sp. 13, 14 des B. d. G. der

Tabelle Bl. 601 Nr. 3 S. 15 ist das Straßenland an eine Gemeinde aufgelassen, die für ihre Grundstücke keines Grundbuchblattes bedarf. (§ 90 G. B. O.) Eine Vereinfachung und Verbilligung des Verfahrens habe ich dadurch herbeigeführt, daß ich z. B. die sämtlichen „Parzellanten" eines großen Vorortes veranlaßt habe, dem Gemeindevorstande eine gemeinschaftliche Vollmacht dahin zu erteilen, daß dieser selbst gelegentlich der Auflassung das Straßenland aus der Pfandverbindlichkeit aller für die Verkäufer geschehenen Eintragungen entlassen kann. Es bedarf dann nur noch der Erforderung der zu berichtigenden Briefe, wogegen Tausende von einzelnen Pfandentlassungen erspart werden.

Bei Auflassungen von Trennstücken sind die nach § 30 Verf. 20. 11. 99 erforderlichen Auszüge daraufhin zu prüfen, ob die auf der rechten Hälfte des Auszugs befindlichen Trennstücke zusammen den Bestand der linken Hälfte ergeben und ob der Letztere mit dem Inhalte des V. d. G. übereinstimmt. Erhebliche Unterschiede darf man nur nach Verhandlung mit dem Katasteramte und Zustimmung des Eigentümers im Grundbuche berichtigen, z. B. wenn sich aus dem Auszuge ergiebt, daß im V. d. G. vermerkte Trennstücke nicht mehr zum Bestande gehören oder daß solche entgegen dem Grundbuche zu dem Bestande gehören sollen oder Flächen einen erheblich geringeren oder höheren Umfang haben. Dagegen wird nichts der sofortigen Richtigstellung entgegenstehn, wenn z. B. infolge Neuvermessung oder Anspülung, Abspülung usw. geringe Größenabweichungen entstanden sind. (Vergl. auch § 3, 5—8, 17 ff. Verf. 20. 11. 99 und öffentlicher Glaube).

II. Verzeichnis der mit dem Eigentume verbundenen Rechte.

§ 9 Verf. 20. 11. 99.

In diesem dürfen nur Rechte (Grunddienstbarkeiten, Reallasten, Vorkaufsrechte), die dem jeweiligen Eigentümer des berechtigten Grundstücks zustehn, eingetragen werden, indeß nur auf Antrag (§ 8 G. B. O.) und wenn die obigen Rechte auch in Abt. II des dienenden Grundstücks vermerkt sind. Eine Berichtigung des II. Verzeichnisses muß von Amtswegen geschehn, wenn das Recht beim belasteten Grundstücke geändert oder aufgehoben wird. (§ 8 Abs. 2 a. a. O.) Zu aufhebenden, einschränkenden oder belastenden Eintragungen bei dem Rechte in Abt. II des dienenden Grundstücks müssen alle betroffenen dinglichen Berechtigten des herrschenden Grundstücks ihre Zustimmung in begl. Form erklären, sofern das Recht auch im II. Verzeichnisse des letzteren Grundstücks eingetragen steht. (§ 21 G. B. O.; vergl. auch § 876, 877 B. G. B.; Art. 12 Abs. 2 Nr. 2a A. G. G. B. O.). Mit Trennstücken des berechtigten Grundstücks geht das Recht auf andere Blätter über. Dies ist einzutragen!

Nr. 2 des II. Verzeichnisses der Tabelle Bl. 1 S. 4 ist ein Fall unzulässiger nach § 54 G. B. O. von Amtswegen zu löschender Last, weil eine hier nicht eintragbare beschränkte persönliche Dienstbarkeit eingetragen war.

Wird ein Recht im II. Verzeichnis eingetragen, so ist es wegen § 8 Abs. 2, 21 G. B. O. zweckmäßig, wie im § 7 Abs. 2 beim Erbbaurecht, dies in Abt. II des belasteten Grundstücks zu vermerken. Eine Vorschrift besteht nicht.

Abteilung I. § 4, 10, Verf. 20, 11. 99.

Diese Abteilung erfordert bei Eintragung neuer Eigentümer die Prüfung, ob das Eigentum schon außerhalb des Grundbuchs übergegangen ist oder nicht. Eigentum ist schon übergegangen im Erbfalle, mit dem Zuschlagsbeschlusse, mit der Enteignung, Eheschließung bei Gütergemeinschaft, Ersitzung vor 1900 oder mit der Rechtskraft eines das Eigentum zusprechenden Urteils. In diesem

Falle gibt es nur eine Berichtigung unter Vorlegung der Urkunden mit beglaubigtem Antrage gemäß § 22 Abs. 2 G. B. O. Sonst nur Auflassung! (S. Auflassung und Berichtigung.) — Nach § 48 G. B. O. „sollen" die Anteile mehrerer Eigentümer oder das ihrer Gemeinschaft zu Grunde liegende Rechtsverhältnis zur gesamten Hand, das nur für die Gesellschaft, Gütergemeinschaft und für die Erbengemeinschaft anerkannt ist, eingetragen werden. Sind die Anteile zweier Eigentümer nicht im Grundbuche angegeben, so kann Einer von ihnen als Alleineigentümer eingetragen werden, wenn der Andere ihm „seinen Anteil" aufgelassen hat. Es bedarf dann nicht der vorherigen Grundbuchberichtigung, wohl aber zur Stempel- und Kostenberechnung der Angabe des Anteilswertes. § 48 enthält zwar nur eine Ordnungsvorschrift, ist jedoch auf alle Fälle zu beachten, es sei denn, daß eine Angabe unmöglich ist. K. G. 21. V. 1902 III 137. Wer sich über diese Sollvorschrift hinwegsetzt, weil sie nicht zwingend ist, kennt nicht die Schwierigkeiten, Nachteile und Kosten, die bei späteren Auflassungen, Belastungen, Pfändungen der Anteile dem Publikum entstehn.

Der Grund des Eigentumserwerbs ist auch dann anzugeben, wenn der Eigentümer sein Grundstück oder einen Teil davon auf ein anderes Grundbuchblatt übertragen läßt. Beispiele 15 (Nr. 2 c), 16 (II 1 b) und § 10 Verf. vom 20. 11. 99.

Praktisch ist es wegen der häufigen Änderungen, nur den Wohnort des Eigentümers ohne Straßenbezeichnung anzugeben. Das Wohnungsblatt vor der Tabelle gibt nähere Auskunft und ist mit besonderer Sorgfalt zu führen. Bei Minderjährigen muß hier wie anderswo das Geburtsdatum angegeben werden. Die Eintragung der „minderjährige N. N." ist nachteilig. Denn aus dem Geburtsdatum kann man stets den Tag der Volljährigkeit erkennen, während der nur als minderjährig Bezeichnete in jugendlicherem Alter die Geburtsurkunde bei sich führen muß, um seine Verfügungsfähigkeit nachweisen zu können.

Wichtig sind noch die Art. 86 E. G. B. G. B. und Art. 6, 7 A. G. B. G. B. über die Erwerbsbeschränkungen juristischer Personen. Ausländer sind Erwerbsbeschränkungen nicht mehr unterworfen.

Abteilung II. § 4, 11, 13—15, Verf. 20. 11. 99.

In dieser Abteilung wird am meisten gesündigt, wie schon oben unter „Fassung der Verfügung des Grundbuchrichters" S. 91 ff. gesagt und ausgeführt ist. Abgesehen davon muß der Richter schon aus Liebe zu seinem Grundbuche vor jeder Auflassung und Verfügung die Abt. II darauf ansehen, ob dort nicht in Beziehung auf die Art des Grundstücks sinnwidrige, überflüssige oder gesetzwidrige Eintragungen stehen oder dorthin von anderen Blättern zu Unrecht übertragen sind. In Abt. II der Tabelle Bl. 1 sind in Spalte 7, 8 und 5 zu Nr. 10, 12 und 1 S. 7 Beispiele der Grundbuchreinigung von Amts wegen gegeben. Wegen Nr. 10 siehe Vormerkung auf Auflassung. Nr. 12 ist eine selbstverständliche und deshalb unzulässige Eintragung. Die Eintragung der Pfandentlassung, in Sp. Ver. zu Nr. 1, die einer Löschung der Hypothek auf einem Teile gleichsteht, war bei gleichzeitiger Abschreibung der enthafteten Fläche wegen § 47 Abs. 2 G. B. O. überflüssig und deshalb unzulässig, sonst aber nur für die Zukunft ohne gleichzeitige Abschreibung eintragbar. Nach einiger Zeit des Bekanntseins mit dem Grundbuchwesen, mit Land und Leuten, mit den Verhältnissen einer Gegend, erkennt man auf den ersten Blick, welche Eintragung nicht mehr besteht oder überflüssig ist. Die Löschungen der gedachten Art, der gesetzlich abgelösten und aufgehobenen Lasten, wie Hand- und Spanndienste, Zehnte, Roggen- oder sonstige Naturalrenten, die durch Rentenbankrenten auf demselben Grundstücke abgelöst sind, führe ich von Amts wegen aus. In zweifelhaften Fällen, z. B. bei offensichtlich unrichtigen Übertragungen von alten Wegerechten, Straßenlasten, von altem „Zins“, veraltet klingenden Renten, Schutzgeld, Obstbauverpflichtungen auf öffentlichen Chausseen u. s. w. versuche ich die Löschungen durch Verhandlung mit den Beteiligten und Behörden (Katasteramt, Generalkommission, Magistrat, Gemeindevorstand, Landesdirektor) herbeizuführen. Die oft große Mühe wird später reichlich durch ein reines Blatt entschädigt, insbesondere bei Briefbildungen, beglaubigten Abschriften. Man lösche aber auch gegebenenfalls die Mithafts- und Übertragungsvermerke auf den Stamm- und anderen Blättern! Bei Abschreibung von Trennstücken muß man in eine Prüfung eintreten, ob die Eintragungen auf der abzuschreibenden Fläche mitlasten bezw. ob diese aus dem wirklich belasteten Teile herrührt. Die Lasten der Abt. II ruhen mangels eines besonderen Vermerkes niemals auf später zugeschriebenen Grundstücken, selbst nicht im Falle der Vereinigung oder Bestandteilszuschreibung. § 1131 betrifft nur Hypotheken, Grundschulden, Rentenschulden, was ungemein häufig verkannt wird. Dieselbe Prüfungspflicht gilt natürlich auch für Abt. III.

Auf der anderen Seite müssen die Beteiligten darauf aufmerksam gemacht werden, daß gewisse Vermerke, Vormerkungen mit der Auflassung und Abschreibung erlöschen. Hierher gehören die Auflassungsvormerkungen und besonders die Vermerke des Nacherbenrechts (§ 52 G. B. O.). Letzteres bedarf einer besonderen Besprechung. M. E. erlischt sowohl bei der Auflassung wie bei der Abtretung von Rechten das Nacherbenrecht ebenso wie das Vorerbenrecht von selbst, wenn die unbeschränkte Umschreibung des bela eten Grundstücks oder Hypothekenrechts unter beglaubigter Zustimmung der Nacherben beantragt wird. Und daraufhin muß der Grundbuchrichter das wahre Rechtsverhältnis d. h. den nacherbenrechtsfreien Übergang im Grundbuche von Amts wegen zum Ausdruck bringen. Er muß also ohne besonderen Antrag den Nacherbenvermerk löschen bezw. bei der Hypothekeneintragung auf den neuen Gläubiger einen entsprechenden Zusatz wie „frei vom Nacherbenrecht abgetreten“ machen. Die Unterlassung würde das Grundbuch unrichtig machen, wobei der Grundbuchrichter (s. Grundbuchrichter) nicht mitwirken darf. Die Löschung muß auch kostenfrei erfolgen, da sie eine Selbstfolge der Übertragung freien Eigentums an einem Rechte ist. Hiergegen wurde bisher, wenn nicht ein Antrag vorlag, regelmäßig, auch von den Vollstreckungsrichtern, die die Vermerke nicht löschen ließen, verstoßen. Aber auch die Käufer, große Firmen und selbst die Notare schenken den Lasten der Abt. II häufig nicht die nötige Aufmerksamkeit. Sonst würde nicht so häufig sogar ein Verzicht auf die Löschung der ihnen „bekannten Lasten“ in den Verträgen beurkundet werden. Hier muß der Grundbuchrichter einsetzen und schon bei der Anberaumung des Auflassungstermins in der Ladung warnen, wenn dies auch nur, oder besser, weil es sein nobile officium ist. Im Termine stellt sich oft erst heraus, daß die „bekannten Lasten“ garnicht bekannt oder ganz verkannt waren.

Weitere große Übelstände haben sich dadurch herausgestellt, daß ohne an die spätere Möglichkeit oder Notwendigkeit der Löschung zu denken, in Urkunden verlangt wird, Dienstbarkeiten für den „jeweiligen Eigentümer eines Grundstücks“, das ganz aufgeteilt werden soll, einzutragen. Diese Eintragung hat zur Folge, daß die Dienstbarkeit den Eigentümern des Restgrundstücks und im Zweifel den Eigentümern aller nach der Eintragung der Dienstbarkeit vom Stammgute abgeschriebenen Teile zusteht und demgemäß alle diese Berechtigten gegebenenfalls in die Löschung willigen müßten. Dies bedeutet in vielen Fällen geradezu die Unmöglichkeit der Löschung, fruchtlose Beschwerden usw., weil § 21 G. B. O. diesen Fall nicht trifft und die Beschaffung der oft zahllosen Bewilligungen nicht möglich ist. Jede Urkundsperson muß sich vor der Aufnahme des „so gut klingenden" und scheinbar alles sicherstellenden Ausdrucks „jeweilige Eigentümer des Grundstücks" hüten und sich die Folgen klar machen. Es ist damit oft nur der Eigentümer des Restgrundstücks gemeint. Es fragt sich, ob es bei dem Wechsel der Zeiten nicht besser ist, als Berechtigten eine bestimmte Person oder Gesellschaft oder Firma oder den jeweiligen Eigentümer des Restgrundstücks oder bei Baubeschränkungen die betreffenden Gemeinden als solche oder als Eigentümerin eines bestimmten Grundstücks zu bezeichnen. Der Grundbuchrichter tut auch hier gut, bei solchen Anträgen durch Verhandlung mit den Beteiligten die richtige Bezeichnung zu veranlassen. Ich muß bemerken, daß in einem solchen Falle wegen einer längst aufgegebenen Bauart die Einsicht von etwa 300 Akten nötig wurde. Gelöscht ist aber die Baubeschränkung heute noch nicht.

Würden seitens des Grundbuchamts bei allen Anträgen stets die Eintragungen der Abt. II und ihre Wichtigkeit beachtet, so würde im Falle des Vorhandenseins des Zwangsversteigerungsvermerks und auf Grund der daraufhin erbetenen Auskunft des Vollstreckungsrichters, daß der Zuschlag erfolgt sei, eine Eintragung auf Antrag des bisherigen Eigentümers oder gegen diesen nicht mehr erfolgen können. Denn durch den Zuschlag wird der Ersteher wahrer Eigentümer des Grundstücks und nur auf seinen Antrag oder gegen ihn können Eintragungen auf dem versteigerten Grundstücke erfolgen. Damit wäre auch die Frage beantwortet, was mit den nach dem Zuschlage zu Unrecht erfolgten Eintragungen, um deren Löschung der Vollstreckungsrichter zu ersuchen nicht berechtigt ist, geschehen soll. Der Grundbuchrichter darf, wenn ihm die Zuschlagserteilung und damit die zeitige Unrichtigkeit des Grundbuchs bekannt ist, nichts mehr ohne Bewilligung des wahren Eigentümers, des Erstehers, eintragen. Andernfalls machte er das Grundbuch bewußt unrichtig. — Ist der Konkursvermerk eingetragen oder dem Grundbuchamte die Konkurseröffnung bekannt, kann der Gemeinschuldner nicht mehr über das Grundstück verfügen. S. auch Konkurs.

Abteilung III. § 4, 12—15, Verf. 20. 11. 99.

Zunächst immer die Frage: Ist die beglaubigte Bewilligung oder Zustimmung der Betroffenen (s. Betroffen) vorhanden? (§ 19, 21—29 G. B. O.) Ist der notwendige formlose Antrag gestellt? (§ 13—15.) Ist der Betroffene eingetragen? (§ 40, 41.) Ist der Brief da? (§ 42.) Ferner bedarf der Hervorhebung:

Bei Vorrangseinräumungen achte man darauf, ob nach der Fassung der Bewilligung Zinsen und anderen Nebenleistungen der Vorrang eingeräumt ist. Ist nichts davon gesagt, so ist er der Hypothek und allen Nebenrechten, die ja zur Hypothek gehören, eingeräumt. Ist eine solche Rangänderung von den Beteiligten gewünscht, so empfiehlt es sich auch, daß Richter und Notar nur aufnehmen, daß „der Hypothek Nr. 5 über 10000 M. der Rang vor der Nr. 4 über 6000 M. eingeräumt wird", und die von selbst zugehörigen Nebenrechte garnicht erwähnen. Eine Aufzählung führt nur zu Versehen und Unterlassungen, wie es in der Praxis beobachtet werden kann. Nur die Ausschließung von Nebenrechten muß hervorgehoben werden. S. Rang. — Die Löschung eines Zinsteils z. B. $^1/_2$ v. H. Zinsen erübrigt sich trotz des Antrags, wenn in Spalte Veränderungen vermerkt wird, daß der Zinssatz künftig statt 5 nur $4^1/_2$ v. H. beträgt, oder die Post „mit den auf $4^1/_2$ v. H. herabgesetzten Zinsen" abgetreten ist. Die Eintragung der Herabsetzung wie Löschung kann nur mit Zustimmung des Eigentümers (§ 27 G. B. O.) erfolgen, da sie der Löschung einer „Hypothek" gleichstehen, wie das R. G. kürzlich (Jur. Wochenschrift 1910 Nr. 5) entschieden hat.

Der Vermerk bei einer Gesamthypothek, daß die Hypothek auf den übrigen Grundstücken nicht mehr lastet oder dort gelöscht ist, ist eine Veränderung der Hypothek und gehört in die dafür bestimmte Spalte. In die Löschungsspalten gehören nur die Löschungen, die die Beseitigung einer Eintragung desselben Blattes, sei es ganz oder teilweise, ausspricht.

Eine Bestimmung der Hypothekenschuldurkunde, daß bei Teilzahlungen auf das Kapital das Restkapital den Vorrang vor der gezahlten Teilsumme hat, bedarf als eine Kapitalszahlungsbestimmung nicht der besonderen Eintragung; sie wird durch die Bezugnahme gedeckt (vergl. auch § 1176 B. G. B.). Wenn jedoch ein getilgter Teilbetrag auf den Eigentümer oder einen Anderen umgeschrieben werden soll, muß der Rang des Teilbetrags im Grundbuche vermerkt werden. (O. L. E. VI 203.) Bei Gesamthypotheken ist es höchst umständlich und unzweckmäßig in der Eintragungsformel die Mithaft aller Grundstücke durch den Vermerk: „hier und Bd. 1 Bl. 10, 12" auszudrücken; man zählt die mithaftenden Grundstücke am besten hintereinander auf. (Beispiel 19, 23.)

Wird ein Grundstück aufgelassen und gleichzeitig die Löschung einer auf ihm lastenden Hypothek beantragt, ist die Löschungsbewilligung daraufhin zu prüfen, wem die Hypothek als Eigentümerhypothek oder Grundschuld zugefallen ist bezw. wer das Kapital gezahlt hat und ob die Berechtigten sämtlich der Löschung zugestimmt haben. (§ 19, 27 Abs. 1 G. B. O.) S. auch Buchhypothek (2), Eigentümergrundschuld (2). — —

Verfügungen des Richters nebst Vorgängen dürfen **nie in die Tabellen,** sondern müssen **auf diese unter den Aktendeckel** gelegt werden. Anderenfalls kann die Verfügung übersehen und nebst den Grundakten **unerledigt** fortgelegt werden.

Ein Grundstück besteht oft aus mehreren Trennstücken unter einer Nr. des V. d. G. Wenn nun der Eigentümer nur auf einzelnen oder einem von ihnen eine Eintragung beantragt, so ist es selbstverständlich, daß er dies, wie im Zweifel immer, nur nach Maßgabe des Gesetzes, also auch gemäß § 6 G. B. O. will. In dem gestellten Antrage liegt also auch gleichzeitig der Antrag, die zu belastenden Grundstücksteile unter besonderer Nr. neueinzutragen, sodaß es keines besonderen gemäß § 18 G. B. O. erforderten Antrages bedarf, wenn sonst kein Hindernis entgegensteht. Lasten schon andere Eintragungen auf allen Trennstücken des Blattes, so muß bei ihnen die Spalte 2 berichtigt werden. Dieses Verfahren ist natürlich beim Entgegenstehen anderer Umstände nicht anwendbar.

Der Richter muß die Beteiligten auf Eintragungen, die ihnen nach Lage der Sache oder dem Vertrage offenbar nicht bekannt oder klar sind, und auf die Rechtslage hinweisen. Wenn z. B. einer aufgenommenen Auflassung noch Hindernisse entgegenstehn. Wenn bei Auflassung eines für nur 3000 M. verkauften Trennstücks erheblich höhere Hypotheken auf dem Stammgrundstücke lasten und wegen Nichtvorlegens von Pfandentlassungen trotz Barzahlung oder Restkaufgeldhypothek mitübertragen werden müssen. Es ist im letzteren Falle klar, daß Nichtübertragung der Stammhypotheken gewollt ist, und nur ein Versehen der Beteiligten, das leicht zu beseitigen ist, vorliegt. Im ersteren Falle sollen die Käufer zur Vermeidung von Verlusten gewarnt werden, den Kaufpreis vor endgültiger Hindernisbeseitigung zu zahlen.

Wie sichern sich Eigt einerseits und Käufer, Gl andrerseits bei Streit gegen einander durch einstweilige Verfügungen?

(Ricks, Recht 1923; 97; J W 1923, 1022.)

Fall I. A hat sein Grundstück an B verkauft und aufgelassen. Die Einreichung der Urkunden beim Gba steht bevor. A ficht den Kaufvertrag als nichtig an. Er will die Eintragung des B verhindern. Oder er will für den Fall der Eintragung des B seine eigene spätere Wiedereintragung sichern oder stattdessen B in der Verfügung über das Grundstück im Gb bis zur Entscheidung nur beschränken. Es bedarf — zum Schutze Beider!! — einer einstweiligen Verfügung (e V) auf seinen obigen Antrag dahin: „Bis zur Entscheidung des Rechtsstreits wird dem A die Verfügung über das Grundstück außer für B zu Gunsten des B untersagt und gelten alle Eintragungsanträge aus der Aufl vom 10. 2. 23 (Nr 10/23 des Registers des Notars N) bis zur Aufhebung dieser Entscheidung als zurückgenommen. Um Eintragung des Verfügungsverbots soll das Gba ersucht werden." — (Relative Grundbuchsperre!) So schon K G 31 W 1761/23 vom 17. 5. 23 in Berlin Tempelhofer Vorstadt Bl 1132. Würde nur dem Käufer verboten, sich eintragen zu lassen, so würde der Sicherungszweck der e V nicht erreicht; denn Verkäufer könnte dann unbeschränkt über das Grundstück weiterverfügen. Ricks, J W 1923, 1022.

Fall II. Wenn Aufl und Anträge dem Gba schon vorliegen, vor der Eintragung aber noch eine Frist aus § 18 G B O infolge Beanstandungen läuft, sind folgende e V gegeben: 1. Wie zu I oder 2: „Für den Fall der Eintragung des B als Eigt ist eine Vormerkung zur Sicherung des Rechts auf Aufl des Grundstücks an A" oder „Ein Verbot der Verfügung über das Grundstück durch den Eigt B außer für A zu Gunsten des A in das Gb einzutragen. Um die Eintragung soll das Gba ersucht werden."

Fall III. Wenn B beim Eingange der e V schon eingetragen war, bedarf es des Vorgehens wie zu II 2 und der Eintragung an der nächst offenen Stelle sowie gegebenenfalls der Anordnung und Eintragung eines Widerspruchs gegen die B'sche und andere Eintragungen nach B G B u G B O.

Fall IV. A hat für B eine Darlehnshyp mit Brieferteilung an B beim Notar beantragt, B hat aber trotz Abmachung das Darlehn nicht vor Einreichung der Urkunde an das Gba oder vor Eintragung der Hyp gegeben. A will deshalb die Eintragung der Hyp (oder nach Eintragung die Verfügung über die Hyp durch B) verhindern! Kann A den Eintragungsantrag nicht mehr wirksam widerrufen (s Widerruf), so muß auch hier das von A angerufene Gericht der e V wie zu I—III „beide" Teile sichern. 1. Ist die Hyp noch nicht eingetragen, ist folgende e V zweckmäßig: „Bis zur Aufhebung dieser e V gelten die Anträge aus der Urkunde vom 10. 2. 23 (Nr 10/23 des Notars N) als zurückgenommen und ist in das Gb eine Vormerkung zur Sicherung des Rechts des B auf Eintragung der Hyp von 100 000 M gemäß der Urkunde zu a einzutragen, worum das Gba ersucht werden soll." — 2. Ist die Hyp schon eingetragen, so wäre eine e V zweckmäßig: **a)** falls der Brief noch nicht an B ausgehändigt ist, auf Verbot der Briefaushändigung an B bis zur Entscheidung des Rechtsstreits, **b)** falls der Brief schon ausgehändigt ist, auf ein einzutragendes Verbot der Verfügung über die Hyp durch B oder besser, weil zur Eintragung der Brief nicht erforderlich ist, auf Eintragung eines Widerspruchs mit dem Inhalte des § 42 G B O (S Widerspruch). Beim Verfügungsverbot hat die e V die Einreichung des Briefes an das Gba unter Strafandrohung an B anzuordnen oder das Nichterfordernis der Einreichung auszusprechen. Im letzteren und dem Widerspruchsfalle hat das Gba nach der Eintragung die Briefeinreichung gegen B zu erzwingen. (Hypbrief 18, e V).

Fall V. Sonst ist entsprechend zu verfahren! In allen Fällen genügt aber nicht eine e V, in der dem A oder B selbst nur „persönlich" ge- oder verboten wird, etwas zu tun oder zu lassen. (Vgl J W 1923, 1022 entgegen K G.) Daraus kann keine Eintragung mangels Anordnung erfolgen. (§ 938, 941 Z P O.) Indes stoße man sich nicht an einer e V, die dem „Gba" eine Eintragung „verbietet". Dieses Verbot steht einer Zurücknahme eines Antrags durch die Beteiligten gleich. Ein solches dem Gba bekanntes (u von mir in der Tabelle mit Bleistift vermerktes) **Veräußerungs-** oder **Verfügungsverbot** hindert es an einer Eintragung solange, bis seine Aufhebung (§ 25 G B O) nachgewiesen ist, weil es zum Wenigsten Zweifel (s dort) an der Verfügungsmacht beim Gba erregt u zur Beanstandung aus § 18 G B O zwingt. S Gba 2, 6, 12. — Zweckmäßig, beschleunigend u vereinfachend ersuchen die Gerichte der e V stets selbst um Eintragung aus der e V! Im Übrigen s Arrest, e V, Verfügungsbeschränkung, Vormerkung, Widerspruch!

Fall VI. Wie sichert sich nun der Käufer B gegen A gegen dessen weitere Verfügung über das Grundstück, wenn sein Eintragungsantrag aus der Bewilligung des A zu I—V vom Gba abgewiesen ist und B Beschwerde eingelegt hat? Geht dann ein B schädigender vorschriftsmäßiger Eintragungsantrag des A oder eines Dritten mittels Zwangsvollstreckung ein, muß das Gba gemäß § 18 Abs 2 G B O eine Vormerkung zu Gunsten des wegen Schwebens der Beschwerde noch nicht „erledigten" Antrags des B vor der neu beantragten Eintragung eintragen, falls es die Akten hat, oder den neuen Eingang vor seiner Erledigung dem Beschwerdegerichte mitteilen oder von ihm die Akten „deshalb" erfordern, damit das Beschwgericht eine Vormerkung nach § 76 G B O einstweilig anordnen kann. Sonach ist bei richtiger Behandlung eigentlich nichts von B zu veranlassen. Indeß kann er zur Sicherheit in der Beschwerde gleichzeitig oder bei Eintritt seiner Gefährdung eine Vormerkung aus § 76 beim Beschwgerichte mit Begründung beantragen. Gegen Ablehnung gibt es nur weitere Beschw oder nach deren Abweisung einen Antrag auf e V wie oben auf Eintragung einer Auflvormerkung oder eines Verfügungsverbots gegen A zu Gunsten des B wie oben II 2 bis zur Entscheidung des Rechtsstreits. § 883 ff B G B.

Unser heutiges Hypothekensystem seit 1920!

S Beispiele Nr 53—70 und Hypothek, wertbeständige Hypotheken.

54. A.

Hypotheken in Reichsmark (RM). Nach § 3, 43 Bankgesetz und § 5 Münzgesetz v 30. 8. 1924, I, II D Vo (R G Bl II 235, 245, 255, 383, 775) ist die RM einer Billion Mark, ferner der früheren Strafgoldmark (also auch der alten Reichssteuergoldmark) und der Rent M gleichgestellt, sodaß man etwa eingetragene Rent M-Hypotheken einfach in RM-Hypotheken umwandeln kann. Vgl dazu und darüber: „Wie sichert man durch Hypotheken freiwillig und zwangsweise Forderungen in alter M, Rent M, D G M, ausländischer Währung usw?" Ricks, D Not V 1924, 370; J W 1924, 1952; 1925, 742. K G O L G 44, 150, 149. Preuß Vo 2. 7. 1926, Ges S 192. —

Die RM ist nach dem Münzgesetz gleich der Menge von $^1/_{2790}$ kg Feingold, aber nicht wie die FGM oder GM unter Beispiel 56 gleich dem wechselnden „Preise von" $^1/_{2790}$ kg Feingold. Also ist eine RM nicht gleich 1 FGM oder GM.

Eine **Papiermarkhypothek** ist nach dem neuen Münzgesetze nicht mehr eintragbar. Höhe und Art der Hypothek müssen in diesem Falle in eine heutige Hypothek durch Bewilligung oder Urteil umgewandelt werden. München Ring III 340. Wenn heute noch „Mark" beurkundet ist, kann darunter nur „RM" verstanden werden. K G D Not V 1928, 154.

In allen Beispielen 1—53 tritt anstelle der alten Mark die RM, sodaß es keiner neuen Muster bedarf. Indeß die Umrechnung aller Verbindlichkeiten aus den vorhandenen Hypotheken, Grund- und Rentenschulden, Reallasten in die heutige Schuldsumme in RM wird bei Fälligkeit der Schuld, Zwangsversteigerung, Konkursen Schwierigkeiten machen. Folgende Formeln A, B, C beheben sie. In ihnen ist als Berechnungstag der 30. 8. 1924, als bekanntgemachter Preis (P) von 1 g Feingold der Preis vom 27. 8. 1924 mit 35,5909 Pence und als mittlerer Börsenkurs des englischen Pfundes £ (1 Pfd Sterling = 20 Schilling; 1 Schilling = 12 Pence; also 1 £ = 240 Pence) der vom 29. 8. 1924 mit 18,86 RM zugrundegelegt.

I. Wieviel ist 1 g in RM, FGM?

A) $1 = \frac{P \times £}{240}$ RM

Beispiel (30. 8. 24):

$$1\,g = \frac{35{,}5909 \times 18{,}86}{240} = \frac{671{,}2443}{240} = 2{,}7969 = \text{rd } 2{,}80 \text{ RM}$$

B) 1 g = ständig 2,79 FGM. Denn 1 FGM = $^1/_{2790}$ kg Feingold. Also 1 kg = 2790 und 1 g = 2,79 FGM.

II. Wieviel ist RM in 1 g, FGM, DGM (Dollargoldmark = $^{10}/_{42}$ Dollar)?

A) $1 \text{ RM} = \frac{240}{P \times £}$ g. Am 30. 8. 24: = 0,357 g.

B) $1 \text{ RM} = \frac{2{,}79 \times 240}{P \times £}$ FGM.

Beispiel vom 30. 8. 1924: $1 \text{ RM} = \frac{669{,}60}{671{,}24} = 0{,}997$ FGM.

C) $1 \text{ RM} = \frac{42}{10 \times D}$ DGM.

Zu A—C entscheiden täglich Kurse und P.

III. Wieviel ist 1 FGM in g, RM, DGM?

A) 1 FGM = $^1/_{2790}$ kg = ständig $\frac{1}{2,79}$ g.

B) 1 FGM = $\frac{P \times £}{2,79 \times 240}$ RM. Denn 1 FGM = $\frac{\text{Preis von 1 kg } (= 1000 \text{ g})}{2790}$

Feingold = $\frac{1000 \times P \times £}{2790 \times 240} = \frac{P \times £}{2,79 \times 240}$.

C) 1 FGM = $\frac{7 \times P \times \mathscr{L}}{D \times 1116}$ DGM. Denn

a) 1 DGM = $\frac{10 \times D}{42} \times 1$ RM.

b) 1 FGM = $\frac{1}{2,79}$ g und 1 g = $\frac{P \times \mathscr{L}}{240}$ RM.

Also 1 FGM = $\frac{P \times \mathscr{L}}{2,79 \times 240}$ RM oder 1 RM = $\frac{2,79 \times 240}{P \times \mathscr{L}}$ FGM.

Diese Formel in Formel C a) eingesetzt:

1 DGM = $\frac{10 \times D \times 2,79 \times 240}{42 \times P \times \mathscr{L}}$ FGM und 1 FGM = $\frac{42 \times P \times \mathscr{L}}{10 \times D \times 2,79 \times 240}$

= $\frac{7 \times P \times \mathscr{L}}{D \times 1116}$ DGM.

Beispiel: 1 FGM = $\frac{7 \times P \times \mathscr{L}}{D \times 1116} = \frac{7 \times 671,244}{4,20 \times 1116}$ = 1,0024 DGM.

Zu B, C entscheiden täglich Kurse und P.

B.

Wertbeständige Hypotheken. (W H). Beispiele Nr 55—70. Ges 23. 6. 1923 (R G Bl 407) über **Roggen-, Weizen-, Feingoldhyp.** I. D Vo 29. 6. 1923 (482) über Preise, Börse, Umrechnung, Zulassung von **Kohle, Kali.** II. D Vo 5. 10. 1923 (933) über **niederschlesische Kohle.** III. D Vo 2. 11. 1923 (1075) über Zulassung des an deutscher Börse amtlich festgestellten Kurswertes des **nordamerikanischen Dollars** als Maßstabs, falls die Hypothek zur Sicherung einer Anleihe dient, für deren Verzinsung und Rückzahlung Reich oder Länder die Bürgschaft übernommen oder die Reich oder Länder selbst aufgenommen haben oder nach München Ring II 360 zur Deckung für durch Reich oder Länder ausgegebenen GM-Anleihen nach Beispiel 57. — IV. D Vo 6. 11. 1923 (1082), wonach die in § 15 II **Reichssiedlungsgesetzes** (R G Bl 1923, 364) vorgesehene Sicherung von **Schuldverschreibungen** durch **Reallasten** auch durch **w H** erfolgen können. — V. D Vo 17. 4. 1924. Feingoldpreishypotheken können als Goldmarkhypotheken (1 GM = $^1/_{2790}$ kg Feingold) eingetragen werden.

Nach J M Bl 1923, 612 ist die Stelle des § 2 Satz 1 d V O, die den Feingoldpreis Mittwochs im Reichsanzeiger bekannt gibt, die Devisenbeschaffungsstelle, ab 1. 3. 1928 das Reichsbank-Direktorium. Hat eine natürliche, juristische oder ähnliche Person Schulden oder Kreditbedarf in Dollar, Franken, Gulden, Rentenmark (s Rentenbank), Goldmark, kann dem Gl zuverlässige wertbeständige Sicherung beschafft werden. Schuldner u Gl oder die Urkundsperson berechnen bei Ausstellung der Schuldurkunde nach ihrer Wahl in Zentnern, Kilogramm, Gramm die Menge von a) zu bezeichnenden märkischen oder anderen Roggen oder Weizen oder b) Feingold oder c) zu bezeichnenden 1. Fettförderkohle oder gewaschenen Fettnuß VI des Rheinisch-Westfälischen Kohlensyndikats oder 2. oberschlesischen Flammstückkohle oder 3. Kalidüngesalz 40% oder Niederschlesische Stück- oder gewaschene Nußkohle I oder d) später noch durch die Reichsregierung zuzulassenden Waren oder Leistungen, welche man für die Schuldsumme „**zur Zeit**" erhält. Man wählt die für den Fall geeignetste oder sicherste Ware! Meistens wird Feingold gewählt! Der Preis dieser so ermittelten Menge unter a—d ist der Sicherungsbetrag der aufzunehmenden Hyp oder Grundschuld oder Rentenschuld und vertritt die Geldsumme der bisherigen Hyp. Die Hyp ist dadurch wertbeständig, daß ihr Betrag, der Preis von 100 Zentner Roggen oder ein Kilogramm Feingold im Grundbuch derselbe bleibt, aber sonst sich je nach der Wirklichkeit hebt oder senkt. Man kann ihn noch dadurch näher in bestimmter Absicht festlegen, daß man ausmacht: Wenn der Preis der bezeichneten Menge (z B märkischen Roggens) den Preis einer anderen gesetzlich zugelassenen Menge (pommerschen Roggens oder Feingold) nicht erreicht oder überschreitet, soll nur der letztere maßgebend sein. Die Höhe des Preises der Mengen wird bei Roggen und Weizen nur durch amtlich „festgestellte" oder bekanntgemachte Preise einer inländischen „**Börse**", im Notfalle des Deutschen Landwirtschaftsrats, u bei den übrigen Mengen durch die von der zuständigen „**Behörde**" (Reichskohlenverband oder Reichskalirat, Reichsbank-Direktorium, vor welchen allen der Reichswirtschaftsminister ein Bestimmungsrecht hat) amtlich „festgestellten" oder „festgesetzten" Preise ermittelt. Aus der Urkunde lasse man aber diese umständliche nähere Bezeichnung zur Vereinfachung heraus, da die Behörden wechseln und stets die gesetzlich bestimmte Stelle sowie das Gesetz entscheidet. Es genügt also: Der von der Börse in . . . festgestellte Preis von 100 Zentnern Roggen oder Weizen oder von der „zuständigen Behörde" festgesetzte Preis von 100 Zentnern Kohle, Kali oder Gramm Feingold oder einfach Feingoldmark (s Beispiel Nr 56)! Die Preise werden allgemein bekanntgemacht, der über Feingold jeden Mittwoch im Reichsanzeiger und dann im J M Bl. Wie der Preis vorher amtlich ermittelt wird, darauf kommt es nicht an. Es sei erwähnt, daß der Londoner Goldpreis bekanntgemacht und dann in die deutsche Währung nach dem Mittelkurse der Berliner Börse auf Grund der letzten amtlichen Notierung vor dem Tage, der für die Berechnung der Kapital-, Tilgungs- und Zinsbeträge sowie Nebenleistungen maßgebend ist, umgerechnet wird. Ist ein Durchschnittspreis maßgebend, so erfolgt die Umrechnung nach dem zeitigen Durchschnittskurse. (§ 2 Verordnung vom 29. Juni 1923; J M Bl 1923, 612). § 4 Verordnung vom 29. Juni 1923 bestimmt noch für Kohle und Kali: „Soweit die obigen (IIIc) Preisfestsetzungen nicht oder nicht für die der Berechnung zugrundezulegende Zeit erfolgen, gelten als amtliche Preise, und zwar mangels anderer Abrede in folgender Reihenfolge als Preise: 1. Die Preise eines inländischen Syndikats. 2. Die amtlichen Preise einer inländischen Börse. 3. Die im Auftrage eines Börsenvorstandes durch Sachverständige ermittelten Preise. 4. Die Verkaufspreise einer staatlichen Bergbehörde." — Bei der w H, die die Auszahlung nur in RM zuläßt, ist dadurch wieder festgestellt, daß Hypotheken nur „Geldforderungen" sichern. Hypotheken und Forderungen müssen aber wesensgleich sein und auf die gleiche Geldart bezw den gleichen Maßstab lauten (R G Ring 28, 450). Also gibt es w H nur für wertbeständige Forderungen und umgekehrt nach obigen Vorschriften. Ebenso wie früher Niemand daran gedacht hat, für eine Dollarforderung eine feste gewöhnliche Markhypothek zu bestellen. Für eine Forderung anderer Art und anderen Maßstabes (z. B. in ausländischer Geldart) gibt es nur eine RM- oder wertbeständige Höchstbetragshypothek! (Entsprechend Art II Vo 27. 6. 1924, R G Bl 660.) Also gibt es keine gewöhnliche feste FGM-Hypothek für eine Dollargoldmarkforderung. (Ricks D Not V 1927, 247; O L G 43, 233, Ring II 345.) Wer eine Forderung in **ausländischer** Währung wertbeständig machen und dafür eine wesensgleiche wertbeständige feste Hypothek haben will, muß den von mir als zulässig erachteten Weg im Beispiel Nr 64 gehen. — Eine Beschränkung der RM-Summe nach unten z. B. „1 FGM steht wenigstens 1 RM gleich“ oder „auf mindestnes x RM“ ist nach K G D Not V 1926, 492; Ring IV 399 zulässig. Was in das Gb selbst einzutragen und durch Bezugnahme einzutragen ist, darüber s **Nr 56, Bezugnahme**; **Rechtsprechung unter „wertbeständige Hyp“.**

55. I. **Feingoldpreishypotheken.**

Gesetz 23. 6. 1923, Vo 29. 6. 1923 (R G Bl 407, 482).

Beurkundung:

a) **Für eine gewöhnliche feste Hyp:** Ich schulde dem Kaufmann N. N. in N. aus Darlehen (oder: als Restkaufpreis aus dem Verkaufe des Grundstücks N.) den Betrag von X Reichsmark oder Dollar oder Gulden). Ich verpflichte mich, statt dieser Summe bei Fälligkeit der Forderung den durch die Börse in Berlin für den Tag (oder Vortag) der Fälligkeit festgestellten Preis von X Zentnern märkischen Roggen (oder: den durch die zuständige Behörde für den Tag der Fälligkeit festgesetzten Preis von X Gramm Feingold) zu zahlen, ihn bis dahin seit 1. Oktober 1923 mit 5 v. H. jährlich, bei Zinszahlungs-Verzögerung über 1 Woche mit 6 v. H für diese Zinszahlung, am Ersten jedes Kalendervierteljahrs zu verzinsen. Die Zinsen sind von dem Preise zu entrichten, der sich bei ihrer Fälligkeit aus obiger Preisberechnung ergibt. Alle Zahlungen erfolgen in deutscher Reichswährung, erhöhen sich aber bei Verzögerung gemäß einer am Tage der wirklichen Zahlung eingetretenen Preiserhöhung. Das Kapital ist drei Monate nach Kündigung und bei schuldhafter Zinszahlungsverzögerung über zwei Wochen hinaus auf Verlangen des Gläubigers sofort zahlbar. Wegen Forderung und Hypothek unterwerfe ich mich der sofortigen Zwangsvollstreckung derart, daß diese auch gegen den jeweiligen Grundstückseigentümer zulässig sein soll. Der Gläubiger ist berechtigt, ohne Weiteres eine vollstreckbare Ausfertigung dieser Urkunde auf seinen Antrag zu erhalten. Ich beantrage für die Forderung eine wertbeständige Darlehns-Hyp nebst Vollstreckungsklausel aus § 800 Z P O in das Grundbuch von Berlin Band . . . Blatt . . . einzutragen und dem Gl den Hypbrief auszuhändigen (oder: „und schließe die Erteilung eines Hypbriefes aus“).

b) Oder kürzer, aber nicht so aufklärend, statt des Einleitungssatzes zu a: Ich schulde dem Kaufmann N. N. in N. ein Darlehen (Restkaufpreis usw) in Höhe des Preises von X Gramm i B Feingold. Ich verpflichte mich diese Summe seit 1. Oktober 1923 mit 5 v H jährlich usw wie a oben . . . .

Eintragungsverfügung zu a, b:

1. Schönwald Bd 10 Bl 300 Abt III Sp 1—4.
   Nr 6 auf 1: Spalte 3: Preis von 10 Ztr märkischen Roggen (oder: von 2000 Gramm Feingold).

   Sp 4. Darlehn in Höhe des Preises von zehn Zentnern märkischen Roggen (oder: X Gramm Feingold), mit 5, gegebenenfalls 6 v H verzinslich, für den Kaufmann N. N. in N. Der jeweilige Grundstückseigentümer ist der sofortigen Zwangsvollstreckung unterworfen. Unter Bezugnahme auf die Bewilligung vom 15. 10. 1923 eingetragen am ten.

2. Beglaubigte Abschrift der Schuldurkunde Not Reg 111/28 zu den Akten.
3. Nachricht an a) Eigt,
b) Gläubiger nebst Hypothekenbrief,
c) Notar.
4. Wohnungsblatt.

Anmerkung: Wegen **„Berechnung“** der RM-Zahlungen nach Fälligkeits- und Stichtag und anderer Nebenabreden, die, soweit sie nicht Art und Menge der Ware und Leistung gemäß § 2, 3 Ges 23. 6. 1923 betreffen, durch Bezugnahme (s dort) zweckmäßig eingetragen werden s oben Nr 54 B über w H, Nr 56 u im Stichwortverzeichnisse.

56. II. **Feingoldmark-** oder dasselbe bedeutende **Goldmarkhypotheken!**

1 Feingoldmark (FGM) oder Goldmark (GM) ist gleich dem Preise von $^1/_{2790}$ kg Feingold gemäß dem Gesetze 17. 4. 1924 (R G Bl 415). Der in der Vo 27. 6. 1924 (R G Bl 660) vom Gesetzgeber und von mir vorher schon in D Not V 1924, 137 und später gebrauchte Ausdruck „Feingoldmark“ ist die kürzeste und klarste Bezeichnung der Goldmark. Er macht den umständlichen Zusatz „1 GM = dem Preise von $^1/_{2790}$ **kg** Feingold“ entbehrlich und unterscheidet diese Goldmark scharf von allen verwirrenden 4 GM-Arten der Inflationszeit. Das K G hat die bloße Bezeichnung „Goldmark“ für genügend erklärt. D Not V 1926, 310, J M Bl 1926, 120. Damit sind aber die Unterscheidungsschwierigkeiten gegenüber den alten GM-Arten der Inflationszeit nach 20 Jahren nicht behoben. Deshalb ist „Feingoldmark“ die praktische Bezeichnung! (Vgl über die frühere Goldmarknot u ihre Abstellung Ricks D Not V 1924, 370). **Jeder Richter und jede Urkundsperson muß die Goldmarkart genau bezeichnen.** Beurkundet man wie früher einfach in FGM statt M, so wird jetzt statt „M“ in „FGM“ und sonst genau wie früher im Grundbuche und durch Bezugnahme eingetragen. Im Grundbuch wie in der Urkunde sind die Bezeichnung des Gesetzes über die FGM und die gewöhnlichen nach dem Gesetze selbstverständlichen „Berechnungsbestimmungen“ (S Bezugnahme) überflüssig. Auf besondere „Berechnungs-Abreden“ (abgesehen von den Abreden, daß eine FGM wenigstens 1 RM betragen solle oder, „es stehe 1 **g** Feingold auch dann 2,79 RM gleich, wenn sich bei Umrechnung für das **kg** Feingold ein Preis von nicht mehr als 2820 RM und von weniger als 2760 R M ergeben“,) sowie auf alle Zins- und Kapitalszahlungsbestimmungen wird zur Entlastung des Grundbuchs zweckmäßig wie bei der Mhypothek Bezug genommen. S darüber und die Ausnahmen unter **Bezugnahme** u § 2, 3 Ges 23. 6. 1923 (R G Bl 407), **Nr 58 d.**

Eine feste FGMhypothek (außer Höchsthypothek) kann **nur für eine FGM-Forderung**, z B nicht für eine Dollar- oder Dollargoldmark-Forderung bestellt werden. (S oben Nr 54 B über w H vor Nr 55.)

Ich halte nach J W 1924, 1953 auch **Reallasten** und **Altenteilszahlungen** in **FGM** für eintragungsfähig. Diese Ansicht wird auch noch durch die IV Vo zur Durchführung des Ges über w H (s dort) v 6. 11. 1923 unterstützt.

57. III. **Dollarpreishypotheken.**

Vo 2. 11. 1923, R G Bl 1075. S w H Nr 54 B die zugelassenen Fälle.

Beurkundung und Eintragung entsprechend Beispiel 55 ff, jedoch treten an Stelle des Ausdrucks „in Höhe des Preises von“ die Worte

„in Höhe des an der (deutschen) Börse in N. amtlich festgestellten Kurswertes des nordamerikanischen Dollars". Außer diesem Falle ist eine Dollargoldmarkforderung keine wertbeständige Forderung und kann dafür keine feste wertbeständige Hypothek eingetragen werden, sondern nur eine wertbeständige oder RM-Höchstbetragshypothek eingetragen werden. S Ricks D Not B 1927, 247 und Hypothek, w H oben vor Nr 55.

Nach Ges 2. 2. 1928 (R G Bl 11) ist eine **„vor" 1. 1. 1928 unter Verletzung obiger Gesetzesvorschriften** eingetragene Hypothek oder Grundschuld oder eine nach dem Wert $^{10}/_{42}$ nordamerikanischen Dollar eingetragene Goldmarkhypothek (Grund „oder Rentenschuld") **nicht unwirksam. Aber fortan!** Also Vorsicht! Denn häufig liegen solche unrichtigen Eintragungsbewilligungen vor.

58. IV. **Umwandlung von wertbeständigen Hypotheken und Grundschulden in andere völlig gleiche wertbeständigen Rechte:**

a) **Umwandlung einer Eigentümergrundschuld in eine völlig gleiche Darlehnshypothek mit Abtretung an den neuen Gläubiger in notwendiger Protokollform,** falls die Vollstreckungsklausel nach § 800 Z P O vereinbart ist: Zunächst ist stets das neue Darlehnsschuldbekenntnis des Eigentümers wie Beispiel Nr 55, 56 (ohne die Hypothekenbestellung: Ich beantrage usw) aufzunehmen (Umrechnungsformel Nr 54 A):

„Ich schulde dem Kaufmann N. N. in N. aus Darlehen 2790 F G M i B und verpflichte mich, dieses Kapital ab 1. 4. 1926 mit 5, bei Zinszahlungsverzögerung über 7 Tage hinaus mit 6 v H jährlich an den Kalendervierteljahresersten zu verzinsen und drei Monate nach Kündigung zurückzuzahlen." — (Alsdann folgt die Hypbestellung:)

„Die auf meinem Grundstücke Berlin-Tempelhof Bd 10 Bl 300 eingetragene Hypothek Nr 10 in Höhe des Preises von 1000 g Feingold ist laut hiermit überreichter löschungsfähiger Quittung des bisherigen Gläubigers vom 1. 4. 1928 meine Eigentümergrundschuld geworden. Für obige neue Forderung von 2790 F G M bestelle ich nunmehr Hypothek. Ich wandle meine Grundschuld in eine gewöhnliche Dralehnshypothek für obige neue Forderung um und trete sie nebst den Zinsen seit 1. 1. 1928 an den Gläubiger N. N. ab. Wegen Forderung und Hypothek . . . (Vollstreckungsklausel wie Beispiel 55 I bis „zu erhalten"). Ich beantrage die Eintragung dieser Hypothekenbestellung nebst Vollstreckungsklausel gemäß § 800 Z P O in das Grundbuch und die Aushändigung des Hypothekenbriefes an den Gläubiger."

Eintragungsverfügung:

1. Berlin-Tempelhof Bd 10 Blatt 300 Abt III Sp 5—7: Nr 10: Preis von 1000 g Feingold (oder nur „1000 g Feingold"): Diese Hypothek ist Eigentümergrundschuld geworden und unter Umwandlung in eine mit 5, unter Umständen 6 v H jährlich verzinsliche gewöhnliche Darlehnshypothek von (Sp 6) 2790 F G M (Sp 7) i B nebst Zinsen seit 1. April 1928 an den Kaufmann N. N. in N. abgetreten. Der jeweilige Grundstückseigentümer ist der sofortigen Zwangsvollstreckung unterworfen. Unter Bezugnahme auf die Bewilligung vom 1. April 1928 eingetragen am ten .
2. Weitere Verfügung wie Beispiel 32 I S 65 zu 2—5.

Anmerkung: a) Auf besondere Berechnungsabreden über die Höhe der RMsumme und Zinsen, die nicht die oder noch eine andere Art und Menge der Waren gemäß § 1—3 Ges v 23. 6. 1923 betreffen, kann Bezug genommen werden. S Bezugnahme, Nr 56.

b) Würde die neue Darlehnsschuld zu a nicht 2790 FGM, sondern z B nur die Hälfte, also 1395 F G M betragen, so würde die obige Hypothekenbestellung lauten: Die .... Hypothek Nr 10 in Höhe des Preises von 1000 g Feingold ist laut hiermit überreichter notariell beglaubigter Quittung des bisherigen Gläubigers vom 1. 4. 1928 meine Eigentümergrundschuld geworden. Für obige neue Forderung von 1395 FGM bestelle ich nunmehr Hypothek. Ich wandle meine Grundschuld in Höhe ihres erststelligen Teilbetrags von 500 g Feingold in eine gewöhnliche Darlehnshypothek von 1395 FGM um und trete diese Hypothek usw wie oben ...

Die Eintragungsformel würde lauten: a Nr 10: 1000 g Feingold: Diese Hyqothek ist Grundschuld des Eigentümers N N in N geworden. Eingetragen am ten

b Nr 10a: 500 g Feingold erststelliger Teil der Grundschuld Nr 10 unter Umwandlung usw wie oben ....

b) Umwandlung einer Feingoldpreishypothek in eine gleich hohe Feingoldmarkhypothek in gleicher Form gemäß Umrechnungstabelle 54 A: Zunächst wie 58a oben Schuldbekenntnis des Eigentümers auf „Feingoldmark" oder „Goldmark", jedoch aus einer Waarenforderung. Alsdann erklären der bisherige Gläubiger R und Eigentümer S: Die für mich R auf dem Grundstücke des Eigentümers S in Berlin-Tempelhof Bd 10 Bl 300 unter Nr 10 eingetragene Hypothek in Höhe des Preises von 1000 g Feingold entspricht einer Summe von 2790 Feingoldmark i B. Wir wandeln diese Hypothek unter Auswechslung der bisherigen Forderung gegen obige neue Waarenforderung in eine Hypothek von 2790 Feingoldmark um. Ich R trete sie unter Übergabe des Hypothekenbriefes nebst Zinsen seit 1. 4. 1928 an den neuen Gläubiger N. N. ab. Wir bewilligen und ich S beantrage die Eintragung obiger Umwandlung, Forderungsauswechslung und Abtretung nebst Vollstreckungsklausel in das Grundbuch sowie die Aushändigung des Hypothekenbriefes an den neuen Gläubiger. Ich S übernehme alle Kosten dieser Urkunde und beim Grundbuchamte.

Eintragungsverfügung:

1. Berlin-Tempelhof Bd 10 Bl 300 Abt III Sp 5—7:

   Nr 10: 1000 g Feingold unter Auswechslung der Darlehnsforderung und Umwandlung in eine Warenforderungshypothek von (Spalte 6)

   2790 FGM (Spalte 7) i B nebst den auf 5, unter Umständen 6 v H festgesetzten jährlichen Zinsen seit 1. April 1928 an den N. N. in N. abgetreten. Alle Nebenbestimmungen sind neu vereinbart. Der jeweilige Grundstückseigentümer ist der sofortigen Zwangsvollstreckung unterworfen. Unter Bezugnahme auf die Bewilligung vom 1 ten April 1928 eingetragen am ten 1928.

2. Weitere Verfügung wie Beispiel Nr 32 I S 65.

Anmerkung: Die Vereinbarung z B, 1 FGM betrage wenigstens 1 RM, oder es stehe ein g Feingold 2,79 GM auch dann gleich, wenn sich bei Umrechnung für das Kilo Feingold ein Preis von nicht mehr als 2820 RM und von nicht weniger als 2760 RM ergiebt, bedarf der unmittelbaren Eintragung in das Grundbuch. S Bezugnahme: Nr 56.

c) Die **Umwandlung** folgender **Arresthypothek** in eine FGM-Darlehnshypothek: Nr 10 auf 1: 2790 FGM-Sicherungshypothek bis zum Höchbetrage von i B (2790 FGM) für den Kaufmann N. N. in N. auf Grund des Arrestbefehls (Aktenzeichen) des Amtsgerichts in N. vom 4. 4. 1928. Für die Höchstbetragsberechnung ist nach dem Inhalte der zu hinterlegenden Goldpfandbriefe gemäß § 932, 923 Z P O der letzte vor der Forderungsfeststellung bekanntgemachte Londoner Goldpreis maßgebend. Eingetragen am 5. 4. 1928.

1. Sp 5—7: Nr 10: 2790 F G M. Diese Hypothek ist (infolge Arrestbefehlsaufhebung) Eigentümergrundschuld geworden und in eine mit 5 v H jährlich verzinsliche brieflose Darlehnshypothek in Höhe des Preises von (Sp 6) 1000 g (Sp 7) i B Feingold nebst Zinsen seit dieser Eintragung an den N N in N abgetreten. Unter Bezugnahme auf die Bewilligung vom 8ten eingetragen am 20. April 1928.
2. Nachrichten an **a)** Eigentümer, **b)** alten und neuen Gläubiger Nr 10.
3. Wohnungsblatt. (Vgl § 868 Z P O.)

Anmerkung: Da die alten Zinsen in eine Höchstbetragshypothek einzurechnen waren, konnten die neuen Zinsen neben der umgewandelten Hyp erst von der Eintragung der Umwandlung ab laufen und eingetragen werden. S Höchstbetragshyp 4.

d) Die **Umwandlung** von **RM-Hypotheken** in **wertbeständige Hypotheken** und **umgekehrt** ist nach Ansicht des Kammergerichts (z B 1. X. 161/26. 1. Juli 1926, D Not B 1926, 492) entgegen vielfacher bisheriger Praxis und meiner Ansicht (D Not B 1926, 509, Awanhang 1924, 44d, D J Z 1927, 662) unzulässig. Für den Fall des Erfolges meiner Eingaben gegenüber dem Bedürfnisse verfährt man entsprechend obigem Muster b. Zur Eintragung der Umwandlung bedarf es der Zustimmung der Gleichrang- oder Nachgläubiger und Vorrangseintragung, wenn nicht gemäß meinen Vorschlägen D J Z 1927, 662 bei der Umwandlung eine Eintragung erfolgt, die eine Erweiterung des bisherigen Zahlungsbetrags bezw Schädigung der Nach- oder Gleichranggläubigern ausschließt. — Die Entsch des K G D Not B 26, 492 Nr 2 betrifft nur die Ersteintragung einer „neuen" Hyp in F G M „unter Verbindung mit RMzahlung", wodurch die Feingoldmarkhypothek in zweiter Linie (nach meiner Ansicht unzulässig) als „**Reichsmarkhypothek**" eingetragen wird. Ich halte allerdings die Bestimmung, daß eine F G M wenigstens eine RM sei, als „**Berechnungsbestimmung**", auf die Bezug genommen werden kann, für zulässig. Soll dagegen eine schon eingetragene F G Mhyp **nachträglich** bedingt auch auf RM abgestellt d h in eine bedingte RMhyp umgewandelt werden, ist dies nach K G D Not B 26, 492 Nr 1 unzulässig. Danach kann eine RMhyp nicht in eine F G Mhyp u deshalb umgekehrt diese auch nicht in eine RMhyp (auch nicht bedingt) umgewandelt werden. In solchen Umwandlungen kann eine unzulässige Hyperweiterung liegen. Ich halte solche Umwandlungen zwar selbst (s Ricks D Not B 26, 509; D J Z 27, 662) für zulässig, bin aber durch das K G an der Betätigung dieser Ansicht gehindert.

59. V. **Grundschuld:**

Beurkundung: Ich beantrage die Eintragung folgender wertbeständiger Grundschuld auf dem Grundstücke Berlin Bd 1 Bl 10: Grundschuld für die Aktiengesellschaft N.-Bank in Berlin in Höhe des durch die zuständige Behörde für den Tag der Fälligkeit am 1. Oktober 1924 festgestellten Preises vom X Zentnern Fettförderkohle des Rheinisch-Westfälischen Kohlensyndikats, mit 5 v H nach denselben Berechnungsgrundsätzen verzinslich. Ist der behördlich festgesetzte Preis von ... Gramm Feingold am Tage der Fälligkeit niedriger, ist dieser maßgebend. Brieferteilung ausgeschlossen.

Eintragungsverfügung:

1. Schönwald Bd 10 Bl 300 Abt III Sp 1—4.
   Nr 7 auf 1: Spalte 3: Preis von 1000 Ztr Fettförderkohle bzw ..... Gramm Feingold. Sp 4: .... Einrücken aus obigem Muster von „Grundschuld — ausgeschlossen". Eingetragen am ten.
2. Nachricht an Eigt u Gläubiger.
3. Wohnbl.

60. VI. a) **Freiwillig bestellte Höchstbetragssicherungshypothek:**

Beurkundung: Die N.-Bank in N. steht mit mir derart in Geschäftsverbindung, daß sie mir regelmäßig Kredite gewährt (oder: hat mir am 1. 4. 1924 rückzahlbare 500000 Dollar, mit 5 v H seit 1. 10. 1923 verzinslich, dargeliehen). Ich beantrage auf dem Grundstück N N die Eintragung folgender Hyp: Sicherungshyp bis zum Höchstbetrage des durch die zuständige Behörde zur Zeit der Fälligkeit der gesicherten Forderungen festgesetzten Preises von X Kilogramm Feingold für die N-Bank in N zur Sicherung aller ihrer Ansprüche aus ihrer Geschäftsverbindung aus Kreditgewährung mit dem Grundstückseigentümer N N (oder: aller ihrer Ansprüche auf u wegen Wiedererlangung der dem N N geliehenen, am 1. 4. 1924 rückzahlbaren, seit 1. 10. 1923 mit 5 v H verzinslichen 500000 Dollar). — (Im letzteren Falle muß natürlich ein 500000 Dollar übersteigender Preis eingesetzt werden.)

Eintragungsverfügung:

1. Schönwald Bd 10 Bl 300 Abt III Sp 1—4.
   Nr 8 auf 1: Sp 3: Preis von 10 kg Feingold.
   Sp 4: ... einrücken aus obigem Muster von „Sicherungshyp — N N bzw Dollar".
2. Nachricht an Eigt, Gl, Notar.
3. Wohnbl.

b) **Zwangshöchstbetragshypotheken** gibt es nur aus Arresten und vollstreckbaren Schuldtiteln (Urteilen und vollstreckbaren Urkunden in Protokollform gemäß § 794 Nr 5 Z P O). S Beispiel Nr 62.

61. VII. **Freiwillig bestellte Sicherungshypotheken nach § 1184—1189 B G B.**
(Zwangshypotheken Nr 62).

Nach den Mustern Nr 23, 49, 55—59 ist die Beurkundung und Eintragung einer festen wertbeständigen Sicherungshypothek einfach. Auf amerikanische Anregung habe ich folgendes Gutachten über Gesamthypotheken auf Grundstücken in vielen Ländern erstattet und in D Not V 1926, 221 veröffentlicht:

Praktische Winke zur Bestellung von Gesamt-Sicherungshypotheken aus § 1187—1189 B G B für Auslandskredite.

Die an mich gerichteten Fragen beweisen, daß Notare und Richter besonders jetzt eines Rüstzeugs bedürfen, um sofort handeln und helfen zu können. Ich bitte dazu beitragen zu dürfen, indem ich aus meiner Ratserteilung Ausschnitte gebe und auf das Schrifttum Güthe-Triebel, IV. Aufl, S 1959 ff, Ricks, Grundbuchpraxis, V Aufl, Beispiele Nr 49, S 78 u Stichwortverzeichnis unter „Gläubiger" 5, S 163, 164 mit Rechtsprechung verweise. Die Hypotheken in ausländischer Währung habe ich in D Not V 1926, 156 besprochen.

I.

a) Alles zur Eintragung Erforderliche, auch das über die Befugnisse, Ernennung, Kündigung, Amtsniederlegung der Vertreter (Treuhänder) des § 1189 B G B, ihre Löschung und Umschreibung im Grundbuche usw im Vertrage Gesagte, ist in die Eintragungsbewilligung aufzunehmen. Denn diese ist maßgebend für den Grundbuchrichter, der den zwischen den Darlehnsnehmern und Gewährern sowie Treuhändern geschlossenen Vertrag nicht nachzuprüfen hat, wenn das Einzutragende und dazu Erforderliche in der Bewilligung enthalten ist. Dies alles, auch der Umfang der Vertretungsmacht, ist zweckmäßig durch Bezugnahme auf die Bewilligung (Güthe 1961, 4), einzutragen. Den Vertrag würde ich zwar in deutscher Übersetzung und mehrfachen Durchschlägen bereit halten, aber keinesfalls zunächst dem Grundbuchamt vorlegen, da das Vorlegen zur Eintragung unnötiger Urkunden nur zu oft Bedenken beim Grundbuchamt schafft. Die Bewilligung ist entscheidend (§ 1188 Abs 1 B G B; Güthe 1959/60). Auch für die Eintragung der Vertreter und ihrer Machtbefugnisse, die, wenn nichts anderes vereinbart ist, sich nur auf das dingliche Recht beziehen (1961). Ferner für den einzutragenden Inhalt des Rangvorbehalts aus § 881 B G B auf eine weitere Sicherungshypothek! Dieser ist möglichst allgemein in weitem Rahmen zu fassen, um die Eintragung der zweiten Hypothek zu gleichem Range auch bei kleinen Abweichungen nicht zu erschweren.

b) Die Eintragungsbewilligung ist möglichst dem Gesetzeswortlaute der § 1187 ff B G B anzupassen, da starker Formalismus herrscht. Dies gilt auch für die Löschungsvormerkung des § 1179 B G B und ihre Fassung für jetzige und später entstehende Hypotheken, namentlich wenn sie für den „jeweiligen" Gläubiger der Hypothek eingetragen werden soll. In diesem Falle verlangt das Kammergericht eine besondere Formel (s Ricks unter Löschungsvormerkung).

c) Der sonst eng auszulegende Rangvorbehalt des § 881 B G B spricht zwar nur vom Rechte des Eigentümers, ein Recht mit dem Range „v o r" der Hypothek eintragen zu lassen. Aber m E (auch Güthe-Triebel S 986) ist Einräumung eines „gleichen" Ranges auch eine Vorrangeinräumung, da das bisher vorgehende Recht teilweise ebenfalls zurücktritt. Sein Inhalt gehört ebenfalls in die Eintragungsbewilligung.

d) Ich rate, eine beglaubigte Abschrift des Entwurfs einer Teilschuldverschreibung und auch die im Auslande etwa erforderliche staatliche Genehmigung für die Ausgabe der Schuldverschreibungen in beglaubigten Abschriften den Anträgen beizufügen, da eine Hypothek nur für zulässige Rechtshandlungen und wirksame Forderungen eintragbar ist. (Ricks S 78 Anmerkung c).

e) Im Interesse der beschleunigten Eintragung, aber auch der Kostenminderung ist der Eintragungsantrag bei dem Amtsgerichte des „wertvollsten“ Grundstücks mit allen Anträgen und Bewilligungen für sämtliche Grundbuchämter zuerst einzureichen. Dazu das Ersuchen um beschleunigte Eintragung und Weitergabe aller Urkunden an die einzelnen Grundbuchämter mit der Nachricht, daß bei ihm (dem zuerst angegangenen Grundbuchamte) die vollen Gebühren und „der“ Stempel erhoben sind. Denn die übrigen Grundbuchämter haben dann einen geringeren, nach dem Grundstückswerte zu berechnenden Gebührensatz anzusetzen. Die Kosten werden geringer und die häufigen Schwierigkeiten und Beschwerden umgangen.

f) In der ersten Bewilligung sind nicht zu viele Einzelheiten wegen der späteren Schuldverschreibungen der zweiten Anleihe mit zweiter Sicherungshypothek, sondern nur ein weiter Rahmen, wie c) oben, festzulegen. Dann wird die nötige Beschreibung der späteren Teilschuldverschreibungen in der zweiten Bewilligung keine Gegensätze und Bedenken hervorrufen. Das Grundbuchamt muß nämlich bei der Bewilligung der zweiten Hypothek prüfen, ob die vom Eigentümer beantragte und die im Rangvorbehalte begünstigte zweite Hypothek auch wirklich und ohne „Erweiterung“ vorliegt.

II.

a) Einem Treuhänder kann das Recht verliehen werden, sich selbst einen Nachfolger zu bestimmen. (Joh 51, 304; 45, 275.) Zu seiner Löschung im Grundbuche ist der oft schwierige Nachweis der Kündigung, des Widerrufs des Auftragsverhältnisses seitens der Beteiligten gegeneinander, hier also des deutschen bzw. ausländischen Treuhänders und Eigentümers a) gegenüber dem ausländischen bzw. deutschen Treuhänder oder b) Amtsniederlegung und selbständige Nachfolgerernennung gegenüber dem Nachfolger und Eigentümer oder c) Mehrheitsbeschlüsse der Gläubiger durch Briefkündigung gegenüber dem Treuhänder und Eigentümer oder d) Zwischenernennung durch Eigentümer gegenüber dem ausländischen Nachfolger und deren Zustellung an den Gegner durch öffentliche Urkunden gemäß § 29 GBO erforderlich. (OLG Dresden XX 423.) Dieser Nachweis ist m E nur geführt, wenn die Erklärungen in den vier Fällen zu a—d zu gerichtlichem oder notariellem oder sonstigem behördlichen Protokoll oder schriftlich mit Unterschriftsbeglaubigungen abgegeben und in Ausfertigung bezw Urschrift oder beglaubigter Abschrift mit Dienstsiegel nebst einer behördlichen (Post-) Zustellungsurkunde oder einer von einer Behörde oder einem Notar ausgestellten Zustellungsbescheinigung darüber, wem die Erklärungen zu a—d zugestellt sind, dem Grundbuchamte vorgelegt werden. Die Briefkündigung zu c) ist am wenigsten zu empfehlen, weil am schwersten in öffentlicher Urkunde nachzuweisen ist, wenn die Unterschriften des Briefes nicht beglaubigt sind oder eine Behörde oder Urkundsperson nicht bescheinigen kann, daß dieser Brief mit den Erklärungen dem anderen Teile zugestellt ist. Die ausländischen Urkunden bedürfen der Legalisation. Der Zustellungsnachweis kann auch durch ein beglaubigtes Empfangsbekenntnis des Empfängers ersetzt werden.

b) Eine einfache Anzeige eines Treuhänders vom Treuhänderwechsel genügt nicht! Denn nicht der Treuhänder, sondern das Grundbuchamt hat auf Grund der ihm vorgelegten Urkunden und darin enthaltener Erklärungen zu entscheiden, ob der Treuhänderwechsel zulässig, wirksam und eintragbar ist. Die Befugnis zur Abgabe solcher Erklärungen muß aus der Eintragungsbewilligung erkennbar und im Vertrage vereinbart sein. Nachweislücken sind mittels § 18 G B O auszufüllen.

c) Aus einer Übersetzung des Darlehnsvertrages, die das Gericht von einem vereidigten Dolmetsch verlangen kann, genügt auch die von einem deutschen Notar gefertigte Übersetzung nebst Bescheinigung der Richtigkeit der Übersetzung und Dienstsiegelabdruck, da die Notare für die Bescheinigung solcher Tatsachen zuständig sind.

III.

Eintragbar ist die Hypothek gemäß § 1187—1189 B G B, wenn die Schuldverschreibungen nach und zur Zeit der Eintragsbewilligung auf den Inhaber lauten. Sie wird nicht nachträglich dadurch unzulässig, daß die Schuldverschreibungen möglicherweise später nach ausländischem z. B. amerikanischem Gesetze aus staatlichen Gründen einer Kontrolle durch Registrierung und einer Umschreibungsvorschrift über den Papiererwerb unterworfen werden. Die Schuldverschreibungen „könnten“ nach wirksamer Hypothekenentstehung ihren Charakter als reine Inhaberpapiere vorübergehend, bis zur Löschung im Registrierbuche verlieren, was aber je nach der Beurteilung der formalen Bedeutung des Zweckes und Charakters der Registrierung nicht zwingend anzunehmen ist. Indeß bleiben die Forderung und die Gläubiger jedenfalls bestehen! Ein Unter- oder Übergang der Hypothek auf den Eigentümer ist nach B G B ausgeschlossen, so daß die Hypothek auch für die registrierten Schuldverschreibungen bestehen bleibt, nachdem sie einmal entstanden war. Wollte man dies aber ablehnen, so bleibt nur eine Höchstbetragshypothek für die Treuhänder der Inhaber bzw registrierten Gläubiger der genau zu bezeichnenden Schuldverschreibungen. (S Sicherungshyp 5.)

IV.

Entwurf einer Eintragungsbewilligung:

a) Die NN-Gesellschaft zu Berlin hat laut Vertrag vom .... zwischen ..... in .... eine Anleihe von .... Dollar aufgenommen. Sie ist seit 1. 1. 1926 an den Kalenderhalbjahreersten verzinslich, am 1. 10. 1931 endgültig, vorher auch nach einmonatiger Kündigung ganz oder in Teilen von wenigstens .... Dollar rückzahlbar. (Folgen Bedingungen für Rückzahlungen ....) — Von der Gesellschaft werden Teilschuldverschreibungen auf den Inhaber über insgesamt .... Dollar sofort ausgegeben. Sie werden in NN in ..... Sprache ausgestellt und sind in NN verzinslich und zahlbar. Sie lauten auf je 1000 Dollar und auf Nr 1—3000. Sie tragen die Überschrift ..... und die Firmenzeichnung NN-Gesellschaft zu B mit Unterschrift des Vertreters. (Folgt weitere Beschreibung, auch der Zinsscheine.)

Zur Sicherung aller Ansprüche aus den Teilschuldverschreibungen und Zinsscheinen bewilligt die NN-Gesellschaft die Eintragung einer

Gesamtsicherungshypothek gemäß § 1187—1189 B G B in Höhe von ..... Dollar auf folgenden Grundstücken:

I. Amtsgericht Berlin Bd — Bl Nr —
II. Amtsgericht Hamburg Bd — Bl Nr —
III. Amtsgericht Stettin Bd — Bl Nr — usw.

b) Als Vertreter (Treuhänder) der jeweiligen Gläubiger der Schuldverschreibungen sind gemäß § 1189 B G B bestellt: 1) .... 2) ...

Jeder von ihnen ist für sich allein, ohne die Verpflichtung des Nachweises der Zustimmung des andern Treuhänders mit Wirkung für und gegen jeden späteren Gläubiger zu Verfügungen über die Hypothek und zur Vertretung der Gläubiger bei Geltendmachung der Hypothek befugt. Die Rechte und Pflichten der Treuhänder sind nach dem Vertrage folgende: .....

Auch die Eintragung dieser Vertreter der Gläubiger und ihrer Vertretungsmacht in das Grundbuch obiger Grundstücke wird bewilligt.

c) Die Eigentümerin verpflichtet sich zu Gunsten der jeweiligen Gläubiger der Gesamtsicherungshypothek, alle im Range vorgehenden oder gleichstehenden, auch die auf Grund des AwGes vom 16. 7. 1925 oder künftiger Gesetze einzutragenden Hypotheken und Grundschulden löschen zu lassen, wenn und soweit sie sich mit dem Eigentum am Grundstücke in einer Person vereinigen. Dieser Anspruch auf Löschung soll dem derzeitigen Inhaber der Hypothek für die Dauer seiner Inhaberschaft uneingeschränkt, von dem Übergange auf einen Anderen ab diesem und mit derselben Maßgabe dem jeweiligen Inhaber der Hypothek zustehen. (Joh 32, 219; 33, 294.) Die Eigentümerin bewilligt die Eintragung auch dieser Löschungsvormerkung in das Grundbuch der obigen Grundstücke.

d) Hier folgt Beurkundung und Bewilligung des Rangvorbehalts gemäß § 881 B G B für eine zweite Sicherungshypothek zu einer etwaigen späteren Anleihe gemäß nachstehendem Antrage des Notars.

V.

Der Notar wird zweckmäßig, schon um zu erleichtern, folgenden Eintragungsantrag aus § 15 G B O an die Grundbuchämter (oben I e) stellen:

Ich beantrage auf Grund beifolgender Bewilligung ..... folgende Eintragung:

A. 3000000 nordamerikanischer Dollar i. B.

Sicherungshypothek für die Inhaber der von der Aktiengesellschaft in B ausgegebenen 3000 Teilschuldverschreibungen M Nr 1 bis 3000 zu je 1000 Dollar gemäß der Eintragungsbewilligung. Zu Vertretern der jeweiligen Gläubiger mit den Befugnissen, mit Wirkung für und gegen jeden späteren Gläubiger bestimmte Verfügungen über die Hypothek zu treffen und die Gläubiger bei der Geltendmachung der Hypothek gemäß der Eintragungsbewilligung zu vertreten, sind die NN in N ... bestellt. Die Eigentümerin hat die Befugnis sich vorbehalten, zu gleichem Range mit dieser Hypothek eintragen zu lassen eine oder mehrere, bis zu ... v H verzinsliche Sicherungshypotheken bis zu insgesamt 1 Million Dollar für die

Inhaber der von der NN Aktiengesellschaft in B auszugebenden weiteren 1000 Teilschuldverschreibungen M Nr 3001—4000 zu je 1000 Dollar mit den gleichen Vertretern und Befugnissen. Unter Bezugnahme auf die Eintragungsbewilligung vom . . . eingetragen am . . . auf Berlin Bd — Bl —, Hamburg Bd — Bl —, Stettin Bd — Bl

B. Der Eigentümer ist verpflichtet usw. . . . (Löschungsvormerkung oben aus § 1179 B G B . .) Die Hypothekenbriefe der vorgehenden Hypotheken Nr . . . werden beigefügt.

Anmerkung: Wenn für obige Summe Schuldverschreibungen „Einzelhypotheken" für Teile der Summe eingetragen werden sollen, ist für jedes Grundstück anzugeben, für welche Nr der Schuldverschreibungen die Einzelhypothek einzutragen ist. Anderenfalls „inhaltliche Unzulässigkeit" und Löschung von Amtswegen nach R G O L G 44, 174! S dazu aber R G 113, 229, Ring III 1; IV 1.

62. VIII. **Wertbeständige Sicherungszwangshypotheken.**

1. Um das Ziel möglichst einfach zu erreichen, ist zu klagen und vom Gerichte zu urteilen bei Forderungen

a) über alte Mark (s Nr 54, München Ring III 340), RentM, Dollargoldmark (DGM), Geld ausländischer Währung, indem man sie in RM oder FGM nach dem Kurse und obigen Beispielen Nr 54—58) umrechnet und Klageantrag wie Urteile, Arreste, einstweilige Verfügungen auf RM oder FGM abfaßt. Dann sind **einfache Zwangshypotheken, Vormerkungen, Arrest-Höchstbetragszwangshypotheken** auf die Summe des Schuldtitels bestimmt ohne Umrechnung und Beanstandungen deswegen gegeben .Die w H sind nicht an die Mindestgrenze nach § 866 III Z P O (über 500 RM) gebunden. (Bekanntmachung 13. 5. 1924 R G Bl 554 § 13, 14. Weitere Ausnahmen auch für RM-Hypotheken und Vormerkungen aus § 648 B G B vgl Sicherungszwangshyp 1 a, b, c.

b) über alte Mark usw wie a, indem man nach obigen Beispielen Nr 54—58 errechnet, wieviel Feingold, Roggen, Weizen, Kohle usw man dafür erhält und Klageantrag wie Urteil usw wie a auf die amtlich festgestellten oder festgesetzten Preise der Waren einstellt. Daraufhin gibt es Zwangseintragungen wie a.

2. **a)** Aus vollstreckbaren Titeln zu 1a über ausländische Geldsorten, RentM, DGM; über sonstige frühere wertbeständige Geldumlaufsmittel, die, ohne gesetzliches Zahlungsmittel zu sein, in der Inflationszeit von den öffentlichen Kassen angenommen wurden; über Geldsummen nach amtlicher Teuerungszahl und andere von der Regierung bestimmt gewesene Werteinheiten (Straf- oder SteuerGM) gibt es nach Vo 13. 5. 1924, R G Bl 553 (§ 9, 14) **nur Höchstbetragszwangshypotheken** in **RM.**

b) Lautet der Schuldtitel nur auf nicht näher bezeichnete GM, ist nach Vo 27. 6. 1924 (R G Bl 660) Art II nur eine **Höchstbetragszwangshypothek** in FGM zulässig. § 14 Bek. 13. 5. 1924 R G Bl 554, Art II Vo 27. 6. 1924, R G Bl 660.

Weiß der Antragsteller den entscheidenden Tag des Eingangs des Antrags beim Gba im Voraus, muß und wird er nach dem letzten Kurse vor dem Eingangstage die Hypothekensumme stets selbst berechnen und die Eintragung in bestimmter Höhe beantragen, wie dies viele Grundbuchämter verlangen. Das Grundbuchamt muß die Berechnung nachprüfen und sie, wenn sie nicht oder unrichtig aufgestellt ist, selbst richtig bewirken. R G 106, 74 bindet als vor der Vo 27. 6. 1924 ergangen nicht, umsoweniger als eine Berechnung unnötig und unmöglich ist, wenn man im Voraus den Eingangstag beim Gba nicht wissen kann. (Vgl dazu und die GMnot der Inflationszeit Ricks D Not V 1924, 370; J W 1924, 1952). Die laufenden Zinsen sind bei Höchsthypotheken nach ihrer Eintragung nicht gesichert, weil sie nach § 1190 II B G B einzurechnen sind. Ein von mir oft hervorgehobener Grund zu ihrer gesetzlichen Umwandlung in feste Zwangshypotheken, die laufende Zinsen sichern. Ich rechne ohne Weiteres 1 oder 2 Jahre laufender Zinsen in den einzutragenden Höchstbetrag ein, um diese Gesetzeslücke und Schäden zu mildern. Anderenfalls müßten „fortwährend" neue Zwangshypotheken für laufende Zinsen zu jedem Betrage eingetragen werden.

3. **Eintragungsverfügungen** für

a) **einfache Zwangshypotheken** entsprechend Beispielen 13, 24 II mit fester RM u FGM und folgendes Muster:

1. Schönwald Bd 1 Bl 10 Abt III Sp 1—4:

Nr 8 auf 3: Sp 3: 2000 Gramm Feingold.

Sp 4: Sicherungshyp in Höhe des Preises von zweitausend Gramm Feingold, mit 6 v H seit 1. 1. 1924 verzinslich, für den Kfm N N in N auf Grund des Urteils (Aktenzeichen) des Landgerichts B vom 20. 2. 1924 eingetragen am ten.

2. weitere Verfügung wie Beispiel Nr 24 Nr 2—4.

b) **Höchstbetragshypotheken:** Siehe Beispiel Nr 58c. Ferner:

Schönwald Bd 1 Bl 10 Abt III Sp 1—4:

Nr 7 auf 3: Sp 3: 1000 RM.

Sp 4: Sicherungshyp bis zum Höchstbetrage von i B 1000 RM für die Aktiengesellschaft N in N auf Grund des (aus gemäß oben 2a nicht auf RM oder FGM ergangenen) Urteils (oder auf Grund des auf 1000 RM gemäß § 932, 928, 929 Z P O vollzogenen Arrestbefehls) — Aktenzeichen — des Landgerichts B vom 10 ten 1. 1924 eingetragen am ten.

Oder (nach R G 106, 74 mit Umrechnung aus einem Titel gemäß 2a oben) auf Grund des Urteils . . . (wie vorher bis „1924") . . . zur Sicherung einer Forderung von . . . . Schweizerfranken, die nach dem Kurse am Zahltage in Reichswährung bezahlt werden kann. Eingetragen am ten.

c) **Vormerkungen** aus § 894, 895 Z P O oder **auf Grund einstweiliger Verfügungen,** da freiwillige Vormerkungen auf Zwangshypotheken nicht zulässig sind. S Sicherungszwangshyp 1 g.

Das Muster Nr 43 in Verbindung mit S 8 Nr 5 ist die einfachste Lösung: „Eine Vormerkung auf Grund der einstw Verfgg (Aktenzeichen) des Landgerichts in N vom 1. 4. 1928 auf Eintragung folgender Hyp: . . . . . Eingetragen am ten.

63. IX. a) **Abtretungen** sind leicht nach Beispielen Nr 28—33, 58 einzutragen. Bei Teilabtretungen zu Feingoldpreishypotheken wird man zweckmäßig und ausreichend nur sagen: „X g Feingold i B Teilbetrag abgetreten", um das Umständliche, nicht gut in Spalte 5—7 unterzubringende: „Teilbetrag in Höhe des Preises von X g Feingold abgetreten . . .", zu vermeiden. Wegen der etwa in Spalte 3 eingetragenen Vermerke „wenigstens X RM vgl Nr.56 , 58d, Bezugnahme.

Ein Beispiel über Teilabtretungen und Verpfändung mit Ablehnung des Teils der Beurkundung der Eintragung, wonach unter Umständen der RMberechnung der Kurs des Dollars untergelegt werden sollte. Dies ist unzulässig. S w. H, Nr 56, 57.

Die Hyp Nr 13 ist in Höhe von 36000 FGM in der Befugnisrangstelle eingetragen, deren Zinssatz deshalb in derselben Rangstelle nur bis 10 v H, dem üblichen Zinssatze, gehn darf und im Reste der Nachrichten nachgeht.

V.

1. Schönwald Bd 1 Bl 10: Abt III Sp 5—7:

a) Nr 13a: 30 000 FGM i B erststelliger Teilbetrag nebst Zinsen seit 27. März 1928 an Frau Gertrud N geb N zu Frankfurt a M abgetreten. Eingetragen am 2. April 1928.

b) Nr 13a: 30000 FGM. Der Zinssatz beträgt ab 27. März 1928 12, unter Umständen 14 v H jährlich. Bei Rückzahlung vor dem 1 Januar 1932 ist bis dahin seit der früheren Fälligkeit ein Aufgeld von 3 v H jährlich zu zahlen. Alle Nebenbestimmungen sind neu vereinbart. Der jeweilige Grundstückseigentümer ist der sofortigen Zwangsvollstreckung unterworfen. Unter Bezugnahme auf die Bewilligung vom 27 März 1928 **außer den Bestimmungen über die Zahlungsberechnungen nach dem Nordamerikanischen Dollar** eingetragen am 2 April 1928 mit dem Bemerken, daß die 10 v H übersteigenden Nebenleistungen den Rang hinter der Hypothek Nr 4 haben.

c) 13b: 6000 FGM Sechstausend Feingoldmark zweitstelliger Teilbetrag der Hypothek Nr 13 mit dem Range vor dem Reste (Spalte 5) **Nr 13c** von **14000 FGM** ist der Frau Gertrud N geb N zu Frankfurt a M zur Sicherung ihrer Nebenforderungen aus ihrer Hypothek Nr 13a (Aufgeld von 3 v H und 10 v H übersteigenden Zinsen) gemäß der Bewilligung vom 27. 3. 1928 verpfändet. Eingetragen am 2. April 1928.

2. Nachricht an a) Eigt,
   b) Frau N nebst Teilbriefen 13a, b,
   c) Bisheriger Gläubiger 13c mit berichtigtem Reststammbriefe 13c,
   d) Notar zu Not Reg Nr 4/28.

3. Wohnblatt wegen 13a, b berichtigen.

b) Verpfändungs- und Pfändungseintragungen erfolgen leicht nach Beispielen 37 bzw 38, 39 und oben a.

c) Die **Löschungsmuster** Nr 22, 33, 46, 47, 48 genügen auch für die w H mit der Maßgabe zu a für Teilbeträge.

d) Es sind Muster für **Vormerkungen** und **Widersprüche** aus § 18, 76 G B O in Nr 41—43 und andere Widersprüche aus § 54 G B O oder aus einstweiligen Verfügungen in Nr 44, 45 und unter „Widerspruch 2 zu a, b, c usw enthalten.

Rangvormerkungen s unter Rang (Einleitung). **Vormerkungen** auf **Löschung (Pfandentlassungen)** s Pfandentlassung 3. **Löschungsvormerkungen** s Nr 25, 40, 46.

Die Widersprüche des Aw G lauten: a) zu § 16 II: Abt III Sp 1—4 linke Halbspalte: Nr 4 auf 1: 100000 M. Ein Widerspruch gemäß § 16 II Aw G v 16. 7. 1925 gegen die am 26 ten 7. 1922 erfolgte Löschung der Hypothek Nr 1 von 100000 M. Zu Gunsten des Kaufmann N N in N eingetragen am ten. — b) Zu § 8 oder 16 III Aw G oder Art 15 D Vo 29. 11. 1925: Abt III Sp 5—7: Nr 2: 60000 M (oder: falls die Aw bereits eingetragen): Nr 2: 15000 G M: Ein Widerspruch gemäß § . . . gegen die Aw dieser Hypothek bis zu 25 v H. Zu Gunsten des N N in N eingetragen am ten."

e) Beispiele für **Rangänderungen** in Nr 25, 28, 29 IV, 32 II, 34, 35, für **Rangvorbehalte aus § 881 B G B** und **Unterschiede** von **Rangvormerkungen** s Rang (Einleitung). **Rangvorbehalte aus § 7 Aw G** s **Befugnisse** des Eigentümers und Beispiele 66—68.

f) Muster für **einstweilige Verfügungen** s dort und Seite 115 ff.

g) **Verzicht des Gläubigers** auf **gelöschte Aufwertungshypotheken** sowie deren Wiedereintragung und die **Löschung** der dadurch außerhalb des Grundbuchs entstandenen Eigentümer — Aufwertungsgrundschulden s Beispiel 68, Verzicht, Gbblatt f (Sp 8) zu Art 2 D Vo 12.9.1927.

64. C. Hypotheken und Grundschulden in ausländischer Währung.

I. Durch Verordnung vom 13 Februar 1920 und Gesetz vom 18 Dezember 1925 (Reichsgesetzblatt I 1920, 231; 1925, 469) kann **bis zum 31. Dezember 1928** mit zur wirksamen Beurkundung und Forderungsbegründung erforderlicher **„vorheriger" Einwilligung der Landeszentralbehörde** (in Preußen des Handelsministers J M Bl 1924, 29) bei der einzutragenden Hypothek der „G e l d b e t r a g" der Forderung und Nebenleistungen oder der Höchstbetrag, bis zu dem das Grundstück haften soll, in ausländischer Währung im Grundbuche angegeben werden oder die deutsche Währung einer eingetragenen Hypothek in eine ausländische umgewandelt oder eine Grund- oder Rentenschuld in ausländischer Währung eingetragen werden. Die **Einwilligung** der Zentralbehörde ist im Grundbuch **(nicht bezugnahmefähig)** einzutragen. Die Einwilligung der Behörde ist zur Änderung des Hypothekeninhalts und die Zustimmung der Gleichrang- und Nachgläubiger zu einer Währungsänderung und Umwandlung erforderlich.

II. Ob **wertbeständige Hypotheken in ausländischer Währung** eingetragen werden können, habe ich auf Anfrage von Amerikanern in D Not V 1926, 156 mit folgender Maßgabe bejaht:

Nach dem Gesetze über wertbeständige Hypotheken (w H) vom 23. Juni 1923 (R G Bl I 407) kann eine Hypothek, Grund- oder Rentenschuld so (Beispiel Nr 55) bestellt werden, daß (§ 1) die Höhe der „Geldsumme" durch den amtlich festgestellten oder festgesetzten Preis einer bestimmten Menge Waren, insbesondere Feingold bestimmt wird, daß ferner (§ 3) entgegen sonstiger bestimmter Geldsummeneintragung an ihrer Stelle ausschließlich der „Geldbetrag" durch Art und Menge der Waren im Grundbuche bezeichnet wird. Nicht das Gesetz über die w H, sondern die I. Durchführungsverordnung vom 29. Juni 1923 (R G Bl I 482) ordnet im § 2 die Umrechnung des Londoner Goldpreises in die „deutsche" Währung an.

Es sind mir folgende Fragen gestellt:

1. Kann a) für eine bestimmte Dollarforderung eine „feste" Verkehrs- oder Sicherungshypothek oder
   b) für eine bestimmte Dollarforderung aus Inhaberschuldverschreibungen eine „feste" Sicherungshypothek gemäß § 1187 bis 1189 B G B eingetragen werden,

   wenn gleichzeitig vereinbart und einzutragen beantragt ist, daß die Höhe der bei Fälligkeit oder am Zahltage zu zahlenden Dollarsumme sich nach dem Preise einer bestimmten Menge Feingold gemäß dem Gesetze über w H zu genannten Zeiten richtet.
2. Kann eine wertbeständige Hypothek eingetragen werden mit der Bestimmung, daß die aus dem Grundstücke zu zahlende, nach dem obigen Preise einer bestimmten Menge Feingold zu bestimmende Geldsumme oder Geldbeträge nicht in deutscher, sondern ausländischer Währung zu zahlen ist?

Die Frage zu 1. verneine ich. Denn die zusätzliche Vereinbarung über die Berechnung der Dollarsumme nach dem Feingoldpreise macht die zu einer festen Verkehrs- oder Sicherungshypothek erforderliche feste und gleich hohe und so einzutragende Geldsumme zu einer unbestimmten, sodaß eine feste Hypothek nicht eintragungsfähig ist. (§ 1113 B G B, Schlegelberger w H 2. Aufl S 26, oben w H 54 B). Es käme dafür nur eine Dollarhöchstbetragshypothek in Frage. Ferner enthält diese Vereinbarung eine nach fester Rechtsprechung (R G 50, 145, O L G 43, 11; Ring I 435; Predari in Gruchot 67, 225) nicht eintragbare Goldwertklausel. Im übrigen ist eine feste Hypothek und Forderung auf „Golddollar" eine gewöhnliche Dollarhypothek mit der eintragungsfähigen Goldmünzklausel. Also keine wertbeständige Hypothek! Genau so wenig wie die alte entwertete Markhypothek mit der alten eintragungsfähigen Goldmünzklausel!

Die Frage zu 2 bejahe ich dagegen. Die Vo vom 13. 2. 1920 und das Gesetz vom 18. 12. 1925 wollen offenbar für jede nach deutschem Rechte zulässige Hypothekenart Forderungen oder Geldsummen oder Geldbeträge in ausländischer Währung zulassen. Sie sind gerade zu dem Zwecke trotz aller Bedenken in der Not geschaffen. Schrifttum und Rechtsprechung habe ich darüber nicht gefunden. Aber alle obigen Gesetze sprechen gleichmäßig von Geldsummen und Beträgen. Selbstverständlich ist die im § 1—3 Gesetz w H genannte Geldsumme entsprechend ausdrücklichem § 2 I D Vo nur in Reichswährung gedacht. Indes tritt nach der Vo 13. 2. 1920 an ihre Stelle die ausländische Währung nach Umrechnung des Feingoldpreises in deutsche und sodann der deutschen in ausländische Währung. Und zwar unabänderlich nur nach dem Londoner Goldpreise und den Mittelkursen der Berliner Börse gemäß § 2 I D Vo! Es ist nicht einzusehn, warum die Forderung in ausländischer Währung von der wertbeständigen deutschen Sicherung ausgeschlossen sein soll. Bei nur Zweifeln hieran, ohne Gewißheit der Unrichtigkeit meiner Ansicht „m u ß“ die Frage bejaht werden. Auch weil die Verneinung Versagung der Auslandskredite d h schweren Wirtschaftsschaden bringen könnte.

Während sonst nicht einzutragen ist, daß die Geldsumme in deutscher Währung zu zahlen ist, ist m E schon im Interesse der Erkennbarkeit, die allgemein gehaltene Eintragung, daß in bestimmter ausländischer Währung zu zahlen ist, nötig, und zwar in Verbindung mit der sowieso eintragungspflichtigen Einwilligung der Zentralbehörde gemäß § 1 Vo 13. 2. 1920! Wäre die Eintragung unzulässig, aber trotzdem erfolgt, so ist die Hypothek trotzdem wirksam. (Siehe auch Predari.)

III. Die Beurkundung erfolgt wie alle RM- und wertbeständigen Hypotheken am Besten entsprechend Beispiel 55 I 58 mit Kurs-Umrechnung gemäß Beispiel 62. Für den im Auslande wohnhaften Gläubiger muß nach § 3 Ges ein im **Inlande wohnhafter Zustellungsbevollmächtigter** angegeben werden. Alle Mitteilungen und Zustellungen an den Gläubiger nach gesetzlichen Vorschriften werden mit Bekanntmachung an den Bevollmächtigten wirksam. Solange ein solcher im Inlande vorhanden ist, erfolgen Mitteilungen und Zustellungen durch Aufgabe zur Post. Postsendungen sind einzuschreiben.

IV. **Eintragungsverfügung:** Die Eintragung einer Hypothek erfolgt genau wie RM-Hypotheken. Die Eintragung der Währungsumwandlung nach Beispiel 58. Nur tritt anstelle der RM die ausländische Geldsorte und ist in die Eintragungsformel die Behördeneinwilligung („eingetragen am 1. 4. 1924 mit Einwilligung des Preußischen Handelsministers vom ten“) aufzunehmen und erfolgt unter Umständen die Bekanntmachung der Eintragung an den obigen Zustellungsbevollmächtigten und in obiger Form.

65. V. Beispiele zum Schweizergoldhypothekenabkommen.

S die gesetzlichen Vorschriften unten bei Eigtgrundschuld 25. Eingereicht sind: Brief III 22. Begl Antrag des Gl oder Eigt nach Art 11 mit den in Bezug genommenen Zins- u Kapitalszahlungsbestimmungen der Grundschuld Nr 38.

A. Schweizerfranken-Grundschuld:

1. Schönwald Bd 11 Bl 506 Abt III.
   a) Sp 9 ff Nr 22: 104000 M gelöscht am ten (Die alte Goldhyp).
   b) Nr 38 auf 1: Sp 3: 128388 Franken.
   Sp 4: i B Schweizerfranken Grundschuld, mit 80 vom Hundert des Grundstücksreinertrags, mindestens aber $17^1/_2$ vom Hundert in Papiermark und höchstens $4^3/_8$ vom Hundert in Schweizerfranken verzinslich, für die Aktiengesellschaft Baseler Lebens-Versicherungs-Gesellschaft in Basel. Unter Bezugnahme auf den Antrag vom 26. 9. 1923 eingetragen am ten 1923 in

gleichem Range mit der Eigentümergrundschuld Nr 39 und in Höhe von 104000 Mark i B nebst 5 v H Zinsen u der Vergütung der Goldhyp Nr 22 von $1/_2$ v H des Kapitals im Range vor den Hyp Nr 32, 36, 37 u der Vormerkung Abt II Nr 12.

c) Nr 39 auf 1: Sp 3: 25677 Franken 60 Cts.
Sp 4: i B Schweizerfranken unverzinsliche, in eine Hypothek nicht umwandelbare, bei Eigentumswechsel kraft Gesetzes auf den neuen Eigentümer übergehende Eigentümergrundschuld für den Grundstückseigentümer, jetzt N N in N. Brieferteilung gesetzlich ausgeschlossen. Ohne gleichzeitige Übertragung des Grundstückseigentums ist diese Grundschuld nur mit Zustimmung der Reichsregierung oder der von ihr bestimmten Stelle abtretbar oder verpfändbar. Sonst ist zur Verfügung über sie nur der Reichs-Treuhänder berechtigt. Eingetragen am ten in gleichem Range mit der Gläubigergrundschuld Nr 38, und in Höhe von . . . wie b oben.

d) Sp 5 ff: Nr 32: 50000
Nr 36: 33000
Nr 37: 21000
e) Abt II Sp 4 ff: Nr 12:
} Den Grundschulden Nr 38, 39 ist in dem bei ihnen eingetragenen Umfange der Vorrang vor den Hyp Nr 32, 36, 37 (bzw Vormerkung Nr 12) eingeräumt. Eingetragen am ten.

2. Nachricht an a) Eigentümer mit unbrauchbarem Briefe III 22,
b) Gl mit Brief III 32, 36, 37,
c) Gl II 12,
d) Treuhänder: Reichskredit-Gesellschaft m b H in Berlin durch Abschrift des Gb- u Wohnblattes.

3. Wohnblatt.

(Anmerkung: Der Treuhänder kommt nur in Frage, solange Hyp im Range **nach** der alten Goldhyp eingetragen sind u der Glgrundschuld vorgehn. § 1 ff, Art 10; V O 9. 2. 24; § 4.)

B. Vorrangseinräumung:

Alle Gl von Abt II 12, Abt III 32, 36, 37 haben der Gl-**Grundschuld** Nr 38 nachträglich den **Vorrang** in vollem Umfange **eingeräumt.** Alle Briefe III 32—38 sind überreicht. Der beglaubigten Zustimmung des Eigt bedarf es nicht. Wenn die Hypbriefe nicht eingereicht sind, V O 9. 2. 1924; § 2, 4.

1. Schönwald Bd 11 Bl 506 Abt III Sp 5 ff:
a) Nr 32: 50000: Vor dieser Hyp ist der Grundschuld Nr 38 der Vorrang in vollem Umfange eingeräumt. Eingetragen am ten.
b) Nr 36: 33000: wie a . . . .
c) Nr 37: 21000: wie a . . . .
d) Abt II Nr 12: Vor dieser Vormerkung usw wie a . . . .
e) Nr 38: 128388 Franken. Dieser Grundschuld ist vor der Hyp Nr 32, 36, 37 u der Vormerkung Abt II Nr 12 der Vorrang . . wie a . .
f) Sp 9 ff: Das Verfügungsrecht des Treuhänders ist erloschen. Eingetragen am ten.
g) Abt III Sp 4 Rangvermerk III 38 von „u in Höhe von — II Nr 12" u Treuhändervermerk röten.

2. Nachr an a) Eigt, b) Gl III 32—38 mit berichtigten Briefen, zu 32—37 auch wegen des Rangvermerks bei Eintragung von III 38, 39. c) Gl II 12, d) Treuhänder, e) Notar.

3. Wohnbl wegen Treuhänder.

C. Fall der Nebenhypothek aus Art 8:

Wenn im gleichen Rang mit der Goldhyp Nr 22 zu A 1 a eine andere Hyp (Nebenhyp) z B Nr 23 von 30 000 M eingetragen und von ihrem Gl keine Vorrangseinräumung für die Glgrundschuld bewilligt ist, ist die Eigtgrundschuld nach der Formel $x = \frac{\text{Nebenhyp mal Eigtgrundschuld}}{\text{Gold- + Nebenhyp}}$ in Höhe eines Teiles im Range hinter der Glgrundschuld einzutragen. Alsdann wäre etwa folgendes zu verfügen:

1. Zu 1b Nr 38 . . . . in gleichem Range mit der Eigtgrundschuld Nr 39 mit Ausnahme deren letztstelligen Teiles von X (s obige Formel) Franken, der der Grundschuld Nr 38 im Range nachsteht, ferner in Höhe von 104 000 M . . . . bis „$^1/_2$ v H des Kapitals" in gleichem Range mit der Goldhyp Nr 23 u in gleicher Höhe mit dem Range vor den Hyp Nr 32, 36, 37 u der Vormerkung Abt II Nr 12.
2. Zu 1 C: Nr 39 . . . . in gleichem Range mit der Glgrundschuld Nr 38 mit Ausnahme ihres letztstelligen Teiles von X Franken, der der Grundschuld Nr 38 im Range nachsteht . . . wie oben 1 bis „Abt II Nr 12" . . . . mit Ausnahme des letztstelligen Teiles der Grundschuld Nr 39 von X Franken gegenüber den Hyp Nr 23, 32, 36, 37 u der Vormerkung Abt II Nr 12.
3. Unter A ist als Nr 1 f ferner zu verfügen;
   Sp 5—7: Nr 23: 30000 M. Den Grundschulden Nr 38, 39 ist in dem bei ihnen eingetragenen Umfange der gleiche Rang mit der Hyp Nr 23 eingeräumt. Eingetragen am ten.
4. Zu A 2: e) Gl III 23 mit ber Briefe.

D. Nach V O 9. 2. 1924 erfolgt Löschung u Rangeintragung ohne Hypbriefvorlegung und Löschung der durch Reichsregierung enteigneten Hyp auf Antrag des Treuhänders. Die Briefe werden dadurch kraftlos, sind vom Briefbesitzer (von mir vor- oder nachher zunächst in Güte, nötigenfalls nach Hypbrief 18 zwangsweise) zwecks Unbrauchbarmachung vom Gba zu erfordern u ihm zurückzusenden. Nach Unbrauchbarmachung ist Bekanntmachung ihrer Kraftlosigkeit im Reichsanzeiger nach § 4 überflüssig.

E. Nach VI Vo zum deutsch-schweizerischen Goldhyp-Abkommen vom 23.6.1923 vom 6.2.1926 (R G Bl II 128) ist, soweit auf Grund des Aw G ein der ehemaligen Goldhyp im Range nachstehendes, der Frankengrundschuld des Goldhypgläubigers (Gläubigergrundschuld) im Range vorgehendes Recht im Gb wiedereingetragen wird, das Treuhänderrecht von Amtswegen bei der Eigentümergrundschuld einzutragen.

66. Beispiele zu Aufwertungs-Grundbuchsachen.

Verfügung zu nachfolgendem Grundbuchblatte a.

1. Schönwald Bd 1 Bl 20 Abt III.
   a) Sp 5—7: Nr 1: 100000 M. Aufgewertet auf 25 v H = (Sp 6) 25000 GM (Sp 7) i B. Eingetragen am ten .
   b) 2: 60000 M auf 25 v H = (Sp 6) 15000 GM (Sp 7) i B } aufgewertet.
   4: 20000 M auf 25 v H = (Sp 6) 5000 GM i B } Eingetragen am ten.
   c) Sp 1—4 linke Halbspalte: Nr 5 auf 1: 25000 GM. Der Eigentümer ist . . . . (wie Befugnis 5 zu Gbblatt a).
   d) In Sp 3 ist hinter „M" jeder Hypothek der Awbetrag zu setzen: = ... GM.

(Anmerkung: Ist eine „aufwertbare" **Reallast** in Abt II das „erste" oder zwischendurch das „nachgehende" Recht im Sinne des § 7 I Aw G, so lautet die Eintragungsformel in Abt III (nicht II) linke Halbspalte: „Der Eigentümer ist befugt, . . . mit dem Range nach der Rente Abt II Nr 1 und vor der Hyp Nr 1, 2, 3 **oder:** mit dem Range nach der Hypothek Nr 1 u vor der Rente Abt II Nr 1 sowie den Hyp Nr 2, 3 eintragen zu lassen.") Hat der **Eigentümer einen Teil** der „ersten" Hyp **getilgt,** habe ich, wenn der Gläubiger die Eintragung seines Awbetrages bei seiner Resthyp beantragte, stets von Amtswegen bei den Beteiligten die Zahlungstage für den gezahlten, zur Eigentümergrundschuld gewordenen Teilbetrag festzustellen gesucht und je nach Erfolg die Eintragung gemäß nachfolgendem Gbblatt g verfügt. Andernfalls wäre die Eintragung einer Befugnis (s dort 3) nicht möglich gewesen, da sie nach der ganzen Hyp einzutragen ist. S Gbblatt g, Befugnis.

2. Nachricht an a) Eigentümer,
   b) Gläubiger Abt III Nr 1, 2, 4 mit (den vorher überreichten) berichtigten Hypbriefen 1, 2.
3. Wohnblatt berichtigen zu Abt III Nr 5.

67. V zu Grundbuchblatt c und der Eintragung vom 3. 4. 1926.

Eintragung von 3 neuen Rechten in der Rangstelle der Befugnis mit § 6 II Aw G.

1. Schönwald Bd 1 Bl 20 Abt III.
   a) Sp 1—4: Nr 7 auf 1: 15000 GM . . . . Grundschuld Nr 7 des Gbblatts c einrücken . . . .
   b) Sp 4 rechte Halbspalte unter Nr 6: In die letzte Rangstelle dieser Befugnis von 15000 GM ist die Grundschuld Nr 7 eingerückt. Eingetragen am ten
   c) Sp 5—7: 2: 15000 GM } Der Grundschuld Nr 7 ist der Vorrang
   3: 3000 GM } vor den Posten Nr 2, 3, 4 eingeräumt.
   4: 10000 M } Eingetragen am ten
   7: 15000 GM }
2. Nachricht an a) Eigentümer, b) Gläubiger 7 mit Grundschuldbrief, c) Notar zu Not Reg 20/26, d) Gläubiger 2, 3, 4 mit Zusatz:

„Zur Berichtigung wegen des Vorrangs der Grundschuld Nr 7 und zur Vermeidung zwangsweiser Einziehung gemäß Art 17 II D Vo 29. 11. 1925 wollen Sie Ihren Hypbrief Nr. . . . binnen 2 Wochen einreichen." **Oder:** Sie werden gemäß Art 17 II D Vo 29. 11. 1925, § 62 G B O § 33 Freiw, Art 15 ff Preuß Freiw ersucht, Ihren Hypbrief Nr. . binnen 2 Wochen zur Vermeidung einer Ordnungsstrafe von . . . RM i B und der Verurteilung in die Kosten des Verfahrens einzureichen oder die Hinderungsgründe anzugeben. — S Nr 45.

3. Wohnblatt.
4. 2 Wochen nach Zustellung zu 2d.

68. **B zu Grundbuchblatt f.**

Eintragung der Aw bei abgetretenen Hypotheken und des Ranges. § 17, 20, 21 II Aw G. Verzichtseintragung bei Eigentümergrundschulden! § 2 D Vo 12. 9. 1927. GM-Hypotheken von 1924 und 1926 sind eingetragen. § 7 I, IV Aw G.

1. Schönwald Bd 1 Bl 10 Abt III.
   a) Sp 5—7: Nr 1: 100000 M gemäß § 17 AwG .... einrücken die Aw-eintragung aus Sp 7 von Gbblatt f .....
   b) Sp 1—4 Linke Halbspalte: Nr 6 auf 1: 1,50 FGM .... Befugnis wie Nr 6 von f einrücken ....
   c) Sp 4 Rechte Halbspalte unter Nr 6: Diese Befugnis ist durch die Hyp Nr 4 nach § 7 IV Aw G verbraucht. Eingetragen am ten (Befugnis in Sp 1—4 zu 6 linke Halbspalte röten.)
   d) Sp 1—4: Nr 7 auf 1: 14970,36 FGM Darlehn .... Hyp Nr 7 zu f einrücken .....
   e) Sp 1—4 Linke Halbspalte: Nr 8 auf 1. } Befugnis wie Nr 8 zu f
   f) Sp 1—4 Rechte Halbspalte unter 8 } einrücken ....
   g) Sp 1—4 Nr 9 auf 1: 4990,12 FGM Darlehn .... wie Nr 9 zu f einrücken ....
   h) Sp 1—4 linke Halbspalte } Nr 10 auf 1: 5000 FGM....
   i) Sp 1—4 Rechte Halbspalte unter Nr. 10 } Befugnis wie Nr 10 zu f..
   k) Sp 5—7 } Die 2 letzten Rangvermerke Sp 5—7 zu f ...
   l) Sp 5—7 }
2. Nachricht an a) Eigt, b) Gläubiger 1 A, B, 4, 5, 7, 9 sämtlich mit Zusatz entsprechend obigem Verfügungsbeispiel 67 Nr 2d, 4, worin der Eigentümer und die Gläubigerin 1 A um Einreichung des Hypbriefes 1 zur Berichtigung und Aushändigung an die Gläubiger 1 B und die Gläubiger III 4, 5 um Einreichung ihrer Briefe zwecks Rangberichtigung aufgefordert werden.
3. Wohnungsblatt berichtigen.
4. Nach 2 Wochen wegen Briefe zu 2 der Verfgg.

Entwürfe (Expeditionen) zu den Beispielen Nr 66, 68.

Zu Nr 66. Vermerk auf Brief III Nr 1 über 100000 Mark.
Vorstehende Hypothek von 100000 M ist auf 25 v H = 25000 i B Feingoldmark aufgewertet.
Dies ist im Grundbuch eingetragen.
Berlin SW 11, den 3. Januar 1926.
Amtsgericht Berlin-Tempelhof.
Grundbuchamt.

Brief III Nr 1 geht portofrei eingeschrieben an Gläubiger.
Nachrichten wie verfügt — portofrei.
WohnBlatt berichtigt, Steuernachricht gefertigt. Kosten gemäß § 7 P G K G außer Ansatz, da Aufw nur 25%.

Vermerk auf Brief III Nr 2 über 60000 Mark
Vorstehende Hypothek von 60000 M. ist auf 25 v H = 15000 i B Feingoldmark aufgewertet.
Dies ist im Grundbuch eingetragen.
Berlin SW 11, den 3. Januar 1926.
Amtsgericht Berlin-Tempelhof
Grundbuchamt.

Brief III Nr 2 geht portofrei eingeschrieben an Gläubiger.
Nachrichten wie verfügt — portofrei.
WohnBlatt berichtigt, Steuernachricht gefertigt. Kosten gemäß § 7 P G K G außer Ansatz, da Aufw. nur 25%.

Nachrichten und Briefe, wie verfügt, absenden.

Zu Nr 68. Vermerk auf Brief Nr 1 über 100000 M:

a) Vorstehende Hypothek von 100000 Mark ist gemäß § 17 des Aufwertungsgesetzes aufgewertet auf 25 v H = 25000 Feingoldmark und zwar:
A. auf 1,50 FGM — i B —, die der Versicherungsgesellschaft N in N unter Brieferteilungsausschluß zustehn,
B. auf 24998,50 FGM — i B —, die dem Kaufmann A B in N zustehn.
Die Hypothek 1 B hat den Rang nach der zu 1 A und nach den Hypotheken Nr 4 von 20000 FGM, Nr 7 von 14970,36 FGM und Nr 9 von 4990,12 FGM.
Dies ist im Grundbuch eingetragen.
Berlin, den 1. Juli 1926.
Amtsgericht Bln-Tempelhof.
Grundbuchamt.

b) Noch giltig als Nr 1 B über 24998,50 Feingoldmark.
Berlin, den 1. Juli 1926.

Vermerke auf Briefe Nr 4, 7, 9:

Vorstehender Hypothek von 20000 (bzw 14970,36) (bzw 4990,12) Feingoldmark steht der Vorrang vor der Hypothek Nr 1 B von 24998,50 Feingoldmark gemäß § 21 II des Aufwertungsgesetzes zu. Dies ist bei sämtlichen Hypotheken im Grundbuche eingetragen.
Berlin, den 1. Juli 1926.
Amtsgericht Bln-Tempelhof.
Grundbuchamt.

Vermerk auf Brief Nr 5:

Von vorstehender Hypothek von 10000 Reichsmark steht den Hypotheken Nr 1 B von 24998,50 FGM, Nr 7 von 14970,36 FGM und Nr 9 von 4990,12 FGM der Vorrang zu.
Dies ist bei sämtlichen Hypotheken im Grundbuche eingetragen.
Berlin, den 1. Juli 1926.
Amtsgericht Bln-Tempelhof.
Grundbuchamt.

Vermerke auf Briefe Nr 1 B, 7, 9:

Vorstehender Hypothek von 24998,50 (bzw 14970,36) (bzw 4990,12) FGM steht der Vorrang vor der Hypothek Nr 5 von 10000 RM zu. Dies ist bei sämtlichen Hypotheken im Grundbuche eingetragen.
Berlin, den 1. Juli 1926.
Amtsgericht Bln-Tempelhof.
Grundbuchamt.

Geprüft 2. 7. 1926.
R (Richter).

1. Entwurf zu den Briefen Nr 7 und 9 auf Grundbuchblatt f!

Preußischer Hypothekenbrief

über die im Grundbuche von Schönwald Band 1 Blatt Nr 10

I. Abt III Nr 7 eingetragenen 14970,36 FGM.

Inhalt der Eintragung:

Nr 7: 14970,36 FGM (i B) Darlehn usw
(Einrücken aus der Tabelle)

Belastetes Grundstück:

Der im Bestandverzeichnis unter Nr 1 verzeichnete, in der Gemarkung Schönwald belegene bebaute Hofraum mit Garten
Kartenblatt 6
Nr 1896/114 von 8 a 62 qm Größe
Grundsteuerreinertrag — Taler
Gebäudesteuernutzungswert 17950 M
Grundsteuermutterrolle Art } 2618
Gebäudesteuerrolle Nr }

Eigentümer:

Fabrikbesitzer Gustav N in N.

Vorgehende oder gleichstehende Eintragungen:

Abteilung II: Keine.
Abteilung III: Nr 1 A 1,50 FGM i B
Nr 4 20000 FGM i B
Nr 6 1,50 FGM Eigentümerbefugnis aus § 7 AwG, im Range vorgehend.

II. Abt III Nr 9 eingetragenen 4990,12 FGM i B Darlehn usw
(Einrücken aus der Tabelle.)
..... Einrücken wie oben I von „Belastetes Grundstück“ bis Abt III Nr 6 .....
Ferner Nr 7: 14970,36 FGM i B
Nr 8: 15000 FGM i B Eigentümerbefugnis aus § 7 AwG, im Range vorgehend.

Berlin, den 1. Juli 1926.

Amtsgericht Berlin Tempelhof
Grundbuchamt.

Geprüft 2. 7. 1926.
R (Richter).

2. 2 Brief-Reinschriften von 1 zu I, II sind zu fertigen und mit je 1 beglaubigten Abschrift der Urkunden laut Eintragungsformel aus den Grundakten Seite 16 bzw 35 zu verbinden.
3. Nachrichten wie verfügt, Hypbrief an die Gläubiger Nr 7 und 9.
4. Steuernachricht gefertigt
5. Wohnungsblatt berichtigt.

Kostenrechnung.

Gebühren für Eintragung der Hypotheken und für Erteilung der Hypothekenbriefe außer Ansatz.
a) Schreibgebühren ..... RM.
b) Porto für Kostenrechnung ..... RM.

zahlt:

Berlin, den 192
Justiz-Obersekretär-Inspektor.

Laufende Nummer der Eintragung.	Laufende Nummer der belasteten Grundstücke.	Betrag.	Hypotheken, Grundschulden, Rentenschulden.	Zur laufenden Nummer der Eintragung.	Betrag.
1.	2.	3.	4.	5.	6.
a)			**(Beispiel 66.) Eintragung der Awbeträge noch eingetragener, nicht zurückgezahlter Rechte und der Befugnisse aus § 7 AwG. Behandlung der Vormerkungen.**		
1	1	100000 M = 25000 FGM	Darlehnshypothek eingetragen 1908	1	100000 M 25000 FGM
2	1	60000 M = 15000 FGM	Restkaufgeldhypothek eingetragen 1912		
3	1	10000 M	Hypothekenvormerkung aus § 648 BGB von 1913 (Nr 1—3 liegen in der Mündelsicherheitsgrenze aus § 7 I Aw G d h innerhalb der Hälfte des auf 360000 M festgestellten berichtigten Wehrbeitragswertes.)	2	60000 M 15000 FGM
4	1	20000 M = 5000 FGM	Zwangshypothek 1913	4	20000 M 5000 FGM
5	1	25000 FGM	Der Eigentümer ist gemäß § 7 Aw G befugt, e Hyp od Grundschuld v 25000 FGM i B zum üblichen Zinsfuße mit dem Range nach der Hypothek Nr 1 und vor den Hypotheken Nr 2, 3, 4 eintragen zu lassen. Eingetr am 3. 1. 1926.		
6	1	15000 FGM	Befugnis wie Nr 5 von 15000 FGM nach Nr 2 und vor Nr 3, 4.		
b)			**Fälle wie in der Überschrift zu a oben:**	1	100000 M
1	1	100000 M = 25000 FGM	Darlehnshypothek 1908	2a	40000 M
2	1	60000 M = 1500 FGM	Restkaufgeldhypothek von 1912		
3	1	10000 M = 2500 FGM	Darlehnshypothek von 1913		
4	1	20000 M = 5000 FGM	Darlehnshypothek der Stadt N, Sparkasse, von 1915 (Mündelsicherheitsgrenze von 180000 M wie oben a.)		
5	1	40000 FGM	Der Eigentümer ist gemäß § 7 Aw G befugt, eine Hypothek oder Grundschuld von 40000 FGM i B zum üblichen Zinsfuße mit dem Range nach den Hypotheken Nr 1, 2a, 4 und vor den Hypotheken 2 b, 3 eintragen zu lassen	2b 3 4 1 2a 4	20000 M 10000 M 20000 M 100000 M 25000 FGM 40000 M 10000 FGM 20000 M 5000 FGM
6	1	5000 FGM	Befugnis wie Nr 5 von 5000 FGM nach Nr 2b und vor 3. Anmerkung: Die Goldmark- (nicht Aufwertungs)beträge der „ersten“ Mutterhypotheken gemäß § 7 I Aw G erschöpfen die 180000 M der Sicherheitsgrenze völlig, sodaß keine Befugnis mehr eintragbar ist, selbst wenn die einzigen Voraussetzungen der Eintragung einer Befugnis, nämlich aufwertbare „Nachrechte“ vorhanden wären. S Befugnis **2**.	2b 3	20000 M 5000 FGM 10000 M 2500 FGM

Abteilung.

Veränderungen.		Löschungen.		
Eintragung.	Löschung.	Zur laufenden Nummer der Eintragung.	Betrag.	
7.	8.	9.	10.	11.
aufgewertet auf 25 v H = i B. Eingetragen am 3ten 1. 1926. auf 25 v H = i B, auf 25 v H = i B aufgewertet. Eingetragen am 3ten 1. 1926. (Anmerkung: Die Aw der Vormerkung Nr 3 und eine Eigentümerbefugnis wie Nr 5 nach Nr 3 und vor Nr 4 ist nicht eintragbar, weil die Vormerkungen den Rechten des § 7 IV Aw G nach K G Ring 1926, 456, D Not B 1926, 477 zwar gleichstehn, aber nach § 7 I nicht „aufwertbare" „erste" Mutterrechte sind. Die Befugnis-Eintragung erfolgt hinter Vormerkungen erst nach Eintragung der aufgewerteten Hypothek.) i B erststelliger Teil mit dem Range vor dem Reste von 20000 M } nebst Zinsen seit 1. April 1915 an die Stadtgemeinde N, Sparkasse abgetreten. Alle Nebenbestimmungen sind neu vereinbart. Unter Bezugnahme auf die Bewilligung vom 25. 3. 1915 eingetragen am 1ten 4. 1915. { Der Hypothek Nr 4 ist der Rang vor den Hypotheken Nr 2b, 3 eingeräumt. Eingetragen am 1ten 4. 1915. auf i B auf i B auf i B, also auf 25 v H aufgewertet. Eingetragen am 10ten 4. 1926. auf 25 v H = i B aufgewertet. Eingetragen am 10. 4. 1926. wie vorher.	Anmerkung: Wäre unter Nr 5 statt der Befugnis noch eine erst unter dem Aw G entstandene RM- oder GM-Hypothek eingetragen, würde die Befugnis Nr 5 die Nr 6 erhalten und an der Rangstelle lauten: „und vor den Hypotheken Nr 2, 3, 4, aber gemäß der R G-Entscheidung vom 7.7.1927 nicht vor der Hypothek Nr 5". Denn in diesem Falle tritt ohne besondere Vereinbarung oder Willensbetätigung der Parteien relative Rangwirkung ein. S Rang u Befugnis. Unter 1 R- oder G-Pfennig gibt es keine Aw. Zweckmäßig ist aber in solchem Falle der Vermerk in Sp 5—7: „Der GMbetrag dieser Hyp beträgt unter 1 G-pfennig", damit dies aus dem Gb hervorgeht.			

Laufende Nummer der Eintragung.	Laufende Nummer der belasteten Grundstücke	Betrag.	Hypotheken, Grundschulden, Rentenschulden.	Zur laufenden Nummer der Eintragung	Betrag.
1.	2.	3.	4.	5.	6.

c) (Beispiel 67.) Eintragung von neuen Rechten in der Rangstelle der Befugnis mit § 6 II AwG.

1	1	100000 M =25000 FGM	Darlehnshypothek 1908.	1	100000 M 25000 FGM
2	1	60000 M =15000 FGM	Darlehnshypothek 1912. (Berichtigter Wehrbeitragswert 220000 M. Mündelsicherheitsgrenze 110000 M. Also nur eine Befugnis.)	2	60000 M 15000 FGM
3	1	20000 M = 3000 FGM	Restkaufgeldhypothek 1915; abgetreten gegen Zahlung von 3000 RM am 28. 4. 1924; eingetragen 29. 4. 1924.		
4	1	10000 M	Freiwillige Hypothekenvormerkung 1916.		
5	1	10000 FGM	Hypothekenvormerkung durch einstweilige Verfügung aus § 648 B G B vom 26. 6. 1924.	3	20000 M 3000 FGM
6	1	25000 FGM	Befugnis wie die Nr 5 unter a oben „mit dem Range nach Nr 1 und vor Nr 2, 3, 4, aber nicht vor Nr 5.“ — In die erste Rangstelle dieser Befugnis ist auf Grund § 7 IV Aw G die Vormerkung Nr 5 eingerückt. Eingetragen am 3. 1. 1926. Rest der Befugnis: 15000 FGM. In die letzte Rangstelle dieser Befugnis von 15000 FGM ist die Grundschuld Nr 7 eingerückt. Eingetragen am 3 ten 4. 1926.	2 3 4 5 2 3 4	15000 FGM 3000 FGM 10000 M 10000 FGM 15000 FGM 3000 FGM 10000 M
7	1	15000 FGM	i B Grundschuld, mit 10 v H jährlich seit 1. 4. 1926 an den Kalendervierteljahresersten verzinslich und 3 Monate nach Kündigung zahlbar, für den Grundstückseigentümer N N in N. Eingetragen am 3. 4. 1926.	7	15000 FGM

d) Eine Wiedereintragung von Hypotheken bei Widersprüchen aus § 16 II AwG und ohne solche. „Verbrauch“ von Befugnissen.

1	1	100000 M	Zur Aufwertung angemeldete Hypotheken von vor 1918; gelöscht am 2. 11. 1922 auf Grund von Zahlungen und Löschungsbewilligungen nach 14. 6. 1922.		
2	1	60000 M			
3	1	25000 FGM	Darlehnshypothek. 1924.		
4	1	100000 M =24990 FGM	Ein Widerspruch gemäß § 16 II Aw G gegen die am 2. 11. 1922 erfolgte Löschung der Hypothek Nr 1 von 100000 M. Zu Gunsten der Bank N N in N — Umgeschrieben in folgende Hypothek: 24990 FGM i B Darlehn, zahlbar u verzinslich gemäß dem Aw G und der Eintragungsbewilligung v 7. 4. 1916,		

Abteilung.

Veränderungen.		Löschungen.		
Eintragung.	Löschung.	Zur laufenden Nummer der Eintragung.	Betrag.	
7.	8.	9.	10.	11.
aufgewertet auf 25 v H = i B. Eingetragen am 3. 1. 1926 mit dem Bemerken, daß gemäß § 6 II Aw G, die 15 v H übersteigenden 10000 FGM den Rang hinter der Hypothek Nr 3 und der Vormerkung Nr 5 haben. aufgewertet auf 25 v H = i B. Eingetragen am 3. 1. 1926 mit dem Bemerken, daß die 15 v H übersteigenden 6000 FGM gemäß § 6 II Aw G den Rang hinter den Posten Nr 3, 5 haben. aufgewertet auf 15 v H = i B. Eingetragen am 3. 1. 1926. (Da Nr 3 auf 15 v H nur aufgewertet ist und § 78 Aw G auf § 17 keine Anwendung findet, entfällt § 6 II Aw G.) Der Vormerkung Nr 5 steht auf Grund des § 7 IV Aw G der Rang vor den Posten Nr 2, 3, 4 zu. Eingetragen am 3. 1. 1926. Der Grundschuld Nr 7 ist der Vorrang vor den Posten Nr 2, 3, 4 eingeräumt. Eingetragen am 3. 4. 1926.	(Anmerkung: Wegen des Ranges s § 6 II Aw G unter Rang. Die Befugnis ist trotzdem unverändert (S Befugnis.) Wegen des Einrückens der Vormerkung 5 in ihre Rangstelle s Anmerkung zu ε oben, § 7 IV Aw G. Wegen der Vormerkungen auch R G Ring 1928, 273. — Da kein Verbrauch der Befugnis Nr 6 vorliegt, darf bei ihr keine Rötung und Abschreibung von Teilbeiträgen in Spalte 3, 4 erfolgen, weil sonst die Rangstelle verschwindet.)			
(Anmerkung: Die Befugnis 5 ist voll verbraucht, also ohne rechte Halbspalte 4 zu unterröten. Die Hypothek 3 von „1924" ist, weil sie den ersten Rang hat und nach § 22 II Aw G behält, nicht in die Rangstelle der Befugnis ein-, d h nicht zurückgerückt. Bei der Wiedereintragung der Hypotheken nimmt man Bezug nur auf die letzte oder letzten Eintragungsbewilligungen bzw Satzung der Gläubigerin, die alle Nebenbestimmungen, insbesondere aus § 25 I Satz 2 Aw G enthält. Löschungsvormerkungen nach § 1179 B G B, die bei den wiedereingetragenen Rechten standen, sind ebenfalls wiedereinzutragen, wenn ihre berechtigten Gläubiger bzw deren Hypotheken noch oder wieder bestehn. Das Gleiche gilt vom alten Range der Rechte.				

Laufende Nummer der Eintragung.	Laufende Nummer der belasteten Grundstücke.	Betrag.	Hypotheken, Grundschulden, Rentenschulden.		Zur laufenden Nummer der Eintragung.	Betrag.
1.	2.	3.	4.		5.	6.
			eingetragen am 1. 10. 1926. (Berichtigter Wehrbeitrag wie zu c. — Der Widerspruch ist nach seiner Umschreibung zu röten in Sp 4.)	für die N N in N. Der jeweilige Grundstückseigentümer ist der sofortigen Zwangsvollstreckung unterworfen. Anstelle der gelöschten Hypothek Nr 1 von 100000 M auf Grund § 15 Aw G auf 25 v H aufgewertet und wiedereingetragen am 3. 10. 1926.		
5	1	25000 FGM	Befugnis wie Nr 5 zu a ..... nach der Hypothek Nr 4 und vor der Hypothek Nr 6.	Diese Befugnis ist gemäß § 7 IV Aw G durch die Hyp Nr 3 verbraucht. Eingetragen am 3. 10. 1926.		
6	1	15000 FGM	Die Hypothek Nr 2 ist wie Nr 1 unter Nr 4 (beginnend mit: i B Darlehn) wieder eingetragen und zwar in der ganzen Sp 4, weil kein Widerspruch eingetragen war.			

e) Einrücken in die Rangstelle der Befugnis nach § 7 IV Aw G. Rötung von Befugnissen!

1	1	100000 M =24990 FGM	zurückgezahlt und ohne Einspruch angemeldet wie oben d, aber nicht gelöscht.		1	24990 FGM
2	1	60000 M =14995 FGM			2	14995 FGM
					2	14995 FGM
3	1	25000 RM	Darlehnshypothek zu 8 v H verzinslich, vom 1. 5. 1924.		3	25000 RM
4	1	25000 FGM	Befugnis wie Nr 5 zu a nach der Hyp Nr 1 und vor der Nr 2, wobei hier kein berichtigter Wehrbeitragswert in Frage kommt, weil die erste Befugnis nach den „ersten" aufwertbaren Rechten immer zusteht.	In die Rangstelle dieser Befugnis ist die Hyp Nr 3 eingerückt. Eingetragen am 3. 1. 1926.		

f) (Beispiel 68.) Eintragung der Aw bei abgetretenen Hypotheken und des Ranges. § 17, 20, 21 II Aw G. Verzichtseintragung bei Eigentümergrundschulden. § 2 D Vo 12. 9. 1927. GM-Hypotheken von 1924 und 1926 sind eingetragen. § 7 I, IV Aw G.

1	1	100000 M =25000 FGM	Darlehnshypothek 1908 für Kaufmann A B. und von diesem nach § 16, 17 Aw G zur Aw angemeldet.	1	100000 M
2	1	60000 M	Darlehnshypothek 1912, gelöscht und zurückgezahlt am 2. 1. 1923 sowie angemeldet zur Aw.	1	100000 M
3	1	20000 M	Restkaufgeldhypothek 1915, gelöscht und gezahlt am 2. 1. 1923 sowie angemeldet zur Aw.		

Abteilung.

Veränderungen.		Löschungen.			
Eintragung.	Löschung.	Zur laufenden Nummer der Eintragung.	Betrag.		
7.	8.	9.	10.		11.
aufgewertet wie Beispiel a mit dem zweckmäßigen Zusatze: auf Grund § 15 Aw G . . . . Vor der Hypothek Nr 2 steht der Nr 3 auf Grund § 7 IV Aw G der Vorrang zu. Eingetragen am 3 ten 1. 1926.	Anmerkung zu e: Die Befugnis muß in den Spalten 1, 2, 3, linke Halbspalte 4 unterrötet werden, soweit keine Befugnis verbleibt. Sie ist aber durch die Hyp Nr 3 nur bis 8 v H verbraucht, sodaß die Ausnutzung noch nachträglich bis 10 v H erfolgen kann. (S aber K G Hypbrief Einleitungsschluß.) Wäre die Hyp Nr 3 mit 10 vH verzinslich, wäre die Befugnis Nr 4 außer der rechten Halbspalte 4 zu röten, da außerdem der Rang in Sp 5—7 geregelt und die Befugnis voll u endgültig ausgeübt ist. Bei Teilausübung durch geringere Hypotheken sind in solchen Fällen nur in Sp 3 deren Beträge abzuziehen.				
nebst Zinsen seit 1. 8. 1922 an die Versicherungsgesellschaft N in N abgetreten. Eingetragen am 10 ten 8. 1922. Alle Nebenbestimmungen sind neu vereinbart. Der Zinssatz beträgt seit 1. 8. 1922 5, gegebenenfalls 6 v H. Der jeweilige Grundstückseigentümer ist der sofortigen	(Anmerkung: Falls der Gläubiger von Nr 3 nach der Anmeldung auf die Hypothek 3—4 vor ihrer Wiedereintragung verzichtet hätte, würde auf	2 3	6 000 20 000	M M	gelöscht am 2. Januar 1923. Voß. Marks.

Laufende Nummer der Eintragung.	Laufende Nummer der belasteten Grundstücke.	Betrag.	Hypotheken, Grundschulden, Rentenschulden.	Zur laufenden Nummer der Eintragung.	Betrag.
1.	2.	3.	4.	5.	6.
4	1	20000 FG M	Darlehnshypothek von November 1924.		
5	1	10000 R M	Darlehnshypothek von April 1926.		
6	1	1,50 FGM	Eine Befugnis wie Nr 5 zu a „nach der Hyp 1 A u vor den Hyp u Befugnissen 7, 8, 9, 10, 1 B aber auf Grund der RG-Entscheidung v 7. 7. 1927 nicht vor der Hyp Nr 5" — Diese Befugnis ist durch die Hyp Nr 4 nach § 7 IV Aw G verbraucht. Eingetragen am 1. 7. 1926. (S d 5 u Anmerkung zu Sp 1—4. Befugnis 6 röten.)	1	100000 M
7	1	14970,36 FGM	i B Darlehn, zahlbar und verzinslich gemäß dem Aw G und der Bewilligung vom 28. 3. 1912, für den Amtsgerichtsrat N N in N. Anstelle der gelöschten Hypothek Nr 2 von 60000 Mark auf Grund § 15 Aw G auf 25 v H aufgewertet und wiedereingetragen am 1. 7. 1926 mit dem Range vor der Hypothek Nr 5.	1B	24998,50 FGM
8	1	15000 FGM	Eine Befugnis wie Nr 6 oben „nach der Hyp Nr 7 u vor d Posten Nr 9, 10, 1 B, aber nicht vor der Hyp Nr 5". — Diese Befugnis ist durch die Hyp Nr 4 nach § 7 IV Aw G verbraucht. Eingetragen am 1. 7. 1926.	4 7	20000 FGM 14970,36 FGM
9	1	4990,12 FGM	i B Darlehn (anstelle der Hypothek Nr 3) ..... entsprechend wie Nr 7 mit dem Range vor der Hypothek Nr 5.	9	4990,12 FGM
10	1	5000 FGM — 4998,50 1,50	Eine Befugnis wie Nr 6 oben „nach der Hypothek 9 u vor der Nr 1 B, aber nicht vor der Hypothek Nr 5". — Diese Befugnis ist durch die Hyp Nr 4 nach § 7 IV Aw G in Höhe von 4998,50 FGM verbraucht. Eingetr am 1. 7. 1926. Rest der Befugnis 1,50 FGM. Anmerkung: (In Sp 3 4998,50 FGM rot abschreiben. Sonst bleibt alles stehn. Die Hypotheken und Vormerkungen verbrauchen hier alle Befugnisse in ihrer Höhe, auch wenn sie nicht bis 10 v H oder garnicht verzinslich sind, während eine vom Eigentümer in die Rangstelle der Befugnis eingerückte Hypothek unter 10 v H die Befugnis in Höhe der fehlenden Zinsen nicht verbraucht und noch bis 10 v H ausübbar ist. Die Befugnis ist nicht zu röten, s aber R G Hypbrief Einleitungsschluß.)	1B 5 7 9	24998,50 FGM 10000 RM 14970,36 FGM 4990,12 FGM

g) **Zu Beispiel Nr 66.** Anmerkung. **Eintragung des Awbetrags bei einer vor 1918 teilweise getilgten und zur Eigentümergrundschuld gewordenen „ersten" Hypothek.**

1	1	100000 M =25000 FGM	Darlehnshyp vor 1918.	1a	80000 M 20000 FGM
2	1	60000 M			
3	1	25000 FGM	Eigentümer-Befugnis linke Halbspalte nach Nr 1 u vor Nr 2.	1b	20000 M 5000 FGM

Abteilung.

Veränderungen.		Löschungen.		
Eintragung.	Löschung.	Zur laufenden Nummer der Eintragung.	Betrag.	
7.	8.	9.	10.	11.
Zwangsvollstreckung unterworfen. Unter Bezugnahme auf die Bewilligung vom 29. 7.1922 und die Satzung der Gläubigerin eingetragen am 10. 8. 1922.	Antrag des Eigentümers gemäß § 2 D Vo 12. 9. 1927 in Spalte 9—11 unter der Löschung der Nr 3 einzutragen sein: „Nr 3: 20000 M. **Der Gläubiger hat auf die Aufwertungshypothek Nr 3 verzichtet. Die dadurch entstandene Eigentümergrundschuld** auf Grund Art 2 D Vo 9. 12. 1927“ oder „Die außerhalb des Gb entstandene Eigentümergrundschuld Nr 3 v 20000 M auf Grund Art 2 D Vo 9.12.1927. **gelöscht am** 1ten 10.1927.“ — ME genügt statt des Verzichts auch eine löschungsfähige Quittung.)			
gemäß § 17 Aw G aufgewertet auf 25 v H = 25000 FGM und zwar A auf 1,50 FGM i B, die der Versicherungsgesellschaft N in N unter Briefserteilungsausschluß zustehn. B auf 24998,50 FGM i B, die dem Kaufmann AB in N zustehn. Die Hypothek 1 B hat gemäß § 21 II Aw G den Rang nach der zu 1 A und nach den Hypotheken Nr 4, 7, 9, aber vor der Hyp Nr 5. Eingetragen am 1. 7. 1926.				
vor der Hypothek Nr 1 B steht den Hypotheken Nr 4, 7, 9 gemäß § 21 II Aw G der Vorrang zu. Eingetragen am 1. 7. 1926.				
vor der Hypothek Nr 5 steht den Hypotheken Nr 1 B, 7, 9 der Vorrang zu. Eingetragen am 1. 7. 1926.				
erststelliger Teilbetrag auf 25 v H = i B aufgewertet. Eingetragen am 1 ten 10. 1926. letztstelliger, Grundschuld des Eigent N N in N gewordener Teilbetrag auf 25 v H = i B aufgewertet. Eingetragen am 1. 10. 1926.				

69. a) **Beurkundungs- und Verfügungsbeispiele** zu § 4—6 Awergänzungsgesetzes vom 9. 7. 1927 und § 3—15 D Vo vom 12. 9. 1927. (Vgl Ricks D Not V 1927, 434—439.)

Beispiele zu §§ 4—6 Aufwertungs-Ergänzungsgesetzes vom 9. Juli 1927. § 5—13 D Vo 12. 9. 1927.

I. a) Der Antrag auf Umwandlung der Hypotheken in Grundschulden, bedarf nach § 13 D Vo nicht der Form des § 29 G B O. Das Grundbuchamt hat nicht etwa andere Beteiligte (Eigentümer, Nach- und Gleichrangsgläubiger oder etwa den persönlichen Aufwertungsschuldner) vor der Umwandlung zu hören oder ihre nach § 13 D Vo gemäß § 29 G B O beglaubigte Zustimmung zu verlangen, sondern muß den Umwandlungsantrag wie jeden sonstigen bisherigen Antrag auf Eintragung gegenüber dem Antragsteller gemäß der G B O und dem Aw Ges erledigen. Und zwar entweder durch Eintragung oder Beanstandung gemäß § 18 G B O (wegen Rechtszwischenerwerbs oder Erwerbssicherung durch Vormerkungen gemäß § 6 Nr 2—4 a a O z B durch Erfordern der beglaubigten Zustimmung der durch § 6 Nr 3 geschützten Gläubiger) oder endlich durch Abweisung. Das Grundbuchamt muß aber vor der Umwandlung oder Zusatzgrundschuldeintragung feststellen, ob ein Abwertungsantrag des Eigentümers nach §§ 8, 15 Aw Ges rechtskräftig Erfolg gehabt hat oder abgewiesen ist. Denn danach richtet sich die Höhe der Grundschuld. Schwebt das Abwertungsverfahren noch, so ist zur Beibringung der rechtskräftigen Entscheidung eine Frist gemäß § 18 G B O zu setzen. (§ 7 Ergänzungsgesetzes.)

b) § 4 Ergänzungsgesetzes enthält einen Umwandlungsantrag ohne rechtskräftigen Beschluß auf geringere Aufwertung, § 6 einen Umwandlungsantrag, weil ein solcher Beschluß vorliegt, wodurch sich der textliche Unterschied der §§ 4 und 6 Nr 1 über die Umwandlungseintragung erklärt. M E kann und soll man die Eintragungen völlig gleich behandeln, da man zweckmäßig auch im Falle des § 4 die Grundschuld wie nachstehend vollständig einträgt. Schon damit erkennbar ist, wie der Grundschuldbrief herzustellen ist und welche früheren Bewilligungen noch gelten. § 70, 65, § 57 Nr 3 G B O § 10 D Vo.

II. Beispiele für Anträge und Eintragungen in das Grundbuch:

A. Antrag aus § 4, 6 Nr 1 Abs 1. Die Hyp besteht noch. Der Awbetrag ist noch nicht eingetragen.

Ich beantrage, die Hypothek Nr 1 auf dem Grundstücke Berlin Bd 1 Bl 1 von 100000 M auf Grund § 4 (bzw 6 Nr 1 I) Ergänzungsgesetzes zum Aw Ges vom 9. Juli 1927 in eine Grundschuld umzuwandeln und dies sowie ihren Aufwertungsbetrag zu 25 v H = 25000 G M in das Grundbuch einzutragen. Beigefügt wird der Hypbrief. (Im Falle des § 6 Nr 1 Zusatz: „und der Abwertungsbeschluß der Aufwertungsstelle“ oder: „der Abwertungsbeschluß befindet sich in den Awakten 90/25“.)

Eintragungsverfügung:

a) Für den einfachsten Fall des § 4:
Berlin Bd 1 Bl 1 Abt III Sp 5—7: Nr 1: 100000 M. Aufgewertet auf 25 v H = 25000 FGM i B und umgewandelt in eine Grundschuld gemäß § 4 Aufwergänzungsgesetzes. Eingetragen am ten.

b) Für den Fall des § 6 Nr 1 I und noch zweckmäßiger als a) auch für den Fall des § 4.
1. Berlin Bd 1 Bl 1 Abt III Sp 5—7:
Nr 1: 100000 M umgewandelt in eine auf 25 v H = 25000 FGM i B aufgewertete und gemäß dem Aw Ges verzinsliche und zahlbare Grundschuld gemäß § 6 Nr 1 (oder § 4) Awergänzungsgesetzes. Eingetragen am .....
(Anmerkung: Sind in der früheren Hypothekenbewilligung oder Satzung der Gläubigerin (§ 1115 II B G B) noch frühere Fälligkeitsbestimmungen gemäß § 25 I Satz 2 Aw Ges enthalten, so muß die obige Eintragung lauten: „umgewandelt in eine .... gemäß dem Aw Ges, der Satzung der Gläubigerin und der Bewilligung vom ten verzinsliche und zahlbare Grundschuld ..." oder am Schlusse: „Unter Bezugnahme auf die Bewilligung vom ten und die Satzung der Gläubigerin eingetragen am ten ")
2. Nachricht an a) Eigentümer
b) Gläubiger 1 nebst berichtigtem Grundschuldbriefe und losgetrennter Schuldurkunde
c) Notar
d) Aufwertungsstelle zu Aw 90/25.

B. Antrag aus § 4 bzw § 6 Nr 1 II, falls Hyp gelöscht ist:

Ich beantrage auf Grund der Awakten 90/25 der Aufwertungsstelle und der darin befindlichen Anmeldung, gegen welche laut Awakten (oder auf Grund beifolgender Bescheinigung der Aufwertungsstelle) kein Einspruch erhoben ist, die gelöschte Hypothek Nr 1 auf 25000 FGM abzüglich gezahlter 10 FGM, also auf 24990 FGM gemäß § 4 (bezw 6) Awergänzungsgesetzes vom 9. 7. 1927 unter Umwandlung in eine Grundschuld in das Grundbuch einzutragen.

Eintragungsverfügung:

a) 1. Berlin Bd 1 Bl 1 Abt III Spalten 1—4:
Nr. 6 auf 1: (oder falls Widerspruch aus § 16 II Aw Ges eingetragen ist: Nr 6, rechte Halbspalte: Umgeschrieben in folgende Grundschuld:)
24990 Feingoldmark i B Grundschuld, zahlbar und verzinslich gemäß dem Aw Ges vom 16. 7. 1925 (falls Fälligkeitsbestimmungen nach § 25 II Satz 2 Aw Ges vorliegen: „sowie der Bewilligung vom ten ") für den N N in N. Der jeweilige Grundstückseigentümer ist der sofortigen Zwangsvollstreckung unterworfen. Anstelle der gelöschten und gemäß § 4 bzw 6 Awergänzungsgesetzes in eine Grundschuld um-

gewandelten Hyp Nr 1 auf Grund § 15, 20 Aw Ges auf 25 vom Hundert aufgewertet und wiedereingetragen am ten

2. Nachricht an a) Eigentümer
b) Gläubiger 6 nebst neuem Grundschuldbrief
c) Aufwertungsstelle zu Aw 90/25.

3. Wohnungsblatt berichtigen.

b) wenn die Hypothek Nr 1 nach § 15 Aw Ges getilgt, aber nicht gelöscht war:

1. Tempelhof Bd 1 Bl 1 Abt III Sp 5—7:

Nr.1: 100000 M umgewandelt gemäß § 4 bzw 6 Awergänzungsgesetzes in eine auf 25 v H = 24990 FGM i B aufgewertete Grundschuld, zahlbar und verzinslich gemäß dem Aw Ges (sowie der Bewilligung vom ten). Der jeweilige Grundstückseigentümer ist der sofortigen Zwangsvollstreckung unterworfen. Auf Grund § 15, 20 Aw Ges eingetragen am ten

2. Nachricht a) Eigentümer usw. wie oben.

C. Antrag aus § 5, 6 Nr 2. Der Awbetrag ist bei der Hypothek Nr 1 bereits eingetragen.

a) Antrag, wenn nicht vor dem 15. 3. 1927, aber nach oder gleichzeitig mit der Eintragung des Awbetrags bei der Hypothek Nr 1 noch ein neues Recht am Grundstücke (Eigentumswechsel, neue Hypothek usw) oder ein Recht daran (durch Abtretung, Verpfändung einer Hypothek) erworben oder vorgemerkt ist:

Die Hypothek Nr 1 von 100000 M. ist auf 25 v H = 25000 FGM im Grundbuche aufgewertet. In der Awsache 90/25 schwebt ein Abwertungsverfahren auf 15 v H. Ich beantrage gemäß § 5 Awergänzungsgesetzes die Umwandlung der Hypothek in eine Grundschuld in heutiger Höhe und ihre Eintragung in das Grundbuch. Der Hypothekenbrief liegt bei.

oder:

Die Hypothek Nr 1 von 100000 M ist im Grundbuche statt auf 25 v H, nur auf 15 v H des Goldmarkbetrages = 15000 FGM gemäß dem Beschlusse der Awstelle 90/25 aufgewertet worden. Auf Grund § 6 Nr 2, 1 Awergänzungsgesetzes beantrage ich die Umwandlung der Hypothek in eine Grundschuld zu 25 v H = 25000 FGM und ihre Eintragung in das Grundbuch. Der Hypothekenbrief liegt bei.

Eintragungsverfügung zum ersten Antrage.

Berlin-Tempelhof Bd 1 Bl 1 Abt III Sp 5—7.

Nr 1: 25000 FGM auf Grund § 5 Awergänzungsgesetzes umgewandelt in eine gemäß dem Aw Ges (bzw „und der Bewilligung vom ten ") verzinsliche und zahlbare Grundschuld. Eingetragen am ten

Eintragungsverfügung zum zweiten Antrage:

Nr 1: 15000 FGM auf Grund § 6 Nr 2, 1 III Awergänzungsgesetzes umgewandelt in eine auf 25 v H = (Spalte 6) 25000 FGM (Spalte 7) i B aufgewertete, gemäß dem Aw Ges usw verzinsliche und zahlbare Grundschuld. Eingetragen am ten

b) Ist jedoch eines der Rechte zu a) vor dem 15. 3. 1927 eingetragen oder vorgemerkt, vgl zu D unten.

D. Antrag aus § 6 Nr 3:

Der Awbetrag ist bei der Hypothek Nr 1 schon eingetragen. Der Grundstückseigentümer hat nicht gewechselt, wohl aber ist nach oder gleichzeitig mit der Eintragung des Awbetrages bei der Hypothek Nr 1, jedoch vor dem 15.3. 1927 ein neues Recht am Grundstück oder ein Recht daran erworben oder vorgemerkt. Dann sind folgende Fälle möglich.

a) Der Gläubiger der Hyp Nr 1 beantragt die Umwandlung dieser Hyp in eine Grundschuld wie unter C oben und bringt dazu in der Form des § 29 G B O die Zustimmung der neuen Berechtigten bei, und zwar entweder sofort oder auf Beanstandung gemäß § 18 G B O. Alsdann erfolgt Eintragung wie unter C. Oder

b) Der Gläubiger bringt die Zustimmung der neuen Berechtigten nicht bei. Alsdann bleibt es wie im Falle zu § 5 (erster Antrag zu C), da eine rechtskräftige Abwertungsentscheidung wie im Falle § 6 Nr 3 Satz 1 noch nicht vorliegt. Das heißt: Es erfolgt volle Umwandlung der Hypothek zum eingetragenen 25 v H-Awbetrage. Dagegen muß im Falle des § 6 Nr 3 der zweite Antrag zu Muster C dahin geändert werden, daß die Hypothek Nr 1 in Höhe des 15 v H-Awbetrages zu 15000 FGM in eine Grundschuld gemäß Verfügungsmuster C „auf Grund des § 6 Nr 3 Satz 2 Awergänzungsgesetzes" umgewandelt und folgende Zusatzgrundschuld in Höhe des Awrestbetrages von 10 v H = 10000 FGM an der nächsten freien Grundbuchstelle eingetragen werden.

Abt. III Nr 5 auf 1:

10000 FGM i B gemäß § 6 Nr 3 Satz 2 Ergänzungsgesetzes zum Aw Ges umgewandelte Zusatzgrundschuld zu der nur bis 15 v H aufgewerteten Grundschuld Nr 1, seit 1. 4. 1927 verzinslich und zahlbar gemäß dem Aw Ges (bzw und der Bewilligung vom ten) für den N N in N . Eingetragen (oder in den Fällen des § 15 ff, 20 AwGes: Auf Grund § 15, 20 Aw Ges wiedereingetragen) am ten.

E. § 6 Nr 4 betrifft die Fälle mit Eigentumswechsel oder Auflassungsvormerkung vor dem 15. 3. 1927 nach Eintragung des Awbetrages bei der Hypothek Nr 1. Ist nach B G B und G B O die Eintragung der Umwandlung der Hypothek nach Prüfung des Einzelfalles zulässig, so sind die Muster zu B, C, D oben entsprechend anzuwenden.

b) **Wegen Verzichts des Gläubigers auf seine gelöschte und angemeldete Awhyp** wegen Art 2 D Vo 12.9.1927 s Gbblatt f Anmerkung; Verzicht 7.

c) **Wiedereintragung und Verteilung** von unter der III St N Vo **mit 15 v H abgelösten** und **gelöschten Hypotheken** des vormaligen Hausschatzes des früheren **Preußischen Königshauses,** der jetzt auf den vormaligen König, jetzigen Wilhelm Prinz von Preußen in Doorn (s Königshaus) übergegangen ist. Sie sind wegen der restlichen 10 v H zur Aw angemeldet und als Grundschulden einheitlich (§ 10 Awerg) nach Vereinbarung zwischen dem Eigentümer und Gläubiger einzutragen:

1. Berlin Bd 1 Bl 10 Abt III Sp 1—4: Nr 19 auf Nr 1: 56000 FGM i B abgetretene Aufwertungsrestgrundschuld, zu 10 v H j verzinslich und zahlbar gemäß dem Aw G vom 16. 7. 1925 und der Eintragungsbewilligung vom 22./30. Juni 1906 und zwar in Höhe von
   a) 30000 FGM für N (Vorname) Prinz von Preußen in N,
   b) 10000 FGM für die verwitwete Frau N (Vorname) Prinzessin von Preußen, geb Prinzessin zu N, die am 23. 8. 1917 geborene N Prinzessin von Preußen und den am 17. 3. 1919 geborenen N Prinz von Preußen in Erbengemeinschaft nach N Prinz von Preußen zu N,
   c) 10000 FGM für N Prinzessin von Preußen zu N. Der jeweilige Grundstückseigentümer ist der sofortigen Zwangsvollstreckung unterworfen. Anstelle der gelöschten und gemäß § 4, 10 Aufwertungsergänzungsgesetzes vom 9. 7. 1927 in eine Grundschuld umgewandelten Hypotheken Nr 8, 9, 10 auf Grund § 15, 20 Aufwertungsgesetzes aufgewertet und wiedereingetragen am 30. April 1928.
2. Nachricht an a) Eigentümer,
   b) Gläubiger nebst Teilbriefen 19a b, c (zu b an verwitwete Frau N),
   c) Notar zu Notariatsregister 16/1928.
3. Wohnungsblatt berichtigen. 25/4. 1928.

70. a) **Einheitliche Wiedereintragung mehrerer gelöschter Awhypotheken gemäß § 10 Awergänzungsgesetzes 9. 7. 1927 als eine Hypothek.**

Die Vereinigung ist auch zulässig für noch eingetragene Hypotheken. Vgl K G Ring 1928, 269 über alle Voraussetzungen. Auch wegen Gesamthypotheken.

1. Schönwald Bd 20 Bl 600 Abt III Sp 1—4.

Es ist gemäß Muster Nr 15 gleich ein neues Gbblatt genommen, da Befugnisse und andere kleine Eintragungen, deren Löschung z B bevorsteht, nicht vorhanden sind): a) Sp 1—4: Nr 1 auf 1:

a) Sp 1—4: Nr 1 auf 1:

192 688,33 FGM — einhundertzweiundneunzigtausendsechshundertachtundachtzig Feingoldmark 33 Goldpfennige — Darlehn, zahlbar und verzinslich gemäß der Eintragungsbewilligung vom 31. Mai 1917 zu den gelöschten Hypotheken:

Nr 1	von	111 000	Mark	Nr 6	von	150000	Mark
„ 2	„	21500	„	„ 11	„	14000	„
„ 3	„	43000	„	„ 13	„	22000	„
„ 4	„	50000	„	„ 14a	„	20000	„
„ 5	„	56000	„	„ 15	„	282500	„

und vom 16. 4. 1920 zu der gelöschten Hypothek Nr 14b von 70000 Mark sowie gemäß dem Awgesetze vom 16. Juli 1925, für die N N zu Berlin Allgemeine Versicherungs-Aktien-Gesellschaft in Berlin. Der jeweilige Grundstückseigentümer ist der sofortigen Zwangsvollstreckung unterworfen. Anstelle der vorbezeichneten gelöschten Einzelhypotheken auf Grund § 15 obigen Gesetzes auf 25 v H aufgewertet und gemäß § 10 Awergänzungsgesetz v 9. Juli 1927 als einheitliche Hypothek wiedereingetragen am ten 1928 in Höhe von 110780,01 Feingoldmark mit dem Range vor, im übrigen mit dem Range nach den Hofgemeinschaftsvermerken in Abteilung II Nr 1.

b) Abt II Nr 1. Die Hypothek Nr 1 hat in Höhe von 110780,01 FGM den Vorrang. Eingetragen am ten

2. Nachricht an a) Eigentümer. b) Gläubiger Abt II 1. c) Gläubigerin III 1 nebst Hypbrief.

(Anmerkung: Für den Fall der Umwandlung der obigen Hyp gemäß § 4—6 Awerg (Beispiel 69) würden oben an die Stelle von „**Darlehn**" das Wort „**Grundschuld**" hinter „vorbezeichneten gelöschten" die Worte „gemäß § 4 (6) Awerg Ges 9. 7. 1927 in Grundschulden umgewandelten" und anstelle von „einheitliche Hypothek" die Worte „einheitliche Grundschuld" treten.)

71. Umschreibung von unübersichtlichen Grundbuchblättern nach Eintragung aller Aufwertungen.

Die Muster sind nach dem Stande der heutigen Gesetzgebung am 5. Mai 1928, also vor der erwarteten allgemeinen Verfügung des Preußischen Justizministers über die Grundbuchumschreibung und vor der angesagten D Vo über die relative Rangwirkung der Befugnisse aus § 7 Aw G gemäß der R G Entscheidung 7. 7. 1927. (Ring 1927, 533; D Not V 1927, 621) **gefertigt.** Falls eine Hypothek unter dem Aw G eingetragen ist, tritt nach der scharf bekämpften Ansicht des R G relative Rangwirkung ein. Dieser Fall ist in nachstehenden Mustern nicht bearbeitet, weil dann meistens keine volle neugeordnete Umschreibung, sondern nur eine teilweise Umschreibung möglich und, soweit die in die relative Rangwirkung fallenden Rechte in Frage kommen, nur ein Abschreiben des alten Gbblattes in Frage kommt, d h zu prüfen ist, ob eine Umschreibung sich lohnt.

Eine große Anzahl von Grundbüchern wird wegen Unübersichtlichkeit infolge der AwEintragungen umgeschrieben werden müssen. Jede Übereilung dabei ist jedoch schädlich; denn nach den Erfahrungen werden noch viele einfache AwEintragungen, Löschungen und Neueintragungen wegen der Ablösung kleiner Hypotheken, wegen der Hypothekenfälligkeit 1932 und Neueintragungen auf Grund des § 26 AwG, sowie Löschungen oder Umschreibungen der Befugnisse aus § 7 AwG alsbald erfolgen. Daher darf man nicht schon jetzt das neue Gbblatt anlegen, um nicht unnötige Arbeit zu machen. Das neue Blatt muß in Abt II und III unter Verweisung auf § 20a AV v 20. 11. 1899 etwa wie folgt gefaßt werden:

Alle Eintragungen müssen in der Reihenfolge vorgenommen werden, die den heutigen verwirrenden Rangvermerken auf den alten Blättern und der heutigen Rangordnung entspricht. Dies erscheint heute schon zulässig, weil es anders nicht geht, erfordert aber, daß durch justizministerielle Verfügung ein Abweichen von der Vorschrift des § 18 II letzter Halbsatz der AV für die Zukunft im Falle der Zweckmäßigkeit je nach Lage der Sache gestattet wird. Findet eine völlige, erforderliche Neuordnung nach dem Range statt, so wird bei der Umschreibung zweckmäßig stets mit der lfd Nr 1 auf dem neuen Blatte in Abt III angefangen und von der Übernahme der alten und gelöschten Nummern der Rechte des alten Blattes abgesehen werden. Aber nötig ist, in der Eintragungsformel auf die alte Nummer des Rechts auf dem alten Blatte hinzuweisen. Aus § 7 AwG eingetragene Befugnisse, in deren Rangstelle Hypotheken usw eingerückt oder auf dem alten Blatte durch im Range vor ihnen eingetragene Rechte aus § 7 IV verbraucht sind, dürfen als überflüssig und deshalb unzulässig auf dem neuen Blatte nicht mehr eingetragen werden. Haben ein oder mehrere nach § 7 IV AwG eingerückte Rechte die höhere Befugnis nur zum Teile verbraucht, (Muster II unten) so sind zweckmäßig unter besonderer Nummer zunächst die eingerückten erststelligen kleineren Rechte und dann unter neuer Nummer der noch nicht ausgefüllte Befugnisrest einzutragen. — Es ist jedoch nicht überall möglich, die Rechte in genauer Rangfolge einzutragen, wie das Muster I unten bei den Hypotheken Nr 2 und 4 ergibt. Auf die relativen Rangrechte ist sehr sorgfältig zu achten, um nicht eine unrichtige Rangfolge zu bekommen. Im übrigen gehört in das neue Gbblatt nur das hinein, was heute noch gilt. Dazu gehören nicht frühere Gläubiger, gegenstandslose Eintragungen und unwirksame Neben- und Rangbestimmungen. Das schreibt auch § 20a aaO Nr 3 nachdrücklichst vor. Ich verweise deshalb auf das, was ich im Stichworteverzeichnisse unter Rötung gesagt habe und darauf, wie ich längst in der Tabelle S 14 ff und im Beispiele Nr 15, 15a verfahren bin. Ich verweise auch auf Beispiel 72 und „Rötung", Hypbrief (Schluß der Einleitung), Zinsen 7. Wer stets sofort alle aufgehobenen oder gegenstandslosen Eintragungen gerötet hat, hat bei der Umschreibung keine große Arbeit. Allerdings auch dann nicht, wenn man einfach, m E pflichtwidrig, den gesamten Inhalt des alten Grundbuchblattes auf das neue Blatt übertragen läßt, wie ich es nicht selten gesehen habe.

Nun einige Beispiele:

Muster I

Berichtigter Wehrbeitragswert des Grundstücks 360000 M.
Belastung des Grundstücks Schönwald Bd I Bl 1 in Abt III
Nr 1: 100000 M Herbst 1923 zurückgezahlt und gelöscht
Nr 2: 80000 M auf 20000 FGM aufgewertet
Nr 3: 40000 M gelöscht wie Nr 1
Nr 4: 20000 M auf 5000 FGM aufgewertet
Nr 5: 25000 FGM 1924 eingetragen
Nr 6: 2000 FGM 1924 eingetragen
Nr 7: 25000 FGM anstelle der gelöschten Nr 1 wiedereingetragen
Nr 8: 25000 FGM Befugnis aus § 7 AwG nach Hypothek Nr 7
Nr 9: 20000 FGM Befugnis aus § 7 AwG nach Hypothek Nr 2
Nr 10: 10000 FGM anstelle der gelöschten Nr 3 wiedereingetragen.

Vfg

1. Schönwald Bd I Bl 1 (altes Grundbuchblatt):
   Einzutragen in der Aufschrift: Wegen Unübersichtlichkeit ist dieses Blatt in das Grundbuchblatt Schönwald Bd 21 Bl 621 umgeschrieben und geschlossen am ......
2. Alle Abteilungen, soweit ausgefüllt, ausschließlich der Schließungsvermerke, rot durchkreuzen.

Vfg

1. Schönwald Bd 21 Bl 621 (neues Blatt):
   A. Unter der Grundbuchbezeichnung der Aufschrift: Dieses Blatt ist an die Stelle des wegen Unübersichtlichkeit geschlossenen Blattes Bd 1 Bl 1 getreten. Eingetragen am ......
   B. Verzeichnis der Grundstücke: Einrücken Sp 1 ff wie Bd I Bl 1; Sp 11, 12: Von Bd 1 Bl 1 nach dessen Schließung wegen Unübersichtlichkeit hierher übertragen am ......

C. Abteilung I: Landwirt N N in N. Nr 1. Das auf dem unübersichtlich gewordenen Blatte Bd I Bl 1 auf Grund der Auflassung v 4. 1. 1916 eingetragene Eigentum bei dessen Umschreibung hier eingetragen am .....

D. Abteilung II: Nr 1—9 gelöscht.
Nr 10: Auf 1 }
Nr 11: Auf 1 } einrücken Nr 10, 11 von Bl 1 Abt II ohne Rötungen.

E. Abteilung III:

Nr 1 auf Grdst 1: 25000 FGM — i B — Darlehn, mit 10, unter Umständen 11 v H jährlich verzinslich, für den Bankier N N in N. Unter Bezugnahme auf die Bewilligung v 9. 12. 1924 auf Bd I Bl 1 unter Nr 5 eingetragen am 10. 12. 1924 und umgeschrieben am ...... (Siehe Anmerkung 1).

Nr 2 auf Grdst 1: 25000 FGM — i B — aufgewertetes Darlehn, verzinslich und zahlbar gemäß dem AwG v 16. 7. 1925 und der Eintragungsbewilligung v 1. 4. 1912 sowie der Satzung des Gläubigers, für das Pfandbrief-Amt in Berlin. Der jeweilige Grundstückseigentümer ist der sofortigen Zwangsvollstreckung unterworfen. Auf Bd I Bl 1 unter Nr 7 eingetragen am 29. 6. 1926 und umgeschrieben am ...... mit dem Range nach der Hypothek Nr 4.

Nr 3 auf Grdst 1: 20000 FGM — i B — aufgewertetes Darlehn, verzinslich und zahlbar gemäß dem AwG und der Eintragungsbewilligung v 5. 5. 1912, für den N N in N. Auf Bd I Bl 1 unter Nr 2 eingetragen am 6. 5. 1912 und umgeschrieben am ......

Nr 4 auf Grdst 1: 2000 FGM — i B — Darlehn, mit 10, unter Umständen 11 v H jährlich verzinslich, für den Bankier N N in N. Unter Bezugnahme auf die Bewilligung v 23. 12. 1924 auf Bd I Bl 1 unter Nr 6 eingetragen am 28. 12. 1924 und umgeschrieben am ...... mit dem Range vor der Hypothek Nr 2 (siehe Anmerkung 2).

Nr 5 auf Grdst 1: 18000 FGM (linke Halbspalte): Der Eigentümer ist befugt, an dieser Rangstelle eine Hypothek oder Grundschuld von 18000 FGM i B mit dem üblichen Zinsfuße eintragen zu lassen. Eingetragen auf Bd I Bl 1 unter Nr 9 und umgeschrieben am ......

Nr 6 auf Grdst 1: 10000 FGM — i B — aufgewertetes Restkaufgeld, verzinslich und zahlbar gemäß dem AwG v 16. 7. 1925 für den Kaufmann N N in N. Auf Bd I Bl 1 unter Nr 10 eingetragen am 29. 6. 1926 und wiedereingetragen am ...... (s Anmerkung 3).

Nr 7 auf 1: 5000 FGM (alte Nr 4).

Anmerkung 1: Die Hypothek Nr 1 war vor dem 1. 7. 1925 eingetragen. Sie hat deshalb den Rang vor der Hypothek Nr 7 und die Rangstelle der Befugnis Nr 8 unter ihrer völligen Ausfüllung bis zu üblichen 11 (jetzt 10) v H Zinsen, also auch den Rang vor allen Nachhypotheken der Befugnis Nr 8 auf Bl 1. Diese Befugnis war also nicht mehr einzutragen.

Anmerkung 2: Die Hypothek Nr 6 auf Bl 1 war nach § 7 IV AwG in die erste Rangstelle der Befugnis Nr 9 von Bl 1 nach der Hypothek Nr 2 eingerückt, so daß sie hier gesondert unter 4 einzutragen war, aber mit dem Range vor der Nr 2, weil diese erst hinter ihr wiedereingetragen war.

Anmerkung 3: Die ursprüngliche Eintragungsbewilligung der Hypothek Nr 6 war hier nicht in Bezug zu nehmen, weil sie keine vorzeitige Fälligkeitsbestimmungen nach § 25 I S 2 AwG enthält.

Muster II

Spalte 1—4:

1: 100000 M
2: 80000 M
3: 40000 M
(1—3:) 1922 abgetreten an X

4: 25000 FGM von 1924

5: 2000 FGM von 1924

6: 3 FGM Befugnis nach 1a vor 1b, 2, 3

7: 2 FGM Befugnis nach 2a, vor 1b, 2b, 3

8: 1 FGM Befugnis nach 3a, vor 1b, 2b, 3b

9: 24497 FGM Befugnis nach 1a, vor 2a, 3a

10: 19998 FGM Befugnis nach 2a, vor 3a

11: 4000 FGM in der ersten Rangstelle der Befugnis Nr 10, Oktober 1925 eingetragen

12: 4001 RM in der letzten Rangstelle der Befugnis Nr 10, Januar 1926 eingetragen

Spalte 5—7:

Nr 1: 100000 M aufgewertet auf 24491 FGM
- a) für Neugläubiger auf 3 FGM, erste Rangstelle
- b) für Altgläubiger auf 24488 FGM, Rang hinter 4—8, 1a, 2a, 3a

Nr 2: 80000 M aufgewertet auf 19994 FGM
- a) für Neugläubiger auf 2 FGM (zweite Rangstelle)
- b) für Altgläubiger auf 19992 FGM, Rang hinter 4—9, 1a, b, 2a, 3a

Nr 3: 40000 M aufgewertet auf 9997 FGM
- a) für Neugläubiger auf 1 FGM 3. Rangstelle
- b) für Altgläubiger auf 9996 FGM, Rang hinter 4—10, 1a, b, 2a, b, 3a

Der Verzicht auf die Befugnisse Nr 6—8 ist mit Zustimmung der Gläubiger Nr 4, 5 eingetragen und sind die erststelligen Hypotheken Nr 1a, 2a, 3a gelöscht. Danach haben die noch eingetragenen Rechte folgende Rangfolge:

- a) Nr 4: 25000 FGM.
- b) Nr 5: 2000 FGM.
- c) Nr 1b): 24488 FGM.
- d) Nr 9: 24497 FGM. Hiervon sind verbraucht durch Nr 4 nur (25000 abzüglich der Befugnisse Nr 6, 7, 8 =) 24494 GM, so daß die Befugnis Nr 9 in Höhe von 3 GM bestehen bleibt, die aber wieder durch die Hypothek Nr 5 gemäß § 7 IV AwG verbraucht ist. Also keine Übertragung der Befugnis Nr 9 auf das neue Blatt.

e) Nr 2b: von 19992 FGM.

f) Nr 10: 19998 FGM, wovon 1997 GM (Rest der Hypothek Nr 5 nach Abzug der 3 GM zu d) verbraucht sind, so daß eine Befugnis von 18001 GM verbleibt. In der ersten Rangstelle dieser Befugnis ist die auf dem neuen Blatte vorher einzutragende Hypothek Nr 11 von 4000 GM eingerückt, so daß die Befugnis Nr 10 nur mit 14001 GM verbleibt. In die letzte Rangstelle dieser Befugnis ist aber die Nr 12 eingerückt, so daß die mittlere Rangstelle der Befugnis von 10000 GM offen bleibt. Dahinter ist die Hypothek Nr 12 selbständig einzutragen. Die Eintragung auf dem neuen Blatte lautet in Abteilung III:

Nr 1 auf Grdst 1: 25000 FGM i B — Darlehen, mit 10, u U 11 v H j verzinslich, für den N N in N. Unter Bezugnahme auf die Bewilligung v 9. 12. 24 auf Bd I Bl 1 unter Nr 4 eingetragen am 10. 12. 1924 und umgeschrieben am ......

Nr 2 auf 1: 2000 FGM — wie Nr 1 — Bewilligung v 23. 12. 1924 auf Bd 1 Bl 1 unter Nr 5 eingetragen am 28. 12. 1924 und umgeschrieben am ......

Nr 3 auf 1: 24488 FGM i B aufgewertetes Darlehn, verzinslich und zahlbar gemäß dem AwG v 16. 7. 1925 und der Eintragungsbewilligung vom 1. 4. 1912 für den Kaufmann N N in N. Auf Bd I Bl 1 unter Nr 1b eingetragen am 29. 6. 1926 und umgeschrieben am ......

Nr 4 auf 1: 19992 FGM i B aufgewertetes Darlehn (etwa wie Nr 3). Auf Bd I Bl 1 unter Nr 2b eingetragen am 29. 6. 1926 und umgeschrieben am ......

Nr 5 auf 1: 4000 FGM i B Darlehn ...... Bewilligung v 4. 10. 1925 auf Bd I Bl 1 unter Nr 11 am 10. 10. 1925 und umgeschrieben am ......

Nr 6: 10000 FGM (linke Halbspalte): Der Eigentümer ist befugt, an dieser Rangstelle eine Hypothek oder Grundschuld von 10000 FGM i B — zum üblichen Zinsfuße eintragen zu lassen. Eingetragen am ......

Nr 7 auf 1: 4001 RM i B — eingebrachtes Gut mit 6 v H j verzinslich vom Tode des Eigentümers ab, für Frau N N geb N in N. Auf Band I Bl 1 unter Nr 12 am 10. 10. 1925 eingetragen und umgeschrieben am ......

Nr 8 auf 1: 9996 FGM i B ...... etwa wie Nr 3, 4 ...... Auf Bd I Bl 1 unter Nr 3b eingetragen am 29. 6. 1926 und umgeschrieben am ......

72. Die Rötung der Eigentümerbefugnisse aus § 7 und der Widersprüche des § 8 II, 16 II, III AwG im Grundbuche nach dem Zeitpunkte vom 5.5.1928.

(S Beispiel 71 Einleitung.)

Die Rötungen der Überschrift sind im Interesse der Übersicht des Grundbuchs, zur richtigen Darstellung seines Inhalts und zur Kürzung der Gbabschriften nötig. Sie machen Schwierigkeiten und ihre unrichtige Vornahme wie ihre unrichtige Unterlassungen können schwerwiegende Folgen haben. **Daher bedarf es für sie einer justizministeriellen allgemeinen Verfügung.**

Die Rötung der Befugnisse.

Für sie können die in der A V v 20.11.1899 (J M Bl 349; vgl die Richtlinien im Stichworteverzeichnisse unter „Rötung") in den §§ 8—10, 13, 14 gegebenen Vorschriften nur soweit gelten, als sie die Rötung gelöschter Eintragungen — Einschreibungen — also auch die Befugnisse in Abt III vorschreiben. Sonach darf und muß der Gbführer nur im Falle der Löschung der Befugnis ihre Rötung von selbst vornehmen. Im übrigen hat er diese Pflicht und das Recht nur auf schriftliche Verfügung des Richters oder Rechtspflegers auf deren Verantwortung (vgl Rötung oben).

Ich verneine dagegen, daß man im allgemeinen ohne neue ministerielle Anordnung die Vorschrift des § 14 III aaO über Rötung von „Vormerkungen", die durch endgültige Eintragung ihre Bedeutung verlieren, auf die Befugnis anwenden darf. Denn dazu gehört die Feststellung des Richters oder Rechtspflegers, daß die Befugnis, welche in der Gesetzesüberschrift des § 7 und sonst in der Praxis m E unzutreffend auch als „Rangvorbehalt" bezeichnet ist, durch einmaliges Einrücken oder Eintragen einer Hypothek in ihre Rangstelle erledigt ist, d h durch die einmalige Ausübung erlischt. Dieses Erlöschen durch einmalige Ausübung hat aber das Kammergericht (laut Ricks unter Rangvorbehalt 5, Johow 40, 235) für den Rangvorbehalt des § 881 B G B verneint. Allerdings steht wohl allgemein die Praxis auf dem durchaus nicht selbstverständlichen, aber praktischen Standpunkte, daß die Entscheidung für die Befugnis des § 7 nicht zutrifft, daß sie durch einmalige Ausübung untergeht, obwohl das, was das KG über den Rangvorbehalt aus § 881 B G B sagt, nach dem Zwecke noch mehr für die Befugnis gilt. Indes kann es immer Fälle geben, in denen die Befugnis nicht erlischt, z B wenn die Hypothekenbestellung nichtig oder inhaltlich unzulässig war. Deshalb muß m E der Richter und Rechtspfleger die Rötung jedesmal anordnen, wenn der Justizminister keine andere Anordnung erläßt. Ich möchte aber im Interesse der Vereinfachung dafür folgende Anregungen geben:

a) Die Befugnis ist **nur in der linken Halbspalte 4** vom Grundbuchführer zu röten, wenn in der rechten Halbspalte 4 in derselben Rangstelle eine die gesamte Befugnis einschließlich **„aller"** üblichen Zinsen ausfüllende oder deckende Hypothek, Grundschuld oder Rentenschuld eingetragen wird und der Richter oder Rechtspfleger die Rötung nicht ausschließen. Die Rötung hat nicht zu erfolgen, wenn die Hypothek mit einem Zinssatze **unter dem üblichen Zinssatze** in der rechten Halbspalte 4 eingetragen ist. Denn der Eigentümer hat dann die Befugnis noch nicht voll ausgenutzt und kann sie jederzeit bis zum üblichen Zinssatze, wie die Befugnis besagt, erhöhen. Trotz der nach meiner Ansicht unzutreffenden Entscheidungen vom OLG Hamburg u KG (S Hypbrief 18 Schluß der Einleitung, Zinsen 7), die allerdings bei Eintragung eines erhöhten Zinssatzes in der Befugnisstelle durch Erforderung der Zustimmung der Nach- u Gleichranggläubiger zu befolgen sind, dürfte die letzte Rötung bis zur Entscheidung des RG oder des Gesetzgebers in bevorstehender D Vo nicht erfolgen, da die Rötung und Abschreibungen der Befugnissumme großen Schaden wegen guten Glaubens anrichten könnte.

b) Die Befugnis ist **in Spalte 1—4** zu röten,
   1. wenn die Hypothek der rechten Halbspalte 4 oder, falls eine Hypothek unter besonderer späterer Nummer mit dem Range der Befugnis laut Rangvermerks in der rechten Halbspalte der Befugnis eingetragen ist, gelöscht wird. In diesem Falle kommt es auf die Höhe der Zinsen nicht an,
   2. wenn sie durch eine vorstehende Hypothek gemäß § 7 IV AwG bereits ausgenutzt ist und dies in ihrer rechten Halbspalte 4 eingetragen ist, wobei es ebenfalls nicht auf die Zinsenhöhe ankommt.
   3. wenn sie durch eine nacheingetragene Hypothek dadurch voll ausgenutzt ist, daß diese in ihre Rangstelle eingerückt und in Spalte 5 bis 7 bei den der Befugnis und damit der eingerückten Hypothek nachstehenden Rechten eingetragen ist, daß ihnen die eingerückte Hypothek vorgeht.

c) Im übrigen möge folgendes Beispiel mit Bemerkungen das Nötige sagen:

In Abt III stehen unter
Nr 10: 50000 RM vor dem 1. 7. 1925 eingetragen,
Nr 11: 100000 GM wiedereingetragen,
Nr 12: 100000 GM als Befugnis nach Nr 11 vor Nr 13.

In deren rechter Halbspalte 4 ist eingetragen:
I. Diese Befugnis ist durch die Nr 10 in Höhe von 50000 GM verbraucht. Rest der Befugnis 50000 GM.
II. 25000 GM Hypothek für A ist 1926 in der rechten Halbspalte 4 von Nr 12 hinter I und dann als Rest der Befugnis 25000 GM eingetragen.
III. Der Hypothek Nr 14 von 25000 GM ist die letzte Rangstelle der Befugnis eingeräumt und ist dies in der rechten Halbspalte 4 eingetragen.

Nr 13: 20000 GM wiedereingetragen. In Spalte 5—7 ist bei ihr für die Nr 14 der Vorrang 1927 eingetragen.
Nr 14: 25000 GM von 1927 eingetragen, mit 10 v H Zinsen.

Zu I bei Nr. 12 ist vorauszuschicken: Man hätte wegen Nr 10 und § 7 IV AwG bei Nr 12 gleich nur noch 50000 GM Befugnis eintragen können. Aber dann würde das Grundbuch nicht den Werdegang ergeben und nicht jeden Einsichtnehmenden sofort belehren, daß Nr 10 und § 7 IV voll beachtet ist. Jedesmal müßte ein neues Berechnen beginnen.

Bemerkungen: Zu Nr 12 I: In Spalte 3 werden 50000 GM abgezogen und ein Rest von 50000 GM ist einzutragen. Die linke Halbspalte 4 bleibt unverändert, obwohl darin 100000 GM stehen und weil mitten im Text keine Abzüge zu machen sind. Es sei denn, daß die 100000 GM gerötet und 50000 GM darüber gesetzt werden. Für spätere Abänderungen auf 25000 GM ist dann aber vielleicht kein Platz mehr.

Zu Nr 12 II: In diesem Falle müssen die vollen 50000 GM der Restbefugnis in Spalte 3 und 4 stehen bleiben. Denn darauf stützt sich der erststellige Rang der Hypothek Nr 12 von 25000 GM innerhalb der Nr 12 und diese Hypothek ist aus dieser Befugnis hervorgegangen. Die Restbefugnis darf also nicht wie 1 oben teilweise verschwinden, obwohl in Spalte 5—7 der Rangvermerk eingetragen ist. Anders im folgenden Falle III.

Zu Nr 12 III: Der Betrag Nr 14 ist in Spalte 3 als letztstelliger Teil abzuschreiben und kann sogar ausdrücklich bei der Befugnis in der rechten Halbspalte 4 oder in Spalte 10, 11 gelöscht werden, weil der Vorrang vor Nr 13 in Spalte 5—7 und das Einrücken der Nr 14 in die letzte Rangstelle der Befugnis in der dazu bestimmten rechten Halbspalte 4 eingetragen ist. Falls noch in der linken Halbspalte 4 Platz ist, wären die 50000 GM zu röten und darüber „25000 GM" der Nr 12 zu setzen. Nr 14 hat außerdem ihre Rangstelle voll ausgenutzt.

Nach alledem werden Richter und Rechtspfleger wegen der vielen Schwierigkeiten die Rötungen in Spalten 1—4 und Abschreibungen in Spalte 3, 4 abgesehen von „Löschungen" besonders anordnen müssen.

Die Rötung der Widersprüche.

Widersprüche aus § 8 II, 16 III Aw G sind von amtswegen als gegenstandslos oder erledigt durch Rötung zu beseitigen oder auf einfachen unbeglaubigten Antrag des Eigentümers oder Gläubigers zu löschen, wenn der „Einspruch" aus § 16 Aw G zurückgenommen ist oder nicht mehr besteht oder wenn über den Abwertungsantrag oder den „Einspruch" rechtskräftig entschieden ist. Sie sind alsdann zweckmäßig auf den Hypothekenbriefen in solchen Fällen rot zu durchkreuzen und mit dem Vermerke der Löschung oder Rötung wegen Gegenstandslosigkeit zu versehen. Widersprüche aus § 16 II Aw G sind ebenso bei Wiedereintragung ihrer Hypotheken nach dem gleichen § 14 III, IV Allgem Verfgg v 20.11.1899 zuröten.

Wegen obiger oder sonstiger Beseitigung anderer Widersprüche fehlt außer Art 15 D V O v 29. 11. 1925 noch immer die im Beschlusse Nr 40w der Groß-Berliner Richter und der juristischen Arbeitsgemeinschaft für unbedingt nötig erklärte Durchführungsverordnung, um z B den vorhandenen Zustand einfach und schnell zu beseitigen, daß Widersprüche aus durch Einspruch des Eigentümers angefochtenen Anmeldungen einfach im Gb stehen bleiben und Kreditnot hervorrufen.

Die Unterlassung der Rötung im ersten Absatze macht das Grundbuch unrichtig, was Gbrichter und Rechtspfleger weder veranlassen noch dulden dürfen.

Ein Nachwort.

I. Die G B O ist die Prozeßordnung für das Gba! Nur sie gibt außer den Ausführungsbestimmungen u Sondergesetzen die formellen Regeln u Pflichten zu Eintragungen. Wer sie, ihren Zweck, ihren zwingenden, streng formalen Charakter nicht kennt u unter Bekämpfung eines kleinlichen, übertriebenen Formalismus nicht beherrscht, was leider ein stark herrschendes Übel ist, gefährdet die ganze Gbeinrichtung. Hauptgrundsätze sind: Nur auf Grund des Antrags aus § 13, 15 G B O (S 84, Eintragungen) „muß“ und kann das Gba eintragen. Die Ersuchen (s dort) zuständiger Behörden aus § 39 G B O mit Dienststempel stehen den „Anträgen“ völlig gleich. Solange der Antrag „aller“ Antragsteller nicht nach § 32, 29 beglaubigt (für Notar genügt eigener Dienststempel bei seinem Namen) zurückgenommen ist, „muß“ die Eintragung noch erfolgen, gleichviel, was über das der formellen Eintragungsbewilligung zu Grunde liegende Rechtsgeschäft nachträglich nur vom Gl erklärt ist. Das Gba müßte den Antragsteller auf die formell noch nötige Antragsrücknahme hinweisen. Notare (s dort) können nur ihre eigenen Anträge, nicht die der Beteiligten zurücknehmen. — Die für das Gba nötige „Einigung,,(S 83) ist nicht die des B G B, sondern der § 19, 20 G B O, braucht aber nicht wörtlich als „Bewilligung“ oder „Einigung“ erklärt zu sein, wenn sie nur als solche klar aus den Urkunden, Anträgen u ihrem Zusammenhange hervorgehen. (Beispiel 4, 53, Bewilligung, Einigung, Eintragungen.)

II. Die schlimmsten Übelstände herrschen im Beurkundungswesen. Ich muß dringend auf S 94, Ricks D N B 1915, 437; 1921, 311; 1928, 229 verweisen. Stehn wir auch der Umständlichkeit ausländischer Urkunden bei Weitem nach, so raubt dennoch das Unnötige u der Volkssprache Fremde in unseren Urkunden den Verfassern, Beteiligten, Lesern, Behörden, Schreibkräften usw gar überaus kostbare Zeit, Kraft, Arbeitslust u Geld für Besseres. Die Gründe liegen in der Unkenntnis von I u von der Aufgabe der Urkunden für das Gba. Ihr Zweck ist nur, Eintragungen zu erlangen u deshalb die nach der G B O nötigen Erklärungen aufzunehmen. Nicht aber, lang u breit den Inhalt beizufügender Urkunden wörtlich zu wiederholen, die Rechtsgeschichte u Lage des Falls unter immer wiederholter Personenaufzählung zu erörtern, den Antrag zu begründen. Die Begründung kommt nach einer Beanstandung früh genug oder gehört nötigenfalls in ein Begleitschreiben. In die Urkunde gehören: a) nur das der Eintragung zu Grunde liegende Rechtsgeschäft, soweit nicht wegen der Verfügungsmacht oder ihres Grundes auf eine beizufügende Urkunde (unten) verwiesen werden muß oder kann, b) die Eintragungsbewilligung nebst Antrag u etwaige Zustimmungen! Alle vorgelegten Urkunden hat das Gba zu prüfen u daraufhin zu entscheiden. Also Verabredung, Bewilligung u Antrag nach § 13, 19, 20 G B O. Alles Andere ist überflüssig! Wegen der Unterlagen einer Beurkundung genügt allgemeine, kurze, aber bestimmte Verweisung auf sie mit Angabe der Behörde, Urkundsperson, Aktenzeichen, Datum (Erbschein, Testament, Ehevertrag, Urkunde des Notariatsregisters usw), ohne alle daringenannten Personen sämtlich einzeln zu nennen oder fortwährend zu wiederholen. Kurz einige Beispiele: „Es erscheinen 1. der bekannte Dr NN aus N, 2. der durch seinen Reisepaß vom ..ten ausgewiesene Kfm NN aus N, 3. die durch den bekannten mitunterzeichneten NN in N vorgestellte Witwe NN geb N ebendaher, 4. ... 5, ... Sie erklärten: Als Erben des Grundstückseigt nach dem hiermit überreichten Erbscheine des Amtsgerichts N (Aktenzeichen) vom 1.4.1919 verkaufen wir im Wege der Erbteilung das Grundstück Schönwald Bd 1 Blatt 29 der Miterbin zu 3 für 1 Million Mark unter sofortiger Übergabe. Wir bewilligen und ich, die Erwerberin, beantrage auf meine Kosten, mich, Frau N als Eigentümerin in das Gb einzutragen." — S ferner Beispiel 3 ff, 6, 53 u als einfacher Antrag mit Unterschriftsbeglaubigung: Wir beantragen, uns, die Erben des Eigentümers des Grundstücks von (oder: des Gl der Hyp Nr 10 von 10000 M auf) Schönwald Bd 10 Bl 309 als Eigt (Gl) in Erbengemeinschaft (bei der Hyp auch zulässig: zu je $^1/_{10}$) in das Gb einzutragen. Die Kosten verauslagt N ..... Alsdann Unterschriften mit Beglaubigung! Wenige Worte u klar, wenn Erbschein beiliegt. — Sind noch andere nicht erschienene Miterben da, so ist, damit die Erwerberin nicht nochmals zu erscheinen nötig hat (S Aufl 12) und die Nichterschienenen die obige Verhandlung mit beglaubigter Unterschrift nur nachträglich zu genehmigen brauchen, zweckmäßig folgender Zusatz zu machen: „Wir geben diese Erklärungen auch namens der nichterschienenen Miterben, die sie gemäß § 185 B G B nachträglich genehmigen werden, ab".

Eine völlig genügende Generalvollmacht ist unter Vollmacht entworfen! — Viele Weiterungen verursacht die Fassung vieler Erbscheine. S Erbschein 1.

III. Heute muß nahezu jeder Eintragungsantrag beanstandet werden. — Eine ungeheuere Mehrarbeit für alle Teile! Soweit Kostenvorschuß, behördliche Bescheinigungen u Erklärungen regelmäßig fehlen, kann die Beanstandung aus § 18 G B O bis zum Eingange eines zweiten Antrags (§ 18 Abs 2) durch einfache Fristsetzung in den Akten vermieden werden, wenn der Notar die Nachreichung der Urkunden gleich anzeigt u der Vorschuß vom Schuldner unmittelbar erfordert wird. Aber unnötig sind fast alle Beanstandungen aus § 18, die der Notar durch nicht gleichzeitige Einreichung der erforderlichen Unterlagen der Eintragungen, auch in richtiger Form, wie dies S 87—90 beschrieben ist, veranlaßt. Es ist ein schwerer Übelstand, daß so viele völlig unfertige Anträge ohne die selbstverständlichen Unterlagen (Erbschein, Testament, Vollmachten, Registerauszüge, Grunderwerbsteuerbescheinigungen usw) u diese später selbst „einzeln" dem Gba eingereicht werden. Die Arbeit wird dadurch allen Teilen nutzlos vervielfacht u die Erledigung dringender anderer Arbeit verhindert. M E muß der Notar, vom Notfalle abgesehen, in der Regel alle erforderlichen Urkunden ansammeln u zusammen mit dem Antrage aus § 15 G B O einreichen. Die heutige leidige Gewohnheit berechtigt das Gba an sich zur sofortigen Abweisung, da § 18 für sie nicht gegeben ist. Es ist oft schwer, möglichste Rücksicht zu nehmen und nicht sofort die Anträge sofort kostenpflichtig abzuweisen, wovon ich sonst stets abrate.

IV. Ueber die äußere Form der Verfügungen verweise ich auf Seite 90 u Ausbildung. Hier muß eine Besserung eintreten! Namentlich die Unleserlichkeit von Schrift u Unterschrift wirkt schädlich auf den Nachwuchs u die Arbeitsleistung nach dem Richter!

Stichworteverzeichnis.

Die fettgedruckten, mit Nr. versehenen Zahlen geben die Nummmern der Verfügungsbeispiele, die übrigen die Seiten an. Die den Stichworten beigefügten Zahlen sind Unternummern von ihnen.

Berichtigungsanspruch des nicht eingetragenen Eigt gegen den eingetragenen Nichteigt ist unübertragbar. Es kann nur seine Ausübung neben dem Berechtigten überlassen oder gepfändet werden. Die Pfändung ist nicht eintragbar. Joh 47, 169. (S aber Nr 18.) Die Übertragung des Rechts auf Anlegung eines Gbblattes bei einer Aufl u auf Eigentumsberichtigung durch Abtretung ist zulässig. R G 78, 87, wo es sich um eine Dorfaue des schon vorher aufgelassenen Rittergutes handelt. S Aufl 7.

b) Es gibt keine Eintragung des **vorgepfändeten Berichtigungsanspruchs** des Eigt. O L G Kolmar 10.3.08. XVIII 198.

c) Die Löschung einer Hyp auf Grund erfolgter **Pfändung** des **Berichtigungsanspruchs** des Eigt kann nicht ohne beglaubigte Zustimmung des Eigt erfolgen, da der Anspruch des Eigt auf bloße Löschung nicht verwertbar und nicht pfändbar ist. O L G Dresden 15.12.08. XVIII 235. (S aber Pfändung 9.)

4. Eine vom Eigt erworbene Hyp kann auf einen neuen Gl nur umgeschrieben werden unter der Feststellung, daß der Eigt sie als **Eigt-Hyp** oder **Grundschuld** erworben hat und daß demgemäß eine Forderungsauswechslung (§ 1180 B G B) oder eine Umwandlung (§ 1198 B G B) stattfinden soll. Joh 45, 282. Also das Gegenteil von früher! (S 285 Joh wichtig für die Fassung der Vermerke.)

Nr 28—**29.** **5.** Eine **Teilabtretungseintragung** ist unzulässig, wenn nicht neben dem
100. vom Notar gefertigten **Teilbriefe** auch der **Stammbrief** vorgelegt wird. K G 20.4.05. VI 63. — Zur schriftlichen Abtretung einer Briefhyp muß die Übergabe des durch ein Ausschlußurteil nicht ersetzbaren Briefes treten. S Hypbrief (Einleitung).

Nr 23. **6.** S **Höchstbetragshyp** 1—3, Betroffen 1, Eheleute 13, 14.

7. Schicksal einer Hyp, die dem **Ersteher** des belasteten Grundstücks gehörte, aber **nicht ganz ausgefallen** ist. S Eigtgrundschuld 6.

8. Löschung einer **unwirksam abgetretenen** Hyp s Löschung 14. S Beispiel 33 über unzulässige Abtretung u Nichtentstehung einer Eigentümergrundschuld, wenn nur Löschungsbewilligung erteilt ist.

9. Bei Abtretung einer **Hyp** (nicht Buchhyp K G Joh 53, 186;
62. Anm. D Not V 28, 153) muß in der Abtretungsurkunde angegeben werden, ob, wieweit u seit wann die Zinsen mit übergehen. Sie gehen nicht notwendig von selbst mit über. O L G K G 28.11.04. X 425. S Zinsgenußrecht. — Die bedingte Abtretung einer Hyp ist zulässig u eintragungsfähig. Joh 49, 207. Bei Abtretung einer verzinslichen, in eine Hyp umgewandelten Eigtgrundschuld ist bestimmt zu sagen, ob Eigt das Zinsrecht behalten oder abtreten will. Joh 51, 285. Will indeß der bisherige Gl das Zinsrecht, den Nießbrauch an der Hyp sich vorbehalten bezw bestellen, so kann nicht **er,** sondern muß der neue Gl dies tun. Joh.51, 291. Der Nießbrauch kann auch schriftlich u durch Briefübergabe (bei Buchhyp nur durch Eintragung) bestellt werden. Das Gba hat m E nur die vorliegenden Erklärungen nach § 19 G B O zu beachten. Liegt also eine beglaubigte Abtretung einer Hypforderung dem Gba vor, in der der Gl die Forderung ausdrücklich **ohne** die Zinsen abgetreten hat, so muß die Hyp auf den Neugläubiger mit dem Bemerken eingetragen werden, daß die Zinsen dem bisherigen Gl verbleiben. Hat dieser in der Urkunde erklärt, er behalte sich die Zinsen vor oder habe daran den Nießbrauch, so ist der Nießbrauchbestellung selbst nach § 19, 22 G B O wie nach Joh 51, 174 nicht nachzuforschen u die Eintragung wie vorher vorzunehmen, wenn die Urkunde den Altgläubiger unzulässig nicht selbst erklären läßt, daß er sich selbst den Nießbrauch vorbehalte oder bestelle. Des Weiteren: Ist in beglaubigter Urkunde nur die **„Hypforderung"**

(oder wie im Leben gesagt wird: „die Hyp") ohne ausdrückliche Anführung von Zinsen, Nebenleistungen abgetreten, so **muß** das Gba die Hyp **nebst Zinsen u Nebenleistungen** (§ 19, 22 G B O) auf den neuen Gl umschreiben, da nach RG u allgemeiner herrschender Auffassung die Hypforderung oder Hyp Kapital, Zinsen, Nebenleistungen von selbst mit umfaßt u es daher an sich in der Urkunde gar keines Zusatzes wegen der Zinsen usw. bedarf. Ist ein Zinsübergangstag nicht angegeben, so kann als solcher das Datum der Urkunde unter notwendiger Eintragung in das Gb angenommen werden. Läßt dagegen die Urkunde einen Zweifel, so ist allerdings Beanstandung über die Zinsen geboten. Z B! Bei einer Hypabtretung, deren Forderung Zinsen, sonstige Nebenleistungen (Strafzinsen, Fälligkeitsentschädigung usw) umfaßt, darf die Urkunde nicht nur den **Zinsen**übergang angeben, weil sonst die übrigen Nebenleistungen dem Altgläubiger verbleiben müßten oder sogar Eigtgrundschuld (s **Nebenleistungen 4**) geworden sein könnten. Das Gba wäre aber auch hier berechtigt, ohne Beanstandung in der Eintragung Kapital u Zinsen umzuschreiben, dagegen die Nebenleistungen dem bisherigen Gl vorzubehalten. Joh 51, 290; R G 74, 78; 86, 218 nehmen allerdings einen anderen, zu formalistischen Standpunkt ein. — Im Falle des **Todes** des **Abtretenden** ist die Abtretung der Hyp nur wirksam, wenn sie vor dem Tode dem dafür beweispflichtigen neuen Gl zugegangen ist. Die Briefübergabe ist nicht zu beweisen. Joh 44, 175. Wegen Notwendigkeit der Briefübergabe s Hypbrief, Abtretung 12.

10. Die Eintragungsbewilligung wie die Eintragungsformel müssen bei Umschreibung von Hyp den dinglichen, der Umschreibung zu Grunde liegenden Rechtsakt erkennen lassen. Es ist jedoch nicht am buchstäblichen Sinne zu haften, sondern der wirkliche Wille nach der Sachlage zu erforschen. Joh 40, 268. Vgl Seite 9, 11. Es muß also erkennbar sein, ob eine reine Abtretung oder eine Umschreibung wegen Erbfalls oder Verzichts vorliegt. S Bewilligung 1 über Unklarheit der Urkunde und Unwirksamkeit des Grundgeschäfts.

11. Abtretung neuer Inhaber- oder Orderhyp erfolgt durch Indossament auf den Schuldverschreibungen.

12. Wegen § 19, 26 G B O ist außer der Abtretungsurkunde nicht der Nachweis der Briefübergabe an den neuen Gl erforderlich. Joh 51, 276. Der Erklärung des erwerbenden Miterben bedarf es nicht, wenn die übrigen Miterben ihm die Nachlaßhyp abtreten. Joh 51, 281.

13. Nach R G Ring 26, 463 und seinem Gutachten von 1908 hat die Eintragung der Abtretung eine Löschungswirkung auf die Eintragung des Altgläubigers, sodaß dieser als gelöscht gilt. (S Rötung.) Dies gilt nach R G D Not V 28, 161, Ring 28, 135; 27 So VI 48, 28, 6; Bd 116, 177 nicht für die §§ 17, 20, 21 Aw G. Der Altgläubiger ist nach § 17 Aw G als Teilgläubiger nach dieser Rechtsprechung anzusehen.

14. S ferner über Abtretung, Aw-Gbsachen, insbesondere auch über Abtretung des Awanspruchs.

15. Der Erwerb einer Hyp durch Abtretung ist nach § 2 I Aw G „**Rechts-**" nicht Wirtschaftserwerb, sodaß die Buchhyp mit der Eintragung im Grundbuche erworben ist." R G Ring 28, 621 (s **Erwerb**).

16. Die Abtretung steht der **Überweisung an Zahlungsstatt** in der Wirkung gleich. R G Ring 28, 29. S Pfändung, Einziehung, Überweisung.

17. Echte und unechte Abtretungen sind für § 17 Aw G gleich zu behandeln. R G D Not V 27, 685; R G Ring 28, 201.

18. Eine nach § 15 Aw G aufgewertete gelöschte „Briefhypothek" kann auch vor der Wiedereintragung abgetreten werden, wenn nicht nach Art 6 D Vo 29.11.1925 Brieferteilung ausgeschlossen ist. R G D Not V 1928, 312;

Ring 1928, 315. Die Abtretung einer noch nicht wiedereingetragenen Awbuchhypothek gibt nach München Ring 28, 408 nur dem Neugläubiger das Recht, die We für den Altgläubiger zu betreiben, da eine **Buchhyp** vor ihrer We nicht abtretbar, sondern nur der Berichtigungsanspruch übertragbar ist. S oben 3.

19. Behauptet der Gläubiger, er habe sein Awrecht (echt oder unecht s Nr 17) abgetreten, so ist nach K G D Not V 28, 376 § 17 Aw G anzuwenden. Es genügt nach Art 3 D Vo seine notwendige Angabe auch über Zeit der Abtretung und anzugebenden Zahlungen. Die entwertete Zahlung bewirkte nur zum geringen Teile Eigentümergrundschulden; sodaß er den erheblichen Rest trotz der Eigentümerzahlung ohne Entstehung einer Eigentümergrundschuld „abtreten" konnte. Die Abtretungsurkunde ist nach Art 3 D Vo nicht vorzulegen. Ob eine **„privatschriftliche" Abtretung** eine andere Eintragung, insbesondere nach 21 II Aw G wegen des Nachrangs bewirkt, läßt das K G unentschieden. (Ich habe diese Frage in der Praxis wegen des § 21 I Nr 2 Aw G § 1155 B G B mit den „öffentlich beglaubigten" Abtretungserklärungen bejaht.) Eine privatschriftliche Abtretung beweist nach § 29 G B O nicht, daß keine beglaubigte Abtretung erfolgt ist. Es muß nach K G Prozeßentscheidung erfolgen, daß keine beglaubigte Abtretung erfolgt ist. (Die unbeglaubigten Angaben nach Art 3 genügten doch! Warum nicht diese Angabe und Vorlegung der privatschriftlichen Urkunde?!) Wer im Grundbuche noch eingetragen ist, gilt als Gläubiger, weil der Brief nach Art 17 D Vo nicht vorzulegen ist. Das Aw G hat die We durch zahlreiche Vermutungen vereinfachen wollen. Hier muß aber der ungünstigste Fall des § 21 II Aw G angewendet werden. Denn ein Recht auf Besserstellung ist vom Altgläubiger nachzuweisen und durch Widerspruch nach § 899 B G B zu sichern. Abzuziehen ist der Awbetrag des Neugläubigers (R G 116, 255). Für die Awberechnung beim Neugläubiger kann man den Abtretungsbetrag des Altgläubigers nach Art 3 D Vo nehmen. Der Altgläubiger muß bestimmte Anträge, auch wegen des Rangs zur Vermeidung des § 21 II Aw G stellen. K G D Not V 28, 376.

Abweisung s Antrag.

Adel. S Ges über Aufhebung der Standesvorrechte des Adels u Auflösung der Hausvermögen 23.6.1920 (Ges S 367); V O betr Überleitungsvorschriften dazu 3.3.1921 (Ges S 339), Allgem Verfg 31.12.1920 (J M Bl 1921, 30) über Waldschutz der freiwilligen Auflösung gebundener Güter (Waldverfügung; insbesondere Nr 6—8 wegen des Gb), Allgem Verfgen 1./26.3.1921 (J M Bl 173, 231). Ges 7.1.1922 (Ges S 5) über Bildung von Schutzforsten durch das Auflösungsamt, Eintragung des Schutzforstvermerks in das Gb, Wald- oder Land-, Deich- u Weingüter. Allgem Verf 17.1.1922 (J M Bl 23). Vgl O L E 43, 186 über Schutzforstvermerke, Schutzforsteigenschaft, die schon außerhalb des Grundbuchs besteht, Rechte des Auflösungsamts und Beanstandung. — S Familiengüter. — **Adelsbezeichnungen** sind nach Art 109 der Reichsverfassung (R V) Teile des Namens und bleiben als Namen. Die **Frauen** können ihr Geschlecht z B als „Gräfin", „Fürstin" usw zum Ausdruck bringen. Die Männer können die Adelsbezeichnungen **„Freiherr", „Graf"** usw deklinieren. Der alte Sprachgebrauch ist nicht aufgehoben. R G 113, 107. Nach Rundverfügungen des J M 31.1.1928 ist unzulässig, die Vornamen zwischen die frühere Adelsbezeichnung und die übrigen Teile des Familiennamens zu schieben. Es heißt also **nicht Prinz Wilhelm, sondern Wilhelm Prinz von Preußen.** (S Muster 69 Ende.) Im Amtsverkehr ist unzulässig, von dem **„Herzog", „Grafen"** usw zu sprechen. Als Name der Adelsfamilie und Angehörigen gilt die Bezeichnung, die sich auch bisher vererbte. Stand einem Familienangehörigen beim Inkrafttreten des Art 10, 9 der R V am 14.8.1919 eine besondere Bezeichnung „Fürst", „Graf" usw zu, darf er sie bis zum Tode fortführen. Der nach dem 14.8.1919 in den Besitz des **Familienfideikommisses** gekommene Nachfolger erhält die gewöhnliche Bezeichnung seiner Familie. **„Kgl Hoheit“, „Durchlaucht“** ist **beseitigt.** § 1 II Nr 3, 22, Ges 23.6.1920 (Ges S 367). S auch Runderlaß des Staatsministeriums 5.9.28 (J M Bl 409), der ferner auf unzulässig verliehene Dienstbezeichnungen wie „Forst-, Kammer-, Ökonomierat usw“ hinweist.

Aktiengesellschaft (Fusion) s Aufl 3, 19, 28. Sie wird vertreten nach § 231, 232 H G B durch ihren gesamten Vorstand oder mehrere oder einzelne Vorstandsmitglieder (diese auch mit Prokuristen gemeinschaftlich) je nach dem Gesellschaftsvertrage. Nachweis durch Zeugnis des Registergerichts. § 33 G B O. S Vorstand. — Hat eine Aktiengesellschaft mittels § 207 H G B (Nachgründung) einen Vertrag über Grundstückserwerb geschlossen u dann Konkurs gemacht, bedarf es zur Eintragung des Grundstückseigentums nicht nur der Zustimmung des Konkursverwalters (s dort), sondern auch der Gläubigerversammlung. München Ring III 307. S auch Auflassung 28. — Wegen § 181 B G B s G m b H.

Aktenübersendung an Behörden s Ersuchen 2; Seite 98; Grundakten.

Allodialeigenschaft s Familienfideikommiß.

Altenteil, Ausgedinge Seite 6. **Nr 3, 53** mit Vertragsentwurf. — S Sicherungshyp 7; Löschung 1. Altenteil, Ausgedinge, Auszug, Leibzucht (Art 96, 218 E G B G B, 15 A G B G B, 23, 50 G B O) sind u U zusammengesetzt aus Reallast, persönlicher u Grunddienstbarkeit, Nießbrauch nach B G B u finden auch auf städtische Grundstücke Anwendung. Jedes einheitliche besondere Altenteil wird unter einer Nummer eingetragen. Ebenso das Gemeinschaftliche für Eheleute „in Gemeinschaft gemäß der Bewilligung vom . . ten“. Neue Festsetzung der Geldbezüge durch das Amtsgericht (in Preußen nach Pachtschutzordnung. Ges 18.8.23 (R G Bl 815), V O 8.9.23. Ges S 433. Vgl Vo zur Änderung der Pachtschutzordnung v 30.9.1925 (Ges S 117). Neufassung der Pachtschutzordnung Ges S 1927, 177. Die Zuständigkeit des Amtsgerichts ist nicht ausschließlich. Auch das Prozeßgericht ist zuständig. KG D Not V 1927, 291. — Das Gesetz findet bei letztwilligen Verfügungen keine Anwendung. J W 1924, 2100 I. Nach § 50 ff Pachtschutzordnung findet aus Vergleichen u Entscheidungen des Pachteinigungsamts, die beide unter den Parteien als Vertragsinhalt gelten, Zwangsvollstreckung gemäß Z P O statt. Einstweilige Anordnungen durch den Vorsitzenden außerhalb der Verhandlungen nach § 23. — Eine Kapitalsabfindung der Altenteilsleistungen kann nur durch Hypothek gesichert werden. Joh 53, 166. — M E können Altenteilszahlungen sowohl in RM wie in FGM bestimmt werden. S Beispiel 56. — Die einzelnen Altenteilsrechte müssen in der Bewilligung nach dem Bestimmtheitsgrundsatze wie bei Reallasten festgelegt sein. Gewährung standesmäßigen Unterhalts genügt nicht. K G D Not V 28, 152. Die Erweiterung muß unter neuer Nr, nicht in Sp 4,5 eingetragen werden. (Der Begriff „Erweiterung“ kann allerdings streitig sein u damit nach § 1—3 Vo entweder die ganze Umwandlung der alten in die neue Geldrente oder nur der den GMbetrag der PMrente überschießende neue höhere GMbetrag der Rente gemeint sein.) Außerdem muß auf Ersuchen der zuständigen Pachteinigungsamtsabteilung des Amtsgerichts nach § 8 Vo eine **Vormerkung** auf die Erweiterung eingetragen bzw, soweit der gesicherte Anspruch durch Entscheidung der Abteilung oder durch Vergleich entfallen ist, gelöscht werden. Nießbrauch 6. — Kapitalsabfindung kann nur durch Hyp, nicht durch Altenteil gesichert werden. Joh 53, 166. Altenteilsvertrag ist kein Leibrentenvertrag. R G 104, 272. — Ausstattung, Hochzeits- u Begräbnisausstattung usw ist zulässig, obwohl sie nur einmalige

Leistungen sind. Ring I 434. — Altenteil ist Übernahme einer Rentenpflicht gegen Verkauf einer ländlichen Hofstelle u Rentenkauf unter Verwandten gegen Geld. R G in J W 1924, 814.

Amortisationsbeiträge sind keine Nebenleistungen, sondern Kapitalsabzahlungen, wegen deren Bezugnahme nach § 1115 B G B gestattet ist. S Nebenleistung 1. K G 26.5.02. III 137. — **Amortisationshyp** Joh 46, 235 über ihre Eigentümlichkeit wegen der Zinsen u ihres **Eigtgrundschuldwerdens** sowie über den Unterschied bei Kreditanstalten. Ferner darüber R G 104, 68, wonach der Eigentümer in Höhe der Kapitalsteile, die keine Nebenleistungen sind, Eigentümergrundschulden nach § 1163, 1177 B G B erwirbt, was dinglich nicht durch Vertrag ausgeschlossen werden kann, sondern nur schuldrechtlich wirkt. Ebenso ist eine Vereinbarung unwirksam, wonach die zu einem Amortisationsfonds gesammelten Tilgungsbeträge als Zubehör des Grundstücks auf jeden neuen Eigentümer übergehn. Die Eigentümergrundschuld verbleibt dem tilgenden Eigentümer. Ausnahmen gibt es nur nach Art 167 E G B G B für die Vereinbarungen öffentlicher und ritterschaftlicher Kreditanstalten, wozu Kreissparkassen nicht gehören.

Amtshilfepflicht s Ersuchen 4.

Amtsstempel oder Siegel s Stempel, Siegel.

Amtsvorsteher ist als Polizeiverwalter staatliche Behörde. O L G K G 4.5.05. XII 176.

Aneignungsrecht des Fiskus und der Städte s Verzicht 1.

Anerbengüter. Die Anerbenguteigenschaft erlischt nicht durch den Zuschlag u kann um ihre Löschung nicht ersucht werden, da diese nur auf Ersuchen der Generalkommission erfolgt. Die Beschw gegen ihre Löschung mit dem Antrage auf ihre Wiedereintragung ist zulässig, weil sie als eine dem öffentlichen Rechte angehörende Eintragung nicht unter dem öffentlichen Glauben des Gb (§ 892 B G B) steht. Joh 42, 203. S Beschw 4. Allgem V 22.1.1900 betr Eintragung der Anerbenguteigenschaft im Sinne des Ges 2.7.1898 (J M Bl 1900, 34).

Anfechtung eines gemeinschaftlichen Testaments oder Erbvertrags s Eheleute 2.

Angebot, Kaufgebot. Ihre Sicherung durch Vormerkung s Wiederkauf.

Ankaufsrecht, das vereinbart ist, ist kein dingliches Recht und deshalb nicht eintragungsfähig. Es unterscheidet sich vom Vorkaufsrecht durch seine Unabhängigkeit vom Verkaufe des Eigentümers und Preise. Eine Vormerkung aus einem Ankaufsrechte auf Übertragung des Eigentums ist zulässig. S Vormerkung. K G Ring III 320. — S Merten über Ankaufsrecht D R Z 28, 383.

Anlandung. Im Falle der Anlandung kommt nur eine Berichtigung der Bestandsangaben, nicht eine Neuanlegung eines Gbblattes in Frage. Joh 43, 122. — S Wassergesetz wegen Eigentums daran. § 17 J M Bl 1914, 495, 498. R G 88, 26. — S Bestandteil 4.

Anlegung der Gbblätter Nr 1, Seite 3, 96 ff, Aufl 11, Anlandung.

Anmeldungsrücknahme s Zurücknahme.

Ansiedlung s Siedlung.

Anteile. 1. gemäß § 48 G B O sind **nicht vorher** noch **einzutragen,** wenn
111, 10. seitens eines oder aller anderen Mitbrechtigten deren Anteile an **Einen** von ihnen als Alleinberechtigten übertragen werden. O L G K G 7.12.03. VIII 154. — Umwandlung von Gesamthandsanteilen an Grundstücken in bestimmte Bruchteile nur durch Aufl. S Bruchteile 7. — Anteilsbelastungsformel Seite 10 Anm.

2. Die Belastung des Anteils eines Miteigt, der mit anderen Miterben in Erbengemeinschaft als Eigt des Grundstücks eingetragen ist, ist als inhaltlich unzulässig von Amtswegen nach § 54 G B O zu löschen u wird durch den

öffentl Glauben des Gb nicht geschützt. R G 88, 21. Selbst die Eintragung einer **Vormerkung** auf Eintragung eines **bestimmten** Rechts auf dem Anteile eines Miteigt ist **nicht zulässig,** wenn die Anteile der Miteigt nicht nach Bruchteilen eingetragen sind. K G 9.2.05. V 203. S aber Zuschlag 5, Vormerkung 3, wo es sich um **Grundstücksteile** u Verfügungsbeschränkungen handelt. — § 48 G B O gilt auch für den Versteigerungsrichter. O L G K G XXIII 335.

Nr 18. 5. **3.** S Bruchteil, Gemeinschaft, Miteigt, **Miterben,** Sicherungszwangshyp 1 e, Pfändung 5.

4. Rechte an Grundstücken können an **gütergemeinschaftliche** Eheleute nicht zu bestimmten Teilen abgetreten werden. O L G X 423. — S Bruchteil 6 wegen § 48 G B O.

Antichrese s Nießbrauch 1.

Antrag. 84—88, 93, 98, 99. **1.** Seine **Form.** Seite 85, 86. Anträge auf Eintragung müssen in einem Schriftstücke niedergelegt sein u sind erst mit dem Eingange beim Gba wirksam gestellt. In dem Zeitpunkte dieses Eingangs oder, wenn der **Antragsteller** vorher **gestorben** ist, zur Zeit der Antragsabsendung muß der Antragsteller (Gläubiger 13) rechtsfähig sein. Joh 44, 174. M E konnte der Verstorbene die Absendung durch Übergabe der Schriftstücke an einen Anderen zum Zwecke der Übermittlung an das Gba wirksam vollziehen, auch wenn sie dadurch verzögert wird. — Wenn eine Bewilligung ohne Anschreiben eingeht, so genügt der in ihr gestellte Antrag. S auch **Notar,** Gba 7, Ausnahmen vom Antragsgrundsatze Seite 85. Widerruf. — Der Eintragungsantrag bei der Aufl s Einigung.

2. Der Eintragungsantrag kann erst gestellt werden, wenn **alle** vom Antragsteller beizubringenden **Unterlagen** vorliegen. Dies gilt auch für die ersuchenden Behörden. S 48, Nr 4. S Vorbehalt 2. Wer Antragsteller ist, s Widerruf. Er gilt beim Gba erst als eingegangen, wenn er bei ihm selbst (nicht beim Amtsgericht oder einer anderen Abteilung) zu Händen des nach Art 4 A G G B O zuständigen Beamten vorliegt. K G Ring Ring III 390. — Ein **örtlich unzuständiges Grundbuchamt** muß einen Antrag oder ein Ersuchen ohne Anwendung des § 18 G B O unverzüglich an die zuständige Stelle oder den Einreicher von Amtswegen weitergeben. Es sei denn, daß die Zuständigkeit ausdrücklich behauptet und die Entscheidung von diesem Grundbuchamte ausdrücklich verlangt ist. Ricks D Not V 28, 396.

3. des **Erstehers** vor der Gbberichtigung. S Ersteher.

4. Antragsberechtigt ist nur der, dessen Recht von der Eintragung **betroffen** wird, d h durch sie Einbuße erleidet oder begünstigt wird. Deswegen ist Eigt nicht befugt, zu beantragen, daß Hyp oder Grundschuld Anderer auf neue Gl umgeschrieben wird. Der Eigt wird eben **nicht** von **allen** Eintragungen betroffen. O L G Rostock 10. 3. 04. IV 175. Antragsteller sind nach § 13 G B O die Betroffenen und Begünstigten, nach § 15 G B O der Notar, ein Bevollmächtigter und die Behörden S 84 Nr 4.

Nr 25. 104, 105, 106, 87. **5. Abweisung** des Antrags, **teilweise** Abweisung. (S auch Hindernis.) **Rang** eines abgewiesenen Antrags s Rang 1. Zurücknahme S 87. Wiederholung S 105; s **Urkunden** 3. — Es ist nicht gerechtfertigt, nach dem Fristablaufe vor der Beschwerdeentscheidung die beanstandeten Anträge abzuweisen. Joh 51, 276. Nach Joh 51, 201 ist teilweise Abweisung u Erledigung eines Antrages zulässig, wenn nicht die sämtlichen beantragten Eintragungen wirtschaftlich zusammenhängen u eine nicht ohne die andere gewollt ist. Das Gb wird gemäß Joh 49, 216 unrichtig u Widerspruchseintragung (§ 54 G B O) nötig, wenn die Eintragung nicht voll dem Antrage nebst Bewilligung entspricht. — Ein in allen Instanzen abgewiesener Eintragungsantrag kann mit der gleichen „tatsächlichen“ Begründung von neuem gestellt werden, wenn eine Gbberichtigung verlangt wird. Joh 44, 301, wo die materielle Rechtskraft der Entscheidungen in der freiw. Gerichtsbarkeit besprochen wird.

84, 86. **6.** Er ersetzt die Bewilligung. S Einigung.

7. Hat ein Beteiligter einem auch ihn betreffenden Antrage des Eigt beglaubigt zugestimmt, so muß er auch der Zurücknahme des Antrags beglaubigt zustimmen. O L G K G 23.1.07. XV 391. Diese Entscheidung bespricht auch vorzeitige Anträge. — S **Notar** 6, Widerruf. — Ein Rechtsanwalt, der notarielle Bewilligungen außerhalb des § 15 G B O einreicht, kann ohne Vollmacht nach § 32 G B O den Antrag nicht zurücknehmen. Dagegen kann ein Notar auf Grund des § 15 G B O u eingereichter Eintragungsbewilligungen selbst mit Anträgen nicht verlangen, daß Beanstandungen aus § 18 G B O an die Beteiligten gerichtet werden, da er durch § 15 Leiter u Betreiber des Verfahrens wird u durch ein solches Verlangen gegen den Zweck u den Sinn des § 15 verstieße. S Notar.

85. **8.** Ausnahme vom Antragsgrundsatze Seite 85.

Apothekengerechtigkeit. Eintragung einer solchen. O L G K G 9.3.03. VII 190. Seite 85. Joh 43, 136. Ein subjektiv dingliches Apothekerprivileg (Betriebsrecht) ist in selbständige Gerechtigkeit mit eigenem Gbblatt umwandelbar. K G Ring II 310; O L 44, 138. — S Gerechtigkeiten u R G 106, 223.

Armenrecht. Nach § 14 Freiw, § 1 A G Freiw, § 114—127 Z P O, 34—36 R A O steht Bedürftigen, die ein Armutszeugnis vom Magistrat oder Gemeindevorstand haben, bei Antrag v o r Erledigung der Gbangelegenheit das Armenrecht beim Amtsgericht (Gba) oder Notar zu. Beschw gegen Verweigerung nach § 127 Z P O; § 71 ff G B O gegen das Gericht beim Landgericht u nach Art 83 Abs 2, 91 A G Freiw gegen Notar beim Landgerichtspräsidenten. Recht auf Beiordnung eines Rechtsanwalts bei weiterer Beschw gegen das Landgericht. Vgl sonst Güthe 1911, 36; Oberneck 909, 316; J M Bl 1922, 566. Gesetz 6.2.23 (R G Bl 103).

Arrest. **1.** wird vollzogen durch Höchstbetragshypothek nach § 932, 928, 929 Z P O. Wenn die Zustellung des Arrestbefehls nach Eintragung nicht rechtzeitig gelingt u eine neue Hyp beantragt wird, s Ricks, D Not V 1922, 213 u O L G K G 44, 172. Dies gilt auch für einstweilige Verfügungen. Wichtig ist die Feststellung des **Zeitpunktes,** in welchem die **Vollziehung** eines Arrestes in ein Grundstück durch Stellung des Antrags auf Eintragung einer Sicherungshyp als erfolgt anzusehen ist, wenn eine Frist gemäß § 18 B G O zur Beseitigung eines demnächst behobenen **Hindernisses** gesetzt war. Das Gba muß **prüfen,** ob die Frist betreffend Zustellung des Arrestbefehls noch nicht abgelaufen ist. K G 11.1.06. VII 69. Die Antragstellung auf Eintragung einer Arresthyp gilt nur dann als Vollziehung des Arrestbefehls, wenn kein Hindernis entgegensteht; anders ist der Befehl erst mit der Hebung des Hindernisses vollzogen. Joh 31, 331. Auch der Hypbrief muß innerhalb der Frist übergeben werden. Joh 41, 241. Ist Testamentsvollstreckung angeordnet, muß der Arrest dem Vollstrecker zugestellt werden. R G 86, 294. Die Eintragung einer **Pfändung** infolge Arrestes nach Ablauf der Frist des § 929 Abs 2 Z P O ist **nichtig.** O L G K G 5.10.08. XIX 161. Für Arrestbefehle der Reichsfinanzämter aus § 351 R A O besteht § 929 Z P O nicht. Joh 53, 119. — Dies gilt auch bei einstweiligen Verfügungen. § 936, 929 Z P O. — S Eigtgrundschuld 13.

2. S Sicherungszwangshyp (auch wegen unheilbar nichtiger Arresthypotheken) 1 d f, 6, 9; Verwaltungszwangsverfahren, Vormerkung 5.

Nr 54 B, 58c, **Muster für wertbeständige Arresthypothek.**
60b, 61 III, 62. **3.** Der Arrest in Miterben-Anteil ist bei ungeteiltem Nachlasse erst mit Zustellung an sämtliche Miterben vollzogen. R G 7.2.1911. J W 364. — Wegen Arresthyp s Eigtgrundschuld 13.

Auerecht s Dorfaue.

Auflassung.

Was muß heute dem Gba bei einer Eigentumseintragung vorliegen?

I. Eine **Grunderwerbssteuerbescheinigung** gemäß § 24, 1—7 Grunderwerbssteuergesetzes vom 12.9.1919 (R G Bl Seite 179; 1923, 1223; 1924, 33. J W 1924, 519. Neufassung des Gesetzes 1927, 72) **in allen Fällen,** in denen, sei es zur Neubegründung des Eigentumsrechts oder nur zur Berichtigung des Gb (z B infolge Erbfalls; auch für Alleinerben u Zwangsversteigerung. Ring I 404, 406; wenn Miterben ihre Erbanteile mit Nachlaßgrundstück einem Nichterben übertragen. K G D Not V 27, 175.) der neue Eigt in das Gb eingetragen werden muß. Nur folgende Ausnahmen: **a)** wenn die Erben in Erbengemeinschaft als Grundstückseigt eingetragen sind, sodann eine Übertragung eines Erbanteils an einem Nachlasse erfolgt u das Gb daraufhin auf den erwerbenden Miterben berichtigt werden soll. Die Bescheinigung ist aber dann wieder nötig, wenn durch die Anteilsübertragung sämtliche Erbanteile in einer Person vereinigt sind. **b)** Wenn sich das Bucheigentum des Grundstückserwerbers infolge Nachholung der Aufl in wirkliches Eigentum umwandelt z B weil zur früheren Eigentumseintragung die Genehmigung fehlte. Denn es fehlt die erforderliche neue Eintragung des Erwerbers. K G D Not V 27, 174. (Bedenkliche Entscheidung). **c)** Wenn durch rechtskräftiges Urteil festgestellt ist, daß der Bucheigentümer das Eigentum wegen **Schwarzkaufs** nicht erworben hat u der alte und jetzt noch wahre Eigentümer auf Grund Berichtigungsantrags und Urteils (§ 22, 29 G B O) wiedereinzutragen ist. Hier liegt zweifelsfrei kein Eigentum „begründender" Erwerb vor. Dagegen ist der Letztere auf Grund von Anerkenntnisurteilen u öffentlich beurkundeten Vergleichen in Verbindung mit Berichtigungsverhandlungen dennoch „möglich" und ist in solchen Fällen eine Grunderwerbssteuerbescheinigung nötig. Ricks D Not V 27, 252. — **Steuerpflichtig** ist auch Umwandlung von Bruchteils- in Flächeneigentum u Übertragung eines Grundstücks mehrerer Personen auf die aus ihnen bestehende offene Handelsgesellschaft. R F H D Not V 27, 52, 53. — Die **Grunderwerbssteuerbescheinigung** muß lauten, anderenfalls zu beanstanden: „daß die Grdsteuer für den Eigterwerb gestundet oder ein der voraussichtlichen Höhe der Steuer entsprechender Betrag nach dem Goldwerte geleistet oder eine Steuer nicht zu erheben ist." — Gemäß Grunderwerbsteuergesetz haben nicht mehr die Gbämter u Notare, sondern die Finanzämter die Grunderwerbsteuer zu prüfen u zu berechnen u darüber die obige Bescheinigung (nicht Quittung) auszustellen. Ehe diese Bescheinigung vorliegt, darf nach § 24, 1 4 a a O das Gba den Erwerber nicht eintragen. (Vgl auch § 6 u Siedlungsunternehmungen.) — Eine Quittung über gezahlte Grunderwerbssteuer ist, wie § 24 ergibt, wegen Fehlens seines Wortlauts keine solche Bescheinigung. — K G J 52 A 147—157.

II. Die **Genehmigung des Verkaufs bezw der Aufl** durch den **Bürgermeister** (in Berlin: das zuständige Bezirksamt) oder **Landrat** der Gemeinde gemäß **Bekanntmachung Vo** vom 15.3.1918 (R G Bl 1918, 123; J M Bl 1918, 69, wenn ein land- oder fortstwirtschaftliches oder so b e n u t z b a r e s Trennstück von wenigstens 5 ha oder (Joh 53, 139) „mehrere Grundstücke, einzeln unter, zusammen über 5 ha mit wirtschaftlicher Einheit" aufgelassen werden. Ferner, wenn zwar ein kleineres Trennstück aufgelassen wird, aber das wenigstens 5 ha große Stammgrundstück nach dem erkannten Willen seines Eigt unter

Berücksichtigung auch der bereits bisher, auch vor dem Erlasse nachstehender Bekanntmachung veräußerten Trennstücke ganz oder wenigstens in der Gesamtgröße von 5 **ha** schon veräußert worden ist oder werden soll. Schon der Verpflichtungsvertrag bedarf der **vorherigen** Genehmigung u der beurkundende Beamte muß darauf in der Verhandlung hinweisen. (R G 98, 244, J M Bl 1921, 212.) Eine Aufl u Eintragung ohne solche Genehmigung ist unwirksam, aber durch nachträgliche Genehmigung heilbar. S auch R G 24.11.23. J W 24, 810; R G O L G 44, 143. Diese Ansicht ist zutreffend, weil sowohl die Bekanntmachung wie ihre Begründung nur von Unwirksamkeit (also Mangelheilbarkeit) spricht u ihr § 4 zunächst die Eintragung eines Widerspruchs auf Ersuchen der Genehmigungsbehörde zuläßt, später aber seine Löschung (also die nachträgliche Heilung der Unwirksamkeit) auf Ersuchen derselben Behörde ausdrücklich gestattet. D e r G e n e h m i g u n g b e d a r f e s n i c h t: **a**) Beim Verkaufe an Reich, Staat, öffentliche Körperschaften, gemeinnützige Vereinigungen für innere Kolonisation, Grundentschuldung, Wohnungserrichtung; **b**) an Ehegatten, Verwandte u Verschwägerte in gerader Linie, in der Seitenlinie bis zum zweiten Grade; **c**) wenn eine Bescheinigung zuständiger Behörden beigebracht wird, oder aus den Akten, Urkunden oder sonst wie offenkundig ist, daß kein land- oder forstwirtschaftliches Trennstück vorliegt. — Vgl R G 102, 1 über die Dauer der Bindung der Vertragsparteien bis zur Genehmigung durch die Behörde, über die Bekanntmachung u Erteilung der Genehmigung. Weder Erteilung noch Versagung ist rücknehmbar. Über diese entscheidet nur Beschwerdeinstanz. R G 103, 104, J M Bl 1922, 170. R G 106, 142 unterscheidet (m E unzutreffend!) Genehmigung des Vertrags u der Aufl, sodaß nach Erteilung Ersterer Letztere versagt werden kann. — Wenn Notar von den Beteiligten ermächtigt ist u dies dem Landrat zu erkennen gibt, kann Genehmigung oder Versagung auch ihm zugestellt werden. Beschwerde nur schriftlich oder zu Protokoll beim Landrat oder Regpräsidenten zulässig. R G 110, 356. Arglistige Hintertreibung der Genehmigung. R G D J Z 1926, 82. — Anwendung der Vo 15.3.1918 (§ 1) auf andere Rechtsvorgänge z B auf Erwerb von Erbanteilen unzulässig nach R G D Not V 26, 580. — Die Pflicht der Genehmigung der Bekanntmachung 15.3.1918 besteht heute noch. — Streit über Rückwirkung durch Heilung s R G D Not V 27, 215 mit R G 75, 114; R G R A 4, Staudinger A V; Planck A 6b zu § 313 B G B. — Die Versagung kann zwar nicht zurückgenommen, aber neue Genehmigung auf neue Aufl auf Grund alten Vertrags erteilt werden. Keine Vorwegerteilung an beliebige Erwerber; nachträgliche Genehmigung heilt aber. Ring II 324, 327. — Ein W aus fehlender Genehmigung ist nur für die Veräußerer (nicht für Genehmigungsbehörde) einzutragen u seine Eintragung liegt im Ermessen der Behörde ohne Nachprüfung durch Gba. O L G 44, 167. Er ist nicht auf Bewilligung der Beteiligten, sondern nur nach Genehmigungserteilung oder mit Behördenzustimmung löschbar. Ring I 392. Der Landrat (u jede Genehmigungsbehörde) hat kein Recht auf Verhinderung der Eintragung, also nicht auf Beschwerde gegen Gba, sondern nur auf Eintragung eines W. R G D Not V 28, 148. Die mit der unwirksamen Eigteintragung zusammenhängenden (z B Restkaufgeld-) Belastungen sind auch unwirksam aber die späteren nur, wenn Gl die fehlende Genehmigung kannte. (§ 8, 92 139 B G B). — Kauf-Tausch. Ring I 417.

III. **Gemäß Reichssiedlungsgesetz** 11.8.19; 7. 6. 23 (R G Bl 19, 1429 23, 364, Preuß A G 15.12.19 (Ges S 31; s Behörde 9) schriftlicher unbeglaubigter (J M Bl 1919, 457) **Verzicht des provinziellen gemeinnützigen Siedlungsunternehmens** (für die Mark Brandenburg: Eigene Scholle in Frankfurt a O., im übrigen vgl J M Bl 1920, 1921 Sachregister) auf das **gesetzliche Vorkaufsrech** an dem verkauften u (Ring I 417) vertauschten Trennstücke, wenn das landwirtschaftliche oder landwirtschaftlich benutzbare Stammgrundstück (nach Abzug der forstwirtschaftlich benutzten, Haus-, Hofraum-, Wege-, Wasser-, Ödland- u unbewirtschafteten Moor- u Heide-Flächen) 25 ha u größer ist. (Prüfungsrichtlinien in K G O L G 44, 142.) Ist das Stammgrundstück nach den gedachten Abzügen 100 ha u größer, hat der zuständige **Landlieferungsverband** (für die Mark Brandenburg u Grenzmark Westpreußen-Posen: Landlieferungsverband Brandenburg in Berlin W 8, Wilhelmsplatz 6 II. Im übrigen vgl J M Bl 1920, 1921/23) den Vorkaufsverzicht auszusprechen. (§ 12 obigen Ges u Ausführungsbest des Reichsarbeitsministeriums 26.9.1919.) Das Vorkaufsrecht entsteht nicht beim Verkaufe an öffentliche Körperschaften, an Ehegatten, an Verwandte in gerader oder Seitenlinie bis zum dritten Grade oder an Verschwägerte bis zum zweiten Grade u setzt wirksamen u genehmigten Vertrag voraus. R G 106, 320. — **Entsprechend** § 9, 11 **Reichsheimstättengesetz** 10.5.1920; R G Bl 964.— Wird das Vorkaufsrecht vom Siedlungsunternehmen oder Landlieferungsverbande geltend gemacht, ist die Eintragung des Käufers abzulehnen. Die Frist zur Ausübung des Vorkaufsrechts beginnt mit der Mitteilung des Kauf- oder Tauschvertrags die nötigenfalls mit der behördlichen Genehmigung oben zu 2 versehn sein muß. K G J M Bl 1921, 451. — S **Siedlungsunternehmen.**

IV. Die **Genehmigung nach Art 7 Nr 1, 2 A G B G B.** für den Grundstückserwerb. (**S auch Genehmigung 3—7.**) **a)** bei Werten über 5000 RM für preußische juristische Personen nach B G B außer Familienstiftungen u für alle außerpreußischen juristischen Personen. Ges 2.7.26; Ges S 193. **b)** ohne Rücksicht auf den Wert für alle ausländischen juristischen Personen. Die Genehmigung erfolgt durch den nach der Grundstückslage zuständigen Regierungspräsidenten (in Berlin: Polizei-Präsidenten), wenn sie ihren Sitz außerhalb Preußens haben, u, untersteht die juristische Person einer anderen staatlichen Aufsichtsbehörde, durch diese. Für Kirchen, kirchliche Verbände s Kirche 4. Vgl Pr Ges 1911, 217; 1920, 85. **c)** für alle Versicherungsgesellschaften u Vereine nach § 54 Ges über die privaten Versicherungen (s Versicherungsunternehmen), außer beim Zuschlage von ihnen beliehener Grundstücke an sie. Genehmigung erfolgt durch die S 219 zu 4 genannten Präsidenten. **d)** zum Erwerbe eines Grdst in Preußen im Werte über 3000 RM durch ein außerpreußisches, deutsches Land. J M Bl 1925, 32. **e)** Genehmigung bei Zweckverbänden s dort. Diese Verbände nach Preuß Zweckverbandsges (§ 22) v 19.7.1911 (Ges S 115) bedürfen in Preußen keiner Genehmigung, wenn in ihrem Gebiete auch die Gemeinden frei sind. Ring III 286.

V. Die Genehmigung des **Gemeindevorstandes** bei Städten über 10000 Einwohner, sonst des **Landrats** gemäß dem jetzt aufgehobenen, aber für früher nicht behördlich genehmigten Veräußerungsfälle noch weiter geltende **Grundstücksverkehrsgesetz** 10.2., 24.5.1923 (Ges.S 25, 160); Ausf Best 27.2.23 (J M Bl 290). Also Genehmigung nach R G 108, 356, Art I Ges 20.7.1925 (Ges S 93) für vor 1.1.1923 nicht rechtswirksam u ab 1.1.23—4.8.25 geschlossene Verpflichtungsgeschäfte über Veräußerung eines Grundstücks, Bestellung oder Übertragung eines Erbbaurechts oder Nießbrauchs u, wenn die Genehmigung nicht erteilt ist, für die entsprechenden Eintragungsbewilligungen. Das Gesetz findet Anwendung auf die Rechtserwerber, deren Recht am 16.2.1923 (Tag des Inkrafttretens des Gesetzes) noch nicht eingetragen war. Ausnahmen gemäß § 3 ähnlich wie oben **II, III.** Genehmigung (oder Versagung) erfolgt wirksam nur durch die **„zuständige**

Behörde" selbst (s Magistrat, für Berlin durch Bezirksamt; s Berlin; Landrat) „unmittelbar" an das Gba. Ist sie nicht binnen 3 Wochen nach dem Eingange des Genehmigungsantrags bei der „zuständigen" Behörde erteilt, gilt sie als erteilt (§ 6,7). Nachweis des Fristablaufs gemäß § 29 G B O erfolgt durch Vorlegung einer „Bescheinigung" der „zuständigen Behörde" mit Dienstsiegel, die dem Antragssteller von dieser nach Antragstellung zu erteilen ist. Etwaige Sicherungshyp für Auflagen aus § 5, Eintragungen des Inlands-Vertreters eines im Auslande wohnenden Erwerbers (§ 5, 10); Ausf Best § 10 Nr 3, J M Bl 1923, 290 in Klammern hinter dem Erwerber in Abt I) sind wie sonst nach G B O zu beantragen. Die Genehmigungsbehörde erhält Nachricht von Eintragungen neuer Eigt, wenn „nicht" genehmigt ist u kann gegen ihre Eintragung um Eintragung (oder Löschung) ihres Widerspruchs allein **nach ihrem Ermessen** ersuchen (§ 11), sodaß nach K G D Not V 28, 150 die Löschung der W nicht von amtswegen oder auf Bewilligung des Wberechtigten oder einstw Verfügung oder Prozeßurteil erfolgen kann. Also ist der Mangel der Genehmigung nachträglich heilbar wie oben II. Das Gesetz lief bis 1. Juli 1926. Es ist durch Ges 20.7.25 (Ges S 93) so aufgehoben, daß neue Rechtsvorgänge ab 4.8.1925 nicht mehr genehmigungspflichtig sind, aber es gilt weiter für unter ihm getätigte obige unerledigte Fälle, die also nicht etwa jetzt ohne Genehmigung wirksam geworden sind, sondern noch genehmigt werden müssen. R G D Not V 26, 576; Bd 114, 230. Die Vo v 15.3.1918 zu II oben wird durch die Aufhebung nicht berührt. J M Bl 28, 121. Unter obige genehmigungsbedürftige Fälle fallen nach heutiger Rechtsprechung J M Bl 1925, 151 auch auf längere Zeit unwiderrufliche Vollmachten zum Grdstverkaufe u bindende Verkaufsangebote, sodaß diese, wenn Eintragung des Erwerbers ab 16.2.1923 erfolgt u obige Voraussetzung (vor 1.1.1923 rechtswirksam geschlossenes Geschäft) nicht vorliegt, ebenfalls von der Behörde mit den anderen Geschäften zu genehmigen waren. Anderenfalls Unwirksamkeit u Widerspruchseintragung nach § 54 G B O oder § 11 obigen Gesetzes. — Unter die „rechtswirksamen Geschäfte vor 1.1.1923" fallen auch die erst seit 1.1.1923 „rückwirkend" genehmigten, aber vor 1923 beurkundeten Geschäfte. So auch K G Ring III 291. — Die Bescheinigungen (§ 6 II) wie die Genehmigungen der Behörde sind durch das Gba nicht nachzuprüfen. K G D Not V 27, 31.

VI. Der Nachweis, daß das **„veräußerte"** Grundstück nicht nach dem Gesetze über die **Industriebelastung** belastet ist oder die vorherige Eintragung der Industrielast. S Industriebelastungsgesetz.

VII. Ein **Kostenvorschuß** nach dem Grundstückswerte, wenn nicht wegen offensichtlicher Sicherheit des Kostenschuldners oder Eintragung einer sicheren **Restkaufgeldhyp** durch Rückhaltung des Briefes Kostensicherheit vorliegt.

Nr 3, 3a, 4, 1. S Einigung, Eintragung, **Eheleute** 1, 2, 5, **Enteignung, Erbbaurecht,**
5, 50, 53, 51 A. Bergrecht, Flüsse. Auf Übertragung des **Miteigentums** finden die Grund-
Nr 6, 14. sätze der Übertragung des Alleineigentums (also Aufl) Anwendung.
5, 17, 83, 85, O L G K G 10.3.02. IV 435. — Zu Beispiel 3 a (Auflassungs-
112. erklärungen auf Grund rechtskräftigen Urteils) erörtert Joh 44, 221, daß dieses nur für den Urteilsberechtigten, aber nicht unmittelbar für einen Dritten wirkt, sodaß dieser besondere Aufl erhalten muß. — Nach Joh 44, 233 kann die **gelegentliche Aufl** vor **jedem Richter des Amtsgerichts** (nicht Landgerichts) wirksam aufgenommen werden. S unten 27, 31, 35; Nachlaßgerichtszeugnis. — In Nr 53 Überlassungsvertragsentwurf.

2. Sie ist als sogenannte **Rückaufl** nicht nötig, **aber auch nicht unzulässig,** wenn frühere Aufl nichtig war. Es kann eine **Berichtigung** entsprechend nächster Nr 3 stattfinden. K G 30.5.07 und 2.3.08 IX 59, 203. Die Aufl bildet nich

lediglich ein Mittel zur Herbeiführung des Eigentumsüberganges, sondern eine formale Rechtshandlung, deren sich die Beteiligten auch dann zur Vermeidung von Weiterungen bedienen können, wenn das Eigentum schon vorher, z B durch Erbauseinandersetzungsvertrag, übergegangen ist u die Beteiligten dies entweder nicht gemäß § 29 G B O nachweisen können oder wenn rechtliche Zweifel hinsichtlich des angeblich schon erfolgten Überganges des Eigentums bestehen. Der Gbr verfährt deshalb nicht unrichtig, wenn er eine Aufl in solchem Falle entgegennimmt. Er muß jedoch über die Stempelpflicht belehren. O L G K G 5.3.09. XIX 286. Die Wirksamkeit der Aufl ist durch das ihr zugrundeliegende Rechtsgeschäft nicht bedingt. Das Letztere ist nicht Bestandteil der von ihr unabhängigen Aufl u Eintragung. O L G München 30.6.06. XIV 61. R G 75, 68; 68, 97. Heilung nichtiger Kaufverträge (§ 313 B G B) durch Aufl s Heilung R G 104, 102, 296; 109, 202. Ring I 379. (Scheinvertrag). Trotz Sittenwidrigkeit des Grundgeschäfts ist die Eigentumsübertragung durch Aufl wirksam. R G 78, 285, 375. Nach R G 78, 375 kann gegenüber der nichtigen Aufl eines ganzen Grundstücks der Berichtigungsanspruch auch nur wegen eines Teils bezw einiger Trennstücke dieses Grundstücks geltend gemacht werden, wenn diese nach dem Willen des Auflassenden nicht mitaufgelassen werden sollten. Die Berichtigung erfolgt einfach durch Abschreibung u Übertragung der Teile auf ein anderes Blatt u Eintragung des wahren Eigt (soweit er dort noch nicht eingetragen ist). Das R G stellt fest: Wenn nur ein Teil eines Grundstücks gegen den Willen des Auflassenden aufgelassen ist, ist auch nur die Aufl dieses Teils nichtig, weil das Eigentum insoweit nicht übergegangen ist. — **Nichtigkeit** (s dort) der Aufl, wenn jemand u selbst der Bevollmächtigte sich fälschlich als Beteiligten ausgibt. — **S auch Heilung.** — Nach Joh 44, 217 hat die Aufl Vertragsnatur. Auf sie treffen daher die Vorschriften des 3. Abschnitts des allgem Teils des B G B über Rechtsgeschäfte, also auch § 117 über den Schein, der nichtig macht, zu. Aufl ist nichtig, wenn sie selbst z B nur zwecks Erhaltung eines Eigenjagdbezirks erfolgt. O L G 43, 173. — Dagegen ist (Joh 46, 175) die Entgegennahme der Aufl kein Rechtsgeschäft, dessen Inhalt die Begründung von Verpflichtungen des Erwerbers wäre, da dieser im Allgemeinen ausschließlich gewinnender Teil ist. Kraft G e s e t z e s aber knüpfen sich an den Eigentumsübergang Verpflichtungen öffentlicher, polizeilicher, steuerlicher Art; auch privatrechtliche (z B § 1021 Abs 2, 1022, 1108 Abs 1 B G B), sodaß ein Minderjähriger mit vollendetem 7. Jahre nach § 107 B G B eines Vertreters bedarf.

6. 3. Sie ist **nicht nötig,** **a)** bei Umschreibung der Eisenbahngrundstücke (s Eisenbahngrundstücke), da das Gesetz den Eigentumsübergang vorschreibt. **b)** beim Verschmelzungsvertrage von Aktiengesellschaften u Genossenschaften wegen des schon durch den dinglich wirkenden Vertrag erfolgten Eigentumsüberganges am gesamten Vermögen (s Gesamtrechtsnachfolge). (§ 93a, b R G Bl 1922, 567). **c)** wenn bei Auflösung einer **offenen Handelsgesellschaft einer** der Gesellschafter nach **Vereinbarung** das Geschäft mit Aktiven und Passiven übernommen hat u es unter der bisherigen Firma fortführt. K G D Not V 27, 27. Auf Grund einer dies alles ergebenden **öffentlichen Urkunde** (§ 29 G B O, gerichtl oder notar Vertrag, Handelsregisterauszug mit entsprechendem Übergangsinhalte) u eines **beglaubigten** Antrags können die der Gesellschaft gehörigen Grundstücke auf den Namen des **einen** Gesellschafters gemäß § 22 G B O umgeschrieben werden. Die Vereinbarung ist auch nach der Auflösung z B mit den Erben des einen Gesellschafters zulässig. R G 23.5.08. IX 193. Reichs- u Landesstempel sind aber hier zu zahlen. Dies alles gilt auch für Umschreibung auf eine bürgerliche Gesellschaft der Gesellschafter der offenen Handelsgesellschaft. Joh 53, 261. — S Miterben 6. **d)** bei Berichtigung infolge des Friedensvertrags. Joh 53,

123. e) bei früherer Trennstücksverwechslung. O L G 43, 181. f) bei Firmenänderung des Eigentümers auf Grund Auszugs des Registergewichts. S Firma. S ferner Nr 6, 7, 17, 21, 28.

4. Sie ist **nötig**, wenn bei Auflösung der **offenen Handelsgesellschaft** die Grundstücke an **Einzelne** verteilt werden (K G 27.4.08. IX 220) u wenn die Gesellschafter, nachdem sie das übrige Geschäft anderweit eingebracht haben, als Eigt der verbliebenen Grundstücke eingetragen werden sollen. K G 21.12.03. IV 124. Dies gilt auch, wenn laut notarieller Abmachung die Grundstücke einer G m b H unter die Geschäftsführer verteilt werden. In solchen Fällen sind Landes- u Reichsstempel zu zahlen. R G 77, 44. — S auch Erbschaftskauf 2. Sie ist nötig, wenn ein Nachlaßgrundstück in eine von den Erben gebildete offene Handelsgesellschaft eingebracht wird. Joh 51, 180; wenn der bereits in Abt I eingetragene Vorerbe nach dem Eintritt der Nacherbfolge die Grundstücke durch Vertrag wieder erworben hat; der Vorerbe ist dann von Neuem als Eigt einzutragen; die Nacherben sind dann nicht mehr vorher in Abt I einzutragen, da § 41 G B O auch hier Anwendung findet. Joh 51, 187. Erneute, nicht aus § 18 G B O beanstandbare Aufl s Genehmigung 1. — Die Aufl ist immer nötig, wenn der Erwerber eine neue Rechtsperson ist!

5. Das Gleiche wie zu **2** gilt, wenn der Erwerber sich bei der Aufl **als andere Person** bezeichnet hat. O L G K G 21.12.06. XVI 151.

6. Sie ist **nicht nötig**, sondern es bedarf der **Berichtigung** wie zu 3, a) bei Eigtverzicht u Auflvormerkung (s Verzicht, Vormerkung 16), b) wenn **2 politische Gemeinden** miteinander vereinigt sind. O L G K G 6.1.08. XVI 153. **Sie ist** jedoch **nötig**, wenn abgesehen von dem Falle eines besonderen Landesgesetzes ein **Kommunalgrundstück** auf einen anderen Verband übergeht. O L G K G 13.9.05. XIV 62. S Zweckverbände, **Fiskus 2**, Berichtigung 13, Eingemeindung. Bei Kirchengemeindeteilung s Kirche 4.

7. Das Gleiche wie zu **2**, **3** gilt, wenn **irrtümlich** u nicht mit dem Willen der Beteiligten ein Trennstück **aufgelassen** u vom Stammgrundstücke abgeschrieben ist. Es kann auf **beglaubigten** Antrag des alten u neuen Eigt dem Stammgrundstück wieder zugeschrieben wreden. Gegebenenfalls müssen auch die Berechtigten der Abt II, III zustimmen. O L G K G 20.10.02. VI 12. S oben 2 unter R G 78, 375.

8. Die Aufl eines landwirtschaftlichen Grundstücks über 5 **ha** bedarf der Genehmigung der zuständigen Behörde. S Genehmigung 5. Sie darf von dem Gbr auch dann nicht entgegengenommen werden, wenn die **Zugehörigkeit** des Grundstücks zu einem **Familienfideikommisse** zwar nicht aus dem Gb, sondern aus den Grundakten ersichtlich (m E auch sonstwie offenkundig) ist. Wird diese Zugehörigkeit erst nach der Aufl bekannt, so darf die Eigentumsveränderung dennoch nicht eingetragen werden. Die Entgegennahme einer Aufl verpflichtet den Gbr nicht zur Eintragung. K G 9.11.03. IV 110. S Öffentlicher Glaube 3. Beschw 5.

9. Bei einer Aufl für mehrere **Minderjährige** müssen ebensoviele **Pfleger** für diese auftreten. S Vormund, Miterben 1.

10. Aufl von **Erben** an **Miterben**, s Erbe, Miterben, Erbschaftskauf 2, Aufl 12. Umschreibung von unbestimmten Anteilen in Bruchteile erfordert Aufl. S Bruchteile 7.

Nr 1; 11. Zur rechtsgeschäftlichen Übertragung eines **grundbuchblattlosen**
96. Grundstücks auf einen vom Buchungszwange nicht befreiten Erwerber muß für das Grundstück vorher ein Blatt angelegt werden. Joh 26, 115; 49, 160. M E genügt es, wenn die Anlegung des Blatts **gleichzeitig** mit der Eintragung des Erwerbers oder mit der Zuschreibung zu dessen schon bestehenden Blatte

geschieht, um die unnötige Anlegung u sofortige Wiederschließung des neuen Blattes im letzteren Falle zu vermeiden. S auch O L G Kolmar 10.3.08. XVIII 195. Nicht gebuchte, aber buchungspflichtige Grundstücke können nur durch Aufl erworben werden. O L G K G 2.11.05. XII 183. X 404. — Sonst gilt Art 127 E G B G B; Art 27 A G B G B.

12. Sie muß von **Nichtberechtigten** entgegengenommen werden u ist wirksam, wenn sie von den Berechtigten **nachträglich** in beglaubigter Form **genehmigt** wird. K G 4.3.01. II 85; 14.10.01. II 250; 14.5.03. III 263. S auch O L G 2.3.08. XX 69. § 185 B G B bildet die Unterlage. Joh 53, 261. Anders jedoch, wenn Jemand als **Bevollmächtigter** aufgetreten ist. Die nach-
Nr 4. gereichte Vollmacht muß man daraufhin prüfen, ob sie schon **bei** der Aufl erteilt war, oder mit Recht sie als nachträgliche Genehmigung der Aufl durch den Berechtigten auslegen. Vgl O L G Kolmar 19.12.05. XII 153, Hindernis 5. Wenn von zahlreichen Beteiligten, die bei einer Aufl nach § 925 B G B, 20 G B O gleichzeitig ihre Erklärungen abgeben müßten, einige nicht anwesend sind, läßt man die übrigen die Erklärungen (mit oder ohne Auftrag) für die Fehlenden mitabgeben, u Letztere später beglaubigt ihre Genehmigung erklären. Dies ist besonders bei Miterben und Miteigentümern (Joh 53, 133; R G 105, 290) oft zulässig, nötig und praktisch. — § 925 B G B, 20 G B O, wonach die Aufl bei „gleichzeitiger" Anwesenheit beider Teile erklärt werden soll, heißt nicht, daß von beiden Teilen, auch wenn sie auf jeder Seite aus mehreren Verfügungsberechtigten bestehn, alle Beteiligten gleichzeitig die Aufl mit einem Male erklären. Es genügt, daß diese Erklärungen von den Veräußernden gegenüber den stets vollzählig anwesenden oder vertretenen Erwerbern nacheinander zu verschiedenen Malen abgegeben werden. Joh 34, 248, wo die Miterben das Grundstück nacheinander auflassen. Diese Zulässigkeit entspricht den Bedürfnissen. R G R 1921 zu § 925 Nr 10. Art 143 Abs 2 E G B G B. — S auch Nr 29.

13. S **Berichtigung, Vormerkung** 2 a, Fiskus 2; Heilung wegen Formmangelheilung.

14. Ist im **Testamente** gesagt, daß einer von mehreren Erben oder ein Dritter ein **bestimmtes** Grundstück oder ein bestimmtes Recht an einem solchen erhalten soll, so muß in ersterem Falle Aufl seitens der Erben u im letzteren Falle eine Bewilligung der Erben auf Umschreibung gemäß § 19 G B O erklärt werden, da eine solche Anordnung nur eine **persönlich-rechtliche Teilungsanordnung** des Erblassers enthält. O L G K G 10.10.04. IX 396, Joh 43, 200, wonach vom Gbr nur das Verfügungsrecht der Witwe an sich, nicht aber zu prüfen ist, ob die Aufl dem Testamentsinhalte u dem Erblasserwillen entspricht. — S vorm Gen 6.

15. Grundstückseigt ist **offene Handelsgesellschaft**, die aus Gesellschaftern **A.** u **B.** bestand u aufgelöst ist. A. führt Geschäft unter derselben Firma weiter u nimmt eine Aktiengesellschaft als **Kommanditistin** auf. — **Aufl** u Eintragung muß erfolgen, wenn das Gb in Abt I auf die neue **Kommanditgesellschaft** umgeschrieben werden soll. O L G K G 18.1.06. XIII 23. S 3, 4 oben. Ebenso wenn ein zum Gesamtgute fortgesetzter Gütergemeinschaft gehörendes Grundstück in eine von den Gemeinschaftsteilhabern gegründete offene Handelsgesellschaft oder G m b H überführt werden soll. Joh 45, 230.

16. Ein Grundstück, das auf den Namen **der Gesellschafter** eingetragen ist, wird nicht schon durch die Einbringung **Gesellschaftsvermögen.** Es bedarf der Aufl an die Gesellschaft. O L G München 30.12.1903. X 239.

17. Aufl ist **nicht nötig,** sondern nur **Berichtigung** wie zu 3 oben, wenn das eingetragene Geschäft in einem anderen aufgeht u dessen Firma annimmt. O L G K G 31.10.04 X 407.

18. Der **gesamte Vorstand** eines **Vereins** muß auch dann die Aufl erklären, wenn nach der **Satzung** schon die Unterzeichnung durch den Vorsitzenden rechtsverbindlich ist. O L G K G 13.9.04. X 406.

19. Bei Umwandlung einer **Gegenseitigkeitsversicherungs-** in eine **Aktiengesellschaft** bedarf es zur Umschreibung des Grundstücks der Ersteren auf die Letztere der **Aufl,** da es sich um 2 verschiedene juristische Personen, also um Eigentumswechsel zwischen 2 verschiedenen Rechtssubjekten handelt. O L G K G 22.12.02. VI 114. — S auch 28 unten.

20. Aufl eines Grundstücks unter **Vorbehalt des Eigentums an den** darauf befindlichen **Gebäuden** gibt es nicht. O L G K G 20.10.02. VI 211. — Aufl u die erforderlichen behördlichen u verwertbaren bedingten Genehmigungen s Genehmigung 3, 4.

21. Der **Erbschaftskäufer** tritt an Stelle des Verkäufers in die Erbengemeinschaft; das Gb ist nach Vorlegung des Vertrages und auf begl Antrag des Käufers (s Berichtigung) **zu berichtigen**; es bedarf **keiner Aufl.** O L G K G 30.12.01. IV 189. — S aber Erbschaftskauf 2.

22. Wenn laut (wegen der Grunderwerbsteuer vorzulegenden) Verträgen mehrere **Zwischenkäufer** vorhanden sind, so kann die Aufl gleich an den letzten Käufer erfolgen, ohne daß die Zwischenkäufer anwesend zu sein brauchen. Seite 83, unten 29. Eine Grunderwerbsteuerbescheinigung ist für den Vertrag erforderlich. Wegen der Wertzuwachszahlung durch den letzten Erwerber ist jedoch von solcher Aufl u U abzuraten. — Haften die sämtlichen Verkäufer wegen der Wertzuwachs- oder Umsatzsteuer für diese gesamten Steuern bis zum nächsten eingetragenen Eigt gesamtschuldnerisch, ist ihre beglaubigte Zustimmung zur sofortigen Eintragung des letzten Käufers nach dem ersten Verkäufer erforderlich, da nicht anzunehmen ist, daß die Verkäufer die Haftung übernehmen wollen. — Enthält eine Aufl die Einwilligung des Auflassenden in weitere Verfügungen des Käufers, ist die Einwilligung unwiderruflich. Joh 53, 144.

23. Eine Aufl ist wirksam, auch wenn das aufgelassene Trennstück mit einer einem anderen Trennstücke zukommenden Nr bezeichnet ist. Zur Gbberichtigung bedarf es nur des Nachweises (s Berichtigung 5), daß alle Beteiligten, auch die Vertreter von ihnen, bei der Aufl mit dem irrtümlich genannten das wirklich gemeinte Trennstück im Sinne hatten. Joh 37, 262. Bei unrichtiger Grundstücksbezeichnung in der Aufl genügt Urteil auf Richtigstellung zur Eintragung. J W 1925, 643. Aufl u Eintragung von Trennstücken nach Lageplan ohne katastermäßige Bezeichnung beanstande ich u verlange neue Aufl oder Bescheinigung des Katasteramts, daß die Trennstücke die des Lageplans sind. § 28 G B O. Keine Beanstandung, wenn die Stücke zweifelsfrei erkennbar. O L G 43, 181, 182.

24. Die Entgegennahme der Aufl darf nicht durch den Richter abgelehnt werden, weil der Eigentumseintragung Hindernisse entgegenstehn. Ausnahme, wenn das Geschäft gegen ein Strafgesetz verstößt (§ 40 Preuß Freiw) oder offenbar ungültig ist (O L G K G 1909; XXI 32, 34), oder, wenn die Hindernisse nicht leicht u alsbald behebbar erscheinen (S Hindernis) oder m E, wenn durch die Verfügungen aus § 18 G B O der Geschäftsbetrieb des Gba gestört oder gefährdet wird oder nach Joh 50, 156, wenn der sofortigen Eintragung der Eigentumsänderung sachliche Hinderungsgründe entgegenstehn, es sei denn, daß auf sofortige Aufl bestanden wird. Dann aber ist sofort nach Antragstellung abzuweisen oder gemäß § 18 G B O durch Beanstandung (s Hindernis) zu entscheiden. — Das Gba ist nicht zu Terminsberaumungen verpflichtet. S Beschw 5.

25. Aufl des Grundstücks eines Geschäftsführers an seine G m b H u umgekehrt. Seite 34 Anm. Aufl u Eintragung auf Einzelfirma (s dort) in Preußen unzulässig. Auflvollmacht an ihren Inhaber zur Aufl an sie berechtigt den Inhaber, an sich aufzulassen. Ring II 313. Ich trage bei Aufl an Einzelfirma stets gleich den Inhaber ein, sobald Registerauszug vorliegt. Dabei kann man den Zusatz machen: „als Inhaber der Firma N N.“

26. Aufl bei **trigonometrischen Marksteinen, Punkten** (Triangulation) s Enteignung 3. Keine Aufl bei Rückübertragungen aus dem Friedensvertrage s Berichtigung 20.

27. Eine Aufl vor einem zur Gbführung **unzuständigen Gba** ist trotz Gbanlegung für das Grundstück nach preuß Rechte nichtig u übertrug kein Eigentum. S öffentl Glaube 5. Dies gilt auch für heute. Art 1 ff A G G B O § 925 B G B. Die Aufl muß nach altem u neuem Rechte protokolliert u vom Richter unterschrieben sein. Andernfalls ist sie nichtig. O L G Kassel XXV 371 Anm. Diese Entscheidung trifft nach neuem Rechte nicht zu. S 31.

28. S Aktiengesellschaft, Vermögensübernahme. Im Falle des § 306 H G B (**Fusion = Verschmelzung** von Aktiengesellschaften; der Verschmelzungsvertrag bedarf der **öffentlichen Form** nach 3; München D Not V 1926, 552; J W 1925, 1645) ist behufs Umschreibung des Eigentums an einem Grundstücke der aufgelösten Gesellschaft auf die übernehmende Gesellschaft außer der Registereintragung des die Vermögensübertragung unter Ausschluß der Liquidation betreffenden Beschlusses der Generalversammlung der aufgelösten Gesellschaft noch die Registereintragung der erfolgten Kapitalserhöhung der neuen Gesellschaft oder die Nichterhöhung nachzuweisen. H G B § 304—306. Joh 38, 230. S R G 80, 171, oben 3. Die Verschmelzung von Aktiengesellschaften setzt nicht begriffsnotwendig eine Erhöhung des Grundkapitals voraus; der Vertrag ohne Erhöhung bedarf nicht des Beschlusses der Generalversammlung der übernehmenden Gesellschaft. Joh 46, 190. (Auch wegen der Umschreibung im Sperrjahre § 231 ,305, 306 H G B) Veräußerung des Vermögens einer Aktiengesellschaft Grundbucheintragungen wegen des Sperrjahres. § 297, 301, 303 H B G. Joh 46, 194. Überträgt ein **Versicherungsverein a G** sein Vermögen unter Liquidationsausschließung auf **Versicherungs-Aktiengesellschaft,** tritt keine Gesamtrechtsnachfolge ein, da diese nicht vereinbar ist, sondern nur gesetzlich besteht. Verschmelzung mit Gesamtnachfolge ist zulässig **a)** bei Akt Ges (§ 304 bis 306 H G B), **b)** bei Umwandlung der Akt Ges in G m b H gemäß § 80, 81 G m b H-Gesetz, **c)** bei Genossenschaften nach § 93a—d R Ges 1.7.22 (567). — Das Gesetz über die privaten „Versicherungsunternehmen“ (s dort) enthält keine Bestimmung über Verschmelzung mit Gesamtrechtsnachfolge. K G Ring IV 286, D Not V 27, 422, wonach diese auf Reich, Länder, Kommunen zulässig ist. (§ 304 H G B). — Verschmelzung eines Versicherungsvereins a G mit einer öffentlich-rechtlichen Lebensversicherungsgesellschaft. Joh 47, 117. — Obwohl Kaufvertrag unwirksam, ist Aufl an Akt Ges bei Nachgründung ohne Genehmigung der Generalversammlung wirksam. Ring I 372. S Aktiengesellschaft (im Konkurse).

29. Läßt der Erwerber das ihm aufgelassene Grundstück vor seiner Eintragung weiter auf, so kann der 2. Erwerber sofort ohne Eintragung des Ersteren in das Gb eingetragen werden, es sei denn daß Ersterer offensichtlich nicht damit einverstanden ist. Wenn nichts Besonderes entgegensteht, ist die Bewilligung des betroffenen Erstveräußerers in die sofortige Umschreibung auf den Zweiterwerber nach § 19 G B O auf Grund § 185 Abs 1 B G B, der für materielles u formelles Gbrecht gilt, anzunehmen. Die sofortige Umschreibung auf einen zweiten Erwerber gilt sowohl für Umschreibung von Grundstücken wie von Brief- u Buchhyp ohne vorherige Umschreibung auf den Ersterwerber. Joh 47, 158; R G 54, 362. — **S 22 oben.** Hat Erwerber des Grdst dem Verkäufer Eintragungen bewilligt, so gilt dessen Einwilligung in weitere Verfügungen des Käufers nur so, daß die Verkäuferrechte vom weiteren Erwerber „bevorrechtigt" übernommen u eingetragen werden. Ring II 317. Mehrfache Aufl u Eintragung des vorletzten oder letzten von 4 Erwerbern. **a)** § 185 B G B ist für den Letzten nicht anwendbar, wenn „jeder" Erwerber ohne Widerruf (§ 32, 29 G B O) „**seine**" Eintragung beantragt. Dieser Antrag ist ohne Widerruf nach § 17 zu erledigen. O L G 43, 178. **b)** Hat Käufer ohne seine Eintragung weiter aufgelassen, ist die Sache nach § 185 mit nachträglicher Genehmigung aus Aufl an Käufer zu behandeln. § 18 G B O zulässig. O L G 43, 1. — Ist die 2te Aufl an den 2ten Erwerber „nach" der 1ten Aufl erfolgt, so gilt die 1te Aufl des eingetragenen Eigentümers als „Einwilligung" in die 2te u weiteren Aufl. Liegt die Aufl der weiteren Erwerber vor der des eingetragenen Eigentümers, so gilt Letztere als „Genehmigung" nach § 185 B G B. K G 1. X 942. 678/27. Berlin-Tempelhof Bl 959).

30. Ob Gebäude wesentliche Bestandteile der aufgelassenen Grundfläche u durch die Aufl mit übereignet sind oder nicht, s Bestandteil 5 (auch wegen etwaiger Nichtigkeit der Aufl).

31. Zur Aufl u Eintragung des Eigt genügt gemäß § 925, 873 B G B, 20 G B O die mündl Erklärung der Beteiligten (oben 12). **Ihre Beurkundung** durch das Gba ist trotz § 29 G B O mit seiner Ordnungsvorschrift, deren Verletzung Pflichtwidrigkeit ist, **kein wesentliches Erfordernis,** sodaß Fehlerhaftigkeit der Auflverhandlung unschädlich ist. Die Erklärungen müssen nur vor dem Gba abgegeben sein. R G 99, 65. Dies gilt nicht für Notaraufl. — Die Aufl bedarf keiner feierlichen Wortform, sondern nur der Erkennbarkeit des Willens, Eigentum zu übertragen u entgegenzunehmen. München Ring IV 327.

32. Aufl eines herrenlosen Grundstücks durch den Vertreter nach § 58 Z P O s Verzicht 1.

33. Mit der Auflassung hat der Verkäufer der Verpflichtung zur Verschaffung des Eigentums noch nicht genügt. Er muß auch später entstehende Hindernisse gegen die Käufereintragung im Gb beseitigen und auch gegen als Eigentümer eingetragene Dritte klagen. R G 113, 405.

34. Wenn nicht mit Sicherheit ein gegen Treu u Glauben verstoßendes Verhalten des Auflassenden feststellbar ist, kann dieser noch vor der Eintragung des Käufers u nach der Aufl selbstbewilligte oder zwangsweise Eintragung einer Hyp wegen seiner Vertragsforderungen beantragen. München Ring II 342, O L G 44, 140.

35. Wegen Aufl-Zuständigkeit der **nichtpreußischen deutschen Gerichte u der Notare** s Notar 11 u Ges 29.10.28, Ges S 205.

36. Die Einigung kann auch der Eintragung nachfolgen, wenn die Aufl z B wegen unbekannter Geisteskrankheit oder Entmündigung des Erwerbers nichtig war u dann wirksam nachgeholt wird. Dann bleibt Eigentumsvermerk im Gb bestehn, aber mit dem vom Gba zu machenden Zusatze, „daß die Aufl am ten neuerfolgt ist. K G Ring IV 329.

Auflassungsverhandlung. 1. Beispiele Nr 3, 3a, 4, 5, 6, 14, 50, 51 A, 53. 83, 98. **2.** Ist sie nicht in der **vorschriftsmäßigen Form** aufgenommen, ist z B die Unterschrift des Notars oder das Datum oder der Verlesungsvermerk vergessen bezw unrichtig, so ist auch die daraufhin erfolgte **Eigentumseintragung nichtig.** (Aufl 31.) Der eingetragene Eigt ist nur **Buch=, nicht wahrer Eigt** u kann **keine Eintragungs=** oder **Löschungsanträge** stellen. K G 7.11.01. III 38. S **Aufl 31.**

Auflassungsvollmacht. S Vollmacht, Aufl unter 12. — Beispiel Nr 4.

Auflassungsvormerkung s Vormerkung. In Abt I ist nicht einzutragen, daß die Aufl auf Grund der noch bestehenden oder gelöschten Auflvormerkung Abt II erfolgt sei. Die Wirkung dieser Vormerkung wird durch die Eintragung der Eigentums=änderung in Abt I nicht erschöpft, sondern richtet sich auch noch gegen nach ihr eingetragene Rechte. Sind solche noch eingetragen, ist die Vormerkung auch nicht bei Umschreibung auf ihren Berechtigten zu löschen oder zu röten, weil dadurch ihre Wirkung gegenüber diesen Rechten unterginge. Joh 50, 171. Die „Rötung" hat letztere Wirkung nicht, da der Rang der nacheingetragenen Rechte trotz Rötung schon nach dem G b i n h a l t e, ganz abgesehen von den Akten, fest=gestellt werden kann. S Rötung, auch Güthe; Gruchot 57, 94. Ihre Löschung erfolgt nach K G J W 1925, 743 III a, Ring 27, 303 (A M K G, J W 27, 2532 v 10.6.1927; s Vormerkung) von Amtswegen (§ 54 G B O), wenn in der Eintragungsformel weder ausdrücklich noch durch Bezugnahme der zu sichernde Anspruch nicht auch dem „Grunde" nach angegeben ist. [Eine schwere, schon wegen der Haftpflicht verhängnisvolle Fehlentscheidung aus Überformalismus unter Vernachlässigung der Wirklichkeit! Sie trifft an sich zu, wenn der Grund (Kaufvertrag) in der Bewilligung usw angegeben ist, schießt aber mit der Annahme „inhaltlicher Unzulässigkeit" u Löschung v A über das erlaubte u gebotene Ziel hinaus. Offenbar gewollte u beurkundete Rechte dürfen nicht ohne Not vernichtet werden! M E genügt aber die allgemeine Bewilligung einer Auflvormerkung, da sie darauf geht, „auf alle Fälle", gleichviel aus welchem Grunde Eigentum (dies ist ja der vermißte Grund!) zu übertragen. Denn es ist regelmäßig z B wegen allgemein bekannter Enteignungs= u Fluchtliniengesetze solche Vormerkung für Gemeinden ohne Grundangabe bewilligt worden oder eine bestimmte Grund=Vertragsangabe ist zur Zeit der nötigen Vormerkungseintragung z B wegen bevorstehender neuer Steuergesetze noch nicht möglich oder tunlich.] — Die **Auf=lassungsvormerkung** ist **überflüssig,** wenn gleichzeitig mit der Aufl die Ein=tragung des Eigentums beantragt ist u eine Frist infolge Beanstandung aus § 18 G B O gesetzt wird, weil der Erwerber bis zur Abweisung seines Antrags durch die Vormerkung aus § 18 nötigenfalls gesichert ist. Sie ist daher bis zur Antragsabweisung nicht eintragungsfähig, muß aber bei Abweisung einge=tragen werden. — Die Auflassungsvormerkung hat im Aw G nicht die ihr zu=kommende Stellung zur Gewährung des Schutzes des öffentlichen Glaubens nach § 20, 22 II Aw G bekommen. Die Rechtsprechung des R G (vgl Aw=Gbsachen unter F Nr 1b) geht fehl u verwirrt. — Über den nach ihr eingetragenen Widerspruch s Widerspruch. — Wegen ihres **Rangverhältnisses zu Verfügungs=beschränkungen 1** s dort 7.

Auflösungsämter s Familiengüter, Familienfideikommiß, Adel. Ihre Besetzung J M Bl 1926, 152.

Aufsichtsbehörde, Aufsichtsbeschwerde s Grundakten, Beschw 12, 5.

Aufwertungs=Grundbuchsachen = Aw=Gbsachen. („Beschluß Nr" bedeutet Beschlüsse der Berliner Richter.) — Über den „Awanspruch" s Wiedereintrag C e.

Nr 66—71. S 26, 29. Die **Berichtigung des Gb auf den Awbetrag**

A. der noch eingetragenen und nicht nach § 14, 15, 17, 78 Aw G getilgten awbaren **dinglichen** Rechte (s Befugnisse 2) erfolgt nach § 2—6, 31 Aw G, Art 1 bis 28 D Vo, § 22, 13, 29 G B O. Eintragungsmuster S 26, 29, Beispiele 66—68. Nach § 6 I ist antragsberechtigt der Eigentümer oder der Gläubiger, der aber vor der Eintragung den Hypbrief vorlegen muß. Um unrichtige Eintra=

gungen zu vermeiden, wird man in offenbar bedenklichen Fällen (aber nur in diesen)! vor der Eintragung trotz Art 2, 3 D Vo dem oder einem Gegner den Antrag übersenden unter Mitteilung der richtigen **Awberechnung** (s unten D) und einer Frist an beide Parteien mit der Ansage, daß der mitgeteilte Awbetrag in das Gb eingetragen werde, wenn bis zum Fristablaufe kein begründeter Widerspruch eingegangen sei. Eintragungsbeispiel Nr 66 Gbblatt a, b. Wegen § 6 II Aw G s unten E! Falls **keine Einigung** erzielt wird, muß die **Awstelle** nach § 69 Aw G entscheiden und erfolgt die Eintragung erst nach dem Eingange des Beschlusses mit Rechtskraftzeugnis. Ist der Hypbrief noch nicht eingereicht, muß das Gba den Besitzer zur „Vorlegung" des Briefes nach Art 17 D Vo (Beispiel 67, 68) anhalten und darf ihn berichtigt dem Gläubiger nur übersenden, wenn der andere Briefeinreichende damit einverstanden ist. Ich habe den Brief stets zur Berichtigung und „Aushändigung an den Gläubiger" erfordert. Dieser erhielt dann den Brief, wenn der Einreicher ihn nicht zurückverlangte. — Die **Eintragung der Aw in Spalte 5—7** bildet mit den ursprünglichen Eintragungen **ein einheitliches Ganzes.** R G Ring 28, 639.

B. (§ 18 Aw G) der **noch eingetragenen, aber** nach § 14, 15, 17, 78 Aw G **getilgten awbaren dinglichen Rechte** erfolgt nach § 2—6, 31, 14—18, 21, 22, 31 Aw G, Art 1—28 D Vo. Beispiele Nr 66, 68 Gbblatt a, b, c, f. Wegen Awberechnung unten D, wegen des Ranges, § 6 II, 21 II, 22 II Aw G s unten E!

Nr 68, Gbblatt f. **Voraussetzungen** der Aweintragung im Gb sind: a) die **Anmeldung des Awanspruchs** bei der Awstelle, ihre Zustellung nach § 16 Aw G, Art 119, 120 D Vo sowie die **Feststellung,** daß **kein „Einspruch"** binnen 3 Monaten seit Zustellung der Anmeldung an den Eigentümer des Grundstücks eingelegt ist. (Ausnahme unten E b). Die Feststellung der Nichteinlegung eines Einspruchs erfolgt (K G Ring So 1926, 39, 41) durch Einsicht in die Awakten oder eine vom Antragsteller (oder leichter von Amtswegen) zu beschaffende Bescheinigung der Awstelle nach Art 126 D Vo, die das Gba bindet. Ein „Einspruch" im Sinne des § 16 Aw G liegt nur vor, wenn das Vorliegen des Vorbehalts des § 14 oder des Rückwirkungsfalls des § 15 Satz 1 oder der Awanspruch dem Grunde nach bestritten oder behauptet wird, daß die Aw kraft Rückwirkung aus Gründen des § 15 Satz 2 Nr 1—3 Aw G nicht stattfinde. Nach R G Ring 1928, 136; Dresden Ring 1926, 75, 201; Darmstadt Ring 1927, 483 ist die Aw wie Wiedereintragung (zu C unten) zulässig, auch wenn über die beantragte Anwendung der Härteklausel aus § 15 Nr 1—3 Aw G noch nicht entschieden ist. Das K G bestätigt diese Zulässigkeit nur für die Aweintragung bei noch nicht gelöschten Hypotheken in D Not V 1926, 441; 1928, 101; Ring 1928, 333. Das R G gibt oben zu Ring 1928, 126 als Sicherheit gegen spätere Abwertung § 6 Aw G, Art 5, 15 D Vo d h die dort vorgesehenen Widersprüche an, wozu m E auch der § 15 Aw G mitumfassende Art 8 D Vo tritt. Die Unterlassung des Einspruchs führt lediglich eine einem rechtskräftigen Urteile gleiche Feststellung herbei, daß dies Recht nach § 14, 15, 17 awbar sei, daß ein Vorbehalt oder Rückwirkung im Sinne des § 14, 15 Aw G vorliege. Nicht aber etwa die Rechtskraft der Awsumme oder daß der Awanspruch bestehe, sodaß der Eigentümer sich nach Einspruchsfristablauf noch auf den Schutz des öffentlichen Glaubens des Gb und auf einen Vergleich mit dem Gläubiger (oder m E auf Tilgung des Anspruchs) berufen kann. Diese letzteren Einwendungen hat das Gba bei der Prüfung der Zulässigkeit der Aw- und Wiedereintragung (C unten) zu berücksichtigen. (K G, Hamburg Ring 1927, 463, 660, 668; R G Ring 1927, 547; D Not V 1927, 397; Bd 116, 340). Das Gba muß danach also selbst, aber nur auf Grund vorliegender öffentlicher Urkunden nach § 29 G B O (wer bösen Glauben behauptet, ist beweispflichtig) prüfen, ob die Aw- und Wiedereintragung zulässig sei und darf nur in Zweifelsfällen (s Gba 2—12 Zweifel), wenn es nicht eintragen will, diese Eintragung klar begründet ablehnen und eine Entscheidung des Prozeßgerichts verlangen. (So auch Beschluß 50). Ob § 18 G B O wegen der Entscheidungen anwendbar ist oder sofortige Antragsabweisung erfolgen muß, s Fristen u Hindernis. **b**) falls ein „Einspruch" (s a) rechtzeitig eingelegt ist, die **rechtskräftige Entscheidung** des **Prozeßgerichts**, daß die Aw stattzufinden habe, oder **der Awstelle** über die Anträge aus § 15 Nr 1—3 Aw G, falls die Aw noch nicht eingetragen ist. Die letztere Entscheidung braucht aber nach a vorher kein Hindernis für die frühere Eintragung zu sein. Wenn die Eintragung daher schon erfolgt, ist sie u U nach dem rechtskräftigen Awstellenbeschlusse auf Antrag zu berichtigen.

C. Die **Berichtigung des Gb durch Wiedereintragung (We) gelöschter awbarer Nr 68, dinglicher Rechte** — erfolgt nach § 2—6, 31, 14—18, 20—22, 31 Aw G, Gbblatt d, f. Art 1—28 D Vo. Beispiel Nr 68 Gbblatt d. Wer mit München Ring 28, 733 (S Zinsen 7 g) der von mir u der Praxis nicht vertretenen Ansicht ist, daß § 28 Aw G neben den Normalzinsen auch die früheren Strafzinsen, Entschädigungen bestehn ließ, muß auch diese ohne Bezugnahme eintragen. Bisher ist mir solche Eintragung nicht bekannt geworden. Wegen Awberechnung unten D, wegen des Ranges, § 6 II, 21 II, 22 II Aw G zu E. Die Voraussetzungen sind auch nach K G Ring 1928, 333 **zunächst** wie zu B a, b (Anmeldung, kein Einspruch zu B a bzw bei Einspruchseinlegung rechtskräftige Entscheidungen zu B b) und Prüfung durch das Gba, das entweder einträgt oder wie zu B b die Eintragung sofort ablehnt oder (s Fristen u Hindernisse) nach § 18 G B O beanstandet. Auf eine baldige Erledigung der Beanstandung ist allerdings nicht zu rechnen. (Vgl auch K G 1. X. 769/25 Tempelhofer Vorstadt Bl 625.) Der Gbr braucht deshalb dennoch ohne Not d h ohne neuen anderen Antrag nicht sofort abzuweisen.

Als weitere Voraussetzung der We muß aber für das Gba nach § 29 G B O erwiesen sein, daß kein unter dem Schutze des öffentlichen Glaubens des Gb oder durch den Zuschlag bei der Zwangsversteigerung erworbenes Recht durch die We verletzt wird. S darüber unter F.

Ich habe stets sofort wie in Beispiel Nr 68 Gbblatt f die **Aufwertung abgetretener Hypotheken** für den abtretenden und neuen Gläubiger **einheitlich eingetragen,** wodurch ich eine bessere Übersicht des Gb erhielt. Mir genügt dazu die Anmeldung und der Eintragungsantrag des alten Gläubigers als selbstverständlicher Awantrag für beide Eintragungen. Der Erfolg war stets unbestritten u hat ein übersichtliches Gb geschaffen.

Die **Wiedereintragung (We)** und **Umwandlung** nach § 4—6 Awerg 9.7.1927; D Vo 12.9.27 Beispiele Nr 68, Gbblatt e, f, Nr 69 a (**abgesehen von den Fällen des öffentlichen Glaubens des Grundbuchs** unter F unten): **a**) darf nicht erfolgen, wenn im Kapitalsrückzahlungsfalle auf bestimmten Anhaltspunkten beruhende Zweifel bestehn, ob nicht der Gläubiger die Hyp abgetreten hat. K G D Not V 1927, 165. Sie ist nach § 22 II Aw G unzulässig, wenn das Recht unter dem Aw G unzulässig gelöscht und dann gutgläubiger Eigentumserwerb erfolgt ist. K G Ring 1927, 297, D Not V 1927, 415. — **b**) darf erfolgen, wenn sie vom Eigentümer vor Ablauf der Anmeldefrist freiwillig nach § 29 G B O bewilligt ist. Der Anmeldungsnachweis (oben B a) ist unnötig, da die Bewilligung u U als Anmeldung gelten kann. K G Ring III 404. — **c**) ist nicht zugelassen nach K G D Not V 1926, 325 für einen durch **Enteignung** (§ 45 Enteignung; s dort) erloschene und gelöschte Hyp und zwar weder für den letzteingetragenen noch den früheren Gläubiger, der nach 14.6.1922 die Hyp gegen Gegenleistung abgetreten hat. — **d**) ist zulässig, wenn das belastete Grundstück nach Löschung einem anderen Grundstücke zugeschrieben ist. § 6 Aw G ist zu beachten. K G Ring 26,

299. D Not 1926, 186. — e) **mehrerer** Hypotheken als **eine Hyp** ist entgegen
Nr 70 dem K G in Ring 1928, 368, nach Dresden, Braunschweig, Ring 1926, 26, 269, 359 **auch schon vor § 10 Awerg zulässig** gewesen, wenn keine Rechte (oder Befugnisse aus § 7 K G Ring 1928, 368) zwischen ihnen stehen. § 10 Awerg gilt auch für „nicht gelöschte AwHyp K G Ring 1928, 368. S ferner unter n. — **f)** der Hyp des Awgläubigers u Neugläubigers (§ 16, 17, 67 Aw G), die Teilgläubiger der Hyp sind, als von einander unabhängige Hyp. K G Ring III 351. Beispiel Nr 68 f. — **g)** wird durch **Auflassungsvormerkung** vor 1.7.1925, die kein Recht am Grundstücke ist, nicht gehindert, wenn nicht schon vor 1.7.1925 das Eigentum eingetragen ist. R G 116, 238; D Not V 1927, 466. — **h)** ist schon zulässig, auch wenn über Härteklausel aus § 15 Nr 1—3 noch nicht entschieden ist. R G Ring 1928, 136. S oben I B a. — **i)** einer gelöschten AwHyp an der alten Rangstelle steht eine **Höchsthyp** (s auch D p) nur so lange entgegen, als ihre Forderung besteht. München, Ring 1928, 115. — **k)** Die **Abtretung** (und **Pfändung**) einer gelöschten AwHyp ist vor ihrer We nicht angängig. Der „**Awanspruch**" ist kein selbständiges Rechtsgebilde u seine Abtretbarkeit u Pfändbarkeit besteht nur soweit, daß der Neuberechtigte ihn für den Altgläubiger, wenn auch im eigenen Interesse geltend macht d h die We nur auf den Altgläubiger bzw Schuldner und dann erst die Eintragung der neuen Rechte beantragen kann. K G 1927 So II 2, D Not V 1927, 35. S aber Widerspruch **G** m. — **l)** Die AwHyp darf nur bis 25 v H an derselben alten Rangstelle eingetragen werden. Die höheren Vergleichsbeträge sind besonders einzutragen. K G Ring 19127,
Nr 69a. 497. — **m)** (s oben e). Die **Umwandlung der AwHyp in Grundschulden nach § 4—6, 10 Awerg:** 1. Ihre Eintragung wie We nach § 6 Nr 1 Awerg setzt voraus, daß die Hyp durch die Forderungsabwertung nach § 15 Nr 1—3 berührt u die gelöschte Hyp nach § 20 Aw G wiedereintragbar ist. K G D Not V 1928, 100. Anderenfalls Neueintragung nur nach G B O. — 2. Sie ist nicht zulässig nur auf dem Anteile eines Miteigentümers, da eine Hyp **und** Grundschuld nicht gleichzeitig vorliegen können. K G Ring 1928, 249; D Not V 1928, 209. — 3. Sie ist zulässig für noch eingetragene oder bereits wieder eingetragene AwHyp u bei Gesamthyp, die auf allen Grundstücken unmittelbar aufeinander folgen, aber nicht, wenn zwischen ihnen Eigentümergrundschulden bestehn. Ob durch ihre Löschung eine unmittelbare Rangfolge bewirkt werden könnte, hängt von streitigen Fragen ab, die das K G nicht entschieden hat. Eine Zusammenlegung von Hyp ist sonst nach B G B, G B O unzulässig. K G Ring 1928, 269. — (Eine Grundschuldumwandlung nach § 4 ff Awerg **a)** ist vor rechtskräftiger Entscheidung über den Einspruch gegen die Aw der „**Hypothek**" nicht zulässig. Dresden, Ring 1928, 513. — **b)** findet nach § 4 Awerg nicht nur bei Abwertung, sondern auch dann statt, wenn nach § 4 Aw G die Forderung geringer als die Hyp ist u wenn z B die Friedensgrundschuld in eine Hyp für eine mit dem Verkaufe zusammenhängende Forderung umgewandelt u deshalb geringer wurde. K G Ring 28, 419. — **c)** findet nicht statt, wenn ein Awvergleich nach dem 14.7.25 über Abwertung u dingliches wie persönliches Recht geschlossen ist. K G Ring 28, 447.) — **n)** kann **auch auf Anmeldung u Weantrag des Pfandgläubigers** erfolgen, wenn die Hyp gepfändet u Pfandforderung nach § 14, 15 Aw G zurückgezahlt ist; Das Gba hat aber nicht zu entscheiden, ob u in welcher Höhe die Pfandansprüche der Aw unterliegen. Der Pfandgl muß daher Anerkenntnis des Schuldners oder Urteil des Prozeßgerichts nach § 29 Z P O nachweisen. Dresden Ring 27, 640. Aber auch der **Forderungsgläubiger** hat die Rechte des Pfandgl auf Anmeldung u We. München D Not V 27, 674. Die Aw ist bei **Hypverpfändung**, die **keine Abtretung** ist, wie sonst. Stuttgart Ring 27, 659. Die Berechnung des GMbetrags erfolgt nach dem Erwerbe des Vollstreckungsschuldners. K G

Ring 28 So III 65. — **Pfändungspfandgläubiger**, dem die Forderung zur Einziehung überwiesen ist, u **Hypverpfändungsgl**, dessen Forderung wenigstens zur Zeit der Zahlung fällig war, haben die **Anmeldungs- u Widerspruchsrechte** nach § 16 Aw G. K G, München Ring 26, 208, So 43. — **o) Abtretung** ist „We" nach § 28 II Aw G, wenn nicht mehr der Altgläubiger sondern der Neugläubiger im Gb eingetragen ist. Also Verzinsung seit 1.4.1926. Es ist gleich, ob der Glname oder die Hyp beseitigt war. K G Ring 28, 466. — **p)** ist vom Gba trotz Vorliegens einer Bescheinigung der Awstelle nach Art 126 D Vo abzulehnen, wenn deren Unrichtigkeit sich aus den Grundakten ergibt. Dresden Ring 28, 486.

D. **Die Awberechnung** der **dinglichen** awbaren Rechte (nicht der Forderungen!) **Nr 66—68** gemäß § 2—6, 31, 17, 18 Aw G; Art 1, 2, 3, 12, 13, 18, 19, 25, 27, Gbblatt a-g.: 28 D Vo u der GM-Umrechnungstabelle des Aw G. Maßgebend für die Berechnung ist der Zeitpunkt des Rechtserwerbs, also der Hyp, nicht der Forderung (KG Ring 1926, 453, 494). (S Erwerb.) Also bei einem brieflosen Buchrechte stets der Tag der Eintragung im Gb; bei einem Briefrechte gemäß § 1117 B G B der Tag der Briefaushändigung an den Gläubiger. (S jedoch die Vermutung für die Aw nach § 5 AwG unten.) Diese Briefübergabe kann nach § 1117 II B G B durch die nachzuweisende (§ 29 G B O) Vereinbarung, daß der Gläubiger berechtigt sein soll sich den Brief vom Gba aushändigen zu lassen), auf den Zeitpunkt der Vereinbarung, aller nach m E unzutreffender fester Rechtsprechung nicht vor die Rechtseintragung im Gb zurückverlegt werden. K G Ring 1926, 343. Bei einem Briefrechte ist also danach der Rechtserwerb jedesmal festzustellen, wenn der dafür beweispflichtige Eigentümer oder Gläubiger behauptet, daß die im § 5 Aw G festgestellte, die Berechnung erleichternde, aber nach § 29 G B O (Grundakteninhalt, öffentliche oder beglaubigte Urkunden) oder durch eine nach § 69 Aw G erlassene Awstellenentscheidung widerlegbaren gesetzliche Vermutung, die Hypothek sei vom Gläubiger am Tage ihrer Eintragung im Gb oder bei der Abtretung einer Briefhypothek am Ausstellungstage der Abtretungsurkunde erworben, nicht zutrifft. (Es genügt auch Wissen des Gba. K G D Not B 1926, 628.) Die Hyp kann nicht höher sein als ihre Forderung, sodaß auch ein briefloses Buchrecht unter den GMbetrag seines Eintragungstages auf den GMbetrag der Forderung herabsinkt, wenn Letzterer wie oben gemäß § 29 G B O oder nach Festsetzung der Awstelle (§ 69 Aw G) niedriger als der GMbetrag der Hyp ist. In der Regel entscheidet im übrigen für die Awberechnung der Zeitpunkt des Erwerbs durch den derzeitigen Gläubiger selbst. (§ 3 Nr 1 Aw G). Die wesentlichsten Abweichungen sind namentlich der **Erwerb von Todeswegen** in allen Spielarten, (§ 3 Nr 2, 4, 6), wobei der Erwerb durch den Erblasser oder Hingeber entscheidet; der **„unentgeltliche"** Erwerb durch Geschenk oder Ausstattung (der Eltern) § 3 Nr 5, 11), wobei der Erwerb durch den Geber bestimmt; ferner nach § 3 Nr 7 der Erwerb durch den **Treuhänder** (z B durch Sicherungsabtretung einer Hyp an eine Bank, die Hyp nicht zu erwerben pflegt), wobei der Erwerb durch den Geber zu treuen Händen entscheidet, es sei denn, daß zuerst der Treuhänder das Recht erworben hätte. (S Treuhänder u unter **n.**) Es entscheidet bei Erwerb durch **Gütergemeinschaft** (§ 3 Nr 3), oder durch **Auseinandersetzung irgend einer Gemeinschaft** (§ 3 Nr 4) der Erwerb durch den Einbringer bezw durch die Gemeinschaft; bei **Übernahme ganzer Vermögen, Hyp- u Versicherungsbestände** nach § 3 Nr 8—10 (Vgl K G Ring 1926., 514; D Not B 1926, 483, 546 über Sparkassen, offenen Handelsgesellschaft.) der Erwerb durch den Veräußerer. Nach § 3 II kommen **Veränderungen der Nebenbestimmungen** eines Rechts und ein **Zusatzdarlehn**, das zur einheitlichen Neueintragung aller alten Hyp eines Gläubigers in einer Hyp in der Inflationszeit geführt hat, für die Awberechnung der alten Hypbeträge nicht in Betracht. — Das Weitere ergibt für Einzelheiten die umfangreiche Rechtsprechung, für die hier kein Raum ist. Das Obige und die nachstehenden Entscheidungen genügen m E für die Praxis nach heutiger fortgeschrittener Erledigung der Aw-Gbsachen.

Nr 68 Gbblatt f. **a)** Dem abtretenden Gläubiger ist von seinem Awbetrage nach § 18 Aw G nicht wie bei anderen nicht abgetretenen, getilgten Hypotheken der volle GMbetrag der PMzahlung seit 15. 6. 1922, sondern der Awbetrag des Neugläubigers (bzw der etwa dem Neugläubiger bewilligte Awvergleichsbetrag Breslau Ring 1927, 237) abzuziehen, weil angeblich keine „Zahlung" nach § 18 AwG vorliegt. R G D Not V 1927, 402; Ring 1927, 321, 525; 1928, 136, 201, wonach echte und unechte Abtretung gleichstehen. — **b)** Auch bei **freiwilliger Vereinbarung auf Wiedereintragung** aus § 14, 15, 67 Aw G sind die Zahlungsbeträge von dem Hypbetrage gemäß § 18 Aw G abzuziehen. K G Ring So 1926, 44. Die Zeitberechnung über den Rechtserwerb kann nicht gegen das Aw G zum „Gb" vereinbart werden. Die Vereinbarung gilt nur zwischen den Parteien. R G 1927, 530; D Not V 1927, 624. — **c)** Bei der **Zwangsversteigerung** ist bei einer vom Ersteher übernommenen Hyp die Forderung nach dem ursprünglichen Erwerbstage durch den Gläubiger aufzuwerten. Rostock Ring 1927, 49. — **d)** Awberechnung, wenn die nach § 14, 15 Aw G aus der Hyp entstandene Eigentümergrundschuld in Hyp umgewandelt und weiter abgetreten wird, in K G D Not V 1927, 404; Ring 1927, 460. — **e)** Über Art 19 D Vo f K G Ring 1927, 459; Abtragungsvereinbarung nach Art 19 II S 1 K G D Not V 1927, 230; So IV 31; München, Dresden Ring 1927, 168, 284. — **f)** Awberechnung 1. bei **Pfandbrief- u Kreditanstalten,** wenn mit Pfandbriefen gezahlt ist, K G Ring 1927, 446. S unten **g** 3. — 2. **bei Gläubigerwechsel** München D Not V 1927, 479; mit Zusatzdarlehn nach § 3 II Satz 2 Aw G K G Ring 1927, 519. — 3. bei Erwerb von **Fideikommissen.** München Ring 1927, 617. 4. bei **Reallasten** des B G B u Landesrechts. R G Ring 1926, 254, wonach Aw G nicht für Ansprüche auf Sachwerte (Roggen usw) gilt. 5. bei Zwangsversteigerung (§ 91 Zw Ges) K G D Not V 1926, 483, Ring 1926, 591. — **g)** **Zahlungen** auf die Hyp 1. ab 15.7.1925 fallen nicht unter § 18 Aw G, sondern unter Art 3 D Vo, sodaß keine beglaubigte Löschungsbewilligung bei Aweintragung nötig ist. K G D Not V 1927, 483. — 2. in Dollar fallen unter Sachleistungen Art 18 D Vo München D Not V 1927, 482; Ring 1927, 611. — 3. in Pfandbriefen fallen nicht unter Absatz 3 sondern 2 Art 18 D Vo. K G D Not 1927, 481. — 4. in Sachleistungen des Art 18 D Vo sind auf den Aw-, nicht GMbetrag anzurechnen. K G Ring 927, 699. — 5. § 2, 18 Aw G schließen Vereinbarungen über die Anrechnung von Zahlungen nicht aus. Dresden Ring 1926, 682. — **h)** Rechtserwerb bei Gemeinschaften 1. liegt nach R G Ring 1927, 550 nicht vor, wenn Veräußerer und Erwerber Gemeinschaften zur gesamten Hand mit denselben Personen sind. 2. nach § 3 Nr 3 auf Gemeinschaften nur bei familienrechtlichen Rechtsvorgängen ausdehnbar. Hamburg Ring 1927, 150. — **i)** Art 2 D Vo über Beweisbefreiung bei den Awangaben gilt auch für Erwerbsnachweis nach § 3 Nr 2—11 Aw G. K G, Dresden Ring 1927, 599, D Not V 1926, 565. Erklärungen gemäß Art 3 D Vo sind nicht unwiderruflich u können bis zur Eintragung in das Gb geändert werden. K G D Not V 1927, 92. — **k)** Keine Aw erfolgt, wenn der GMbetrag der Forderung mindestens durch die höhere PMzahlung gezahlt ist. München Ring 1927, 602. — **l)** Die **Vermutung** des **§ 5 I Satz 2** (Abtretung) ist widerlegt, wenn gemäß § 29 G B O frühere oder spätere Zahlung oder Briefaushändigung nach den Grundakten feststeht. Stuttgart Ring 1927, 655. — Über die **Pfandauswechslung**

nach § 5 II **Aw G** s Karlsruhe, Jena, Ring 1927, 225, 242; K G Ring 1927, 243; D Not V 1927, 287; Rostock Ring 1927, 244, 247; 1928, 305. — **m**) Der Awbetrag kann auch nachträglich erhöht werden, selbst wenn kein Einspruch eingelegt ist, da die Awsumme nicht rechtskräftig wird; K G Ring 1927, 659. — **n**) **Überweisung an Zahlungsstatt** steht der Abtretung gleich. K G Ring 1928, 29. — **o**) Eine nach Aw G **hypothekarisch gesicherte Forderung** liegt vor, wenn die Forderung zur Zeit der Leistung nach § 14, 15 gesichert war (R G Ring 1928, 33), aber nicht stets bei einer **Höchstbetragshyp**; sicher dann jedoch, wenn die Forderung festgestellt war. R G Ring 1928, 284. — **p**) Keine Aw nach Aw G wenn die Hyp nach Bewilligung nicht eingetragen wurde. R G D Not V 1928, 45. — **q**) Bei **Umwandlung einer Eigentümergrundschuld** in eine Hyp bemißt sich deren Höhe nach der (auch nach § 10 Aw G erhöht) aufzuwertenden Forderung. K G D Not V 1928, 55. — Umwandlung einer Grundschuld in eine Hyp ist Inhaltsänderung nach § 3 II K G Ring So 1926, 10. — **r**) Eine **Einzelhyp** auf Grundstücksbruchteilen verschiedener Miteigentümer kann für die Bruchteile und eine **Gesamthyp** auf den einzelnen Grundstücksanteilen verschieden aufgewertet werden. K G Ring 1928, 99. — Die Aw erfolgt bei Gesamthyp nicht nach der Zeit der Verteilung, sondern ihrer Begründung. München Ring 1926, 747. — **s**) Die Aw bei einer nach 13.2.1924 umgeschriebenen Buchhyp ist für den Abtretenden ausgeschlossen. K G Ring 1928, 261, 639. **t**) Die **Höchstbetragshyp** (s auch C i) ist wie die anderen Hyp ohne Rücksicht auf die Forderung aufzuwerten. Auch auf Antrag des Gläubigers, wenn nicht feststeht, daß keine Forderung besteht. Karlsruhe Ring 1926, 749; D Not V 27, 34, wonach Gläubiger die Aweintragungen **vor** Feststellung der Forderung beantragen kann, wenn nicht feststeht, daß keine awbare Forderung entstanden ist, u bei nicht voller Forderungsentstehung der 25 v H der Rest Eigentümergrundschuld ist. K G D Not V 27, 34 steht dem nicht entgegen. — **u**) Keine Aw der Hyp, wenn ihre Forderungen Schuldscheindarlehen der Länder, Gemeinden, Gemeindeverbände gemäß § 30 III, 40 III Anleiheablösungsgesetzes 16.7.1925, 137 sind. Es muß ein formell richtiger „Schuldschein" zum Zwecke der Beweissicherung ausgestellt sein. R G Ring 1928, 47, 755. Vgl. ferner R G Ring 1927, 265, 728; Bd 116, 60, 166, wonach Schuldverschreibungen nach § 30 III, 40 III a a O nur bei Darlehns-, nicht Kaufgeldschulden vorliegen. (Letztere auch nicht, wenn erklärt ist, daß die Kaufgeldschuld künftig Darlehn sein soll und „Schuldschein" ausgestellt ist.) Darlehen gegen Schuldschein sind Anleihen; nicht nur Darlehen aus öffentlichen Anleihen. — **v**) 1. Erwerb durch **Treuhänder** (s dort) berührt die Rechtsnatur der Forderung z B Kaufgeldforderung nicht. R G Ring 1927, 506; Hamburg D Not V 1927, 290. — 2. Die Gemeinde ist Treuhänderin bei den Beihilfehyp aus Mitteln des Reichs, der Länder zur Wohnungsschaffung. § 3 Nr 7 Aw G. Dresden Ring 1927, 603. — 3. Stiller Stellvertreter beim Erwerben steht dem Treuhänder gleich. Hamburg Ring 1927, 638. — 4. Die Versicherungsunternehmen sind nur mit Zustimmung ihres Treuhänders zur Verfügung und gerichtlichen Geltendmachung der Awansprüche befugt. Treuhänder kann auch selbst auftreten. R G Ring 1928, 202. — **w**) Das Gba muß selbst jede Aw berechnen und entscheiden nach Beweismitteln gemäß § 29 G B O, solange der Sachverhalt klar ist und die Beteiligten nicht nach § 69 Aw G streiten und die Awstelle zuständig wird. Also auch ob Schenkung vorliegt. K G 1926, 345, 541. — **x**) In RM statt GM kann nur auf Grund Vergleichs eingetragen werden. Stuttgart D Not V 1926, 630. — **y**) Jede Awberechnung erfolgt bei gepfändeten Hyp wie sonst. Auch auf Antrag des Pfandgläubigers. S C n oben.

E. **Der Rang bei Aw und Wiedereintragungen (We) nach § 6 II, 20, 21 II, 22 II** **Nr 66—68** Aw G. — **a)** We an alter Rangstelle ist nach § 20 Aw G unzulässig, Gbblatt a-f wenn der öffentliche Glaube des Gb dessen „Berichtigung" nach feststehenden Tatsachen, nicht nur Zweifeln (s Zweifel) ausschließt. Selbst **die Bewilligung des Erwerbers** gestattet nur We an nächst freier Stelle, es sei denn, daß die Gleichrang- und Nachgläubiger (beglaubigt) zustimmen. Das Gba muß stets das Gesetz entscheiden lassen und danach prüfen. K G, wo auch die Nebenbestimmungen behandelt werden, in Ring III 342; D Not V 1927, 350. Also muß auch stets § 18 Aw G beachtet werden. K G Ring So 1926, 44. — **b)** § 6 II: 1. Der Rang des § 6 II AwG steht nur demjenigen zu, der am 15.7.1925, beim Inkrafttreten des Aw G das vom 14.2.—1.10.1924 erworbene Recht hatte. R G Ring 28, 425. — 2. Der hat den Vorrang, wer ein PMrecht vor 14.2.1924 oder ein Recht an einem Recht erworben hat. Sein Gbrecht muß am 15.7.1927 bestanden haben. K G D Not V 1926, 437. — 3. Liegen bei einem wertbeständigen Rechte die Voraussetzungen des § 6 II und 7 IV vor, sind beide §§ anzuwenden. K G D Not V 1927, 221. S unten G. — 4. Zu den vom 14.2.—1.10.1924 erworbenen Rechten gehört auch eine nach § 1196 B G B bestellte Eigentümergrundschuld, die dem Eigentümer am 15.7.1925 noch zustand. K G Ring 1927, 577. — 5. Bei § 6 II spielt der öffentl Glaube und „rechtgeschäftliche" Erwerb keine Rolle, sodaß auch Zwangshyp und auf Grund einstweiliger Verfügungen vorgemerkte Rechte unter § 6 II fallen. K G Ring 1927, 577; D Not V 1927, 539; 1928, 114. — 6. Unter § 6 II fallen auch die erworbenen wiedereingetragenen Rechte u **Höchstbetragshyp** nach § 1190 B G B, wenn ihr Gläubiger am 15.7.1925 noch im Gb stand, ohne daß es darauf ankommt, in welcher Höhe am 1.10.1924 das Recht als Hyp oder Eigentümergrundschuld bestand. Steht aber bei Eintragung der Aw bei der Vorhyp der Höchsthyp fest, daß Letztere ganz oder zum Teil Eigentümergrundschuld geworden ist, so kommt insoweit die Grundschuld bei § 6 II nicht in Betracht. K G Ring 1927, 486, München Ring 1928, 115. D Not V 1927, 539, 1928, 114, 116. — 7. § 6 II gilt auch für eine Wiedereintragungs-Awhyp, aber nicht gegenüber einer vom 14.2.—1.10.1924 gemäß § 1196 B G B bestellten Eigentümergrundschuld und einem zur gleichen Zeit kraft „Gesetzes" vollzogenen Rechtserwerb. Es sei denn, daß die Grundschuld u letzteres Recht inzwischen gutgläubig erworben ist. — War der Gläubigervorbehalt des § 14 Aw G bei einem gelöschten Rechte dem neuen Zwischengläubiger bekannt, so gilt § 6 II ebenfalls. K G Ring 1928, 22 (vgl die dortigen 3 Fälle). — **c) § 21 II Aw G:**
Nr 68 1. Die Awhyp des Altgläubigers hat nach § 21 II den Nachrang, gleich-
Gbblatt f viel ob die Nachrechte vor oder nach der Abtretung (aber vor dem Aw G) erworben sind. K G D Not V 1926, 436. — 2. Die Rangvorschirft des § 21 II ist schematische Sondervorschrift, unabhängig von den Wirkungen des öffentlichen Glaubens und von Löschung der abgetretenen Hyp unter dem Erwerber. München Ring 1927, 213. — 3. § 21 II findet Anwendung, wenn die Hyp nach § 21 I Nr 2 abgetreten und ohne Eintragung des Neugläubigers später gelöscht ist, selbst wenn keine Aw für Letzteren erfolgt. K G 1. X 330/26; Jur Rundschau 1926 Nr 1412; München, Dresden, Rostock Ring 1927, 213, 528, 671. — 4. Wenn 2 Hyp früher den Rang nacheinander hatten u beide abgetreten sind, so behalten sie untereinander den alten Rang, da § 21 II für Beide gilt. K G 1. X 752/27. Tempelhofer Vorstadt Bl 913. — 5. Der Nachrang der Hyp des Abtreters besteht auch dann, wenn Hyp auf Bewilligung des Neugläubigers gelöscht ist (Dresden Ring 1927, 528), aber nicht, wenn Hyp an Eigentümer abgetreten u von diesem zur Löschung gebracht ist, weil kein Erwerber mit Aw vorhanden ist. Rostock Ring 1927, 671, D Not V 1927, 745. — 6. § 21 II ist anwendbar, wenn

Eigentümer die Hyp zurückgezahlt u diese auf Grund löschungsfähiger Quittung auf sich hat umschreiben lassen. Also § 21 I Nr 1, 2 fallen unter § 21 II Aw G. R G Ring 1928, 185; D Not 28, 258. — **d)** § 22 II Aw G: 1. Die Rangeintragung nach § 22 II steht unter dem öffentlichen Glauben des Gb. D Not V 1926, 437. — 2. Wenn von 2 Hyp die 1te awbare Hyp gelöscht, dann gutgläubig vor 1.7.1925 eine Hyp des § 7 IV erworben u dann die gelöschte Hyp wiedereingetragen wird, entsteht **folgender Rang**: Erste Stelle die neue Hyp des § 7 IV, soweit Awbetrag der gelöschten Hyp u die Befugnis gemäß § 7 I nach ihr reicht. Dann 2te alte Hyp. Dann u U Rest der neuen Hyp des § 7 IV. Endlich die gelöschte Hyp. München 1926 So II 39?! S Befugnis H u Nr 67 Gbblatt d.) — 3. Wird mit Vorrang vor anderen Rechten nach § 20, 22 II eine Hyp wiedereingetragen, hat aber ein Dritter inzwischen gutgläubig ein Recht am Grundstück erworben, so ist dieses Recht bei der Zwangsversteigerung so zu behandeln, als ob das wiedereingetragene Recht nicht vorhanden ist. Rückt das Drittenrecht in die Befugnisstelle gemäß § 7 IV ein, so entstehn **relative Rangverhältnisse** zwischen den Rechten. — Das **B G B** kennt grundsätzlich nur **absolute Rangverhältnisse**. (Ein relatives Rangverhältnis kann so entstehn, daß ein Recht x einem Recht y nachgeht, welches seinerseits den Rang hinter den anderen Nachrechten des x hat.) — D h bei absolutem Range **a)** Mehrere Rechte stehn in fortlaufender Rangfolge. — **b)** Ein dingliches Recht kann nicht gegenüber nur einem bestimmten anderen Rechte bestellt werden. — **c)** Es kann nicht die Rangänderung nur gegenüber dem Gläubiger des zurücktretenden Rechts vereinbart werden, die nicht auch gegenüber dem Inhaber des das zurücktretende Recht belastenden Rechts gelten soll. Rangänderungen nach § 880 B G B sind absoluter **Rangtausch**. (Sodann Fall, daß erste Hyp versehentlich gelöscht, dann neue Hyp eingetragen und dann erst die gelöschte Hyp wiedereingetragen wird). K G Ring 1927, 559 (wichtig!). — 4. Haben nahe Angehörige des Eigentümers das Grundstück „vor" 1.1.1925 aufgelassen erhalten und Eigentums-Eintragungsantrag gestellt, aber erst „seit" 1.1.1925 Eintragung ihres Eigentums erhalten, findet § 21 I Anwendung. Der Nachweis des § 22 I durch den Erwerber des letzten Satzes des § 22 I kann offenkundig (§ 29 G B O) sein. Ist er dies nicht, muß das Prozeßgericht entscheiden. Dresden 1927 So VI, 53. — 5. Die We einer Hyp findet mit altem Range vor einer **vor** 1.7.1925 eingetragenen Hyp statt, wenn die alte Awhyp bei Eingang des Antrags auf Eintragung der neuen Hyp oder bei deren Eintragung noch nicht gelöscht war. Selbst dann, wenn § 1117 II B G B vorliegt. Dresden So II, 1927, 37. Ich bin a M, wenn die Löschungsurkunde dem Gba schon eingereicht war. § 20 II Aw G. Dann ist der neue Hypgläubiger durch guten Glauben geschützt. — 6. Der We einer gelöschten Awhyp an alter Rangstelle steht eine Höchsthyp nur so lange entgegen, als ihre Forderung besteht. München Ring 1928, 115. — 7. S e unten. — **e) Allgemeines über Rang nach Aw G,** insbesondere § 22 I: 1. Der Erwerb einer **Eigtgrundschuld** fällt nicht unter § 892 B G B, wohl aber der Erwerb eines Rechts z B **Pfandrechts** an dieser. Sonach ist eine Awhyp zwar mit dem Range vor der Eigtgrundschuld, aber mit dem Range nach dem Pfandrechte einzutragen. Es entscheidet die Verpfändung der Briefgrundschuld vor dem 1.7. 1925, nicht die Eintragung im Gb. Der öffentliche Glaube steht nur **dritten Erwerbern** durch **Rechtsgeschäft** zu. K G, Karlsruhe D Not V 27, 45, 294; Dresden, München Ring 27, 135, 137. — 2. **Verpfändung** einer am 6. 1.1925 eingetragenen Grundschuld auf dem Grdst der Ehefrau (Kommanditistin) eines Gesellschafters durch die Kommanditgesellschaft an die Seehandlung am 9.1. 1925. Letztere ist gutgläubig, sodaß während des Pfandrechtsbestehens eine

Awhyp „nicht vor der Grundschuld" wiedereintragbar ist. § 22 I Aw G, Braunschweig Ring 27, 579.

F. Der **öffentliche Glaube des Gb** und der **Zuschlag** bei der Zwangsversteigerung gegenüber der We gelöschter Rechte und der Eintragung der Aw nach § 14, 15, 17 ausgezahlter awbarer dinglicher Rechte nach 20—24 AwG. (Hier kurz unter „We" zusammenbenannt.) Die **„Enteignung"** fällt wie der Zuschlag auch unter § 20 I (KG D Not V 1926, 325), da nach § 45 Enteignungsges (§ 9 Ges 15.12.19) mit der Zustellung des Enteignungsbeschlusses an Eigentümer u Unternehmer das Grdst von privatrechtlichen Verpflichtungen frei wird. (S Enteignung). Es kann hier nur in großen Zügen der heutige Stand der Praxis und der maßgebenden Rechtsprechung des R G angegeben werden, wie sich der Gbrichter bei der We awbarer dinglicher Rechte verhalten soll. Der Gbrichter hat (vgl RG Ring 27, 363, D Not V 1927, 397; Dresden, München Ring 1928, 219, 320; s auch Dresden 27, 753) selbständig zu entscheiden, ob eine We erfolgen soll, falls dazu die Voraussetzungen des § 20 ff Aw G nach § 29 G B O ihm bei den Grund- oder Awakten nachgewiesen sind. Er hat den von der Einspruchsfrist des § 16 Aw G nicht berührten öffentlichen Glauben von Amtswegen zu berücksichtigen. K G D Not V 26, 636, 643, 647, 152. Liegen diese Nachweise nicht vor oder sind in tatsächlicher Hinsicht begründete Zweifel (s Zweifel) oder sonst rechtlich erhebliche Bedenken gegen die We vorhanden, so wird und muß er diese ablehnen. Er ist nicht berechtigt oder verpflichtet, Eintragungen vorzunehmen, wenn er nicht davon überzeugt ist, daß alles in Ordnung ist, und über Zweifelsfälle zu entscheiden. Auch über Gut- und Bösgläubigkeit hat das Gba nicht zu richten. Alle diese Fälle mag das Beschwerde- oder Prozeßgericht entscheiden. Also Beanstandung des Eintragungsantrags unter möglichster, natürlich gesetzlich zulässiger Vermeidung sofortiger Abweisung, wenn nicht der Antragsteller sie selbst verschuldet oder neue Anträge (§ 18 II Satz 1 G B O) eingehn. (Vgl Fristen, Hindernis). — § 20 II Aw G bezieht sich auf Eintragung neuer Hyp. Z B wenn eine Löschungsurkunde für eine noch eingetragene Hyp schon eingegangen war, als der Antrag auf Eintragung der neuen Hyp einging, behält diese den Vorrang vor der gelöschten Awhyp. — Fälle: 1. **Die We muß erfolgen: a)** wenn die Löschungsurkunden des § 20 II zwar gemäß diesem §, also vor oder gleichzietig mit der Stellung des Antrags des neuen Eigentümers auf seine Eintragung (§ 892 II B G B) erteilt, das Recht aber beim Inkrafttreten des Aw G nicht gelöscht war, sodaß die Erteilung der Löschungsbewilligung (obwohl dies aus § 14 Awerg besonders klar hervorgeht; vgl Ricks Bay Not V 1928, 84) der Löschung des § 20 I Aw G nicht gleichsteht. R G Ring 1927, 527, So 6, 45; 1928, 243, 296. — Ferner muß die We erfolgen, wenn die Löschungsurkunden zwar nach dem Zeitpunkte des § 892 II B G B erteilt, aber die Löschungen nicht **„vor"**, sondern nach der Eigentumseintragung des neuen Eigentümers **vor dem 1.7.1925** (2b unten) erfolgt waren. Wenn beides zusammen verfügt war, mußte der Gbführer das Recht vor der Eigentumseintragung gelöscht haben. R G Ring 1927, 544, 498; K G Ring 1928, 40. Bd 116, 351. — **b)** wenn auch vor dem 1.7.1925 nur eine **Auflassungsvormerkung** für den Erwerber beim Inkrafttreten des Aw G eingetragen ist. (R G Ring 1927, 475; So 6, 57; 1928, 338, 464, weil nach § 22 II Aw G die Vormerkung kein Recht ist und auch im § 22 II Aw G nicht den „Rechten" gleichgestellt ist; Auch diese Entscheidung ist nach Ansicht des K G usw, Ricks Bay Not V 1928, 84 eine Fehlentscheidung. — **c)** wenn aus den überreichten „öffentlichen" Urkunden (Kaufverträgen, Löschungsurkunden usw (§ 29 G B O) klar hervorgeht, daß das wiedereinzutragende Recht von dem Erwerber des Grundstücks oder für seine Rechnung **gemäß § 14 Awerg** abgelöst worden ist. (Dresden, München Ring 1928, 219, 320). Die Voraussetzungen des § 14 (Ablösung vom Erwerber und für seine Rechnung) und der We liegen z B vor: Wenn nach Außen der Veräußerer oder ein anderer als der Erwerber für diesen u mit dessen Willen im Zusammenhange mit dem Erwerbe des Grdst die Ablösung — wenigstens letzten Endes — mit den zu diesem Zwecke vom Erwerber zur Verfügung gestellten Mitteln bewirkt hat. „Für seine Rechnung" heißt im § 14 etwas anderes als sonst. Dieser Ausdruck ist von Roth u Nadler zu eng bzw juristisch technisch ausgelegt. Die Tatsache allein, daß das Geld zur Ablösung lediglich vom Erwerber herrührt, genügt nicht. R G 119, 182, Ring 1928, 230, 631, 633. Wenn die Anmeldung der Hyp erfolgt und kein Einspruch nach § 16 Aw G eingelegt oder rechtkräftig festgestellt ist, daß ein Vorbehalt aus § 14 oder Rückwirkung aus § 15 vorliegt. Die Eintragung einer Aw wird nicht gehindert, wenn die Hyp noch eingetragen und Einspruch eingelegt ist. K G Ring 1928; 333, 529. Nach R G Ring 1928, 532, 633, 753 muß der „Erwerber" des § 14 bei Stellung des Beantrages noch Grdsteigentümer sein. § 14 findet auf Rechtsvorgänge vor Inkrafttreten des § 14 **„rückwirkend„** Anwendung, aber nicht soweit, daß er in inzwischen wohlerworbene Rechte eingreift, z B wenn der Erwerber inzwischen, auch nach dem 1.7.1925 und unter dem Aw G, weiterverkauft hat. Diese (dem § 22 II Aw G widersprechende) Entscheidung müßte m E auch dann Anwendung finden, wenn wie vorher Dritte Hyp u andere Rechte am Grdst erworben haben. Diese Entscheidung des R G gilt nach K G D Not V 28, 272 nicht, wenn der frühere Veräußerer, der die gelöschten Rechte abgelöst hatte, das Grundstück wiedererworben hat. Das R G gewährt in Ring 1928, 534 die Rechte des § 14 nicht schon deshalb, weil der Erwerber die Hypablösung als Bevollmächtigter vornahm. Es sei denn, daß er schon bei Abslöung das Grdst kaufen wollte. —We muß erfolgen, auch wenn der spätere Erwerber zwar noch nicht gekauft und aufgelassen erhalten hatte, aber die Hyp gemäß § 14 Awerg vor dem späteren Kaufe und der Auflassung abgelöst hatte. R G D Not V 27, 724. — **d)** wenn die **Löschungsurkunden des § 20 II Aw G** zum Zeitpunkte des § 892 II B G B (zu a oben) noch nicht von allen Gläubigern unterschrieben oder noch nicht von den Ehemännern der Gläubigerinnen oder von den dafür zuständigen Personen (Inhabern der elterlichen Gewalt, Verfügungsberechtigten des § 185 B G B) oder vom Vormundschafts- oder Nachlaßgerichte (K G Ring 1928, 241) genehmigt sind, weil sie dann noch nicht wirksam **„erteilt"** sind. Sie brauchten nicht schlechthin „dem Grdstveräußerer" erteilt zu sein. Dies steht nicht im § 20 Aw G. R G Ring 1928, 204. Vgl. dazu Hamburg, K G Ring 1928 So III 71, 84 über „Erteilung". — § 20 II Aw G setzt nur die Erteilung der Löschungsurkunden nach Form u Zeit voraus. K G D Not V 27, 157. — **e)** für den **Zedenten** (§ 17 Aw G), wenn die Awrechte noch für den Zessionar eingetragen waren. R G 116, 177, Ring 27 So VI 48; 27, 393; 28, 135, So I 6; D Not V 28, 161. — **f)** wenn ein Grdst durch Teilhaber einer fortgesetzten Gütergemeinschaft auf eine **offene Handelsgesellschaft,** welche durch alle oder einzelne Gemeinschaftsteilhaber als Gesellschafter gebildet wird, übergegangen ist, K G D Not V 27, 350. — **g)** bei Sonderrechtsnachfolge, wenn offene Handelsgesellschaft auf eine andere Gesellschaft oder Personenvereinigung mit ihren Gesellschaftern in den Vorstand der Letzteren übergeht, aber nur wenn die Gesellschafter der Ersteren zur Zeit des § 892 II B G B alleinige Mitglieder oder Aktionäre der erwerbenden Gesellschaft waren. K G D Not V 27, 353. S unter h, i, p. — **h)** wenn (K G, Karlsruhe Ring 27, 367, 670; D Not V 27, 155) eine **offene Handelsgesellschaft** zur Zeit der Hyplöschung noch nicht begründet war, aber das Geschäft mit dem Grdst schon führte (Stuttgart Ring 1926, 687) und wenn ihre einzigen Vertreter dieselben wie die Veräußerer oder Erwerber waren. — **i**) wenn eine **Aktiengesellschaft** das Grdst erworben hat und die Veräußerer u Aktieninhaber, nicht aber wenn die Veräußerer u Vorstandsmitglieder der Aktiengesellschaft dieselben Personen waren. Der Vorstand ist nicht die Aktiengesellschaft. (R G Ring 28, 49; Bd 117, 257; K G 27, 367). Ferner nicht, wenn der Aktionär von der Aktiengesellschaft das Grdst erworben hat. K G Ring 27 So VI, 46. — **k**) wenn eine **Gesellschaft** nach **B G B** oder H G B das Grdst zur Zeit des § 892 II wirtschaftlich z B durch Einbringung eines Gesellschafters wie ein Eigentümer schon hatte. K G Ring 28, 563; D Not V 28, 485. — **l**) wenn **ohne Wechsel der Rechtspersönlichkeit** lediglich die „**wirtschaftliche**" Verfügungsmacht über das Eigentum durch Veräußerung von Gesellschaftsrechten (z B aller Aktien oder G m b H-Anteile) in andere Hände übergeht. R G Ring 27 So VI, 41; D Not V 28, 107, 157. K G D Not V 27, 350. D h wenn die Aktiengesellschaft oder G m b H Grundsteigentümerin im Gb geblieben ist. — **m**) wenn der Eigentümer die Bruchteile seiner Miteigentümer aus der Zeit der Hyplöschung nach der Löschung oder aus der Zeit der Löschungsbewilligung erworben hat. K G D Not V 27, 93; 28, 489; Ring 27, 60. — **n**) wenn Miterben von den Miterben das Grdst erworben haben, da nach § 892 II B G B nur rechtsgeschäftlicher, nicht gesetzlicher Erwerb wie beim Erbenerwerb geschützt wird. K G Ring 1927, 60. — **o**) gegenüber einer Tochtergesellschaft, wenn das Stammhaus den guten Glauben nicht hatte. Es ist bei Beiden nur eine Rechtsperson anzunehmen. München Ring 27, 66. — **p**) wenn bei bisherigen Inhabern und Erwerbern keine Personenverschiedenheit, sondern nur andere rechtliche Verbundenheit besteht. S Rechtsprechung g, h, i, l. Dies trifft nach K G Ring 27, 367; So IV 37, 39 auch dann zu, wenn bei der neuen Rechtsgestaltung gegenüber der bisherigen offenen Handelsgesellschaft oder sonstigen Gesamthandsgemeinschaft als der bisherigen Grundstücksinhaberin die sämtlichen bisherigen Gemeinschaftsinhaber als Rechtserwerber zu Bruchteilen auftreten. Im übrigen s die Fälle der zulässigen Wiedereintragung oben unter C b, d, e, f, h, i, l, m, wegen nicht übertragener **Reallasten** Dresden Ring 28, 861.

2. **Die We darf nicht erfolgen:** **a**) wenn im Regelfalle des § 20 II Aw G seine Löschungsurkunden vor oder spätestens mit dem Zeitpunkte des § 892 II B G B (Stellung des Antrags des neuen Eigentümers beim Gba auf Eintragung seines Eigentums vollständig und völlig wirksam (s oben 1 d) beim Gba vorlagen und vor dem Inkrafttreten des Aw G die Löschung der Awrechte vor oder gleichzeitig mit der Eintragung des Grdsterwerbers im Gb erfolgte. S 1a oben! — **b**) wenn die Löschungsurkunden des § 20 II Aw G (§ 14 Awerg) zwar nach dem Zeitpunkte des § 892 II BGB (s a) erteilt, aber die Löschung der Awrechte „vor" dem Inkrafttreten des Aw G und „vor" der Eintragung des neuen Eigentümers „**vor dem 1.7.1925**„ erfolgt war. R G Ring 27, 498, 544, 590; 28, 243, 600.; oben 1 a am Schlusse. K G Ring 28, 40. Der neue Eigentümer durfte bei seiner Eintragung vor dem 1.7.1925 nicht bösgläubig sein, was der Gläubiger dem Gba (mit öffentlichen Urkunden usw gemäß § 29 G B O, also regelmäßig mit rechtskräftigem Urteile) zu beweisen hat. R G 116, 102. — **c**) wenn § 14 Awerg an sich vorliegt, aber inzwischen, **auch nach dem 1.7.1925** wohlerworbene Rechte Dritter vorhanden sind (oben 1 c). Wenn z B ein Dritter seit 1.7.1925 das Grdst gutgläubig erworben hat. So auch R G Ring 28, 753. — **d**) wenn die Eigentumseintragung unter der III St N Vo hypfrei nicht nur beantragt (Karlsruhe D Not V 27, 99, 44), sondern auch erfolgt ist und Aw kraft Rückwirkung, nicht wegen Vorbehalts vorliegt. R G Ring 27, 535, D Not V 27, 615. Dies gilt auch bei Auseinandersetzung und Auflassung unter (selbst verwandten) Gemeinschaftern K G Ring III 409. — **e**) mit dem

alten Range der Awrechte, selbst wenn Erwerber es bewilligt, aber die Voraussetzungen des § 20 II Aw G den Schutz des öffentlichen Glaubens gewähren. Karlsruhe Ring 27, 25. — **f**) wenn der Aktionär von der Aktiengesellschaft oder die Aktiengesellschaft von ihren Vorstandsmitgliedern gekauft hat. S ferner 1 g, h, i. — **g**) wenn der Grdsterwerber auf seinen „vor" dem 1. 7. 1925 gestellten, aber zurückgewiesenen Eintragungsantrag infolge seines darauf Bezug nehmenden neuen Antrags aus der Zeit nach dem 30.6.1925 als Eigentümer eingetragen ist. Hamburg Ring 27, 762. — **h**) gegenüber den (auch bösgläubigen) Nacherwerbern, wenn den Vorerwerbern der gute Glaube zustand, da die gelöschte Hyp erloschen bleibt. Karlsruhe, Dresden Ring 27, 447, 669. — **i**) auch nicht bei Übernahme eines Vermögens nebst Grdst, wenn § 20 II Aw G erfüllt ist. München Ring 27 So IV 42. — **k**) wenn das Grdst durch **Zuschlag** im Zwangsversteigerungsverfahren auf seinen neuen Eigentümer übergegangen ist und nach dem Ersuchen des Vollstreckungsrichters kein Widerspruch für das Awrecht aus § 16 II Aw G besteht. § 20 I Aw G. Hier liegt kein rechtsgeschäftlicher Erwerb gemäß § 892 B G B vor. S auch Mügel 745, 764. — Der tatsächliche, nicht der mit Gesetzesvorschriften übereinstimmende **Inhalt** des Zuschlagsbeschlusses entscheidet über das Bestehenbleiben oder das Erlöschen der Awhyp. K G D Not V 28, 491. — **l**) wenn die Löschung infolge **Enteignung** in der Zeit des § 15 Aw G erfolgte. S Enteignung 12. R G Ring 28, 403. S oben C c. — **m**) wenn Verkäufer das Grdst an eine von ihm **u Dritten** gebildete G m b H aufgelassen hat. K G D Not V 28, 482. Im Übrigen s die Fälle der unzulässigen Wiedereintragung oben unter C a, c, i, l, m.

3. **a**) Der **Widerspruch** steht nicht unter dem Schutze des öffentlichen Glaubens, wohl aber die Eintragung der Aw. K G Ring 226, So 24, So II 27, 9, 11. — **b**) Die **Einrede aus § 20 II Aw G** ist nach Ablauf der Einspruchsfrist noch zulässig. K G D Not V 27, 41. R G Ring 27, 363. Für Bösgläubigkeit ist der Gläubiger beweispflichtig. Sie ist meist nur durch Urteil beweisbar. — **c**) Der Erwerb einer **Eigentümergrundschuld** durch den Eigentümer fällt als gesetzlicher Erwerb nicht unter § 892 B G B, wohl aber der rechtsgeschäftliche Erwerb eines Rechts z B Pfandrechts an ihr. K G D Not V 1927, 45, wonach die Verpfändung des Briefrechts, nicht die Pfandrechtseintragung im Gb entscheidet. S Verpfändung, Pfändung; Karlsruhe D Not V 1927, 295; Ring 27 So IV, 45, 46. Auch muß der Eigentümer nach § 22 I Aw G vor wiedereinzutragenden Awrechten mit seiner Grundschuld zurücktreten. Dresden, München, Karlsruhe Ring 27, 135, 137, D Not V 27, 294. — **d**) Die Rückwirkung einer behördlichen Genehmigung zu einer Grdstveräußerung bewirkt, daß die in der Schwebezeit erworbene Kenntnis des Erwerbers vom Nichteigentum des Veräußerers unschädlich ist. K G dafür u dawider D Not V 28, 38, 40. — **e**) Der Schutz des öffentlichen Glaubens ist nicht deswegen versagt, weil Käufer sich verpflichtet hat, etwaige dingliche **Awansprüche zu befriedigen** oder die **Awgefahr übernommen** hat. R G D Not V 28, 160, Ring 28, 138, So I, 7. Er steht einer gemäß § 1196 B G B bestellten **Eigentümergrundschuld** nicht zu. K G Ring 27, 577. Ferner nicht der unausgefüllten bloßen Befugniseintragung aus § 7 Aw G, wohl aber dem Rangvorbehalte aus § 881 B G B und dem eingetragenen Verzicht auf die Befugnis. § 7 V Aw G. K G D Not V 27, 732. — **f**) **Grundstücksübertragung durch vorweggenommene Erbteilung** ist Rechtsgeschäft des § 892 B G B. — Der Schutz des § 892 B G B besteht nur dann nicht, wenn Erwerber des Rechts die Unrichtigkeit des Gb „kennt". Kenntnis liegt nicht vor, wenn die Nichtkenntnis auf Rechtsirrtum beruht u wenn sie eine unverschuldete ist. Ist ein W eingetragen, ist der gute Glaube an das Gb ausgschaltet, selbst wenn der Eintragungsantrag vorher gestellt war. O L G 44, 44, 57. — **g**) Der Schutz

des öffentlichen Glaubens kommt in Ansehung der Umstände für die **Höhe der Aw** gemäß § 3 Nr 2—11 Aw G nicht zugute, sondern für das Bestehen des Rechts. Die Gbeintragung der Aw entscheidet nicht über den Erwerbstag. Die § 3, 5 II Aw G finden unbeschränkt Anwendung. Hamburg, Ring 27, 27, D Not V 27, 79, 290.

G. **Die Widersprüche (W) des § 8, 16 II, III Aw G, Art 15 D Vo** sind: **a**) aus Nr **68.** § **16** II Aw G u Art 15 D Vo nur eintragbar zwecks We „gelöschter" Gbblatt d Hypotheken. Eine Glaubhaftmachung oder Beweisführung über die Voraussetzung der We ist nicht erforderlich. Ein W aus § **16** III Aw G ist nur bei „nicht gelöschten" Hypotheken zulässig, wenn der Eigentümer nur „behauptet", § 14, 15 Aw G lägen nicht vor; auch nach Eintragung des Awbetrags wie bei § 8 Aw G und Art 15 D Vo. K G Ring 1928, 331; 1927, 299 über die unzulässigen W aus § 16 III. Die W sperren das Gb nicht, sondern bedeuten nur eine tatsächliche Verfügungsbeschränkung insofern, als der Rechtsinhaber an der rechtsgeschäftlichen Verfügung und der Erwerber am rechtsgültigen Erwerb gehindert ist. K G D Not V 1926, 49. — Es genügt beim Gba folgender schriftlicher Antrag: Meine Hyp Nr. 2 von 50 000 M. auf dem Grundstücke Schönwald Bd 1 Bl 7 ist mir am 7.1.1923 vom Grundstückseigentümer NN in N mit 50 000 M zurückgezahlt und am 10.1.1923 gelöscht. Ich habe die Hyp zur Aw angemeldet und beantrage gemäß § 16 II Aw G einen Widerspruch zwecks We der Hypothek im Gb einzutragen. — **b**) aus § 16 II Aw G nicht gegeben, sondern nur nach allgemeinen Vorschriften (einstweilige Verfügungen oder freiwillige Bewilligung nach § 899 B G B), wenn der Klageweg nach § 14 Awerg zu beschreiten ist. (S C i 4.) — **c**) nicht durch den öffentlichen Glauben des Gb geschützt. K G, Dresden Ring 1927 So II 9; 1926, 628. — **d**) nicht zweimal eintragbar, falls Löschungsbewilligung erteilt war, aber sonst auch nach der Aweintragung. K G Ring 1928, 104; D Not V 1928, 124, 125, 327 mit gesamter W-Rechtsprechung. — Widerspruch § 16 II ist nur dann nicht wieder eintragbar, wenn der frühere gelöschte W nach § 16 II wirksam eingetragen war. Bei Weintragung ist nicht der gute Glaube des Erwerbers zu prüfen. Er ist nur dann nicht eintragbar, wenn das Nichtbestehen des Awanspruchs sich bereits aus den Antragsangaben u Gbinhalt u Akten ergibt. K G Ring 28, 703. — **e**) wirksam, auch gegen gutgläubigen späteren Eigentumserwerb, selbst wenn sie schon unter der III St N Vo gegen die Löschung einer Hyp eingetragen sind. § 6 II Aw G, der sich nicht auf Grundstückserwerb bezieht, steht nicht entgegen. K G J M Bl 1927, 196. — **f**) aus § 16 II ist nicht zulässig, wenn das awbare Recht noch für den Gläubiger eingetragen ist; wohl aber, wenn es auf den Eigentümer umgeschrieben und dann (abgesehen von der Sicherheitsabtretung. K G Ring 1926, 204 ff) auf Dritte (auch ohne Umschreibung) übertragen ist. K G D Not V 1926, 185. — **g**) aus § 16 II zulässig, auch wenn die PMhyp unzulässig war. Er ist Schutz bei Zwangsversteigerung. Er ist aber unzulässig, wenn das Nichtbestehn des Awanspruchs schon aus dem Antrage hervorgeht. Dresdsen, K G Ring 1925, 125, 202—207. — **h**) aus § 16 II auch auf Antrag des Pfandgläubigers (Nießbrauchers) auch neben dem Gläubiger eintragbar. K G, München Ring 1926, 208; So 1926, 43. — **i**) auch **ohne Briefvorlegung** eintragbar. Nachträglich ist die Briefeinreichung nach Art 17 D Vo, § 62 G B O, Beispiel 67, zur Berichtigung zu erzwingen. Dresden Ring 1926, 81. — **k**) unzulässig, wenn sich ergibt, daß der zur Löschung gezahlte GMbetrag nach § 18 Aw G höher als der Awbetrag der wiedereinzutragenden Hyp ist. K G D Not V 1926, 431. S auch Awberechnung D k. — **l**) auf Antrag des Abtretungsneugläubigers einzutragen, wenn Sicherungshyp ihm vor ihrer We kraft Aw G abgetreten ist. Karlsruhe D Not V 1927, 228; Ring 1927, 290. S We C l wegen Nichtabtretbarkeit des Awanspruchs vor We. — **m**) aus § 16 II Aw G nicht einzutragen, wenn Gba weiß, daß nach Löschung der Hyp Zuschlag ohne Berücksichtigung der Awhyp erteilt ist. K G D Not V 28, 493. — **n**) **Rötung** Muster 72.

H. **Befugnisse nach § 7 Aw G,** unrichtig auch Rangvorbehalt (Ricks D Not V
Nr 66 – 68, 72. 1928, 599, sowie K G, R G) genannt. **Beispiele Nr 66—68 mit Gb-**
Gbblätter **blättern a—f.** („Beschluß-Nr" bedeutet Beschluß der Berliner Richter.)
a—f 1. Wieviele Befugnisse gibt es? „Verbrauch" und „Einrücken" der Befugnisse nach § 7 IV Aw G: Befugnisse zulassende d h awbare Rechte liegen innerhalb der Sicherheitsgrenze des § 7 I Aw G, wenn sie in Preußen nach Art 73 B G B bei städtischen Grundstücken innerhalb der ersten Hälfte und bei ländlichen Grundstücken innerhalb der ersten zwei Drittel des berichtigten Wehrbeitragswertes liegen. Bei der Prüfung, ob die Rechte des § 7 I Aw Ges innerhalb dieser Grenzen liegen, ist jedes der Rechte mit seinem Goldmarkbetrage zu 100 v H gemäß § 2 Aw Ges anzusetzen (K G D Not V 1926, 563). Sonst ist nichts zu berücksichtigen, insbesondere keine andere vor oder nach dem Aw G nach § 7 IV Aw G eingetragene „neue" Hypothek der Neuzeit (vgl Muster 54 ff). kommt in Frage. Auch erstreckt sich nicht (K G D Not V 28, 472) die Befugniswirkung auf die unter dem Aw G anstelle einer **gleichzeitig gelöschten P M hyp** freiwillig bestellte Awhyp. Zur Berechnung, wieviel „Befugnisse" aus § 7 I Aw G nach den ersten u weiteren Hyp einzutragen sind, legt man einfach die Summe der Mündelsicherheitsgrenze auf die G M beträge (nicht Awbeträge) aller Papiermarkhypotheken (K G D Not V 1926, 563) des Grundstücks. Soweit die 2 ten u weiteren Papiermarkhyp voll oder genau bis zum letzten Pfennig in den Rahmen der Mündelsicherheitssumme hineinpassen, soweit gibt es auch „nach" dem zweiten u weiteren aufwertbaren Rechte u nur „vor" allen weiteren „aufwertbaren" (nach R G vom 7.7.1927 D Not V 27, 621, K G u München Ring 1927, 162 u Sonderheft 4, S 8, 9 nicht vor obigen erst unter dem Aw G erworbenen neuen) Rechten eine weitere Befugnis. Abgezogen wird von dieser Befugnis nichts. Auch nicht die Beträge „neuer" Hyp aus der Zeit vor dem Aw G oder die zurücktretenden 10 v H des § 6 II Aw G, wenn solche Rechte vom 14.2.—1.10.1924 erworben sind.

I. Das folgende Beispiel angewendet, würden die Eintragungen im Grundbuch lauten, da Nr 5 u 7 voll in den Rahmen der Sicherheitsgrenze von 20 000 M fallen: Nr 4: 4000 F G M, am 10.12.1924 eingetragen. — Nr 5: (früher 1) 16 000 M = 3999 F G M (wiedereingetragen). — Nr 6: 4000 F G M Befugnis aus § 7 Aw G nach Nr 5 u vor Nr 7, 9; aber mit dem Vermerke versehen: Diese Befugnis ist gemäß § 7 IV Aw G durch die Hyp Nr 4 **„verbraucht"** oder „ausgeübt". — Nr 7 (früher 2): 4000 M = 999,25 F G M (wiedereingetragen). — Nr 8: 1000 F G M Befugnis nach Nr 7 u vor 9. — Nr 9 (früher 3): 1000 M = 249,10 F G M (wiedereingetragen). — In diesem Falle steht Nr. 4 an erster Stelle und kann daher nach § 7 IV Aw Ges die Befugnis nur „verbrauchen", aber, was der Gesetzgeber übersehen hat, nicht „in die Rangstelle" der Befugnis Nr 6 „einrücken", da sie sonst gegen § 22 II hinter die Hyp Nr 5 rückte. Die Hyp Nr 4 kann die Befugnis Nr 6 nur erschöpfen, aber nach § 7 I, IV Aw G nicht weitere Befugnisse ausschließen oder beeinflussen. Die 2 te Befugnis Nr 8 ist nach § 7 I gegeben und bleibt daher auch bestehen.

II. Wegen des § 6 II Aw G u wegen Einrückens der neuen Hyp 4 in die Rangstelle der Befugnis 6 muß das Beispiel etwa so gefaßt werden: Nr 1: ungelöschte alte auf 4000 F G M aufgewertete Hyp von 16 000 M. — Nr 2: ungelöschte auf 1000 F G M aufgewertete Hyp von 4000 M. — Nr 3: ungelöschte auf 250 F G M aufgewertete Hyp von 1000 M. — Nr 4: 4000 F G M am 1.8.1924 eingetragene Hyp. — Nr 5: 4000 F G M Befugnis nach Nr 1 u vor 2, 3 mit dem Vermerke, daß die nacheingetragene Hyp Nr 4 diesmal **in die Rangstelle der Befugnis nach § 7 IV eingerückt ist,** u mit dem Vermerke in Spalten Veränderungen bei Nr 1, 2, 3, daß die Nr 4 vor Nr 2, 3 u wegen § 6 II Aw Ges vor den 15 v H übersteigenden übersteigenden 1600 FGM der Hyp Nr 1 den Vorrang hat. Sonach sind 1600 FGM der Hyp Nr 4 in der Stelle der 1600 FGM der Hyp Nr 1 zu berücksichtigen. Dadurch wird aber die Befugnis Nr 5 nicht beeinträchtigt. Denn es bleiben nach wie vor 4000 FGM erststellig u erstes Mutterrecht auf die Befugnis Nr 5. Dies alles ergibt das Aw G selbst, abgesehen davon, was unter „nachgehenden" Rechten des § 7 Aw G zu verstehen ist. Dafür ist aber zunächst die obige Rechtsprechung entscheidend. Eine neue Hyp, die vor dem Aw G wieder gelöscht ist, „besteht" nicht im Sinne des § 7 IV Aw G u im Augenblicke des Inkrafttretens des Aw G u beeinflußt keine Befugnis. Endlich ist noch eine Befugnis Nr 6 von 1000 FGM nach Nr 2 u vor 3 einzutragen.

Auf alle Fälle ist eine Befugnis vor Eintragungen in ihrer Rangstelle einzutragen! Auch wenn Rechte nach § 7 IV bestehn! S unten 7a, 8 q. Dies erleichtert die Prüfung des Gb.

2. Die Eintragbarkeit der Befugnisse ist nach dem „Inkrafttreten des Aw G" dem 15.7.1927 festzustellen. Spätere Rangänderungen ändern nichts. (S auch 5 c unten). Die Befugnisse bestehn nur **nach u vor** awbaren, u U wiedereinzutragenden Rechten, also **Hypotheken, Grundschulden, Rentenschulden,** nur durch Eintragungen wirksamen **Reallasten.** (Unten 8 m.) R G 7.7.1927 in D Not V 1927, 621. — Befugnisse gibt es stets nur nach der vollen, alten eingetragenen „ersten" (unten 8 p, o) oder „vorgehenden" Stammhyp, auch wenn sie in Teilhyp mit gleichen oder verschiedenem Range zerlegt ist. K G D Not V 1927, 39; Ring 1926, 751. Also nicht zwischen Teilhypotheken, abgesehn von folgender Ausnahme: zunächst unten 8 o! Sodann: die „Unternehmen" haben mehrere Hyp als ein einheitliches **„erstes"** Recht (worunter m E auch ein 2tes „vorgehendes" oder Mutterrecht zu verstehn ist) einschließlich einer Teilhyp aus einer nach § 7 I Aw G „nachgehenden" awbaren Hyp. Dann wird die Befugnis zwischen den „ersten" Hypotheken einschließlich der Teilhyp und vor der Restnachhyp eingetragen. (K G D Not V 28, 479). Nach der Resthyp wird u U eine weitere Befugnis (s 1 oben) eingetragen. Eine Befugnis kann daher erst eingetragen werden, wenn der **GMbetrag** (nicht Awbetrag!) aller Teile einer „ersten" Hyp feststeht. (Beispiel Nr 66, Anmerkung Gbblatt g.) — Mehrere gleichrangige Rechte sind entweder die „ersten" oder die Nachrechte, zwischen denen keine Befugnisse möglich sind. Ihre GMbeträge sind zusammenzurechnen. — Keine Befugnis besteht, wenn alle Hyp gleichen Rang haben, auch wenn einzelne Teilhyp davon erststellig oder einem „Unternehmen" des § 7 I Aw G gehören; denn es fehlt in diesem Falle an Nachhypotheken! **Auffallend ist folgender Fall:** Durch Rangänderungen stehn folgende Hyp in folgender Reihenfolge Nr 2: 80 000 M = 20 000 FGM, **deren letztstellige Teilhyp von 2000 FGM den gleichen Rang mit Nr 4, 5** hat; Nr 1: 8000 M = 2000 FGM; Nr 4: 4000 M = 1000 FGM; Nr 5: 4000 M = 1000 FGM; Nr 3: 4000 M = 1000 FGM. Die Befugnis besteht in Höhe von 20 000 FGM mit dem Range nach der Hyp Nr 2 und vor den Hypotheken Nr 1, 4, 5, 3 jedoch mit der Maßgabe, daß die in der Rangstelle der Befugnis einzutragende Hyp oder Grundschuld in Höhe ihres letztstelligen Teils von 2000 FGM den Rang hinter den Hyp Nr 4, 5 hat.

3. Hinter einer **Gesamthyp** entsteht, wenn keine Verteilung nach § 12 Aw G erfolgt ist, auf jedem Grundstücke eine Befugnis in voller Höhe nach der Gesamthyp, falls ein awbares Nachrecht auf den einzelnen Grundstücken vorhanden ist. So Nadler (Awnovelle) S 66, Mügel, 562; Dresden Ring 1926, So 1, 20; II, 492. K G 1.X, 536/27. § 12 a a O ist m E entgegen Nadler, Gesetzgeberische Auslegung des Aw G.

4. Fassung der Eintragung der Befugnisse unter vorgeschriebener ziffernmäßiger Angabe der Vor- (Mutter-) und Nachrecht. Vgl Beispiele 66—68 mit Gbblättern a—g.

5. Berichtigung und Löschung der Eigentümerbefugnisse aus § 7 Aw G von Amtswegen! (Ricks D Not B 1928, Heft 9, S 445). —**a)** Die Befugnis ist häufig unrichtig eingetragen. Besonders deswegen, weil sie nicht genau nach ihrem Umfange in GM und nicht unter genauester Nummernbezeichnung der vorgehenden Mutterhypothek u der zur Zeit ihrer Eintragung erkennbaren ihr nachgehenden Rechte eingetragen ist. (K G 1 X 742/27, 854/27 D Not B 1928, 118, 122.) Das Kammergericht verlangt in der ersten Entscheidung, daß die unrichtige Befugniseintragung zu löschen und neu einzutragen ist. Die Praxis dagegen berichtigt sie entweder unter oder neben der ersten Befugniseintragung in der linken bzw rechten Halbspalte, je nachdem Platz ist, oder in Spalte 5—7 von Amtswegen. Dieses Verfahren ist berechtigt und zweckmäßiger! Denn wie sollte das Verfahren des K G durchgeführt werden, wenn die Befugnisstelle in der rechten Halbspalte bereits durch eine Hyp usw ausgefüllt ist?! Die Löschung der Befugnis ist auch sehr ungeeignet, wenn das Gb praktisch alle wiedereingetragenen Rechte mit den dazwischen bestehenden Befugnissen der Reihe nach enthält. Solche Ergänzungen oder Berichtigungen des Grundbuchs waren auch früher üblich und nicht unzulässig, wenn nicht das Recht der Hauptspalte 4 nach § 54 G B O inhaltlich unzulässig war, was hier nicht vorliegt. — **b)** Eine weitere Frage ist, ob die obigen unrichtigen und die anderen überhaupt nicht bestehenden oder zu hoch oder zu niedrig eingetragenen Befugnisse, weil ein Amtswiderspruch aus § 54 G B O nach K G 1. X 146, 103, 1927 nicht zulässig ist, „von Amtswegen" gelöscht oder berichtigt bzw auf die richtige Höhe gebracht werden können u müssen. Nadler Auflage 1928 sagt S 64: „Die Berichtigung kann nicht von Amtswegen, sondern nur auf Antrag erfolgen (§ 22 G B O.") Das K G sagt in seinem Gutachten I G 7 A 1160, 1 Gen VII 1. 27/10 vom 30.9.27 (siehe auch Ring 1927, 424, D Not B 28, 358) über die R G-Entscheidung vom 7.7.1927 betreffend die relative Rangwirkung der Befugnisse, daß die als unrichtig erkannte Befugnis nicht von Amtswegen gelöscht werden kann. In der obigen Entscheidung 1 X 742/27 sagt dagegen das K G: „Das Gba wird die Befugnis löschen und neu eintragen müssen." Hier meinte es sicher eine Löschung und Neueintragung von Amtswegen und wohl nur die unausgenutzte Befugnis. Ich muß dazu feststellen: Die G B O läßt wegen § 13 G B O nur die Fälle der Eintragung von Amtswegen nach §§ 54, 49 II, 76 G B O zu. Das Aw G hat sodann durch § 7 III Aw G noch einen neuen Fall der Eintragung von Amtswegen hinzugefügt und den Gbrichter beauftragt, kraft Gesetzes eine richtige, dem Gesetz entsprechende Befugnis einzutragen. Solange diese richtige Befugnis nicht eingetragen ist, ist dieser Gesetzgeberauftrag nicht erfüllt und muß der Gbrichter den Auftrag noch bis zur Richtigstellung zu Ende ausführen, auch wenn eine unrichtige Befugnis schon eingetragen ist. Es erscheint auch unmöglich, daß eine unzulässige u unrichtige Befugnis, bei der Eintragung eines Widerspruchs wegen Unrichtigkeit ausgeschlossen ist, einfach längere Zeit, bis es dem betroffenen „Eigentümern", die erfahrungsgemäß auf Darstellung des Gba überhaupt nicht antworten oder nicht verstehn, bestehn bleiben, dadurch unrichtige Meinungen über das Gb erwecken u womöglich erhebliche Beurkundungskosten verursachen. Also eines Antrages bedarf es auch entsprechend obiger Entscheidung des K G 742/27 nicht! Wohl aber könnte zur Berichtigung nach § 19 G B O eine beglaubigte Zustimmung des durch solche Löschung oder Berichtigung geschädigten Gläubigers eines in der Rangstelle der Befugnis schon eingetragenen Rechts oder, wenn eine solche nicht erteilt und die Berichtigung oder Löschung dadurch unmöglich ist, nur eine Widerspruchseintragung aus § 54 G B O erforderlich werden. Diese gesetzliche Eintragungspflicht u Befugnis des Gbrichters kann durch die Rechtsprechung nicht eingeschränkt werden! — **c)** Eine richtig eingetragene unausgenutzte Befugnis kann aber nicht ohne Bewilligung bzw Verzicht des Eigentümers gemäß § 19 G B O verändert oder gelöscht werden, selbst wenn sie wegen Löschung aller Vor- und Nachrechte nur noch allein im Grundbuche steht und heute nach der Entscheidung vom 7.7.1927 gegenstandslos (Nadler 1928 S 210) erscheint. Stellt die Gesetzgebung den absoluten Vorrang jedoch wieder her, ist sie nicht mehr gegenstandslos und kann dann für den Eigentümer den Rangvorbehalt aus § 881 B G B vertreten, was Kosten erspart. — **d)** Unrichtige oder unvollständige Befugnisse zu Eintragungen zu benutzen, wird jeder Rechtspfleger zu seiner Sicherheit ablehnen und die Grundakten dem Gbrichter zur Berichtigung vorlegen. Vgl Ricks Zeitschrift der Preuß Justizamtmänner 1928, 26, wo ich auf die **Haftpflichtsgefahr** der **Rechtspfleger** hingewiesen habe. — e) **Rötung der Befugnisse** s Muster 72.

6. Die **Berechnung der Befugnis** erfolgt gemäß § 2 Aw G nach dem GM betrage des Mutterrechts, auch wenn dieses durch die Awstelle oder Vergleich **abgewertet** ist, m E jedoch **bei Abwertung** aus § 15 Nr 1—3 Aw G nach dem verbliebenen Awbetrage des Vorrechts, weil bei Abwertung nach § 15 Nr 1—3 „die Rückwirkung insoweit nicht stattfindet", also ein über den verbliebenen Awbetrag hinausgehendes Awrecht kraft Gesetzes überhaupt nicht entstanden war. (Ricks D Not V 1927, 249). Wird aber durch Vergleich die streitige Höhe des vorgehenden Hyp.-Kapitals festgesetzt, so richtet sich die Befugnis nach der Vergleichssumme.

7. In die Rangstelle der Befugnisse rücken ein: a) auch wenn diese einzeln in geringerem Umfange als die einrückenden Rechte eingetragen sind, die einheitlichen, im Gesamtbetrage höheren und **unter dem Aw G neu** eingetragenen Rechte u Vormerkungen von der Art des § 7 IV Aw G, **wenn dies vom Eigentümer beantragt wird.** K G D Not V 1927, 734. Vor der Eintragung der Befugnis kann in ihrer Rangstelle keine Eintragung erfolgen. K G Ring III 360, 365. Die einrückenden Rechte u Vormerkungen können auch auf „RM" lauten. K G J M Bl 1926, 250. D Not V 1926, 436. Die umfangreicheren Rechte rücken dann in Höhe der geringeren Befugnisse in deren Rangstelle ein. S oben K G. — **b)** keine PMhypotheken. Auch nicht Zwangshypotheken aus einer vollstreckbaren Urkunde über Zahlungsmittel nach einen wertbeständigen Maßstabe, die nicht währungsgemäß sind u nicht über RentM, wenn daraus eine Höchstzwangshyp eingetragen ist. (S Beispiel 62.) § 7 IV Aw G trifft nicht zu. Dresden Ring 1927, 8, 34. — **c)** alle Rechte nebst allen Nebenleistungen in der Rangfolge, wie sie „zeitlich" nach einander in der Befugnisrangstelle auf Antrag eingetragen sind. § 879 I B G B, § 46 G B O gelten . Es bedarf keines besonderen Rangvermerks. K G Ring 1928, 1, D Not V 1928, 121. — **d)** kraft Gesetzes gemäß § 7 IV Aw G nur die beim Inkrafttreten des Aw G eingetragenen oder beim Gba schon beantragten Rechte des § 7 IV, wozu auch die Höchstbetrags- u Zwangshypotheken gehören. Die Höchstbetragshyp voll auch vor Forderungsbestimmtheit. K G D Not V 1926, 434, 435. Den Rechten des § 7 IV Aw G stehe die Vormerkungen gleich. K G Ring 1926, 456, 458; D Not V 1926, 477; K G Ring 1928, 273. Das Einrücken in die Rangstelle bzw der Verbrauch der Befugnis muß zur Sicherheit zweckmäßig sofort bei ihr vermerkt werden, wenn § 7 IV auch anders lautet. Beschluß 38 s. — Die

Nebenleistungen der nach § 7 IV Aw G einrückenden Rechte rücken **voll**, auch wenn sie 10 v H übersteigen, in die Rangstelle der Befugnis, da § 7 I u Art 11 D Vo auf sie nicht zutreffen. Die geringeren Zinssätze können auf 10 v H nicht ohne Zustimmung aller Nachgläubiger erhöht werden. Ebenso Hamburg Ring 28, 480. Dagegen können Zinsen unter 10 v H von neuen unter dem Aw G in der Rangstelle eingetragenen Hyp ohne Zustimmung der Nachgläubiger auf 10 v H erhöht werden. S Ricks D Not V 28, 449. A M K G Ring 28, 641. **S Hypbrief Einleitungsschluß, Zinsen 7e.** — **e)** Vgl. Nr 8.

8. **Die Befugnisse a)** werden nur durch awbare Rechte unterbrochen. K G Ring 1928, 268, 271. — **b)** wirken auch gegenüber allen Nachrechten und Vormerkungen einschließlich Auflassungsvormerkungen, die ihrem Mutterrechte nachstehn. Dresden Ring 1928 So II 35, wo unterschieden wird, zwischen einem an sich nicht bestehenden „Range" (s Rang 12) u der „Rangwirkung" der Befugnis gegenüber Nachrechten. — **c)** erlöschen (s Nr 5 b, c oben), wenn die awfähigen Nachrechte erst unter dem Aw G vor Ausnutzung der Befugnisse fortfallen u vor oder mit Löschung der Nachrechte ein neues Recht ohne Befugnisausnutzung eingetragen wird. K G D Not V 1928, 168. Sie sind also m E nicht mehr einzutragen, aber wenn sie eingetragen sind, nur auf beglaubigten Antrag u Verzicht des Eigentümers zu löschen. (§ 7 IV Aw G; 13, 19, 29 G B O.) — **d)** werden bei Rangänderungen nach dem GMbetrage der zurücktretenden Rechte berechnet, wenn ein Zwischenrecht nach § 880 V B G B vorliegt usw. S die Voraussetzungen in K G D Not V 1928, 118. — **e)** werden im Gegensatze zu § 881 B G B (s Rangvorbehalt 6) endgültig verbraucht sowohl durch freiwilliges wie zwangsweises Einrücken wertbeständiger, ausländischer Währungs- u RM-Hypotheken (auch Arresthöchsthypotheken) gemäß § 7 IV Aw G K G Ring 1926, 353, 1927, 490. Ebenso durch Löschung der eingerückten Rechte. — **f)** bleiben bestehn, wenn nach wirksamer Anmeldung diese oder der Wiedereintragungsantrag zurückgenommen wird oder die Wiedereintragung wegen Zahlung des Awbetrages nicht erfolgen kann. Dresden Ring 1927, 354. — **g)** stehn den Miteigentümern entsprechend ihren Bruchteilen zu. Dresden Ring 27, 831. Beschluß 36d; KG D Not V 28, 473. — **h)** zwingen dazu, das einem anderen Grundstücke als **Bestandteil** zugeschriebene Grundstück mit Rücksicht auf die Rangordnungen aus § 1131 B G B von Amtswegen als selbständiges Grundstück wieder einzutragen, um die Befugniseintragungen zu ermöglichen. K G D Not V 27, 285, Ring 1927, 414. — **i)** werden durch Eintragung eines Rechts in ihrer Rangstelle „betroffen". § 19 G B O, K G D Not V 1927, 225. — **k)** bleiben bestehn, auch wenn sie mit § 6 II Aw G zusammentreffen. § 6 u 7 sind anzuwenden. K G D Not V 1927, 221; 1928, 168. — **l)** sind **nicht abtretbar u pfändbar** u haben nur **relative Rangwirkung** vor unter dem Aw G erst begründeten Hypotheken, Grundschulden, Rentenschulden, Reallasten. Es sei denn, daß nach dem vom Gba festzustellenden Willen der Beteiligten die neue Hyp usw den Rang hinter den in der Befugnisrangstelle noch einzutragenden Rechten haben sollte. Vgl die (auch von mir) viel bestrittene R G 7.7.1927, D Not V 1927, 621. — **m)** sind unzulässig hinter den einer Eintragung nicht bedürfenden wirksamen **Reallasten** (z B Preuß Rentenbankrenten). Dresden Ring 1927, 52; unten t. — S **Reallasten.!** — **n)** stehn im Gegensatz zum Rangvorbehalt des § 881 B G B nicht unter dem Schutz des öffentlichen Glaubens des Gb. K G D Not V 1926, 309; Ring 1927, 414, 416. Sie sind daher jederzeit der Berichtigung u Beschwerde fähig. — **o)** sind getrennt hinter den Zedenten- u Zessionarhypotheken je nach deren Range einzutragen, wenn die Zedentenhypothek nach § 21 II Aw G im Range an eine andere Stelle hinter **„andere"** Rechte unter anderer Nummer getreten ist. Ist dies nicht der Fall, so wird die

Befugnis nach der alten Stammhypothek des Zedenten u Zessionars eingetragen. K G D Not B 1927, 39; Ring 1926, 703, 751. S Beispiel Nr 68 Gbblatt f. — **p**) bestehn hinter dem auch nach dem Aw G, nicht nur nach dem Gb „erststelligen“ Rechte. Dresden Ring 1926, 568. — **q**) sind auf alle Fälle auch einzutragen, wenn Rechte u Vormerkungen gemäß § 7 IV Aw G eingetragen sind, oder wenn „möglicherweise“ awbare oder solche wiedereinzutragende Rechte vorhanden sind, ohne daß das Gegenteil durch Bescheinigung der Awstelle nach Art 126 D Vo nachgewiesen ist. K G Ring III 367. A M Dresden Ring 1928, 306. Alsdann sofortiger Vermerk bei der Befugnis nach 7d oben, Beispiele 66—68; Gbblätter a—g. — **r**) sind mit den Gesetzesworten „mit dem üblichen Zinsfuße“ ohne Zinssatzangabe einzutragen. K G Ring 1926, 77. — **s**) sind nicht mehr einzutragen oder auszunutzen (Beschluß 38 t) wenn ein RM- oder wertbeständiges Recht des § 7 IV zur Zeit des Inkrafttretens des Aw G eingetragen war, aber inzwischen gelöscht ist oder wird. Denn diese Befugnis ist endgültig nach 8 c, e oben insoweit verbraucht als das gelöschte Recht des § 7 IV bestand und kraft Gesetzes, wenn auch ohne Berichtigung des Grundbuchs, die Rangstelle der Befugnis eingenommen hatte. — **t**) werden nicht durch das Vorhandensein einer öffentlichen Last auf dem Grundstück beeinträchtigt. Beschluß 58g. — **u**) gelten für die Zwangsversteigerung nicht, wenn sie nicht durch ein Recht ausgefüllt sind. K G Ring 1926, 531. — **v**) dürfen durch **Rangänderung hinter oder vor ein anderes Recht treten.** (U U vorm Gen. § 1821 Nr 1 B G B.) K G D Not B 28, 358 Nr 2, 644. Bei Rangänderung werden die Zwischenrechte (§ 880 V BGB) nach § 6, 7 Aw G nicht geändert. — **w**) Das vortretende Recht rückt nur in Höhe des GMbetrages des zurücktretenden Rechts vor u **nur in dieser Höhe wird** die **Befugnis nach** dem vortretenden Rechte vor dem Zwischenrechte **berechnet.** K G D Not B 28, 118. — **x**) Der Wehrbeitragswert des Finanzamts kann durch die Awstelle nicht geändert werden. K G D Not B 28, 482.

9. **Der Verzicht auf die Befugnis** nach § 7 V Aw G **a**) steht nach Eintragung im Gb unter dem Schutz des öffentlichen Glaubens des Gb im Gegensatze zur Befugniseintragung und Beschwerde ist dagegen nach § 71 II G B O nicht gegeben. Zu seiner Eintragung sind die Zustimmungen der nach § 7 IV einrückenden Gläubiger und ihre Hypbriefe nötig. KG D Not B 1927, 732. — **b**) hat absolute Wirkung und ist zugunsten des bestimmten Rechts unzulässig. K G Ring 1926, 648; D Not B 1926, 478, 631 (Unterschied zwischen Verzicht auf die Befugnis u Rangrücktritt. Zu Art 14 D Vo). Das K G hält statt des Verzichts zu Gunsten Einzelner für praktischer, mit der Befugnis gemäß Art.14 III D Vo hinter die einzelnen Rechte zurückzutreten. — **c**) ist auch eintragbar, wenn die awbaren Rechte gelöscht sind, aber nicht, wenn awbare, auch gelöschte awbare Nachrechte nicht vorhanden sind. K G Ring III 371, 376. — **d**) ist nötig m E auch beim üblichen Zinssatz bis zu 10 v H, sodaß eine Befugnis wegen der Zinsen nicht verbraucht ist, wenn der Eigt in der Befugnisrangstelle bisher nur eine Hyp ohne oder unter 10 v H Zinsen hatte eintragen lassen. A M K G. S aber Hypbrief Schluß der Einleitung u Zinsen 7 e.

10. **Ein öffentlichrechtliches oder unter Staatsaufsicht stehendes Unternehmen des § 7 I Aw G a**) ist jede juristische Person, bei der die Voraussetzungen des § 7 I letzter Satz vorliegen. Gemeint ist nach Beschluß 36 nur Deutsche Staatsaufsicht und Deutsches Gesetz über Beleihungsgrenzen. Dazu gehören alle öffentlich rechtlichen Körperschaften, unter Staatsaufsicht mit nachzuweisenden gesetzlich oder satzungsgemäß bestimmten Beleihungsgrenzen. Also die Grundkreditanstalten, Berufsgenossenschaften, die evangelische, katholische Kirchengemeinden (K G Ring 1926, 419, 1927, 81), Städtische und Kreissparkassen.

Auch die Städte, Kreise, die aber für die einzelnen Hyp die Voraussetzungen durch Bescheinigungen nachweisen müssen. S Mügel S 508 V. Auflage. Ring II 52. — **b)** Unmittelbarer Zusammenhang nach § 7 I letzter Satz Aw G liegt vor, wenn ein zwischen den mehreren Rechten des Unternehmens bestehendes Recht erloschen ist oder z B als Grundschuld nicht entstehn kann. Ob „Geringfügigkeit" des Rechts eine Rolle spielen kann, ist streitig. S Dresden Ring 1927, 52; 1926, 568. § 11 Awerg läßt durch Eigentümergrundschulden keine Unterbrechung eintreten, d h durch alle anderen awbaren Rechte, wozu Dienstbarkeiten, Rentenbankrenten (s oben 7a, m) nicht gehören.

11. Der berichtigte Wehrbeitragswert des § 7 II Aw G wird durch das Grundbuchamt vom Finanzamt erfragt zweckmäßig mit dem Zusatz: Falls ein solcher nicht festgesetzt ist, wird um Angabe des an seine Stelle tretenden, zur Zeit der Festsetzung der berichtigten Wehrbeitragswerte angenommenen allgemeinen Steuerwerts des Grundstücks gebeten. — Soweit diese Werte nicht vorhanden sind, muß die Awstelle den Wehrbeitragswert ermitteln.

J. **Verzicht (§ 2 D Vo 12.9.1927) auf Anmeldungen, Awhypotheken u deren Löschung,** selbst wenn sie gelöscht sind. Der Verzicht des Gläubigers auf seine Anmeldung aus § 16 Aw G oder deren **Rücknahme** s **Verzicht 7** u **Zurücknahme** mit Entscheidung des R G Ring 1928, 196. Dies gilt sowohl für noch eingetragene wie für gelöschte Hyp u bedeutet im § 2 D Vo 12.9.1927 nicht ein Löschen nach B G B, G B O, sondern nach der Awgesetzgebung das Feststellen des Erlöschens des Awrechts, weil der Gläubiger seine Anmeldung zurückgenommen hat und der Eigentümer auf seine durch den Verzicht entstandene Grundschuld verzichten will. Eine We u Eintragung der Aw sowie des Gläubigerverzichts ist zur Löschung nach § 2 nicht nötig. R G Ring 1928, 372.

(Randvermerk: **Nr 68** Gbblatt f, Anmerkung)

K. **Aw von Erbpachtzinsen** (Canon), **Grundmieten, Erbleihen,** Ansprüche der Schul- u Kirchengemeinden usw s Preuß Gesetz u D Vo 28.12.1927, Ges S 215 ff. Das abgelöste dingliche Recht (§ 2 IV wird nicht wieder begründet. Ist die Aw (§ 7) ausgeschlossen, ist das Recht auf Eigentümerantrag zu löschen.

Ausbildung der Referendare. **Praktische Referendarausbildung im Grundbuchamt.**

I. Der Referendar. Er muß sich über folgendes klar sein:

1. Die Arbeit des Gbr setzt außer den einschlägigen Gbvorschriften auch die Kenntnis des Vormundschafts-, Nachlaß-, Zwangsversteigerungs- u Zwangsvollstreckungsrechts u seines Betriebs voraus, so daß das Gba mit wenigstens 6 Wochen zweckmäßig die letzte Ausbildungsstelle beim Amtsgericht ist. Dies wird jeder Referendar beantragen müssen.

2. Ein im Gba erworbener guter praktischer Ausbildungsgrad wird ihm nicht nur als Richter, sondern auch als Rechtsanwalt u Notar von ganz besonderem Nutzen sein u ihm als solchem sowie seinen Auftraggebern u Büro viel Beanstandungen, Ärger u unnötige Arbeit ersparen. Seine gute Ausbildung wird ihm auch außerhalb der Justiz von größtem Nutzen sein. Kenntnisse über Grundstücke u Hyp sind überall wertvoll. Die Arbeit u der erforderliche größte Fleiß lohnt sich also auf alle Fälle. Von der Staatsprüfung ganz abgesehen!

3. Die Gbaarbeit erfordert nicht nur oft sehr viele theoretische Rechtskenntnisse, sondern wegen der Haftpflichtgefahr aus Versehen peinlichste Sorgfalt einschließlich leserlicher Handschrift u eine gute, nicht leicht erlernte, besondere praktische Technik in der Fassung der Beurkundungen u Eintragungsformeln für das Gb, damit dieses nicht seinem Zwecke, klar die Grundstücksrechte u Belastungen zu ergeben, Sicherheit u einfache, leichte Einsichtnahme durch jedermann zu gewähren, entzogen wird.

4. Der Referendar hat nicht etwa dem Grundbuchrichter in seinen sämtlichen Akten mit großer Hast Verfügungsentwürfe zu fertigen, sondern

nur so viele Verfügungen mit größter Überlegung, Sorgfalt u Leserlichkeit zu entwerfen, als er Klausurarbeiten in der Prüfung fertigen kann. Jede Arbeit muß eine Prüfungsarbeit sein. Dann ist ihr Wert ein doppelter. Für die Praxis u für den Referendar! Dies wird anfangs langsam, alsbald aber schneller gehen. Jeder flüchtige Entwurf ist eine große Gefahr für den Richter. Eine versehentliche Eintragung ist meistens nicht wieder gutzumachen.

5. Die Gbaarbeit erfordert scharfe Erkenntnis u Scheidung der Begriffe des in das Gb Einzutragenden, des Inbezugzunehmenden (§ 1115 BGB), sowie des Nichteintragungsfähigen. Verwischungen u Verschwommenheiten sind hier nicht nur besonders unzulässig, sondern im Gegensatze zu Urteils- u anderen Begründungen gefährlich. Sie führen zu den gefährlichsten Löschungen wegen inhaltlicher Unzulässigkeit nach § 54 G B O.

6. Die schlechte Handschrift, lange Sätze u die Weitschweifigkeit sind ein Kreuz für alle Leser, besonders für das Büro u alle Vertreter oder Nachfolger. Sie müssen mit aller Kraft bekämpft werden.

7. Sinn u Wille müssen darauf gerichtet sein: Wie gebe ich einem verständigen Antrage möglichst statt? Nicht etwa, wie kann ich ihn möglichst ablehnen oder beanstanden? Man denke stets, man sei selbst der Antragsteller. Dann wird man stets das Richtige u den richtigen Ton finden. „Beanstandung" im obigen Sinne ist nicht ein Hinweis des Gba auf bedenkliche Folgen eines Antrags vor der Eintragung! Im übrigen ist der Gbr meistens „Spezialist" u macht trotzdem noch Fehler. Man darf also nicht geringschätzig auf unrichtige Anträge von Rechtsanwälten u Notaren schauen oder schelten, weil diese alle Gebiete bearbeiten müssen. Bei diesen hätte besser die Ausbildung wirken sollen!

8. Einfache, natürliche, schlichte Ausdrucksweise und Auslegung zunächst nach dem Gesetze! Nicht zunächst nach allen möglichen Entscheidungen höherer Gerichte! So nur behält man den Boden unter den Füßen u die Wirklichkeit, vor allem das Gesetz u seinen Willen im Auge!

Ich verweise über alle diese Punkte auf die „Grundbuchpraxis", besonders aber auf meine Aufsätze in Deutsche Notar-Z von 1924, 419, Bayerische Notar-Z 1925, 5 u 1927, 119.

II. Der ausbildende Richter u Rechtspfleger! Seine Pflichten habe ich in J W 1924, 10 zusammengestellt. Ich möchte daraus hier nochmals herausheben:

1. Er soll u kann sich freuen u, wenn es ihm wegen seines Hanges nach ungestörtem Alleinsein u Arbeiten oder Bequemlichkeit noch so schwer wird, energisch sich zu freuen versuchen, daß nach Belehrung in Liebe u Freundlichkeit sich sehnende Jugend u unsere Zukunft zu ihm kommt. Er wolle bedenken u vergelten, was er als Referendar Gutes von seinen Ausbildungsrichtern erfahren, u etwa widerfahrenes Böses nicht an Unschuldigen vergelten, sondern das gewähren, was er selbst so vermißt u gern erfahren hätte. Die ihm auferlegte Ausbildungspflicht steht der Aktenbearbeitung nicht nach. Sie ist nicht „nach", sondern „trotz" u begrifflich selbstverständlich „während" der Bearbeitung größter Aktenberge zu erfüllen. Nichtausbildung oder ungenügende Ausbildung ist schwere Dienstpflichtverletzung, die nach göttlichem wie menschlichem Rechte geahndet wird bzw zu ahnden ist, aber nach menschlichem Rechte scheinbar praktisch nicht geahndet wird, obwohl von maßgebenden Stellen wie im Schrifttum dauernd die ungenügende Ausbildung getadelt wird. Vor seinem Gewissen ist jeder Ausbildende dafür verantwortlich, wenn der Referendar später in der Prüfung oder nach bestandener Prüfung der Allgemeinheit, in der er tätig wird, wegen ungenügender Ausbildung seines Innern u für seinen Beruf Schaden erleidet, wenn endlich durch ungenügende Pflichterfüllung der Richterstand im

Ansehen leidet. Der Richter wolle bedenken, daß auch er ein Mensch mit Fehlern ist, u muß deshalb sein Verhalten gegenüber Referendaren mit ihren etwaigen unverschuldeten oder verschuldeten, nicht zusagenden Eigenschaften u Anschauungen gleichmäßig zu gestalten u mit großer Geduld zu bessern suchen. Die gleichmäßige Liebe bewirkt nach ungezählten Beweisen Wunder. Der praktische Nutzen bleibt nicht aus, weil die Liebe ungeahnte Kräfte u Früchte erzeugt. Er zeigt sich auch in dem Werte der aus Dankbarkeit mit größerem Fleiße ausgeführten Arbeiten des Referendars. Hier wird die verwendete Ausbildungszeit wieder ausgeglichen!

2. Tritt der Referendar seinen Dienst an, werden ihm zweckmäßig sofort vom Richter kurz in großen Zügen der Zweck, die Einrichtung u der Betrieb des ganzen Gba erklärt u gezeigt. Ich tue dies wenigstens u lege ihm sodann folgende für alle Referendare sich eignende allgemeine schriftliche Belehrung vor: **a)** Die Gbordnung ist die Betriebsordnung für das Gba wie die Z P O für die Prozesse. Also zunächst erst in die G B O u dann erst in andere Gesetze hineinsehen! — **b)** Jeder Referendar wolle sich zunächst während dreier Tage Ricks, die „Grundbuchpraxis" vom Vorworte an bis zum Stichwortverzeichnisse, vorläufig ohne Gesetze, durcharbeiten. Später Heimstudium der einschlägigen Gesetze u des Stichwortverzeichnisses der „Grundbuchpraxis". Dies ist die beste Vorbereitung zur gemeinsamen Arbeit u des gegenseitigen Verstehens mit dem Richter, der zu diesem Zwecke im Vertrauen auf gewissenhafte Ausnutzung der Heimarbeitszeit den Referendar sofort vom Erscheinen auf dem Gerichte auf drei Tage entbindet. Für die Folgezeit ist die Gerichtsdienstzeit auf die Zeit von 10—2 Uhr festgesetzt. Hausarbeit mit Grundakten ist wegen des obigen Heimstudiums eine seltene Ausnahme u wegen des umfangreichen u schwierigen Stoffes fast eine Unmöglichkeit. — **c)** Alle Verfügungsentwürfe sind auf die Rückseite des Notarsantrages unter Belassung eines Heftrandes (nie auf eine Urkunde!) zu setzen. In sorgfältiger leserlicher Schrift, da sonst die Arbeit nicht geprüft wird. Es kommt nicht darauf an, dem Richter in allen Akten eine Verfügung schnell zu entwerfen, sondern sorgfältig wie bei einer Klausurarbeit zu arbeiten, jede Verfügung zunächst ohne die „Grundbuchpraxis" nach eigenem Können zu skizzieren, dann nach der „Grundbuchpraxis" u den darin niedergelegten Erfahrungen u Mustern des Praktikers zu prüfen u abzusetzen, dann sie nochmals mit den Urkunden zu vergleichen, damit die Richter u andere Grundbuchbeamten nicht zu gefährlichen Fehlern verleitet werden. Ganz besonders ist auf kurze u sachliche Fassung der Protokolle (vergleiche die „Grundbuchpraxis" Beispiele 1—72 u die Muster in diesem Hefte) Wert zu legen, da auf diesem Gebiete ein allgemeiner Übelstand herrscht. Bei jeder Beanstandung aus § 18 G B O muß darauf gesehen werden, ob auch eine Vormerkung aus § 18 G B O beim Eingehen eines andern Antrags eingetragen werden kann. Die Arbeit im Gba verlangt außer umfassenden Rechtskenntnissen u Lebenserfahrungen auch besonders technische Geschicklichkeit, vor deren Erlangung ein Zeugnis über die Erreichung eines genügenden Ausbildungsgrades nicht erteilt werden kann. Eine Unwahrhaftigkeit durch Milde kann dem Richter nicht zugemutet werden. Wohl aber muß der Richter dem Referendar rechtzeitig vor dem Ablaufe der Ausbildungszeit Mitteilung wegen ungenügender Leistungen machen. Die Entwürfe sind aus Gründen der Praxis genau nach der „Grundbuchpraxis" zu fassen. Das Grundbuch muß aus einem Gusse sein, da sonst Versehen und Haftpflichtgefahr entstehen. — d) Vorsicht ist in der Behandlung der Urkunden geboten. Sie dürfen wegen der Gefahr des Nichtwiederfindens nicht in andere Akten gelangen. Also niemals gleichzeitig mehrere Akten nebeneinander aufschlagen! Eingänge wie Protokolle mit besonderer Ordnungsnummer erhalten in

der Regel je eine Eintragungsverfügung, wenn nicht besondere Zweckmäßigkeit eine Vereinigung gebietet. Es ist ein genügender Heftrand neben der Verfügung zu lassen. Man verfüge nicht auf winzigen Papierbogen oder in kleinen leeren Winkeln, sondern nur auf angemessenem ausreichendem freiem Raum oder Papierbogen. Man nutze beides voll aus u fange oben am Rande, nicht in der Mitte, mit dem Entwurfe an, damit der freie volle Raum sicher ausreicht. — **e)** Der Richter wird jede nicht richtig entworfene Verfügung besprechen u sonst Besprechungen abhalten. — **f)** Jeder Referendar wolle sich, soweit ihn der Richter nicht selbst herumgeführt hat, beim Dienstantritte allen Beamten des Grundbuchamts bekanntmachen. Er wird eine Woche einem Gbbeamten, der richterliche Geschäfte wahrnehmen kann, zur Ausbildung in rechtlich einfachen Sachen, Aufnahme von Verhandlungen, Zurückführung auf das Kataster, Expedieren u in sonstigen Grundbuchbetrieben (Lesen, Tagebuch, Registratur usw) überwiesen. — **g)** Jeder Referendar wolle jede Arbeit ohne Befragung der Kollegen selbständig erledigen. Das erfordert die Vorübung zur Klausur! Beanstandungen sind formlos auf einem kleinen Zettel zu vermerken. Im übrigen ist jedesmal der Entwurf der Eintragungsverfügung zu fertigen, als ob die Beanstandung beseitigt ist. Und nun mit Frohsinn, Fleiß u menschenfreundlichem Sinne zur gemeinsamen Arbeit!

3. Das Zeugnis für den Referendar erfordert gründliche, sachlich u menschlich gerechte, aufrichtige Beurteilung. Aber die Erteilung eines ungünstigen Zeugnisses, ohne dem Referendar vorher rechtzeitig die Fehler u Lücken mitgeteilt u Gelegenheit zu ihrer Beseitigung gegeben zu haben, scheint mir nicht den Grundsätzen über Aufrichtigkeit u den nötigen Vertrauensbeziehungen zwischen Richtern u Referendaren zu entsprechen. Auch ist solches Verfahren den Referendaren gefährlich! Denn bei rechtzeitiger Mitteilung können sie Verlängerung der Ausbildung von selbst beantragen, ohne daß ein schlechtes Zeugnis zu ihren Akten gelangt. Ist das schlechte Zeugnis aber schon erteilt, so ist der ungünstige Eindruck schwer zu beseitigen. —

Möchte diese Zusammenstellung richtig verstanden werden u Erfolg haben! Ich habe trotz schlimmster Dienstbarkeit u Nebenarbeit stets die aufgestellten Grundsätze betätigt. Es ist gutgegangen u geht! Und meine Erfahrungen verlangen dringend nach besserer Ausbildung!

Ausbuchung d i die Ausscheidung eines Grundstücks (§ 90 G B O, Art 1 V O 13.11.1899) kann nur durch Abschreibung von dem bisherigen Grundstücke erfolgen. Joh 43, 122. S Zurückführungen.

Ausfertigung 87ff. S vollstreckbare Ausfertigung.

Auskunft braucht das Gba **nicht** an Privatpersonen zu erteilen. § 11 G B O. Man wird sie regelmäßig erteilen, wenn es die Geschäftslage gestattet u nicht einfache Abschrift sie ersetzen kann. S Beschw 16, 5. Indes besteht Auskunftspflicht im Behördenverkehr, wenn sie nicht zu weit geht u als Gutachten nicht verantwortlich macht. Ein Interesse ist nicht erst nachzuweisen. Staats- u Gemeindebehörden stehn gleich. Dies gilt für die gesamte freiw Gerichtsbarkeit. Statt Auskunft ist Aktenübersendung zulässig. Auskunftsverweigerung ist Verweigerung der vorgeschriebenen Beistandsleistung oder Amtshilfe. Joh 52, 14. — Erteilung von Auskünften oder Bescheinigungen über den Inhalt des Gb oder das Eintragungsverfahren oder Verfügungen s Bescheinigung. — Weder das Gba noch die (m E an dessen Stelle tretenden) Beschwerdegerichte dürfen sich durch Auskünfte Eintragungsunterlagen verschaffen. O L G 43, 213. Formalistisch u nicht überzeugend! — S Grundakten.

Ausland. 1. **Auslandsurkunden, ausländische Beglaubigung** s Schweiz, Legalisierung u Nr 2 ff unten. **Beispiel 61.** — S auch Alexander Bergmann (Internationales Ehe- u Kindschaftsrecht) 1926, wo aber auch vieles nicht zu finden ist.

2. Für die Vertretungsbefugnis des Vorstandes einer **ausländischen Gesellschaft** genügt auch die von einem ausländischen Notare ausgestellte u einem deutschen Konsul legalisierte Bescheinigung. **§ 33** G B O ist **keine ausschließende Vorschrift,** sondern dient zur Verkehrserleichterung. Der Nachweis der darin bezeichneten Tatsachen kann auch durch andere öffentliche Urkunden erbracht werden. K G 9.11.05 VI 273. S Handelsregister, Österreich-Ungarn, Legalisierung, Schweden; unten 9; Beglaubigung 1 (Konsuln).

3. Das Gba muß das ausländische Recht selbst ermitteln. O L G K G 27.4.08. XVIII 211. S Erbschein 4 u Ricks unten 9, 10.

4. Wegen **Übersetzung** ausländischer Urkunden in beglaubigter Form s Übersetzung.

5. Die Rechtsfähigkeit ausländischer Gesellschaften s Gl 17; unten 9.

6. Hyp für Forderungen in ausländischer Währung s Währung.

7. Zur Wirksamkeit des schuldrechtlichen Veräußerungsgeschäfts über inländische Grundstücke genügt die Form des Errichtungsorts im Gegensatze zu § 313 B G B. In Wien also Formlosigkeit! Sonach genügt notariell oder gerichtlich im Auslande beglaubigte Vollmacht für inländische Verträge über Grdst O L G 44, 152. — Da das Gba nicht jedes ausländische Recht kennen kann, erfordert es zweckmäßig mittels § 18 G B O vom Antragsteller mit Dienstsiegel versehene Auskunft der Botschaft des Auslandes über die Frage. S das betreffende Ausland im Verzeichnisse u Ricks unten 9, 10.

8. Wenn zwischen Deutschen im Auslande ein Vertrag geschlossen ist, so ist auch dann, wenn eine Partei im Auslande wohnt u die andere durch einen im Auslande ständig bestellten Vertreter handelt, sowie wenn nicht besondere Umstände vorliegen, anzunehmen, daß die Parteien das deutsche Recht anwenden wollen. Deshalb müssen auch Forderungen in österreichischen Kronen wie die in Mark nach § 242 B G B aufgewertet werden. R G Ring 28, 145.

9. **Nachweis der Verfügungsmacht bei ausländischen Gesellschaften u Eheleuten** (Ricks D Not V 28, 229 II). S oben 1, 7. Geben im Auslande Vertreter juristischer Personen u Handelsgesellschaften namens dieser Erklärungen ab, so müssen, wenn keine Zeugnisse gemäß § 33 G B O nach einem Handelsregister beigebracht werden können, die die Erklärungen beurkundenden oder die Unterschrift beglaubigenden Behörden oder Urkundspersonen gleichzeitig bescheinigen, daß die Vertreter für die juristischen Personen u Gesellschaften Vertretungsmacht haben. Die Legalisierungsvermerke der Deutschen Botschaft oder Konsulate oder der hiesigen ausländischen Botschaft, die sämtlich mit einem Dienstsiegel oder Abdruck davon versehen sein müssen, müssen in diesen Fällen ebenfalls die Bescheinigung enthalten, daß die Behörde oder die Notare für eine solche Vertretungsmachtbescheinigung zuständig sind (S Beglaubigung 1 durch Konsuln.) und unter Ausland, Österreich, Schweiz, Schweden, Legalisierung. Verweist die Unterschriftsbeglaubigung auf Satzungen oder Vollmachten, müssen diese übersetzt beigebracht werden.

Dies gilt auch für die Fälle, wenn Zweifel über die Verfügungsmacht des Ehemanns oder der Ehefrau bestehen u im Inlande Zeugnisse aus dem Güterrechtsregister nach § 34 G B O erforderlich sind. — Nach K G 26.2.1925. 1. X 69/25, D Not V 27, 58. Der Nachweis **ausländischen Güterstandes** ist zu führen durch ein Zeugnis aus dem **Deutschen Güterrechtsregister,** wenn die Eheleute im Inlande wohnen, insbesondere wenn eine deutsche Frau durch Heirat mit einem **Holländer** die deutsche Staatsangehörigkeit verloren hat u nicht feststeht, daß kein das ausländische Güterrecht ausschließender Ehevertrag geschlossen ist. S Holland.

10. **Testamente u Erbscheine des Auslandes** (Ricks D Not V 28, 230 III.) Diese hat das Gba nach §§ 36, 37, 38 G B O, Art 10 A G G B O ebenso wie zu 9 oben zu behandeln. Der Sprachunkundige wird aus den eingereichten Übersetzungen der Urkunden erkennen, ob es sich um eigenhändige oder vor öffentlichen Behörden errichtete Testamente oder von solchen Behörden erteilte Erbscheine oder ähnliche Urkunden handelt. Da das Auslandsgesetz nicht bekannt sein kann, ist zweckmäßig unter diesen Urkunden durch die Deutschen Botschaften oder Konsulate oder die hiesige ausländische Botschaft mit Dienstsiegel (vgl zu 9 oben) zu bescheinigen, daß die Urkunde von der zuständigen Auslandsbehörde aufgenommen oder (bei Erbscheinen) erteilt ist u als öffentlicher Erbausweis im Auslandsstaate genügt. Zu eigenhändigen Testamenten sind Erbscheine bzw entsprechende Bescheinigungen wie vorher zu beschaffen. Das K G (J W 1925, 2143; 1 X 213/25 vom 2.7.1925) läßt sogar in formeller Hinsicht, in Beurteilung der Erbausweise das deutsche Recht entscheiden, so daß das deutsche Nachlaßgericht nach §§ 36—38 G B O, Art 10 A G G B O Zeugnisse erteilen kann. Nach der obigen Entscheidung ist in Rußland vor einem Notare in dessen Aktenbuche ein öffentliches Testament (§ 36 G B O) in Urschrift mit Testamentsvollstreckerernennung wirksam errichtet. Ein aus dem Aktenbuche erteilter Auszug ermächtigt das deutsche Nachlaßgericht, obige Zeugnisse zu erteilen! — S ferner Drewes D Not V 1926, 450 über örtliche Zuständigkeit des Nachlaßgerichts für Erbscheine u Testamentsvollstreckerzeugnisse. — S auch im Verzeichnisse das betreffende Ausland.

11. Das Aw G steht allenfalls den Ausländern zur Seite. R G Ring 26, 437.

12. Beurkundung zur Sicherung u Muster zur Eintragung von Hyp u Gesamthyp für Auslandsanleihen nach § 1184—1189 B G B s Ricks D Not V 26, 221.

13. Erzwingung der Einreichung der Hypbriefe von Ausländern s Hypbrief 18. — **Auslegung** s Bewilligung, Einigung.

Ausschlußurteil. 1. Ist darin für eine Person ein von dieser angemeldetes Recht vor-
84. behalten, so ist diese Person mit ihrem Rechte noch nicht ausgeschlossen. Ein eingetragenes Recht, dessen Berechtigter unbekannt ist, kann deshalb auf Grund des Urteils nicht gelöscht werden, bis nach § 29 G B O nachgewiesen ist, daß auch die genannte Person nicht berechtigt ist. R G 16.11.07 IX 117. Da gegen das Urteil nach § 957 Z P O kein Rechtsmittel gegeben ist, bedarf es auch keines Rechtskraftzeugnisses.

2. Ist in einem solchen Urteile **kein Recht** vorbehalten, so ist das eingetragene Recht, dessen Gl unbekannt ist, zu löschen, auch wenn es mit dem Rechte eines Anderen, z. B Pfandrechte, belastet ist. K G 31.1.07 VIII 233. Das Aufgebot wendet sich an Jedermann, also auch an den **Pfandgl.** Auf den Inhalt der Aufgebotsakten kommt es nicht an. Es entscheidet, daß **der Gl** mit seinen Rechten ausgeschlossen ist.

84. 3. Es ersetzt die **Bewilligung** der ausgeschlossenen Berechtigten gemäß § 19 G B O.

4. Die Kraftloserklärung eines Hypbriefes gilt auch dann für u gegen alle, wenn das Urteil von einem Nichtberechtigten erwirkt ist. Das Gba hat das Antragsrecht im Aufgebotsverfahren nach Joh 45, 294 nicht nachzuprüfen. Ich rate jedoch der Aufgebotsabteilung, beim Gba u Eigt nachzufragen, ob etwas vom Briefe bekannt ist, da das Unterbleiben zu Haftpflichtsgefahren

verführt hat. — Die Urteilsübergabe ersetzt nicht die Briefübergabe z B bei Abtretungen. Joh 45, 294.

5. § 42 II, 67—70 G B O. Bei Löschung ersetzt das Ausschlußurteil den Hypbrief. § 42 II. Zu noch eingetragenen Hyp, zur Abtretung, Verpfändungen von Hypotheken ist auf schriftlichen Antrag nebst Ausschlußurteilausfertigung ein neuer Brief zu bilden. Muster: 1. Berlin Bd 1 Bl 2 Abt III Sp 5—7: Nr 12: 20 000 RM . . . wie S 27 . . . 2. Nachricht an a) Eigt. — b) Gläubiger nebst neuem Briefe.

Ausweispapiere. S Beweiskraft Seite 88ff, 95. Das R G sagt im Urteile vom 18.12.12 (J M Bl 1913, 133): Bloße Privatbriefe u amtliche Schreiben, die nicht allgemein sorgfältig aufbewahrt werden, haben für die Personenfeststellung keinen Wert. Im Allgemeinen werden nur eigentliche Legitimationspapiere u Urkunden von materiellem Werte wie Hypbriefe usw sorgsam aufbewahrt, damit sie nicht in die Hände Unberufener kommen. Auch die Sachkunde ist für den Notar nicht geeignet. . . . — Also größte Vorsicht!

Aufwertungs-Berechnung s Aw-Gbsachen D.

Bahneinheiten. Ihre Rechtsverhältnisse. O L G K G 6.6.04 IX 362. Joh 40 A 102. 25.10.10. Die Höhe der zur Bahneinheit gehörigen Fonds ist nicht im Titel des Bahngrundbuchs einzutragen. Joh 47, 224.

Bankdiskont s Zinssatz 1.

Bau- u Finanzdirektion s Fiskus 4, Verzicht 1.

Baubeschränkungen s Gl 12, Dienstbarkeiten, Grunddienstbarkeiten.

Beanstandung. S Hindernis, Fristen. Keine Verfahrensaussetzung s Hindernis 5.

Bedingte Eintragungsbewilligung, Genehmigung s dort 4.

Befreiung des Vertreters von der Vorschrift des § 181 B G B. S Vollmacht 10, Eheleute 4, G m b H.

Befugnisse aus § 7 Aw G s Aw Gbsachen H.

Beglaubigung. 1. von Unterschriften, Handzeichen. Seite 86, 87, 88. S Personen-
88. feststellung. Über die Zuständigkeit von Behörden u Beamten für öffentliche Beglaubigungen s D Not V 1914, 609, 800; ferner über die Beglaubigung von Unterschriften durch Konsuln mit u ohne Gerichtsbarkeit s Joh 44, 6, Konsul (Zuziehung von 2 Zeugen, Unterschrift, Siegel); durch Urkundsbeamte in Preußen seit 1.4.1914 laut Ges 21.9.1899 (Ges S 249). — S Urkundsbeamte über verbotene Beglaubigung usw., Genehmigung 6

2. Sie muß von Neuem erfolgen, wenn in den Text einer Urkunde nachträglich Zusätze eingefügt sind. O L G K G 9.7.01 III 306.

3. von Abschriften s Abschrift.

4. Eine nicht eigenhändig gefertigte Unterschrift ist auch dann keine Eintragungsunterlage, wenn die Beglaubigung auf Grund Anerkennung erfolgt ist. R G D Not V 27, 662.

Behörden. Die heutigen Reichsbehörden s R G Bl I 1928, 369.
86, 87, 88. 1. Eine **staatliche** Behörde ist eine solche, die Namens u unter Leitung des Staates dessen Geschäfte führt u ihre Autorität unmittelbar vom Staate herleitet. R G 20.10.02 VI 200. Der **Landesdirektor** ist keine staatliche Behörde im Sinne des Art 11 Verordnung vom 13.11.99 . O L G K G 20.10.02 VI 200. S Ritterschaft, Ersuchen, Schweiz, Fiskus, Gba 3, 4. Wassergesetz.

2. Die **Kassen** der Gerichte u anderer Behörden (Gemeinden, Kreise usw), ferner einzelne an sich selbständige Verwaltungen von **Gemeinden** (Städtische Sparkassen) u **Kreisen** (Sparkasse oder Kanalverwaltung des Kreises) u A können nicht **Träger von Rechten** sein. Man muß daher als Gl
Nr 14, 24. die in Tabelle Bl 1 Abt II Nr 11, Abt III Nr 3 u Bl 601 Abt III
6, 8, 29. Sp Ver Nr 10 am Schlusse vermerkten wahren Träger der Rechte,

die durch die in Klammern beigefügten selbständigen Verwaltungen gegenüber dem Gba vertreten werden können u mit denen das Gba allein verhandeln kann, eingetragen. (Vgl O L G K G 12.10.03 VIII 204, 4.7.04 IX 357, 360; § 4 Verf 20.11.99. Siegel, Sparkasse.) Dasselbe gilt von der Polizei. S Gl 12.

3. Den Behörden steht in Gbsachen das **Beschwerderecht** nur insoweit zu, als sie zur Vertretung der Beteiligten in deren Privatrechten oder für Ersuchen an das Gba um Eintragungen zuständig sind. K G 7.11.07 IX 131. S Beschw 1.

4. Die Behandlung der Behörden-Ersuchen s Ersuchen, Sparkasse, Amtsvorsteher, Siegel 2, Zweckverbände, Zentralgenossenschaftskasse, Auskunft. Soweit dienstsiegelführende Beamte „dienstlich" Organisationen (laut behördlicher Bescheinigung oder beglaubigter Satzung) vertreten, sind ihre Urkunden mit Dienstsiegel auch über private Rechtsgeschäfte öffentl Urkunden. O L G Dresden 44, 155. S **Urkundsbeamter u Gba 4.**

5. S **Post** wegen ihrer Vertretung. — Da durch die vom Generalpostamte genehmigte Satzung der jedesmalige **Oberpostdirektor** in Berlin nach Außen allein als vertretungsberechtigter Vorsitzender des Post-Spar- u Darlehnsvereins (mit verliehener juristischer Persönlichkeit) berufen ist, so handelt es sich um eine mit dem Amte verbundene u durch das Amt bedingte Nebenfunktion, auf welche die öffentliche Amtsautorität mitübertragen wird. Eine vom jeweiligen Oberpostdirektor für den Verein unterzeichnete mit seinem Amtssiegel oder Stempel versehene Urkunde ist eine öffentliche Urkunde. Joh 40, 114 u K G 16.3.1905. — Siegel 2.

6. Das **Berliner Pfandbrief-Amt** ist eine öffentliche Behörde. Joh 29, 112. Es wird vor Gericht durch einen Direktor oder dessen Vertreter (Syndikus) unter Beifügung des Dienststempels vertreten. Der Syndikus kann in Angelegenheiten des Pf-A öffentliche Urkunden u Beglaubigungen zu Eintragungen u Löschungen im Gb (ohne Zwangsvollstreckung daraus) aufnehmen. Ebenso die Direktion einer Landschaft (J M Bl 1921, 356), die Handelskammer, die zum Erwerbe eines Grundstücks im Werte von mehr als 5000 M der Genehmigung des Ministers für Handel u Gewerbe bedarf. Joh 40, 217. **Preuß.** Gesetz über die Handelskammern 24.12.1870, 19.8.97; Art 7 A G B G B.

7. Die **Reichsbank** ist eine juristische Person; ihr Vorstand, das Reichsbankdirektorium u die Reichsbankstellen sind (K G Ring IV 255) selbständig handelnde Organe u öffentliche Behörden. Ob die **Reichsbanknebenstellen** die zum Behördenbegriffe erforderliche Eigenschaft der Selbständigkeit haben, ist bedenklich u unentschieden gelassen. Joh 39, 149. Da das Gba stets Gewißheit haben muß, wird es diese Nebenstellen deshalb nicht als selbständige Behörden behandeln mögen. Sie u ihre Kommissare, Justitiare, Urkundsbeamten führen wie eine Behörde das kleine Reichssiegel; ihr Präsident zu Bestallungen das große Reichssiegel. R G Bl 1924, 762. Ihre Erklärungen in Reichsbankangelegenheiten sind **öffentliche** Urkunden, für welche bei Vorlegung Vertretungsnachweis nicht verlangt werden kann. Ring IV 255.

8. Der Verbandsvorsteher eines auf Grund des preuß Schulunterhaltungsges gebildeten Gesamtschulverbandes ist öffentl Behörde. Joh 43, 179. Vorstände u Kuratoren staatlich genehmigter **Armen- u Wohltätigkeitsanstalten** sind, soweit sie nach der Satzung diese vertreten, öffentliche Behörden, wenn sie mit Amtssiegel unterzeichnen. Es bedarf keiner anderen Beglaubigung oder Beurkundung ihrer Erklärungen. Joh 6, 124. Der Vorstand einer **rechtsfähigen Stiftung** ist nur dann als eine zur Ausstellung öffentlicher Urkungen berechtigte öffentliche Behörde anzusehen, wenn eine öffentlichrechtliche Stiftung vorliegt oder eine privatrechtliche St von einer öffentlichen Behörde verwaltet

wird. Also z B nicht ein Kuratorium von Magistratsmitgliedern u Bürgern. Joh 35, 217.

9. Der **Landlieferungsverband** ist eine Körperschaft öffentlichen Rechts. Das **Landeskulturamt** kann einen Beamten zum **Urkundsbeamten** bestellen, der unter Bezugnahme auf seinen Auftrag in als Siedlungssachen bezeichneten Angelegenheiten den gerichtlichen Urkunden gleichstehende Urkunden (auch Aufl) aufnehmen kann. Ges 15.12.1919. (Ges S 31.) Der Verband wird durch seinen Vorstand mit Stellung eines gesetzlichen Vertreters vertreten.

10. Behörden sind ferner: a) der Bankvorstand der **ostpreuß Landschaft** Joh 53, 203. — b) **Preußische Bau- u Finanzdirektion** in Berlin, die dort den preuß Fiskus vertritt. — c) Der **Vorstand der jüdischen Gemeinde** K G 1 Y 25/92. 14.3.92. — d) Die **Deutsche Rentenbank** gemäß V O 15.10.1923 (R G Bl 963). Sie ist nach V O 14.11.1923 (R G Bl 1092) den § 25—32, 33 Nr 1, 34—36, 40, 42 Nr 1, 43 Nr 1, 4 B G B über „Vereine" unterworfen. Das H G B über Handelsregister gilt nicht. Ihre Vertreter werden durch ein Zeugnis des „Kommissars der Reichsregierung bei der deutschen Rentenbank" mit Dienststempel ausgewiesen. Ihre Ersuchen stehn denen der Behörden (§ 39 G B O) gleich u bedürfen außer dem Dienstsiegel u den Unterschriften ihrer (durch die Satzung bestimmten) Vertreter keiner Beglaubigung. — e) Verzeichnis der **außerpreußischen** Behörden für Genehmigung zu Eheschließungen, Ehelichkeitserklärungen, Annahme an Kindesstatt J M Bl 1922, 424; 1923, 712; für **Preußen** J M Bl 1921, 73, 319, 324; 1922, 119. — f) **Der „Verband brandenburgischer Kommunalverbände** für das kommunale Spar-, Bank- u Kassenwesen (Brandenburgischer Sparkassen- u Giroverband) ist kommunale, also rechtsfähige Körperschaft, vertreten durch Verbandsvorsteher mit ihrem Dienstsiegel. Der Vorsteher eines Zweckverbandes eines zum kommunalen Bankgetriebe von mehreren Kreisen gegründeten Zweckverbandes ist öffentliche Behörde. Die von ihm ausgestellten Urkunden mit Dienstsiegel oder Dienststempelabdruck nach Art 9 A G G B O sind öffentliche Urkunden. K G Ring IV 262. Ebenso: g) **Deutsche Sparkassen** — und Giroverband zu Berlin. (**Nicht** aber der Deutsche Sparkassen- u Giroverband mit seiner Bankanstalt: Deutsche Girozentrale, Deutsche Kommunalbank zu Berlin.) — h) **Industrie- u Handelskammer Berlin** u jede andere J- u H-K ist Behörde mit Dienstsiegel. § 69, 10 II A L R. — i) **Preußische Landesrentenbank** in Berlin ist Anstalt öffentlichen Rechts, vertreten vom Vorstande, der eine Staatsbehörde unter dem Minister der Finanzen u Landwirtschaft ist. Ges 29.12.1927, Ges S 283; Vo 17.1.28; Ges S 5. — k) **Pfarrämter** s München D J Z 1925, 1863. — l) **Preußische Staatsbank** (Seehandlung) dort. — m) Die **Reichsbahn** s Reich. J M Bl 1926, 407.

Beistand. Das Gba hat von Amtswegen die **Vertretungsmacht** einer Witwe über ihre minderjährigen Kinder zu prüfen, insbesondere ob ein Beistand bestellt
89. ist. Eine Vermutung spricht weder für noch gegen die Unbeschränktheit der elterlichen Gewalt. O L G Rostock 9.10.05 VI 246. M E genügt eine (nach ministerieller Verfügung kostenfreie) **Auskunft** des Vormundschaftsgerichts.

Bekanntmachung oder Nachricht erhalten nur unmittelbar Beteiligte als Antrags-
93, 108. berechtigte (Entscheidung zu 2). § 55 G B O sowie das Zuwachssteueramt nach § 38 des Reichs-Zuwachssteuergesetzes vom 14.2.1911 über die Eintragung des Eigentumsüberganges. — Nachricht muß auch der Nießbraucher am Grundstücke erhalten. Ebenso die Versteigerungsabteilung, das Auflösungsamt (s Familiengüter). S 12 Anm. — S Zuwachssteuer. — Eine Nachricht wird durch Hypbriefübersendung ersetzt, auch bei einer Behörde. Joh 49, 239. Nach Verfgg des K G Präsidenten 3.10.1913 sollen von Nießbrauchseintragungen Abt II alle eingetragenen dinglich Berechtigten Nachricht erhalten. — Nach

J M Bl 1914, 707, 712 ist den Hyp-Banken, Körperschaften u Anstalten öffentl Rechts, die sich mit der Beleihung von Hyp, Grund- u Rentenschulden befassen, jede Eintragung bei dem beliehenen Rechte u von der Zwangsverwaltung u Versteigerung mitzuteilen, nachdem das Gba von der Beleiherin Nachricht von der Beleihung erhalten hat. Es empfiehlt sich ein Beleihungsvermerk im Wohnungsblatt. — Dem Gl von Hyp-, Grund- u Rentenschulden, Reallasten oder von Rechten an einem solchen Rechte ist Nachricht von einer Eigtbeschränkung durch Nacherben, Testvollstrecker (§ 52, 53 G B O) sowie von Eintragung der Fideikommißeigenschaft oder der sonstigen in Art 15 Abs 1 A G G B O bezeichneten Eigenschaften eines Gutes (Lehns-, Meier-, Erbzins-, Erbleihe- u Erbpachtgüter usw) zu geben. J M Bl 1916, 349. — Die Vollziehung der Bekanntmachung J M Bl 1922, 225.

1. Der in Abt II vermerkte **Nacherbe** hat kein Recht auf Nachricht von einer Hypeintragung. O L G K G 14.12.03. VIII 227.

2. Erfolgt eine **Löschung** offenbar zu Gunsten nachstehender Berechtigter, so sind diese zu benachrichtigen. K G 23.11.05. VII 50.

93. 3. Der Notar ist als Antragsteller zu benachrichtigen. S Notar 1.

4. Reichsgesetze u Rechtsverordnungen J M Bl 1922, 260; R G Bl 1923, 959.

Belastung einer Hyp s Hypbrief, Nießbrauch 2, Pfändung, Verpfändung; **Belastungsverbot** s Verfügungsbeschränkung 4, Verschuldungsgrenze.

Berechtigte s Gl.

Bergrecht, Bergwerksanteile. Preuß Berggesetz 24.6.1865 (Ges S 705). Zum Eigen-
84, 85, 97. tumserwerb auf Grund bergrechtlichen Enteignungsbeschlusses bedarf es keiner Aufl. O L G K G 5.7.06 XIV 66. Verleiht das Oberbergamt Bergwerkseigentum, so muß es um **bestimmte Eintragungen** ersuchen, nicht etwa nur allgemein um Bewirkung der erforderlichen Eintragungen. K G 22.2.06. Über Eigentumsübergang u Löschung dinglicher Rechte bei bergrechtlicher Eigentumsentziehung s Joh 46, 210. Die beim Bergwerkskaufe übernommene Verpflichtung, für jedes Hektoliter Kohle einen bestimmten Geldbetrag (Tonnenzins) zu zahlen, ist im Gebiete des preuß Ablösungsgesetzes 2.3.1850 als Reallast nicht eintragbar. Joh 47, 218. — Zwangshyp am Bergwerk einer altrechtlichen Gewerkschaft; eine solche Gewerkschaft kann nicht als Eigt eines Bergwerks eingetragen werden. Joh 52, 209. Diese Gewerkschaft erlischt mit dem Erwerbe sämtlicher Kuxe durch eine Person. K G Ring IV 359. Zulässigkeit der Eintragung von 124 gewerkschaftlichen Kuxen bei einer Gewerkschaft nach der schlesischen Bergordnung 5.6.1769. Joh 52, 219. — Pr Gesetz zur Regelung der Grenzen von Bergwerksfeldern 22.7.1922 (Ges S 203). Das Oberbergamt ersucht unter Beifügung der Urkunden um Berichtigung des Gb. S ferner Ges 3.1.1924, Ges S 17, 18. — Eine Vormerkung zur Sicherung der Übertragung eines wirklichen, nach Lage u Größe genau bezeichneten Teils eines konsolidierten Bergwerkseigentums ist keine Belastung, sondern eintragbare Verfügungsbeschränkung. O L G 44, 135. — S Enteignung 7.

Bergregal. R G 94, 291 über das Privatbergregal.

Bergwerksgesellschaft, die nicht Gewerkschaft ist, bedarf zum **Erwerbe** von **Grundstücken** im Werte von über 5000 M der staatlichen Genehmigung. A G G B O Art 7 O L G K G 2.2.03 VIII 102. S Bergrecht, Aufl Einleitung IV.

Berichtigung des Grundbuchs. Ihr Begriff. § 22 G B O; O L G K G 28.3.04. VIII 310. S Eintragung. Die Berichtigung des Gb auf den neuen Eigt findet ohne Aufl stets dann statt, wenn das Eigentum schon kraft Gesetzes außerhalb des Gb übergegangen ist. S Miterben, Erbschaftskauf, Aufl 2, 3, 6, 7, 14, 17, 21, 29 (Joh 47, 158; R G 54, 362) u unten 3 ff, Wasserstraßen.

85, 86, 110. 1. Sie kann auf den Namen des Schuldners als Eigt **von dem Gl,** der eine gegen den Schuldner **vollstreckbare Forderung** von gleichviel welcher Höhe hat, beantragt werden, um die Forderung durch Zwangsversteigerung oder Eintragung einer Zwangshyp beitreiben zu können. Die Unterlagen für Unrichtigkeit u Berichtigung des Gb müssen aber von ihm beigebracht werden. K G 16.11.03 IV 114. Sind mehrere Eigt vorhanden, so kann die Berichtigung der Abt I auf sie nur erfolgen, wenn der Schuldtitel gegen sie alle gerichtet ist oder außer dem Schuldner alle übrigen Eigt in beglaubigter Form zustimmen. Ein Pfändungsbeschluß ist kein vollstreckbarer Titel in diesem Sinne. K G 14.12.08 X 69. § 14, 22, 29 G B O. Es genügt ein **formloser** Antrag des Gl oder Prozeßbevollmächtigten. S auch 9 unten!

2. S **Aufl; Berichtigungsanspruch** (d i der Anspruch auf Berichtigung des Gb auf den wahren Eigt u Gl, auf Löschung einer nicht mehr bestehenden Hyp oder ihrer Umschreibung in eine Eigtgrundschuld, auf Abtretung u Pfändung usw) s Abtretung 3, Aufl 7, Löschungsbewilligung 3, Pfändung 9; Vorerbe 2c, 7 (J M Bl 1911 Seite 93).

3. Sie kann nach § 22, 14 G B O auf den **wahren Eigt** oder **Gl** erfolgen, **ohne** daß **deren Bewilligung** vorliegt. Sie kann jedoch **nicht erfolgen,** wenn das Gb nur deshalb unrichtig sein soll, weil die der bisherigen Eintragung zu Grunde liegenden **Urkunden unrichtig ausgelegt sein sollen.** K G 30.3.03 III 258.

4. Sie kann nicht erfolgen, vielmehr ist **Aufl** notwendig, wenn der die Umschreibung des Grundstücks auf sich verlangende Antragsteller lediglich ein **rechtskräftiges Urteil** dahin vorlegt, daß der Bucheigt verurteilt wird, er solle der Berichtigung dahin zustimmen, daß der Antragsteller als Eigt bestimmter Grundstücke eingetragen werde. K G 21.1.01 II 48.

Nr 7, 21, 5. Sie kann erst erfolgen, wenn die Unrichtigkeit des Gb z B auf Grund
29 I. eines Erbscheins, Testaments, Urteils, feststeht, u bezweckt immer die Eintragung des wahren Berechtigten z B des Erben. Zur Berichtigung gemäß § 22 G B O **genügt** aber **formell** eine beglaubigte **Berichtigungserklärung aller**
Nr 6. **Beteiligten,** die unter Umständen der vorm Gen (s dort 7) bedarf. Der
5. Gbr kann außer dieser andere öffentliche Urkunden (§ 29 G B O) als Beweis für die Richtigkeit der Erklärungen nicht fordern, muß jedoch die Eintragung ablehnen (bezw Verfügung aus § 18 G B O treffen), wenn ihm in bestimmter Weise amtlich bekannt ist, daß die verlangte Eintragung das Gb in Widerspruch mit der wahren Rechtslage bringen würde (oder die Rechte eingetragener Berechtigter benachteiligen könnte). Für den Gbr sind (abgesehen von obiger Ausnahme) nicht die materiellen Rechtssätze des B G B (§ 894), sondern das in § 19, 22 G B O ausgesprochene **Konsensprinzip** bindend. K G 2.3.08 IX 204. S auch **Miteigt** 2, **Miterben.** Das R G sagt 73, 154: Zur Berichtigung des Gb auf den neuen Eigt ist entweder der Nachweis der Unrichtigkeit der bisherigen Eigentumseintragung u die Zustimmung des neuen Eigt (§ 22 G B O) oder die Zustimmung des bisherigen u neuen Eigt erforderlich. — S unten 14, Zweifel; Joh 41, 201.

Nr 29 I, **6. nach § 22, 26, 40, 41 G B O. Eingetragener Hyp-Gl** gemäß § 40
31, 46. Abs 2 G B O ist auch der Gl, der den Hypbrief u die Abtretungserklärungen usw nach § 1155 G B O besitzt. **Erbschein u Testament** fallen nicht unter die Urkunden des § 1155 B G B u stehen deshalb einer Abtretungserklärung nicht gleich. — **Erbe im Sinne des § 41 Abs 1 G B O** ist nicht nur der Erbe bezw Erbeserbe des eingetragenen Gl, sondern auch der Erbe u Erbeserbe des gemäß § 1155 ausgewiesenen Briefbesitzers. Der **Zessionar** des letzteren Erben kann daher ohne vorherige Eintragung dieses Erben als Gl sofort in das

Gb eingetragen werden. — Die **Eintragung des Erben-Zessionars** wiederum kann trotz § 41 Abs 1 G B O u § 1155 B G B bei weiterer Abtretung der Hyp **unterbleiben,** weil die Berichtigung des Gb auf den neuen Gl gemäß § 22, 26 G B O durch Vorlegung der Abtretungsurkunden, Erbscheine usw zur Anwendung kommen kann. Joh 36, 242; R G 53, 298. S Erben 1, Gesellschafter, Eingemeindung. — Erbe im Sinne des § 41 Abs 1 G B O ist auch der Erwerber eines Miterbenanteils gemäß § 2033 B G B. Joh 44, 238, § 41 G B O gilt auch für die erbähnliche Gesamtrechtsnachfolge z B Eingemeindung. S dort, R G 87, 284. Dagegen verlangt wegen fehlender Erbähnlichkeit Joh 52, 134, daß a) bei Gütergemeinschaft, falls der allein eingetragene Ehemann über das Gesamtgutsgrundstück verfügen will, die vorherige Eintragung der Frau, welche Ansicht K G in O L G 43, 189 aufgegeben hat. b) bei fortgesetzter Gütergemeinschaft die vorherige Eintragung der Teilnehmer an der Gemeinschaft, falls über das Grundstück verfügt werden soll. — Diese Entscheidung trifft zu b nicht zu. Erbähnlichkeit ist, wenn nicht hier, nirgends vorhanden. S Ricks, D Not B 1921, 314. Ich trage die Teilnehmer vorher nicht ein. Auch diese Ansicht b hat das K G in O L G 43, 189 aufgegeben. — S ferner Nr 15.

7. muß erfolgen, wenn die Grundstückseigt nach dem Inhalte einer vorgelegten Löschungsbewilligung die Hypforderung **getilgt** haben u nach § 1177 B G B **unter Umwandlung der Eigtgrundschuld** in eine **Hyp** diese **weiterabtreten.** Das **Gba** kann nicht erst den Nachweis verlangen, daß der Inhalt der Bewilligung richtig sei u die Eigt die Hyp ohne die Forderung erworben haben, es sei denn, daß es bestimmte tatsächliche Anhaltspunkte hat, daß das Gb durch die neue Eintragung unrichtig wird. Zweifel allein genügen nicht. K G 6.4.08 I X 218. S Eigtgrundschuld 3, Zweifel; O L G K G 43, 190.

8. des Gb a) bei **Miterben** auf **einen** von ihnen **ohne Aufl,** s Miterben. b) Auf den Vorerben mit Nacherbenvermerk Joh 52, 144, wonach auch der Nacherbe die Eintragung der Vor- u Nacherben bezw eines Widerspruchs herbeiführen kann, selbst wenn das Grundstück weiter aufgelassen ist. — Nur der Testvollstrecker kann die Berichtigung des Gb auf die Erben beantragen. Joh 51, 214. Wegen Löschung eines Vorkaufsrechts s dort, Gba 12.

9. S **Sicherungszwangshyp** 3; **Buchhyp** 2 wegen deren Löschung. — **Pfändung** 9 am Schlusse.

10. ist **nicht zulässig,** wenn in einem **Testamente** nur bestimmt ist, daß Jemand ein Grundstück oder ein Recht daran erhalten soll. S Aufl 14.

11. wegen **Undeutlichkeit** s Unrichtigkeit; öffentl Glaube 1, **Beschlagnahme,** Bruchteil 7, **Fiskus 2,** Eheleute 13, 15, 5.

12. der Größe eines Grundstücks s öffentl Glaube. (S auch Seite 107.) Berichtigung der verwechselten Trennstücke durch Berichtigung oder Auflverhandlung. O L G 43, 181.

13. Ein rechtskräftiges Grenzfestsetzungsurteil (§ 920 BGB), wonach ein Trennstück einer Partei gehört, genügt ohne Aufl zur Berichtigung des Gb gemäß § 22 G B O. (Durch Übertragung auf das richtige Blatt oder bloße Berichtigung der Abt 1). O L G K G 30.3.1910 XX 405. Der Antrag muß aber beglaubigt sein. § 22 Abs 2 G B O.

14. Die Berichtigung des Gb kann entweder auf Grund des § 22 oder 19 G B O erfolgen. Die versehentliche Eintragung eines unrichtigen Berechtigten z B eines nicht rechtsfähigen Vereins statt einer Aktiengesellschaft ist „Nichteintragung" des Rechtes des Berechtigten u „unrichtige Eintragung" des nicht bestehenden Rechts des Nichtberechtigten. Die Gbberichtigung ist daher trotz nachgereichter beglaubigter Berichtigungserklärung des wahren Gl u des Eigt nicht durch Umschreibung des unrichtig eingetragenen Rechts auf den wahren Berechtigten, sondern nur durch Löschung der Eintragung u Neueintragung möglich. Vgl die juristisch interessante Entscheidung Joh 39, 176. In der Praxis geht es wohl anders zu. S auch Gl 3 wegen der Löschung, die nach Ansicht des K G hier durch den Nachweis, daß zwischen dem Verein u Eigt eine Einigung nicht zustandegekommen sei, erfolgen kann.

15. Ist offene Handelsgesellschaft als Eigentümerin in Kommanditgesellschaft umgewandelt, können Eintragungen in Abt II, III ohne Berichtigung der Abt I erfolgen. (Ring I 368; D Not V 27, 27), da kein neues Rechtssubjekt eintritt. S Gl 15.

16. Die Gbberichtigung vor Bestätigung des Rezesses auf Grund Auseinandersetzungsplans erfolgt im Bestandsverzeichnisse u in Abt I. Beispiel in Joh 50, 145.

17. Wird versehentlich eine Urkunde dem Gba eingereicht u daraufhin eine Hyp gelöscht, so erfolgt gemäß Joh 48, 184 nach Beispiel 6 Anm die Wiedereintragung der Hyp.

18. Waren Erben in Erbengemeinschaft statt unter dieser Bezeichnung antragsgemäß in Abt I zu je 1/6 eingetragen und alsdann auf dem 1/6 eines Erben Zwangshyp eingetragen worden, so kann die Berichtigung in Abt I ohne Zustimmung der Hypgl erfolgen. Joh 51, 220.

19. Berichtigung des Gb (nicht Schaffung des Eigentums durch Aufl u Eintragung) liegt vor, wenn gemäß § 2 Ges über Enteignung u Entschädigung aus dem Friedensvertrage 31.8.1919 (R G Bl 1527) um sofortige Eintragung eines Eigt in das Gb des enteigneten Grundstücks, obwohl dieses zunächst nur für das Reich enteignet ist, vom Pr Landw-Minister ersucht wird, weil die Enteignung in Wahrheit für den neuen Eigt erfolgen sollte. K G 20.1.1921. Joh 53, 123. Vgl. meine Besprechung dieser praktischen, aber theoretisch nicht haltbaren Entscheidung in D Not V 1921, 315.

20. Ein Gb ist m E auch dann zu berichtigen, wenn sein bisheriger Inhalt durch eine neue Eintragung vollständig erledigt, aufgehoben oder gegenstandslos wird. Da ist es wichtigste Amtspflicht des Gba, das Gb von dem nicht mehr zu Recht bestehenden, also unrichtigen Inhalte zu befreien. Vgl dazu Gbreinigung, Rötung, Umschreibung.

Berlin. Ges über Bildung der Stadtgemeinde Berlin 27.4. u 7.10.1920 (Ges S 123, 435) u V O 30.7.1921 (Ges S 445). Wird Berlin als Berechtigte eingetragen, ist dabei die Verwaltungsstelle zu benennen. Berlin wird durch seinen Magistrat vertreten. Durch im Gemeindeblatte bekannt gemachte Ortsgesetze kann den Verwaltungsdeputationen u -Kommissionen (§ 13) u Bezirksämtern der Verwaltungsbezirke Berlins (§ 14, 25) die Vertretung Berlins nach Außen übertragen werden. Bisher sind ihnen Vollmachten erteilt worden. Jedesmal ist zu prüfen, ob alle (bezw welche) Geschäfte übertragen sind. Die Vertretung kann auch Bezirksdeputationen übertragen werden. (§ 26); ebenso den Ortsbezirksvorstehern. (§ 29.) Im übrigen s **Magistrat.** — Berliner Pfandbriefamt s Behörde 6. — Die Bezirke haben keine Rechtspersönlichkeit, sondern sind Organe u Vertreter der Stadt mit deren Gerichtsstand Berlin-Mitte. An sie (nicht Magistrat) sind Zustellungen u Nachrichten zu senden. K G Präsident 1 M 87 A 127. Sie bearbeiten ihre örtlichen Vorm- u Gbsachen, Grundstücksverkehrsges 10.2.1923.

Bescheinigungen. Unzulässige u unmögliche „Bescheinigungen" des Grundbuchsamts über Eintragungsverfügungen u Akten- oder Grundbuchinhalt. (Ricks D Not V 1928, 230 IV.) Ich habe auf Antrag gern u sofort (urschriftlich) kurze Anfragen über den Gbinhalt erteilt u daß eine beantragte Eintragung verfügt sei.

Solange sich dies in einfachen Grenzen hielt, standen keine Bedenken entgegen. Seit einiger Zeit nahmen aber Anträge auf Erteilung von Bescheinigungen u zwar auch erst bei Einreichung von Eintragungsanträgen einen Umfang an, daß dem Verfahren durch Ablehnung entgegenzutreten war. In dieser „Bescheinigung" sollten fast der ganze Gbinhalt über Eintragungen u Nichteintragungen, Rang u über Absetzung der beantragten Eintragungsverfügung bescheinigt werden. D h mit Dienstsiegel u offenbar auch kostenfrei! In verschiedenen Berichten ist bereits hervorgehoben, daß die GBO mit ihren Ausführungsvorschriften (§§ 11, 93 GBO, § 32 ff Allg Verfügung vom 20. 11. 1899), welche allein die Berechtigung zur Erteilung von so schwerwiegenden „Bescheinigungen" erteilen kann, solche Bescheinigungen nicht kennt. Soweit andere Gesetze, insbesondere Kostengesetze, Bescheinigungen über das Gb nur erwähnen oder Gebühren festsetzen, ohne ihre Erteilung für die Gbämter besonders anzuordnen, bleiben sie unzulässig. Es gibt nur Abschriften u Einsicht in das Gb. (S auch Güthe-Triebel.) Diese muß man zweckmäßig erbitten bzw nehmen, ehe die Beurkundung der Erklärungen erfolgt. Diese Tätigkeit kann das Gba nicht übernehmen. Es ist, ganz abgesehen von solcher furchtbarer Mehrarbeit, nicht dazu berufen, die Vorbereitungsarbeit u Verantwortung jedes Antrags zu übernehmen. Besonders muß das Gba heute jede Rangfragenbeantwortung ablehnen, da es diese nach der heutigen unklaren Gesetzgebung u höheren Rechtsprechung nicht einmal zuverlässig geben kann. Ebenso, und dies hebe ich auf besondere Bitte eines Notars hervor, kann eine **Nachricht**, daß die Eintragung abverfügt ist, **nur unter der** selbstverständlichen oder besser ausdrücklichen zugesetzten **Voraussetzung** gegeben werden, das Gba sei bis zur Eintragung in das Gb berechtigt, die Verfügung infolge veränderter Umstände (z B Fehlererkenntnis, rückwirkender einstweiliger Verfügung, anderer Nachrichten oder Entscheidungen höherer Gerichte) aufzuheben oder zu berichtigen. Eine solche Nachricht, daß die Eintragung verfügt sei, berechtigt keinesfalls Auszahlungen vorzunehmen, ehe man nicht die Eintragungsnachricht oder Gewißheit hat! Ich möchte auf diese Unzulässigkeiten trotz größter Hilfsbereitschaft hingewiesen haben, damit der frühere zuverlässige Weg (rechtzeitige Einsicht, Abschrift oder Rücksprache) wieder beschritten wird. — Am 3.4.1928 hat ebenso der K G Präsident seine erheblichen Bedenken gegen Bescheinigungen ausgesprochen. Die Gerichte sind dazu nicht verpflichtet. § 11 G B O. Falls sie erteilt werden, sind sie mit Siegel oder Stempel zu versehn (O L G 7, 243) u nach § 64 III Pr G K G gebührenpflichtig.

Beschlagnahme des Vermögens nach der Strafprozeßordnung ist gegenüber einem
85. **Abwesenden** nicht nur nicht eintragungsbedürftig, sondern auch nicht **eintragungsfähig**. K G 9.2.05 V 260. Sie ist lediglich Mittel zur Gestellung, nicht zur Sicherung vermögensrechtlicher Ansprüche. — S Königshaus wegen Beschlagnahme dessen Vermögens. — Beschlagnahme des Inlandsvermögens durch die Finanzämter s Verwaltungszwangsverfahren 2e.

Beschwerde. 1. Die Beschwerde in Gbsachen ist nur den durch eine Gbaverfügung in ihren Rechten beeinträchtigten, an der Beseitigung der Entscheidung interessierten **Personen** gegeben. Joh 41, 253. Sie steht den **Behörden** aber nur insoweit zu, als sie zur Vertretung der Beteiligten berufen oder zu Ersuchen an das Gba um Vornahme von Amtshandlungen zuständig sind. So die **Regierung** als Schulaufsichtsbehörde nur soweit, als ihr Aufsichtsrecht beeinträchtigt ist. Joh 42, 185 u die **Generalkommission** (s ebenda 3). O L G K G 10.1.10 XXI 15. Ferner das **Vollstreckungsgericht**, wenn das Gba seinem Ersuchen aus § 130 Zw nicht stattgibt. O L G K G 29.12.02 VI 99; 19.1.03 VI 437, wo auch eine Beschw zum Zwecke anderer, den sachlichen Inhalt nicht berührender Formulierung der Eintragungsformel für zulässig erklärt ist. Der

Notar (s dort). Das **Heroldsamt** bei Ablehnung von Namensberichtigungsanträgen. Joh 25, 89. K G 20.10.02. — Sodann der **Landrat** als Vorsitzender des Kreisausschusses, auch wenn es sich z B um Löschung eines vor 1900 eingetragenen Jagdverbots handelt (O L G K G 7.2.07 XV 373). Er hat aber keine Beschw, wenn er vom Heroldsamt ersucht ist, zu veranlassen, daß ein Eigt in amtlichen Listen usw nicht als Adliger geführt werde. Denn er hat weder die Gbführung zu überwachen noch Adelsangelegenheiten zu bearbeiten u daher kein Recht als Behörde dieserhalb Ersuchen zu erlassen O L G K G 30.3.08 XVIII 246. **Kreisausschuß** u **Landrat** haben nicht das Beschwrecht, wenn ein Rittergut nicht als solches im Gb bezeichnet ist (O L G K G 10.10.04 XII 170) u auch nicht bei Genehmigungen zu Aufl. S Aufl Einleitung II. Ebenso nicht das **Katasteramt**, wenn das Gba das Gb nicht auf Übersendung der Flur- u Steuerbuchsanhänge hin berichtigt. O L G K G 19.1.05 X 428. Endlich ist der **Prozeßrichter**, der aus § 941 Z P O um Eintragung ersucht, beschwerdeberechtigt u neben ihm im Falle der Richterhebung der Beschw durch ihn der betroffene Beteiligte. O L G K G 17.2.00 II 221. Dem Gba steht im ordentlichen Instanzenzuge gegen die Anordnungen des Landgerichts die Beschw nicht zu. O L G K G 20.1.02 V 287; 27.2.11 XXIII 351. — Die weitere Beschw des Notars (§ 15 G B O) u einer öffentl Behörde bedarf nicht der Unterzeichnung eines Rechtsanwalts § 80 G B O. Joh 44, 204. — Die Beschw steht den ersuchenden Behörden (§ 39 G B O) zu, soweit sie die Beteiligten u ihre privatrechtlichen Belange vertreten. Auch den Enteignungsbehörden, Präsident des Landeskulturamts. O L G 44, 158. —

2. **Kein Beschwrecht** (Sachbeschw) **haben**: **a)** Der **Gemeinschuldner** gegen die vom Konkursverwalter vorgenommenen Verfügungen über zur Konkursmasse gehörige grundbuchliche Rechte jeder Art. Joh 39, 227. **b)** Der **Notar** (s ebenda 1, 7), der keine Eintragungsanträge aus § 15 G B O gestellt, sondern nur die Urkunden überreicht hat. Auch seine weitere Beschw muß von einem Rechtsanwalte (? S 1) unterzeichnet sein. München. 10.3.04 IV 174, 12.5.11 D Not V 1912, 34. Das Letztere gilt ebenfalls, wenn die Parteien die Urkunden selbst übermittelt haben u der beglaubigende Notar die weitere Beschw einlegt. O L G Colmar 4.1.09. XVIII 248. **c)** Der **Gl** gegen die auf Antrag des Eigt erfolgte **Vereinigung** mehrerer Grundstücke, an denen der Gl je eine Hyp hat. Denn der Zustimmung der Bringlichberechtigten bedarf es zur Vereinigung von Grundstücken nicht, weil dadurch ihre Rechtslage hinsichtlich der Beitreibung ihrer Forderungen durch Zwangsversteigerung nicht verschlechtert wird, u die unter einer Nr vereinigten Grundstücke bezüglich der verschiedenartigen Belastung ihre Selbständigkeit soweit behalten, als die Geltendmachung der Rechte aus der Sonderbelastung dies erfordert. K G 19.10.05 VI 247. **Anders** bei Ablehnung des Eigtantrags auf **Bestandteilszuschreibung**, wogegen der Gl einer Gesamthyp an den fraglichen Grundstücken Beschw einlegen kann. K G 18.5.05 VI 73. Ebenso kann die Übertragung eines Grundstücks auf ein anderes Blatt sowohl vom Eigt wie vom beteiligten Gl als zu Unrecht erfolgt oder, weil eine Zuschreibung nach § 5 G B O beabsichtigt gewesen sei, mit der Beschw angefochten werden. O L G 13.1.02 V 189. Dagegen hat ein nacheingetragener Gl, der kein besonderes Recht auf das Vorrücken seiner Hyp durch Löschung einer voreingetragenen Hyp hat, auch kein Beschwrecht, wenn eine durch Löschungsbewilligung entstandene vorgehende Eigtgrundschuld, die auf Antrag des Eigt gelöscht werden sollte, vor der Löschung gepfändet u dies eingetragen wird. K G 1.9.10 XI 50. **d)** Der Erbe, wenn ein Testvollstrecker bestellt u das Gb unrichtig geworden ist, sondern nur der

Testvollstrecker Joh 51, 214. e) ein Gba über ein anderes Gba aus § 49, 59 G B O Joh 52, 102.

3. Die Beschw kann auch zu Protokoll des Richters erklärt werden. O L G K G 26.11.01 II 175. A M R G 110, 311, wonach außer dem Gerichtsschreiber der Richter für Beschwaufnahme nicht zuständig ist. Die dem Anwalte erteilte Generalvollmacht berechtigt auch den Generalsubstituten zur Beschw. O L G K G 20.9.09 XXIII 352. Der Gerichtsschreiber muß die (sonst unwirksame) Beschwerde selbst entwerfen. Joh 53, 1, 3.

4. Nach § 71 Abs 2 G B O ist die Beschw gegen eine „**Eintragung**" unzulässig. (Der Begriff „Eintragung" s Eintragung 7.) Der Grund hierfür ist, daß nicht in Rechte, die in der Zwischenzeit in gutem Glauben an die Richtigkeit der Eintragung erworben sind, eingegriffen wird. Unter „Eintragung" ist jedoch nicht rein formalistisch jede Einschreibung in das Gb zu verstehen, sondern nur ein endgültig eingetragenes Recht, auf das sich der öffentl Glaube des Gb erstreckt. (S öffentl Glaube. So z B auch bei unzulässiger Eintragung der Hypbriefausschließung. K G Ring 28, 228,) Liegt kein solches Recht vor, ist Beschw zulässig, z B bei Anerbengutseintragung (s Anerbengüter), ferner wenn nicht ein anderer Gl eingetragen, sondern nur der Name geändert werden soll; wenn nicht die Aktiengesellschaft als solche eingetragen werden, sondern nur die Zweigniederlassung an ihre Stelle kommen soll; wenn statt „R . . . . Bank Franz L . . . . .", wie verlangt, nur „Franz L . . . . ." ungenau oder unrichtig eingetragen war. Die den Namen des Gl betreffende Einschreibung ist, wenigstens für sich allein, nicht ein unter dem öffentl Glauben stehendes eingetragenes Recht. K G 21.9.03 IV 48; 15.3.06 VII 146. O L G K G 2.5.07 XVIII 248. — § 71 Abs 2 G B O verbietet nicht Beschw gegen die Fassung, sondern gegen den Inhalt des Eintragungsvermerks. Joh 37, 213. K G 7.12.08; O L G Colmar 17.2.08 XVI 183. (Der materielle Inhalt der Eintragung darf also nicht durch die neue Fassung verändert werden.) — Nach § 71 Abs 2 G B O ist die Beschw auch gegen die Entscheidung des Gba, die einen Antrag auf Beseitigung oder Änderung der Eintragung wegen ihrer Unrichtigkeit oder, weil sie zu Unrecht erfolgt sei, ablehnt, unzulässig. R G 55, 404. Sie ist unzulässig, wenn We der gelöschten Hyp mit ursprünglichem Inhalte oder unter Aw verlangt wird, geht aber auch auf Eintragung eines W (§ 71, 54 G B O) R G 110, 68, 71, O L G 44, 171. Zulässig ist m E eine Beschw, wenn die Eintragung noch nicht vollständig bewirkt ist u daher eine Nichteintragung vorliegt, wie in den Beispielen Seite 48, 55—57, 71; Joh 42, 256; (A M K G D Not B 26, 479, das aber irrt, da die Beschw sich dagegen richtet, das etwas nicht eingetragen ist. Vgl Ricks Bay Not B 1927, 119); ferner wenn sich der Antrag auf neue Tatsachen oder Urkunden stützt. R G 88, 90; Joh 51, 222. — **Vormerkung u Widersprüche**, auch die Widersprüche aus § 16 II u Befugniseintragungen aus § 7 Aw G sind keine „Eintragungen" im Sinne des § 71 a a O unter dem Schutze des öffentl Glaubens. Somit ist Beschw gegen ihre Eintragung zulässig. Widerspruch aus § 54 Abs 1 Satz 1 G B O gegen Widerspruch gibt es nicht, da der eingetragene Widerspruch keine "Eintragung" ist. O L G K G 26.10.03 VIII 228; 10.2.11 XXIII 348; K G D Not B 26, 353, 625. — Gegen nicht unter dem Schutze des öffentl Glaubens stehende Eintragungen, die z B nur den Rechtserwerb auf Grund des öffentl Glaubens zwecks Schutzes des Rechts anderer, wie der **Erben, Nacherben** (§ 52, 53 G B O) ausschließen sollen, ist die Beschw mit dem Ziele ihrer Beseitigung zulässig. O L G K G 5.9.08 XVIII 343; 3.12.00 II 258; 28.12.10 XXIII 349.

5. **Beschwerdefähig** sind nach K G Ring 1926, 294, Joh 37, 219, Entscheidungen durch a) Anordnung u Vornahme der Eintragung b) Antrags-

abweisung, c) Zwischenverfügung aus § 18 G B O, nicht aber Meinungsäußerungen u Entscheidungsankündigungen über gestellte oder künftige Anträge. Zu den fraglichen Entscheidungen gehören die mündlich ergangenen, nicht aber bloße Meinungsäußerungen u auch nicht die bloße Eintragungsverfügung für sich allein. (K G D Not V 28, 415.) Verweigert das Gba die Entgegennahme einer Aufl, so lehnt es damit die Eigentumseintragung ab. Nimmt es die Aufl entgegen, ist jedoch damit noch nicht entschieden, daß die Eintragung erfolgt. S Aufl 8 u O L G K G 13.6.04 IX 350. Ablehnungen mit Gründen aus dem Geschäftsbetriebe (z B Überlastung, Fehlen von Grundbüchern oder Beamten) werden mit der Aufsichtsbeschw, Ablehnungen mit Rechtsgründen mit der Sachbeschw beim Landgerichte angefochten. Joh 44, 213. — Seite 12. Ebenso gegen Ablehnung der Erteilung einer vollstreckbaren Ausfertigung durch das Gba Sachbeschw nach § 71ff G B O Joh 46, 18. — Beschwfähige Entscheidungen sind die **Zwischenverfügungen** aus § 18 G B O, auch wegen einzelner Anstände. a) und zwar auch nach fruchtlosem Fristablaufe. Joh 43, 139; 45, 204. — b) wegen Briefaushändigung, O L G K G 44, 163. Eine Verfügung, die die Stellung eines neuen Antrags oder die Zurücknahme des Antrags auferlegt, ist keine Zwverfg aus § 18 G B O und nicht anfechtbar. Joh 46, 176. Eine durch Antragsabweisung erledigte Zwverfg ist nicht beschwfähig. Das Gb ist sonst nach Beschweinlegung u Fristablauf vor Beschwerledigung nicht zur Antragsabweisung verpflichtet; eine Abweisung wäre hier ungerechtfertigt. Joh 51, 276. Gegen die Abweisung der Eintragung von **Sicherungshyp** aus § 866, 867 Z P O gibt es nicht die sofortige, sondern nur die einfache Beschw der G B O. K G 10.3.02. III 100. — Sachbeschw ist **unzulässig**, wenn der Beteiligte **vor Stellung** des Eintragungsantrags nur eine von ihm erforderte, ungünstige Auskunft über Bedenken des Gba oder auf seinen Antrag, einen Termin anzusetzen, die Antwort nur mit der Begründung erhält, es bestehe zur Terminsanberaumung keine Verpflichtung. Sie ist dagegen **zulässig**, wenn die letztere ablehnende Antwort als Grund angibt, daß dem vorher bekannt gegebenen Eintragungsantrage nicht stattgegeben werden könne. Joh 39, 278. K G 22.11.09. — S auch Joh 38, 255. K G 24.5.09. Im Beschwverfahren ist eine Änderung des Antrags oder ein neuer Antrag unzulässig. K G Ring IV 420.

6. Die Beschw gegen die Zurückweisung eines Antrags auf Berichtigung des unrichtigen Gb (§ 22 G B O) ist **unzulässig**, soweit nicht etwa die Berichtigung auf Grund späterer Rechtsänderung erfolgen soll u soweit nicht mit der Beschw die Eintragung eines Widerspruchs oder einer Löschung gemäß § 54 G B O verlangt wird. Joh 39, 283; 50, 139; R G 88, 83. — Materielle Rechtskraft der Entscheidungen in der Freiw Joh 44, 303. Bei Antragszurückweisung deckt sich Beschw- u Antragsrecht. „Recht" (§ 13 Abs 2 G B O) ist bei Eintragung einer Rechtsänderung kein Buch-, sondern materielles Recht. Joh 45, 204.

7. Ist beim Gba erfolglos die Eintragung eines **Widerspruchs** wegen unrichtiger Eintragung beantragt u ist in den Beschwinstanzen ein ganz neuer Antrag auf Berichtigung der Eintragung gestellt, so ist Letzterer zwar nicht zulässig, enthält aber trotzdem hilfsweise einen Antrag auf Erlaß einer Entscheidung über Eintragung des Widerspruchs bei der unrichtigen Eintragung O L G Colmar 10.1.10 XXI 36.

8. S Widerspruch 6 für den Fall, daß der vom Beschwgerichte angeordnete Widerspruch sich mit dem durch einstweilige Verfügung angeordneten deckt.

9. Gegebenenfalls muß mit der Beschw auch das nicht ausdrücklich gestellte Verlangen auf Anweisung des Gba, einen **Widerspruch** gegen die Unrichtigkeit des Gb gemäß § 54 Abs 1 S 1 G B O einzutragen, seitens des

Beschwgerichts als gestellt angenommen werden, selbst wenn die Beschw sonst gänzlich zurückgewiesen wird. Z B wenn eine Hyp, die nach den Urkunden mit einem Vorbehalte aus § 881 B G B eingetragen werden sollte, ohne solchen uneingeschränkt eingetragen ist. K G 17.5.06. VII 253.

10. Hat das Gba infolge landgerichtlicher Anweisung eine Eintragung bewirkt, so kann mit der **weiteren** Beschw die Anweisung zur Löschung der Eintragung oder zur Widerspruchseintragung verlangt werden u ist in einer Beschw gegen eine Eintragung hilfsweise auch ein Antrag auf Eintragung eines Widerspruchs zu sehn. K G D Not B 26, 479. Wird eine neue erste Beschw gegen die angeordnete erste Eintragung unter völlig veränderten Verhältnissen erhoben, so kann das Beschwgericht seine frühere Entscheidung nicht aufheben. R G 70, 234.

11. Bei der **weiteren** Beschw dürfen **Tatsachen** dann noch berücksichtigt werden, wenn sie die Sachlage so ändern, daß der ursprüngliche Antrag wegen Beseitigung seiner wesentlichen Unterlagen zwecklos wird u für eine Entscheidung über ihn kein Raum bleibt. O L G K G 21.2.10 XX 400.

12. Die Entscheidung darüber, welcher Name einem bestimmten Grundstücke beizulegen ist, u ihre Ausführung gehört zur Führung, nicht zur Einrichtung des Gb; sie betrifft nicht nur den Geschäftsbetrieb der Behörde, sondern gleichzeitig die rechtlichen Interessen, zu deren Schutze das Gba dient, da der im Gb gebrauchte Name für die Erkennbarkeit der Identität des Grundstücks von Bedeutung sein kann. Daher steht der **Aufsichtsbehörde** darüber weder die Beschw noch ein Anordnungsrecht zu. O L G K G 21.9.08 XVIII 194. S Grundakten, oben 5. — Aufsichtsbeschw gegen **Amtshilfeverweigerung** s Ersuchen 4.

13. Anordnung der Löschung inhaltlich unzulässiger Eintragungen im Beschwwege s Rang 12. — Beschw gegen die den Beteiligten mitgeteilte Androhung oder Anordnung künftiger Löschung ist zulässig. Joh 49, 146.

14. Die Beschw gegen den Hypbriefinhalt ist zulässig. Joh 52, 213. Die Ablehnung des Gba, an Jemanden einen **Hypbrief** herauszugeben, ist je nach Lage der Sache mit der Beschw im Instanzenzuge der Gerichte oder mit der Klage gegen den Justizfiskus anfechtbar. Joh 40, 322. K G 2.5.10. S Hypbrief 12, 13.

15. Mit Erledigung der Hauptsache ist auch die erste u weitere Beschw der § 71, 78 G B O über den Kostenpunkt zulässig. Das Reichsgericht ist für die Entscheidung über die weitere Beschw auch dann zuständig, wenn die oberlandesgerichtliche Entscheidung, von der das die weitere Beschw dem Reichsgerichte vorlegende Oberlandesgericht abweichen will, in der Sache selbst ergangen ist. R G 9.12.05 VI 269.

16. Die Beschwinstanzen haben sich in Gbsachen nur mit Erledigung bestimmter Parteianträge gegen Entscheidungen zu befassen u sind zur Erteilung allgemeiner Anweisungen (z B daß das Gba in Zukunft immer Auskunft erteile) nicht befugt. K G 26.11.00 I 210. S Auskunft. — Das Beschwgericht kann seine Entscheidungen in Gbsachen u in Freiwsachen nicht abändern. Möchte es dies, geht es nur so, daß das Gba eine neue beschwfähige Entscheidung fällt u so die Sache wieder zum Beschwgericht gelangt. Joh 46, 3. Sein Beschluß muß nach § 77 G B O einen Tatbestand enthalten. Joh 48, 1.

17. Gegen die Entscheidung des Gba, einem Dritten einen Auszug aus dem Gb zu erteilen, hat Eigt keine Beschw.

18. Keine Beschw gegen die Entscheidung des Gerichtsschreibers. S Gba1.

19. Beschw u weitere Beschw gegen Versagung einer weiteren vollstreckbaren Ausfertigung einer gerichtlichen Urkunde durch das zuständige Gba. Joh 46, 18.

20. Über die Unterzeichnung der Beschw in Schriftform s KG Ring 27, 706.

Besitzzeugnis kann von staatlichen Behörden in allen Fällen, von nicht staatlichen Behörden nur für natürliche Personen ausgestellt werden. S Güthe 1911, 1196. — S O L G K G 7.6.10 XXIII 354, wonach der Eigenbesitz vom
Nr 1. 5. Antragsteller selbst schon vor 1900 erlangt sein muß. — Hat das Gba
Art 2 Nr 2b, begründete Zweifel an der Richtigkeit des durch die Regierung bzw
11, Vo v eine „andere öffentl Behörde“ erteilten Besitzzeugnisses, z B weil eine
13.11.99. Gemeinde Eigenbesitz behauptet, so kann u muß es diese „begründeten“ Zweifel berücksichtigen bezw die Eintragung ablehnen. O L G K G 19.1.03. VII 200, Joh 45, 210. — Die Polizeiverwaltung einer preuß Stadtgemeinde ohne staatliche Polizei (die nicht wie in Berlin staatliche Polizeibehörde ist) kann als staatliche Behörde das Zeugnis über Eigenbesitz auch für juristische Personen ausstellen. Joh 21, 290. M E kann wegen Befangenheit weder der Landrat für seinen Kreis, noch der Bürgermeister als Polizei für seine Stadtgemeinde Zeugnisse ausstellen. Das Gba fragt zweckmäßig immer an, ob Streit über den Eigenbesitz besteht, u lehnt bejahendenfalls die Eintragung wegen Zweifels oder Befangenheit ab.

Bestallung 89.

Bestandsverzeichnis. S öffentl Glaube 1. Ferner Seite 107 ff.

Bestandteil. 1. S Bruchteil 2, **Gbblatt 1,** Grunddienstbarkeit 6, Vereinigung, Verwirrung, Beschw 2c). — Wenn ein mit aufgewerteten Rechten belastetes Grundstück einem anderen gleichfalls mit aufgewerteten Rechten belasteten Grundstück als **Bestandteil** zugeschrieben ist, ,so ist mit Rücksicht auf die sich aus § 1131 Satz 2 B G B ergebenden verschiedenen Rangordnungen vor der Eintragung einer Rangbefugnis der zugeschriebene Bestandteil von Amts wegen von dem Gesamtgrundstück wieder abzuschreiben u als selbständiges Grundstück einzutragen. K G Ring 27, 414; D Not V 27, 285. Für **Reallasten** s Ring 28, 861 Dresden.
3, 108, 109, 2. Der Antrag auf Zuschreibung eines Grundstückes als Bestandteils
112. bedarf der Beglaubigung, da eine materielle Rechtsänderung erfolgt. O L G K G 7.12.05 XVI 167. S Gbblatt 5.

3. Ein nach preuß Rechte als **Zubehör** zugeschriebenes Grundstück gilt jetzt als Bestandteil. O L G K G 26.7.06 XIV 71.

4. Der Anteil des Anliegers am Wasserlaufe ist (nicht wesentlicher) Bestandteil des Ufergrundstücks, dessen Lasten in Abt II, III sich auch auf den Wasserlaufanteil erstrecken. Über die Anlegung von Gbblättern für die Wasserlaufanteile auf demselben oder einem besonderen Blatte u die gleichzeitige Miteintragung aller dinglichen Rechte der Abt II, III des Hauptgrundstücks s Güthe J M Bl 1914, 497, 499 u Ricks in D Not V 1914, 663.

5. Die Aufl umfaßt die wesentlichen Bestandteile der aufgelassenen Grundfläche bildenden Gebäude mit, auch wenn dies nicht vereinbart ist; ein entgegenstehender Wille macht die Aufl nichtig. Sind Gebäude nicht wesentliche Bestandteile der Grundfläche infolge Ausübung fremden Rechts daran oder nur vorübergehend mit Grund u Boden verbunden, so gelten sie als bewegliche Sachen, die nicht mit übereignet werden. R G 97, 102.

Bestätigungsbeschluß s Nachlaßgericht 3.

Betroffen ist 1. nach **§ 19 G B O** stets der, dessen Recht eine Einbuße erleidet. Er
84. muß die Bewilligung erklären, während der infolge **Abtretung** erwerbende oder der infolge **Rangänderung** vorrückende **Gl** Erklärungen nicht abzugeben braucht. K G 18.11.01 III 40. S Hyp 9. Mit betroffenen Rechten sind nur dingliche Rechte gemeint. Joh 51, 224. ?? Ausnahmen z B Nacherbenrechte R G 83, 434. M E auch die ehemännlichen Rechte.

2. nach **§ 13 G B O** der, dessen Recht eine Einbuße erleidet oder begünstigt wird. S Antrag 4.

3. § 40 Abs 1 G B O hat nur solche Eintragungen im Auge, durch die ein Recht Jemandes **Einbuße erleidet,** also auch eine **Vormerkung.** K G 9.2.05 V 263. — S Vormerkung 12. — § 40 Abs 1, 48 G B O s Bruchteil 7.

Beurkundungsverhandlung von Urkundsbeamten, s Landschaftssyndikus, Behörde 6 u Seite 87. Beurkundung mit Blinden, Tauben, Stummen, Sprech- u Schreibunfähigen s Protokoll.

Beweis s Nachweis; Beweiswürdigung s Eheleute 14, Gba 8, 10, 12, Vorerbe 1.

Beweiskraft öffentl Urkunden über das Bekanntsein oder Bekanntgewordensein der
95. Beteiligten: **Urkunden** einer öffentl Behörde oder einer mit öffentl Glauben versehenen Person begründen **vollen Beweis des beurkundeten Vorganges,** wenn der Beamte nur eine Soll- oder Ordnungsvorschrift verletzt hat, weil dadurch nicht die Rechtsgültigkeit der Verhandlung berührt wird. Die Beurkundung erstreckt sich auch auf die Feststellung der aufnehmenden Urkundsperson, daß die u die Person erschienen sei. Die **Identität ist** daher **anzunehmen,** auch wenn die Urkundsperson gegen § 176 Abs 3 Freiw verstoßen hat u sonst Zweifel nicht geblieben sind. K G 4.5.08 IX 224. S Notar 8.

Bewilligung. Wegen Ausdrücklichkeit u Deutlichkeit, Inhalt s **Einigung,** Zwangs-
83ff, 94. vollstreckung 6, Antrag 6. Ihre **Form** Seite 86. — Löschungsbewilligung 2 am Schlusse.

1. Zur Bewilligung nach § 19 G B O ist an sich nur der **wahre Berechtigte** befugt. K G 7.11.07 IX 128. Als dieser gilt natürlich für das Gba der eingetragene Berechtigte solange, als nicht bestimmte Tatsachen entgegenstehen. — Die Bewilligung ist eine einseitige empfangsbedürftige Willenserklärung, die dem Gba oder demjenigen gegenüber abzugeben ist, mit dem die Einigung zu erfolgen hat oder zu dessen Gunsten sie erklärt wird (K G Tempelhofer Vorstadt Bl 733. 1. X 279. 28 — 2.3.28; Joh 37, 221, 223; 43, 146) u durch ihren Eingang sowohl beim Gba wie bei dem, zu dessen Gunsten sie abgegeben ist, wirksam wird. Die wirksam gewordene Bewilligung eines Vertreters verliert nicht die Wirksamkeit, durch formlose Aufhebungserklärungen der Beteiligten (Ring I 286, § 29 G B O) oder wenn die Vertretungsmacht nach dem Wirksamkeitseintritte, aber vor der Eintragung fortfällt z B dadurch daß der Vertretene volljährig wird. Dagegen kann die Bewilligung nach dem Fortfalle der Vertretungsmacht nicht mehr wirksam werden. Joh 43, 147. S § 130, 873 II, 875 II B G B. S Widerruf, Eheleute 9, Vollmacht 2, 12. — Verfahrensrechtlich genügt die formale, vom Gba wegen des Grundgeschäfts materiell nicht nachzuprüfende Bewilligung. Sie ist aber unwirksam, wenn die Geschäftsurkunde oder sie selbst oder beide zusammen z B Abtretungsurkunde Unwirksamkeit des Grundgeschäfts oder Unklarheit ergeben. K G D Not V 1925, 145. — Auf die Bewilligungen findet auch § 181 B G B Anwendung. S Vollmacht 10.

2. Sie muß ausdrücklich d h unmittelbar u unzweideutig sein. **Stillschweigende** Willenserklärungen sind für den Gbverkehr unbrauchbar. Indeß schließt das Erfordernis der Ausdrücklichkeit nicht eine Auslegung der Urkunde u die Erforschung des wirklichen Willens der Erklärenden aus. (§ 133 B G B) K G 28.1.01 II 51. S aber Zwangsvollstreckung 6 darüber, daß das Gba bestimmte Erklärungen über das, was gelten u eingetragen werden soll, haben muß u nicht berufen ist, das Geltende aus unklaren Erklärungen u mehreren Urkunden u Eintragungen zusammenzustellen oder über Widersprüche zu entscheiden. — Eine Bewilligung im Kaufangebot gilt als erklärt durch vorbehaltlose Annahme des Angebots durch Käufer. § 133 B G B Ring I 281.

Bezugnahme. Die Bezugnahme auf die Eintragungsbewilligung statt der Eintragung
26, 91, 103. in das Gb ist nur zulässig in den Fällen des § 1115 B G B (soweit es sich nicht um Gl, Geldbetrag (für wertbeständige Hyp s unten 2c) die genau zu bezeichnende Forderung, Zinssatz u Geldbetrag der Nebenleistung handelt); der §§ 874, 877: zur „näheren" Bezeichnung des „Inhalts" des Rechts, das also als solches mit seinem Namen (Nießbrauch, Vorkaufsrecht) bezeichnet werden muß; des § 885 Abs 2: bei der Vormerkung zur „näheren" Bezeichnung des zu sichernden „Anspruchs" aus der einstweiligen Verfügung oder Bewilligung. (S Tabellen u Vormerkung); nach § 50 G B O genügt bei Dienstbarkeiten u Reallasten, Leibgedinge, Leibzucht, Altenteil oder Auszug: „Ein Altenteil gemäß der Bewilligung vom .. ten ....." einzutragen, ohne die einzelnen verschiedenen Rechte auftzuzählen. Joh 46, 221; 51, 256, wonach die Bezugnahme auf baupolizeiliche bezw auf nicht mehr geltende gesetzliche Vorschriften örtlicher Bedeutung bei einer Grunddienstbarkeit inhaltlich unzulässig ist. § 54 G B O. — Auf den Inhalt des **Erbbaurechts** kann auf seinem **selbständigen** Gbblatte **nicht** Bezug genommen werden. S Dresden Ring II 304 u Muster 14. — Zur näheren Bezeichnung des Inhalts des Rangvorbehalts u der Belastungsart, die den Vorrang haben soll, kann Bezug genommen werden (Joh 48, 179), aber nach Joh 49, 187, O L G 34, 226; 41, 150 **nicht** auf **Bedingungen u Befristungen** eines Rechts, die nicht Inhalt eines Rechts, daher einzutragen sind. — Der wesentliche Inhalt einer Reallast ist einzutragen; sie ist nach ihrer allgemeinen rechtlichen Natur zu kennzeichnen; aus der Eintragung muß der Inhalt des Rechts erkenntlich sein. Das Gesetz schreibt nicht wie bei Hyp die Höhe der Belastung vor. Joh 51, 266. S ferner **Nebenleistung** 2, Ring I 284. — **Industriebelastungsgesetz** zu **b** bei Mithaft. — Rötung.

1. **a)** Bezugnahme auf die Satzung einer Kreditanstalt, die von der zuständigen Behörde bekannt gemacht ist, ist zulässig. Joh 47, 202. § 1115 Abs 2 BGB. Seite 26. Das Gba ist an die von den Beteiligten beantragte Fassung der Eintragungsformel nicht gebunden. Es wird aber zweckmäßig den Vermerk wie Seite 26 Nr 19 unter Hervorhebung der Nebenleistungen (s dort 1, 2) fassen. Nach § 1115 Abs 2 B G B genügt die einfache Bezugnahme auf die Satzung, damit die Nebenleistungen als eingetragen gelten. Joh 40, 261 R G 17.10.1910. — **b)** Alles gilt durch Bezugnahme als eingetragen, was in der Urkunde nach § 133 B G B zum Rechtsinhalt gehört. Also muß u kann auch Löschung des inhaltlich unzulässigen nach § 54 G B O erfolgen. Ring I 284. — **c)** Bei **wertbeständigen Hypotheken** (w H) ist **ohne Bezugnahme** im Gb einzutragen nach § 3 Ges über w H 23.6.1923 nur die Art u Menge der Waare oder Leistung, nach § 2 a a O auch die Art u Menge der anderen als Maßstab herangezogenen Waare oder Leistung, ferner die nach R G (entgegen meiner Ansicht) keine Berechnungsbestimmung enthaltende Vereinbarung, daß eine Goldmark auf alle Fälle oder nur unter Umständen (z B wenn die Umrechnung des Feingoldes weniger als den in GM ausgedrückten Nennbetrag oder wenn sich bei der Umrechnung für das kg Feingold ein Preis von nicht mehr als 2820 u von nicht weniger als 2760 RM ergibt usw). R G Ring IV 399, D Not B 26, 492. Auf andere Bestimmungen über die Goldpreisberechnung in RM zu bestimmten Zeiten oder unter gewissen Bedingungen u auf obige Umstände kann bezuggenommen werden. Es genügt die zweckmäßige Eintragung „unter Umständen beträgt 1 FGM wenigstens 1 RM" oder („1 FGM = wenigstens 1 RM") oder „5000 FGM i B wenigstens RM". S Muster 54—56.) Diese Stellung auf RM wird, um das Abschreiben von Teilen in Spalte 3 der Abt III nicht zu erschweren, zweckmäßig in Spalte 4 wie oben eingetragen. Die Eintragung der vollen Summe in RM (5000 FGM i B wenigstens „5000" RM) in Sp 3

oder 4 ruft bei Teilabschreibungen Schwierigkeiten u Widersprüche mit dem Hypothekenrest hervor. Das K G hält aber für unzulässig die Eintragung „1 RM zum Werte von 1/2790 kg Feingold“ oder „Für jede RM ist der Gegenwert von 1/2790 kg Feingold zu zahlen“, weil darin inhaltlich eine unzulässige, nicht eintragbare Goldwert „oder Kursgarantieklausel (s Goldklausel) liegt u unklar gelassen ist, ob die Belastung währungsmäßig (§ 28 G B O) oder wertbeständig (Ges 23.6.23) umgrenzt sein solle. Die obigen Eintragungen fallen nach K G nicht unter § 2 Ges 23.6.23, sondern enthalten eine zulässige Verbindung von G M u R M. **S aber Nr 58d!** — **d)** S Verpfändung, Zwangsvollstreckung 2 wegen weiterer Bezugnahme. — S Eintragungsfähigkeit 1.

89, 90. **Nr 5. 2.** Bezugn auf die beim selbigen Amtsgerichte befindlichen Register, **Testaments-** oder **Nachlaßakten** statt der Einreichung von Testamenten, Erbscheinen u Zeugnissen ist zulässig. K G 1.10.00 I 173. Anders jedoch s Testamentsvollstrecker 3, Seite 89c.

Blanko-Abtretung u Verpfändung sowie Vollmacht s Abtretung 1, 2, Vollmacht 17.

Blinde s Protokoll.

Bruchteil. Vermutungen, z B § 742 B G B, wonach Teilhabern im Zweifel gleiche Anteile zustehn, sind durch die Grundsätze des Gbrechts über Bestimmtheit der Anträge, Antragspflicht außer Kraft gesetzt. Die nach § 48 G B O einzutragenden Bruchteile u Rechtsverhältnisse der Gemeinschaft müssen sich daher aus den Eintragungsbewilligungen (§ 19, 20 G B O) u Ersuchen der Behörden (§ 39) ergeben.

Nr 18, 7. 111. S Miteigt

1. Die Belastung eines vom Eigt **zuerworbenen Bruchteils** eines Grundstücks mit einer schon auf anderen Bruchteilen desselben Eigt lastenden Hyp ist zulässig. (Ausnahme von § 1114 B G B R G IX 190; K G 21.9.08 IX 269.) Die Entscheidungen betreffen allerdings den Fall, daß der Eigt schließlich **Alleineigt** geworden ist. M E trifft jedoch obiger Grundsatz auch dann zu, wenn einer von drei Miteigt das Drittel des einen Miteigt zu seinem Drittel hinzu erwirbt. — Eintragungsformel für die Bruchteilsbelastung S 10 Anm.

2. Ein Bruchteil eines Grundstücks kann weder einem anderen Grundstücke als **Bestandteil** (oder sonstwie) zugeschrieben werden noch ein **selbständiges Gbblatt** erhalten. K G 16.5.04 IV 230. Bruchteil an Nießbrauch s dort 7.

3. Falls ein Bruchteil von den Eigt der anderen Grundstücksanteile **hinzuerworben** wird, kann er **nicht allein belastet** werden. § 1114 B G B. Vielmehr muß z B im Zwangsversteigerungsverfahren der Vollstreckungsrichter ersuchen, die Sicherungshyp auf dem ganzen Grundstücke der Ersteher einzutragen. K G III 92, 255; Joh 53, 263. Dasselbe gilt auch für Bestellung einer **Kaufgeldhyp.** (O L G K G X 416) u eine Reallast. O L G Colmar XX 407.

4. Ist eine **offene Handelsgesellschaft** als Grundstückseigt eingetragen, so kann nicht Belastung des Anteils des einzelnen Gesellschafters an dem Grundstücke erfolgen. K G III 43.

5. Die Verfügung über den Bruchteil eines für Mehrere **nach altem Rechte ohne Angabe der Bruchteile** eingetragenen Rechts kann nur eingetragen werden, nachdem die Bruchteile der bisherigen Berechtigten vorher eingetragen sind. O L G K G VI 488. Nach R G 105, 53 muß gemäß § 48 G B O die Gemeinschaftsart (Allgemeine Güter- oder Errungen- oder Fahrnisgemeinschaft) bei Eheleuten eingetragen werden. — S auch Miteigentümer 1.

6. Auch Gbberichtigungen fallen unter § 48 G B O. O L G K G 25.10.09 XXI 141, Joh 39, 203, d h das Gb soll bei einer Gemeinschaft nach Bruchteilen die Anteile u bei einer Gemeinschaft zur gesamten Hand das maßgebende Rechtsverhältnis auch dann bezeichnen, wenn die Anteilsberechtigung eines Teilhabers, ohne daß sonst ein Wechsel der Teilhaber eintritt, auf einen

anderen Teilhaber durch Berichtigung umzuschreiben ist. Auch dies ist eine Eintragung des gemeinschaftlichen Rechts. (Hier handelte es sich um Umschreibung des Miteigentums einer Schulgemeinde auf den Schulverband infolge Ersuchens der Regierung.)

7. Die Veräußerung u Belastung von Bruchteilen an Grundstücken erfolgt nach den Vorschriften für Grundstücke. Sind mehrere Personen Eigt eines Grundstücks, ohne daß ihre Anteile gemäß § 48 G B O in Abt I angegeben sind, (z B in Erbengemeinschaft) u beantragen sie ihre Anteile in bestimmte Bruchteile umzuschreiben, so bedarf es der Aufl ebenso, wie wenn nicht eingetragene Erben des Eigt auf Grund des Erbscheins, worin die Bruchteile angegeben sind, zu den angegebenen Bruchteilen als Grundstückseigt eingetragen werden wollen. (Miterben 3, R G 57, 432.) Lasten auf diesen unbestimmten Anteilen, die in Abt III nur durch Angabe des Miteigt (Anteil des N N) bezeichnet sind, ebensoviele besondere Hyp, so können Letztere ohne vorherige Berichtigung in Abt I gemäß § 48 a a O nicht auf einen anderen Gl umgeschrieben werden. § 48 enthält eine Ergänzung des § 40 Abs 1 G B O Joh 39, 190. Diese Entscheidung kann nur auf früheres Recht bis B G B, G B O zutreffen. Denn nachdem sind solche Anteilsbelastungen inhaltlich unzulässig. S Anteil 2. — Miterben 8 über Miterbenanteilsbelastung.

Buchhypothek 1. s Sicherungshyp 1, Eigtgrundschuld 11, **Hypbrief** 5.
87, 92. 2. Für die Löschung einer vom Eigt bezahlten Buchhyp gilt nach der Veräußerung des Pfandgrundstücks § 40 Abs 1 G B O O L G K G 30.3.08 XVIII 217. Der frühere Eigt muß also als Gl erst eingetragen werden. **Anders jedoch s Aufl 29.** — S auch Löschungsbewilligung 2.

Buchungsfreie Grundstücke s Aufl 11; Seite 15, 96.

Bulgarien. Urkunden oder Beglaubigungen bulgarischer Gerichte erster oder höherer Ordnung mit Dienststempel oder Siegel bedürfen keiner Beglaubigung. Gleiche Urkunden anderer Gerichte oder der Gerichtsvollzieher, Gbämter, Hinterlegungsstellen, Notare bedürfen nur der Beglaubigung durch Präsidenten der Gerichte I Ordnung mit Dienststempel oder Siegel. (Vertrag 22.12.26, R G Bl II 27, 416, 514, 879).

Bürgen als Gesamtgl s Sicherungshyp 4. Der Bürge im Aw G s Ricks D Not V 27, 11.

Deichlasten sind Reallasten. O L G Hamburg 4.7.05 XII 131.

Deichrecht 84. S Zuständigkeitsgesetz 1.8.1883 (Ges S 273; § 96, 97 Deichangelegenheiten), Wassergesetz. (§ 294ff über Deichverbände.) — Wegen Deichgutsbildung s Familiengüter, Adel.

Dienstbarkeit, beschränkte persönliche. S Kohlenabbaugerechtigkeit — § 1090—1093
4, 84, 91, B G B. Im Übrigen s Grunddienstbarkeit Einleitung. Sie muß einen
110. dauernden Zustand, nicht eine einmalige Nutzungshandlung betreffen (O L G 43, 8) u ist nicht mittels § 877 B G B in eine Grunddienstbarkeit umwandelbar. Also Löschung, Neubegründung, Neueintragung. Ring I 414. Konstruktionstheorie! Ich bin a M. Eintragungsfähig u -pflichtig ist die durch Urteil (oder freiwillig) bewilligte „Benutzung, Unterhaltung der ... Leiter steht den Miteigt gemeinschaftlich zu." O L G 43, 5; § 1010 B G B. Niemand kann mit sich selbst einen Vertrag abschließen, deshalb auch nicht am eigenen Grundstücke oder Rechte eine Dienstbarkeit begründen. Joh 51, 292. Sie ist unzulässig auf dem Miteigentümeranteile. S Miteigentümer.

1. betreffend Aufstellung von **Maschinen** auf dem Nachbargrundstücke ist **nicht eintragungsfähig.** Karlsruhe 4.2.08 IX 140.

2. **Ihr Begriff.** — Es ist zulässig, zugunsten einer **Genossenschaft** zur Herstellung von **Wohnungen** eine beschränkte persönliche Dienstbarkeit des

Inhalts, daß in einem auf dem Grundstücke errichteten Wohngebäude nicht mehr als zwei minderbemittelte **Familien wohnen** sollen u **Schlaf- u Kostgänger** nicht gehalten werden dürfen, einzutragen. Darmstadt 29.12.08 X 72.

3. Durch welche eine **Gewerkschaft** berechtigt wird, aus einem Grundstücke den **Schiefer auszubeuten**, ist eintragungsfähig. K G 17.5.06 VII 254. Ebenso eine solche, die **Bau- u Gewerbebeschränkungen** betrifft. O L G K G 2.5.04 X 118. — Auf Kaligewinnung ohne Übertragbarkeit des Rechts. O L G 43, 8 Anm.

4. Durch welche der Eigt eines Grundstücks verpflichtet wird, nur **Biere** einer bestimmten **Brauerei** auszuschänken, ist **nicht** eintragungsfähig. (K G 16.6.02 III 148.) Auf Nichtbetreibung eines Kinos ist zulässig. K G D Not V 26, 258. Über Duldung eines **Überbaus**, **Rentenpflicht** s K G D Not V 26, 258, 259.

5. Ihr Inhalt **muß** für den Berechtigten ein **privatrechtliches**, nicht öffentlich-rechtliches **Interesse** haben. R G 11.10.05 VI 210.

6. Sie darf **nicht eingetragen werden** für eine bestimmte Person u deren **Rechtsnachfolger** oder Erben (O L G K G 27.9.06 XIV 88; 20.3.03 X 117. S Seite 112) u nicht als Gesamtbelastung mehrerer Grundstücke für eine nur auf einem von ihnen ausübbare Dienstbarkeit. Joh 44, 358.

7. Eine beschränkte persönliche Dienstbarkeit ist auch die Ausschließung der Ausübung eines Rechts aus dem Eigt am belasteten Grundstücke. Joh 51, 242.

8. Die Ersetzung einer persönlichen Dienstbarkeit durch Grunddienstbarkeit ist keine „Änderung" der Ersten, sondern diese muß gelöscht werden u Letztere neu eingetragen werden. Ring I 414. Ich bin a M.

9. Sie ist eintragbar auch mangels wirtschaftlichen Vorteils für den Gl (z B zu Gunsten des Staats, daß die Landarbeiterwohnungen nur von deutschen Landarbeiterfamilien mit „klar bestimmten" Voraussetzungen u Erfordernissen der Deutschstämmigkeit auf 50 Jahren bewohnt werden dürfen. R G Ring III 5. Bd 111, 384.

10. Durch eine D kann dem Eigt untersagt werden, gewisse Handlungen aus dem Eigtumsrecht vorzunehmen, auch wenn der Verpflichtete dadurch persönlich oder gewerblich beschränkt wird. Ein „Vorteil" im Sinne des § 1019 B G B kann für eine Gemeinde in Erhöhung der Steuern, des Wohlstandes u Annehmlichkeit des Publikums u in Erhaltung des Gegendcharakters bestehn. Karlsruhe Ring IV 378.

Dienstsiegel s Siegel.

Dollarhyp s Beispiel Nr 57, 64.

Doppelbuchung von Trennstücken auf verschiedenen Gbblättern u Zuschlag R G 85, 316.

Doppelhypothek s Sicherungshyp 3, Höchstbetragshyp 1, Gesamthyp 1.

Dorfaue. 1. Nach Art 18 Nr 4 V O 13.11.1899 ist im Gebiete des Auerechts über Besitz u Eigentum auch der Gutseigt der Feldmark zu hören. Das **Eigentum** an der **märkischen** Dorfaue steht im Eigentume des Gutsherrn. Sie umfaßt alle Plätze im Dorfe, die nicht zu den Gebäuden, Höfen oder Gärten der Dorfinsassen gehören. Der Gutsherr darf sie nicht ausschließlich für sich, sondern nur so benutzen, daß ihr Gemeingebrauch nicht gehindert wird. O L G K G 22.10.06 XV 348. Der Gutsherr darf ohne Zustimmung der Dorfgemeinde Dorfaueteile nicht frei an Dritte veräußern. Dies u die Bezeichnung „Dorfaue" im Verzeichnisse der Grundstücke oder auf dem Katasterauszuge muß das Gba beachten. Vgl auch Koch u Rönne A L R II 7 zu § 18. In der Kurmark Brandenburg erstreckt sich das Auerecht nur auf die Straßen u freien Plätze der Dörfer, nicht auf das Bett der Privatflüsse u öffentl Ströme. Joh 45, 207.

2. Die Dorfaue nach **schlesischem Provinzialrechte** ist ein **Teil,** keine „Pertinenz" des Rittergutes u steht dessen Eigt als veräußerliches, jedoch durch das Gebrauchsrecht der Dorfbewohner hinsichtlich der Dorfstraße u Verbindungswege beschränktes Privateigentum zu. O L G Breslau 2.3.05 XI 10. — Abtretung 3a.

Eheleute, Ehemann, Ehefrau. Verehelichungsnachweis (Ricks D Not V 1928, 229 I). Es ist nötig, daß bei einem Ehepaare sowohl in einer Verhandlung bei Aufführung der Erschienenen sowie in einem Beglaubigungsvermerk von der Urkundsperson stets festgestellt u zum Ausdruck gebracht wird, daß der Mann der Ehemann der erschienenen Frau oder diese die Ehefrau des erschienenen Mannes ist. Es genügt nicht, die beteiligten Personen in der Verhandlung oder in der Niederschrift erklären zu lassen, sie seien Eheleute usw. Diese Eigenschaft wird nur durch die Angaben der Urkundsperson über die Erschienenen bewiesen. Diese Beanstandungen häufen sich auffällig u es kann wegen der Gefahren aus diesem Mangel nicht von der Forderung des Grundbuchamts abgesehen werden, entweder den Beglaubigungsvermerk zu ergänzen oder die Heiratsurkunde einzureichen. (§ 176 I Freiw Art 31 Pr Freiw. S. Notar 8. — S Anteil 4, Löschung 11, Genehmigung 2, Rang 9, Schweiz usw wegen Eherecht, Nießbrauch 3, Seite 88 unten, 89, 94. Wenn eine Frau vor der Ehe einem Dritten Vollmacht u ein Mann seiner Frau Generalvollmacht erteilt hat, s Vollmacht 12, 4. Trotz § 1408 B G B kann der Mann zur Vertretung in der Ausübung seiner ehemännlichen Verwaltungsrechte Vollmacht erteilen. Joh 51, 207. **Ausländische Eheleute** s Ausland 7, 9. **Vermutung** von Eherechten s Gba 5.

Nr 4. 1. Die **Ehefrau** kann **ohne Zuziehung** des Ehemanns ein Grundstück kaufen, für den Kaufpreis eine Kaufgeldhyp bestellen, u die Aufl entgegennehmen. Ebenso Ring I 135, wo ein Nutzungsrecht als Gegenleistung der allein kaufenden Frau für den Grundstückserwerb eingetragen ist. Die Hypbestellung muß aber **vor ihrere Eintragung** als Eigt erfolgen. K G 30.11.07 VII 55, ferner Joh 30, 207. Wegen Kaufs des Vaters oder der Mutter für ihre minderjährigen Kinder s **vorm Gen 2,** Joh 51, 174 u Zwangsvollstreckung 6 am Schlusse wegen ehemännlicher Genehmigung der Vollstreckungsklauselerklärung der Frau aus § 800 Z P O. — **Der Ehemann** darf dasselbe trotz § 1445 B G B u trotz des Güterstandes der allgemeinen Güter- oder Errungenschaftsgemeinschaft **ohne Zuziehung der Frau** tun. R G 8.7.08 IX 258. Joh 52, 106. Nach R G 84, 326 kann der Mann in Errungenschaftsgemeinschaft allein ein Grundstück erwerben u beantragen, daß beide Eheleute in das Gb als Eigt eingetragen werden; ebenso wie er das Grundstück zunächst nur auf seinen Namen schreiben lassen kann. S 5. Nach Joh 47, 258 kann die Frau ohne Zustimmung des Mannes dies nicht. (Ich möchte dagegen auf vorm Gen 2 verweisen u das Gba danach nicht für beanstandungsberechtigt halten.) **Beide Eheleute** dürfen jedoch über dem gemeinschaftlichen Güterrechte unterworfene Grundstücke nicht ohne den Anderen verfügen. Joh 37, 286. K G 11.1.09. Die Grundstücke unterliegen erst dann dem ehelichen Güterrechte, wenn sie Eigentum des einen oder beider Ehegatten durch Eintragung oder Gesetz geworden sind. S unten 5, 9, Gen 2. O L G K G 5.9.08 XVIII 263, Joh 52, 107. Nach dieser Entscheidung darf das von der Ehefrau allein gekaufte Grundstück auch belastet sein. — Es ist anzunehmen, daß Eheleute nach **gesetzlichem Güterrecht** leben, wenn nichts anderes bekannt ist. Wird durch einstweilige Verfügung die Verwaltung u Nutznießung des Mannes aufgehoben, so darf die Frau bis zur Beseitigung der einstweiligen Verfügung allein verfügen. Joh 40, 136. K G 21.11.10. Gegebenenfalls muß hiernach das Gba wegen Zeitablaufs prüfen, ob die einstweilige Verfügung noch besteht. — Die Frau kann als gesetzliche Vertreterin u Generalbevollmächtigte ihres

Mannes sich selbst die erforderliche ehemännliche Zustimmung geben. Joh 51, 209. Der überlebende Ehegatte wird vom wechselseitigen Testamente u der darin erfolgten Einsetzung eines Erben, Nacherben frei, wenn dieser mit ihm einen Erbverzicht abschließt; nach dem Erbanfalle u vor dem Nacherbfalle an den Nacherben kann dieser aber nur ausschlagen. Joh 51, 214; Erbverzicht. — Der Vormund des Ehemanns u die Verfügung über Frauengut s Vorm Gen 2. — Zur Anmeldung u zum Antrage aus § 12 Aw G bedarf die Frau im gesetzlichen Güterstande (auch nach Fristablauf nachholbarer) Genehmigung des Mannes. K G Ring 27, 510. — Im gesetzlichen Güterstande ist der Mann nicht prozeßführungsberechtigt für die Frau. München Ring 26, 503.

2. Die **Aufl** eines zum Gesamtgute einer **fortgesetzten Gütergemeinschaft** gehörenden, noch auf den Namen beider Ehegatten eingetragenen Grundstücks durch den **überlebenden Ehegatten** ist **unzulässig**, wenn nicht **vorher** die Abkömmlinge als Teilhaber der fortgesetzten Gemeinschaft gemäß § 40 G B O eingetragen werden. § 41 Abs. 1 G B O findet keine Anwendung, da gemäß § 1483 B G B der Anteil des verstorbenen Ehegatten nicht zu dessen Nachlasse gehört u die gemeinschaftlichen Abkömmlinge nicht Erben des Gesamtgutes sind. Joh 52, 134. Ich bin a M; ebenso K G O L G 43, 189; s Berichtigung 6. S unten 12, 13, 14. — **Anfechtung** eines **Erbvertrags** oder **gemeinschaftlichen Testaments** nach § 2281 ff B G B durch den überlebenden Ehegatten. D Not V 21, 1875. S auch 2079 ff, B G B R G 77, 167; 87, 95; Joh 39, 84.

3. Der **überlebende Ehegatte** kann **ohne Zustimmung** der gemeinschaftlichen **Abkömmlinge**, mit denen er in **fortgesetzter Gütergemeinschaft** lebt, für eine auf dem Gesamtgute ruhende **Hyp** eine Erhöhung des **Zinssatzes** u **Erteilung** eines **Briefes** bewilligen, da darin nur eine gewöhnliche Verwaltungshandlung, nicht aber eine Belastung mit einem neuen Rechte oder eine Verfügung über ein Recht zu sehen ist. O L G Hamburg 8.3.09 X 150. S jedoch Nr 4, Verfügung 4, Vorm Gen 2.

4. Der **Ehemann** kann bei **allgemeiner** u **fortgesetzter Gütergemeinschaft** ohne Zuziehung der Teilhaber am Gesamtgute **sich allein** u auch **die** unter seiner elterlichen Gewalt befindlichen **Abkömmlinge** in einer notariellen Schuldurkunde verpflichten u der sofortigen Zwangsvollstreckung unterwerfen, wenn er dabei als Vertreter des Gesamtgutes handelt. Aus der notariellen Urkunde nebst Vollstreckungsklausel kann **wie aus einem Urteile gegen ihn allein Zwangsvollstreckung** (Zwangshyp) in das Grundstück erfolgen. Bezüglich der **Abkömmlinge** bedarf es **keiner** Vorm **Gen.** K G 5/26.4.06. VII 215, 224. Nach Joh 47, 210 müssen die Abkömmlinge der Erhöhung des Zinsfußes zustimmen. — Wegen § 1487, 1443, 1445 B G B kann der elterliche Gewalthaber über Gesamtgutsgrdst nur allein verfügen, bedarf aber der Einwilligung aller Abkömmlinge, die er nicht selbst nach § 181 B G B vertreten kann. Also Pfleger, Vorm Gen Ring II 283.

5. Die **Aufl** u **Eintragung** eines Grundstücks auf einen mit seiner Frau in **Errungenschaftsgemeinschaft** lebenden Mann **allein** muß erfolgen, auch wenn es Gesamtgut wird. **Das Bestehen der Gemeinschaft beschränkt die Eheleute nicht in rechtsgeschäftlichem Erwerbe.** Das Grundstück wird kraft Gesetzes Gesamtgut, wenn sein Erwerb in die Gemeinschaft fällt. Das Gb wird durch die Eintragung des Mannes zwar unrichtig; seine Berichtigung kann aber nach § 1438 Abs 2 B G B vom anderen Ehegatten verlangt werden. München 6.11.03 IV 108. Ebenso R G 84, 74. Ein Ehevertrag im gesetzl Güterstande auf Fahrnisgemeinschaft überträgt nicht schon das Eigentum am Grundstücke für das Gesamtgut kraft Gesetzes, sondern kraft Vertrages, weswegen Aufl nötig ist. Dagegen bewirkt bei Güter- u Errungenschaftsgemeinschaft der Ehevertrag

schon gemäß § 1438 Abs 2 B G B ohne Aufl gemeinschaftliches Eigentum. Joh 52, 136. — Die Gütergemeinschafts**art** ist einzutragen. § 48 G B O. R G 105, 53.

6. Eine **Verfügung** über ein zum **Gesamtgute** gehörendes Grundstück im Sinne des § 1445 B G B **liegt nicht** vor, wenn ein in Gütergemeinschaft lebender **Ehemann** über einen an sich zum Gesamtgute gehörenden ideellen **Anteil an einer ihm zugefallenen Erbschaft,** zu der ein **Grundstück** gehört, einem Anderen überläßt. Der Anteil wie der Nachlaß selbst kann nicht als ein Grundstück angesehen werden. Die Überlassung kann also ohne Einwilligung der Ehefrau erfolgen. K G 30.11.03 IV 117. M E liegt eine Verfügung über ein Grundstück unbedenklich vor. Ich würde die Zustimmung der Frau verlangen. S Verfügung 4.

7. Der **Ehemann** ist auf Verlangen verpflichtet, den **Nachweis** zu bringen, daß er zur Abtretung einer zum **Gesamtgute** der **Fahrnisgemeinschaft** gehörenden Hyp berechtigt ist. K G 7.10.01 II 248. — S 15 unten.

8. Der **Nachweis** des zwischen Ehegatten **vereinbarten Güterstandes** wird durch Vorlegung des beurkundeten **Ehevertrags** erbracht. Der Umstand, daß der Abschluß des Vertrages längere Zeit her ist, vermag nicht Zweifel an dem Fortbestehen des begründeten Güterrechts hervorzubringen. K G 29.6.05 VI 148. O L G 5.10.08 XVIII 213. Dies gilt nicht, wenn sich bestimmte Anhaltspunkte für eine Änderung des Güterrechts ergeben. Joh 39, 180. K G 13.12.09. S jedoch Seite 88. — Eine Vereinbarung im Ehevertrage, daß Ehemann ohne Fraueneinwilligung über Gesamtgutsgrundstücke verfügen darf, ist nichtig, weil darin nicht die unentgeltliche, im § 1446 B G B verbotene Verfügung ausgenommen ist. Joh 52, 105. Auch ein **zeitweiliger Verzicht** des Ehemanns auf seine Güterrechte bedarf der Form des Ehevertrags. R G D Not V 26, 551; J W 25, 2111.

9. Die Einwilligung des **Ehemannes** zur Eintragung einer **Hyp** auf dem **Grundstücke der Ehefrau** ist erforderlich, auch wenn diese erst **zwischen** Be-
88. willigung der Hyp u deren Eintragung die Ehe geschlossen hat. K G 19.10.09 IX 274. S Verfügung 4.

10. Löschung einer **Hyp** auf dem **Gesamtgute** s Löschung 11.

11. Der Ehemann kann, wenn ihm der Brief ausgehändigt werden soll, seiner Frau an seinem Grundstücke eine verzinsliche Grundschuld bestellen (Joh 37, 293), ihr aber nach Joh 40, 140 überhaupt keine verzinsliche Hyp ohne die Vorlegung eines die ehemännlichen Rechte am Zinsgenusse ausschließenden Ehevertrages eintragen lassen. Diese Ansicht ist nunmehr wieder in Joh 52, 180 aufgegeben. Dadurch können natürlich Vater u Witwer an ihren Grundstücken ihren minderjährigen Kindern wieder verzinsliche Hyp bestellen. Das K G schließt mit Recht weiter eine verzinsliche Hyp für eingebrachtes Gut der Frau am Grundstücke des Mannes aus, wenn die Hypforderung nicht als Darlehn bezeichnet wird, weil die Begriffe „Eingebrachtes" u „Zins sowie Kündbarkeit" sich widersprechen. Im übrigen hat das Gba das Grundgeschäft (s vorm Gen 2) nicht nachzuprüfen u aus tatsächlich nicht begründeten Zweifeln (s Zweifel) nicht zu beanstanden. S unter 14.

12. Auf Grund gemeinschaftlichen Testaments von in **westfälischer** Gütergemeinschaft lebenden Ehegatten geht das Gesamtgut trotz besonderer Bestimmung auf das als Alleinerbe eingesetzte Kind nicht über. Letzteres kann erst dann als Eigt des auf den Namen des verstorbenen Ehegatten eingetragenen Grundstücks eingetragen werden, nachdem der überlebende Ehegatte u die in fortgesetzter Gütergemeinschaft mit ihm lebenden Kinder im Gb eingetragen sind. Joh 37, 256. Ich trage sie nicht vorher ein. S Berichtigung 6.

13. Die mit ihren als Erben des Ehemanns ausgewiesenen Kindern die **westfälische** Gütergemeinschaft fortsetzende Witwe kann nach § 3, 10 Ges v 16.4.1860 eine auf den Namen des Erblassers eingetragene Hyp **gegen Entgelt allein** abtreten. Andernfalls müssen die Kinder zustimmen. Witwe u Kinder brauchen trotz § 40 G B O nicht vorher noch eingetragen werden. O L G K G 11.4.10 XXI 8. — Die Befugnis des die westfälische Gütergemeinschaft fortsetzenden Ehegatten, über das gemeinschaftliche Vermögen selbständig durch Übertragsvertrag zu verfügen, erstreckt sich auf einen solchen Vertrag mit einem Schwiegerkinde dann nicht, wenn dieses nicht anstelle seines Ehegatten in die fortgesetzte Gütergemeinschaft eingetreten ist. Joh 45, 241. — Über die Rechtsnatur des Schichtteils bei Übertragsverträgen nach westf Güterrechte Joh 45, 331. Falls ein Ehegatte entmündigt wird Joh 49, 171. — Die Vor- u Nacherbenrechte belasten nur eine Grdsthälfte. Ring I 358. — Auf Grund Erbscheins nach der mit ihren Abkömmlingen in fortgesetzter Gütergemeinschaft als Eigentümer eingetragenen Witwe können anstelle der Witwe nicht der durch den Erbschein ausgewiesene Alleinerbe u Abkömmling im Gb eingetragen werden. Es muß vielmehr zunächst das Gesamtverhältnis durch Auseinandersetzung gelöst werden. München Ring III 312.

14. Denselben Grundsatz (13 Satz 1—3) hat das K G (O L G 10.5.09 XXI 9) aufgestellt, als es sich um Abtretung einer Hyp handelte, die eine auf Grund eines Nachlaßgerichtszeugnisses mit ihren Kindern in fortgesetzter Gütergemeinschaft lebende Witwe unter Briefübergabe vorgenommen hatte. Es hat dabei folgende, auch für die Vor- u Nacherbenfrage wichtige, von früheren Entscheidungen abweichende Grundsätze ausgesprochen: „Es ist grundsätzlich anzunehmen, daß die vom verstorbenen Ehemanne während der Gütergemeinschaft erworbenen Hyp zum Gesamtgute gehören. Erst wenn begründete Zweifel bestehen, kann ein besonderer Nachweis verlangt werden. Das Gba hat auch zu prüfen, ob die Fälle der § 1444—1446 B G B gegeben sind. Es hat alle vorgebrachten Beweismittel zu prüfen, nicht nur urkundliche Beweise zu fordern, u hat auch Erfahrungsgrundsätze zu berücksichtigen. Nach Letzteren verfügen aber Ehegatten, Eltern, Vormünder, Testamentsvollstrecker nur selten unentgeltlich zum Nachteile der von ihnen Vertretenen. Das gilt auch für die Witwe. Ihre Verfügungsbefugnis muß also als nachgewiesen angesehen werden, wenn die Beteiligten erklärt haben, daß die Verfügung weder eine unentgeltliche sei noch in der Erfüllung einer übernommenen Verpflichtung zur Verfügung über das Gesamtgut im Ganzen bestehe. Ein weiterer Nachweis ist nur zu fordern, wenn etwa besondere Umstände gegen die Richtigkeit der gemachten Angaben sprechen.“ — **Also freie Beweiswürdigung**! Es genügen m E daher auch glaubwürdige Angaben mehrerer Beteiligter, volljähriger Kinder, Nacherben, sodaß es nicht notwendig der Erklärungen gesetzlicher Vertreter von Minderjährigen mit vorm Gen bedarf. Es empfiehlt sich ein **kurzer Vermerk mit Gründen** bei der Verfügung, um die Sorgfalt zu beweisen. —

15. Wenn ein Ehegatte bei **Fahrnisgemeinschaft** ein Grundstück erwirbt, kann die Gesamtgutseigenschaft gleichzeitig mit der Eigentumsänderung im Wege der Gbberichtigung auch ohne Einwilligung der Veräußerer eingetragen werden, falls der erwerbende Ehegatte sie mit Zustimmung seines Ehegatten bewilligt. Es genügt einfache **Mitunterzeichnung** des Letzteren. Joh 36, 206 K G 5.4.09. Darüber u über Erwerb eines Grundstücks durch die Frau in Fahrnisgemeinschaft s aber oben 1.

16. § 740 Z P O ist auf Vergleiche, die nur der Ehemann in einem Rechtsstreite geschlossen hat, nicht anwendbar, wenn der Ehemann über Sachen u Rechte verfügt hat, über die er nur mit Zustimmung der Frau nach § 1444ff

B G B verfügen darf. R G 12.12.10 XI 75. Die zu einer Eintragung erforderliche Bewilligung der Ehefrau gemäß § 19, 22 G B O wird also nur durch ein gegen den Ehemann ergangenes rechtskräftiges Urteil ersetzt.

17. Fortgesetzte Gütergemeinschaft nach Jütisch Low. Joh 45, 333.

Eidesstattliche Versicherungen sind selbst in beglaubigter Form keine Urkunden u beweiskräftig nach § 29 G B O. O L G 44, 147.

Eigentümer. 1. eines Grundstücks ist nicht der eingetragene, sondern der wahre Eigt
105, 113. z B der **Ersteher** nach dem Zuschlage. R G 16.5.09 X 161.

2. Wer als Eigt eingetragen werden kann, s Gl.

Eigentümergrundschuld, Eigthyp. Nr 19 Anm 26, 27, 32, 39, 48. S **Pfändung**, Hyp 18, **Konkurs** 7, Grundschuld wegen Rechtsgültigkeit. — Eine Eigthyp kann nur durch Gesetz (Sicherungszwangshyp 7 für den Ersteher aus der Zwangsversteigerung), nie durch rechtsgeschäftliche Erklärung entstehn. Joh 44, 294. — Revenüenhyp s dort. — Grundschuld u Amortisationshyp s Joh 46, 235. — Joh 45, 282, wo Entstehung der Eigthyp bezw Grundschuld, ihre Umwandlung, Abtretung, Forderungsauswechslung u Eintragungsfassung behandelt ist. Es ist nur die Umwandlung einer Eigtgrundschuld (nicht Hyp) in eine Hyp möglich; anderenfalls Forderungsauswechslung nach § 1180 B G B! Vgl Anm S 29. — S **Amortisation** über **Nichteintragungsfähigkeit** der **Ausschließung der Entstehung von Eigentümergrundschulden** außer bei landschaftlichen, ritterschaftlichen u öffentlichen Kreditanstalten. S auch R G Ring 28, 272, Joh 53, 181.

Nr 33. 1. Sie können **abgetreten** oder **gelöscht** werden, ohne daß der Eigt als
11, 21, 25, ihr Gl vorher eingetragen wird. R G 11.7.00 I 125. Nr 46 I. — Zahlt
29, 114. von 2 Miteigt je zur Hälfte u von den Gesamtschuldnern Einer die Hyp aus, erwirbt er auf seiner Grdsthälfte eine Eigtgrundschuld u auf der anderen Hälfte eine Eigthyp. München Ring I 482. § 1173, 426 B G B. — Diese Lösung ist nicht für Eigt in einer Erben-Gemeinschaft anwendbar. Ich nehme dann Eigthyp für das ganze Grdst an, weil mangels bestimmter Hypbruchteile eine Grundschuld auf bestimmten Grdstbruchteilen nicht entstehn kann u darum eine ganze Hyp bleibt. — Wiedereintragung einer gelöschten, aber durch Nachlaßverwaltung wieder aufgelebten Eigtgrundschuld im Range nach den inzwischen erfolgten Eintragungen s Joh 53, 266. — Eine feststehende Eigtgrundschuld fällt nicht unter § 6 II Aw G. R G Ring 27, 486. — Sie entsteht infolge Zahlung nach § 14, 15 Aw G u ist, gleichviel auf welcher Grundlage sie beruht, für den durch die Zahlung getilgten Hypteil aufzuwerten. R G, Dresden Ring 26, 625. — So 45. — Wegen einer zwischen 13.2. u 2.10.1924 erworbenen Grundschuld, § 6 II Aw G s Rang bei Aw Gbsachen; Höchstbetragshyp.

2. Die **Eigthyp** bezw Grundschuld setzt eine **rechtswirksam bestellte Hyp** voraus mit der einzigen Ausnahme, daß die ursprünglich zu Grunde gelegte Forderung nicht gültig zu sein braucht. Die **Bewilligung** der Hypeintragung durch den Eigt muß **rechtsgültig** erklärt sein, d h sie darf **nicht** durch einen **Nichtberechtigten** oder **Geschäftsunfähigen** erklärt sein oder auf einer wegen Irrtums,
RG 70, 356. arglistiger Täuschung, Zwanges, Scheins, oder sonstwie **anfechtbaren** oder **angefochtenen Erklärung** beruhen. Liegen jedoch diese Voraussetzungen vor, **kann eine Eigthyp** aus der Hyp **nicht entstehen.** R G 14.12.03 IV 118; O L G Dresden XIII 321, R G 77, 64. Der Eigt erwirbt die Hyp nur, wenn die Befriedigung des Gl erfolgt: Durch den **Eigt,** der auch persönlicher Schuldner ist; ferner durch den **persönlichen,** nicht ersatzberechtigten Schuldner, endlich durch **Dritte,** die weder ablösungsberechtigte noch Bürgen, noch ausgleichsberechtigte Gesamtschuldner oder Mitbürgen sind. Die **Quittung** muß den **Zahler** ersehen lassen (O L G R G 25.25.03 VIII 141) u vom Gegenvormunde oder Vormundschaftsgerichte genehmigt sein. Joh 50, 220. S Löschungsbewilligung 1,

114. Konkurs 6, 7. Verstößt die zu Grunde liegende Forderung gegen die guten Sitten u ist sie deshalb nichtig, so ist deswegen noch nicht die Einigung, Hypbestellung, die Hyp selbst nichtig, sondern steht mangels entstandener Forderung dem Eigt als Grundschuld zu. R G 68, 100; 70, 357. S Einigung.

3. Sie können auf den Namen eines neuen Gl **umgeschrieben** werden, **ohne** daß es der **Feststellung** bedarf, ob der Eigt sie als Hyp oder Grundschuld erworben hatte. K G 15.3.06 VII 151. S aber Abtretung 4, Berichtigung 7. — O L G 43, 190, Ring I 485 wonach Eigt u Vorerbe die Hyp getilgt u abgetreten hat u nicht erst als Gl (§ 40, 41 G B O) einzutragen ist, wenn nicht Fortfall oder Zustimmung der Nacherben vorliegt. S 16 unten. — Eigentümergrundschulden werden nach dem Tage ihrer Eintragung, nicht des Vertrages, durch den ein Erwerber des Grundstücks sie übernommen hat, erworben. Rostock Ring 28, 810.

4. Die Vorschriften der Eigthyp sind auf eine unter Bestimmung des **Höchstbetrages** eingetragene Hyp zur Sicherung **künftiger** (nicht rückständiger: § 1178 B G B) Ansprüche auf Kosten u andere Nebenleistungen anwendbar. K G 18.1.06 VII 127. Ebenso nicht bei Notopferhyp. S dort. — S Höchstbetragshyp 1, 2.

Nr 27. 29. 5. Der **Miteigt** eines Grundstücks kann über den seinem Anteile entsprechenden Teil der das ganze Grundstück belastenden **Eigtgrundschuld** ohne weiteres **allein verfügen** z B durch Abtretung u Umwandlung in eine Hyp. K G 27.9.05 VIII 61. — S **Miteigt 2.**

6. Eine **Hyp** des **Erstehers** des belasteten Grundstücks wird zur **Eigtgrundschuld,** wenn er im Verteilungstermine erklärt, daß er den auf seine Hyp fallenden Betrag des Erlöses von dem Betrage der ihm obliegenden Barzahlung abrechne. Er kann diese Post nur als Grundschuld, nachdem er die untergegangene Forderung durch eine andere ersetzt hat, abtreten. K G 9.7.01 II 94. S Zuschlag 2. Der Ersteher haftet nicht persönlich für eine in der Zwangsversteigerung bestehngebliebene Grundschuld des Zwangsversteigerungsschuldners, sondern nach § 53 Satz 1 Zw nur dann, wenn der Schuldner für die Schuld zugleich persönlich haftet. R G 80, 350. Ist der Ersteher der Gl einer bestehenbleibenden Hyp (§ 53 Zw), so hat er keinen persönlichen Anspruch mehr gegen den Schuldner u es erlöschen Forderungen wie Bürgschaften für die Schuld. R G 84, 378.

7. Wenn der **Gl befriedigt** wird, entsteht die **Eigtgrundschuld.** (S Gesamthyp 6, Pfändung 2.) Auf sie finden die Grundsätze der §§ 1143, 1163, 1176 B G B Anwendung. Der Gl, der in derselben Urkunde erklärt, er sei vom Eigt befriedigt, kann die Post, sei es als Hyp oder Grundschuld, **auch nicht** auf Verlangen des Eigt, an einen neuen Gl abtreten. Denn der **wahre Berechtigte** der Post ist mit der Tilgung der Forderung der Eigt. K G 10.10.07 IX 125. S D Not V 1913, 624; unten 17 u Grundschuld. — Erlöschen einer Forderung s Forderung.

Nr 26, 32. Die **Verwandlung** in die Grundschuld **tritt** nach § 1177 Abs 1 B G B **kraft Gesetzes** ein, sobald sich die Hyp mit dem Eigentum in einer Person vereinigt, ohne daß dem Eigt auch die Forderung zusteht. Es kann daher die von Letzterem bewilligte Eintragung der Verwandlung nicht von dem weiteren Nachweise, daß ihm die Forderung nicht zustehe, abhängig gemacht werden, es sei denn, daß das Gba bestimmte Anhaltspunkte hat, wonach die Eintragung das Gb unrichtig, d h nicht mit dem wahren Rechtszustande übereinstimmend machen würde. K G 6.4.08 IX 218. Wenn der **Käufer zwischen Aufl u Eintragung** eine auf dem Grundstücke lastende **Hyp auszahlt,** erwirbt **er** mit dem Augenblicke seiner Eintragung die Hyp als Eigtgrundschuld, nicht **etwa der bis-**

herige Eigt. O L G K G 30.5.04 IX 315. S unten 13. — Umwandlung der Höchstbetragshyp in eine Grundschuld s Höchstbetragshyp 2.

8. Die Bestimmungen über die Eigthyp bezw Grundschuld finden bei Vormerkungen keine Anwendung d h Letztere werden keine Grundschuld. K G 11.7.02 III 158. Eintragung von Eigtgrundschulden bei Gütergemeinschaft s unentgeltliche Verfügung. — Ist eine Forderung, die den Rechtsgrund für die wirksam eingetragene Grundschuld bildet, nicht entstanden, entsteht keine Eigtgrundschuld (§ 1163 Abs 1 B G B), sondern nur eine Einrede gegen die Grundschuld u ein Recht auf Eintragung eines Widerspruchs. S Hypbrief 18a.

9. Nach § 868 Z P O erwirbt der Eigt die Sicherungszwangshyp, wenn die vollstreckbare Entscheidung aufgehoben oder die Zwangsvollstreckung für unzulässig erklärt ist. Eigt des § 868 Z P O ist nicht der Vollstreckungsschuldner, sondern an sich derjenige, dem das Grundstück zur Zeit der Aufhebung usw gehört. S Nr 13 u R G 78, 404. — Der Eigentümer erwirbt die Arresthypothek infolge Nichtzustellung des Arrestbefehls (§ 929 III Z P O) nicht. S Arrest 1.

10. Die Eintragung von „Verfügungen" des Eigt u Vormerkungen über künftig etwa entstehende Eigthyp ist unzulässig. R G 61, 374 (Pfändung möglicher künftiger Eigthyp); 72, 274 (Vormerkung zur Sicherung künftiger Eigthyp); Joh 45, 268 (Verfügung über künftige Eigthyp); R G 84, 78 (Vormerkungen über Sicherung des Vorranges vor künftiger Eigtgrundschuld; sie sind nach § 54 G B O als inhaltlich unzulässig zu löschen). S Rang (Einleitung). Nach R G 97, 223 ist eine vorläufige Eigtgrundschuld nicht eintragbar, wohl aber ihre Pfändung u das Veräußerungsverbot bedingt wirksam.

11. Hypgl A hat die Eintragung der Abtretung seiner Buchhyp auf den Eigt B u dieser die Umschreibung der Hyp unter Erteilung eines Briefes auf C beantragt. C hat sich dem Antrage angeschlossen. Der Antrag wurde abgewiesen, weil die zur Grundschuld gewordene Hyp nicht wieder in eine Hyp für C umgewandelt war u somit nicht als Hyp weiter abgetreten werden konnte. O L G K G 21.12.08 XVIII 177. Bei Umwandlungen muß stets die neue Forderung mit allen ihren Nebenbestimmungen angegeben werden.

12. Bei einem Verzichte auf die Hyp entsteht eine Eigthyp bezw Grundschuld (§ 1168 Abs 1 B G B), dagegen nicht, wenn der Gl lediglich die Löschung
Nr 33. der Hyp bewilligt. S Löschungsbewilligung 1, 3, Verzicht 3.

13. Im Falle des § 1163 Satz 1 B G B erwirbt der die Hyp, der zur Zeit der Hypbestellung (wahrer) Eigt war; im Falle des § 1163 Satz 2 der Eigt zur Zeit des Erlöschens der Forderung. Das gilt auch im Falle der Zwangsversteigerung bei einer aufgehobenen Arrest- u Sicherungshyp. § 868 Z P O O L G K G 10.5.09 XXI 23. Nach R G 78, 404 fällt eine Arrest- u Sicherungszwangshyp an sich demjenigen zu, der zur Zeit des Eintritts der Voraussetzungen des § 868 Z P O Eigt des Grundstücks ist. Es sei denn, daß schon vorher die Voraussetzungen des § 1163 usw B G B eingetreten waren, wonach die Hyp auf den Eigt zur Zeit der Hypeintragung übergegangen ist, oder daß die Voraussetzungen des § 868 Z P O überhaupt nicht eingetreten sind. Nach R G 80, 320 erhält der Grundstückserwerber, wenn er seine Aufl u Eintragung „rechtsgültig" erhalten hat u alsdann dem Gl der Grundstückshyp Beträge darauf zahlt, die Hyp in Höhe der Zahlungen als Grundschuld, gleichviel ob er persönlicher Schuldner gewesen ist oder nicht. Ist dagegen seine Aufl u Eintragung nichtig, so ist er auch nicht wahrer Eigt u Grundschuldgl geworden, sondern die von ihm bezahlte Hyp ist als Grundschuld auf die bisherigen wahren Grundstückseigt übergegangen. — Eine Scheinhyp kann nicht Eigtgrundschuld werden. Joh 39, 229 u oben zu 2. S aber Sicherungszwangshyp 1 f.

14. Der Eigt, auf den eine Hyp übergegangen ist, gilt nur solange als eingetragener Hyp- oder Grundschuldgl, wie er als Eigt eingetragen ist. (Zu § 40 G B O) Joh 36, 258 K G 30.3.08.

15. Wenn der Eigt eingetragen haben will, daß die ihr zu Grunde liegende Forderung nicht oder nicht ganz zur Entstehung gelangt oder getilgt oder auf ihn übergegangen ist, bedarf es selbstverständnlich einer beglaubigten entsprechenden Erklärung des Gl u des (formlosen) Eigtantrags. § 19, 22, 13 G B O. Beispiel Nr 32, 39. Joh 39, 242. K G 11.4.10. — Erlöschen einer Forderung s Forderung.

16. Die Umwandlung der Eigtgrundschuld in eine Hyp kann nur erfolgen, wenn sie der Eigt gleichzeitig an den neuen Gl abtritt. Formell genügt allein die beglaubigte Erklärung des Eigt. Joh 39, 240. K G 11.4.10., wo auch angegeben ist, wie die Erklärungen im Allgemeinen lauten sollen. — Der Zinsenübergang muß nebst Tag mitangegeben werden. S Abtretung 9. — Nichtigkeit der Eintragung wegen fehlender Einigung u nachträgliche Begründung einer eingetragenen, aber nicht entstandenen Hyp R G 106, 36; auch Auflassung 36.

17. Der Eigt kann, abgesehen von einer besonderen Vereinbarung, vom **befriedigten** Hypgl nicht die Aushändigung einer Urkunde über Abtretung an einen Dritten verlangen. Die Hyp darf auch auf den Dritten nicht umgeschrieben werden, selbst wenn dieser den Anspruch auf die Abtretungserklärung hat pfänden u sich überweisen lassen u der Hypgl deshalb die Hyp an den Dritten abgetreten hat. Joh 39, 230. K G 28.2.10. Durch die Befriedigung ist eben schon die Eigtgrundschuld vorher entstanden.

18. Wird ein Teil einer Hyp Eigtgrundschuld u unter Umwandlung in eine Hyp weiter abgetreten, so ist ein Teilhypbrief vom Gba, nicht vom Notar zu bilden. Der Notar hätte nur den Teilgrundschuldbrief herstellen dürfen. (Er läßt am besten auch dieses.) K G 27.2.11 XI 138.

19. Eine Inhaber- oder Orderhyp wird wegen des Wertpapiercharakters der Schuldverschreibungen nur dann Eigt-Grundschuld, wenn das Papier vernichtet oder für kraftlos erklärt ist; sonst nur Eigt.-Hyp. Joh 50, 198.

20. Befriedigt ein Miterbe im eigenen Namen die Hypgl eines zum ungeteilten Nachlasse gehörigen Grundstücks, so wird die Hyp Eigt-Grundschuld der Erbengemeinschaft, falls der Erblasser nicht der persönliche Schuldner war; ebenso wenn dieser als persönlicher Schuldner vor 1900 im Gebiete des A L R gestorben war. War er als solcher unter B G B gestorben, geht die Forderung u Hyp als solche auf den zahlenden Miterben insoweit über, als er von den Miterben Ersatz verlangen kann; im übrigen entsteht Eigt-Grundschuld der Erbengemeinschaft. Joh 50, 206.

21. Tilgt der Vorerbe auf dem Nachlaßgrundstücke aus eigenen Mitteln eine Hyp, so wird sie Grundschuld des Vorerben-Eigt, nicht des Nachlasses u die Nacherbenzustimmung ist zur Löschung nicht nötig. Joh 50, 210, Vorerbe 9. — Ist der Eigt Vorerbe u lautet die Quittung über Zahlung „durch ihn", wird Zahlung mit Nachlaßmitteln vermutet u die Eigtgrundschuld Nachlaßgrundschuld mit Nacherbenrechten. Ring I 485.

22. Keine Eigtgrundschuld entsteht, wenn Fideikommißbesitzer eine Fideikommißhyp aus seinem Allodialvermögen tilgt. Joh 48, 222.

23. Die Eigt-Nebenleistungshyp bezw Grundschuld für die Entschädigung wegen vorzeitiger Kapitalsfälligkeit (Strafzinsen) u die Eintragung der neu vereinbarten Entschädigung bei Hypverlängerung sowie ihr Rang bei der Hyp s **Nebenleistung 4.**

24. **Pfändung** einer Hyp durch den Grundstückseigt s Pfändung 3.

25. in Schweizerfranken nach Schweizerhypabkommen Ges 23.6.1923, Ausf V O 25.6 u 29.11.1923 (R G Bl II, 284, 291, 410), 1927 (II 145). Verf 5.2.24, J M Bl 59; V O 9.2.24, R G Bl II 40. Beispiel Nr 65.

26. Der aus § 1196 B G B bestellten Eigtgrundschuld steht der Schutz des **öffentlichen Glaubens** des Gb **nicht** zu. R G Ring 27, 577.

Eingemeindung. Ihre Wirkung s O L G R G 9.10.11 XXIII 330, Joh 41, 213; R G 87, 284. Mit ihr entsteht aus dem rechtlichen Untergange der bisher selbständigen Gemeinden ein neues Rechtssubjekt des öffentlichen u bürgerlichen
Joh 41, 213. Rechts, die erweiterte Stadtgemeinde, die in alle Rechte u Verbindlichkeiten der bisherigen Einzelgemeinden eintritt. — § 41 Abs 1 G B O bezieht sich auch auf „erbähnliche" Gesamtrechtsnachfolge z B Eingemeindung. Joh 52, 134.

Einigung. Das B G B enthält keine Vorschriften über den Inhalt der Einigung.
83 ff. Sie kann aus einer Beurkundung, aber auch anders bewiesen werden. R G 109, 203. Als solche genügen daher Erklärungen, aus denen sich der übereinstimmende Wille der Beteiligten über den Eintritt der Rechtsänderung z B über den Übergang des Eigentums vom Veräußerer auf den Erwerber deutlich ergibt. **Ausdrücklichkeit** u **Deutlichkeit** ist dabei erforderlich. Das Gba kann sich auf die Auslegung zweideutiger Urkunden nicht einlassen. S Bewilligung 2, Zwangsvollstreckung 6. — Es ist **nicht erforderlich,** daß die Worte **Bewilligung** u **Antrag** in oder außer der Einigung gebraucht werden. — Die **Eintragung** setzt nicht in allen Fällen voraus, daß eine Einigung erklärt ist. Nur im Falle
85. der Aufl, Bestellung eines Erbbaurechts (§ 20 G B O u einiger anderer Ausnahmen) ist die Eintragung an dieses Erfordernis, an das Vorhandensein von Erklärungen **beider Teile** gebunden. In allen übrigen Fällen reicht **eine** der Erklärungen, aus denen sich die Einigung zusammensetzt, hin, nämlich die des bisherigen Berechtigten, daß er die Rechtsänderung wolle. (§ 19 a a O.) Damit muß sich das Gba begnügen. — Der **Eintragungsantrag** (§ 30) dient zum **Ersatze einer jeden zur Eintragung erforderlichen Erklärung,** bedarf aber der beglaubigten Form (§ 29). Er ist in dieser Bedeutung u Form der **deutlichste** u **schärfste Ausdruck** der Eintragungsbewilligung des Eigt. — **Eintragungsbewilligung u Antrag** enthalten die zur Übertragung des Eigentums an einem Grundstücke erforderliche Einigung. R G 28.3.05 V 103 ff. Die Einigung der Aufl ist in der Eintragungsbewilligung des Veräußerers in Verbindung mit dem Eintragungsantrage des Erwerbers zu finden. Der Antrag auf Eintragung des Erwerbers ist jedoch in der bei der Aufl erklärten Einigung nicht notwendig enthalten; die Einigung kann erklärt u der Antrag auf Eintragung des Erwerbers aus § 13 G B O vorbehalten werden. Mängel des Antrags sind deshalb auf die Wirksamkeit der Aufl (Einigung) ohne Einfluß, sofern nicht nach der Lage des Falls der Antrag Bestandteil der Einigungserklärung ist. Joh 43, 200. Über Einigung nach Eintragung s Aufl 36. — Das Gba hat bei der Behandlung des Eintragungsantrages nur die Bewilligung zu prüfen sowie festzustellen u die etwa in besonderer Urkunde vorgelegte Einigung unberücksichtigt zu lassen. Die Bewilligung muß die einzutragenden Rechtsänderungen wiedergeben. O L G München XXV 374; **vorm Gen 2** wegen des materiellen Grundgeschäfts u der Pflichten des Gbbeamten, wenn dieses unwirksam ist. — Bewilligt der Käufer im notariellen Grundstückskaufvertrage ein Vorkaufsrecht, so ist er, obwohl diese Einigung vor seiner Eintragung als Eigt unwirksam (nicht etwa nichtig) ist u die Belastung des Grundstücks nicht herbeiführen kann, dennoch gebunden. Die Unwirksamkeit wird aber durch Aufl u Eintragung als Eigt des Grundstücks geheilt. Dieser Erfolg wird nicht dadurch gehindert, daß der Käufer bei der Aufl erklärt, er fasse das Vorkaufsrecht anders als der Verkäufer auf. R G 77, 87. Die Einigung

ist als abstraktes Rechtsgeschäft unabhängig vom Rechtsgrunde z B Kaufvertrage u deshalb nicht etwa nichtig, weil dieser nichtig ist. R G 68, 100. — Nichtige Eintragung einer Hyp wegen fehlender Einigung R G 106, 136.

Einsicht in das Gb ist auch auf Grund einer **Vollmacht auf den Inhaber** zulässig. 98. O L G K G 6.7.08 XVIII 196. Das berechtigte Interesse aus § 11 G B O kann nur aus dem privaten Rechte oder wirtschaftlichen Beziehungen hergeleitet werden. Joh 45, 198. — S Bezugnahme 2, Grundakten. — Berechtigtes Interesse ist nach § 36 A B 21.11.99 „jedes verständige, durch die Sachlage gerechtfertigte Interesse". Also auch rein tatsächliche, verwandt-, wirt- u wissenschaftliche, künstlerische Interesse ohne Glaubhaftmachung u Ermittlungspflicht des Gba. K G Recht 1924, 1359.

Einstweilige Verfügung. 1. Wie ist sie zu erlassen? Was muß sie enthalten? Beispiele s 114 ff! **S Verfügungsbeschränkung 1—5!**

2. Sie ersetzt nur die Bewilligung des Betroffenen, nicht aber seine Eintragung nach § 40 G B O. (K G D Not V 28, 253) u bindet das Gba, s jedoch **Verfügungsbeschränkung** 1; Joh 43, 208. Hiernach ist das Gba, sobald die grundbuchrechtlichen Voraussetzungen für eine Eintragung vorliegen, zur Eintragung berechtigt u verpflichtet, auch wenn ein Verbot aus einstw Verf im Gb eingetragen ist. Dies gilt für rechtsändernde u berichtigende Eintragungen, für Eintragungen positiver Art u Löschungen. Das entgegenstehende Gebot des Prozeßgerichts ist für das Gba unbeachtlich. — Nach Ring I 379 hindert die dem Gba bekannte u dem Käufer die Grdsteigentumsbeschaffung verbietende e V das Gba, die Käufer als Eigt einzutragen, auch wenn dies schon vorher beantragt war. Das K G hält ein unmittelbares Verbot der Eintragung des Käufers an das Gba für unbeachtlich. — Ich bin wegen des letzten Satzes a M. S Seite 115 Fall V, 7, Recht 1923, 97; J W 1923, 1022 u **1925, 742,** wo ich auf die unrichtigen u unvollständigen e V, auf die ungerechte u unmögliche Lage des Käufers u die nunmehr dadurch wiedererlangte unberechtigte freie Verfügung des Verkäufers über das Grdst hinweise, da diesem nicht gleichzeitig ein Verfügungsverbot mit Gbeintragung auferlegt ist. Ist durch einstw Verf dem Grdstkäufer verboten, Handlungen zu seiner Eintragung vorzunehmen, kann das Gba, auch wenn sonstige Hindernisse nicht bestehn, durch Zwischenverfügung bestimmen, daß bis zur rechtskräftigen Entscheidung des Rechtsstreits dem Eintragungsantrage nicht stattgegeben werde. Dresden Ring III 302. — Nach Ring I 383 Gbunrichtigkeit u Weintragung gegen eine Käufereintragung, aber Nachweis der e V u ihre **Zustellung.** Diese Entscheidung ist wegen der Zustellung geändert, unter „Verfügungsbeschränkung 1". — Eine durch vorläufig vollstreckbares (nicht rechtskräftiges) Urteil aufgehobene e V ist kein Eintragungshindernis, da ein solches Urteil (§ 935, 938 Z P O) zur Löschung eines Verbots genügt. — S Verfügungsbeschränkung 3. — KG Ring 26, 530 über Verfügungsverbot, wenn anfechtbare Hyp in die Befugnisrangstelle einrückt. S Befugnis. — Zur Eintragung bei einer Hyp muß stets der Brief vorliegen. (Hypbrief 18.) Wenn jedoch die einstweilige Verfügung ausdrücklich anordnen u begründen sollte, daß der Brief für diesen Fall nicht erforderlich sei, so muß sich das Gba trotz § 42 G B O fügen. Es trägt nicht die Verantwortung. Arrest, Vormerkung 5, 15. — Das Gba hat die einstw Verf auf einen Widerspruch gegen Hyplöschung **nicht sachlich auf ihre Zulässigkeit nachzuprüfen.** Aber die einstw Verf muß in einem Verfahren nicht nur gegen die Eigentümer, sondern auch gegen die durch Löschung vorgerückten Nachgläubiger ergangen sein, falls der Widerspruch sich auch auf die Rangänderung der Nachrechte erstreckt. K G Ring III 421. **Selbstverständlich ist auch das Gericht der einstw Verfgg u diese selbst den Vor-**

schriften über das Grundbuchrecht unterworfen. Soweit ist Nachprüfung u Beanstandung Pflicht des Gba! — Wegen **§ 941 Z P O** s **Verfügungsbeschränkung 1.**

3. a) Einstw Verf auf Eintragung einer **Vormerkung** auf Sicherung des Anspruchs auf **Pfändung.** S dort. — **b) Erwerbsverbot** ist ebenso wie **Veräußerungsverbot** durch einstw Verf (nach § 135, 136 B G B als gesetzliches Verbot!) zulässig u ist ein **Eintragungshindernis** sachlich rechtlicher Art, sodaß das Gba nicht eintragen darf." R G D Not V 27, 658. S Heilung. Jedoch muß Zustellung an den Erwerber erfolgt **u** m E die einstw Verf gegenüber diesem erlassen sein. S Fälle zu 1. — **c)** Sie ist sowohl gegen den Hypgläubiger wie gegen den Eigentümer nötig, wenn ein Dritter z B Nachgläubiger eine Widerspruchseintragung gegen eine Hyp verlangt. D h sie muß gegen den erwirkt sein, von dem die Zustimmung zur Gbberichtigung gemäß § 894, 899 B G B verlangt werden kann. Dazu gehören Gläubiger u der Eigentümer. Dieser ist als gegebenenfalls eingetragener Hypinhaber anzusehn. K G D Not V 27, 660. — **d)** In der einstweiligen Verfügung muß die Eintragung der Verfügungsbeschränkung in das Grundbuch ausdrücklich angeordnet sein. S K G J W 1928, 2466 u **Verfügungbeschränkung 1.**

4. Wegen verspäteter Zustellung der einstw Verfgg s Arrest.

Eintragungen. Will das Gba oder der Notar sicher erkennen, was zur Eintragung
91, 92. erforderlich ist, so beachte er in erster Linie Seite 83—87, 102—107 u **stelle sich stets zunächst die Frage:** Soll eine **Berichtigung** des Gb nach dem bereits außerhalb des Gb bestehenden, dinglich wirkenden Rechtszustande oder die **Neuschaffung** oder **Veränderung** eines Rechts am Grundstücke erfolgen? Im ersteren Falle bedarf es der Vorlegung der **Beweise** des schon **bestehenden** veränderten Rechtszustandes nach § 22, 29 G B O, z B **des Erbscheins**, des Testaments, des dinglich wirkenden Vertrages **aus § 2033**, 2371 B G B (Miterben 2, Erbschaftskauf 2), oder gemäß **Aufl** 3, 6, 17, 21 oder der Abtretungsurkunde gemäß § 26 G B O oder des Ersuchens des Vollstreckungsrichters aus § 130 Zw nach Zuschlagserteilung oder des Enteignungsbeschlusses oder der Pfändungsbeschlüsse usw **u** eines **Antrags** aus § 13 G B O, der nie der Beglaubigung bedarf, wenn er nicht gleichzeitig die erforderlichen Zustimmungserklärungen z B nach § 22 Abs 2, 27 G B O enthalten soll. In allen diesen Fällen bedarf es nie mehr der beglaubigten Bewilligung des Betroffenen oder der Aufl; denn diese Bewilligungen sind nur in Fällen der **Neuschaffung** oder **Veränderung** eines Rechts im Gb erforderlich, da diese nur durch **Einigung** u **Eintragung** gemäß § 19, 20, 29 G B O erfolgen können. S Auflassung 36 über Einigung nach Eintragung. — Die **Eintragung der Aw** in Spalte 5—7 bildet mit den ursprünglichen Eintragungen **ein einheitliches Ganzes.** R G Ring 28, 639. — Was heißt heute „Eintragung **an bereitester Stelle?**" Es muß jetzt klar gesagt werden, ob eine Hypothek in der bestehenden Befugnisstelle oder wo sonst .eingetragen werden soll. Anderenfalls Beanstandung! Ricks D Not V 1928, Heft 9, 448.

1. gegen welche nach § 54 Abs 1 G B O ein **Widerspruch** einzutragen ist, sind solche, die an sich in das Gb aufgenomemn werden dürfen u nur im gegebenen Falle wegen Fehlens der Voraussetzungen nicht geschehen durften.

84, 85. **2. Ihrem Inhalte nach unzulässige** Eintragungen (§ 54 Abs 1 Satz 2), sind solche, die vom Gb ausgeschlossen, d h nicht eintragungsfähig sind. Ihr Wesen besteht darin, daß sich der **öffentliche Glaube** auf sie nicht erstreckt. Sie sind rechtlich bedeutungslose Eintragungen, aus denen kein Nachteil erwachsen kann, deren **Löschung** aber im Interesse der Gbklarstellung angezeigt ist. Jena 30.3.09 X 152, O L G K G 4.1.05 X 101. S Nebenleistung 1, Löschung 3. — **Unerlaubt** vom Gesetze sind verbotene, überflüssige d h unnötige unerhebliche Vermerke. K G Ring III 400.

3. **im Sinne des Gesetzes** sind weder tatsächliche Angaben, noch Vormerkungen oder Widersprüche, sondern nur **die Einschreibungen,** deren Inhalt unter dem **öffentlichen Glauben** des Gb steht bezw durch welche die **dingliche Rechtslage** des Gb eine **Änderung** erfährt. K G 19.10.05 VI 251, 21.3.07 VIII 274. Eintragung, auch im Sinne des 2. Abschnittes einschl § 42 G B O, ist nur eine solche, die über die Rechtsverhältnisse des Grundstücks Auskunft geben soll. Rein tatsächliche Angaben scheiden aus. Zur Ersteren gehören nicht nur rechtsändernde, sondern auch berichtigende, nicht nur endgültige, sondern auch vorläufige Eintragungen wie Vormerkung u Widerspruch. Der Begriff „Eintragung" im § 71 Abs 2, 54 G B O ist enger u bezieht sich nur auf Eintragungen, die unter dem öffentlichen Glauben stehn, also nicht auf Vormerkungen u Widersprüche. Die Ordnungsvorschrift des § 42 G B O betrifft auch Eintragungen ohne öffentlichen Glauben. Joh 44, 250. Zwischen Eintragung u Vermerk ist kein Unterschied. R G 83, 436. — S Beschw 4. — Das Gb ist unrichtig, wenn anders oder weniger als beantragt im Gb eingetragen ist. Joh 53, 183. **Benutzung von Stempeln bei Eintragungen im Grundbuch.** Zur „Eintragung" in das Gb dürfen Stempel **nicht** verwendet werden. Eintragungen sind „Einschreibungen", wie auch das Kammergericht (vgl. Nr. 3, 4) u Güthe-Triebel S 199 sagen. § 1 Abs 3 II D Vo zum Industrie-Belastungs-Gesetz gestattet nur eine Ausnahme von der Regel für die öffentliche Last des J B G u bestätigt dadurch, daß nur ein „Einschreiben" an sich zulässig u eine „Eintragung" ist. Bei Stempelbenutzung läge keine „Eintragung" vor. Die Stempelbenutzung wäre sehr praktisch, müßte aber einheitlich durch das Justizministerium geordnet werden durch Anordnung bestimmter Stoffe u Farben zum Stempeln. Denn die Stempelabdrücke verblassen sehr schnell, was beim Gb nicht möglich sein darf.

103. 4. Sie gelten als wirksam erfolgt, wenn der **Gbführer** die verfügte Formel in das Gb eingeschrieben hat. Wenn aber die unrichtigen Eintragungen nach Außen noch nicht bekannt geworden sind, kann sie das Gba noch ändern. R G 57, 284.

106, 107. 5. welche **teilweise** erfolgen, **teilweise** abgelehnt werden, s Seite 106, 107; teilweise gültig u ungültig s Nebenleistung 1.

6. Im Gb verzeichnete Eintragungen auf in Preußen belegenen, im Besitze polnischer Behörden befindlichen Grundstücken werden nach der V O 16.7.1920 (Ges S Seite 395) behandelt.

7. Eine versehentlich in Abt II eingetragene Hyp ist wirksam. Sie wurde ,falls brieflos vor 1900 eingetragen, mit B G B Eigtgrundschuld. Sie kann ohne Zustimmung der Hypgl in Abt III mit ihrem Range eingetragen werden. Auch eine äußerlich nicht als Hyp, sondern als dingliche Last bezeichnete Eintragung kann als wirksame Hyp angesehn werden, wenn nur Gl, Schuldsumme usw wie bei einer Hyp eingetragen sind. Der versehentlich nicht erteilte Brief kann nachträglich erteilt werden; vor der Erteilung kann Gl über die Hyp nicht verfügen. — Ein Zuschlag infolge Zw ändert an alledem nichts. R G 94, 5. Dies gilt m E für altes u neues Recht. — S **Wiedereintragung.**

Eintragungsbewilligung s Bewilligung u Eintragungsantrag s Antrag. Falls diese bedingt sind, gilt das unter Genehmigung 4, Joh 44, 197.

Eintragungsfähigkeit 84, 103. 1. Der **Verzicht** des Eigt darauf, daß bei einer **Kündigung** oder **Mahnung** der Brief bezw die im § 1155 B G B bezeichneten Ur-
§ 873, 1113, kunden vorgelegt werden, ist **eintragungsfähig.** — Im allgemeinen sind
1115 BGB **obligatorische** Verpflichtungen nur dann eintragungsfähig, wenn das Gesetz ihnen diese Eigenschaft beilegt; im **Sachenrecht** gibt es **keine Vertrags-**
7 (Anm) **freiheit.** Nach § 1115 B G B können aber **zur Forderungsbezeichnung**
91, 103. getroffene u nicht unter die eintragungspflichtigen Angaben des § 1115

fallende **Bestimmungen** dadurch zur Eintragung gebracht werden, daß auf sie bei der Eintragung Bezug genommen wird. Datu gehören insbesondere die Zahlungsbedingungen (Zeit, Ort, Art der Zahlung, Kündigung u deren Bedingungen, Mahnung). R G 27.4.04 V 114. — Eine Eintragung, die ungewiß läßt, ob das eingetragene Recht auf einem **öffentlich=rechtlichen** oder **privatrechtlichen Verhältnisse** beruht, ist nach ihrem Inhalte **unzulässig.** O L G XVI 182. — S Feuerversicherungspflicht, Eigtgrundschuld 10.

2. **Eintragungsfähig** ist nicht die Bestimmung, daß eine **Hyp** zum **Gesamt**= oder **Vorbehaltsgute** gehört. S Verfügungsbeschränkungen 3. Dagegen besteht **Nichteintragungsfähigkeit a)** der Hyp wegen Verstoßes gegen § 138 B G B (Gute Sitte, Wucher) nach O L G 44, 138, wonach der Charakter des Grundgeschäfts auch die Hyp nichtig macht u sonst das Geschäft nicht zu prüfen ist. — **b)** der Bestimmung daß der Gl seine Befriedigung aus dem Grdst suchen müsse. R G J W 1925, 802. — S. Wohnungsrecht.

3. Von **Darlehnsabreden** s O L G R G 26.10.08 XVIII 161. Die Eintragungsfähigkeit ist nach § 873, 1113 B G B zu beurteilen. — S Goldklausel.

4. Eintragungsfähig sind nicht ein **Ankaufsrecht** (s dort) u **die ablösbaren Lasten,** insbesondere nicht die Pflicht zur Erstattung von **Armen**= u **Schullasten.** S Lasten.

5. **Über** Eintragungsfähigkeit von Abreden eines Rentengutsvertrages s die Entscheidung bei Feuerversicherungspflicht.

6. Die Eintragungsfähigkeit von Eintragungen älteren Rechts ist nach diesem zu beurteilen, weil es sich um Löschung wegen inhaltlicher Unzulässigkeit gemäß § 54 G B O handelt. Ein Gesetz, das die Wirksamkeit solcher Eintragungen wegen inhaltlicher Unzulässigkeit nach heutigem Rechte mit rückwirkender Kraft verneint, ist nicht ergangen. Es hat auch keinen Einfluß, wenn die Eintragungen in der unrichtigen Abteilung erfolgt waren. O L G R G 29.11.09 XXI 19. Das den Gl eines Nießbrauchbestellers oder den Nachlaßgl zustehende Befriedigungsrecht ist nicht dinglich u nicht eintragungsfähig. R G 70, 348.

7. Öffentliche Flüsse sind als privatrechtlich eigentumsunfähig nicht buchungsfähig, d h nicht fähig auf einem besonderen Blatte im Gb eingetragen zu werden. Ihre Buchung ist inhaltlich unzulässig; dasselbe gilt für die übrigen Eintragungen in Abt II, III. Joh 42, 176. (S Wassergesetz.) § 54 G B O. — Ebenso ist das Fischereirecht kraft Regales als Belastung eintragungsunfähig. O L G R G XXV 393.

Eintragungspflichtige Rechte u Vermerke. Seite 103. S auch Nebenleistung.

Eintragungszwang u seine Ausnahmen. Seite 103. Ferner s Löschungsvormerkung.

Einwilligung des Ehemanns s Genehmigung des Vaters, gesetzlichen Vertreters unter Vater, Pfleger, Genehmigung 2.

Einzelfirma. Einzelkaufmann. Für Erstere als Gl kann eine Hyp eingetragen werden. M E gilt dies auch für Preußen. § 4 Verf 20.11.99 enthält kein Verbot, sondern nur Beispiele zur Bezeichnung von Berechtigten. Wenn in der Aufzählung ein Verbot läge, wie sollten dann die Eintragungen unter Gl 4 zulässig sein. (S jedoch R G 72, 40 u Güthe S 1506, die § 4 für Preußen anders auslegen, aber sonst die Eintragung für zulässig erachten.) Damit kann sie m E auch Berechtigte der anderen Abteilungen sein. Wegen späterer Schwierigkeiten müßte jedoch **jeder Urkundsbeamte** dem Antragsteller **raten,** den Familiennamen des Einzelkaufmanns statt dessen Firma eintragen zu lassen mit dem Zusatze in der Bewilligung, daß eine Geschäftsforderung vorliegt, um dem Prokuristen ebenfalls die Verfügung zu ermöglichen. — Tritt ein Einzelkaufmann eine auf seinen Familiennamen eingetragene Hyp in einer mit seiner Firma unterzeichneten Bewilligung ab, muß geprüft werden, ob der Träger des Familiennamens u der Firma derselbe ist, nicht aber ob die Hyp zum Privat- oder Geschäftsvermögen gehört. Joh 37, 228. S jedoch Prokurist. — S Vermögensübernahme. Die Übernahme des Geschäftsvermögens eines Einzelkaufmanns ist nicht wie bei Sparkassen, offenen Handels- u Aktiengesellschaften eine **Übernahme eines Vermögens als „Ganzen"**, weil die Firma nur der Name, kein besonderes Rechtssubjekt ist d h **kein Geschäfts- neben Privatvermögen** schaffte. K G D Not V 27, 675. (Diese Entscheidung widerspricht obiger Joh 37, 228.) — Vgl ferner Gläubiger 14; Auflassung 25; Vollmacht 5. — Eine Hyp zu Gunsten „der Einzelfirma NN, Inhaber NN in N" ist zwar nicht vorschriftsmäßig für den Kaufmann NN in N eingetragen, aber nicht unwirksam, weil die Gläubigerperson mit Sicherheit bestimmbar ist. Die Hyp geht aber für das Gba nach § 25 I S 2 H G B nicht von selbst über, sondern durch besondere Bewilligung u Eintragung. K G D Not V 26, 493.

Einziehung, Überweisung zur: s Hyp 7. Zur **Löschung** einer **gepfändeten** und zur **Einziehung** überwiesenen **Briefhyp** ist die Zustimmung des **Vollstreckungsschuldners** nicht erforderlich. O L G K G 14.10.01 III 392. S Abtretung 16, Überweisung.

Eisenbahngrundstücke u Rechte an Grundstücken usw der Länder u ihre Umschreibung auf das Reich s Ges 27.4.1920 (R G Bl 643 ff), 29.4.1920 (Pr Ges S 97 ff). Das Eigentum an Grundstücken u Rechten an solchen geht kraft Gesetzes auf das Reich über. Die Berichtigung des Gb erfolgt erst auf Ersuchen der Reichseisenbahnbehörden **u** der bisherigen Länderverwaltungen auf Grund gemeinsam darüber ausgestellter öffentlicher Urkunden § 2. **Eisenbahngrundstücke**, die nicht zum Betriebe gehören, können nach R G 19.3.24 (R G Bl 785) ohne Eintragung in das Gb mit **„Hyp"** belastet werden. — S Reichsbahn.

Elterliche Gewalt s vorm Gen, Eheleute 2, 3, 4, 13.

England. Nach Leske-Loewenfeld 1904, 511, 513a ist die Ehefrau im Allgemeinen unbeschränkt erwerbs- u verfügungsberechtigt, namentlich wenn ihre Rechte, bewegliche u unbewegliche Vermögen (Sondergut) auf ihren Namen lauten, wenn kein Ehevertrag geschlossen ist. Sie erwirbt durch Ehe keine Rechte am Vermögen des Mannes bei dessen Lebzeiten, aber beim Tode auf Lebenszeit Anspruch auf Wittum oder Leibgedinge am vererblichen ehemännlichen Grundbesitze u gesetzliches Erbrecht mit den Kindern am beweglichen Mannesnachlasse. Der Mann kann nicht über das Frauenvermögen verfügen. — Zu den Akten Berlin-Tempelhof Bd 12 Bl 522 (Nr 38/39) hat am 2.10.1928 der mit der Wahrnehmung konsularischer Geschäfte beauftragte Legationssekretär an der Deutschen Botschaft bescheinigt, daß ein englischer Notar zu London zu folgender Bescheinigung über die Vertretungsmacht bei einer Firma nach den britischen Gesetzen befugt ist: „Ferner bescheinige ich, daß die Firma NN ordnungsmäßig laut der mir unterbreiteten Einschreibungs-Bescheinigung Nr 1984 unter der Einschreibung von Firmen-Namen Gesetze von 1916 eingeschrieben ist u daß die beigefügte von dem (Vertreter) NN in seiner Teilhabereigenschaft gefertigte Urkunde für besagte Firma u deren Teilhaber rechtsgültig u rechtsverbindlich ist."

Enteignung. Preuß Ges v 11.6.74. 84. 1. **§ 44.** Abs 1. Mit der Zustellung des Enteignungsbeschlusses **geht das Eigentum** des enteigneten Grundstücks auf den Unternehmer **über.** (S Nr 8, Ring I 288.) **§ 45.** Das Grundstück wird frei von allen privatrechtlichen Verpflichtungen. (Löschung der Lasten, Hyp erfolgt nur auf Antrag. § 13, 27, 29 G B O.) **§ 33.** Gleichzeitig mit der Enteignungserklärung hat der Bezirksausschuß bezw die erste Abteilung des Polizeipräsidiums in Berlin u a das Gba um Eintragung des Enteignungsvermerks unter Beifügung einer

Ausfertigung des an den Unternehmer u Grundstückseigt oder an dessen Bevollmächtigten K G Ring IV 352 zugestellten Enteignungsbeschlusses zu ersuchen. (Nach O L G K G 20.6.04 IX 338 findet § 42 G B O dabei keine Anwendung.) Nach **§ 16, 17** kann die Übertragung des Eigentums auch durch freiwillige Aufl erfolgen. — Enteignung geht der Eigentumsübertragung durch Aufl vor u wirkt unter Vernichtung des bisherigen Eigentums gegen den jeweiligen Eigt. O L G 43, 4, Ring I 388. —

2. Gemäß **§ 14 Ges vom 2.7.1875** betr Anlegung u Veränderung von Straßen u Plätzen kommen die obigen §§ auch hier zur Anwendung.

3. Endlich müssen Grundstücke, welche auf Grund der preußischen **Gesetze vom 7.10.1865** u **7.4.1869** zur Errichtung **trigonometrischer Marksteine** vom Staate erworben sind, auf bloßes Ersuchen des **Kreislandrats** auch dann vom Gb abgeschrieben werden, wenn die Enteignung **nicht zwangsweise,** sondern auf Grund freiwilliger, zu überreichender beurkundeter Vereinbarungen erfolgt. **Preuß Ges 3.6.74 Seite 239.** Dasselbe gilt auch für die Rückübertragung des Eigentums auf Ersuchen des den Fiskus vertretenden Landrats. **Preuß Ges vom 24.5.1901.** Die Vereinbarungen können formlos erfolgen.

4. Rayon-Gesetz 21.12.1875 R Ges Seite 459; Art 109 E G B G B.

5. Bergwerkseigentum s 6 u Bergrecht. S **Berichtigung 20,** Wassergesetz.

6. Die Eintragung eines Widerspruchs gegen die Enteignungsvormerkung (Enteignungsvermerk) ist unzulässig, weil dieser Vermerk mangels materiellrechtlicher Bedeutung keine eines Widerspruchs fähige Eintragung ist. Die Wirkungen der Enteignung sind von der Eintragung des Vermerks unabhängig. Dieser Enteignungsvermerk muß gemäß § 24 Ges zu 1 oben u § 14 zu 2 oben auch von Amtswegen eingetragen werden, wenn vom Enteignungsunternehmer bezw Gemeindevorstande unter Vorlegung der Ausfertigung des rechtskräftigen Planfeststellungsbeschlusses des Bezirksausschusses (Abt I des Polizeipräsidiums) gemäß § 21 Ges zu 1 oben bezw des Gemeindevorstandes (§ 8 Ges zu 2) eine begl Abschrift des Gbblattes beantragt wird. Die Löschung (§ 24) erfolgt, wenn die Enteignung vollzogen ist (§ 33 zu 1 oben) oder der Regierungs- bezw Polizeipräsident oder Gemeindevorstand darum ersucht. S auch Joh 40, 130. (S unter 7.) Nach Joh 10, 315 genügt zur Eintragung des Enteignungsvermerks betr Straßenland u Plätze gemäß dem Ges zu 2 oben auch die Bescheinigung des Gemeindevorstandes an Stelle der Bescheinigung des Reg-Präsidenten gemäß § 24 Ges zu 1. — Zur Eintragung des Enteignungsvermerks kann das Gba den festgestellten Plan nicht verlangen. Es genügt der Planfeststellungsbeschluß. Joh 50, 174. — Der Präsident des Landeskulturamts kann in Siedlungssachen um Eintragung des Enteignungsvermerks gemäß § 6 R Siedlungsges (S Aufl III) unter Angabe der Örtlichkeit u Größe ohne (die später nachzuholende) Katasterbezeichnung ersuchen. O L G 44, 157.

7. Ges über das vereinfachte Enteignungsverfahren 26.7.1922 (Ges S 211) aus Gründen des öffentl Wohls für Arbeiten zur Beschaffung von Arbeitsgelegenheit u alle Unternehmungen, die für die Volksversorgung Bedeutung haben u bei denen die Enteignung zum öffentlichen Wohl der Beschleunigung bedarf. Das Staatsministerium ordnet das Verfahren an. Der Reg-Präsident tritt an Stelle des Bezirksausschusses u beim Berggesetze treten er u das Oberbergamt auf. Das Staatsministerium ordnet das Verfahren an. — S Berichtigung 19. — Wird beim vereinfachten Enteignungsverfahren, wie möglich, der Beschluß über die Entschädigung mit dem über die Planfeststellung verbunden, ist vom Gba dem Unternehmer ein beglaubigter Gbauszug schon dann zu erteilen u eine Vormerkung über das Enteignungsverfahren einzutragen, wenn der Reg-Präsident dessen Einleitung u die beabsichtigte obige Verbindung bescheinigt.

Findet eine Verbindung nicht statt, bleibt es für die Zeit der Eintragung der Vormerkung bei K G Joh 40, 130 (oben 6); J M Bl 28, 304.

8. V O zur Ausführung der V O über Wohnungsnotbeseitigung (9.12.1919, R G Bl 1968) vom 14.2.1921 (Ges S Seite 315). Der Bezirkswohnungskommissar ersucht nach Zahlung oder Hinterlegung der Entschädigungssumme das Gba unter Beifügung einer Abschrift des an Eigt zugestellten Enteignungsbescheides nebst Zustellungsurkunde um Eintragung des Erwerbers des Grundstücks in das Gb. Ist im Bescheide **nicht** ausgesprochen, daß Belastungen des Grundstücks zu übernehmen sind, ist Hinterlegung erforderlich. Sind Belastungen **nicht** zu übernehmen, ist gleichzeitig um ihre Löschung im Gb zu ersuchen. — An Stelle der Eigentumsentziehung kann auch Belastung mit einem **Erbbaurechte** durch Enteignung erfolgen.

9. Daß ein Grundstücksteil schon enteignet, ist als inhaltlich unzulässige Eintragung zu löschen. Die gelöschte Enteignungsvormerkung ist wieder einzutragen. Nur die Enteignungsbehörde (nicht der Unternehmer) kann ohne Briefvorlegung um Eintragung des Eigentumsüberganges u Löschung (Nichtmitübertragung) der Belastung ersuchen. Joh 41, 188, 194.

10. Enteignung infolge Wohnungsnot V O 14.2.1921 (Ges S Seite 315).

11. Die Enteignung fällt auch unter § 20 I Aw G. K G D Not V 26, 325. (Aw-Gbsachen F.).

12. Die Enteignung des Grundstücks in der Rückwirkungszeit des § 15 Aw G u die dadurch **1922** verursachte Löschung der Hyp bewirkt, daß deren Forderung unter Aw G nicht mehr als durch Hyp gesichert, also nicht als awbar gilt. R G Ring 28, 403, wo streitig geblieben ist, ob die (hier 1922 erloschene) Hyp unter III St N Vo oder Aw G noch bestanden haben muß.

Entgeltlichkeit, entgeltliche Verfügung, s unentgeltliche Verfügung.

Entlassung aus der Pfandverbindlichkeit s Pfandentlassung.

Entschädigung s Nebenleistung 4.

Erbanteil am Nachlasse, am einzelnen Gegenstande K G VI 237. S **Miterben,** Erbteilung, Versäumnisverfahren s Löschungsbewilligung 2. Pfändung 5, Verpfändung eines Erbanteils R G 83, 30. Miterben haben, wenn ein Testamentsvollstrecker ernannt ist, kein Antragrecht. Joh 51, 214. M E sagt § 13 G B O das Gegenteil.

Erbausschlagung s Erbverzicht.

Erbbaurecht. Grunderwerbsteuerbescheinigung u Genehmigung wie bei Auflassung **Nr 14.** Einleitung I, V. Verordnung über das **Erbbaurecht** 15.1.1919 (R G Bl 6, 18, 84, 72), Allgem Verfg 25.3.1919 (J M Bl Seite 138 ff). Völlige Neuord- 85, 97. nung. Vgl auch Verordnung vom 30.4.1919 (Ges S Seite 88) betreffend die Rangstelle von Erbbaurechten auf Grund § 10 V O vom 15.1.19, wonach die Verfügungsbeschränkungen aus Art 15 Abs 1 A G G B O u durch Ernennung eines Testamentsvollstreckers gegenüber der Vorschrift, daß das Erbbaurecht nur an erster Rangstelle bestellt werden darf, außer Betracht bleiben. Dies gilt auch für Verfügungsbeschränkungen durch Nacherben, wenn diese der Erbbaurechtsbestellung zugestimmt haben. 12.1.21 (J M Bl 138) über Eintragung des Inhalts des Erbbr im Erbbaugb. — **Wertsberechnung** des Erbbaurechts us daß auf seinen Inhalt in der Eintragungsbewilligung auf dem selbständigen Blatte des Erbbaurechts im Gb nicht bezuggenommen werden kann s Dresden Ring III 328, II 304.

1. Es ist zulässig, ein **Erbbaurecht** sowie eine **Dienstbarkeit** auf dem ganzen Grundstücke (nicht auf einem Bruchteile; s Miteigentümer) eintragen zu lassen mit dem Bemerken, daß ihre Ausübung auf einen (anzugebenden) **bestimmten Teil** des Grundstücks **beschränkt** ist. Der wirklich betroffene Teil braucht nicht gemäß § 6 G B O abgeschrieben zu werden. K G 30.5.07 IX 56. Die **Urkundsperson** wird zweckmäßig den Beteiligten **raten**, nur ein bestimmtes Trennstück zu belasten, damit nicht Schwierigkeiten aus Abschreibungen anderer Trennstücke u der Frage der Mitübertragung des Rechts entstehn. S auch O L G München 10.12.09 XX 405.

2. Seine Eintragung ist **unzulässig**, wenn es unter einer seinem Wesen widersprechenden **auflösenden Bedingung** bestellt ist, daß es z B im Veräußerungsfalle erlöschen soll. K G 7.11.07 IX 128.

3. Eine **Vormerkung** zur Sicherung des Anspruchs auf **Aufhebung** eines **Erbbaurechts** für den Fall, daß es ohne Genehmigung des Eigt des belasteten Grundstücks veräußert wird, ist zulässig. K G 5.10.08 IX 271.

4. Wegen Bestellung eines Erbbaurechts **durch eine Stadt** s Magistrat.

5. Betreffend eine **Gleisanlage** u die **Pflicht** des Gba ein **besonderes Blatt** anzulegen, wenn das Recht zwangsweise versteigert wird; ferner **Allgemeines** über das Erbbaurecht. K G 19.12.04. V 202. — Betreffend eine **Röhrenleitung**. K G 12.1.05 V 204.

6. Der **Erbbauzins** kann nicht durch Höchst- u Mindestgrenze oder spätere Feststellung durch Beteiligte oder Dritte festgesetzt werden. § 9 II Vo 15.1.19. Er muß im Voraus bestimmt sein. Dresden Ring III 326.

Erben. 1. im Sinne des § 41 G B O sind nicht nur die unmittelbaren Erben, sondern auch die **Erbeserben**. Die Erbeserben des eingetragenen Eigt können daher ein **Nachlaßgrundstück** auflassen, ohne daß es vorher auf ihren Namen eingetragen wird. § 41 Abs 1 G B O. Die Berichtigung des Gb auf die Erben gemäß § 40, 41 G B O muß erfolgen, wenn der über das ererbte Recht verfügende Erbe Inhaber des Rechts bleibt, es also nur ändert, beschränkt oder belastet; sie erfolgt dagegen nicht, wenn er durch die Verfügung Rechtsinhaber zu sein aufhört. O L G K G 22.2.04 VIII 318. — R G 53, 298. Dies gilt auch bei Erbeserben, wenn ein Testamentsvollstrecker des eingetragenen Berechtigten oder des Erben die Eintragung bewilligt hat. Joh 49, 174. — § 41 gilt auch für erbähnliche Gesamtrechtsnachfolgefälle z B Eingemeindungen. R G 87, 286. M E also auch für fortgesetzte Gütergemeinschaft. D Not V 1921, 314. A M Joh 52, 135, wo die Erbähnlichkeit der fortges Gütergemeinschaft überraschend abgelehnt ist.

2. brauchen **nicht** erst gemäß § 40, 41 G B O als **Eigt** eingetragen zu werden, wenn sie ein Nachlaßgrundstück oder Trennstück auf ein anderes Gbblatt übertragen verlangen. In dieser **Übertragung** liegt **keine** ein Recht **ändernde Eintragung.** K G 11.1.04 IV 126. S Berichtigung 6, Eintragungen 3, Eingemeindung, Aufl 10, 14, 21.

3. bedürfen der Eintragung als **Hypgl**, wenn bei einer Nachlaßhyp **Veränderungen** eingetragen werden sollen. S Vorerbe. § 40, 41 G B O.

4. bedürfen **nicht** erst der Eintragung als **Hypgl**, wenn von einer Nachlaßhyp ein **Teil gelöscht** u **der Rest** zusammen mit einem Trennstücke auf ein anderes Blatt **übertragen** werden soll. Die **Entpfändung** eines Grundstücks ist nichts anderes als die Aufhebung einer Hyp. K G 30.9.01 II 242.

5. bedürfen **nicht** erst der Eintragung als **Eigt**, wenn sie auf Grund einer Quittung u Löschungsbewilligung die zur **Eigthyp** oder **Grundschuld** gewordene Hyp zum Teile **löschen** lassen u zum andern Teile auf einen anderen Gl unter nachträglicher **Erteilung** eines **Briefes umzuschreiben** beantragen **oder** eine **Hyp** u ein **Altenteil** löschen lassen. K G 11.7.00 I 125; 30.9.01 II 144. Das K G sieht den Eigt als eventuell eingetragenen Inhaber der gemäß § 1163 B G B ihm zufallenden Hyp an.

6. Beweis, wer Erbe ist, nur durch Urkunden Seite 89d—g, nicht durch Erbteilungsverhandlung, § 36—38 G B O. S Testamentsvollstrecker 2. — Eintragung der Erben u für Erben s Berichtigung 6, Gl 4.

Erbleihen u ihre Aw s Aw-Gbsachen K.

Erbpacht. (Kanon) u seine Aw s R G 113, 93. Jetzt Preuß Ges u Vo 28.12.1927

Erbpacht. (Kanon) 84, 97. — Begriff nach A L R R G 98, 215. — **Erbpachtzins** u seine Aw s R G 113, 93. Jetzt Preuß Ges u Vo 28.12.1927 (R G Bl 215, 219) unter Aw-Gbsachen K.

Erbrecht. 1. Es gibt **keine Hyp a)** wenn Vater in nur **„begl"** Form erklärt, er schulde seinem Sohne vorbeschiedenes Vatererbe, weil durch diesen Formfehler eine erbrechtliche Forderung nicht entsteht u für Schenkung die Protokollform fehlt. O L E 43, 12. — **b)** zur Sicherung eines **Erbrechts,** da der Erbanspruch keine Forderung (Geldforderung) im Sinne des § 1113 B G B ist. Es gibt aber eine Hyp zur Sicherung von **Pflichtteilsansprüchen.** O L E Kassel 22.3.06. XIV 97. S Nr 54 B u Hyp Einleitung, Pfandbriefdarlehen.

2. Ob ein Erbrecht bewiesen ist, **darüber entscheidet** in Sachen der freiwilligen Gerichtsbarkeit u des Gba nur das **Nachlaßgericht** (durch Erbschein, Zeugnisse usw). O L E K G 17.1.07 XVI 172

3. Erbrecht des **Fiskus** u der **Stadt** s Verzicht 1.

Erbschaftsausschlagung. Der Unterschied zwischen ihm u dem Erbverzichte s Erbverzicht.

Erbschaftskauf. 1. Seine Bedeutung bei Umschreibung von Grundstücken u Hyp s Aufl 21. Der Löschung einer Nachlaßhyp muß der Erbschaftskäufer zustimmen.

2. Er bedarf nach § 2371 B G B gerichtlicher oder notarieller Form, während er nach preuß Rechte nur der schriftlichen Form bedurfte. Soll auf Grund eines vor oder nach 1900 nur schriftlich geschlossenen Erbschaftskaufvertrages das Gb in Abt I auf die Erbschaftskäufer berichtigt werden, ist Aufl erforderlich. O L E K G 24.6.09 XXI 33. Sonst genügt zur Berichtigung des Gb Vorlegung des gerichtlichen oder notariellen Vertrags u beglaubigter Antrag der Erwerber. § 22 G B O. — **Der Erbschaftskauf über eine nach Art 213 E G B G B den bisherigen Gesetzen unterworfene Erbschaft bedarf nicht der Form des § 2371 B G B** R G 73, 291. (Aber Aufl wie vorher.) In allen diesen Fällen ist natürlich nicht der Erbschaftsverkauf seitens eines Alleinerben gemeint, sondern der Verkauf von Anteilen bei einer Erbenmehrheit gemäß § 2033 B G B. Dieser allein hat solche dingliche Wirkung. Der Verkauf des Alleinerben dagegen nicht, u ist deshalb stets Aufl erforderlich. — Auch der Mitnacherbe u der Alleinerbe können wie oben, hier aber mit dinglicher Wirkung vor dem Erbanfalle die Nacherbschaft veräußern, ebenso deren Erwerber, sodaß Grundstücke auf die Erwerber ohne Aufl berichtigt werden können, wenn der gerichtl oder notarielle Vertrag vorgelegt wird.

3. Sind mehrere Erben als Grundstückseigt in ungeteilter Erbengemeinschaft eingetragen u überreicht einer von ihnen oder ein Dritter einen gemäß § 2371 B G B mit einem oder mehreren Miterben geschlossenen Vertrag so muß m E auf seinen beglaubigten Antrag die Abt I etwa so berichtigt werden: Der N N in N. Nr 1: Auf Grund des Vertrages vom 1. Oktober 1910 an Stelle des N N eingetragen am . . ten.

Erbschein. (S Drewes D Not B 1926, 450; 1927, 3 über Erbscheine u Testaments-
Nr 7. vollstreckerzeugnisse nebst Zuständigkeit des Nachlaßgerichts u ihre
6, 84, 89. örtliche u zeitliche Geltung.) **Ausländische** Erbscheine s Ausland 10. Er muß um überall brauchbar zu sein enthalten die Angabe **a)** des letzten Wohnsitzes des mit Rufnamen (bei Frauen „geb") zu bezeichnenden Erblassers u seiner Wohnung, **b)** jeglicher Verfügungsbeschränkungen der Erben (Testaments-

vollstrecker, Minderjährigkeit mit Geburtsdaten, Entmündigung usw), **c**) ob die Erblasserkinder seine u seiner Witwe Kinder oder aus mehreren Ehen sind, **d**) ob er auf gesetzlichem Erbrecht oder auf Testament (welchem?) beruht.

1. Das Gba hat **keine Nachprüfung** der Gültigkeit u Richtigkeit des Erbscheins, ist aber an den Erbschein nicht gebunden, wenn ihm neue, der Erbscheinsrichtigkeit entgegenstehende Tatsachen (z B Nachzettel, nicht genannte Nacherben, Kinder des Erblassers) bekannt geworden sind u es annehmen muß, daß der Erbschein bei ihrem Bekanntsein nicht erteilt wäre. Es kann u muß deshalb die Tatsachen, seine Bedenken dem Nachlaßgerichte mitteilen u das Weitere anheimgeben. (S Erbrecht 2, Joh 45, 252, Testament 4.) Er darf nicht unklar sein u muß Unklarheiten des Testaments durch Auslegung beseitigen. O L G 43, 185. Wird ein **Erbschein** vorgelegt, so kann das Gba nicht die Vorlegung des **Testaments** verlangen u von dessen Vorlegung die Eintragung abhängig machen, da das Nachlaßgericht alle Beschränkungen u sonstiges Erforderliches in dem Erbscheine anführen muß. K G 16.11.08 X 64. Liegt ein **Testament** vor, kann das Gba nicht ohne Weiteres einen **Erbschein** verlangen, sondern nur wenn besondere Schwierigkeiten (Ring I 358) **vorliegen.** Es muß die letztwillige Verfügung auf Form u Inhalt prüfen u bei Zweifeln sein Verlangen, sowie, warum das Testament nicht als Ausweis gemäß § 29, 36 G B O genügt, ausführlich begründen. K G 12.5.02 III 133. O L G s Erbrecht. Das Gba muß an sich die aus dem Rechtsinhalte einer letztwilligen Verfügung sich ergebenden Schwierigkeiten selbst lösen, kann jedoch **trotz** Vorliegens einer letztwilligen **Verfügung in öffentlicher Urkunde** die Beibringung eines Erbscheins verlangen, wenn sich aus der Anfechtbarkeit der letztwilligen Verfügung auch in tatsächlicher Hinsicht **begründete Zweifel** an dem auf die Verfügung gestützten Erbrechte ergeben. K G 19.1.05 V 206. Der Erbschein **darf** bezw **muß** trotz vorliegender letztwilliger Verfügung verlangt werden, wenn diese nur eine **eigenhändige** ist; wenn ein im Testament nicht genannter **Pflichtteilsberechtigter** nachträglich geboren u das Testament dadurch anfechtbar wird (s die letztgenannte Entscheidung); wenn die Erben nicht einzeln, sondern nur als **„Geschwister“**, **„Kinder,** die noch geboren werden“, **„gesetzliche Erben“** oder **ungenau** bezeichnet sind; wenn Zweifel vorhanden sind, ob die Genannten Erben oder Nacherben oder Vermächtnisnehmer sind, oder, wenn begründete Bedenken an der **Gültigkeit** des Testaments bestehn. O L G K G 26.9.04; die Entscheidung bei Erbrecht 2, Testament 1, 2, unten 3, Erben 6. § 36—38 G B O. **Die wichtigsten Erbscheins-, Testaments- und Steuerfragen** s D Not V 1921, 163, 195, 347.

2. Das Gba ist **nicht berufen,** zu entscheiden, ob eine letztwillige Anordnung wegen **Irrtums** angefochten werden kann oder in der gesetzlichen Form u Frist angefochten ist. Es ist nicht verpflichtet, gemäß § 12 Freiw Zeugen zu vernehmen u Ermittlungen anzustellen. Der Antragsteller muß alle Voraussetzungen einer Eintragung gemäß § 29 G B O nachweisen. K G 2.11.03 IV 70. S jedoch Gba 9.

3. Ein Erbschein muß ferner noch verlangt werden: **a**) s Testamentsvollstrecker 2. — **b**) wenn neben einem in öffentlicher Urkunde enthaltenen Testamente (Seite 89e) ein eröffnetes eigenhändiges Testament vorgelegt wird, es sei denn, daß es offenbar nichtig oder durch die öffentliche Testamentsurkunde widerrufen (oder unwesentlich) ist. Joh 37, 245; 47, 144. Der Erbschein kann verlangt werden, wenn die letztwillige Verfügung nur zusammen mit anderen öffentlichen Urkunden das Erbrecht beweist. Es besteht nicht die Pflicht der Prüfung durch das Gba, ob einer von mehreren Testamentsvollstreckern vor dem Erblasser verstorben u ob bezw wem sein Erbteil angewachsen ist. Joh 38, 225. K G 24.5.09. — Der Erbschein kann nicht verlangt werden s Vorerbe 13.

4. Unter Erbschein gemäß § 36 Abs 1 G B O ist nur ein Zeugnis auf Grund § 2353 oder 2369 B G B zu verstehn. Er muß auch dann erbracht werden, wenn es sich um die Erbfolge eines im Auslande verstorbenen Erblassers auf Grund einer in öffentlicher Urkunde errichteten letztwilligen Verfügung handelt, es sei denn, daß außer dieser noch das Eröffnungsprotokoll vorgelegt wird. Es ist unerheblich, ob das maßgebende ausländische Recht eine solche Eröffnung kennt oder nicht. Joh 36, 162. K G 3.6.08.

5. Der Erbschein für den nach § 2136 B G B befreiten Vorerben, der nur den Inhalt des § 2363 II B G B („der Vorerbe ist zur freien Verfügung über die Erbschaft befugt") ist unwichtig. Genau ist anzugeben, daß der Vorerbe zur freien Verfügung berechtigt u von allen Beschränkungen des § 2136 B G B oder von allen gesetzlichen Beschränkungen überhaupt befreit ist, oder es sind nur die teilweisen Befreiungen genau anzugeben. Drewes D Not V 1927, 3. — S aber „**Vorerbe** Einleitung" darüber, ob nach dem Erblasser oder dem Vorerben ein Erbschein zu erteilen ist.

Erbverzicht. S Eheleute 2, Vorerbe 15. — Der Erbverzicht beseitigt das Erbrecht zwischen Erblasser u Erben vor dem Erbanfalle, die Erbausschlagung dagegen die Wirkung des Erbanfalls nach diesem. Nach B G B gibt es keinen Verzicht auf die angefallene Erbschaft mit Erbfortfall u keinen Verzicht des Nacherben auf die Nacherbschaft nach dem Erbfalle, aber vor dem Nacherbfalle, da nach § 2142 Abs 1 B G B der Nacherbe die Nacherbschaft schon vor dem Nacherbfalle nur ausschlagen kann. Dagegen gibt es eine Übertragung der Nacherbenanwartschaftsrechte in der Form des § 2033 B G B. Joh 51, 217; Erbschaftskauf 2; Verzicht 2 auf Eintragung des Nacherbenrechts.

Erklärungen, ihre Bedeutung, Form Seite 86.

Erlöschen einer Forderung s Forderung.

Ermittlungen des Gbr s Gba 6, 9, Ausland 3, Erbschein 2.

Errungenschaftsgemeinschaft s Eheleute.

Ersatzberechtigte, Ersatzansprüche aus § 1164, 1173 Abs 2, 1174, 1182 B G B s Hyp 22.

Ersatznacherbe s Vorerbe 13.

Ersetzbarkeit der Bewilligung 84.

Ersteher ist befugt, zwischen dem Zuschlage u der Gbberichtigung auf ihn Rechte am
Nr 12. versteigerten Grundstücke zu bestellen. (S Eigt.) Der **Gbr** ist ver-
105, 113. pflichtet, die Eintragungsanträge anzunehmen u bis zur Berichtigung aufzubewahren u darf sie nicht als verfrüht zurückweisen. R G 9.12.05 VI 269. Sie haben natürlich den Rang hinter den vom Versteigerungsrichter beantragten Eintragungen. S Rang Einl. S Zuschlag. Wenn Ersteher verstorben, s Vollstreckungsrichter, Gl 13.

Ersuchen von Behörden. § 39 G B O. Die Pflicht den Behörden Beistand zu leisten
84, 88. s Auskunft, Grundakten, Joh 52, 14. 1. Die Prüfung der **Grundlagen** eines Ersuchens kommt dem **Gbr nicht zu,** da die ersuchende Behörde dafür selbst die Verantwortung trägt, wohl aber die Prüfung des **Inhalts** des Er-
Nr 11, 12, 13, suchens, ob es sich im Rahmen des zum Ersuchen berechtigenden Ge-
24, 36. setzes hält, ob ihm nicht nach der G B O u dem Gb Bedenken oder Hindernisse entgegenstehn. S Gba. Sonst ist das Ersuchen wie ein gewöhnlicher Antrag (also auch aus § 18 G B O) zu behandeln. Joh 52, 156. Ersucht z B **das Vollstreckungsgericht** auf Grund einstweiliger Verfügung, eine Zwangsverwaltung (s Zw 4) einzutragen, so ist nicht zu prüfen, ob die einstweilige Verfügung selbst zu Recht ergangen ist, sondern ob das Vollstreckungsgericht auf Grund solcher Verfügungen um die Eintragungen ersuchen darf. K G 7.11.07 X 131. D J Z 1914, 760. Ist Jemand zur Abgabe einer Willenserklärung verurteilt, so hat das Gba dennoch nachzuprüfen, ob der Verurteilte

über das Eigentum oder Recht am Grundstücke (oder Rechte daran) zu verfügen befugt ist. § 19 G B O. Joh 51, 194. S Gbr 4, Zuschlag, Generalkommission, Verwaltungszwangsverfahren, Vollstreckungsrichter.

2. des **Reichsversicherungsamts**, der Landesversicherungsämter, Schiedsgerichte u **anderer öffentlicher Behörden** sowie der Genossenschafts- u Sektionsvorstände ist nach § 144 Unfallversicherungsges vom 30.6.1900 möglichst zu entsprechen, z B durch Aktenübersendung.

3. des Reichs bei Enteignungen auf Grund des Friedensvertrages s Berichtigung 19.

4. Das ersuchte preußische Gericht ist berechtigt, dem ersuchenden Gerichte nur eine Ausfertigung der aufgenommenen Urkunde zu übersenden. R G 106, 344. Gutachten des K G über Beistands-, Auskunfts-, Rechts- und Amtshilfepflicht der Behörden s J M Bl 1926, 160. § 156—168 G V G, § 2, 1 Freiw, § 73, 74 Aw G, Art 117 D Vo 29.11.1925. Kostenfrage Allgem Verfg 7.3.1907, J M Bl 55. Nicht Sach-, sondern Aufsichtsbeschwerde! Dies gilt auch für Handels-, Vereins- u Güterrechtsusw-Register!

Erwerb des Rechts im Sinne des § 2 Aw G ist nicht im wirtschaftlichen, sondern **im Rechtssinne** aufzufassen. R G Ring 28, 621, wonach bei einem Erwerbe aus einer echten oder unechten Abtretung nach 13.2.1924 der Altgläubiger keine Aw, aber einen Ausgleichsanspruch gegen den Neugläubiger durch das Prozeßgericht erhält, weil z B bei einer Bauhypabtretung deren Eintragung im Gb oder der Zeitpunkt einer späteren Einigung entscheidet. — **Erwerbsverbot** durch einstweilige Verfügung ist zulässig s einstweilige Verfügung 3b.

Expeditionen der Hypbriefe s Nr 50, 66, 67 u Rang Einleitungsschluß. — Eine Expedition ist die durch besondere gewandte Beamte erfolgende Ausarbeitung der Verfügung des Richters oder Rechtspflegers zur Ausführung durch die Kanzlei.

Fährgerechtigkeit Seite 97. S auch Gerechtigkeiten.

Fahrnisgemeinschaft, Abtretung einer Hyp s Eheleute 7.

Familienfideikommiß s Adel, Familiengüter, Aufl 8; **Verfügungen** darüber O L G K G 84, 85. 16.2.05 X 432, woselbst auch der Nachweis der **Allodialeigenschaft** behandelt ist. — Vgl Art 16—20 A G G B O. Verhältnis des Art 16 zu Art 20 O L G K G 14.12.03 VIII 159. — Fideikommißbehörde Seite 85, Unschädlichkeitszeugnis. — Die Fideikommißbehörde kann nicht als Gl von Rechten eingetragen werden. Weder sie noch das Fideikommiß ist juristische Person. Joh 50, 196. — Eine Veräußerung gemäß Art 20 A G G B O liegt vor, auch wenn ohne Aufl Trennstücke eines Familienfideikommisses einem zum Allodialvermögen gehörigen Gute zugeschrieben werden sollen. Joh 36, 209. Über das maßgebende örtliche Recht für Errichtung des Fideikommisses s R G 80, 293. — S Revenüenhyp, Stammgüter. — Erweiterung der Geldbezüge, Ges 18.8.23 (R G Bl 815), V O 8.9.23 (Ges S 433). Zuständig ist Auflösungsamt. S Altenteil.

Familiengüter: a) V O über Familiengüter 10.3.1919 (Ges S Seite 39), 22.9.1920 (Ges S Seite 431). Allgem Verf u Rundverf 30.12.1920 (J M Bl 1921, 21, 24). **b)** V O über die Zwangsauflösung der Familiengüter u Hausvermögen 19.11.1920 (Ges S Seite 463). Ausführungsbest gemäß § 41: J M Bl 1921, 231. **c)** V O zu **a** neu gefaßt laut Bekanntmachung vom 30.12.20 (Ges S 1921, 77). Dazu Allgem Verf 26.3.21 (J M Bl 231) über die Auflösungsbehörden, die sich als Landesamt, Auflösungsamt in . . . mit entsprechendem Siegelabdruck zu bezeichnen haben. Laut J M Bl 1921, 106 an jedem Oberlandesgerichte ein Auflösungsamt. Von Eintragungen auf Grundstücken eines Familienguts im Sinne der Vo 30.12.1920 (Ges S 367) ist das Auflösungsamt zu benachrichtigen. Allgem Verf 20.9.1921 (J M Bl 498, 499—501) über Ersuchen dieser Ämter um Eintragung in das Gb. Bildung von Wein-, Wald-, Deich- u Landgütern. Dazu ferner **d)** Ges 7.1.1922 (Ges S Seite 5), allg Verf 17.1.22 (J M Bl 23. — V O über das Kostenwesen $\frac{18.6.}{30.11.}$ 1921 (Ges S Seite 429, 1922, Vo 11.1.24, Ges S 29). O L G 43, 186 über **Schutzforstvermerk**; Schutzforsteigenschaft, die schon außerhalb des Gb besteht; Rechte des **Auflösungsamts** u Beanstandung. S auch Adel.

Familienstiftung s Stiftung.

Feuerversicherungspflicht, die im Rentengutsvertrage übernommen ist, ist nach Landesrecht eintragungsfähig. O L G K G 4.10.08 XX 410, Joh 39, 205. Sonst kann die Eintragungsfähigkeit aus dem Reichsrechte nicht hergeleitet werden.

Fideikommiß s Familiengüter.

Finanzämter s Verwaltungszwangsverfahren 2.

Firma, Firmenschreibweise (Seite 87) s Einzelfirma, Schreibweise, Zweigniederlassung, Gl 15, Prokurist, Vorstand. — Firmenaufdruck statt Unterschrift s Unterschrift. — Wenn eine F als Eigt oder Gl abgeändert ist, wird Abt I Sp 2, 3 bzw Abt III Sp 5 ff eingetragen: Die Firma lautet jetzt: N N in N. Auf Grund der Eintragung in das Handelsregister (Aktenzeichen) vom 10.4.1925 eingetragen am . . ten . . . . — Ein Kaufmann gegen den das Vergleichsverfahren (§ 37 Vergleichsordnung) schwebt, hat von Zustellung des Eröffnungsbeschlusses bis zur Bekanntmachung der Beendigung des Verfahrens seiner Firma „**im Vergleichsverfahren**" **ausgeschrieben** zuzusetzen.

Fischerei-Gerechtigkeit (Seite 97). S Gerechtigkeiten. — Preuß Ges über den Erwerb von Fischereiberechtigungen durch den Staat vom 2.9.1911 (Ges Seite 189). Diese Berechtigungen können als selbständige Gerechtigkeiten auf den Staat übergehen. Zum Übergange ist die (gerichtliche oder notarielle; Art 12, § 3, 4 A G G B O) Einigung des Berechtigten u des Staates sowie Eintragung in das Gb erforderlich. Diese erfolgt auf Grund bloßen Nachweises der Einigung durch Anlegung eines besonderen Gbblattes für die Gerechtigkeit. Falls die Berechtigung noch nicht eingetragen war, muß ersichtlich gemacht werden, daß der Staat das Recht nur erwirbt, soweit es dem Übertragenden zusteht. Zuständigkeit des Gba wie sonst. (§ 4.) Die Blattanlegung ist auf dem Blatte des Grundstücks oder Gewässers, mit dem die Berechtigung verbunden war bezw auf dem sie ruhte, zu vermerken. Eingetragene Rechte Dritter auf diesen Blättern sind auf das neue Blatt der Berechtigung zu übertragen, wenn die Gl nicht die Löschung bewilligen. § 5. — Art 40 Abs 1, 2 A G B G B u Art 22, 28 A G G B O finden Anwendung. § 18. — Das Fischereirecht kraft Regales kann nicht als Belastung eingetragen werden. O L G K G XXV 393. — Über die Gerechtigkeiten mit selbständigem Gbblatte seit vor 1900 R 86, 272. — Preuß Fischereigesetz 11.5.1916 (Ges Seite 55). Ein das Wassergrundstück belastendes Fischereirecht „kann" eingetragen werden. § 18. Nach § 48 bedarf die Fischereigenossenschaft zur Veräußerung von Grundstücken u Aufnahmen von Anleihen der Genehmigung des Kreis- (Stadt) Ausschusses. — R G 106, 227.

Fiskus. 1. Für den **preußischen Fiskus** s Preußen.

85. 2. Für den **Reichsfiskus** s Reich, Reichsbahn (Eisenbahn), Post u die „**Reichsbehörden**" in R G Bl I 1928, 369.

3. Verträge u Eintragungen im Gb faßt man nicht mehr für den veralteten Reichs- oder preußischen Fiskus, sondern „für das Deutsche Reich, vertreten durch . . ." oder für „den Freistaat Preußen, vertreten durch . . .". Man bezeichnet Reich u Länder nach den Verfassungen u fügt (auch bei Stadtgemeinden, Kreisen) die vertretende Stelle z B beim **Reiche** vertreten durch den Präsidenten des Landesfinanzamtes, durch das Finanzamt N in N usw,

bei den **Ländern** vertreten durch den Polizeipräsidenten oder die Gerichtskasse N in N (s auch Preußen); bei Städten z B Berlin vertreten durch das Bezirksamt Kreuzberg oder Berlin (Sparkasse); Kreis Teltow (Sparkasse in Berlin) usw. S Behörden 2, Preußen, Reich.

4. Über das Aneignungsrecht des Fiskus bei herrenlosen Grundstücken u die Vertretung des Fiskus in Berlin durch die Preußische Bau- u Finanzdirektion s Verzicht 1.

Flüsse, öffentliche sind nicht buchungsfähig s Eintragungsfähigkeit 7. Das Eigentum an ihrem Flußbette wird durch einen öffentlichrechtlichen Akt der Staatsverwaltung übertragen, nicht gemäß § 925 B G B durch Aufl, weil das Flußbett nicht privatrechtliches Eigentum des Staates ist. R G 80, 123 u 366, wo auch die Rechtsverhältnisse des Landsees besprochen sind. S Wassergesetz.

Forderung. Sie muß in der Eintragungsbewilligung über eine **Hyp** bestimmt bezeichnet sein. Die Forderung ist der Schuldgrund; als solcher genügt auch ein abstraktes Schuldversprechen oder Schuldanerkenntnis. § 780, 781 B G B R G 21.5.02 III 135. Sie muß aber auch verwirklicht werden können. S Hyp 4, Einigung. — Eine Forderung erlischt grundsätzlich durch ihre Vereinigung mit der Schuld in einer Person, jedoch nicht, wenn das Erlöschen einem an der Forderung bestehenden Rechte nachteilig wäre. Joh 44, 292. Forderungswechsel bei einer Hyp Seite 29, Eigtgrundschuld vor Nr 1,6. — S inhaltliche Unzulässigkeit 1.

Forderungsauswechslung S 29 Anm; Nr 28, 58b.

Form von Einigung, Bewilligung, Erklärungen, Antrag. Seite 85, 86. Formmangelheilung s Heilung. Nichtigkeit. **S Beispiele, D J Z 1919, 983; D Not V 1921, 311.**

Forstpolizeiliche Beschränkungen können nicht eingetragen werden. O L G R G 21.4.03 VI 490.

Frankengrundschuld, schweizerische s Eigentümergrundschuld; Muster 65 u Nr 64.

Fristen. 1. Ihre Bestimmung im Falle des § 18 G B O. Seite 93, 98, 102ff.
Nr 7, 24, 33, S auch Hindernis. — Ihre Prüfung bei Arrest, einstw Verfgg s Arrest 1.
41, 48. 2. **a)** Das Wort **„inzwischen"** im § 18 G B O Satz 2 bedeutet nicht
93, 98, 102ff „bis zum Ablaufe der bestimmten Frist", sondern, „bis zur Zurückweisung des Antrags". Die Zurückweisung wegen eines Hindernisses, zu dessen Hebung eine Frist gesetzt ist, kann nur dann geschehen, wenn die Hebung nicht bis zu dem Zeitpunkte erfolgt ist, in dem der Richter die Antragsabweisung verfügt. (S auch Hindernis 3; D Not V 1914, 417, Beschw 5.) — **b)** Die Bestimmung einer Frist nach § 18 ist dann zulässig, wenn die Hebung ohne Schwierigkeit möglich erscheint, u gleichviel, welcher Art das Hindernis ist, u ob es auf formellem oder materiellem Rechte beruht. O L G R G 4.5.08 XVIII 199. Nach R G 60, 392 ist die Gewährung einer neuen Frist oder Nachfrist nach fruchtlosem Ablaufe der ersten gesetzten Frist nicht zulässig, da nach § 18 G B O nur eine Frist vorgesehn ist u, eine Frist, wenn sie abgelaufen, nicht mehr vorhanden ist u somit nicht verlängert werden kann. Dagegen ist sie vor ihrem Ablaufe aus anzugebenden Gründen verlängerbar. Daß nach dem Ablaufe der Frist aus § 18 G B O nochmals die Fristangemessenheit geprüft werden kann, ist gegen Joh 20, 276 mit R G 60, 392, das Nachfristen ablehnt, unmöglich, unpraktisch u sogar unbillig, weil Jeder rechtzeitig „vor" Fristablauf Verlängerung beantragen kann und die Gewährung einer Nachricht nur Zweck hat, wenn der Antragsteller den alten Rang für seinen abgewiesenen Antrag erhalten könnte. Die schwebende Rechtsunsicherheit während der Frist würde gegen den Gbzweck verewigt, weil die einfache Beschwerde gegen die Fristangemessenheit noch nach Jahren erhoben werden könnte. Was soll aus den inzwischen eingetragenen Rechten werden! Den alten Rang könnte der Antragsteller nach dem Gesetze nicht mehr erhalten! Meine Ansicht wird mittelbar durch Ring I 305

gestützt. (Danach kann bei mehreren Anträgen nacheinander, von denen die Erledigung des 2. von der Beseitigung der Hindernisse beim 1. abhängt, auch der 2. Antragsteller die Verlängerung der 1. Frist beantragen. Der 2. Antrag wird zweckmäßig auch wegen der Hindernisse des 1. beanstandet.) Das K G wiederholt alles in 1 X 279/287. 28 (2.3.1928), in Berlin Tempelhofer Vorstadt 733: „Wenn das Gba nach fruchtlosem Fristablaufe den Antrag zurückweist, kann dies deswegen angefochten werden, weil es die Frist nicht angemessen verlängert hat. Eine solche Beschw kann jedoch nur die Gewährung einer Nachfrist (Joh 20, 275) zum Ziele haben.“ Also die Gewährung des alten Ranges vor inzwischen erfolgten Eintragungen wird nicht gewährt. Aber die Möglichkeit der Haftpflicht wegen Rangverlustes wegen Gewährung zu geringer Frist! Diese ist deshalb zweckmäßig nicht unter 1 Monat u bei Beschaffung von Erbscheinen, vorm Genehmigung usw nicht unter 3 Monaten zu setzen. Dazu neue Prüfung der Fristangemessenheit bei Abweisung. Im Übrigen braucht nach K G die Abweisungsandrohung nicht in der Beanstandungsverfügung enthalten zu sein. — Ich bleibe bei meiner Ansicht. Die Nachfristgewährung ist auch zwecklos, weil ein neuer Antrag dasselbe Ziel (Eintragung an bereiter Stelle) erreicht u Antragsteller die Gbaarbeit, die Entscheidung bezahlen muß. Nach dem Fristablaufe weise ich aber (Seite 104; D Not V 1914, 426) noch nicht ab, wenn kein zweiter, den ersten im Range verdrängender oder ihm sonstwie entgegenstehender Antrag vorliegt; ich erinnere formularmäßig den Notar ohne Zustellung mit den Worten: „In pp ist die gesetzte Frist zu Ihrem Antrage vm 1. d M
Nr 41, 43. aus Not Reg 152/1921 fruchtlos abgelaufen u kann nicht erneuert oder verlängert werden, weil § 18 G B O keine 2. Frist gestattet u eine abgelaufene Frist nicht verlängert werden kann. Ihr Antrag wird daher im ordentlichen Geschäftsgange kostenpflichtig abgewiesen, wenn nicht vorher die Hindernisse behoben sind.“ Ich bestimme dann nochmals nur in den Akten eine Wiedervorlegungsfrist, weise aber erst im Notfalle u nach zu langem Zeitablaufe ab. — Im übrigen verweise ich **wegen der Gefahren des § 18 G B O auf Ricks, D Not V 1914, 417** bei fruchtlosem Fristablaufe.

3. Eine **Fristsetzung** ist nach § 18 G B O **unzulässig,** wenn ein **nicht eintragungsfähiges** Recht eingetragen werden soll. Sie ist jedoch zulässig, wenn der Antrag gleichzeitig auch auf Eintragung eines mit dem unzulässigen Recht **zusammenhängenden** eintragungsfähigen Rechts geht, um dadurch die Eintragung des Letzteren u die Rücknahme des unzulässigen Antrags zu ermöglichen. K G Ring III 318. — **Entgegen** der auch sonst interessanten Entsch des K G vom 5.12.07 (O L G XVIII 200) kann eine Fristbestimmung aus § 18 G B O dann **nicht** Anwendung finden, wenn die Bewilligung des Eigt ein ihm nicht gehöriges Grundstück bezeichnet. § 18 Abs 2 könnte nicht angewendet werden, wenn inzwischen vor Beibringung der richtigen Grundstücksbezeichnung ein neuer Antrag zum richtigen Grundstücke einginge. Gerade das vom K G angeregte Verfahren hat der Praxis große Schwierigkeiten gebracht. Ich muß auf mein
103, 104.! Verfahren Seite 103, 104 verweisen.

Fusion-Verschmelzung s Aufl 3, 28.

Garantieklausel s Ritterschaft.

Gebäude. Ihre Ausschließung bei der **Aufl** s ebenda 20.

Gebühren- u Stempelfreiheit. S „Gerichtskostengesetz“. 1. der preußischen **Kreise** u **Gemeinden** beim Erwerbe von Grundstücken zu Straßen u Plätzen. Der **Kreis** hat keine **persönliche** Freiheit von Gebühren u Stempeln, sondern nur eine **sachliche** für die Besitzveränderungen **zum gemeinen Besten,** bei welchen eine Verpflichtung der Beteiligten zur Abtretung von Grundstücken an ihn durch eine das Enteignungsrecht verleihende Kabinettsordre (s Enteignung) vorliegt. Die städtischen u ländlichen **Gemeinden** haben dieselben Rechte mit der Erweiterung, daß ihnen den Beteiligten gegenüber noch das Enteignungsrecht aus dem preuß Gesetze betreffend die Anlegung u Veränderung von Straßen u Plätzen vom 2.7.75 (Ges Seite 561) unter gewissen Voraussetzungen zusteht. Der Kreis wie die Gemeinden haben diese Voraussetzungen nachzuweisen u das Gba hat sie, wenn die Abgabefreiheit verlangt wird, zu prüfen. Der Nachweis kann auf mancherlei Wegen erbracht werden; jedoch wird genügen, wenn das Vorliegen der Voraussetzungen durch eine **Bescheinigung von Behörden,** der Regierung, des Landrats, m E auch des Kreisausschusses u der Vorstände der beteiligten Gemeinden selbst nachgewiesen wird. Es würden nun im Allgemeinen die Bescheinigungen dahin zu lauten haben, daß durch Kabinettsordre (Datum) das Enteignungsrecht für das Trennstück N N verliehen ist. Jedoch steht den Gemeinden die Abgabenfreiheit schon dann zu, wenn nach der Bescheinigung die Festsetzung der Fluchtlinien im Einverständnisse mit der Gemeindevertretung unter Zustimmung der Ortspoilzeibehörde erfolgt ist. Es bedarf also nicht mal der Offenlegung des Fluchtlinienplanes. Joh 38 B 11. Joh 18, Seite 108, 36 B 12. — Keine Gebührenfreiheit für Gbberichtigung im Falle der Eingemeindung. Joh 40 B 350.

2. Die Reichsversicherungsanstalt genießt keine persönliche Gebührenfreiheit. Joh 45, 338.

3. Gebühren- u Stempelfreiheit **a)** nach § 9 Ansiedlungsgesetz 8.5.1916 (Ges S Seite 51) J M Bl 1919, 281; **b)** nach § 29 Reichssiedlungsges 11.8.1919 (R G Bl 1429) für Geschäfte u Verhandlungen von Siedlungsverfahren im Sinne des Ges. Es genügt die schriftl Versicherung des Unternehmens. K G J M Bl 1921, 532. **c)** Freiheit von Wertzuwachssteuer, Katastergebühren Vo 6.9.22 (R G Bl 737). **d)** Welche Wohnungsbaugesellschaften u Stiftungen ohne Weiteres Gebührenfreiheit haben, ergibt Auskunft des Rechnungsamts beim O L G u Landesfinanzamt (J M Bl 1923, 44, 603). **e)** Für Rentengutserwerber s Rentengut. **f)** für Bank für Deutsche Industrieobligationen. VII D Vo des Industriebelastungsgesetzes. **g)** S Grunderwerbssteuer Aufl I.

4. Für Kriegsbeschädigte u Hinterbliebene (Witwe, Abkömmlinge) nach J M Bl 1928, 26 (Kaufpreisgrenze für bebaute Grdst 15000 RM, unbebaute 5000 RM; Einkommensgrenze bis 2000 RM, wobei auch das Fraueneinkommen (J M Bl 1922, 418) zuzuzählen ist.“ Für Ansiedlungsgrundstückserwerb Niederschlagung oder Erstattung von Grunderwerbsteuern u Gerichtsgebühren. Antrag an L G bezw A G Präsidenten.

5. Gebührenfreiheit für Eintragung des Reichsnotzinses u der Reichsnotopferhyp. S Notopfergesetz.

6. Gebühren- u Stempelfreiheit nach § 36, 37 Reichsheimstättengesetz für die Ausgeber der Heimstätten u halbe Freiheit bei der Übertragung der Heimstätten auf Ehegatten, Verwandte u Verschwägerte des § 6 Abs 2 Reichssiedlungsges (s dort).

7. Sonstige Gebühren- u Stempelfreiheit nach § 7, 8 Preuß Ger Kosten Ges 25.7.1910, § 5 Preuß Stempelges 30.6.1909 für alle Geschäfte im öffentlichen Interesse auf Ersuchen von Verwaltungs- u Auseinandersetzungsbehörden, für Legalisation, Enteignung (s dort § 43) zum öffentl Wohle, für Fiskus des Reichs **(aber nicht die Deutsche Reichsbahngesellschaft** nach J M Bl 25, 41; K G 10.7.25 X 781/25) u Preußen, öffentl Anstalten u Kassen, Armen-, Kranken-, Waisenhäuser, staatl anerkannte Stiftungen, Schulen, Universitäten, Kirchen, Pfarreien mit Zeugnis, daß die Einnahmen die Ausgaben nicht übersteigen, Aktiengesellschaften, Genossenschaften, G m b H zur Wohnungsbeschaffung für Minderbemittelte zu billigen Preisen mit höchstens 5 v H Dividende.

8. Gebühren- u Stempelfreiheit durch Bericht des Gbr (nicht Rechtspflegers) an L G Präs um Gnadenerlaß bei Rückkaufen von 1922—24 verkauften Grdst durch frühere Eigt, Ehegatten oder Kinder, falls besondere Umstände (persönliche Not) des Falles die Befreiung billig erscheinen lassen. Von Einziehung der Kosten einstweilen absehn. Gültig für Rückkäufe bis 31.12.28. J M Bl 1925, 337. A V J M 1.9.25; 1928, 360.

9. J M Bl 1928, 163 wonach der Justizminister ermächtigt ist, Gerichtsgebühren aus Anlaß der Umwandlung von Roggenhyp in GMhypotheken, zu ermäßigen oder niederzuschlagen. Die Ermächtigung ist übertragen auf die Land- bezw Amtsgerichtspräsidenten. Ermäßigung im Regelfall auf $^1/_3$.

10. S Nr 22 der Gesetzeszusammenstellung eingangs dieses Buchs wegen der Gebührenfreiheit für Aweintragungen. Gebührenfrei sind u a die Eintragungen der Widersprüche, der Aw u Wiedereintragung der Rechte, der Befugnisse u Befugnisverzichte, der Briefwiederherstellung gemäß dem Aw G.

Geld s Hypsystem Nr 54 ff.

Geldrente s Reallast.

Gemeinden, Gemeindevorstand, Gemeindevorsteher. (S Landgemeinden.) Landgemeindeordnung für die **östlichen Provinzen** vom 3.7.1891 § 88, 114. Nach § 1 Ges 3.1.28 Ges S 1 ist das Verwaltungsvereinfachungsges 13.5.18 Ges S 53 bis auf Weiteres wieder in Kraft gesetzt, jedoch an der Vertretungsmacht nichts geändert. Der **Gemeindevorsteher** (Schulze, Dorfrichter usw) vertritt die Gemeinde nach außen; auch bei Entgegennahme von Aufl, ohne daß eine Vollmacht nötig ist. Joh 46, 171. Urkunden über Rechtsgeschäfte, die die Gemeinde gegen Dritte **verpflichten** („verpflichtende Urkunden" s dort, Löschungsbewilligung), ebenso auch **Vollmachten,** müssen unter Anführung des betreffenden Gemeindebeschlusses u der etwa erforderlichen Genehmigung oder Entschließung der Aufsichtsbehörden im Namen der Gemeinden von dem **Gemeindevorsteher u einem Schöffen** unterschrieben sowie mit dem Gemeindesiegel (Stempel) versehen werden. M E ist eine vom Gemeindevorsteher u 1 Schöffen mit Dienststempel unterschriebene Quittung, daß ein Hypkapital ausgezahlt ist, eine öffentliche Urkunde (§ 29 G B O) darüber, daß eine Hypforderung untergegangen u eine Eigtgrundschuld entstanden ist, sodaß Eigt nur beglaubigt die Löschung seiner Grundschuld noch zu beantragen hätte u es somit der Anführung des Gemeindebeschlusses nach Joh 17, 107 nicht bedarf. — Mündliche oder durch schlüssige Erklärungen des Vorstehers oder Vorstandes abgegebene Erklärungen verpflichten die Gemeinde nicht. D Not V 1912, 610, 1913, 324. R G 64, 14. Das Siegel ist den Urkunden über Rechtsgeschäfte jeder Art, auch wenn sie gerichtlich oder notariell beurkundet sind, beizufügen. Andernfalls sind die Verträge nichtig. D Not V 1912, 29. Betroffen sind dadurch natürlich nicht Auflverhandlungen, in denen das Rechtsgeschäft nicht beurkundet ist. Zu dem Nachweise, daß bei der **Erwerbung** oder **Veräußerung** von **Grundstücken** die gesetzlichen Vorschriften beobachtet sind, genügt die dahingehende Bescheinigung des Landrats als Vorsitzenden des Kreisausschusses. Zur Veräußerung (nicht Belastung) von Grundstücken, zu einseitigen Verzichten, Schenkungen bedarf es der Genehmigung des Kreisausschusses. In allen Fällen genügt aber die **Bestätigung** des Vertrages durch den Kreisausschuß. — S **Aufl** 6, **Sparkasse** 3.

Gemeindemitgliedervermögen im Separationsrezesse. O L G K G 24.5.09 XXI 34.

Gemeinschaft, ihre Aufhebungsausschließung u Eintragung in das Gb s Verfügungsbeschränkungen. § 2040, 1010, 741 ff B G B. — **Gemeinschaft zur gesamten Hand.** Das B G B wie § 48 G B O erkennen diese nur als Gesellschaft sowie
17. Güter- u Erbengemeinschaft an. S Sicherungshyp 4, Miterben 9. — S Gesamtgläubiger.

Gemeinschaftlicher Brief s Hypbrief. **Nr 35.** Seite 101.

Genehmigung. 1. Nachträgliche Genehmigung der Aufl eines **Nichtberechtigten.** S Aufl 12 Vorm Gen. § 185 Abs 2 findet auch auf Verfügungen des Vorerben Anwendung. Wirksamwerden bei Beerbung R G 110, 94. „Nachträgliche" Gen kommt nicht in Frage, sondern „Bestätigung" als erneute Vornahme des „nichtigen" Rechtsgeschäfts (z B Aufl) wenn der Beteiligte nach Ansicht des Gba geschäftsunfähig war. § 18 G B O nicht anwendbar. O L G 43, 210. Sie hängt von dem Fortbestehn der Erklärung des Gegners, von ihrem Nichtwiderruf ab. Sonst neue Auflassung. O L G 43, 212.

2. Die vom **Ehemann** in öffentlicher Urkunde zu grundbuchlichen Erklärungen seiner Ehefrau erklärte **Genehmigung** ist wirksam, auch wenn sie nicht unmittelbar gegenüber einem Vertragschließenden erklärt ist. § 182 Abs 1 B G B München 30.1.04 IV 132. S über **Gleichstellung** von **Zustimmung** u **Einwilligung** des Ehemanns gemäß § 1398 B G B O L G K G 19.1.03 VI 207.

3. Staatl. Genehmigung zum Grundstückserwerbe (Art 7 A G B G B) gilt auch für Genossenschaften, da auch sie jur Personen sind. Joh 36, 156. Genehmigung zum Verkaufe s Versorgungsanstalten. — Die erforderliche Genehmigung zum Grundstückserwerbe durch **juristische Personen** s unter Aufl IV. — Mit der Annahme der Rückwirkung der Genehmigung ist die Bedeutung einer hinzutretenden staatlichen oder behördlichen Anerkennung des Geschäfts vereinbar. O L G 43, 213; Ring I 301, wonach, wenn rückwirkende Genehmigung möglich ist, diese mittels § 18 G B O zu erfordern ist (Aufl 12); aber s Entscheidung wegen des Rangverlustes u U. — Eine **Hospitalstiftung,** die nur zur Verpflegung, Unterstützung Hilfsbedürftiger bestimmt ist u nicht der Kirche eigentümliche oder Erziehungszwecke verfolgt, steht unter der Aufsicht des Reg-Präsidenten u bedarf seiner Genehmigung zur Veräußerung ihrer Grundstücke. Joh 44, 203.

4. Eine behördliche Genehmigung ist im Gbverfahren nur als unbedingte verwertbar, es sei denn, daß sie nur von der Vornahme anderer Eintragungen desselben Gba abhängig gemacht wird. — Der Eintritt der Bedingung kann durch öffentliche Urkunden, Zeugnis des Notars (mit Dienststempel), Erklärungen des Vertreters des Minderjährigen nach § 29 G B O bewiesen werden. Joh 53, 141. — Wird eine Aufl unbedingt erklärt, so ist § 925 B G B nicht anwendbar, wenn die erforderliche Genehmigung bedingt erteilt war. Joh 44, 191; 53, 141.

5. Die Aufl land- u forstwirtschaftlicher Grundstücke **über 5 ha, die erforderlichen Genehmigungen, Verzichte auf Vorkaufsrechte** bei solchen Grundstücken s Aufl II, III, Heilung. — Genehmigungen des Staates unterscheiden sich von denen des Privatrechts und sind, wenn auch eingeschränkt, rücknehmbar. R G 106, 145.??

6. Zur Abveräußerung von Teilen einer Ansiedlungs- oder Zukaufsstelle (§ 1 Reichssiedlungsges s Siedlungsunternehmen) ist die Genehmigung des Präsidenten des Landeskulturamts (s dort) erforderlich. Die Verfügungsbeschränkungen bedürfen der Eintragung in das Gb auf Ersuchen des Vorstehers des Kulturamts. § 35 Ges 15.12.1919 (Ges Seite 31), — **An die Stelle der General- u Spezialkommissionen** sind die **Kultur- u Landeskulturämter** getreten. Der Vorsteher des Kulturamts bearbeitet nach § 1, 9 (oder nach § 10 ein andrer beauftragter Beamter) Ges über Landeskulturbehörden 3.6.1919 (Ges Seite 101) selbständig alle Geschäfte der früheren Generalkommission, soweit sie nicht im § 16 dem Präsidenten des Landeskulturamts vorbehalten sind u nicht in Gesetzen kollegialischer Behandlung oder Spruchkammern vorbehalten sind. In Siedlungssachen stehn die vom Kulturamtsurkundsbeamten beurkundeten Verhandlungen (auch Aufl, m E auch Beglaubigungen) nur dann den gerichtlichen Urkunden zu Eintragungen gleich, wenn sie auch deren Formen (Ausfertigungen, Dienstsiegel, Schnur u Siegel) den Beurkundungsauftrag des Landeskulturamtspräsidenten sowie die Bezeichnung als „Siedlungssachen" enthalten. § 34 A G Reichssiedlungsges 11.8.1919 (R G Bl 1920, 31), § 10 Ges 3.6.1919 (Ges S 109). Dem Kulturamtsvorsteher stehn auch die Berichtigungsersuchen des § 39 G B O u die Genehmigung beim Anerbengut zu. O L G 43, 186.

7. Genehmigung der Aufsichtsbehörden gemäß § 27c der Reichsversicherungsordnung 15.12.24, R G Bl I 779, Reichsknappschaftsges 23.6.23 (I 431) zum Grundstückserwerbe. K G Ring IV 315, Knappschaftsvereine.

Generalgarantieklausel s Ritterschaft.

Generalkommission (jetzt s Nr 6). 1. S Gbblätter 3, Unschädlichkeitszeugnis, Renten- guts- u Gemeinheitsteilungssachen, Wiedereintragung, Wiederkauf. Wegen ihrer **Ersuchen** um **Löschung.** O L G K G 19.12.04 X 438, 29.6.08 XVIII 215.

2. Das Gba darf ein von der Generalkommission gemäß § 12⁴ Nr 2 Ges vom 7.7.1891 (Begründung der Rentengüter) gestelltes Eintragungsersuchen nicht aus § 40¹ G B O beanstanden. O L G K G 9.3.03 IX 336; Joh 40, 118 u Nr 6 unten. Nach der Bestätigung des Rentengutsrezesses begrenzt dieser die Zuständigkeit der Gen Komm zu dem Eintragungsersuchen. Joh 43, 191.

3. Sie hat die Befugnis zu bestimmen, daß das Abfindungskapital, gegen dessen Zahlung in einem Zusammenlegungsverfahren das Grundstückseigentum abzutreten ist, zur Befriedigung der Hypgl verwendet u deren Hyp gelöscht werden. Sie kann daher unter Bescheinigung der Löschungszulässigkeit um Löschung der Hyp ersuchen u ist daher auch beschwerdeberechtigt. Dies trifft aber nicht zu, wenn das enteignete Grundstück belastet ist, u die Generalkommission nach § 48, 49 Enteignungsgesetzes die Auszahlung oder Verwendung der hinterlegten Entschädigungssummen zu vermitteln hat. Die Löschung erfolgt in diesem Falle wie gewöhnlich. (§ 19, 27, 13 G B O; Nachweis des Hypunterganges nach § 45 Enteignungsges; Bescheinigung der Generalkommission auf den Briefen.) O L G K G 10.1.10 XXI 15.

4. Das Gba hat nicht nachzuprüfen, ob die Regelung der Rechtsverhältnisse an der Landabfindung den gesetzlichen Bestimmungen entspricht. Die Auseinandersetzungsbehörde trägt für die sachliche Richtigkeit u Gesetzmäßigkeit ihres Ersuchens die Verantwortung. O L G K G 24.5.09 XXI 35.

5. Sie kann darum ersuchen, ein Gbblatt für eine politische Gemeinde anzulegen u sie als Eigt einzutragen, wenn ihr im Rezesse Eigentum an Wirtschaftswegen, Gräben u sonstigen Zweckgrundstücken überwiesen ist. Joh 45, 215; 49, 156.

6. Es heißen künftig: Die Generalkommissionen **Landeskulturämter** u die Spezialkommissionen **Kulturämter.** Das Oberlandeskulturgericht heißt künftig **Oberlandeskulturamt** unter dem Landwirtschaftsminister. **Gesetz über die Landeskulturbehörden** 3.6.1919 (Ges Seite 101), wo ihre Verfassung u Geschäfte aufgeführt sind. **S auch Genehmigung 6**! — Nach Ring I 424 ersetzt das Ersuchen des Kulturamts die Eintragungsbewilligung (z B des Wiederkaufsrechts); Gba hat nicht nachzuprüfen. Wegen vorm Gen s dort 7d.

7. Wann Kulturamt die Veräußerung eines Rentenguts zu genehmigen hat s O L G 44, 169.

Generalvollmacht, ihre Fassung, s Vollmacht.

Genossenschaft. R G 1.5.1889. Sie wird durch ihren Vorstand (wenigstens 2 Mitglieder gemeinsam) vertreten. Nachweis durch ein Zeugnis des Registergerichts. § 24—26, 10. S auch Vorstand. — Der Begriff der kleinen Genossenschaften gemäß § 33 II Genossenschaftsges nach K G s J M Bl 25, 359.

Gerechtigkeiten, selbständige. Seite 84, 85, 97. Nur die im Gb eingetragenen Gerechtigkeiten sind unbewegliche Sachen, also der Auflassung, Belastung u Verstempelung fähig. R G 106, 227. Auf sie findet § 8 G B O keine Anwendung. Joh 43, 118. Ihre Trennung von dem berechtigten Grundstücke u Anlegung eines besonderen Gbblattes für sie. Joh 43, 128; R G 86, 272.

Gerichtskostengesetz, Preuß vom 28.10.1922, Ges S 363 — A V 24.11.24 über Erhebung von Gebühren J M Bl 24, 400. Antragsteller haftet; hat er gesetzliche Gebührenfreiheit, Kosten außer Ansatz. § 8 Nr 6 findet nicht Anwendung. S Gebührenfreiheit.

Gesamtgläubiger s Hyp 16. — Soll eine Hyp für mehrere als Gesamtgl eingetragen werden, ist damit § 48 G B O nicht erfüllt. Denn dieser will das Rechtsverhältnis nicht gegenüber dem Schuldner, sondern zwischen den Gläubigern ausdrücken lassen. „Gesamtgläubigerschaft" bedeutet nur, daß wo u wie die Tilgung der Forderung erfolgen kann, also eine reine durch Bezugnahme eingetragbare Zahlungsbestimmung.

Gesamtgut s Eheleute.

Gesamthandverhältnis s Gemeinschaft zur gesamten Hand.

Gesamthypothek. 1. Eine **Einzelhyp** wird zur Gesamthyp nicht dadurch, daß sie auf einem Grundstücke, das zu Bruchteilen verschiedenen Miteigentümern gehört d h auf den verschiedenen Bruchteilen, sondern **dadurch, daß sie auf verschiedenen selbständigen** Grundstücken haftet wie z B Nr 5 unten, ferner wenn das obige Grundstück in Teilen auf andere Gbblätter übertragen wird u so mehrere Grundstücke entstehn. K G Ring 28, 548 unter Aufhebung von Joh 30, 258. Die Gesamthyp entsteht also nicht, wenn Bruchteile vom Alleineigentum auf Andere übertragen werden. — Es gibt zwar eine Gesamthyp, **aber nicht** mehrere **Einzel-** u auch nicht Höchstbetragshyp für **dieselbe Forderung.** Es gibt keine Vertrags-
Nr 16, 19, freiheit in der Gestaltung dinglicher Rechte. Joh 49, 222. (S dagegen
20, 22, 23. als Gegenteil Aufsatz in J W 23, 267.) Die Gesamthyp muß auf allen
85, 100, 114. Grundstücken **gleichartig** sein; sie darf nicht etwa auf dem einen eine gewöhnliche u auf einem anderen eine freiwillige Sicherungshyp sein. K G 25.3.01 II 94 R G 70, 245 u zu 4. S **dagegen Sicherungshyp 3**! Ebensowenig kann eine Gesamthyp auf dem einen Grundstücke eine Buchhyp, auf dem anderen eine Briefhyp sein. Bei der Mitverpfändung eines anderen Grundstücks für eine Buchhyp braucht die Brieferteilung nicht nochmals ausgeschlossen werden. R G 77, 176. Ein Gesamtrecht darf nicht vervielfältigt werden, muß auf allen Grundstücken gleichartig sein u kann nicht aus Hyp u Vormerkung bestehn. Joh 44, 187, 254. Eine Gesamthyp darf auf allen Grundstücken nur einheitlich verändert u nicht vervielfältigt werden. Wohl aber ist die auch teilweise Aufhebung einer Gesamthyp auf nur einem der Pfandgrundstücke zulässig. K G Ring IV 409. Wohl aber können Vertrags- u Zwangshyp für dieselbe Forderung eingetragen werden, ohne daß eine Gesamthyp entsteht. S Sicherungshyp 3; R G 98, 106; J W 23, 267. Wegen der Gleichzeitigkeit der Eintragungen auf allen Grundstücken s Nr 2.

2. Ihre **Pfändung** muß bei einer Buchhyp auf allen Grundstücken vermerkt werden. R G 63, 74. (Die Wirkung, wenn dies nicht geschieht, u die angebliche Unzulässigkeit der Ergänzung oder Heilung s inhaltliche Unzulässigkeit). Dasselbe gilt natürlich von der **Abtretung.** S auch J W 23, 267 zu 1.

3. S Löschung 9, 10, Verteilung (Beispiel **Nr 22**), Zinssatz 3; **bei ver-**
101. **schiedenen Gbämtern Nr 20, 23.** Muster, Behandlung u Beurkundung solcher Anträge (auch über ausländische Anleihen nach § 1187—1189 B G B) s Ricks D Not V 25, 110; 26, 221. — S Rang 13.

4. Bei einer Gesamthyp ist es gleichgültig, ob die zu sichernde Forderung auf jedem Grundstücke in voller Höhe gesichert wird. O L G K G 7.6.09 XX 413, Ring 28, 272. Die Kündigungsbestimmungen müssen für alle Grundstücke gleich sein. Joh 40, 299. K G 23.1.11.

5. Eine Gesamthyp liegt auch vor, wenn ein Grundstück laut seinem Verzeichnisse der Grundstücke aus mehreren selbständigen Grundstücken unter mehreren Nummern besteht u auf dem ganzen gemeinsamen Gbblatte eine Hyp eingetragen wird. Eine Zwangshyp muß dann nach § 867 Z P O auf die mehreren Grundstücke (s Sicherungszwangshyp 1b) verteilt werden, andernfalls inhaltlich unzulässige Eintragung (§ 54 G B O) vorliegt. Joh 49, 232, 7 unten.

6. Wirkung der Befriedigung einer Gesamthyp aus dem Grundstücke Joh 42, 274. — Erlöschen der Gesamthyp bei mehreren Grundstücken u Pfändung der Eigentümergrundschuld s Pfändung 2.

7. **Verteilung** einer Gesamthyp (§ 23 Aw G) findet auch Anwendung, wenn die Awhyp eine auf dem gleichen Grundstücke, also auf mehreren selbstständigen Trennstücken haftende Gesamthyp ist. Dresden Ring 26, 578. — Durch eine **Verteilung** der Gesamthyp als Einzelhypotheken auf die einzelnen Grundstücke darf nicht der bisherige Gesamtbetrag des Gesamthyp erhöht werden. Ricks D Not V 27, 309. Auch dürfen ohne ihre vorherige Löschung, selbst nicht mit Zustimmung der Gleichrang- u Nachgl, Einzelhyp verschiedener Grdst auf eine Gesamthyp in Höhe der Gesamtsumme der Einzelhyp nachträglich vereinigt werden. Darin läge eine unzulässige Erhöhung einer Hyp an derselben Stelle. S **Muster** 58 d.

8. Vgl auch **Beispiel Nr 61** für Auslandskredite, Hyp aus § 1184—1187; wo u wie man die Anträge faßt u einreicht.

Gesamtrechtsnachfolge s Eingemeindung, Berichtigung 6, Erben 1; Vermögensübergang; bei Verschmelzung s Auflassung 3, 8.

Gesamtschuldner s Sicherungszwangshyp 1b; Hyp 10 wegen einheitlicher Hyp mehrerer Gesamtschuldner.

Gesellschafter einer **aufgelösten Gesellschaft**, welche Hyp u Grundstücke von dem Verkaufe ausgeschlossen hatten u deshalb bis zur Verteilung bezw Versilberung dieser Gegenstände gesellschaftlich verbunden bleiben, können darüber nicht als Gesellschafter, sondern **nur als Liquidatoren** verfügen. Sie müssen sich als solche ausweisen. **Nach der Verteilung** ist aber Sondereigentum der Einzelnen eingetreten. Soll dann eine Eintragung erfolgen, findet § 40 Abs 1 G B O Anwendung. O L G K G 22.11.06 XIV 134. — S Bruchteil 4. — Die Vertretung der Gesellschaft nach B G B steht allen Gesellschaftern (§ 705 ff) oder je nach dem Gesellschaftsvertrage einzelnen, auch bei Auflösung, zu. § 709, 714, 730 B G B. Ausweis des Vertreters durch beurkundeten Vertrag oder beglaubigte Vollmacht.

Gesellschaft mit beschränkter Haftung. Ges 20.4.1892 (R G Bl 477). 1. Aufl an diese seitens des Geschäftsführers u umgekehrt. Seite 34 Anm.

2. Ihr Geschäftsführer ist nach § 35 (Ausweis durch Zeugnis des Registergerichts, § 33 G B O) allein vertretungsberechtigt, kann aber zu seinen Gunsten in ihrem Namen das Gesellschaftsgrundstück nicht belasten, es sei denn, daß ihm dies ausdrücklich gestattet ist oder das Rechtsgeschäft in der Erfüllung einer Verbindlichkeit besteht. (§ 181 B G B.) Der Nachweis der Voraussetzung muß gemäß § 29 G B O geführt sein. (Vorlegung des Gesellschaftsvertrages.) Joh 37, 283. — Mehrere Geschäftsführer können ohne abweichende Vertragsbestimmung nur gemeinsam verfügen. § 35 Abs 2 Ges m b H. — S Prokurist. Der Geschäftsführer kann die Hyp der G m b H an seinem Grundstücke nicht ohne Weiteres

löschen lassen. § 181 B G B Ring I 373. M E muß die Befreiung von der Beschränkung des § 181 durch Registerauszug bewiesen sein.

3. Sie kann persönlich haftender Gesellschafter von offenen Handels- und Kommanditgesellschaften sein. R G 105, 101. Ring I 9. S Löschung 17 wegen nichtiger Hyp für nichtentstandene G m b H.

Gesetz. Bestimmt ein Ges, daß es **„mit der Verkündigung in Kraft trete"** beginnt seine Geltung mit dem der Verkündigung folgenden Tage. § 187 B G B. Ring I 279.

Gewerkschaft s Bergrecht.

Glaube s öffentlicher Glaube.

Gläubiger (Gl), Berechtigter einer Eintragung. (S unten 13, Gesamtgl; (auch wegen der Eintragungsfassung) Fiskus, Reich, Preußen; Behörden 2, Berichtigung 1, Einzelfirma, Firma, Berlin, Zweigniederlassung.) 1. Gl kann nur sein, wer fähig ist, Träger von Rechten zu sein, also nur eine natürliche u juristische Person u ein solches Rechtsgebilde, dem wie z B der offenen Handelsgesellschaft im H G B ausnahmsweise kraft besonderer Gesetzesvorschrift zwar nicht die Rechtspersönlichkeit, wohl aber die Fähigkeit, nach außen Vermögensträger zu sein, beigelegt ist. Ebenso nicht eine noch nicht entstandene Gesellschaft, G m b H. O L G 43, 213. Dazu gehört eine **städtische Sparkasse** nicht. O L G K G 12.10.03 VIII 204. Der Gl ist (zur Vermeidung inhaltlicher Unzulässigkeit (s dort) u Löschung von Amtswegen nach § 54 G B O) bei jeder Eintragung einzutragen; Bezugnahme ersetzt seine Eintragung nie. Joh 45, 256; R G 91, 152. — S Zweigniederlassung, Eingemeindung. — Der **Eigt** gilt als **„eventueller" Hypgl** u ist deshalb in den Fällen des § 40 G B O nicht einzutragen. O L G 43, 191.

2. Das Gba hat nicht nachzuforschen, ob die bei der Hypbestellung als Gl angegebene natürliche oder juristische Person oder Gesellschaft tatsächlich oder rechtlich besteht. Es genügt, daß eine solche Person oder Gesellschaft, die Rechtsträger sein kann, so klar bezeichnet ist, daß er aus der Eintragung sich mit Sicherheit bestimmen läßt. (S Einzelfirma.) Läßt aber die Bezeichnung Zweifel an der Rechtsfähigkeit des bezeichneten Gl entstehen, dann muß das Gba die Eintragung ablehnen oder gemäß § 18 G B O z B durch Erfordern eines Registerauszugs beanstanden. Entscheidung wie zu 3 u O L G K G 19.9.07 XVIII 159. S 13 unten, Zweifel. — Eine Hyp ist nicht deshalb nichtig oder anfechtbar, wenn der Gl nicht ganz richtig bezeichnet z B der Kürze halber nur für den Bevollmächtigten statt für den Geschäftsherrn oder nur für „einen", statt wie gewollt, für mehrere Gl bestellt ist. R G 79, 75. M E muß jedoch das Gba die von ihm bemerkte Unrichtigkeit vor der Eintragung beanstanden. — Das Gba hat nicht anstelle einer nicht bestehenden (oder unklar bezeichneten) Person durch Auslegung eine andere dem mutmaßlichen Willen entsprechende andere Person als Gl zu setzen. O L G 43, 211.

3. Fall, in dem ein **nicht rechtsfähiger Verein** der Bewilligung nach (Spar- u Vorschußverein) rechtsfähig erschienen u schon als Gl eingetragen war, **die Hyp aber später nicht gelöscht werden konnte,** weil eine ihrem Inhalte nach unzulässige Eintragung nicht vorlag. § 54 G B O; Joh 38, 333; O L G XXI, 20, s Eintragungen 3. — Bei einem Rechtserwerb eines nicht eingetragenen Vereins sind als Gl die Mitglieder namentlich unter Zusatz gemäß § 48 G B O einzutragen. R G 19.12.25 V B 28/25 in Ring III 1 u Jur Rundschau Nr 388. Ist danach der Verein ebenso zu Unrecht eingetragen, und die Grundschuld unwirksam, so sind die Mitglieder die Gl der Grundschuld nach § 54 B G B. Die Eintragung des Vereins ist nicht inhaltlich unzulässig", (s dort). Ist das Gba nach den Urkunden richtig verfahren, so ist kein Widerspruch des § 54 G B O zulässig, obwohl das Gesetz verletzt ist. Das Gb ist nach § 22 G B O auf Antrag

des Eigt zu berichtigen, da kein Rechtserwerb vorliegt und kein Recht mangels Gbbezeichnung eingetragen ist.

4. Der Gl **muß nicht notwendig mit Namen,** aber hinlänglich bestimmt bezeichnet werden. Es genügt die individuelle Bezeichnung, sodaß über die Identität kein Zweifel bestehen kann. Es genügt im Interesse der Praxis, wenn Erbscheine über noch nicht bekannte oder festzustellende Erben oder die genauen Personenangaben usw nicht so schnell wie nötig beschafft werden können, oder zu viele Erben in Erbengemeinschaft einzutragen wären, z B die Angabe: a) für die (auch noch nicht erzeugten) Nachkommen oder **Abkömmlinge** einer bestimmten Person, b) für die **Konkursmasse** N N (s 6 unten), c) für die **Erben** des N N mit dem Bemerken, daß Testamentsvollstrecker ernannt sind, d) für die **unbekannten** Beteiligten an dem Nachlasse des N N, e) für die Moritz Schulz'sche **Nachlaßmasse** oder für die Nachlaßmasse des N N, vertreten durch die Testamentsvollstrecker, f) für den gemäß § 135 Zw zu ermittelnden unbekannten Berechtigten oder unbekannten Rechtsnachfolger des Gl der Hyp Nr 1 von 10000 M. R G 9.3.07 VIII 226; Planck B G B zu § 1115 Note 2a Seite 529. K G 13.9.01 II 241; 9.8.04 IV 256; 5.10.05 VI 240. O L G 6.1.08 XVI 156; 17.10.04 X 72. Die Eintragung von noch „unbekannten" Erben u Nacherben ist ausgeschlossen, wenn das Gba „weiß", daß z B durch nichtige Bestellung u Wegfall des Testamentsvollstreckers kein Organ (Nachlaßpfleger usw) vorhanden ist, das für die Erben das einzutragende Recht erwerben kann. Joh 42, 224. Zur Abweisung genügt natürlich nicht, wenn der Vertreter nur unbekannt ist. Ich würde mittels § 18 G B O die Benennung erfordern u dadurch die Eintragung zu ermöglichen suchen. — Gl 10. — Die Art der Glbezeichnung in den Eintragungen richtet sich nach den von der Landesjustizverwaltung getroffenen Anordnungen. Die preuß Ausführungsbestimmungen stellen die Mindesterfordernisse auf, von denen das Gba nicht abgehen darf, auch wenn es sonst die Identität für festgestellt hält. Joh 39, 223, 42, 179. — S Hyp 19, Vorerbe 4. Gl ist nicht der eingetragene, sondern der **wahre** Berechtigte. K G 10.10.07 IX 128. — S Beschw 4; D Not B 22, 174. — Bei Firmenänderung s Firma. — Über Adelsbezeichnungen s **Adel, Königshaus,** Muster 69Ec.

5. Eine Hyp kann **nicht** für den **Treuhänder nicht bezeichneter Gl** eingetragen werden. O L G K G 25.5.08 XVIII 186. Ebenso nicht die Eintragung eines **Treuhänders** bei der Inhaberhyp, die gleichzeitig Höchstbetragshyp (Orderhyp) ist. O L G K G 9.12.05 XII 293. Die Löschung eines eingetragenen Treuhänders (§ 1189, 1187 B G B) kann nur erfolgen, wenn die Kündigung bezw der Widerruf des Auftragsverhältnisses seitens der Beteiligten d h vom Treuhänder gegenüber dem Eigt u dem Gl oder von den beiden Letzteren gegenüber Ersterem sowie die Zustellung dieser Erklärungen an die Gegner gemäß § 29 G B O nachgewiesen ist. O L G Dresden 25.8.09 XX 423. Einem Treuhänder aus § 1189 B G B kann das Recht verliehen werden, sich selbst einen Nachfolger zu bestimmen. Joh 51, 304. Die Stellung eines Treuhänders im Sinne des § 1189 B G B ist verschieden von derjenigen eines gemäß § 1, 14 Gesetzes betr die gemeinsamen Rechte der Besitzer von Schuldverschreibungen vom 4.12.99 (R G Bl 691). Bestellt die Glversammlung einen Vertreter der Gl von Schuldverschreibungen, für die eine Sicherungshyp besteht, so ist eine Eintragung des Vertreters überflüssig u damit unzulässig. Joh 43, 308. S Ges 14.5.1914 (R G Bl 121), Joh 45, 270 über mangelnde Befugnis des Glvertreters aus § 1189 B G B über Einberufung der Glversammlung u Kündigung der Treuhänderschaft. — Joh 45, 275 über nachträgliche Eintragung des Vertreters u Bestellung von Nachfolgern. — Eine Hyp, die nur für den Treuhänder eingetragen ist, kann wegen dessen persönlicher Schulden nicht gepfändet

werden, ebensowenig wie er selbst nicht über die Hyp zu seinem Vorteile verfügen kann. Der Treuhänder hat im Konkurse einen Aussonderungs-Anspruch. R G 79, 121. — S Ricks D Not V 28, 394 u Muster Nr 65, 65E über **Treuhänder**, Eintragung der auf ihn eingetragenen Hyp, sein Verfügungsrecht ohne Zustimmung der eingetragenen oder nicht eingetragenen Hypgläubiger. — Der **Treuhänder** der Hyp u nicht der an ihn abtretende Gläubiger muß die Awansprüche geltend machen. K G Ring 26 So 9. Er hat Verwaltungs- u Prozeßverfügungsrecht über die Aufwertungsstockhyp der Versicherungsgesellschaften, die aber mit seiner Zustimmung selbst klagen dürfen. R G Ring 28, 778.

6. Eine **Konkursmasse als solche hat nicht die Befugnis**, Rechte zu erwerben u Verbindlichkeiten einzugehen, u hat auch keinen Namen im Rechtsverkehr. Sie darf deshalb nicht als Eigt oder sonstiger Berechtigter eingetragen werden. Es fragt sich jedoch, ob nicht „**die Konkursmasse des Vorschußvereins N N**" als Eigt eines aufgelassenen Grundstücks eingetragen werden kann. Man muß erwägen, ob die fragliche Fassung nicht so zu verstehen ist, daß der Vorschußverein selbst Eigt sein u nur die Konkurseröffnung zum Ausdruck gebracht werden soll. O L G München 7.6.07 XV 329. Man wird also „**für den in Konkurs befindlichen Kaufmann N N** in N" eintragen.

7. Eine **Ehefrau** als Gl muß nach Namen, **Vor-** u **Mädchennamen**, eigenem Stande oder dem des Ehemannes bezeichnet werden. O L G K G 28.11.04 X 423. § 4 Nr 1 Verf 20.11.99. Joh 39, 223, 11.4.10; Joh 42, 182, wonach unter Stand der soziale Stand d i die Stellung im Leben zu verstehn ist. — S Adel, Königshaus.

8. Die „**Evangelischen**" oder „**Katholischen**" oder „**Juden**" bestimmter Gemeinden bilden weder eine juristische Person noch eine Personenmehrheit, die unter dieser Bezeichnung Rechte erwerben können. O L G K G 2.2.03 VIII 123. — S 17 unten; **Kirche** 3.

9. Es bedarf keiner Berichtigung des Gb, wenn statt der **Schule** als Trägerin des Schulvermögens der **Schulvorstand** eingetragen ist. O L G K G 7.7.02 VIII 219. **Unterschied** zwischen **Schule** u Schulgemeinde. O L G K G 28.3.04 VIII 309.

10. Der **Zustellungsbevollmächtigte** eines Hypgl ist nicht eintragbar. O L G Colmar 21.7.00 II 196; ebensowenig der **Testamentsvollstrecker** als Berechtigter. O L G K G 6.1.02 VII 375. S Aufl V Inlandsvertreter.

11. Wegen des **Gl von Dienstbarkeiten** s Seite 112.

12. **Polizeibehörden** sind nicht mit juristischer Persönlichkeit ausgestattet u können daher nicht als Berechtigte in das Gb eingetragen werden. Weder nach altem noch neuem Rechte! Eine solche Eintragung ist ihrem Inhalte nach unzulässig u nach § 54 G B O von Amtswegen zu löschen. Joh 39, 210, O L G K G 11.4.10 XXI 37. Diese Entscheidung betrifft eine für das Berliner Polizei-Präsidium eingetragene Baubeschränkung, ist aber bedenklich u schädlich, da Gerichte u Behörden nicht leicht den Nichtigkeits-§ anwenden sollten, sondern es sich angelegen sein lassen müssen, klare, von den Beteiligten bestimmt gewollte Rechte möglichst zu erhalten. Ricks, J W 1921, 1590, D Not V 1922, Heft 8. Es bedarf genauer Prüfung, ob nicht etwa der eingetragene Gl nicht irrtümlich so bezeichnet ist u ob nicht der Fiskus oder die Stadtgemeinde oder benachbarte Eigt die wahren Gl sind z B nach dem in der Eintragung angeführten Vertrage. O L G K G XXIII 345, Joh 43, 216; 51, 244.

13. Als Berechtigter (Eigt, Gl) kann nur der in der Bewilligung Bezeichnete eingetragen werden, aber nicht mehr nach seinem Tode, da damit seine Rechtsfähigkeit endet. Auch nicht der Nachlaßpfleger. Sollen die Erben namentlich (nicht allgemein „als Erben" wie oben 4) eingetragen werden, bedarf es

einer dahin gehenden neuen Bewilligung. Joh 36, 226. Ob die Genannten wirklich „die Erben“ sind, ist durch Testament, Erbschein nach § 36 G B O nachzuweisen. S Testamentsvollstrecker 2, Vollmacht 13, Zuschlag 2. — Ist der Eigt oder Gl vor der Eintragung nach Kenntnis des Gba verstorben, so kann er, weil er als Verstorbener nicht rechtsfähig ist, nicht mehr eingetragen werden. Wie bei Zuschlag 2, muß der Antragsteller mittels § 18 G B O zur Eintragung der Erben an Stelle des Erblassers mit oder ohne nähere Bezeichnung (Gl 4) veranlaßt u schlimmstenfalls abgewiesen werden. Insoweit vermag ich Josef D Not V 1921, 381 nicht zu folgen, da es auch keinen Zweck hat, einen Rechtsunfähigen ohne Not einzutragen u das Gb bewußt unrichtig zu machen. Ist dagegen vom Gba unbewußt ein Toter als Berechtigter eingetragen worden, so kann man trotz O L G 41, 25 annehmen, daß dem Eingetragenen bezw seinen Erben gemäß § 891 B G B das Recht zusteht. Es liegt keine unrichtige Eintragung des Rechts, sondern nur eine unrichtige, heilbare unvollkommene Glbezeichnung, die nachträglich ergänzt werden kann, vor. Ich würde dem Notar aus § 15 G B O oder den Erben eine Frist (nicht aus § 18 G B O) zur Einreichung eines Antrags auf Umschreibung der Eintragung auf die Rechtsnachfolger wie oben mit der Androhung der Eintragung eines Widerspruchs aus § 54 G B O zu Gunsten des Eigt (R G 88, 83; f inhaltliche Unzulässigkeit) setzen u bei fruchtlosem Fristablaufe den Widerspruch gegen die unrichtige Bezeichnung eintragen. S Ricks D Not V 22, 174. (**Beispiel:** Am 21.11.27 war der am 14.11.27 unbekannt verstorbene N als Eigentümer eingetragen. Auf Aufforderung des Gba geht Erbschein ein. Eintragung von Amtswegen alsdann in Abt I Spalte 1: Witwe N N geb N in N. Sp 2: Nr 1. Sp 3: Auf Grund der (an den Erblasser erfolgten) Auflassung vom 11.10.27 u des Erbscheins 11.VI. 4. 28 des Gerichts N v 10.12.27 war am 21.11.27 nicht N, sondern seine Witwe N N geb N Eigentümerin geworden. Berichtigend eingetragen am . . ten . . . — Nachrichten wie sonst. Wohnblatt berichtigen.) — Zur Eintragung der einzelnen benannten Erben ist Erbausweis nach § 36 G B O nötig. S Testamentsvollstrecker 2, Vollmacht 13. — Im übrigen ist der obige Standpunkt nur dann streng, wenn es sich um „Schaffung“ eines Rechts durch „Neueintragung“ handelt, nicht aber, wenn nur eine Berichtigung des Rechts auf den wahren Eigt oder Gl vorliegt. Denn durch die Nichteintragung wird der Rechtserwerb oder sein Rang nicht verhindert. Der Fall D Not V 1921, 381 ist der mildeste u der Auffassung des K G wegen § 891 B G B denkbar ungünstigste. Auch rächt sich hier die allgemeine Unterlassung der Notare, anzugeben, „für wen“ die Urkunden (hier der Brief) überreicht wird. Diese Erklärung, daß der Brief für die Erben überreicht ist, kann der Notar mit Dienstsiegel, also in öffentlicher Urkunde nachholen. — R G 95, 28 über Neuschaffung von juristischen Personen des öffentl Rechts (Kommunalverbände).

14. Die nähere Kennzeichnung des sonst genügend bezeichneten Berechtigten mit dem Zusatze: „als Inhaber der Firma N N“ ist weder notwendig noch zulässig. (O L G K G 8.11.09 XXI 311, wo es sich um die Eintragung der das Nachlaßgeschäft fortführenden Erben als Hypgl handelt.) Sie ist auch nicht ratsam. Die Schwierigkeit entsteht z B dann, wenn der Gl die Firma bezw das Geschäft verkauft. Wer ist dann Gl? — S Einzelfirma.

15. § 48 G B O verlangt zur Glbezeichnung außer der Firma u dem Sitze der Gesellschaft an sich nicht noch den Zusatz: offene Handels- oder Kommanditgesellschaft. Joh 39, 218. S jedoch Berichtigung 15.

16. Der abgekürzte Firmenzusatz „G m b H“ statt „Gesellschaft mit beschränkter Haftung“ ist im Verkehr zulässig, jedoch für Preußen nicht im Gb. Joh 39, 302. Hamburg 6.11.09. § 16 Verf 20.11.09.

17. Eine **Religionsgesellschaft** in einem Bundesstaate kann die Rechtsfähigkeit nur nach landesgesetzlicher Vorschrift, nicht aber dadurch erlangen, daß sie in einem anderen Bundesstaate als Verein in das Vereinsregister eingetragen wird. R G 77, 19. — Eine ausländische, nach den Gesetzen ihres Heimatstaats ausgestattete Handelsgesellschaft ist auch im Inlande rechtsfähig. R G 83, 367. — Deutsche **Golddiskontbank** gemäß R G Bl II 71—73 ist jur Person, unterliegt dem H G B über Akt Ges (§ 8 Ausnahme) ohne Registereintragung u ihrer Satzung. Geschäftsführung u Liquidation durch Reichsbank (Behörde 7).

Goldklausel. 1. Sie ist eine Zahlungsbestimmung u braucht nicht besonders eingetragen zu werden. Bezugnahme auf die Bewilligung genügt. Diese Klausel darf bei Vermeidung der Ablehnung der Eintragung nur bedeuten, daß in den Goldmünzen gezahlt wird, welche zur Fälligkeitszeit Geltung haben. R G 50, 145. Zur nachträglichen Eintragung der Goldklausel ist die Zustimmung der im Range nach- u gleichstehenden Berechtigten erforderlich, da sie nur den Rang ihrer Hyp haben kann. Joh 48, 218. Wenn Zinserhöhungen bei Goldklauselhyp eingetragen werden sollen, müssen die nachstehenden Gl zustimmen, wenn die Mehrzinsen auch unter die Goldklausel fallen (Joh 48, 218: R G 19.10.1922. S dagegen Ricks D Not V 1923, 8.) Um jedoch die gewöhnliche Unmöglichkeit der Eintragung der Hypverlängerung zu ermöglichen, trage ich wie Beispiel 28, 30 (1 **b**) ein, indem ich hinter den Zinssatz einschiebe: „Die Goldklausel der Hyp gilt nicht für die neueingetragenen Mehrzinsen." — Gegen diese praktische Lösung ist bisher nie Widerspruch erfolgt!

2. Die vor dem Kriege bis zum 31.7.1914 vereinbarte u eingetragene Goldklausel ist bis auf Weiteres durch V O 4.8 u 28.9.1914 (R G Bl 347, 417) außer Kraft gesetzt. Schweizerische Goldhyp-Ges 9.12.1920 (R G Bl 20, 23; 23.6.23, Ausf Vo 25. 6, 29.11.23 (R G Bl II 204, 291, 410 Beispiel Nr 65. Nußbaum J W 21, 499). Das Schweizer Abkommen bezieht sich nur auf das persönliche, nicht dingliche Rechtsverhältnis gemäß dem Sinne des § 1; da die Goldklausel aufgehoben ist, hat sie keine dingliche Sicherheit mehr; an die Stelle der alten Forderung ist durch das Abkommen eine dinglich nicht gesicherte neue Forderung getreten, deren Rechte nicht eintragungsfähig sind, weil der ziffernmäßige Umfang der Belastung nicht nach Gb u Münzgesetz (Zinssatz 1, Hyp 4) berechenbar ist. Sonach werden die nach- oder gleichstehenden Gl durch das Schw Abkommen nicht verschlechtert oder betroffen. Auch die Vollstreckungsklausel bezieht sich nur auf das Abkommen der Schuldurkunde vor dem Kriege. — Die vor dem Kriege bei Hyp vereinbarten Goldklauseln sind durch die obigen 2 V O bis auf Weiteres, d h bis zur Aufhebung der V O für nicht verbindlich erklärt. Darum sind aber nach Joh 48, 219, Ring I 449, R G 109, 176 die „nach" 31.7.1914 für Hyp vereinbarten Goldklauseln rechtswirksam u eintragungsfähig. Darüber ob die vereinbarte Goldklausel als **„Goldmünzklausel"** (=Zahlung nur in Reichsgoldmünzen unter Ausschluß anderer Zahlungsmittel u Unberührtbleiben der ziffernmäßigen Höhe der Forderung) oder **„Goldwertklausel"** (=Kursgarantieklausel oder Vereinbarung, daß ein nach der Währung ausgedrückter Betrag geschuldet wird, dessen Höhe sich nach dem vom jeweiligen Schuldner anzuschaffenden Golde richtet, sodaß eine dem Werte des geschuldeten Betrages in Reichsgoldmünzen gleichkommende Summe zu zahlen ist) entscheidet der Parteiwille. Die Goldmünzklausel ist nicht regelmäßig gewollt. Gegen die Goldwertklausel spricht nicht nur der Wortlaut der Goldmünzklausel, sondern auch, daß die Goldwertklausel nicht eintragungsfähig war u Forderung u Hyp nicht wesensverschieden (s Muster Nr 54 B) sein dürfen, u die geschilderte Entwicklung. Liegt also eine vor 31.7.1914 vereinbarte Goldmünzklausel vor,

so ist diese durch die im Anschlusse an die Gesetze vom 4.8.1914 ergangene Vo 28.9.1914 (R G Bl 347, 417) aufgehoben u die Forderung wie eine Markforderung nach Aw G zu behandeln. R G Ring 28, 450, 452. — Die Goldklausel kann als **„Gattung"** (10 oder 20 Markstücke) oder bestimmte **„Münzsorte"** (Geldsorte), Letztere wieder doppelt (als **„gewöhnliche"** Goldklausel oder bei Hyp, Grund- u Rentenschulden als **„nicht eintragbare"** **„Goldwertklausel"** ausgelegt werden. Eine Urkunde muß klar sagen, welche GM gemeint u wie zu zahlen ist. O L G 43, 11; Ring I 435. S Reallast! Zahlungsrecht u Pflicht in Pfandbriefen bei Hyp s Pfandbriefdarlehn! — Nach K G Ring 26, 412 ist die Verpflichtung „in Gold deutscher Reichswährung" zu zahlen eine Goldmünzklausel, wie stets im Zweifel. — S Ricks D Not V 26, 157 über **Dollargoldklausel.**

Goldmark, Goldpreis. Ihre Umrechnung in RM u umgekehrt! S Nr 54 A.

Grenzfestsetzung. § 920 B G B s Berichtigung 13. J M Bl 1911 Seite 93.

Griechenland. Die griechische Ehefrau kann über ihr Vermögen ohne Ehemann verfügen. Vgl Bescheinigung 192, 31 der Konsularabteilung der Griechischen Gesandtschaft in den Akten Berlin, Tempelhofer Vorstadt Bl 109 (Nr 70).

Größe eines Grundstücks. Ihre Berichtigung s öffentlicher Glaube 1.

Grundakten, Seite 96 ff, 114. Ersuchen 2. Die Entscheidung wegen Ablehnung von Aktenübersendung (ebenso natürlich der Abschrifts- oder Auskunftserteilung oder Einsichtsgewährung) steht der Aufsichtsbehörde zu, da keine Entscheidung (s Beschw 5), sondern eine Verwaltungssache vorliegt, es sei denn, daß das Aktenübersendungsersuchen aus rechtlichen oder in der Sache liegenden Gründen abgelehnt wird. S Beschw 5, 16. Die Behörden (Staats- u Kommunalbehörden) haben Anspruch auf Akteneinsicht u Übersendung, ohne das berechtigte Interesse dartun zu müssen. Dies gilt für die gesamte Freiw. S auch Auskunft. Joh 52, 14. — Grundakteneinsicht § 11 G B O, § 32—36 Allgem Verf 20.11.1899. S Einsicht. — Da die Grundakten nicht vernichtet werden dürfen, sind die Eingänge, die nach Eintragung nicht als Unterlagen für sie bei den Grundakten bleiben müssen, zu dem **Sonderaktenheft** bei den Grundakten nach Anordnung des Gbr oder Rpf zu bringen. Die Sonderakten können nach einigen Jahren vernichtet werden.

Grundbuchamt. 1. Die Gbr werden von unnötigen Arbeiten entlastet. Ges 14.12.20 (Ges S 1921, 75). Nach § 1 können im Gba gemäß J M-Anordnung Urkundsbeamte (§ 7 Ges 18.12.27, Ges S 209, s unten) richterliche Geschäfte u Kanzleibeamte Geschäfte von Urkundsbeamten selbständig erledigen. Nach § 2 a a O u § 9e Allgem J M **„Entlastungsverfügung"** 25.2.28 (J M Bl 140, Neufassung) entscheidet, selbst wenn in anderen gleichstehenden, z B Kostengesetzen ein anderer Rechtsmittelweg (Aufsichtsbehörde) gegeben ist, über alle Erinnerungen oder Beschwerden gegen „Entscheidungen u Verfügungen" der Urkundsbeamten, Rechtspfleger ausschließlich zunächst der Gbr, gegen dessen Entscheidung erst der sonstige Rechtsmittelweg zusteht. S auch Gerichtsentlastungsges 11.3.1921 (R G Bl 229). Ferner J M V 24.1.28, J M Bl 28, 27 nebst Gesetzen über Form der Unterschriftsleistung im mittleren Justizdienste. **„Urkundsbeamten der Geschäftsstelle"** ist nicht Träger eines Amts. Seine Zeichnung lautet: „als Urkundsbeamter der Geschäftsstelle." — Die Beamten des **einfachen Bürodienstes** dürfen nach J M Bl 28, 44 wahrnehmen: Bewirkungen von Ladungen, Zustellungen, Nachrichten; Erteilung von Ausfertigungen, beglaubigten u einfachen Abschriften, Bescheinigungen aus gerichtlichen Akten, **aber nicht in Gb- u Registersachen;** die Geschäfte des Urkundsbeamten der Geschäftsstelle bei Gb- u Registerführung. Von der Wahrnehmung **ausgeschlossen** sind: Erteilung von

Rechtskraft- u Notfristzeugnissen, Beschwerdeaufnahmen in Gbsachen, Erteilung von Bescheinigungen in Gb- u Registersachen.

I. Die vom Landgerichtspräsidenten nach § 2, 3 d Vo angeordnete Entlastung des Gbr erfolgt durch **Rechtspfleger** (Rpf) nach Geschäftsverteilung (§ 4). Rpf **„sind"** nach § 1—3 die Justiz- u Dolmetscheroberinspektoren, Justizinspektoren, die planmäßigen Kalkulatoren sowie sonstige dazu bestellte Urkundsbeamte. Sie haben sich in Protokollen, Entscheidungen u bei Verfügungen „nach außen" unter Benennung des Amtsgerichts neben ihrer Amtsbezeichnung als „Rpf" zu bezeichnen (§ 12). Sie erledigen neben ihren Geschäften der Geschäftsstelle die ihnen übertragenen Gbageschäfte „selbständig" mit den Einschränkungen aus § 7, 9. Grundsatz ist: Alle Eingänge über richterliche Geschäfte einschließlich Beurkundungen u Vermerke über Erklärungen der Rpf sind dem Gbr vorzulegen. (§ 5) Dieser muß beim Dienstbeginn die sämtlichen Eingänge, denen m E die Akten nach der Verf wie aus Zweckmäßigkeit beigefügt sein müssen, darauf durchsehn, ob er unter Berücksichtigung der theoretischen Ausbildung u praktischen Eignung der Rpf (§ 4) ihre Bearbeitung sich ganz oder teilweise vorbehalten (Bezeichnung mit „V", Datum, Namenszeichen, § 8) oder nicht vorbehalten (dann Bezeichnung mit „Gef", Datum, N) will. Für den Vorbehalt sind Kann- u Sollvorschriften (§ 5, 6, 7, 26) gegeben, die auch die Rpf zur Rückgabe (§ 9c) verpflichten, aber nicht die Wirksamkeit des trotzdem durch den Rpf erledigten Geschäfts aufheben, wenn es (§ 13 III) zur Zeit der Geschäftsvornahme dem Rpf übertragen war. Wenn es nicht übertragen war, ist Widerspruch nach § 54 G B O gegen die Eintragung vom Gbr einzutragen, wenn nicht der Gbr die Eintragung für richtig hält u sie ebenso nachträglich verfügt. Die Akten sind nach § 6 III vom Gbr nur bei Bedenken gegen die Einfachheit usw der Sache einzusehen. Ich werfe stets einen kurzen Blick in Abt I, II, III der Tabelle zur Feststellung, ob die Betroffenen eingetragen oder durch Vor- u Nacherbenrecht, Testvollstr, Verfügungsbeschränkungen, Pfändungen, Zwangsversteigerung, Goldklausel usw beschränkt sind. Der Vorbehalt ist (§ 6 Abs 2) auch nachträglich bis zur Wirksamkeit der Entscheidung oder Vornahme des Geschäfts zur Referendarausbildung auch für Geschäfte des Rpf (§ 5, 6) zulässig. Nach § 13 kann zwar der Gbr Geschäfte des Rpf, nicht aber dieser ihm nicht **„übertragene"** Geschäfte des Gbr wirksam erledigen. Der Vorbehalt „soll" sich (§ 6) auf rechtlich schwierige, tatsächlich verwickelte und weittragende Sachen einfacher Art erstrecken. **Dem Gbr sind** gemäß § 23a u Anordnungen des O L G-Präsidenten **nicht vorzulegen:** Zurückführungen, Bescheinigungen, Anfragen über Gbinhalt, Anträge auf Abschriften, Rückgabe von Urkunden (öfter sehr bedenklich!), Gb- u Akteneinsicht, Aktenversendung (§ 23d—h). Eintragungen in das Gb u die Hypbriefe hat Rpf (23a) zu unterschreiben. Wenn L (A) G-Präs nach § 24 nicht weitere Eintragungsanträge einschließlich Briefbildung zur Gbrentlastung zugelassen hat, darf Rpf außer obigen Sachen nach § 23b nur beurkunden, soweit dies durch § 26 nicht dem Gbr vorbehalten ist (dazu gehört auch Beurkundung für auswärtige Gba!), und nach Prüfung durch Gbr nur auf Ersuchen durch Behörden Eintragungen verfügen. Der Gbr kann dem Rpf die Behandlung der Rechtsfrage bindend auferlegen u die sonstige Erledigung überlassen oder auch die Vorlegung von Verfügungsentwürfen auftragen (§ 7). Rpf soll dem Gbr die Eingänge bei rechtlicher Schwierigkeit, Zuständigkeit des Gbr (§ 26), bei mehreren unerledigten Anträgen (§ 18 G B O), bei Nachrichten, Anfragen von ausländischen Behörden, Berichten an J M, wenn Rpf von bekannter Stellungnahme des Gbr abweichen will, Armenrechtsbewilligung, Androhung u Verhängung von Ordnungsstrafen, Kostenniederschlagungen (§ 9, 10, 11) vorlegen. — **Nicht geeignet zur Übertragung** bezw **ausgenommen** sind nach § 26 d II die Zurückführungen über Grenzveränderungen unter Berichtigung materiellen Irrtums, nach § 24 III—V die **„Entscheidungen“** auf Eintragungsanträge einschließlich Briefbildungen aus dem Industriebelastungsgesetze (s dort) und Aw G nebst D Vo mit Ausnahme der Widersprüche aus § 8, 16 II, III, 31 (nicht § 17, 32, 78) Aw G. Nach § 26 soll der Gbr sich vorbehalten: a) wenn der Betroffene nicht im Gb steht, es sei denn daß Erbschein oder Bescheinigung über Rechtsnachfolge (Registerauszug usw) vorliegt. b) wenn eine Mehrheit Berechtigte ist u die Eintragung nicht von allen bewilligt ist. (Erben u Gütergemeinschaft, Gesellschaft nach B G B offene Handelsgesellschaft, Kommanditgesellschaft)! c) Vorerbeneintragung, d) Grundbuchblattanlegung bei Fideikommissen, Lehen, Stammgut, Hausvermögen, Schutzforst, Weinberg, Wald-, Deich-, Wein- oder Landgut gemäß Vo betreffend Waldschutz (s dort), Reichsheimstätte, Bahneinheit, Erbbaurecht, Bergwerk, selbständige Gerechtigkeit, Stockwerkseigentum, Grundstückserwerb durch juristische Person auf Grund Schenkung oder Zuwendung von Todeswegen, durch ausländische jur Personen, bei Rechten an buchungsfreien Grundstücken oder Ausbuchung von Grundstücken, Umschreibung „unübersichtlicher“ Gbblätter — **Die Armenrechtsbewilligung** steht dem Rpf nur dann zu, wenn das Gesuch **„ausschließlich“** ein übertragenes Geschäft (wie z B beim Zahlungsbefehl) betrifft. Ein solcher Fall liegt im Gba nicht vor, da der Gbr von den Geschäften des Rpf nirgends ausgeschlossen ist. — Die Eintragungen im Gb, Briefe, Briefvermerke u begl Abschriften sind vom Rpf u einem zweiten bestimmten Bürobeamten oder einem vom Behördenvorstande ermächtigten Büroangestellten zu unterschreiben. Sie handeln selbstverantwortlich u können im E die Unterzeichnung von Briefentwürfen mit „tatsächlich“ dem Gb widersprechenden Inhalte ablehnen, während über „rechtliche“ Zweifel der Gbr zu entscheiden hat. Der Gbr kann in von ihm bearbeiteten schwierigen Sachen sich die Unterschrift im Gb (durch: Ich lese selbst!) vorbehalten (Art 6, 7 A G G B O). Er ist **allein** zu Eintragungen **„von Amtswegen“** (z B Widersprüchen, Vormerkungen aus § 54 G B O, auch gegen Eintragungen der Rpf) befugt, da der Rpf nur „Anträge“ erledigen u auch seine angegriffene Entscheidung nicht abändern kann. Da Rpf zweckmäßig sofort auch einfache Expeditionen mitfertigt, wird **auf Beispiel 51** verwiesen. Druckformulare dafür kann auch der Gbr zur Vereinfachung verwenden. Wegen Vollziehung gerichtlicher Schriftstücke s J M B 24.1.28 (J M Bl 28, 27) in der Einleitung oben. Auch der Gbr hat nach § 12 nach außen seine Amtsbezeichnung anzugeben! — Durch häufige gemeinsame Besprechungen, namentlich wenn neue Gesetze u Verhältnisse eintreten, ist eine völlig einheitliche Tätigkeit im Gba zu erzielen. — Auf die **erhöhte Haftpflichtsgefahr** der Rpf durch die **schon äußerlich erkennbaren unrichtigen Befugnisse** weise ich nochmals gemäß Ricks in Zeitschrift der Preuß Justizamtmänner 1928, 26 hin. — Wegen der **Zuständigkeit des Gba** zur Aufnahme der Vollstreckungsklausel § 800 Z P O s Zwangsvollstreckung.

1. Über Pflichten des Gba s Arrest, Aufl 2, 8, Auskunft, Ausland, Beistand, Berichtigung, Bewilligung, Beweiskraft, Einigung, einstweilige Ver-
83, 90ff, fügung, Entscheidung, Erbschein, Ersuchen, Ersteher, Gebührenfreiheit,
102ff, 112, Gl, Hindernis, Konkurs, Legalitätsprinzip, Löschungsvormerkung,
113. Notar, Offenkundigkeit, Pfandrecht, Rangvorbehalt 2, Sicherungshyp 6, 7, Vollmacht, Vollstreckungsrichter, Vorbehalt, Vorerbe, Zuschlag, **Rötung!**

2. Das Gba **darf nicht mitwirken,** wenn es bewußt durch seine Tätigkeit das Gb mit der wirklichen Rechtslage in Widerspruch brächte. Es kann jedoch seine Tätigkeit nicht ablehnen, wenn **sämtliche Beteiligte** die Eintragung beantragen bezw genehmigen. **Sein Beruf ist,** als staatliche Behörde die dinglichen Rechtsverhältnisse im Gb zu beurkunden u dafür **möglichst** zu sorgen, daß das

Gb mit den wirklichen materiellen Rechtsverhältnissen übereinstimmt. Die „wirkliche“ Rechtslage ist die dem materiellen Rechte entsprechende, auf einem dinglichen Rechte beruhende Rechtslage. Die Übereinstimmung des Gbinhalts mit einem persönlichen Rechte ist keine Unrichtigkeit des Gb. Joh 39. A. 176. K G 7.3.10. S auch Löschungsbewilligung 2. — Regelmäßig ist das Gba zur Prüfung **des zu Grunde liegenden Rechtsgeschäfts weder berechtigt noch verpflichtet, abgesehen davon,** wenn die zu prüfende **Verfügungsmacht** von dem Inhalte des Rechtsgeschäfts abhängt u wenn, wie bei Wucher, das Grundgeschäft die Hyp nichtig macht. S O L G K G 44, 138, aber oben Eintragungsfähigkeit 2, 3! So muß der Richter, wenn eine Eintragung durch einen **Vereinsvorstand** bewilligt ist, dessen Vertretungsmacht gemäß § 26 Abs 2 B G B durch die Satzung auf solche Verfügungen, denen gewisse Rechtsgeschäfte zu Grunde liegen, beschränkt ist, prüfen, ob eines dieser Geschäfte vorliegt. Dasselbe gilt für **Bevollmächtigte für gewisse bestimmte Geschäfte.** K G 8.11.06 VIII 146. Hier herrscht also das Legalitätsprinzip. Vgl aber Kiel D Not V 28, 386, 387, wonach nicht das Gba, sondern der Notar die Übereinstimmung des Kaufvertrags mit dem Gb zu prüfen hat.

3. Das Gba kann als staatliche Behörde **privatrechtliche Beziehungen nicht eingehen,** insbesondere keine Auftrags- oder sonstigen Verträge schließen. K G 8.2.09 X 79. Es hat als „Amtsgericht“ (zweckmäßig mit Zusatz: Grundbuchamt zu zeichnen. Joh 53, 222.

4. Bei **Ersuchen von Behörden** ist nur die äußere Form der überreichten Urkunden zu prüfen. Es bedarf keines behördlichen Zeugnisses, daß die Unterzeichner die Behörde vertreten. Die **Vermutung** spricht für die Richtigkeit von Urkunden, die vermöge des beigefügten Amtsstempels bezw Siegels mit zutreffender Inschrift als öffentliche zu bezeichnen sind. S ferner Ersuchen 1, Magistrat, Gemeindevorstand, Verwaltungszwangsverfahren.

5. Nach § 891 B G B ist, falls für Jemand ein Recht eingetragen ist, zu **vermuten,** daß es ihm so zusteht. Diese **Vermutung** erstreckt sich auch auf die nach § 48 G B O erfolgte Eintragung über die Bruchteile oder das für die Gemeinschaft maßgebende Rechtsverhältnis, es sei denn, daß aus den Erklärungen, den vorgelegten Urkunden, den Grundakten oder aus sonstigen offenkundigen Tatsachen sich sachliche Bedenken gegen die Gbrichtigkeit ergeben. Die **Vermutung** erstreckt sich auch auf das Weiterbestehen eines bestimmten ehelichen Güterstandes, wenn dieser u die Eheleute als Berechtigte im Gb eingetragen stehn. Diese Grundsätze erstrecken sich auch auf die im Gb vermerkten persönlichen Verhältnisse z B Verheiratetsein. K G 17.10.04 V 115. — S Eheleute 11.

6. Das Gba ist nicht zu **Ermittlungen** (s Erbschein 2) (auch nicht bei Wucher-Grundgeschäft s oben 2) über die **Verfügungsbefugnis** verpflichtet, wenn weder aus dem Gb nach aus den vorliegenden Urkunden Bedenken entstehen. Es sei denn, daß das Gba von Amtswegen wie bei den Eintragungen der Befugnisse aus § 7 Aw G zu verfahren hat. (K G Ring III 368.) Falls Bedenken auf Grund anderen Materials (Grundakten, Tatsachen aus sonstiger dienstlicher Tätigkeit z B aus Pfändungsbeschlüssen) bekannt geworden sind, können sie berücksichtigt werden, um eine dem wahren Rechtszustande widersprechende Eintragung zu verhüten. K G 7.7.02 III 151. S aber unten 9, 10. Bei Zweifeln (s dort) darüber, ob ein gültiger Hypbrief erteilt ist, muß Gba von Amtswegen die zur Aufklärung nötigen Ermittlungen anstellen, obwohl § 12 Freiw in Gbsachen nicht gilt. Joh 46, 196. Im Falle eines Verfahrens aus § 54 G B O kann Gba Ermittlungen anstellen, Zeugen vernehmen. § 12 Freiw. Joh 48, 194. Das Gba muß aber den z Zt des Eingangs der Eintragungsbewilligungen in diesen formell erklärten u offenbar gewollten gesamten wirtschaftlichen Erfolg erforschen u danach eintragen oder, falls er noch nicht erreicht werden kann, die Eintragung nach § 18 G B O beanstanden. Bewilligungen u Zustimmungen nach § 19, 22, 27 G B O, § 880 B G B usw können auch aus dem Urkundeninhalt hervorgehen. Z B: Ist das Stammgrundstück mit Hyp usw belastet u wird nach dem Kaufvertrage, auf den hin die Aufl erteilt ist, ein Trennstück nur gegen Barzahlung oder Kaufgeldhyp erworben, so muß m E das Gba die Eintragung beanstanden, wenn nicht die nötigen Pfandentlassungen für die Belastungen des Stammgrundstücks mit überreicht werden. Denn Verkäufer wie Erwerber wollen nach dem Vertrage offenbar, daß das Trennstück nur gegen den Kaufpreis, sonst aber frei von den Stammgrundstückslasten übergeht. Dieser auch formell gewollte Erfolg wird aber nicht erzielt, wenn auch die Stammlasten mit übertragen werden. Oder: Ist im Vertrage die Löschung von Hyp vereinbart, so ist darin auch die Zustimmung zur Löschung zu sehn. — Im Gegensatze zu mir u zu K G D Not V 1925, 148, wo K G dem Gba die Feststellung gutgläubigen Dritterwerbs auferlegt, verbietet O L G 43, 173 Ermittlungen (Auskünfte, Vernehmung von Sachverständigen) nach § 12 Freiw. (Die Entscheidung schadet dem Leben!)

7. Der Gbr (nicht Rpf) muß das Gb von **Amtswegen** als **unrichtig** kennzeichnen u gemäß § 54 G B O einen **Widerspruch** eintragen, wenn ihm bekannt wird, daß die den zeitigen Eigt betreffende Auflverhandlung an wesentlichen Formfehlern leidet. (S Auflverhandlung.) Der eingetragene Eigt darf gegebenenfalls **nicht** als **wahrer** Eigt u **nicht** als **berechtigt** angesehen werden, **Anträge** zu stellen. K G 7.11.01 III 40.

8. Das Gba hat **grundsätzlich** denjenigen **als** den **Berechtigten** anzusehen, der im Gb **eingetragen** ist oder nach § 40 Abs 2 G B O solchem **gleichsteht**. Ob die Eintragung mit der wirklichen Rechtslage übereinstimmt oder nicht, ist grundsätzlich nicht bei jeder neuen Eintragung zu prüfen. O L G Hamburg 17.12.08 XVIII 118. — S Gläubiger 2.

Nr 45. 9. Das Gba muß, wenn die nach § 42, 43 G B O erforderlichen Briefe fehlen, vor Anwendung von **Zwangsmaßregeln** aus § 62 Abs 2 G B O, § 33 Freiw, Art 15 A G Freiw Ermittlungen anstellen. O L G K G 22.2.09 XVIII 225. § 12 Freiw ist entgegen dieser Entscheidung auch vom Gba anzuwenden; s auch Joh 51, 245. S oben 6 u Hypbrief 18. — Über **Zuständigkeit** s Aufl 17, Nachlaßgerichtszeugnis. — Ordnungsstrafenverhängung s Nr 45, 67; Hypbrief 18.

10. Freie Beweiswürdigung des Gba s Eheleute 14. — Die nötigen Nachweise muß der Antragsteller, nicht der Richter beschaffen. O L G 25.11.09. XX 397. § 29 G B O. Der Richter kann u wird, wenn irgendwie angängig, helfen.

11. Das Gba ist zu Terminsansetzungen abgesehen von besonderen Fällen (m E bei Krankheit usw) nicht verpflichtet. O L G K G 22.11.09 XXI 30. — Beschw 5. Wegen Aufbewahrung von Urkunden bei den Akten s Urkunde 3. — Wenn die Beteiligten nach Ansicht des Gba den Kaufpreis zu niedrig angeben, Verfahren nach J M Bl 1922, 59.

12. Die bloße Möglichkeit kann nicht dazu führen, daß das Gba den beurkundeten Erklärungen unterschiedslos den Glauben zu versagen hätte. Neben der den Vertragsabschluß beweisenden öffentlichen Urkunde kann nicht allgemein der Nachweis der Ernstlichkeit des Vertrags verlangt werden. Es müssen konkrete Umstände u ein Anlaß zur Annahme des Ernstlichkeitsmangels vorliegen. Joh 40, 135. Das heißt richtig m a W: Das Gba ist berechtigt, das als wahr u wirklich verlangt anzusehn, was in den Urkunden gemäß § 19, 29 G B O gesagt ist, es sei denn, daß begründete Zweifel entgegenstehn. S Zweifel.

13. Ein **örtlich unzuständiges Gba** muß einen Antrag oder ein Ersuchen ohne Anwendung des § 18 G B O unverzüglich an die zuständige Stelle oder den Einreicher von Amtswegen weitergeben. Es sei denn, daß die Zuständigkeit ausdrücklich behauptet u Entscheidung verlangt wird. Ricks D Not V 28, 396.

14. Das Gba u seine Entscheidungspflichten u Rechte in Awsachen s Aw-Gbsachen A—F.

Grundbuchberichtigung (Gbreinigung) s Berichtigung, **Rötung**. Seite 111—114. D Not V **1919**, 308.

Grundbuchblätter. 1. Ihre Anlegung bei nicht gebuchten oder nicht buchungspflichtigen Grundstücken. S Aufl 11. **Nr 1.** S Öffentlicher Glaube 4, Besitzzeugnis, Erbbaurecht 5, Abtretung 3a über Abtretung des Rechts auf Anlegung eines Gbblattes. — Nach § 3 G B O sind die Bestandteile eines Grundstücks auf dessen Gbblatte ebenfalls einzutragen, da sie begrifflich zum Grundstücke gehören. — Ein Eigt kann nicht nach seinem Belieben soviel Gbblätter erhalten, als er will. Dies könnte zu Ungeheuerlichkeiten führen. Man stelle sich bei der heutigen Papiernot u Teuerung vor, daß alle Trennstücke eines größeren Geländes auf je ein besonderes Gbblatt sofort übertragen werden sollten u später nicht verkauft oder bebaut werden können. Dies hatten z B Siedlungsgesellschaften beantragt. Ich verlangte (gemäß Seite 97 u Ricks D Not V 1914, 665) einen rechtlich oder wirtschaftlich vernünftigen Grund dafür. Sofortige Aufl an Andere konnte nicht angegeben werden, wohl aber sofortige Beleihung zahlreicher einzelner Stücke mit Hyp. Diese Abschreibung war nach § 6 G B O auch so durchzuführen, daß zunächst auf dem Stammgbblatte alle Stücke unter besonderer Nr u dann auf jedem eine besondere Hyp (Beispiel Nr 52) eingetragen wurde. Die einzelnen Stücke gingen dann später mit allen Belastungen auf die Erwerber über. Dieses Verfahren ist auch für die Siedler billiger. Den der Erwerb eines bereits mit allen Belastungen versehenen Grundstücks verursacht keine Kosten für Eintragungen in Abt II, III.

2, 3, 15, 96ff **Nr 1, 52.**

2. Anlegung des Gb für nicht buchungspflichtige Grundstücke in der **Rheinprovinz.** O L G R G 29.6.05 XII 180.

3. Die in einem **Separationsverfahren** als **gemeinschaftliche** ausgeworfenen Grundstücke ohne Gbblatt müssen ein solches erhalten. Die Anrechte auf diese Grundstücke müssen im **Verzeichnisse II** des berechtigten Hauptgrundstücks eingetragen werden. Ihre sonstigen Rechtsverhältnisse. O L G R G 31.10.04 X 76. — S Zurückführungen, Anlandung.

4. Sie dürfen nur für privatrechtlich eigentumsfähige Grundstücke angelegt werden. S Flüsse; Joh 42, 175; Wassergesetz. Für Anlegung von Gbblättern für Wasserläufe oder Anteile daran finden Art 20 Nr 3, 21—27, 28 Abs 2 V O 13.11.99 über Aufgebotsverfahren u Ausschlußurteile nach Joh 53, 105 keine Anwendung.

5. Eine für sich allein auf einem Gbblatte (nicht etwa im Flurbuche) stehende Liegenschaft ist ein selbständiger Gegenstand. Stehn mehrere selbständige Grundstücke auf einem Blatte gemäß § 4 G B O, so ist eines davon im Rechtssinne nicht als Teil der Anderen anzusehen. Eine Rechtseinheit kann nur durch Vereinigung unter einer Nr oder Bestandteilszuschreibung entstehn. Joh 44, 230. S Bestandteil 2.

6. Anlegung eines Gbblattes für einen Wasserlauf oder Wasserlaufsanteil (Wassergesetz § 13). Sind diese Bestandteile des Ufergrundstücks, so sind sie dessen Gbblatt als Bestandteil zuzuschreiben. S Bestandteil 4, auch wegen der Rechte des Hauptgrundstücks.

7. Für Aufhebung eines gemeinschaftlichen Blattes sind nicht nur § 4 G B O, sondern auch Zweckmäßigkeitsgründe entscheidend. Joh 50, 127.

8. Doppelbuchung von Grundstücken auf verschiedenen Blättern u Zuschlag R G 85, 316.

9. Eintragung auf preuß Grundstücken im Gb, die in Händen der Polen sind. S Eintragung 6.

10. Die **Schließung** von Gbblättern Allgem Verf 20.11.99 (J M Bl 349), 31.3.1919 (207). Die **Wiederbenutzung** geschlossener Gbblätter u die Gbbände verschiedenen Umfangs zu Sparzwecken. Allgem Verf 15.4.1921 (J M Bl 260). S **Umschreibung** 1 u Beispiel Nr 15 u Seite 12.

Grundbuchreinigung von Amtswegen. S Rötung, Löschung 15, **Nr 15, 46.** Seite 4, 7, 25, 85, 111. Verfügungsbeschränkung 5, Sicherungszwangshyp 1b, Eintragungsfähigkeit 6, Gl 12, Miterben 5, Rang 5, 13.

Grundbuchsperre s Verfügungsbeschränkungen 3a, Kapitalabfindungsgesetz (R G 105, 71), einstw Verfügungen (Ricks, Recht 1923, 97, J W 1923, 1022), Zwangsversteigerung.

Grunddienstbarkeit. § 1018—1029 B G B. 1. **Begriff** der Grunddienstbarkeit. K G 12.3.00 I 25. S Grundschuld 1. Wegen des **Gl** s Seite 112. — **Straßenanliegerrechte** (nämlich Rechte der Eigt von Baugrundstücken, die an öffentlichen Straßen liegen, auf deren Benutzung als Fuß- oder Fahrweg) bilden keine eintragungsfähige Grunddienstbarkeit. R G 70, 77. Ebenso nicht das Recht auf Benutzung eines Grundstücks zum **Kirchenbau.** Joh 39, 215, wohl aber die Verpflichtung, wonach der Eigt des belasteten Grundstücks für das berechtigte einen Waldstreifen als Windschutz erhalten muß. K G 6.2.11 XI 133. Joh 41, 228. — Wegen 4 unten s auch O L G K G 23.5.1910 XXI 42. Grundgerechtigkeit, einen Entwässerungskanal zu dulden u zu unterhalten nach preuß Rechte. R G 79, 375. — **a)** Das herrschende Grdst muß bei der Gdienstbarkeit u Reallast ein selbständiges Gbgrdst sein, **b)** ihre Ausübung kann zu Gunsten eines unselbständigen Teils beschränkt werden. O L G 43, 6. (Die Frage ist streitig. Ich halte zu **a** auch einen bestimmt bezeichneten Teil eines selbständigen Grdst für berechtigt.) **c)** Sie ist nicht zulässig auf Miteigentümeranteilen. S Miteigentümer. — Umwandlung von Dienstbarkeiten s oben Dienstbarkeit.

Nr 9, 10, 50. 2. Sie ist ebenso wie eine **Restkaufgeldhyp** unwirksam, wenn sie von
4, 6, 86, 91, einem **Prokuristen** für den Inhaber des Handelsgeschäfts **gleichzeitig**
112, 110. mit dem Erwerbe eines Grundstücks an diesem bestellt wird, ohne daß dem Prokuristen besondere Befugnis gemäß § 49 Abs 2 H G B dazu erteilt ist. K G 16.2.05 V 273, 276. Ich bin a M. S Prokurist, Eheleute 1. Es entscheidet, ob das Grundstück schon der Firma gehört.

3. Gehören zwei Grundstücke demselben Eigt, kann dieser **nicht** das Eine zu Gunsten des Anderen mit einer Grunddienstbarkeit belasten. R G 26.1.01 V 73. Dasselbe gilt von einer Vormerkung auf eine solche u überhaupt von der Begründung einer Grunddienstbarkeit am eigenen Grundstücke des Bestellers. Joh 40, 126.

4. Zur Bezeichnung des **Inhalts** der Grunddienstbarkeit, der nach § 873 B G B einzutragen oder bezüglich dessen auf die Bewilligung nach § 874, 50 G B O Bezug zu nehmen ist, **muß angegeben** werden, auf welchen Teil des Grundstücks ihre Ausübung beschränkt ist. Es wird zweckmäßigerweise auf eine bei den Grundakten aufzubewahrende Karte Bezug genommen. Das **berechtigte** Grundstück (s oben 1.) ist nach der Gbbezeichnung genau anzugeben,
4, 6 (Abt II wobei es zweckmäßig ist, das berechtigte Trennstück zu bezeichnen. K G
Nr 3, 5, 11). 25.10.06 VIII 139. S Erbbaurecht 1. — Die Dienstbarkeit kann unter auflösender Bedingung bestellt werden z B daß sie erlöschen soll, sobald das berechtigte Grundstück in das Eigentum einer anderen Person kommt. Joh 44, 356. S aber Hyp 19. — Verbotene Handlungen müssen genügend bezeichnet

werden. Joh 53, 152. Für die jeweiligen Eigt eines nicht katastermäßig bezeichneten u nicht vollständigen Grundstücksteils kann eine Dienstbarkeit oder Reallast nicht eingetragen werden. Joh 53, 170.

5. auf **Beseitigung eines Überbaues** ist nicht eintragbar (O L G K G 30.11.08. XVIII 146), wohl aber das Recht zur Duldung eines Überbaus dann, wenn es nicht nur die gesetzliche Duldungspflicht enthält, sondern darüber hinaus Inhalt u Umfang des Überbaus bestimmt festlegt. K G Ring III 330.

110. **6.** Sie ist nach § 96, 1131 B G B als **Bestandteil** des berechtigten Grundstücks anzusehen. Ist sie im Verzeichnisse II des berechtigten Grundstücks vermerkt, müssen alle Hypgl dieses Grundstücks der **Löschung** der Grunddienstbarkeit zustimmen. § 21 G B O.

7. Die nach Preuß Recht entstandene Grunddienstbarkeit bedurfte zur Wirksamkeit der Eintragung in das Gb an sich nicht; ihr wahrer Inhalt gilt auch gegenüber der abweichenden Eintragung. Auch eine versehentlich gelöschte Dienstbarkeit, die vor dem neuen Liegenschaftsrecht eingetragen war, gilt weiter. R G 99, 63. Soll eine schon nach früherem Rechte entstandene Dienstbarkeit eingetragen werden, so muß a) das frühere Entstehn, der Inhalt u der (genau) zu bezeichnende belastete Grundstücksteil in der Bewilligung angegeben sein, b) die Eintragung mit dem Range der Entstehung u mit Zustimmung der nach dem Gb vorgehenden Berechtigten erfolgen. (M E bedarf es der Zustimmung nicht, wenn die Entstehung u ihre frühere Zeit als die der übrigen eingetrag. Rechte durch öffentl Urkunden nachgewiesen ist.) c) Bezugnahme auf die früheren Vorschriften ist für die Bewilligung, nicht aber für das Gb zulässig. Joh 50, 252.

8. Die Dienstbarkeit erlischt durch Zuschreibung des herrschenden zum Dienenden als Bestandteil u kann durch spätere Wiederabschreibung nicht wieder entstehn; sie erlischt noch nicht durch den Erwerb beider Grundstücke durch einen Eigt, falls sie nicht von diesem zur Löschung gebracht wird. „Zubehör" gilt als Bestandteil seit B G B. Joh 51, 258.

9. Das gewerbliche Wettbewerbsverbot als Dienstbarkeit. Joh 52, 173.

Grunderwerbsteuer s Auflassung Einleitung I.

Grundschuld. S Eigtgrundschuld. Muster S 22 Nr 12; Nr 17, 59; Inhabergrundschuld 49a. — Umwandlung in Grundschulden gemäß § 4—6 Awerg s Aw-Gbsachen C. — Unser **heutiges Hypsystem** Muster Nr 54 ff.

1. Auf die Rechtsgültigkeit einer Grundschuld hat die Nichtentstehung der Forderung bezw die Nichtgewährung des Entgelts, die zur Grundschuldbestellung Anlaß gegeben haben, keinen Einfluß. Genau wie bei einem Nießbrauche, einer Grunddienstbarkeit, weil der rechtliche Bestand ihrer Bestellung von dem Grundgeschäfte u seiner Erfüllung unabhängig ist u eine Grundschuld auch unentgeltlich bestellt werden kann! § 1163 Abs 1 Satz 1 B G B findet auf die Grundschuld daher nicht Anwendung u ihr Gl bleibt daher solange nach außen Gl, als die Grundschuldsübertragung auf den Grundschuldbesteller oder Eigt nicht erfolgt oder erzwungen oder der Verzicht des Gl auf sie nicht eingetragen ist. Dies gilt auch bei der Zwangsversteigerung! Nachstehende Gl rücken also nicht um den Betrag bei der Erlösverteilung vor, den der vorgehende Grundschuldgl auf die Grundschuld nicht gegeben u nicht berechnet hat. Dieser Teil ist vom Vollstreckungsrichter zu hinterlegen, weil der eingetragene Gl nach wie vor als Gl des nicht berechneten, aber rechtsbeständigen Grundschuldteils gilt. Wohl aber findet § 1163 Abs 1 Satz 2 B G B auch auf die Grundschuld Anwendung d h die Grundschuld geht auf den Grundstückseigt über, soweit er die entstandene Forderung befriedigt hat. R G 78, 61. — S Löschungsvormerkung! — S Hyp 22. — Ihre vertragsmäßige Umwandlung in Hyp sind nur von ihrer Gbeintragung ab beachtlich. Rostock Ring 28, 810.

2. Die zur Sicherheit für eine Forderung bestellte Grundschuld geht nicht ohne Weiteres mit der Übertragung der Forderung auf deren neuen Gl über. Joh 43, 254. D h sie muß in beglaubigter Form ebenfalls abgetreten werden.

Grundschuldbrief. 1. S Hypbrief.

Nr 49. 2. Auf den Inhaber. Für seine Ausgabe ist staatliche Genehmigung erforderlich. R G 2.4.00 I 37.

Grundstückserwerb für u vom Fiskus s Fiskus u bei herrenlosen Grundstücken s Verzicht. — S „Doppelbuchung" von Grundstücken.

Grundstückswert, seine Ermittlung wegen der Kosten; für die Kostenberechnung ist der gemeine Wert z Zt der Eintragung maßgebend. J M Bl 1922, 356; 569.

Grundstückswert Berliner Mietshäuser Ricks J W 1924, 773, 1956. (Im Frieden 17fache Gebäudesteuernutzungswert; jetzt etwa 50—60 v H davon oder vom berichtigten Wehrbeitragswerte.) — Feststellung des gemeinen Werts land- oder forstwirtschaftlicher Grdst J M Bl 1924, 257. — Nach R F H in D Not V 1925, 168 ist der gemeine Wert eines Grdst in der Inflationszeit 15 v H des Friedenswertes.

Gütergemeinschaft s Eheleute.

Güterrecht. S Eheleute.

Gutsüberlassungsvertrag s Überlassungsvertrag. **Nr 53.**

Handelskammer s Behörde 6.

Handelsregister. **Über Nachweise der Vertretung ausländischer Gesellschaften** s Ausland, Schweden. Außer dem **Zeugnisse** des Registergerichts gemäß § 33 G B O genügt
88, 98. im Inland auch eine durch den **Gerichtsschreiber** des Registergerichts beglaubigte Abschrift des betreffenden Registerinhalts. R G 2.4.02 III 105. M E genügt auch eine von einer anderen Behörde oder einem Notare beglaubigte Abschrift der obigen beglaubigten Abschrift, aber nicht eine Bescheinigung eines deutschen Notars, der im Gegensatze zu Notaren des Auslandes, s Ausland) dafür nicht zuständig ist. § 33—35 G B O.

Handzeichen. Beglaubigung, Seite 88.

Hauberggenossenschaften. Joh 47, 272.

Heilung des Formmangels durch Aufl s R G 104, 102, 196; 82, 415; 103, 381. Die Ansicht des R G 75, 115, wonach die Heilung aus § 313 B G B nicht zurückwirkt, wird durch das Wort „wird" m E (im Gegensatze zu einem „ist") des Satzes 2 des § 313 widerlegt. — Die Heilung des Formmangels durch Aufl erstreckt sich auch auf das mündlich vereinbarte, aber nicht Beurkundete, auf das einen wesentlichen Bestandteil des Vertrags, mit ihm eine wirtschaftliche u rechtliche Einheit bildende. Der zur Auflzeit gewollte obligatorische Vertrag erlangt Wirksamkeit. R G 82, 415; 103, 381; 104, 102, 196. — Die Formungültigkeit des Grdstkaufvertrags wird nach erfolgter Aufl durch Eintragung des Erwerbers auch dann geheilt, wenn zwar die Rückgängigmachungsklage vor der Eintragung schon erhoben, aber das Urteil noch nicht rechtskräftig war R G 111, 98. Ist Kaufvertrag mit Aufl zusammen der Behörde vorgelegt u genehmigt u ist der Vertrag ein Scheinvertrag, weil mündlich anderes vereinbart ist, so ist nur der Vertrag, nicht die Aufl genehmigt. Die Aufl hat die Formwidrigkeit des Vertrags nicht geheilt. R G 111, 98. Wenn ein formloser Kaufvertrag durch Auflassung u Eigentumseintragung geheilt wird, so liegt darin keine Bestätigung als solche, sondern diese Heilung ist einer Bestätigung gemäß § 141 II B G B nur „gleichzusetzen." Sonach ist § 141 nicht unmittelbar anwendbar. Bei Heilung durch Auflassung ist aber alles das zu gewähren, was bei Vertragsabschluß gewährt sein sollte, weil die Aufl ein Bekenntnis zu dem ganzen Inhalte des Grundgeschäfts ist u daher die tatsächliche Vermutung dafür spricht, daß die Beteiligten einander das im nichtigen Vertrage Gesagte gewähren wollen. Also ist der Parteiwille auf diese Vermutung hin zu prüfen. Wird die Vermutung aber widerlegt, so ist der Heilungszeitpunkt für den Rechtserwerb zu Grunde zu legen, weil die **Heilung** nach R G 75, 115 (oben) **keine rückwirkende Kraft** verleiht. R G 115, 6. — Die **heilende** Kraft der Aufl u Eintragung wirkt auf den Tag der Eintragung, die **Genehmigung** wirkt nach § 184 I B G B **zurück.** K G Ring 28, 163, 164. — Nur die Aufl als dinglicher Vertrag u die Eintragung (nicht die Eigentumseintragung infolge Eigentumsüberganges allein ohne Aufl) heilt den Formmangel gemäß § 313 B G B. Die Heilung erstreckt sich auch auf das mündlich vereinbarte, aber nicht beurkundete; der obligatorische Vertrag, wie er zur Auflzeit gewollt war, erlangt Gültigkeit. R G 82, 415. — S inhaltliche Unzulässigkeit 2, Sicherungszwangshyp 1 f, 6, wegen Heilung unvollständiger u unzuverlässiger Eintragungen. — **Keine Heilung** der Aufl u Eintragung des Erwerbers als Eigentümers bei wegen **unrichtiger Beurkundung** nichtigem Kaufvertrage, wenn durch einstw Verfügung = gesetzlichem Veräußerungs- bezw Erwerbsverbote (§ 135, 136 B G B) der Erwerb eines Grdst verboten war. R G D Not B 27, 658. — S Gläubiger 12, 13.

Heimstätten s Reichsheimstättengesetz.

Helgoland s Landgemeinde 5. — **Herrenlose Grundstücke** s Verzicht 1.

Herrenlose Grundstücke s Verzicht.

Hindernis, Zwischenverfügung. — **Vormerkung u Widerspruch des** § 18 **G B O** haben (anders wie V u W nach § 883, 894, 899 B G B) die Aufgabe, den öffentlichrechtlichen Anspruch des früheren Antragstellers gegen Vereitelung oder Beeinträchtigung seines früheren Antrags vor endgültiger Erledigung **späterer Anträge** (s Vormerkung 12) zu schützen u zwar eine Vormerkung, wenn der erste Antrag auf „Begründung" des Rechts geht, u ein Widerspruch, wenn der Antrag auf Eintragung eines schon „bestehenden" Rechts geht; z B auf Eintragung des Eigentums infolge Erbrechts oder wenn ein Recht zu Unrecht gelöscht ist." Sie sind aus § 18 G B O auch zulässig, wenn Vormerkungen oder Widersprüche aus § 883, 899 B G B eingetragen werden sollen. Bei Unterlassung ihrer Eintragung geht das Rangrecht verloren. Nachholung ist nicht zulässig. O L G 3, 305, 6, 261.

102ff, 106. 1. § 18 G B O bezieht sich nur auf solche Fälle, in denen das Hindernis beseitigt werden kann, also der Antrag an einem Mangel der Begründung leidet. Ist ein Teil der begehrten Eintragung nicht eintragungsfähig, muß der ganze Antrag abgewiesen werden. K G 8.11.09 Joh 39, 257 u Joh Bd 37, 212. Ich bin a M. Seite 106, Antrag. — § 18 G B O ist nicht anwendbar, um den Parteien Gelegenheit zu geben, ihre Anträge zu ändern oder zurückzunehmen, es sei denn daß nur der ursprüngliche Antrag sachlich eingeschränkt werden soll. K G Ring 28, 373. — S Vollstreckungsrichter; Gba 12, Hypbrief 12. — § 18 G B O findet bei Anlegung von Gbblättern keine Anwendung, sondern Art 3ff A G Freiw. Joh 48, 167. — Unrichtige Anwendung des § 18 G B O, seiner Rangbestimmungen mit Haftpflicht des Richters. R G 60, 392. In O L G 43, 178 Anm ist die Beanstandung aus § 18 G B O mit nicht zu langen Fristen anerkannt, wenn Grunderwerbsteuerbescheinigung fehlt. Ich halte sie in allen Fällen für zulässig u geboten, wenn anzunehmen ist, daß die Rechtshandlungen u Rechtsgeschäfte der überreichten u zu überreichenden Urkunden schon wirksam vorliegen oder alsbald eingehn können (z B Vollmacht, Steuerbescheinigung, Genehmigung). Nicht aber wenn schon Ablehnung dieserhalb erfolgt ist oder der Antragsteller selbst erklärt, die Vollmachten, Genehmigungen seien noch nicht einmal erteilt bzw beantragt. Dann würde ich ebenfalls nicht sofort abweisen, sondern verfahren wie zu Hindernis 3 u Ricks D Not V 1924, 419. (Über die Pflicht zur Anwendung des § 18 G B O, zur Vermeidung der sofortigen Abweisung ohne Not schon aus Nächstenliebe usw). Vgl K G Recht 1924, 1265. — Wirkungslosigkeit der Rechte aus § 18 G B O s Enteignung 8.

Nr 7, 17, 21, 24, 33, 41, 43. 2. § 18 G B O hat nach seinem Wortlaute u Zwecke lediglich solche Anträge im Auge, die eine Eintragung als eine sofort zu bewirkende bezwecken. Ergibt sich ein Hindernis, so hat der Gbr seine Entscheidigung nicht etwa auszusetzen, sondern sofort zu treffen mit der Maßgabe, daß, wenn es sich um ein **leicht** behebbares Hindernis handelt, eine Frist zu dessen Hebung gesetzt wird. K G 28.9.05 VI 231. S Antrag, Frist 2b. Nach R G 84, 274 muß das Gba, selbst wenn ein die sofortige Abweisung des Antrags begründendes Hindernis vorhanden ist, in der abweisenden Verfügung auch noch etwaige weitere „behebbare" Hindernisse für den gestellten Antrag mitteilen. — Wird eine Verfügung des Urkundsbeamten oder Rechtspflegeorgans (Rpf) vom Antragsteller beanstandet, so entscheidet der Gbr, gegen dessen Entscheidung erst die Beschw zulässig ist. S Gba 1, Ges Übertragung richterlicher Gbsachen auf die Urkundsbeamten 14.12.20 (Ges 1921, 75); Allgem Verfgg 25.1.1921, 7.6.1921 (J M Bl 75, 341).

3. S **Entscheidung,** Seite 102ff, 90ff, Antrag 5, **Fristen** 2, 3, **Vormerkung 4, 12.** Über die Wirkung des fruchtlosen Fristablaufs u der Nichtbehebung der Hindernisse aus § 18 G B O s Ricks, D Not V 1914, 417. Daraus sei hier hervorgehoben: Der Antrag **ist** (d h muß) abzuweisen. Die Vormerkung aus § 18 **„wird"** (d h muß) gelöscht, wenn der Antrag abgewiesen **„wird"**; also Abweisung u Löschungsverfügung sind gleichzeitig abzusetzen, ohne erst abzuwarten, ob die Abweisung zugestellt ist. (Ring I 308.) § 16 Freiw wird durch § 18 G B O teilweise aufgehoben. Die „Zustellung" nach § 16 Freiw u Z P O ist für Bekanntmachung der Beanstandung mittels Post oder durch Protokoll (auch des Urkundsbeamten) vorgeschrieben; schriftliche Quittung über oder Verzicht auf Zustellung durch Empfänger nicht zulässig. (Für das **Ausland** hat Preußen keine vereinfachte Zustellung. Dafür s J M 1910, 180; 1911, 247, 410; 1912, 96; 1913, 412.) Jedoch ist diese Zustellung bei der Abweisung des Antrags nicht vorgeschrieben u nicht nötig! (S aber Güthe Anm 52, Sächs O L G 21, 291, die jedoch unhaltbar sind.) Die Behebung der Hindernisse ist bis zur tatsächlichen „Abweisung in den Akten" zulässig. Durch diese Abweisung gilt der Eintragungsantrag als „erledigt". Ist schon vor Fristablauf ein neuer Antrag auf eine andere Eintragung eingegangen, so rückt er mit der Abweisung in die Rangstelle der abgewiesenen Eintragung, sodaß die Abweisungsentscheidung in diesem Falle, selbst vor ihrem Bekanntwerden (gegen sonstige Zulässigkeit) nicht mehr aufgehoben werden kann. — Ist die Frist abgelaufen u vorher keine neue Eintragung beantragt oder beantragt der Antragsteller in solchem Falle nach Ablauf die Fristverlängerung aus § 18 G B O, ist folgende Verfügung an Antragsteller zulässig bezw geboten: „In der Gbsache N N ist die Frist zu Ihrem Antrage vom . . ten . . . . aus Notariatregister Nr 8/1921 fruchtlos abgelaufen. Eine Nachfrist oder Verlängerung der Frist nach ihrem Ablaufe ist unzulässig, da § 18 G B O nur eine Frist gestattet. Die kostenpflichtige Abweisung Ihres Antrags erfolgt nunmehr im ordentlichen Geschäftsgange, wenn nicht vorher die Hindernisse aus der gerichtlichen Verfügung beseitigt sind." — Ich verfüge in den Akten eine Frist. (S Frist 2.) — Wird das durch die Vormerkung aus § 18 G B O gesicherte Recht infolge Hindernisbehebung eingetragen, erfolgt Löschung gemäß s Vormerkung 12. — § 18 G B O ist nicht anwendbar, wenn z B das zu belastende Grundstück unrichtig, unbestimmt (Seite 104) oder der

Gl oder die Hyp nicht angegeben oder ein inhaltlich dauernd u unheilbar unbegründeter Antrag gestellt ist; wenn Antragsteller weiß, daß die Eintragung dem Gesetze wegen ihm bekannten Mangels nicht erfolgen kann u wird u er sich nur den Rang vor anderen Anträgen sichern will. Joh 50, 136; R G 106, 80. Es empfiehlt sich zur Ersparung unnötiger Abweisungskosten wie Seite 104, D Not V 1914, 427 zu verfahren u erst dann sofort abzuweisen, wenn ein anderer neuer Antrag eingeht, der den Rang des beanstandeten erhalten muß u somit den ordentlichen Geschäftsgang hindert oder gefährdet. S auch Beschw 5, Joh 45, 204; Frist. S **Antrag 7.** — Die Vormerkung aus § 18 G B O ist trotz Behebung der Hindernisse u Eintragung nach Antrag nicht zu löschen, wenn während der Frist ein Zwvermerk eingetragen ist, sondern muß zur Sicherung gegen den Zwvermerk bis zu seiner Löschung bestehn bleiben. Ring I 310; Auflvormerkung. — Versehentlich nicht gelöschte Vorm aus § 18 sind nachträglich zu löschen, auch wenn der durch sie gesicherte abgewiesene Antrag vom Beschwgericht für begründet erklärt ist Ring I 305.

Nr 48. 4. Über den Fall (§ 17, 18 G B O), wenn gleichzeitig **wegen derselben Eintragung widersprechende** Anträge aus verschiedenen Urkunden z B Abtretung u Löschung derselben Post vorliegen, s **Nr 48,** K G 23.8.04 IV 259.

5. Stellt ein Nichtberechtigter einen Eintragungsantrag, so muß dieser im Allgemeinen abgewiesen werden u es darf eine Zwischenverfügung aus § 18 G B O nur dann erlassen werden, wenn der Mangel der Berechtigung mit rückwirkender Kraft beseitigt werden kann, z B wenn der Berechtigte nachträglich genehmigt (§ 185 Abs 2, 184 B G B) u das Gba diese spätere Genehmigung annehmen kann, nicht aber, wenn der Verfügende den Gegenstand, über den er verfügt, nachträglich erwirbt oder wenn er von dem Berechtigten mit unbeschränkter Haftbarkeit beerbt wird. § 185 Abs 2 B G B Joh 39, 166. — Wird das Hindernis aus anderen Gründen (z B Erwerb des Grdst durch Vertreter) behoben, keine Rückwirkung aus § 18. Ring I 302. Bis zur Genehmigung durch den Berechtigten gehn dessen eigenen Verfügungen oder Zw oder KO nach § 184 Abs 2 B G B vor. — Zurücksendung von Anträgen ist keine „Erledigung" nach G B O. Aussetzung des Verfahrens vor dem Gba unzulässig. O L G 43, 1, 2. S Testvollstrecker 2. — Wenn die spätere Genehmigung aus der angezeigten u demnächst erflogenden Aufl geschlossen werden kann, dann trifft die Entscheidung m E insoweit nicht zu. Oder das Gba müßte § 18 anwenden oder wenigstens wie Seite 104 oben verfahren. Dann erfährt es bald, ob die Genehmigung erfolgt.

6. § 18 G B O ist grundsätzlich, auch bei mangelhafter Sorgfalt des Antragstellers anzuwenden. Joh 40, 99. Schwebt eine Beschw, ist der Antrag vom Gba nicht unnötig abzuweisen. Joh 51, 276. Die Zwischenverfügung soll die Beteiligten über die zutreffenden Maßnahmen belehren. Joh 52, 208. — S **Ricks D Not V 1924, 419** über eine verständige kostenpflichtige Abweisung von Anträgen. — Wird gegen den noch nicht eingetragenen, aber schon beantragten Grdsterwerber eine Eintragung beantragt, so liegt ein beseitigungsfähiges Hindernis u Anwendbarkeist des § 18 G B O vor. K G Ring II 448.

Hinterlegungsbescheinigung s Urkunde (öffentliche).

Höchstbetragshypothek. 1. Nach § 1153 Abs 2 B G B kann eine Forderung nicht **Nr 23, 54, 62.** ohne die Hyp u diese nicht ohne jene übertragen werden. **Ausnahme** 10, 20. **60.** bei der **Höchstbetragshyp** gemäß § 1190 Abs 4 B G B, wonach diese bei der Übertragung der Forderung **nach den allgemeinen Vorschriften** (§ 398 ff B G B) **nicht** mit übergeht. Geht jedoch die Forderung nach **Hyprecht** (§ 1154 B G B), insbesondere durch Eintragung der Übertragung über, so geht die Höchstbetragshyp gemäß § 1153 Abs 2 B G B mit über. D h die **Hyp kann**

grundsätzlich nicht ohne die durch sie gesicherte **Forderung** übertragen werden. Ist die **Forderung noch nicht entstanden,** besteht aber das gesicherte Rechtsverhältnis u können daraus Forderungen entstehen, so kann der Gl die **Höchstbetragshyp auch allein vor der Feststellung** der Forderung übertragen, aber **nur unter dem Vorbehalte** der demnächstigen Forderungsentstehung. — Die Bestimmungen über die **Eigtgrundschuld** gemäß § 1163 Satz 1 B G B finden **erst dann** Anwendung, wenn die aus dem gesicherten Rechtsverhältnisse entstandene u festgestellte Forderung **unter dem Höchstbetrage** der Hyp bleibt. K G 14.12.03., 6.6.04 IV 119, 240; 20.1.02 III 90. O L G K G 10.7.08 XVIII 184. Die §§ 1163, 1168, 1170, 1172, 1173 B G B finden auf die Höchstbetragshyp Anwendung. Nach Joh 45, 286 wird die zur Sicherung künftiger Forderungen bestellte Höchstbetragshyp vom Besteller als vorläufige, durch die Entstehung einer den eingetragenen Höchstbetrag erreichenden Forderung auflösend bedingte Eigtgrundschuld erworben. — S Eigtgrundschuld 2. O L G K G 28.6.09 XX 415. — Die Höchsthyp ist auch für Teilschuldverschreibungen (§ 1187—1190 B G B) zulässig. S Sicherungshyp 5. Nach K G Ring IV 425 findet dann § 51 G B O (Angabe der Zahl, Beträge u Teile) keine Anwendung. Forderungsauswechslung nach § 1180 B G B ist zulässig. Joh 49, 224, O L G 44, 144. S 8, 7. — Für dieselben Forderungen, für denselben Forderungskreis z B aus Geschäftsverbindung, Kreditgewährung einer Bank sind nur eine, nicht mehrere Höchhyp zulässig, wohl aber Gesamthyp. Joh 49, 222. Gegen diese Entscheidung spricht nicht § 1132 Abs 2 B G B, 867, 932 Abs 2 Z P O, wo die Verteilung von Hyp erlaubt bezw vorgeschrieben ist, wie Pünzer J W 1921, 1342 vorbringt, Ricks J W 1922, 215 aber bestreitet. Voraussetzung für die Verteilbarkeit von Hyp ist, daß jeder Hyp eine bestimmte, feste, gegen andere Forderungen abgegrenzte, unterscheidbare Forderung (K G Ring III 424) zu Grunde liegt. Fehlt diese Voraussetzung u die Teilbarkeit bei einem Forderungskreise, wie meistens z B vor Feststellung der Forderungen (Nr 3), ist die Verteilung ausgeschlossen. Die § 867, 932 Z P O sind Ausnahmen u besondere Vollstreckungsvorschriften, die allerdings zweckmäßig beseitigt würden. (**S jedoch noch Hyp 10 über Einzelhyp** desselben Gl **für Forderungsteile** auf verschiedenen Grundstücken.) Es empfiehlt sich bei Notwendigkeit einer Erweiterung des Forderungskreises, der Kreditgewährung, die Aufstellung eines erkennbaren „neuen“ Kreises, Kredites u dafür eine neue Hyp oder Löschung der bisherigen Hyp u Eintragung einer neuen Hyp für den gesamten Forderungskreis oder statt der neuen Hyp eine Ausfallsicherungshyp gemäß R G 70, 245 (s Sicherungshyp 3). Ist dagegen versehentlich für den Mehrbetrag eines „erweiterten“ (nicht neuen) Forderungskreises eine 2te Hyp eingetragen worden, so muß gegen sie nach § 54 G B O ein Widerspruch eingetragen werden. S Ricks, J W 1922, 215, aber auch O L G 43, 17, wo inhaltliche Unzulässigkeit (§ 54 G B O) u Unrichtigkeit u U abgelehnt ist. Nach K G D Not V 1922, 90, Joh 53, 210, 213; R G 118, 162; Dresden Ring IV 422 können aber für denselben Forderungskreis, der in mehrere unterscheidbare Teile zerlegt werden muß u kann, mehrere Sicherungshyp eingetragen werden, wenn der Kreis in erkennbare selbständige Teile zerlegt oder wenn die neue Hyp (von z B 15000 M) nach der Eintragungsbewilligung einen den bisherigen Höchstbetrag (z B 15000 M) übersteigenden Guthabensteil betrifft u in der neuen Eintragung darauf ausdrücklich hingewiesen wird (z B „für alle 15000 M übersteigenden Ansprüche des Gl bis zum Höchstbetrage von weiteren 15000 M“). — Keine **Höchstbetragshyp** für **mehrere** Forderungen gegen **verschiedene** Gl. Dresden Ring II 439.

2. Sie kann **übertragen** werden, auch wenn die **abgetretene Forderung** nach **alleiniger** Erklärung des **Gl** niedriger als der Höchstbetrag ist. Hierbei ist

Voraussetzung, daß Schuldner u Gl die gesicherte Forderung noch nicht zusammen festgestellt haben. Die Hyp wird erst dann u insoweit **Eigtgrundschuld,** als **festgestellt** ist, daß die gesicherte Forderung hinter dem Höchstbetrage zurückbleibt. Die **Feststellung** erfolgt durch beglaubigten **Vertrag** zwischen Gl u Schuldner oder **Urteil.** K G 20.6.07 IX 64ff. Die bloße Möglichkeit, daß die Feststellung der Forderung erfolgt ist, genügt nicht, um die Verfügungsberechtigung des Hypgl hinsichtlich der ganzen Hyp auszuschließen. Dazu gehören diese Feststellung sicher ergebende Tatsachen. Joh 43, 237. — Zur **Umwandlung** einer Höchsthyp in eine **Grundschuld** bedarf es nicht der vorherigen Forderungsfeststellung, wenn Eigentümer u Gläubiger sie bewilligen **u nach Hypbestellung kein Eigentumswechsel** stattgefunden hat. K G D Not V 27, 461. (S 7)

3. Sie kann **nach Feststellung** der Forderung auch **teilweise** abgetreten werden u zwar entweder in derselben oder in geringerer Höhe des Teils, der nach der Feststellung dem Gl oder dem Eigt als Grundschuld zusteht. Vergl dazu K G 6.6.04 IV 242. — Die Eintragung der Forderung gegen eine **offene Handelsgesellschaft** bei einer Höchsthyp **darf nicht so erfolgen,** daß die „Firma N N u Sohn" oder „die offene Handelsgesellschaft N N u Sohn" als Schuldner eingetragen wird, sondern etwa so: „gegen die von den (namentlich zu nennenden) Kaufleuten N N u N N in N unter der Firma N N u Sohn in Breslau betriebenen offenen Handelsgesellschaft" K G D Not V 27, 460.

4. Ihre **Erweiterung durch Zinsen** oder die Eintragung von Zinsen **neben** dem Höchstbetrage ist **unzulässig.** Dies folgt nicht aus § 1190 Abs 2 B G B, der sich nur auf die Forderung bezieht, sondern aus der Erwägung, daß die Verzinslichkeit des Höchstbetrags diesen zu einem **unbestimmten** machen würde, ferner daß sie überflüssig, irreführend, also **unzulässig** ist. K G 8.11.09 Joh 39, 256; 11.1.06 VII 69. Hiernach bleibt die Eintragung der Hyp trotz Zinsen gültig; letztere sind gemäß § 54 G B O zu löschen. S Zinsen 3; unten 7.

5. Die Unterwerfung unter die **sofortige Zwangsvollstreckung** ist bei ihr **nicht eintragbar,** weil die Forderung in der Bewilligung noch nicht bestimmt ist. K G 6.8.01 II 202. **Ausnahme** zur Sicherung lebenslänglicher Renten. O L G Colmar, 23.12.07 XVII 336 u **Nr 9.**

6. Die **Verpfändung** u Pfändung einer zur **Eigtgrundschuld** gewordenen Höchstbetragshyp s Pfändung 1.

7. Ihre **Umwandlung** aus einer Geschäftsverbindungshöchsthyp in eine Darlehnshyp ist zulässig (O L G 44, 144) u in eine gewöhnliche verzinsliche **Hyp** ist erst **nach Feststellung** (s oben 2) der gesicherten Forderung zulässig. K G 11.7.02 III 154. (S oben 2.) Erfolgt sie in voller Höhe, dürfen die bis zum Tage der Umwandlungseintragung fälligen Zinsen auch nicht mit Zustimmung der gleich- u nachstehenden Gl eingetragen werden. Joh 44, 299. — Die Zinsen dürfen bei einer Sicherungshyp nicht mit in die zu sichernde Summe eingerechnet werden, wohl aber bei der Höchstbetragshyp, die für eine feste Summe bestellt, inhaltlich unzulässig ist. § 54 G B O Joh 51, 289. S 9 unten.

8. Bei ihr kann eingetragen werden, daß sie **an zweiter Stelle** auch für die Forderung eines **anderen Gl** des Schuldners haften soll. Der **bisherige** Gl muß beglaubigt zustimmen. K G 17.6.01 II 187. R G 75, 249 hält eine solche Eintragung für unzulässig. — Hyp 10, Sicherungshyp 10. Höchstbetragshyp kann für Forderungen aus einem Kreditverhältnisse zwischen ihrem Gl einerseits, u andrerseits dem Eigt sowie seinen Rechtsnachfolgern im allgemeinen oder im Grundstückseigentume bestellt werden. Joh 44, 362. Bei ihr kann Forderungsauswechslung gemäß § 1180 B G B stattfinden, jedoch nur mit Zustimmung des Bestellers, wenn nicht nachgewiesen ist, daß die gesicherte Forderung den Höchstbetrag erreicht. Joh 45, 286. S 1 oben.

9. Sie ist auch eintragbar, wenn **Grund** u **Betrag** der zu sichernden Forderung schon **feststehn.** O L G K G 8.4.07 XV 385, K G D Not V 26, 260. (S 7.) Sie ist durch den Gl (oben 3) teilbar; ihre Teilnehmer können ohne Eigtzustimmung verschiedenen Rang erhalten, wenn zwar die Forderung nicht den Höchstbetrag erreicht, aber durch Verzinslichkeit diesen erreichen kann. Joh 51, 340.

Holland. S D Not V 27, 58 mit K G über Eherecht. Es herrscht allgemeine Gütergemeinschaft ohne Mitwirkungsrecht der Frau. Ehevertrag nur vor der Ehe zulässig. S Ausland.

Hospitalstiftung s Genehmigung.

Hütungsrecht s Wiedereintragung.

Hypothek (Hyp). Unser heutiges Hypothekensystem (RM-, Feingoldpreis-, Goldmark-, Feingoldmark- u Dollarhyp usw) s Beispiele Nr 54—70. — **Die „Hyp" dient** nur zur Sicherung einer **Geldforderung.** Nach R G Ring 27 So V 21 ist mit dem Worte „Hypothek" die dingliche u persönliche Schuld zusammengefaßt, wenn sie in **1** Person vereinigt ist. — **Aw u Wiedereintragung von Hyp** s Aw-Gbsachen. — S auch Eintragung 7 (versehentlich in Abt II eingetragene wirk-
83, 84, 86. same Hyp) **Gl,** inhaltliche Unzulässigkeit, Löschung, Umschreibung, Umwandlung, Versteigerung, **Gemeinde,** Eheleute 11. — Ihr Wesen Joh 41, 232 K G 29.5.11, wonach die Hyp eine Realobligation nicht schafft. — Teilweise Unzulässigkeit u Gültigkeit der Hyp s Nebenleistung. — Hypeintragungen, in denen sich weder eine ausdrückliche Bezeichnung des Rechtes als „Hyp" noch des Schuldgrundes (Darlehn, Restkaufgeld) befindet, sind nichtig, wenn der Zweifel, ob eine Hyp oder Grundschuld vorliegt, nicht durch die in Bezug genommene Eintragungsbewilligung gelöst werden kann. (Gutachten des K G J M Bl 1914, 772; m E muß die Forderung bestimmt oder wenigstens als abstraktes Schuldversprechen erkennbar sein u deutlich bezeichnet eingetragen werden; Bezugnahme ersetzt nur den Inhalt des Rechts.) — Eine Hyp kann auflösend oder aufschiebend bedingt bestellt werden. Joh 46, 237; Nebenleistung 4. — Eine versehentlich in Abt II, statt III eingetragene Hyp ist wirksam. R G 94, 5; Eintragung 7. — **Hyp ohne Eintragung in das Gb** s Reichsbahn.

1. Sie ist **nicht eintragungsfähig, a)** wenn in der Bewilligung vereinbart ist, daß der **Gl** bei nicht rechtzeitiger Befriedigung berechtigt sein soll, das Pfandgrundstück **freiwillig versteigern** zu lassen. § 1149 B G B München, 3.9.02. III 194. **b)** nach § 54 G B O v A zu löschen, wenn die Forderung nach gesetzlichem Inhalt nicht „bestimmt" d h unterscheidbar von anderen Forderungen ist, sofern ihre Feststellung (§ 1190 B G B Höchsthyp) nicht ausdrücklich vorbehalten wird. Die Forderung muß, auch durch Bezugnahme, eingetragen sein. Im Übrigen s Sicherungshyp 5. O L G 44, 174. — **Eintragungsfähig** ist aber, daß der Gl zuerst Befriedigung aus dem Grundstücke suchen soll. K G 11.10.06. VIII 63. — Sie ist nicht sofort für den Eigt eintragbar. Ausnahme s Eigt-Grundschuld. Nicht eintragungsfähig ist, daß im Falle des Überganges des Grundstückseigt auf Mehrere jede Kündigung gegenüber einem Miteigt auch für die anderen verbindlich ist. Joh 43, 166. — Teilweise Unzulässigkeit bezw. Giltigkeit der Hyp s auch inhaltliche Unzulässigkeit.

2. Sie kann **nicht** nur auf **dem Anteile eingetragen werden,** den der Alleineigt eines Grundstücks zu seinem früheren Anteile hinzuerworben hat, sondern nur auf dem ganzen Grundstücke (K G 6.7.03 IV 39) oder auf sämtlichen Anteilen eines Miteigt. — Die Hyp auf einem Bruchteile und noch nicht feststehenden Miterbenanteile s Bruchteil, Miterben 5.

3. Sie ist **nicht rechtswirksam** bestellt, wenn die Eintragungsbewilligung von einem **Nichtberechtigten** oder **Geschäftsunfähigen** erklärt ist oder auf wegen **Irrtums,** arglistiger **Täuschung, Zwanges** anfechtbaren oder angefochtenen Erklärungen beruht. K G 14.12.03 IV 121. S Eigentümerhyp 2, unten 18, Berichtigung 14, Konkurs 6. — Eine auf einem nicht formgerechten Schenkungsversprechen beruhende Forderung ist nichtig wie die dafür bestellte Hyp, die Eigt-Grundschuld ist. R G 88, 366. Kennt das Gba den Formmangel nicht, kann es die Eintragung nicht beanstanden. S vorm Gen 2. — Nachträgliche Begründung u Begebung einer anfänglich nichtigen Hyp, die Eigtgrundschuld war s R G 106, 139. — Eigenschaften der Forderung ergreifen auch ihre Hyp (s Pfandrecht 4).

4. ist nicht **eintragbar** für nur „beglaubigt" bewilligtes vorbeschiedenes Vatererbteil (s Erbrecht) u wenn die Forderung nicht zu verwirklichen ist, (O L G K G 29.10.00 III 9) oder, wenn bei der zu Grunde liegenden **verzinslichen** Forderung nicht der **Anfangstag der Verzinsung** angegeben ist, da dadurch der Umfang der Belastung nicht erkennbar wäre. Als **Anfangstag** braucht **kein** bestimmter **Kalendertag** bezeichnet zu werden. Es genügt der Hinweis auf eine bestimmte Tatsache der Vergangenheit oder ein künftiges Ereignis. K G 31.1.07 VIII 231. Es muß auch die Forderung u deren Grund angegeben werden. Als Schuldgrund reicht ein Schuldversprechen oder Schuldanerkenntnis aus. § 780, 781 B G B. O L G Colmar XVI 154. Die Hyp setzt eine **Geldforderung** voraus. S Joh 40, 258. S Erbrecht 1, Forderung. — Der Umfang der Belastung muß sich nach Gb u Münzgesetz ziffernmäßig berechnen lassen. Anderenfalls Eintragungsunfähigkeit. Joh 21, 223; R G 50, 149; Zinssatz 1, Goldklausel. — Wiedereintragung einer gelöschten Hyp bei Nachlaßverwaltung s Eigtgrundschuld 1.

5. ist, falls sie für **öffentliche Lasten** bestellt ist, **unzulässig.** O L G K G 25.6.07 XVI 163. **M E** kann der Eigt dem Berechtigten für gestundete öffentliche Lasten eine private Hyp bestellen.

6. für Pfandbriefdarlehen u ihre Löschung s Ritterschaft. — S Amortisationshyp. — Hyp werden nur für Geldschulden bestellt u sind daher **unzulässig** für **Pfandbriefdarlehne,** wenn nicht in Geld, sondern in Pfandbriefen gezahlt werden **„muß"**, nicht kann. S Pfandbriefdarlehn. —

Nr 38, 39. 7. Bei ihr ist neben dem Pfändungsvermerke die **Überweisung** zur **Einziehung nicht eintragbar.** K G 18.10.06 Joh 33, 274. Ebenso nicht, daß Jemandem die Verwaltung zusteht. O L G K G VIII 132. — Nicht eintragbar die Verpflichtung des Gl, zunächst Befriedigung aus dem Grdst suchen zu müssen! S Eintragungsfähigkeit oben.

100 8. Ihre **Abtretung, Versteigerung, Verpfändung, Pfändung** s ebendort; ihre Abtretung mit **Erben** als Zwischengl s Berichtigung 5, 6; die Weiterabtretung u Eintragung der Hyp sofort auf den Zweiterwerber s Aufl 29. — **Für eine Forderung nur eine Hyp s Gesamthyp 1,** Höchstbetragshyp 1, Sicherungshyp 3. — Mehrere selbständige Hyp können nicht in eine einheitliche Hyp umgewandelt werden, wohl aber an verschiedene Gl abgetretene u bei einem Gl wiedervereinigte Teile einer Hyp, wenn sie gleichen Rang u gleiche Zahlungsbedingungen haben. Es kann auch ein neuer einheitlicher Brief nach § 67 G B O erteilt werden. Joh 46, 233.

Nr 18, 28 9. Ihre **Ausdehnung** oder **Erweiterung** oder **Veränderung** wird in Spalte
29 **IV**, **30**, Veränderungen eingetragen. S Bruchteil 1, Nebenleistung 3, Zinssatz 6.
31, 32. Soll das Kapital erhöht werden, muß eine neue selbständige Hyp eingetragen werden. Joh 40, 282. Erhält der Hypgl nur Vorteile bei der Eintragung neuer Nebenbestimmungen, so wird sein Recht im Sinne des § 19 G B O nicht betroffen; er braucht der Veränderungseintragung nicht zuzustimmen. Joh 43, 168. S Betroffen. — Zweckmäßige Zusammenfassung aller fortan geltenden Nebenbestimmungen in der neuen Bewilligung, wenn zahlreichere neue Bestimmungen bei der Hyp vereinbart werden. S Beispiel 28, Rötung.

10. Sie ist als **gemeinsame Hyp** für Forderungen **verschiedener Gl** zulässig, wenn sie diesen zu bestimmten Bruchteilen zustehen soll u die Forderungen nach der Bewilligung **eine einheitliche** Forderung bilden. K G 29.6.05 VI 151. R G 75, 249, wonach das Gesetz davon ausgeht, daß jeder Hyp nur eine einzelne, bestimmte (wenn auch bedingte oder künftige) Forderung zu Grunde liegt. Z B: Wenn bei 3 Miterben der Eine das Grdst übernimmt u den 2 anderen für ihren noch „**ungeteilten**" Erbabfindungsanspruch eine Hyp je zur Hälfte bestellt, so ist m E diese „eine" Hyp für die gemeinschaftliche Forderung u beide Gl je zur Hälfte zulässig; aber jeder Miterbe muß eine Hyp erhalten, wenn diese Forderung schon zu Bruchteilen geteilt ist. S auch Ring II 439. — Die Sicherung mehrerer Forderungen, die bei der Höchstbetragshyp die Regel ist, ist jedoch nicht ausgeschlossen; wenn nur dieselbe ungeteilte Hyp mehrere Forderungen desselben Gl gegen denselben Schuldner sichern soll. Eine Hyp kann grundsätzlich nicht zur Sicherung von Forderungen eines Gl gegen verschiedene Schuldner zustehn. Stehen diese aber in einer Verpflichtungsgemeinschaft, sind sie **Gesamtschuldner**, kann eine einheitliche ungeteilte Hyp zur Sicherung des Anspruchs eingetragen werden. Joh 46, 231. Natürlich kann ein Eigentümer, der nicht persönlicher Schuldner ist, für die mehreren Schuldner stets eine Hyp an seinem Grundstücke bestellen. Für mehrere Bürgen als **Gesamtgl** kann nicht eine gemeinsame Hyp eingetragen werden. Denn jeder Gl hat seinen Anspruch ganz. Die gleichen, verschiedenen Personen zustehenden Ansprüche können daher nicht durch eine festumgrenzte Hyp gesichert werden. S Sicherungshyp 4, Hypbrief 16. Sonst kann eine einheitliche Hyp für **Gesamtgl**, was in der Eintragung hervorzuheben ist, eingetragen werden. § 428 B G B. Joh 46, 226. — Für einen festen Forderungskreis können nur 1, nicht mehrere Einzelhöchstbetragshyp bestellt werden. Joh 49, 222. Der alte Forderungskreis kann also nicht erweitert u dafür eine 2te Hyp eingetragen, sondern es muß ein neuer Forderungskreis, ein neuer selbständiger Kredit begründet u dafür eine neue Hyp bestellt werden. S **Höchstbetragshyp** 1! — Einzelhypotheken für denselben Gläubiger **auf verschiedenen Grundstücken** für verschiedene Teilbeträge derselben Forderung sind zulässig. Eine nähere Bezeichnung der Teilforderungen als durch ziffernmäßige ist im Allgemeinen nicht erforderlich u möglich. R G 113, 233.

11. Sie kann für **nicht kapitalisierte** laufende **Zinsen** als Verkehrshyp nicht eingetragen werden. S Zinsen 1,2. — Beihilfehyp unter Bezugnahme auf Reichsrats- oder andere erlassenen Bestimmungen unzulässig. O L G 43, 13 Anm. S Bewilligung.

Nr 33, 36. **12.** über **welche nicht verfügt** werden soll, **Nr 36**; Verzicht **Nr 33**.

Nr 49, 61. **13.** für an **Order** lautende **Teilschuldverschreibungen.** Bestellung des **Vertreters.** § 873, 1187—1190 B G B; K G 9.8.05 VI 162. S Gl 5. **Nr 61.**

14. Wird Jemandem in einem **Testamente** eine **Hyp vermacht** s Aufl 14.

15. Ihre Eintragung durch den **Ehemann** auf dem **Grundstücke** der **Ehefrau** s Eheleute 9; verzinsliche Hyp für die Frau s Eheleute 11.

16. Wegen der **Nebenabreden** s Eintragungsfähigkeit. — Wegen des Ranges der Restkaufgeldhyp zu anderen vom Erwerbe des Grdst vorher oder gleichzeitig beantragten Hyp s Rang Einl. — Hyp u nichtiges Grundgeschäft s Nichtigkeit unten, Eintragungsfähigkeit 2, 3 oben.

17. Der gemäß § 1115 B G B einzutragende Geldbetrag ist bei einem in **Pfandbriefen** gegebenen Darlehen, das nach Wahl des Schuldners in Pfandbriefen oder in barem, nach dem Nennwerte der Briefe zu berechnendem Gelde zurückzugewähren ist, der bezeichnete Nennwert. Joh 36, 229. S aber Pfandbriefdarlehn. — S Goldklausel.

18. Hat der Eigt eine Hyp für einen Anderen ohne vor- oder nachherige Einigung mit diesem lediglich in der Absicht, sich einen Vermögenserwerb zu sichern, oder nur zum Scheine usw eintragen lassen, so steht ihm die Hyp auch nicht als Eigtgrundschuld zu. Die Eintragung ist nichtig. R G 70, 353. Eigtgrundschuld 2.

19. Die Bestimmung der Eintragungsbewilligung, daß die Hyp mit dem Tode der ersten Gl auf eine andere Person übergehn soll, ist wegen Unklarheit des einzutragenden Rechtsverhältnisses für das Gb nicht zulässig u damit die ganze Hyp nicht eintragungsfähig. Joh 38, 271. K G 7.6.09. — Die in § 23 Abs 2, 24 G B O vorgesehene Eintragung, daß zur Löschung eines Rechts (Hyp auf Lebenszeit, Ausgedinge usw) der Nachweis des Todes des Gl oder Eintritts eines Zeitpunktes oder Ereignisses und der (für Abt II unbeglaubigte) Antrag des Eigt genügen soll, kann nur mit Zustimmung des Gl erfolgen; auch muß in der Zustimmung angegeben sein, daß das Recht auch bei Vorhandensein von Rückständen erlöschen soll. § 23, 24 gelten auch für vor 1900 oder vor Grundbuchanlegung erloschene Rechte. Joh 44, 242. M E genügt nach § 13, 19 G B O nur die Eintragungsbewilligung des Eigt mit obigem Inhalte. Seite 83, Nießbrauch 2, Auflassung 2, vorm Gen 2, wonach der Gbr nicht nachzuprüfen hat, ob das materielle Grundgeschäft wirksam zustande gekommen ist, es sei denn, daß er aus Tatsachen dessen Nichtigkeit kennt.

Nr 33. **20.** Unzulässige Abtretung einer Hyp **Nr 33.** — Der Antrag des Gläubigers, eine ihm bewilligte Hyp unter Abweichung von der Bewilligung nur zu einem Teilbetrage einzutragen, ist nur dann zulässig, wenn der Rest schon vorher zufällig eingetragen ist. Joh 43, A 306.

21. Preuß Gesetz 28.5.1913, Ges S 271 über ältere Hyp in Neuvorpommern und Rügen.

22. Die auf Grund § 1164, 1173 Abs 2, 1174, 1182 B G B auf den Ersatzberechtigten übergehende Hyp wird keine Grundschuld, sondern besteht als Hyp für die Ersatzforderung weiter. R G 81, 71ff.

23. Forderung u Hyp bilden ein Ganzes, so daß die Forderung das Hauptrecht u die Hyp das dieses sichernde Nebenrecht ist. Der rechtliche Bestand der Hyp ist vom Bestehn der Forderung abhängig u können beide nicht ohne einander abgetreten werden. R G 81, 266.

24. Eine Revenüenhyp (s dort) ist eine Substanzbelastung, deren Schuldner die Stammgutsfamilie ist, die aber selbst dann Stammgutseigtgrundschuld wird, wenn die Hyp vom Eigt aus seinem freien Vermögen getilgt wird. Joh 44, 301.

25. Hyp für Zinsrückstände, Vorrangseinräumung u ihre Eintragung s R G 88, 160.

26. Hyp für Forderung ausländischer Währung u ihr Kurs **Nr 54—65.**

Hypothekenbrief. Seine Bildung u Behandlung. Seite 99ff. Die Verbindung des Hypbriefes mit der Abänderungsurkunde ist bei Bezugnahme zweckmäßig. (S Seite 99a. b) Der Brief ist vom Amtsgericht (nicht Gba) zu unterzeichnen. Joh 53, 222, 224. Notar 6, Ricks D Not V 1919, 306, Vorerbe 10, **Übergabe.** Wegen der Haftung des Richters s R G 77, 423. Der Rechtspfleger (s Gba 1) muß die Briefe u beglaubigten Abschriften selbst prüfen. Nach O L G 43, 14 kann die Beibringung von Urkundenabschriften oder Durchschlägen vom Gba nicht verlangt, sondern nur erbeten werden. — Bemerkt sei hier: Eine Buchhyp, für die kein Hypbrief erteilt ist, geht nur durch die Eintragung in das Gb auf den Erwerber über. (S Erwerb.) Eine gewöhnliche Hyp, d h eine solche, für welche ein Brief erteilt ist, kann **ohne** Eintragung in das Gb einem Anderen wirksam abgetreten, verpfändet oder mit einem Nießbrauche belastet werden, wenn diese

Abtretung, Verpfändung oder Nießbrauchsbestellung nur schriftlich und unbeglaubigt erfolgt und der Brief (nicht Ausschlußurteil) dem Berechtigten übergeben wird. (Erfordernisse, wenn die Briefe nur im mittelbaren Besitze des Gl: R G 85, 431). Diese **Übergabe** (s dort) ist zweckmäßig unter Angabe des ersten Zinsübergangstages in der Urkunde zu vermerken. Dies ist nicht unbedingt nötig, besonders nicht, wenn der neue Gl oder Notar den Brief für ihn überreicht, sodaß die Abtretungseintragung deshalb nicht abgelehnt werden kann. Joh 51, 276. Es ist aber zu raten, die Unterschriften sofort gerichtlich oder notariell beglaubigen zu lassen, da sonst die Eintragung in das Gb wie bei der Buchhyp nicht erfolgen kann. — Die Übergabe des Ausschlußurteils ersetzt (abgesehn von § 42 II G B O bei Vorliegen des Ausschlußurteils zur Hyplöschung) nicht die Übergabe des verlorenen Briefes. Joh 45, 294. Die Übergabe des Briefes braucht keine körperliche zu sein; es genügt eine solche nach § 929 Satz 1, 930, 931, 1117, B G B. Diese Ersatzübergabe ist bei Briefverlust erst möglich, wenn das Ausschlußurteil mit dem Antrage auf Bildung eines neuen Briefes dem Gba vorliegt. R G 84, 315; 93, 248; Ausschlußurteil 4, 5. — Wegen § 185 Abs 1 B G B u fehlender Briefübergabe Joh 41, 234. — S Abtretung. — Vor seiner Eintragung kann der neue Gl über die Buchhyp verfügen; s Aufl 29. — S Verfügung. Wegen Berichtigung der Stammbriefe vor Teilbriefbildung nach dem Gb s Rötung. Wegen nachträglicher Briefbildung für eine versehentlich in Abt II eingetragene Hyp s Eintragung 7. — S Kautionshypbrief. —

Hypbriefentwürfe, auch zu Aw-Gbsachen, Rangänderungen, Rangvorbehalten aus § 881, 881 IV B G B sind in **Nr 50, 66—68** u unter Rang Einleitungsschluß. Über die Bildung der Hypbriefe s § 88 II Aw G, Art 6, 8, 10, 17 D Vo 29.11.25, § 3, 5, 10 D Vo zum Awerg, Nr 17—21 der Gesetzzusammenstellung vorn. Der Praktiker kommt mit folgenden Richtlinien durch: Bei Awhyp u Grundschulden von nicht über 500 FGM werden alle Briefe ausgeschlossen. Zur Aw- u Befugniseintragung sowie zur Wiedereintragung gelöschter Rechte u Eintragung aller Rangrechte aus dem Aw G, bei Eintragung neuer Rechte in der Befugnisrangstelle bedarf es entgegen § 42 G B O nie der Hyp-, Grund- u Rentenschuldbriefe der betroffenen Gläubiger, Nach- u Gleichranggläubiger. Mit der Nachricht von der Eintragung werden alle „Betroffenen" wie unter **Nr 67, 68** der Aw-Gbsachen zur Einreichung der Briefe zum Zwecke ihrer Berichtigungen mit kurzer Frist aufgefordert. Gehn die Briefe nicht ein, so hat (s Art 6, 10, 17 D Vo) das Gba die „Briefbesitzer", die ihm bekannt oder von Anderen benannt sind, „zur Verlegung der nicht (unbrauchbar gemachten) Briefe zwecks Briefberichtigung anzuhalten. Dieses „Anhalten" soll nach K G dem Gba nicht das Recht verleihen, einen z B vom Eigentümer oder Abtretungsneugläubiger (§ 17, 21 II Aw G) eingereichten Brief dem awberechtigten Altgläubiger ohne Zustimmung des Einreichenden auszuhändigen oder in allen Fällen nach Braunschweig Ring IV 439 den Briefbesitzer, der den Brief verloren hat, zum Antrage auf das Aufgebotsverfahren zwangsweise anzuhalten, was ich stets mit Erfolg für die Erledigung durchgesetzt habe. Das K G hält die Aushändigung des für den Abtretungsneugläubiger wegen Awbetrags nicht über 500 FGM bedeutungslos gewordenen Hypbrief an den Altgläubiger nur mit Zustimmung des Neugläubigers für zulässig. Ohne solche Zustimmung ist dem Altgläubiger ein Teilbrief unter Anforderung des Stammbriefs zu erteilen. (D Not B 27, 87). — Der dem Schuldner ausgehändigte Brief nicht gelöschter, aber aufgewerteter Hyp gehört dem Gläubiger. Ring 26, 330.

2 Muster für das **Ordnungsstrafverfahren:**

A. 1. An Eigentümer — Gläubiger III Nr ... Zustellen: In pp werden Sie nunmehr, da Sie die Aufforderung vom 1ten d M nicht beachtet haben, auf Grund Art 17 II der D Vo zum Aw G, § 62 G B O, 33 Freiw, Art 15 ff Preuß Freiw ersucht, den Hypothekenbrief III Nr über ... M zwecks Berichtigung wegen .... binnen **zwei** Wochen zur Vermeidung einer Ordnungsstrafe von 10 RM u der Verurteilung in die Kosten des Verfahrens, einzureichen oder die Hinderungsgründe anzugeben. Zutreffendenfalls: Wenn Sie nichts dagegen einwenden, wird der Brief dem Gläubiger N N ausgehändigt, der auf ihn Anspruch hat.

2. 2 Wochen nach Zustellung. 10.8.28.

B. Geht der Brief **nicht** ein:

1. An Eigentümer — Gläubiger Nr ...: Zustellen:
In pp werden Sie, da Sie der Verfügung vom 10.8.28 wegen Einreichung Ihres Hypbriefes Nr von ... M nicht binnen 2 Wochen nachgekommen sind, auf Grund der nachbenannten Vorschriften zu einer Ordnungsstrafe von 10 RM i B u zur Tragung der Verfahrenskosten verurteilt.
Gleichzeitig werden Sie aufgefordert, auf Grund Art 17 II D Vo ... wie oben A...... binnen 1 Woche ..... von 20 RM ...... wie A 1 oben.
2. Ersuchen an Gerichtskasse um sofortige Beitreibung der Strafe von 10 RM.
3. 1 Woche nach Zust. (Alsdann neue Strafe festzusetzen u beitreiben). — (Höhe der Ordnungsstrafen S 74.)

Für die Briefberichtigungen nach dem Aw G kommt noch in Betracht: Das mit dem Antrage auf Eintragung der Aufwertung bei einer Hypothek von der Gläubigerin gestellte Verlangen , auf dem Hypothekenbriefe zu vermerken, daß in der Zeit vom 14.2.1924 bis zum 1.10.1924 keine Rechte eingetragen oder vorgemerkt seien, welche dem 15 v H übersteigenden Aufwertungsbetrage der Hyp gemäß § 6 Abs 2 Aw G im Range vorgehen würden, ist nicht gerechtfertigt; der begehrte Vermerk ist unzulässig. J M Bl 26, 244; Ring 26, 417. — Geht eine Befugnis, die stets (Ricks D Not V 27, 250) auf den Briefen der Nachhyp zu vermerken ist, vor, genügt hinsichtlich vor- u gleichstehender Eintragungen folgender Vermerk: Nr ... Eine Eigentümerbefugnis gemäß § 7 Aw G bis zu .... FGM (i B). — Ist in der Rangstelle der Befugnis, z B von 50000 FGM in der rechten Halbspalte eine Hypothek mit Zinsen über dem üblichen Zinsfuße (jetzt 10 v H) eingetragen, so ist, wenn Hyp u Befugnis gleich sind, nur „die Hyp bis zu 10 v H Zinsen" als vorgehend anzugeben. Wenn die Hyp geringer ist, lautet der Vermerk etwa: Nr ... 12000 FGM nebst Zinsen bis zu 10 v H u die weitere Eigentümerbefugnis gemäß § 7 Aw G bis zu 38000 F G M (i B). — Ist eine Befugnis durch „vorgehende" Rechte gemäß § 7 Abs 4 Aw G verbraucht, so ist außer der „vorgehenden" Hyp nur noch ein Befugnisrest als vorgehend wie zu 1a anzugeben. — Soll auf einem 2 oder 3 Hypbriefe vermerkt werden, daß eine nach § 14 ff Aw G wiedereingetragene Hyp den Vorrang vor dieser Hyp hat, so lautet, wenn die alte gelöschte Hyp noch auf dem Briefe ungelöscht steht, der Vermerk auf dem Briefe: Die gelöschte Hyp Nr ... von ... M ist unter Nr ... mit ..... FMG wiedereingetragen u hat den Vorrang vor vorstehender Hyp Nr ... von ..... M. — Die **Möglichkeit der Wiedereintragung vorgehender Hyp** ist m E nur dann auf den Hypbriefen zu vermerken, wenn nach der Löschungsurkunde früher vorgehende gelöschte Hyp in der Zeit vom 15.6.1922 —15.7.1925 gezahlt u nach den Aufwertungsregistern, Aw-Akten oder Bescheinigungen desselben Gerichts nach Art 126 DVO vom 29.11.1926, die das Gba von der Awstelle zur Vermeidung umständlicher Wege über den Gläubiger erfordern kann, angemeldet ist. In zweifelhaften Fällen ersuche ich die Geschäftsstelle der Awstelle um eine Bescheinigung nach Art 126, ob angemeldet ist. Ist nicht angemeldet, sind obige Möglichkeitsvermerke zu unterlassen. Ist ein Möglichkeitsvermerk schon auf einem Briefe, ist, wenn Nichtanmeldung nachgewiesen ist, auf dem Briefe zu vermerken, daß eine Wiedereintragung nicht stattfindet.— Nach Ricks D Not V 27, 654; 28, 449 III ist entgegen der nachstehenden Entscheidung des K G Ring 28, 641 die heutige Befugnis aus § 7 Aw G bis zu 10 v H nicht voll verbraucht u darf nachträglich an der alten Stelle durch nachträgliche Zinserhöhung bei der (nicht nach § 7 IV Aw G) eingerückten Hyp noch ausgenutzt werden, wenn der Eigentümer unter dem Aw G in der Rangstelle der Befugnisse bisher nur eine unverzinsliche oder unter 10 v H verzinsliche Hyp oder Grundschuld eintragen ließ. Der Befugnisvermerk muß dann bestehen bleiben, darf nicht gerötet u muß mit auf ein neues Blatt übertragen werden, da andernfalls neue Nachgläubiger gutgläubige Erwerber ihrer Rangstelle hinter weniger Zinsen werden. Auch muß auf dem Hypbriefe der eingerückten Hyp vermerkt werden, daß der den Hypzinssatz der eingerückten Hyp übersteigende Zinssatz der Befugnis bis zu 10 v H den gleichen Rang mit dieser Hyp hat. Auf jedem Nachhypbriefe muß ferner vermerkt werden, daß die eingerückte Hyp mit ihrem Zinssatze u dem nicht ausgenutzten Zinssatze der Befugnis der Vorrang zusteht. Dies alles so lange nicht eine Durchführungsverordnung vorschreibt, daß in solchen Fällen, ohne daß der Eigentümer sich Rechte vorbehält, der überschießende Zinssatz der Befugnis zu löschen ist. KG 1 X 428/27, Ring 1927, 490 hat nur allgemein das wiederholte Ausüben einer Befugnis abgelehnt, wenn z B die in ihre Rangstelle eingerückte Hyp gelöscht ist. Das K G übersieht in seiner Entscheidung Ring 28, 641, die durch seine zutreffende klare Entscheidung in Ring 28, 906 widerlegt wird, daß eine Befugnis nur durch eingetragenen Verzicht (§ 7 V Aw G) untergeht, daß die ganze Befugnis nicht nur auf eine bestimmte einmalige Ausnutzung „zu einem", sondern **„bis zu"** einem bestimmten Kapitals- u Zinssatze gerichtet ist. Auf die „Verewigung" einer Befugnis kann es nicht ankommen. Wenn nun mal eine Befugnis besteht, kann sie nicht als Unbequemlichkeit von den Gerichten beseitigt werden. Ganz besonders schlimm würde sich die K G-Entscheidung bei der Höchstbetragshyp in der Befugnisrangstelle auswirken, da bei dieser stets erst später bei Feststellung der Forderung eine Zinssatzeintragung möglich, also praktisch nach dem K G ständig ausgeschlossen ist. Das widerspricht dem Befugniszwecke. Das R G wird entscheiden müssen. Ein **gemeinschaftlicher** Brief nach § 66 G B O ist bei Aweintragung nach Art 6 D Vo nur dann ausgeschlossen, wenn alle Hyp des Briefes zusammen 500 G M nicht übersteigen. Geht nur eine der Hyp über 500 GM hinaus, so bleibt diese immer Briefhyp. K G Ring 28, 228. **Rangverschiebungen** infolge Aw G, insbesondere des § 6 II sind auf den Briefen zu vermerken. K G D Not V 27, 443.

85, 91, 98, 99ff, 102. **1.** Der Brief **braucht dann nicht vorzuliegen,** wenn ein Grundstück **geteilt** wird u die **Hyp zur Mithaft** auf die neuen Blätter übertragen werden soll. Hier handelt es sich um Vermerke der Mitbelastung (§ 49 G B O), **nicht** um **„Eintragungen"** im Sinne des § 42, 62 G B O, K G 21.3.07 VIII 272. S **Verteilung** der Hyp. **Nr 16.** Enteignung 1, 7, **Löschung 2.**

2. Er braucht bei der Verfügung des Richters **nicht** vorzuliegen, wenn es sich um Eintragungen handelt, die **nur Tatsachen** kundgeben und **nicht dingliche Rechtslage** ändern; dagegen **muß** er vorliegen, wenn Eintragungen **örtlich bei der Hyp** beantragt sind. Joh 44, 255. S Konkurs 4, Löschungsvormerkung, Pfändung 3.

3. Zur Eintragung der **Abtretung** (§ 26 G B O), **Belastung** (Verpfändung, Nießbrauchbestellung), **Rangänderung, Löschungsvormerkung,** Veräußerungsverbote, Eintragungen zur Verbesserung (Zins- u Rangerhöhung) der

Hyp u aus einstweiligen Verfügungen der Gerichte müssen **alle** beteiligten **Briefe vorliegen**, also bei der Vorrangseinräumung auch der Brief der vortretenden Hyp. Wird die Löschung einer Löschungsvormerkung beantragt, muß auch der Brief der berechtigten Hyp vorgelegt werden. Werden die Briefe überreicht, so kann der Gbr nicht noch den Nachweis verlangen, wie die betreffenden Gl in den Besitz des Briefes gelangt sind. Abtretung 5, unten 18, einstweilige Verfügung, wegen des Begriffs „Eintragung" in § 42 G B O s Joh 44, 250, 256, wo die gesamte Frage der Briefvorlegung erörtert ist. Eintragung 3. Vormerkung 2d. Der die Teilhyp mitenthaltende Stammbrief ist zu Eintragungen bei den Teilhyp an Stelle der nicht erteilten Teilbriefe vorzulegen. Joh 44, 280.

Nr 35. 27, 85, 101. **4.** Er soll, wenn er nachträglich als **gemeinschaftlicher Brief** mehrere Hyp umfaßt, nur die gegenwärtige Lage des Gb **unter Weglassung** bedeutungsloser Eintragungen wiedergeben. § 66 G B O. K G 9.8.06 VIII 56. — Er ist als gemeinschaftlicher Brief nicht zu erteilen, wenn unter den Hyp eine Teilhyp ist (Joh 20, 103), jedoch stets dann, wenn alle Teile einer Stammhyp mitvereinigt sind oder wenn der Brief über einen Teil als Stammbrief gebildet ist. Joh 26, 166; 39, 271. — S 20 unten. S Hyp 8 u § 67 G B O wegen neuen einheitlichen Briefes über wiedervereinigte Hyp.

Nr 25. 20, 21, 85, 103. **5.** Seine **nachträgliche Erteilung** (§ 1116 Abs 3 B G B) müssen Eigt **und** Gl beglaubigt bewilligen bezw beantragen. Er wird in diesem Falle dem **Letzteren** ohne Weiteres ausgehändigt. § 60 G B O. **Unzulässig** ist es bei einer Buchhyp einzutragen, daß der Gl jederzeit die Erteilung eines Briefes verlangen darf. K G 10.12.00 II 36. S Eheleute 3, K G 14.6.09 X 227.

6. Ist nach der beglaubigten Eintragungsbewilligung der **Gl** durch den Eigt ermächtigt, sich den Brief aushändigen zu lassen, so muß das Gba dem Gl auch auf dessen **formlosen** Antrag den Brief aushändigen. — K G
101. 25.5.05 VI 78 über Aushändigung überhaupt. S auch **Widerruf** der Erteilung eines Briefes. — Der Brief ist dem, der ihn überreicht u zurückverlangt hat, oder dem im Einreichungsschreiben Genannten auszuhändigen. (Dies gilt auch für andere Urkunden.) Rückforderung wie in allen Fällen unrichtiger Aushändigung des Briefes durch das Gba nach § 60, 62 G B O, 33 Freiw, Art 15ff Preuß Freiw mit Zwang. O L G 44, 163, Beschw 5 oben.

7. Seine **Erteilung** kann vom Gba **abgelehnt** werden, wenn die nach seiner Kenntnis in Wirklichkeit bestehende **Schuldurkunde** nicht vorgelegt wird, u der Eigt gemäß § 58 Abs 3 G B O der Wahrheit entgegen erklärt hat, eine solche sei nicht ausgestellt. K G 16.7.01 II 176.

8. Die **Urkunde** über Bestellung eines **Nießbrauchs** oder **Pfandrechts**
Nr 37. (s Verpfändung) darf nicht mit dem Briefe verbunden werden; die Bestellung wird auf ihm vermerkt. Dasselbe gilt von der **Abtretungs-**
Nr 28—33. **urkunde.** K G 28.6.06 VII 271. 17.11.02 III 207. Alle diese Urkunden sind nicht Schuldurkunden der Hyp. § 58 G B O.

Nr 18, 28, 29 IV—32. **9.** Verbindung des Briefes mit der Urkunde über Veränderungen Seite 99ff. — **Rückgabe** der Briefe s Seite 101, O L G K G XXIII 318, Notar 6, Urkunde 2, oben 6.

10. Ein Brief, der über die **Belastung** eines **Miteigtanteils** ausgestellt ist, muß die voreingetragenen Belastungen der anderen Anteile nur dann ergeben, wenn auch andere gemeinschaftliche Belastungen vorhanden sind. Joh 52, 213.

11. Ist eine Hyp **zu gleichen Teilen** für fünf Gl eingetragen u bisher **ein** Brief nur erteilt, so kann auf späteren Antrag für jeden Gl ein selbständiger neuer Brief über seinen Teil erteilt werden. Dies ist jedoch **kein Teilbrief,** da jetzt von einer Teilung im Sinne des § 1152 B G B nicht die Rede sein kann. Es liegt m E ein Antrag auf **Erneuerung** gemäß § 67 G B O vor. Der bisherige Brief geht unbrauchbar zu den Akten. — S Teilhypbrief.

12. Die Hypbriefe sind **vom Antragsteller,** nicht vom Gba zwecks Eintragung beizubringen (unten 18). K G 6.9.05 VI 164. Das Gba muß prüfen, ob nach der Bewilligung und den Umständen der Betroffene mit der Briefbenutzung einverstanden ist. Das ist wichtig, wenn zu einem schon vorliegenden Briefe ein zweiter Antrag eingeht. Nötigenfalls muß die besondere Zustimmung eingeholt werden. D Not V 1912, 235. Briefe, die nach der Erledigung der Eintragungen zur Sicherung der Kostenerstattung vom Gba der **Gerichtskasse** zwecks Weiterbeförderung übergeben sind, können vom Gba nicht zu **anderen** Eintragungen zurückerfordert werden. Die Aushändigung an die Kasse steht der **Aushändigung an die Berechtigten** gleich. Falls **Versehen** im Gba vorgekommen sind, wird die Kasse im Interesse des Gb sowie des Staates u seiner Beamten die Briefe stets auf Verlangen an das Gba zurückzugeben haben. S O L. E K G 5.10.03 VII 367, Beschw 14.

13. Die Herausgabe eines **beim Amtsgerichte hinterlegten Hypbriefes** zum Zwecke seiner Berichtigung. O L E K G 1.8.07 XV 347. — **Pfändung** eines beim Gba eingereichten **Briefes u** Herausgabe an Gerichtsvollzieher. Sie muß an die **Justizverwaltung** des A G, vertreten durch seinen Vorstand, **nicht an das Gba** zugestellt sein. Der Vorstand muß die Pfändung u Briefherausgabe anordnen. Das Gba darf die Briefwegnahme ohne den Vorstand nicht dulden, muß ihn u U selbst wieder nach § 60 G B O (oben 6) herbeischaffen. Der Briefverwahrungsvertrag besteht zwischen Justizverw u Einreicher. Wird die Herausgabe angeordnet, Einforderung des Briefes vom Antragsteller mittels § 18 G B O. O L E 44, 159. — Nach R G J W 24, 1977 darf das Gba den von einem Dritten für „bestimmte" Zwecke eingereichten Brief nicht ohne Zustimmung des Dritten für andern schwebende Eintragungen benutzen, es sei denn (m E) daß die Zustimmung schon aus anderen Urkunden hervorgeht.

14. Bei **älteren** Hypbriefen entscheidet **das alte Recht,** ob sie noch als Briefe gelten können. Das Fehlen der Schuldurkunde ist nach § 58 G B O für die Gültigkeit von Briefen nach der G B O unerheblich. O L E IV 82.

15. Zu einer Hyp, **zu deren Bestellung der Eigt verurteilt** ist, ist stets ein Brief zu erteilen. O L E K G 7.1.01 II 276. Anders dagegen s **Sicherungshyp 1.**

16. Im Gegensatze zu mehreren selbständigen Hyp können wohl mehrere Teile einer Hyp mit einem neuen Briefe zu einer Hyp vereinigt werden. S Hyp 8.

Nr 16, 22; 20. 17. **Verteilung** von Hyp; **Gesamthyp** in verschiedenen Bezirken. S auch Gesamthyp 1. Über Nichtverteilbarkeit s Höchstbetragshyp 1.

18. Nach § 42 (43) Satz 1 G B O soll grundsätzlich eine Eintragung beanstandet werden oder nicht erfolgen, wenn der zu der betreffenden Post gehörige Brief nicht vorliegt. (§ 42 G B O ist eng auszulegen. Karlsruhe D Not V 26, 262 über Löschung von Hyp auf Grund rechtskräftigen Urteils auf Löschungsbewilligung, wenn Briefe fehlen.) **Ausnahmen: a)** Wenn die einstw Verfügung ausdrücklich (Joh 55, 219; Vo 9.2.24, R G Bl II 24, 40; § 2, 4) anordnet, daß in diesem Falle die Briefvorlegung unnötig oder wenn ein durch einstw Verfügung angeordneter Widerspruch sich darauf gründet, daß die Hyp oder ihre Forderung nicht bestehe oder einer Einrede unterliege oder daß die Hyp unrichtig eingetragen sei (§ 42 Satz 2), oder daß eine der Grundschuld entgegenstehende Einrede (z B der Nichtzahlung der den Rechtsgrund der Grundschuld bildenden Forderungssumme) bestehe (§ 43 G B O, § 812, 1157, 892, 894—899, 1140 B G B), in

welchen Fällen der Widerspruch, ohne daß der Brief vorliegt, einzutragen ist, aber gemäß § 62 Abs 2 G B O, Art 15 A G Freiw mittels Ordnungsstrafen (s Einleitung oben; S 74) der Brief vom Briefbesitzer zu beschaffen ist. Joh 53, 219. **b)** Wenn ein Widerspruch gemäß § 54 Satz 1 einzutragen ist u denselben Inhalt wie zu **a)** hat. **c)** Wenn statt des Briefes ein Ausschlußurteil mit dem Antrage auf Erteilung eines neuen Briefes oder auf nachträgliche Briefausschließung oder auf Löschung der Hyp vorgelegt wird. § 42 G B O. **d)** Art 28 § 8 Abs 3 A G B G B; Art 26 A G G B O. **e)** Wenn der Eigentümer die Aweintragung nach § 6 I Aw G beantragt. O L G 44, 46, wohingegen der Gläubiger ihn zum Gläubigerrechtsnachweise vorlegen muß. — Die Vorlegung der Briefe liegt an sich dem Antragsteller ob, ist aber durch das Gba seitens des Briefbesitzers (s Zwangsmaßregeln) von Amtswegen (auf Antrag in anderen Fällen nie!) zu erzwingen. Ferner wenn aus irgend einem Grunde die Eintragung in das Gb trotz § 42 Satz 1 bezw trotz Fehlens der Briefe erfolgt oder trotz rechtzeitigen Vorliegens der nach der Eintragung wieder ausgehändigten Briefe darauf nicht vermerkt ist oder ein Brief einem Nichtberechtigten ausgehändigt ist. **f)** in den Fällen zu a), b) oben u zwar nachträglich wie zu e). — **g)** Die Einreichung der Briefe ist jedoch stets vor der Eintragung zu erzwingen, wenn es sich abgesehn vom Widerspruche zu b) um einen Widerspruch oder eine Löschung des § 54 handelt. Unterbleibt sie versehentlich, so gilt das zu e) Gesagte. — **h)** Wenn Vollstreckungsrichter (s dort) um Löschung der infolge Zwangsversteigerung ausgefallenen Hyp usw ersucht. — Briefe auf den Inhaber sind stets u ohne die Ausnahme zu a), b), f) vorher vorzulegen. Ausnahmen sind hier nur in § 43 Satz 2 enthalten. Bei Inhaber- oder Ordrepapieren § 44. — So die Praxis, K G u die Kommentare! Nur in Joh 38, 294 (O L G XXI 14, 15.2.09) will das K G sowie R G 83, 290 aus nicht überzeugenden Gründen, ohne Not u zum Nachteile der Praxis das Zwangsrecht auf die Fälle des § 62 Abs 2 beschränken, obwohl es noch in O L G XXI 27 am 8.2.09 selbst ausführt, daß der Gbr die zur Erfüllung der öffentlich-rechtlichen Pflichten erforderlichen Befugnisse zur Erzwingung der Rückgabe eines Briefes haben muß. Es unterliegt m E nach dem Gesamteindrucke u dem Zwecke der G B O keinem Zweifel, daß der Gbr die öffentlich-rechtliche Verpflichtung hat, das Gb u die Briefe in Übereinstimmung zu erhalten. Dazu ordnet § 62 Abs 1, 70 besonders an, daß die bei den Briefhyp erfolgten Eintragungen auf den Briefen zu vermerken sind. § 62 Abs 2 G B O ist, wie es öfter vorkommt, nicht sachgemäß vom Gesetzgeber gefaßt u enthält keine Einschränkung, sondern nur besondere Hinweise. Es geht in der Praxis nicht anders. Danach muß wie im Falle e) verfahren werden. — Wichtig aber ist aus der Entsch Joh 38, 294: § 42 S 1 ist zwar nur eine Sollvorschrift; ihre Nichtbefolgung macht das Gb nicht unrichtig u der gutgläubige Hyperwerber muß die Eintragung gegen sich gelten lassen. Er kann aber nach § 12 den Staat wegen Verletzung der Sollvorschrift haftbar machen! — Also bleibe man bei dem bisherigen Verfahren, trage aber abgesehen von den Fällen a—d nie ohne den Brief ein! Die Gefahr ist groß! — So auch Güthe S 1054. — Vgl Pfändung 3. — **Ordnungsstrafen gegen Ausländer** können im Auslande nicht beigetrieben werden. Man kann u wird sie aber durch Eintragung von Ordnungsstrafen über 500 RM (S 74 u Sicherungszwangshyp, § 866 III Z P O) auf Inlandsgrundstücken der Ausländer durch Zwangshyp aus den Straffestsetzungen wirksam machen.

19. Hypbriefe sind vom Gba in allen Fällen, auch wenn die zuständige Behörde, z B die Zwangsversteigerungsabteilung die Unbrauchbarmachung versäumt hat, mit dem Löschungsvermerk zu versehen u unbrauchbar zu machen, wenn die Hyplöschung erfolgt ist. Das Gleiche hat zu geschehn, wenn die Generalkommission mit dem Auszahlungs- oder Ausfallvermerke versehene Briefe übersandt hat. O L G K G 10.1.10 XXI 15. Im übrigen hat der Vollstreckungsrichter bei Teillöschen von Hyp die Briefe zu berichtigen u bei völligem Erlöschen die Briefe unbrauchbar zu machen. Dies ist nicht Sache des Gba. Joh 51, 308. — Wenn auf Hypbriefe gesetzte Kanzleivermerke berichtigt oder ergänzt werden müssen, sind m E die Ordnungsvorschriften der Art 57 II, 64 II Preuß Freiw mangels besonderer Vorschriften der G B O u deren Ausführungvorschriften entsprechend anzuwenden. D h am Rande der Stelle oder in einem besonderen Vermerke ist ein mit Dienstsiegel, Datum, Unterschriften der beiden den Brief unterschreibenden Beamten versehener Vermerk über den Zusatz oder die Änderung zu machen.

20. Der gemeinschaftliche Brief (zu 4 oben) muß ferner erteilt werden, wenn eine der Hyp eine Teilhyp u der für sie zu bildende Brief ein Stammbrief ist. Joh 39, 271. Er ist **nicht** zulässig, wenn zwischen den mehreren Hyp mit gleichem Range ein Recht der Abt II (oder eine Befugnis) steht. Joh 39, 276.

21. S Vorerbe 10 wegen Vermerks des Nacherbenrechts auf dem Briefe.

22. Falls eine erste Hyp mit Vorrang vor anderen Eintragungen in Abt II, III einer allen Eintragung nachstehenden letzten Hyp den Vorrang einräumt, ist nach K G 1. X 561/27 v 1.8.27, falls alle obigen Vorrechte auf dem Briefe als vorgehende u die Vorrangseinräumung vermerkt sind, der Brief etwa dahin zu berichtigen: „Die den Vorrang einräumende Hyp Nr 1 hatte vor der Vorrangseinräumung an erster Stelle gestanden."

23. Die Vereinbarung nach § 1117 II B G B (Ersetzung der Übergabe durch Vereinbarung) kann auch bei Abtretung eines Teils getroffen werden, aber die nachträgliche Teilbriefherstellung ist nötig. K G D Not V 28, 150.

Hypothekengläubiger s Gl.

Hypothekenpfändung u **Verpfändung** s Pfändung, Verpfändung.

Industriebelastungsgesetz. 30.8.1924. (R G Bl II 257), A I D Vo 28.10.24 (II 421). **Beurkundungspersonen** bei der **Bank für Deutsche Industrieobligationen** mit Fähigkeit zum Richteramte u amtlichem kleinen Reichssiegel (R G Bl II 16). Ihre Beurkundung u Unterschriftsbeglaubigung stehn „für ihre Bankangelegenheiten" denen der Gerichte u Notare gleich. (§ 21 I D Vo.) Sie stellen auch die **Zeugnisse** über die Vertretungsbefugnisse der Bankvertreter u des Treuhänders aus u beglaubigen dessen Erklärungen. (§ 21 I D Vo, 22 II D Vo.) — § 24 ergänzt durch XIII D Vo regelt die Bestrafung für Unrichtigkeit u Unterlassung von Erklärungen usw. B II **D Vo** 5.12.24 (II 427) u XIII D Vo. — Eintragung der Sicherungen auf Grundstücken, Erbbaurechten, Kohlenabbaugerechtigkeiten, Bergwerkseigentum (§ 23 II D Vo) aus **a)** § 41 Abs 1, 4 Gesetzes; § 1 II D Vo: Auf Anzeige der obigen Bank gemäß § 29 S 1 G B O von Amtswegen. „Das Grundstück ist nach Maßgabe des Industriebelastungsgesetzes belastet" (Keine Mitbelastung eintragen); Handschriftlichkeit der Eintragung ist nicht erforderlich, aber immer „Unterschrift". — **b)** § 2 II D V O ist durch § 1 XIII D Vo 20.7.28 (II 533) neu gefaßt u schreibt folgende Eintragung der endgültigen Last vor:

1. Öffentliche Last zur Sicherung der dem N N in N (Unternehmer) auf Grund des Industriebelastungsgesetzes obliegenden Last der Verzinsung u Tilgung von ..... GM für die jeweiligen Gl der darüber ausgestellten Obligationen.

2. Im Falle des Überganges der öffentlichen Last bei der Veräußerung eines Grundstücks im Sinne des § 43 Abs 1 des Gesetzes ist vorbehaltlich der Bestimmung des § 4 Abs 2 die öffentliche Last wie folgt einzutragen: „Öffentliche Last zur Sicherung der dem (Unternehmer) auf Grund des J B G

obliegenden Last zur Verzinsung u Tilgung eines Betrags von höchstens ..... GM für die jeweiligen Gläubiger der darüber ausgestellten Obligationen."

3. Geht die öffentliche Last nach dem Gesetz anderen eingetragenen Rechten im Range vor, so ist dies bei der Eintragung der Last zu vermerken. Eines Vermerkes bei den zurückgetretenen Rechten bedarf es nicht.

4. Hat sich, ohne daß ein Fall des § 43 Abs. 1 des Gesetzes vorliegt, die Höhe einer eingetragenen öffentlichen Last nachträglich infolge einer Neuumlegung oder einer teilweisen Entlassung des Eigentümers aus seiner Verpflichtung (§ 1 Abs 2 des Gesetzes) verändert, so ist einzutragen: „Der zu verzinsende u zu tilgende Betrag beläuft sich auf ..... GM. (Falls die Last anderen Rechten vorgeht, § 41 Ges Abs 3, ist dies nur bei ihr zu vermerken; die Mitbelastung aller Grundstücke jetzt nach Eintragung der Last überall eintragen; Bezugnahme auf Bescheinigung der Bank über die belasteten Grundstücke zulässig. § 2, 3 II.) § 4 der II D Vo Vo erhält durch § 1 XIII D Vo folgende Fassung durch § 1 XIII D Vo:

. 1. In den Fällen des § 41 I J B G in Verbindung mit § 1132 II des B G B, des § 41 II u des § 42 I J B G ist die öffentliche Last wie folgt einzutragen:

„Öffentliche Last zur Sicherung der Verzinsung u Tilgung eines Teilbetrags von ..... GM, der dem (Unternehmer) auf Grund des J B G obliegenden Last der Verzinsung u Tilgung von ..... GM für die jeweiligen Gläubiger der darüber ausgestellten Obligationen."

2. Im Falle des § 43 I Satz 2 J B G ist die öffentliche Last wie folgt einzutragen:

„Öffentliche Last zur Sicherung der Verzinsung u Tilgung eines Teilbetrags von höchstens ..... GM dem der (Unternehmer) auf Grund des J B G obliegenden Last der Verzinsung u Tilgung eines Betrags von ..... GM für die jeweiligen Gläubiger der darüber ausgestellten Obligationen."

3. Eintragungen, die auf Grund der bisherigen Fassung der in Abs 1, 2 abgeänderten Bestimmungen erfolgt sind, werden auf Antrag der Bank entsprechend der Neufassung der Bestimmungen berichtigt. —

c) § 41 Abs 2 (Lastbeschränkung auf Wertbruchteil durch Treuhänder) § 42 Nr 1a, § 43 (Lastverteilung durch Bank u Treuhänder). — **d)** § 5—8 ordnen als Eintragungsvoraussetzung zu b, c eine entsprechende Bankbescheinigung an. — **e)** Löschung der Last erfolgt auf Antrag des Eigt oder Treuhänders oder des von der Last Betroffenen oder der Bank auf Grund Bescheinigung der letzteren (§ 9, 10), wobei gleichzeitig der Vermerk zu a) von Amtswegen gelöscht wird. — **f)** Zur lastenfreien Veräußerung des Grundstücks genügt Bescheinigung des Finanzamts (§ 11) oder Bescheinigung der Bank über Nichtbelastung (§ 13). — **g)** § 64 Ges, § 15 II D V O verleiht dem Eigt, der Schuldner unveräußerlicher Einzelobligation war, das Recht, eine Eigtgrundschuld in Höhe der auf das Grundstück fallenden Jahresleistung mit dem Range vor später „entstandenen" Rechten eintragen zu lassen; der Eigt kann bei veräußerlichen Obligationen dasselbe in Höhe des von der Bank festgesetzten, der Kapitallast entsprechenden Teils. Das Recht erlischt 3 Monate nach Lastwegfall. Einzutragen ist, welchen Rechten die Grundschuld vorgeht. Die Bank erteilt dazu die erforderliche Bescheinigung. § 16. — **h)** Eintragung zu a), b), in Abteilung für öffentliche Lasten, also Abt II. § 19 II D V O. — **i)** Nachricht von Eintragungen außer nach § 55 G B O an Bank, Vollstreckungs- u Konkursrichter. — **k)** Gebührenfreiheit für Eintragung, Löschung u gerichtliche Beurkundung, Beglaubigung. § 25. — Belastet sind die industriellen u gewerblichen Betriebe. Ausnahme § 1, 2, 3, 7 I D V O. Umlegung der Last durch die Finanzämter (§ 10) mittels Belastungsbescheid (§ 12). — S ferner Merkblätter unten.

C. Die III D Vo 12.12.24 (II 454), IV D Vo 10.1.25 (II 1), V D Vo 6.4.25 (II 156), VI D Vo 27.5.25 (II 178) sind für das Gba ohne Bedeutung.

D. Die VII D Vo 5.12.1925 (II 1156). Der Antrag der Bank für deutsche Industrieobligationen, auf Grund dessen die sofortige Zwangsvollstreckung auch in das unbewegliche Vermögen des Unternehmers stattfindet, bedarf keiner Vollstreckungsklausel. Die Bank hat Gebühren- u Kostenfreiheit.

E. VIII **D Vo** 27.4.1926 (II 251): Zweckmäßig gekürztes, zutreffendes **Merkblatt der Bank für Deutsche Industrieobligationen für die Behandlung der dinglichen Industrielast bei Grundstücksveräußerungen** v 1.7.1926 laut D Not V 26, 404. Die VIII D Vo bestimmt in Ausführung des **§ 43** I Satz 4 JVG, daß vom 1. Mai 1926 an bei **jeder** „Grundstücksveräußerung" von Amts wegen festgestellt werden muß, ob das zu veräußernde Grundstück der dinglichen öffentlichen Last aus dem Industriebelastungsgesetz unterliegt oder nicht.

Ist das Grundstück belastet, so hat bei einer nach dem 30. April 1926 erfolgenden „Veräußerung" dieses Grundstücks der Gbr vom 1. Mai 1926 ab vor der Eintragung des Eigentumswechsels die Feststellung der Zins- u Tilgungsbeträge, für die das Grundstück haftet, zu veranlassen u sie in das Gb einzutragen (§ 1 I D Vo, § 43 Abs 1 Satz 4 JVG). Die vorgängige Eintragung der öffentlichen Last ist demnach, abgesehen von späteren Ausnahmefällen, gesetzliche Voraussetzung für die Eintragung des Erwerbers.

Bei den übrigen Grundstücken ist für die Eintragung der Veräußerung die Feststellung der Tatsache erforderlich, daß das Grundstück nicht mit einer öffentlichen Last belastet ist. Der Nachweis dieser Tatsache müßte an sich durch eine Bescheinigung der Bank geführt werden (§ 13 D Vo II, § 2 D Vo VIII). Um die mit der Einholung einer solchen Bescheinigung verbundene Verzögerung der Eintragung nach Möglichkeit zu vermeiden, sieht § 3 D Vo VIII ein Verfahren vor, welches die Einholung einer Bescheinigung der Bank in den Fällen erspart, in denen der Veräußerer erklärt, daß es sich um ein nicht mit der öffentlichen Last belastetes Grundstück handelt. Auf Grund dieser Erklärung kann die Eintragung der Veräußerung ohne weiteres erfolgen.

Das vorstehend geschilderte normale Verfahren für die Feststellung u Eintragung der öffentlichen Last erfährt dann eine Abwandlung, wenn durch Anträge bei der Bank eine Befreiung oder Verteilung herbeigeführt wird. Auch wenn nämlich festgestellt ist, daß das Grundstück der öffentlichen Last unterliegt, findet ein lastenfreier Übergang dann statt, wenn Bank u Treuhänder gemäß § 43 II JVG auf Antrag des Veräußerers der Befreiung zustimmen. Wird die erfolgte Befreiung dem Gbr durch eine Bescheinigung der Bank (§ 10 D Vo II) nachgewiesen, so kann er die Eintragung der Veräußerung nunmehr vornehmen. Außer einer Befreiung vom Übergang der Last kann durch einen Antrag bei der Bank auch die Verteilung der Last auf mehrere Grundstücke begehrt werden (§ 43 I Satz 2 JVG). Die erfolgte Verteilung wird durch eine Bescheinigung der Bank nachgewiesen (§ 8 D Vo II); die Eintragung der Last hat alsdann nur in der aus der Bescheinigung sich ergebenden Höhe zu erfolgen. Auf die vorstehend geschilderten Antragsmöglichkeiten wird der Richter oder Notar den Veräußerer eines industriebelasteten Grundstücks zweckmäßiger Weise aufmerksam machen. S Merkblatt. D Not V 26, 409.

I. **Verfahren bei Grundstücksveräußerungen für die Feststellung einer etwaigen öffentlichen Last u ihre Eintragung vom 1. Mai 1926 an.** A. **Das**

Feststellungsverfahren bei der Beurkundung der Veräußerung. Das Feststellungsverfahren ist durch § 3 D Vo VIII in die Hand des die Veräußerung beurkundenden Richters oder Notars gelegt. Nur soweit noch ergänzende Feststellungen zu treffen sind, insbesondere über die Höhe der öffentlichen Last, liegen diese dem Gbr ob.

Das Verfahren findet Anwendung bei allen „Veräußerungen" inländischer Grundstücke u gleichgestellter Rechte. Der Begriff „Veräußerung" im § 3 D Vo VIII entspricht dem des B G B, bedeutet also die dingliche Einigung des derzeitigen u des künftigen Eigentümers über den Eigentumsübergang (Auflassung) nebst Eintragung (soweit diese für den Eigentumsübergang erforderlich ist), nicht den Kaufvertrag oder das sonstige obligatorische Rechtsgeschäft. Ein **Eigentumsübergang** ohne Auflassung, z B **durch Erbgang, Verschmelzung,** also durch Gesamtrechtsnachfolge ist keine Veräußerung. (Nach K G D Not V 27, 29, Ring IV 322 ist unter Veräußerung im Sinne des § 1 VIII D Vo der „Gesamttatbestand" der Eigentumsübertragung, also nicht nur die rechtsgeschäftlichen Erklärungen der Beteiligten, sondern auch die „Eintragung" der Eigentumsübertragung im Gb (also m E auch infolge Zuschlags zu verstehn.) Die öffentliche Last geht hier auf den neuen Eigentümer über; eine vorherige Eintragung der Last kommt jedoch, da keine „Veräußerung" erfolgt, nicht in Frage, auch wenn eine Berichtigung des Gb bezüglich des Eigentumswechsels nicht erfolgt ist. Von der Veräußerung ist ferner zu unterscheiden der Übergang des Betriebsvermögens im Sinne des § 49 Abs 1 JBG. Danach haftet der Erwerber **anstelle** des Veräußerers für die Industriebelastung, wenn das Betriebsvermögen eines belasteten Unternehmers im ganzen oder zu einem Bruchteil auf einen anderen übergeht oder wenn die zum Betriebsvermögen gehörenden Gegenstände zum Zweck der Veräußerung des Unternehmens übertragen werden. In diesem Falle vollzieht sich also der Übergang der öffentlichen Last ebenfalls ohne Eintragung. §§ 1 u 3 D Vo VIII u § 43 J B G sind demnach nicht anzuwenden. Vgl Geiler Industriebelastungsgesetz S 250, 253, 273. Wegen des Begriffs des Übergangs zu einem Bruchteil siehe den Erlaß des Reichsfinanzministers vom 1. Juli 1926. D Not V 26, 409. Eine Übertragung der zum Betriebsvermögen gehörenden Gegenstände zum Zwecke der Veräußerung des Unternehmens liegt vor, wenn diese Gegenstände zwar nicht im Wege der Gesamtrechtsnachfolge auf den Erwerber übergehen, aber bei dem Eigentumsübergang in der Form der Einzelrechtsnachfolge doch als eine wirtschaftliche Einheit erhalten bleiben, indem der Erwerber den Zweck verfolgt, mit den erworbenen Gegenständen das Unternehmen fortzuführen.

Die Eintragung einer Vormerkung zur Sicherung des Anspruchs auf Auflassung wird durch § 43 Abs 1 J B G, § 3 D Vo VIII nicht berührt. Den Grundstücken sind durch § 43 Abs 4, § 41 Abs 1 J B G, § 4 D Vo VIII gleichgestellt: inländische Erbbaurechte, Kohlenabbaugerechtigkeiten, Bergwerkseigentum, Bahneinheiten.

In diesen Fällen hat der beurkundende Richter oder Notar nach § 3 D Vo VIII folgende Aufgaben:

1. Er hat bei der Beurkundung an den Veräußerer zwei Fragen zu richten, nämlich: **a)** Ist der Veräußerer zur Industriebelastung herangezogen worden? — **b)** Nur wenn die Frage zu **a)** bejaht ist, noch folgende Frage: Gehört das zu veräußernde Grundstück zum belasteten Betriebsvermögen?

Zu **a)**: Zur Industriebelastung herangezogen ist der Veräußerer, s D Not V 26, 406.

Zu b): Gehört das zu veräußernde Grundstück zum belasteten Betriebsvermögen? S ebenda.

Das Grundstück muß zum **Betriebs**vermögen, also nicht zum **Privat**vermögen (Privatvilla u dgl) gehören. Der Begriff des Betriebsvermögen. S ebenda.

2. Mit der Fragestellung zu a) u b) ist ein Hinweis auf die Strafbestimmung der §§ 24, 23 I D Vo J B G zu verbinden (§ 3 I D Vo VIII J B G). Der § 24 lautet jetzt (vgl XIII D Vo unten):

„Wer wider besseres Wissen in Erklärungen, Anmeldungen oder Auskünften, die zur Durchführung des J B G vorgeschrieben oder vom Finanzamt oder von der Bank für Deutsche Industrieobligationen erfordert sind, unrichtige Angaben macht, wird mit Geldstrafe bestraft."

3. Die Tatsache der Fragestellung (1) u der Belehrung über die Strafvorschrift (2) sowie die darauf erfolgten Antworten des Veräußerers werden zweckmäßig in der über die Auflassungsverhandlung aufzunehmenden Niederschrift etwa so zu erwähnen sein:

„Sodann wies der beurkundende Richter — Notar — den Veräußerer auf die Vorschriften des § 3 der VIII D Vo zum J B G u des § 24 der I D Vo hin u fragte ihn, ob er zur Industriebelastung herangezogen worden ist.

Der Veräußerer bejahte — verneinte — die Frage.

Nachdem der Veräußerer die Frage bejaht hatte, fragte ihn der Richter, — Notar, — ob das zu veräußernde Grundstück — Recht — zum belasteten Betriebsvermögen gehört.

Der Veräußerer bejahte — verneinte — die Frage."

B. **Das Verfahren bei der Eintragung von Grundstücksveräußerungen.**

1. **Wirkung der Beantwortung der Fragen durch den Veräußerer.** 2 Möglichkeiten: **a)** Der Veräußerer verneint eine der Fragen: Dann kann der Gbr die Veräußerung in das Gb eintragen, ohne daß es der Vorlegung einer Bescheinigung der Bank über die Lastenfreiheit bedarf, es sei denn, daß ihm **Tatsachen** bekannt sind, die zu Zweifeln Anlaß geben (§ 3 II D Vo VIII). Hat der Gbr Anlaß zum Zweifel, so wird er dem Veräußerer aufgeben, eine Bescheinigung der Bank darüber, daß das Grundstück nicht belastet ist, beizubringen (§ 13 D Vo II , § 2 D Vo VIII). Die Bescheinigung trägt, wie auch alle übrigen Bescheinigungen der Bank, die Beglaubigung durch die Urkundsperson der Bank (§ 21 I D Vo, Erlaß vom 30.1.1925, R G Bl S 16). — **b)** Der Veräußerer bejaht beide Fragen: Dann gilt dem Gbr gegenüber der Nachweis als erbracht, daß das Grundstück belastet ist (§ 3 III D Vo VIII). Dem Gbr ist durch eine von der Bank einzuholende Bescheinigung (§ 5 D Vo II) die Höhe der öffentlichen Last nachzuweisen. Alsdann erfolgt ihre Eintragung u erst hierauf darf der Gbr die Veräußerung in das Gb eintragen.

Zweifel, die bei dem Gba durch ihm bekannte oder vom Veräußerer oder Erwerber beigebrachte Tatsachen an der Richtigkeit der Vermutung der Belastung hervorgerufen werden, bedingen eine Klarstellung durch Einholung einer Bescheinigung der Bank über die Lastenfreiheit oder die Höhe der Belastung. Wird eine Bescheinigung der Bank gemäß § 13 D Vo II, § 2 D Vo VIII oder des Finanzamtes gemäß § 11 D Vo II vorgelegt, so gilt der Nachweis als erbracht, daß das Grundstück nicht belastet ist. Das Finanzamt stellt die Bescheinigung aus, wenn nach § 43 III J B G lastenfreier Übergang des Grundstücks erfolgt.

Sollte ausnahmsweise der Veräußerer weder eine bejahende noch eine verneinende Antwort geben, also zu einer Frage überhaupt keine Erklärung abgeben oder erklären, er wisse die Frage nicht zu beantworten, so finden die Vorschriften des § 3 D Vo VIII keine Anwendung. Das Gba wird daher dem Veräußerer eine Frist zur Nachholung der Erklärung oder zur Beibringung einer Bescheinigung der Bank über die Lastenfreiheit oder die Höhe der Last zu bestimmen haben. (Nach K G D Not 27, 29 soll das Gba die Beanstandung nur auf Beibringung der Bescheinigung richten, die aber durch die obigen Erklärungen des Veräußerers ersetzt werden kann. Nach K G D Not V 28, 41 ist es gleichgültig, ob der Veräußerer erklärt hat: „Das Grdst ist der Industriebelastung nicht „unterworfen" oder „Das Grdst gehört ncht zum belasteten Betriebsvermögen". Beide Erklärungen sind eindeutig u genügen dem Gesetze. — Der Hinweis auf die Strafbestimmungen ist nicht wesentliche Voraussetzung u seine Feststellung im Protokolle nicht vorgeschrieben. K G D Not V 28, 42. Nach fruchtlosem Ablauf der Frist ist der Eintragungsantrag zurückzuweisen.

2. **Die Eintragung der öffentlichen Last.** a) Die Eintragung kommt nur in Betracht, wenn die Vermutung des § 3 Abs 3 D Vo VIII besteht oder wenn sich im Zusammenhange mit der Nichtbeantwortung einer Frage die Notwendigkeit der Eintragung ergibt. — b) Die Eintragung erfolgt immer erst auf Grund einer Bescheinigung der Bank über die Höhe der Last (§ 5 D Vo II). — c) Die öffentliche Last ist in der durch die Bescheinigung nachgewiesenen Höhe u der durch § 2 (bzw 4) D Vo II, vorgesehenen Weise von Amts wegen einzutragen. Die Eintragung erfolgt kostenfrei (§ 25 D Vo II). — d) Erst nach Eintragung der öffentlichen Last ist die Eintragung der Veräußerung zulässig (§ 43 I Satz 4 J V G).

II. **Verfahren bei Anträgen auf Befreiung vom Übergang der öffentlichen Last oder auf Verteilung der Last.** S D Not V 26, 409.

A. **Der Antrag auf Befreiung vom Übergang der öffentlichen Last.** Der Antrag ist an die Bank für deutsche Industrie-Obligationen, Berlin SW 68, Feilnerstraße 5a zu richten, die darüber gemeinsam mit dem Treuhänder entscheidet. Usw. S ebenda.

B. **Anträge auf Verteilung der öffentlichen Last auf mehrere Grundstücke.** S ebenda 410.

III. **Verfahren betr die Veräußerungen, die vor dem 1. Mai 1926 in das Grundbuch eingetragen sind.** S ebenda 411. (Das Gba veranlaßt nichts!)

Auszug aus dem Erlaß des Reichsministers der Finanzen III R 8100 vom 1.VII.1926 betr Durchführung des Industriebelastungsgesetzes u des Aufbringungsgesetzes in Fällen der Grundstücksveräußerung, des Konkurses, der Liquidation u dgl. S ebenda.

F. IX D Vo 6.10.26 (II, 582), XI D Vo 29.12.27 (R G Bl 28 II, 1), XII D Vo 3.3.28 (II, 47) sind für das Gba ohne Bedeutung. — G. X **D Vo** 15.10.27 (II 902):

Zweckmäßig gekürztes, zutreffendes Merkblatt der Bank für deutsche Industrieobligationen für die Behandlung der dinglichen Industrielast bei „Betriebsübergängen" vom 27.7.1928. S D Not V 28, 611.

I. **Die Veräußerung eines zum Betriebsvermögen eines belasteten Unternehmers gehörenden Grundstücks kann entweder zum Zwecke einer Betriebsveräußerung oder ohne solchen Zusammenhang vorgenommen werden. Die Folgen für die Behandlung der dinglichen Industrielast sind in beiden Fällen verschieden.**

1. Wird ein belastetes Grundstück veräußert, ohne daß zugleich der Betrieb, dem das Grundstück gewidmet ist, auf den Erwerber übergeht, so findet § 43 J V G Anwendung. Danach geht die persönliche Verpflichtung aus der Obligation nicht auf den Erwerber über, aber die dingliche öffentliche Last bleibt auf dem Grundstück in der bei der Veräußerung bestehenden Höhe dem Erwerber u Dritten gegenüber erhalten. Das Grundstück darf im Gb auf den Namen des Erwerbers erst umgeschrieben werden, nachdem die Höhe der Last in das Grundbuch eingetragen ist. Bank u Treuhänder können auf Antrag die Entlastung des Grundstücks aus der dinglichen Haftung beschließen.

Der Übergang der dinglichen Last findet auch dann statt, wenn der Erwerber ein industriebelasteter Unternehmer ist, jedoch haftet dann das Grundstück nur für die dem Veräußerer obliegende Last. In die Haftung für die dingliche Last des Erwerbers tritt es (§ 3 X D Vo) erst dann ein, wenn das Grundstück von der dinglichen Last des Veräußerers freigeworden ist.

2. Wird dagegen ein belastetes Grundstück zum Zwecke der Übertragung des Unternehmens veräußert, so findet § 49 I J B G Anwendung. Diese Bestimmung regelt den Fall des Betriebsüberganges von einem belasteten Unternehmer auf einen anderen dahin, daß der Erwerber an Stelle des Veräußerers in die Haftung für die Industriebelastung eintritt. Die Vorschrift gilt in gleicher Weise für Betriebsübergänge im Wege der Gesamt- wie der Einzelrechtsnachfolge.

Bei „**Gesamtrechtsnachfolge**" s oben E (Merkblatt A I Abs 2).

Der Betriebsübergang durch „**Einzelrechtsnachfolge**" dagegen vollzieht sich hinsichtlich der zum Betriebsvermögen gehörenden Grundstücke durch „Auflassung" u Umschreibung im Grundbuch. Die Umschreibung kann in diesem Fall „ohne vorherige Eintragung" der dinglichen Last erfolgen, da § 49 I J B G im Gegensatz zu § 43 keinen Eintragungszwang für die dingliche Last vorsieht. Vielmehr geht die persönliche wie die dingliche Haftung für die Industriebelastung infolge der Betriebsübertragung ohne weiteres auf den Erwerber über, u zwar bei „**Vollübergang**" des Betriebsvermögens gänzlich, bei „**Teilübergang**" für für einen entsprechenden Teil der Verpflichtung. Der „**Vollübergang**" bewirkt daher, daß auf den übertragenen Grundstücken die dingliche Last für die Verpflichtung des Veräußerers „**erlischt**" u an ihre Stelle in derselben Höhe eine solche für die auf den Erwerber übergegangene Industriebelastung tritt. Bei einem „**Teilübergang**" erfolgt eine Verteilung sowohl der persönlichen wie der dinglichen Last in der Weise, daß der Veräußerer von einem Teil der persönlichen Last frei wird und daß nur in Höhe dieses Teils die ihm verbleibenden Grundstücke haften, während für den Rest der persönlichen Last der Erwerber an die Stelle des Veräußerers tritt u die veräußerten Grundstücke nur in Höhe dieses Restes mit einer dinglichen Last behaftet sind. Ist der Erwerber bereits zur Industriebelastung herangezogen, so bildet die aus § 49 I auf ihn übergegangene Last mit seiner bisherigen eine einheitliche Last, die auf sämtlichen, bisherigen u neu hinzugekommenen, Grundstücken seines Betriebsvermögens haftet.

II. **Der Fall der Veräußerung nach § 43 J B G unterscheidet sich von demjenigen der Veräußerung nach § 49 I J B G sonach in erster Linie durch seinen Zweck. Bei § 49 I muß die Veräußerung zum Zwecke der Übertragung des Unternehmens oder eines Teiles davon erfolgen.**

1. „Vollübergang des Betriebsvermögens ist allgemein gegeben, wenn sämtliche zum belasteten Betriebsvermögen des Unternehmens gehörende Gegenstände u die wesentlichen Grundlagen des Unternehmens auf den Erwerber übergehen. Wegen der näheren Abgrenzung u Einzelfragen s den Erlaß des Reichsfinanzministers vom 14.VI.1928 (IV 1 3600) im Merkblatte.

2. Der Begriff der Übertragung zu einem Bruchteil ist nach wirtschaftlichen Gesichtspunkten auszulegen. S Merkblatt u Erlaß oben vor F u 1.

3. Eine Grundstücksveräußerung gemäß § 43 J B G liegt sonach nur dann vor, wenn ein Grundstück aus dem belasteten Betriebsvermögen veräußert wird, um in Zukunft anderen Zwecken zu dienen, z B Wohnzwecken oder dem Erwerb durch Vermietung des Grundstücks oder der sonstigen wirtschaftlichen Ausnutzung des Grundstücks als solchen für einen belastungsfreien oder belastungspflichtigen Betrieb. S wie 2.

III. **Glaubt hiernach der Unternehmer, daß bei der von ihm zu tätigenden Grundstücksveräußerung nicht ein Fall des § 43, sondern des § 49 I J B G vorliegt, so hat er, um die Eintragung des Erwerbers im Gb herbeizuführen, nicht die Eintragung der Last oder die Befreiung von ihr zu veranlassen, sondern dem Gbr nachzuweisen, daß die Grundstücksveräußerung im Zusammenhang mit einem Betriebsübergang im Sinne des § 49 I J B G erfolgt. Dieser Nachweis wird nach § 1 I X D Vo durch eine Bescheinigung der Bank geführt.**

1. Die Bescheinigung ist bei der Bank für deutsche Industrie-Obligationen, Berlin SW 68, Feilnerstr. 5a zu beantragen.

2. Wird dieser Nachweis dem Gba gegenüber geführt, so bedarf es der vorherigen Eintragung der öffentlichen Last in das Gb nicht, u das Grundstück kann nunmehr ohne weiteres auf den Namen des Erwerbers umgeschrieben werden.

IV. **Gegenüber dem Grundbuchamt ist das Verfahren bei Voll- und Teilübergängen das gleiche. Bei Teilübergängen bedarf es nicht etwa für das Gbverfahren einer Bescheinigung darüber, wie hoch die öffentliche Last ist, die in Zukunft auf den übertragenen Grundstücken haftet. Unter Umständen wird aber der Veräußerer (oder Erwerber) die nunmehrige Höhe der Last erfahren wollen, etwa, wenn er eine neue Veräußerung beabsichtigt. Gewißheit verschafft ihm dann eine Bescheinigung der Bank gemäß § 2 I X D Vo.**

1. Diese Bescheinigung ist ebenfalls bei der Bank zu beantragen. Eine Eintragung der Last ist mit der Ausstellung der Bescheinigung nicht verbunden; sie wird auf Grund der Bescheinigung nur in den Ausnahmefällen erfolgen, in denen einer der Beteiligten, Grundstückseigentümer, Bank oder Treuhänder, sie durch Antrag gemäß § 41 IV J B G beim Gba herbeiführt.

2. Will der Veräußerer oder Erwerber die obenerwähnte Verteilung der Last beim Finanzamt herbeiführen, so hat er gemäß § 6 VIII D Vo bei dem für den Veräußerer zuständigen Finanzamt einen Antrag auf Erlaß des Verteilungsbescheides zu stellen.

H. Die XIII D Vo 20.7.28 (II 533) ist wegen § 1 oben bei B (II D Vo) erörtert. Die § 2—4 behandeln die Erzwingung der Pflichten, der Erklärungen usw u die Bestrafung bei unwahren u unterlassenen Erklärungen sowie die Vorschrift, daß die Bank für Deutsche Industrieobligationen auf alle Fälle ohne Rücksicht auf Eintragung oder Anmeldung der Industrielast im Zwangsversteigerungs- u Verwaltungsverfahren als „Beteiligte" gilt.

Inhabergrundschuld Nr 49a.

Inhaberhypothek, die gleichzeitig Höchstbetragshyp (Orderhyp) ist. Eintragung **Nr 49.** eines Treuhänders. R G 9.8.06 XII 293. Für Eintragungen bei einer solchen Hyp braucht, sofern die Zustimmung des Vertreters aus § 1189 B G B nachgewiesen ist, das Inhaber- oder Orderpapier selbst dann nicht vorzuliegen, wenn die Eintragung nicht vom Vertreter selbst bewilligt ist. Joh 50, 198.

Inhaltliche Unzulässigkeit einer Eintragung nach § 54 Abs 1 G B O.

1. Sie u die Löschung der Eintragung von Amtswegen erfordern, daß die Eintragung nach dem Gesetze unzulässig ist u daß die Unzulässigkeit sich „nach dem Inhalte erweist". Die Löschung v A setzt voraus, daß aus dem Inhalte dies alles selbst sich ergibt u für den das Gb einsehenden ohne Weiteres ersichtlich ist; sie kann nicht erfolgen, wenn die Unzulässigkeit erst durch Heranziehung von Tatsachen u Beweisen außerhalb des Gb festgestellt werden kann. R G 88, 83, 21; 113, 229; Ring III 1; IV 1; Ring 28, 639. Es sagt: Die in Bezug genommene Eintragungsbewilligung muß, soweit Bezugnahme zulässig ist, zur Beurteilung herangezogen werden. Der Zinssatz ist nicht bezugnahmefähig. (S Bezugnahme.) Aber dadurch wird **nur die Richtigkeit der Zinseintragung, nicht der ganzen** Hyp herbeigeführt! Die Angabe eines **unrichtigen Berechtigten**

bewirkt **keine inhaltliche Unzulässigkeit,** wenn über seine Person kein Zweifel besteht. Bezugnahme wegen des Gl ist unzulässig. Zweifel u Undeutlichkeiten machen nur inhaltlich unzulässig, wenn sie sich anderweit nicht beheben lassen. Dies gilt auch für die Löschung von Amtswegen aus § 54 G B O. § 22 G B O muß zur Berichtigung führen. — S Sicherungshyp 3, 5; Gl 3, 12, 13. — Inhaltliche Unzulässigkeit liegt vor bei unbestimmt u ungenügend, von anderen nicht unterscheidbaren Hypforderungen (Beispiel 49), jedoch nach R G 117, 323, R G Dresden, München, Ring III 424, 429, 436, aber nicht, wenn die Eintragung durch Auslegung im Sinne der Bewilligung umgedeutet werden kann, z B der Inhalt einer Dienstbarkeit nach verständigem Ermessen. —Eine inhaltliche Unzulässigkeit (wenn auch nicht streng nach § 54 G B O) kann aber auch später z B dadurch entstehn, daß eine Eintragung durch eine neue Eintragung sich inhaltlich als unzulässig erweist, weil sie dadurch gegenstandslos, unmöglich, widersinnig wird, im Gb einen Widerspruch, innerlich wie äußerlich, hervorruft u eine Unmöglichkeit schafft. Solche Fälle liegen z B vor, wenn die Auflvormerkung in Abt II, ohne (s Vormerkung 1) noch einen anderen Sicherungszweck zu haben, dadurch gegenstandslos wird, daß in Abt I der Vormerkungsgl als Eigt eingetragen wird, oder daß ein mit Nacherbenrechten in Abt II belastetes Eigentum am Grundstücke zu freiem Eigentum auf einen Erwerber übertragen wird. Blieben Vormerkung u Nacherbenvermerk neben dem neuen Eigentum in Abt I stehn, so „erweisen" sich die Eintragungen beider nebeneinander als inhaltlich unzulässig, sodaß Löschung v A eintreten muß bei der Eintragung, die diese Unzulässigkeit hervorruft. Vgl Seite 112, Ricks D Not V 1912, 195. S auch Rötung, Vorerbe 14. — Natürlich ist für mich bei der Löschung v A entsprechend R G 88, 87, 90 Voraussetzung, daß keine Eigtgrundschuld entstanden ist, daß durch die Löschung v A nicht schließlich doch Rechte des eingetragenen Gl oder Dritter verletzt werden können. Liegen diese Voraussetzungen des § 54 nicht vor, ist § 13, 22 G B O anzuwenden. R G 88, 89.

2. Liegt inhaltliche Unzulässigkeit vor, ist weder eine Nachholung fehlender Eintragungen noch eine Heilung der Unzulässigkeit durch eine spätere Rechtshandlung möglich. Joh 44, 182. (S auch Verfügungsbeschränkung 5.) Hierauf beruht auch Joh 39, 248 unter Rang 13. Ich bin überzeugt, daß die alltägliche Praxis in ihrer Not anders urteilt u handelt, als die hier klargelegte theoretische Anschauung es vorschreibt. Das Gesetz läßt auch sonst Heilung von Mängeln zu. In obigen Fällen fragte es sich, ob ein Pfändungsvermerk bei einer Gesamthyp auf einem vergessenen Gbblatte nachgeholt werden darf. Ich bejahe wie bei Rang 13 deshalb, weil ein mit dem Vermerke versehenes Gbblatt auch für die anderen Blätter an sich mitwirkt u jeder das Gb Einsehende aus dem einen Vermerke die Pfändung der einheitlichen Hyp erkennen kann u alle Blätter einsehn muß; auch hat das R G anerkannt, daß eine an unrichtiger Stelle (in Abt II) eingetragene Hyp dennoch für das Gb wirksam ist. S Eintragung 7. — Joh 46, 200 läßt Heilung einer wegen Nichteintragung des Gl inhaltlich unzulässigen Eintragung durch nachträgliche Eintragung zu, obwohl es sonst nur eine Heilung einer unrichtigen, nicht inhaltlich unzulässigen Eintragung (Joh 44, 182) durch einen nachträglichen Rechtsakt zuläßt. — M E kommt es auf die Umstände des Falles an! Die Entscheidung ist sehr lehrreich! — S Sicherungszwangshyp 1 b d 7, Höchstbetragshyp 7.

3. Über Löschung nach § 54 G B O s ferner **Verfügungsbeschränkung 5,** Löschung 3. — Nach Joh 49, 232 ist eine gegen § 867 Abs 2 Z P O ungeteilt eingetragene Arrestsicherungs- oder gewöhnliche Zwangshyp inhaltlich unzulässig; ebenso nach Joh 52, 125 eine Zwangshyp für noch nicht fällige Ansprüche. S Kapitalabfindungsgesetz. — S **Anteile 2,** Pfändung 2.

Innung. Ihre Vertretung bei einer Aufl. O L E K G 10.9.01 III 429.
Jagdverbot. Die Eintragung eines Jagdverbots auf einem Grundstücke ist nach altem preußischen wie neuem Rechte dem Inhalte nach unzulässig u gemäß § 54 G B O zu löschen. O L E K G 31.1.07 XV 374. Das gilt von allen polizeilichen Beschränkungen eines Eigt. S auch Verfügungsbeschränkungen 3, Gl 12, Beschw 1.
Invalidenhaus Berlin ist nach der Bescheinigung des Reichsarbeitsministers vom 10.5.1928 (bei Berlin-Mariendorf Bl 318) eine Anstalt öffentlichen Rechts mit juristischer Persönlichkeit. Sein gesetzlicher Vertreter ist sein Leiter.
Israelitische Religionsgesellschaft in Frankfurt a M ist durch Ges u Vo 16./24.4.28 (Ges 81, 124 nebst Satzung) als Körperschaft öffentlichen Rechts seit 1.4.28 anerkannt.
Jüdische Gemeinde s Behörde 13.
Jütisch Low s Eheleute 17.
Juristische u ähnliche Personen. S Kommanditgesellschaft.
Kapitalabfindungsgesetz. 3.7.1916 (R G Bl 680; 23, 523) u Reichsversorgungsgesetz 12.5.1920 (R G Bl 989) für **Kriegsbeschädigte.** **a)** Nach § 6 bezw § 77 kann die oberste Militärverwaltungsbehörde um Eintragung auf dem aus dem Abfindungskapitale erworbenen Grundstücke ersuchen, daß die Weiterveräußerung u Belastung des Grundstücks innerhalb einer Frist von höchstens 5 Jahren nur mit ihrer Genehmigung zulässig ist. Diese Eintragung ist eine **absolute** Gbsperre. Dies gilt auch für Zwangshyp. K G D Not V 28, 43; J W 27, 2531, sodaß ohne Genehmigung keine Zwangseintragung erfolgen darf. Die vor dem Verbote eingetragenen vorgehenden Rechte bleiben wirksam. Das Verbot geht auf die Zukunft. Ebenso Stuttgart D R Z 28, S 95 Nr 209. A M Bamberg Bay Not V 28, 39 u Dresden J W 28, 530. — Über **absolute Grundbuchsperre** s R G 105, 71. Fristbeginn Joh 53, 147. — S Verfüggsbeschränkung 2, 3a; Reichsheimstättengesetz zu § 17. Nach J M Bl 1923, 26 bearbeitet das Reichsarbeitsministerium die Militärversorgungsangelegenheiten durch die Hauptversorgungsämter. R G Bl 1920, 1063. — Das Ersuchen der Behörde ist auch zulässig, wenn die Frau des versorgungsberechtigten das Grundstück zu Bruchteilen miterworben hat. K G Ring IV 368. — **b)** Nach § 8 kann diese Behörde zur Sicherung der Abfindungsrückzahlung die Eintragung einer Sicherungshyp vom Eigt verlangen. Ohne die Genehmigung der Behörde zu **a)** kann weder eine freiwillige noch zwangsweise Eintragung erfolgen, da diese unwirksam aus § 18 G B O zu beanstanden u nach fruchtlosem Fristablaufe abzulehnen ist. Eine trotzdem erfolgte Eintragung ist inhaltlich unzulässig u nach § 54 G B O zu löschen.
Karten. Diese oder eine Zeichnung muß eine öffentliche Urkunde sein, (s Urkunde) wenn daraufhin eine Eintragung erfolgen soll. Joh 50, 131.
Katasteramt s Zurückführungen.
Kaufvertrag, seine Form s Form, Richtigkeit, Aufl 31, **Nr 53.**
Kautionshypothekenbrief. Art 192 Abs 1 Satz 2 E G B G B; Art 33 § 1 Abs 2 A G B G B; § 1185 Abs 1 B G B.
Kirche. 1. **Evangelische Landeskirche:** Staatsgesetz betr die Kirchenverfassung der evangelischen Landeskirchen. 8.4.24, Ges S 221. — 7 Verfassungen. — Erforderliche staatliche Genehmigung der Beschlüsse kirchlicher Organe in Art 6 z B zu Daueranleihen, Anlegung oder Veränderung von Begräbnisplätzen, Verwendung kirchlichen Vermögens zu anderen als bestimmungsmäßigen Zwecken. (Ev Kirchengemeinden bedürfen der staatl Genehmigung bei Grdstwert über 5000 GM. K G D Not V 26, 581; Preuß Vo 2.7.26, Ges S 192; **unten 4, 5.**) An Stelle von Konsistorien oder Oberkirchenrat treten die neuen Verwaltungsbehörden

u zwar Minister für kirchliche Angelegenheiten oder Oberpräsidenten, Regierungs-, Polizeipräsident. Pr V O 4.8.24, Ges S 594. —

2. **Die evangelische Kirche der altpreußischen Union.** (S 226 Ges zu 1.) Evangelisch, evangelisch-lutherisch, reformiert oder unioniert. — a) Ihre Verbände, Gemeinden sind Körperschaften öffentl Rechts. Die **Kirchengemeinde** wird verwaltet durch Gemeindekirchenrat (Presbyterium, Geistliche u Ältesten-Presbyter) u Gemeindevertretung; sie wird nach außen (Art 23, 28, 35) mittels „verpflichtenden Urkunden" (s dort) u Vollmachten durch Vorsitzende (Pfarrer) oder Stellvertreter u 2 Älteste mit Kirchensiegel vertreten. Die beizufügenden Beschlüsse in Auszügen aus Verhandlungsbuch beglaubigt der Pfarrer. — b) **Kirchenkreis** (Synodalverband) mit Kreissynode u nach außen vertreten durch Kreissynodalvorstand, der durch Superintendent u 4 Beisitzer wie beim Gemeindekirchenrat mit Verbandssiegel vertreten wird (Art 61, 73, 75, 76). — c) **Kirchenprovinzen** (Provinzialsynodalverband) mit Provinzialsynode wird nach außen vertreten durch **Provinzialkirchenrat,** der durch seinen Vorsitzenden oder Stellvertreter mit Verbandssiegel wie oben vertreten wird (Art 81, 95, 98). — d) **Die Kirche** wird gerichtlich nur durch den **evangelischen** Oberkirchenrat (Art 131), sonst auch durch den **Kirchensenat** vertreten. Die Kirche verpflichtende Urkunden sind namens des Oberkirchenrats von seinem Präsidenten oder weltlichen Vizepräsidenten, namens des Kirchensenats von seinem Vorsitzenden oder Stellvertreter mit Siegel zu vollziehen (Art 135). Organe der allgemeinen Kirchenverwaltung in der Kirchenprovinz der oder die **Generalsuperintendenten** u **evangelischen Konsistorien** (Kollegium aus Generalsuperintendenten, Konsistorialpräsidenten, das die laufenden Geschäfte führt, u Kirchensenat, aus geistlichen u weltlichen Mitgliedern.) Art 99, 104, 105. **Generalsynode** 109. **Rechtsausschüsse** 136. Die Vorschriften über Kirchenpatrone (153, franz. ref. Gemeinden usw 155 bleiben unberührt. In Rheinland, Westfalen sind die Kirchengemeinden Parochien, die durch das Presbyterium, bestehend aus Pfarrer u gewählten Ältesten oder Kirchmeistern oder Diakonen vertreten werden. Vgl dazu jetzt Artikel 161, 162 Ges zu 1. Die Kreissynode muß dem Erwerbe u der Veräußerung von Grdst zustimmen. Sonst gilt das vorher Gesagte. — **Ev.-lutherische Landeskirche Hannover.** Ges S 271 wie 1: a) Vertretung der Kirchengemeinde durch Kirchenvorstand (Pfarrer u 2 der 4 Kirchenvorsteher). Über die Form ist nichts gesagt, sodaß dasselbe wie 2a ausreicht u nötig ist. Art 20, 25; § 34 Ges S 274, 296. — b) Kirchenkreis S 275, 305. — c) **Kloster Loccum** oder „Abt u Konvent des Klosters Loccum" ist selbständige Körperschaft, vertreten durch den ernannten Vermögensverwalter oder mehrere Konventualen mit Siegel. S 277. — **Ev-reformierte Landeskirche der Provinz Hannover.** Vertretung durch „Kirchenrat" (Pfarrer u 2 der mindestens 4 Kirchenältesten mit Kirchensiegel), wodurch weitere Nachweise u Zustimmung der Gemeindevertretung erübrigt werden. (S 424, 427, § 8, 7, 30.) — **Ev-lutherische Landeskirche Schleswig-Holstein.** Vertretung gemäß 3a durch Pfarrer u einen der 4 bis 10 Kirchenältesten mit Siegel, das in gerichtlichen u notariellen Urkunden fehlen kann. S 321, 323, 330 § 12, 14, 45. — Propsteien als Vereinigung der Kirchengemeinden. S 336; sonst wie 2a. — **Ev Landeskirche Hessen-Cassel.** Vertretung der Kirchengemeinde durch Kirchenvorstand wie 2a. S 354, 356 § 10, 11, 23. — **Ev Landeskirche in Nassau.** Vertretung durch Kirchenvorstand (Pfarrer u einen der 4 bis 12 Kirchenvorsteher mit Kirchensiegel). Sonst wie 4. S 382, 383. § 27, 29, 33. — **Ev Landeskirche Frankfurt a M.** Vertretung durch Kirchenvorstand (Pfarrer u 2 der mindestens 12 Kirchenältesten mit Siegel). Sonst wie 4. S 449, 451. § 8, 9, 21, 29. —

3. **Katholische Kirchengemeinde** ist juristische Person öffentlichen Rechts. Sie bedarf der staatl Genehmigung bei Erwerb von Grdst über 3000 RM. K G D Not B 26, 197.) Sie u ihr Vermögen wird verwaltet durch die öffentliche Behörde (wie 2), den Kirchenvorstand (Pfarrer, Kirchenvorsteher, etwaigen besonders Berechtigten oder die von ihnen Ernannten, Patron bzw dessen Vertreter). Der Vorsitzende beglaubigt Auszüge aus dem Beschluß-Sitzungsbuche. Bei „verpflichtenden" Urkunden u Vollmachten bedarf es der Unterschrift des Pfarrers u 2 Mitglieder des Vorstandes nebst Kirchensiegel. (§ 1, 2, 6, 14 Ges 24.7.1924, Ges S 585. Die Beschlüsse bedürfen u A a) nach § 15 der Genehmigung der Staatsbehörde. R G 82, 7; O L G K G V 42 wegen Vertretung u Vollmachtsnachweis. b) (Ges vom 24.10.24, G S S 731): Gegenüber Diözesen der Minister, gegenüber den Kirchengemeinden u Kirchenverbänden die Regierungs- (in Berlin Polizei-) Präsidenten bei Daueranleihen, Verwendungen des Kirchenvermögens zu anderen als bestimmungsmäßigen Zwecken außer bis zu 10 v H der Solleinnahmen jährlich bei Anlegung oder Veränderung der Benutzung von Begräbnisplätzen. Die bischöfliche Behörde kann nach § 19 „Verwalter" anstelle des Vorstandes bestellen. Nach § 22, 25, 27 c) nach Anordnung des Ministers für Wissenschaft 20.2.28 (S 12) bedürfen Beschlüsse der Kirchenvorstände u Vertretungen der Gemeindeverbände über Erwerb, Belastung, Veräußerung, Aufgabe des Eigentums sowie Änderung, Veräußerung, Aufgabe von Rechten an Grdst, Kauf- u Tauschverträge, Vergleiche (die 3 letzten über 2000 RM nach § 3, 6—9 Z P O), Schenkungen mit Ausnahme von § 534 B G B u Annahme belasteter Schenkungen, abstrakte Schuldverpflichtungen der Genehmigung der bischöflichen Behörden. — **Gemeindeverbände**, vertreten durch Verbandsvertretung aus Vorsitzenden (ranghöchste Dechant, Pfarrer) u 2 Mitglieder, Vertretung wie oben nach 1, 2, 6, 14, 15. **Diözesen** gemäß 28; Staatsgenehmigung wie oben § 15. Die Gesetze vom 26.6.1875, Ges S 241 (von denen die § 39, 40 mit Maßgaben des § 29 letzter Satz bestehen bleiben), 7, 8, 76, Ges S 149), 29.5.03, Ges S 179 sind aufgehoben. — Über Löschungsbewilligung u Vertretung der Kirche nach früherem Preuß Rechte (Ges 20.6.75, Ges S 53) u jetzigem Rechte (Ges 24.7.24, Ges S 585) durch Kirchenvorstand (Pfarrer u 2 Mitglieder) mit seinem Dienstsiegel als öffentliche Behörde. Für Löschungsbewilligung genügte dies, da die Vorschriften über Verpflichtungsgeschäfte (z B Verfügung über Grundstücke mit Genehmigung des Bischofs) nicht zutreffen O L G 44, 156. — Die Eintragung der katholischen Kirchengemeinde als Eigt eines an die katholische Kirche des Ortes aufgelassenen Grundstücks ist, soweit A L R herrscht, keine Unrichtigkeit des Gb, sondern zutreffend. Es kann zur näheren Bezeichnung „Pfarre" zugesetzt werden. Joh 40, 109. K G 23.1.11. — Ist die Kirche Erbin u ist ein Testamentsvollstrecker eingesetzt, so gilt das bei Testamentsvollstrecker 8 Gesagte. — S Klostergut, Orden. — Die „Pfarre" ist nicht als Eigt von Grundstücken der Kirche einzutragen, sondern die Kirchengemeinde. S R G 82, 7. O L G K G 6.10.1902 V 42 wegen Vertretungs- u Vollmachtsnachweis.

4. Das Vermögen der **Pfarre** gehört der Kirche. Zur Veräußerung von Pfarrgrundstücken einer evangelischen Kirchengemeinde **in den acht älteren Provinzen Preußens** bedarf es der Zustimmung des Pfarrers, der Genehmigung des Oberkirchenrats u des Ministers der geistlichen Angelegenheiten. Joh K G 11.3.01 Bd 21 303, Joh 50, 142. — Wer **im Gebiete des gemeinen Rechts** als Eigt des Pfarrvermögens einzutragen ist, darüber O L G Frankfurt 15.4.05. XI 7. — Pfarrdotalgut s Joh 37, 321. — Bei Teilung der ev.-luth Kirchengemeinden in Schleswig-Holstein bedarf es bei Grundstücken der Aufl. Joh 41, 208. Die evangelische Landeskirche der älteren preuß Provinzen wird in

Pensionsfondsangelegenheiten durch den Ev Oberkirchenrat ohne Mitwirkung des Generalsynodalvorstandes vertreten. Daß ein eingetragenes Recht zum Pensionsfonds gehört, weist eine formlose Erklärung des Oberkirchenrats nach. Joh 43. 166. — Zur Eigentumsübertragung von kirchlichem Grundeigentum bedarf es des Nachweises, daß ein Patron, der Lasten zu tragen hat, nicht vorhanden ist oder zugestimmt hat u daß der Zustimmende der Patron ist. Joh 48, 205. — Ev, kath Kirchengemeinden, kirchliche Verbände, die ev Landeskirchen u die im § 28 des Ges 24.7.1924 (oben 3) aufgeführten Rechtsträger bedürfen als jur Personen für den Erwerb von Grdst im Werte von mehr als 5000 RM der **Genehmigung** der staatl Aufsichtsbehörde, u zwar K G D Not B 26, 581, 197. a) des Ministers für Wissenschaft usw bei Erwerb durch ev Landeskirchen, Kirchenprovinzen der altpreuß Union, die beschöflichen Stühle, Bistümer, Kapitel oder wenn der Wert 50000 RM übersteigt. — b) Der Reg (in Berlin Polizei)Präsidenten des Sitzes der jur Person. S J M Bl B 1925, 379.

5. Durch § 1 Ges v 3.1.28 (S 1) ist das Verwaltungsvereinfachungsgesetz v 13.5.18 (S 53) bis auf Weiteres wieder inkraft gesetzt. Nach Art 11 fällt fort Erfordernis der Genehmigung der staatl Behörden zu Beschlüssen der ev u kath Kirchengemeinde über Veräußerung von Grundeigentum.

Kirchhöfe. 1. S Gebührenfreiheit 7, wegen Stempelfreiheit Joh 29, 40, J W 1909, 438.

2. Auf dem Gbblatte eines Kirchhofs kann nicht eingetragen werden, daß „**die Evangelischen**" (oder die Katholischen oder Juden) bestimmter Gemeinden nutzungsberechtigt oder unterhaltungspflichtig sind. Sie bilden als solche keine juristische Person oder Personenmehrheit, die Rechte erwerben kann O L G K G 2.2.03 VIII 123. S oben 3.

Klostergut (Orden u ähnliche Kongregationen) kann im Rheinischen Rechtsgebiete ohne Genehmigung der staatlichen Aufsichtsbehörde veräußert werden. Joh 41, 218. Urkunden von Orden u Kongregationen s Orden.

Knappschaftsvereine. Jetzt rechtsfähige Reichsknappschaftsvereine, (Ges 23.6.23 [R G Bl 431]), vertreten durch ihren Vorstand laut Bescheinigung des Reichsarbeitsministers als Aufsichtsbehörde. Das Preuß Knappschaftsges 17.6.1912 (Ges S 137) soweit aufgehoben. Art 54 Einf-Ges 454. Sie bedürfen in Preußen zum Erwerbe von Grundstücken im Werte von mehr als 5000 M der Einwilligung der Aufsichtsbehörde, des Oberbergamts. O L G K G 28.3.04 IX 25.

Kohlenabbaugerechtigkeit. Ein zeitlich begrenztes Recht zum Kohlenabbau kann nur
84, 85, 97. als beschränkte persönliche Dienstbarkeit begründet werden. O L G 9.5.04 X 413. S R G Ring 26, 600 auch wegen ihrer Aw nach Aw G. Nach K G D Not B 26, 579 bedarf ihre Bestellung keiner Genehmigung nach Vo 15.3.18. (S Aufl Einleitung.)

Kommanditgesellschaft (auch auf Aktien) s Aufl 15, Gl 15, Sie wird nur durch ihre persönlich haftenden Gesellschafter (nicht Kommanditisten, § 161, 170, 320 H G B) vertreten wie die offene Handelsgesellschaft. (S dort.) Sie ist keine juristische Person, wird aber nach § 124 H G B als selbständiges Rechtssubjekt behandelt. Ring I 371. S G m b H. Eine G m b H kann ihr persönlich haftender Gesellschafter sein. Ring I 9: Sie wird infolge Umwandlung aus offener Handelsgesellschaft (s dort) kein neues Rechtssubjekt.

Kommunalverband s Aufl 6.

Kongregation s Orden.

Königshaus. Nach V O 27.11.23 (Ges S 584) steht den Mitgliedern der vormals landesherrl Familie der „**Name**": „Prinz von Preußen", dem der Vorname vorzusetzen ist, zu. „Kaiser, Majestät, König, Kronprinz usw" fallen fort. S **Adel.** — Die Vermögensbeschlagnahme ist aufgehoben seit 1.4.1927 durch

Ges 29.10.26 (Ges S 267). Jetzt gilt das Hohenzollersche Hausgesetz v 21.6.1920, verwahrt beim Amtsgericht Berlin-Mitte 12a Gen XI 2136, Seite 82/100, wonach (Art 2) das Hausvermögen ab 31.3.23 „nicht gebundenes Allodialvermögen des derzeitigen Hausgutsinhabers, des vormaligen Königs, jetzigen Wilhelm Prinz von Preußen in Doorn, Holland (nicht mehr des ehemaligen Hausschatzes) mit Stellung eines befreiten Vorerben (Art 3) ist. Nachfolgeberechtigt (Art 4, 5) ist derjenige, der nach der bisherigen Folgeordnung in das Hausvermögen nachgefolgt sein würde. Usw. Nacherben nach B G B sind die Nachfolger (Art 4). Der Inhaber ist von den Beschränkungen des § 181 B G B befreit u verfügungsberechtigt. Er kann alle Grundstücke auf seinen Namen umschreiben lassen mit der Maßgabe in Abt II, daß er gemäß dem Hausgesetze Beschränkungen unterworfen ist. (Art 11.) S Beispiel 69c.

Konkurs. S Vergleichsordnung. 1. Das Bestehen der **Verfügungsmacht** hat das **Nr 36** I. II. Gba von Amtswegen zu prüfen. **Verfügungen des Gemeinschuldners,** die erst **nach der Eröffnung** des Konkursverfahrens getroffen werden oder beim Gba eingehen, können nicht zu Eintragungen führen, es sei denn, daß das Gba weder aus Abt II noch sonstwie Kenntnis von der Eröffnung hat. Es ist unzulässig, eine vom Gemeinschuldner **vor der Eröffnung bewilligte Belastung** eines zur Konkursmasse gehörigen Grundstücks einzutragen, wenn der Eintragungsantrag erst **nach** der Eröffnung eingeht. R G 24.4.09 X 140 (Bd 71 S 39—41). — Die Verfügungsbefugnis des Berechtigten über das Recht am Grundstück muß grundsätzlich zur Zeit der Erklärungsabgabe u Eintragung im Gb nach § 878 B G B zur Zeit des Eingangs des Eintragungsantrags (hier vor der Konkurseröffnung) beim Gba vorhanden sein; außerdem muß die materielle Erklärung bindend geworden, also eine Einigung bewiesen sein, wobei es hier ohne Bedeutung ist, ob die formelle Eintragungsbewilligung unwiderruflich geworden ist. Andernfalls wird das Gb unrichtig. Solche Bindung liegt vor, wenn die (auch formlose) „E i n i g u n g" gerichtlich oder notariell beurkundet oder vor dem Gba abgegeben oder diesem eingereicht ist oder dem Begünstigsten oder dem Notar für diese (hier vor dem Konkurse) Eintragungsbewilligung ausgehändigt ist, K G 22.10.25 1 X 643/25. S auch Widerruf. — S Verfügung 4, Beschw 2. Sobald Nachricht von einer Konkurseröffnung zum Gba gelangt, macht man zweckmäßig bei allen bekannten Grundstücken u Hyp des Gemeinschuldners in der Tabelle eine Bleistiftnotiz. — Vormerkung auf Hyp u Zwangsvergleich s Vormerkung 12 am Schlusse. — Über Eintragung des Ranges des Konkursvermerks s Rang 12.

2. Eine **vor** der Konkurseröffnung erteilte **Löschungsbewilligung** des **Gl** einer Hyp wird unwirksam, wenn über das **Glvermögen** der Konkurs eröffnet wird u die Löschung der Hyp **erst nachher** vom Eigt des Pfandgrundstücks beantragt wird. K G 23.12.01 III 46. Der Verwalter muß der Löschung beglaubigt zustimmen. — S 7 unten.

3. Eine für den **Gemeinschuldner eingetragene,** aber **abgetretene** Hyp kann trotz Vorliegens der Quittung u Löschungsbewilligung des **neuen** Gl ohne beglaubigte Einwilligung des Konkursverwalters nicht gelöscht werden, wenn nicht **nachgewiesenermaßen** (§ 29, 26 G B O) die Abtretung vor der Konkurseröffnung erfolgt ist oder der neue Gl die Hyp ohne Kenntnis der Eröffnung des Konkurses erworben hat. K G 20.4.05 VI 67. S 8 unten.

4. Die **Eröffnung** des Konkurses über das Vermögen des **Hypgl** kann bei dessen Hyp eingetragen werden, **ohne** daß die **Briefe** vorliegen. Hamburg 9.8.01 II 204.

5. Nach § 14 K O können Zwangshyp u Vormerkungen zu Gunsten einzelner Konkursgl auf Konkursmassegrundstücken u an für den Gemein-

schuldner eingetragenen Rechten nicht eingetragen werden. Für Aussonderungsberechtigte können z B Vormerkungen auf Aufl mittels Zwangsvollstreckung (nicht durch Erklärungen des Gemeinschuldners) eingetragen werden. Die Eintragung einer Zwangshyp (nicht freiwilligen Hyp) auf dem Grundstücke des Gemeinschuldners ist als Akt der Zwangsvollstreckung unzulässig, auch wenn zu Gunsten des Gl **vor** der Konkurseröffnung eine Vormerkung aus § 18 G B O eingetragen ist. K G 25.10.09 X 231, Joh 39, 167. § 14, 24 K O. Diese Entscheidung ist unzutreffend. Sie führt auch die gegnerischen Ansichten auf. Sie verletzt nicht nur § 24 K O, sondern auch besonders § 18 G B O in seinem klaren Wortlaute, Sinne und Zwecke, der besonders darin besteht, daß die schließliche rechtzeitige Hindernisbehebung so zurückwirkt, als ob von Anfang an keine Hindernisse vorhanden waren u somit auch die Zwangsvollstreckung, wie in Wirklichkeit hier, vor der Konkurseröffnung liegt. Ich trage also trotzdem ein, es sei denn, daß unter „Konkurs" aufgeführte Hindernisse entgegenstehen. S Vormerkung 12.

6. S Beschw 2. — Wird der Gl einer konkursrechtlich angefochtenen Hyp zur Erklärung der Bewilligung ihrer Löschung verurteilt, so kann die Hyp nur gelöscht, nicht abgetreten oder umgeschrieben werden. Joh 39, 226.

7. Soll vermieden werden, daß bis zur Löschung im Gb getilgte Hyp als Eigtgrundschulden in die Konkursmasse fallen, so darf nur eine Löschungsbewilligung aufgenommen werden, da dann eine Grundschuld nicht entsteht. S Beispiel 33 u Übergabe.

8. Der vom R G aufgestellte Grundsatz, daß Verfügungen des Gemeinschuldners, die erst nach der Konkurseröffnung getroffen oder beim Gba eingereicht werden, nicht zu Eintragungen führen können, ist nur auf rechtsändernde, nicht auf berichtigende Eintragungen (wenn z B die Hyp schon außerhalb des Gb durch Abtretung u Briefübergabe übergegangen sind) anwendbar. Die Briefübergabe vor der Konkurseröffnung muß gemäß § 29 G B O nachgewiesen sein. Es genügt nicht das Datum der Abtretungserklärung in Verbindung mit dem Briefbesitze. Es muß aus der Urkunde hervorgehn, daß die Briefe bei der Abtretung vor der Konkurseröffnung übergeben sind. Joh 40, 278. K G 28.11.10 . S Übergabe. — Auch die gemäß § 878 B G B nach der Konkurseröffnung rechtswirksam eingetragenen Hyp sind gemäß § 42 K O anfechtbar, weil nach dem Gesetzgeberwillen auch § 878 neben § 892, 893 B G B im § 42 K O gemeint ist. Bei Anfechtung einer Eintragung nach K O kommt es darauf an, ob die Kenntnis von dem Eröffnungsantrage oder der Zahlungseinstellung zur Zeit der Eintragung, nicht des Eintragungsantrags, vorhanden gewesen ist. R G 81, 424. Diese Ansicht ist unhaltbar: Ricks, D Not V 1913, 729, wonach für die Kenntnis nur der Zeitpunkt des Eingangs des Antrags beim Gb entscheidend sein kann, wonach sich Rang, Wirksamkeit, insbesondere wegen § 18 G B O und seiner bei Hindernisbehebung rückwirkenden Kraft, richten. — Über das Absonderungsrecht bei einer Hypvormerkung s Vormerkung 12.

Konkursmasse als Gl s Gl 6.

Konkursverwalter. Er allein kann unter Vorlegung seiner Bestallung Grundstücke der Masse auflassen u belasten, sowie über andere grundbuchmäßige Rechte verfügen. Die Genehmigung des Gläubigerausschusses oder der Glversammlung braucht er nicht nachzuweisen. K O § 136, 134, 135. Joh 45, 236.

Konsensprinzip. Seite 85, 86. S auch Berichtigung 5, Löschungsbewilligung.

Konsuln. Übersicht der Orte, an denen mit Gerichtsbarkeit ausgestattete u zur Zeugenvernehmung sowie Eidesabnahme allgemein ermächtigte deutsche Konsularbeamte sind J Min Bl 1913, 379. Wegen Unterschriftsbeglaubigung durch Konsuln s Beglaubigung, Legalisierung, Schweiz, Ausland. — Nach J M Bl

1923, 332 haben die O L G Verzeichnisse der Konsuln u Auskunft zu erteilen. Über Anfragen ausländischer Konsularbehörden J M Bl 1922, 357.

Konvalescenz. R G 77, 87. S Einigung am Schlusse, Heilung.

Kosten. Über Kostenersparnis Seite 90, 91, 94—96, 100, 104, 110, 112. **Nr 47.** Art 9 A G Freiw ist auch auf Grundbuchsachen anwendbar, § 91 ff Z P O dagegen nicht mal bei Zwangshyp. Joh 43. A 243. — Die Voraussetzung der Niederschlagung von Kosten wegen unrichtiger Behandlung der Sache (§ 10 Preuß Ger Kostenges vom 25.7.1910) liegt nicht vor, wenn z B eine der Grundbuchsache voraufgegangene Nachlaßsache unrichtig behandelt worden ist. Joh 43, 324. — Der Vater haftet während der elterlichen Gewalt für Kostenschulden des Kindes nicht persönlich, wenn ein seiner Nutznießung unterliegendes Vermögen nicht vorhanden ist; sonst kommt es aber nicht darauf an, ob dieses zur Kostendeckung ausreicht. K G J M Bl 1913, 451. — Kostenfreiheit s Gebührenfreiheit. S Grundstückswert. — Kosten der Aw s Nr 22 der Gesetzeszusammenstellung vorn.

Kostenzahlung durch **Mehrere** Seite 96. **Nr 6, 18, 47.** In Fällen von Eintragungen infolge behördlicher Ersuchen um Zwangsvollstreckung (s Verwaltungszwangsverfahren) sind die Kosten vom Vollstreckungsschuldner zu erfordern. K G 9.11.1917, J M Bl 1918, 133 ff Nr 3.

Kraftloserklärung eines Hyp-Briefes s Ausschlußurteil.

Kreditanstalt s Verwaltungskostenbeitrag.

Kreditdirektion s Ritterschaft, Unschädlichkeitszeugnis.

Kreis. Vertretung in Preußen durch den **Kreistag**; Verwaltung durch den **Kreis**-
84 **ausschuß,** der wiederum nach au ßen durch den Landrat vertreten wird. **Verpflichtende Urkunden,** wozu auch nach Joh 17, 107, O L E K G VIII 47 Abtretungen u Löschungsbewilligungen (s jedoch oben unter Gemeinde) gehören, **Vollmachten** müssen unter Anführung des Beschlusses des Kreistags oder des Kreisausschusses von dem Landrate u zwei Kreisausschußmitgliedern (oder der betreffenden sich ausweisenden Kreiskommission) unterschrieben u mit dem Landratsstempel versehen sein. Zur **Veräußerung** von Grundstücken u gleichstehenden Rechten ist die **Genehmigung** des Bezirksausschusses erforderlich. Nach O L E 44, 155 erfolgt Kreisvertretung in Preußen durch **Kreistag**; Verwaltung durch **Kreisausschuß,** der wiederum nach Außen durch den **Landrat „allein"** vertreten wird. Seine Urkunden müssen von ihm mit Landratsdienststempel unterschrieben sein. Zur Veräußerung von Grdst u gleichen Rechten ist Genehmigung des Bezirksausschusses erforderlich. So jetzt nach O L E 44, 155. — Das K G hat (O L E 1.8.07 XVIII 206) den **Landrat** für **allein** befugt erachtet, für den Kreis **ohne Vollmacht** eine Aufl zu erteilen, u erklärt, daß die Aufl kein Rechtsgeschäft sei, das den Kreis verbinde, u daß die Urschrift des Beschlusses des Kreisausschusses, auch wenn sie nicht den Vorschriften des Art 9 A G G B O entspreche, eine öffentliche Urkunde sei. —Über **Sparkasse** des Kreises s Sparkasse.

Kriegsbeschädigte s Kapitalabfindungsgesetz, Gebührenfreiheit.

Kulturamt s **Generalkommission** 6, Siedlungsunternehmen.

Kündigung s Verzicht 4, Eintragungsfähigkeit 1.

Kurs s Währung.

Kuxe. 85. **Art 32 A G B G B.** — Unbeglaubigte Abtretungserklärungen u Gewerkenbucheintragungen sind kein grundbuchlicher Beweis für den Alleinbesitz aller Kuxe einer Gewerkschaft neuen Rechts. Joh 51, 209. S Bergrecht.

Landesdirektor, Landeshauptmann. (S Behörde, Provinz.) Er darf einen Kaufvertrag über ein Provinzialgrundstück nur unter Anführung des Veräußerungsbeschlusses des Provinziallandtages (Provinzialausschusses) abschließen, die Aufl namens des Provinzialverbandes jedoch ohne diese Anführung u ohne be sondere Genehmigung des Provinziallandtages vornehmen. Joh 40, 223. K G 4.7.10.

Landeskulturamt s Generalkommission 6, Siedlungsunternehmen, Genehmigung 6.

Landesrentenbank, Preußische s Behörde, Rentengutssachen.

Landeswasseramt s Wassergesetz.

Landgemeinde. 1. Sie ist eine öffentliche Körperschaft. S Behörden, Provinz. In den sieben **östlichen Provinzen** (Landgemeindeordnung vom 3.7.1891) besteht die Gemeindevertretung aus dem Gemeindevorsteher (nach § 2 Ges 27.12.27, Ges S 211, fortan „Bürgermeister"), den zwei bis sechs Schöffen u den Gemeindeverordneten. Im übrigen s Gemeindevorstand. — Nach § 1 Ges 3.1.28 (Ges S 1) ist das Verwaltungsvereinfachungsgesetz 13.5.1918 (Ges S 53) wieder in Kraft gesetzt. In der Vertretung ist nichts geändert.

2. In **Westfalen** (L G O vom 19.3.1856) wird die Gemeinde durch die Gemeindeversammlung u den Gemeindevorsteher vertreten. **Verpflichtende Urkunden** müssen vom Amtmanne u Gemeindevorsteher mit Unterschrift u Amtssiegel (Art 9 A G G B O) vollzogen werden. Diese Bestimmung des § 65 Abs 1 der Landgemeindeordnung für Westfalen besteht nur für schriftliche Verpflichtungen. Zur Entgegennahme der Aufl namens der Landgemeinde ist der Gemeindevorsteher auch ohne Amtmann berechtigt; auch dann, wenn durch die Aufl der Formmangel des Kaufvertrags geheilt wird; der Vorsteher muß aber seine Ermächtigung durch den Gemeindebeschluß nachweisen. Joh 43, 295. S Gemeinde. Genehmigung wie s **Gemeindevorstand** erforderlich, aber auch zum **Erwerbe** von Grundstücken u entsprechenden Rechten über 5000 RM (Art 7 A G B G B). S Aufl IV.

3. In der **Rheinprovinz** (L G O vom 23.7.1845; 15.5.1856) wird die Gemeinde durch den Gemeinderat (Schöffenrat) oder den Bürgermeister u den Gemeindevorsteher vertreten. Die beiden Letzteren haben **verpflichtende Urkunden** wie zu 2 oben zu vollziehen. Gemeinderatsbeschlüsse müssen vom Vorsitzenden u zwei Mitgliedern unterzeichnet sein. Die Genehmigung des Kreisausschusses ist wie zu 2 vorher erforderlich. — Nach § 2 Ges 27.12.27, Ges S 211, heißt die Landbürgermeisterei fortan **„Amt"**. „Gemeindevorstand" ist nach § 3 der Gemeindevorsteher.

4. In **Hannover** (L G O vom 28.4.1859) sind die Gemeinden juristische Personen, die vom Vorsteher verwaltet werden. Nach Güthe sind Urkunden ohne Unterschied vom Vorsteher u Beigeordneten zu unterschreiben u vom Landrat zu beglaubigen, während nach Reichmuth im Recht 1914, 454 der Gemeindevorsteher mit dem Beigeordneten Auflvollmachten mit Dienstsiegel vollziehen kann. Dieser Ansicht schließe ich mich an. Bei Vermögensänderungen muß die Gemeindeversammlung mitwirken. Zu freiwilligen Veräußerungen hat der Kreisausschuß seine Genehmigung zu erteilen.

5. Helgoland. Landrat mit Inselausschuß aus Landrat u 2 Mitgliedern. Ges 20.7.1922 Ges S 169.

6. Veränderung der Grenzen einer Landgemeinde § 1 Ges 27.12.27, Ges S 211.

Landgüterordnung. Gesetze über Landgüterrolle, Höferolle, Anerbenrecht, Anerbengüter für 1) Brandenburg 10.7.1883 (Ges S Seite 111, J M Bl 280), 2) Schlesien 24.4.1884 (121; J M Bl 98), 3) Schleswig-Holstein 2.4.1886 (117; J M Bl 110), 4) Kassel ohne Kreis Rinteln 1.7.87 (315, J M Bl 198) 5) Höferecht — Hannover 9.8.1909 (662; J M Bl 1874, 261; 1909, 329), 6) Lauenburg 21.2.1881 (19). Dazu Ges 11.7.1891 (303) über Berichtigung der Landgüter u Höferollen auf Ersuchen der Generalkommissionen. 7) Anerbenrecht bei Landgütern in Westfalen u Kreis Rees, Essen, Duisburg, Ruhrort, Mülheim (Ruhr)

2.7.1898 (139; J M Bl 1900, 34) u bei Renten- u Ansiedlungsgütern 8.6.1896 (124; J M Bl 1899, 349). — Wegen „Landgutsbildung" s Familiengüter, Adel.

Landlieferungsverband s Aufl III.

Landrat. Er hat Doppelstellung, indem er die den Kreis betreffenden staatlichen Geschäfte führt u andrerseits an der Kreisverwaltung beteiligt ist. Entscheidend ist, in welcher Eigenschaft er handelt. R G 100, 190. Seine **Vertretung** braucht nicht unter allen Umständen einem Kreisdeputierten übertragen zu werden, sondern ist auch übertragbar an einen Regierungsassessor oder Referendar. Ob er wirklich behindert ist, hat der Richter nicht nachzuprüfen. O L G K G 18.10.07 XVIII 207. — S Kreis. Beschw 1 wegen Jagdverbots. S Landgemeinde 5 für Helgoland. — S Auflassung Einl II.

Landschaft s Ritterschaft.

Landschaftssyndikus ist zuständig für alle Beurkundungen von Verträgen u Erklärungen, die sonst ein Notar aufnehmen kann, jedoch nur innerhalb des Geschäftskreises der Landschaft. Die Beurkundungen, die den Vorschriften der Landschaften entsprechen müssen, müssen mit Amtssiegel oder Stempel versehen sein. § 29 G B O Art 9, 21 A G G B O. Joh 25, 93. — S auch Behörden 6, 9.

Landsee. Seine Rechtsverhältnisse R G 80, 365; Wassergesetz § 196 ff.

Lasten. **Ablösbare** Lasten, insbesondere die Pflicht zur Erstattung von **Armen-** und **Schullasten** sind nicht eintragungsfähig. O L G K G 25.5, 2.11.05 X 281. — Löschung nicht mehr bestehender Lasten s Löschung, Seite 111 ff.

Legalisierung. (Geschäftsgang J M Bl 1923, 152.) Die Legalisierung der Beglaubigung eines **ausländischen Notars** beweist nur die Echtheit seiner Unterschrift u, daß er ein öffentlicher Notar ist. **Seine Zuständigkeit** für die Amtshandlung ist aus einem Legalisierungsvermerke nicht ohne weiteres zu schließen; sie muß besonders bescheinigt werden. S Ausland. —Auch die im **Auslande** von einem nach ausländischem Rechte zuständigen Beamten vorgenommene **öffentliche Beglaubigung** gilt für das Gba als solche. Letzteres ist verpflichtet, behufs Prüfung der Formgültigkeit einer ausländischen Beglaubigung die Kenntnis des betreffenden Rechts sich selbst zu verschaffen. S Ausland 3, Österreich, Ungarn, Tschecho-Slowakei u übrigen Länder.

Legitimation der Beteiligten s Beweiskraft.

Lehen. Der Vasall bedarf zur Veräußerung des Lehnsguts, sofern dieses nicht als veräußerlich gewährt ist, der Einwilligung des Lehnsherrn u seiner Agnaten. Mangelnde Genehmigung verursacht Veräußerungsungiltigkeit u Lehnsverfall. R G VI 15.12.25. 161/25 J W 26, 988 Nr 7. Lehensrechtliche Eintragungen, ihre Bedeutung J W 27, 2493.

Liquidatoren, ihre Vertretungsmacht u deren Erweiterung K G Ring IV 276.

Lithauen. Landgerichtspräsident zu Memel bescheinigt in Tempelhof Bl 486 am 11.7.1928, daß im Memelgebiet über die elterliche Gewalt der Mutter § 1684 ff gelten. Sonach gilt dort wohl noch das B G B.

Löschung. **Nr 33, 46, 47, 48** **Nr 22,** 6 Anm (von Teilen einer Hyp 84-86, 110 ff) Zur Löschung einer Eintragung gehören **a)** der unbeglaubigte Antrag darauf nach § 13 G B O, der nur dann beglaubigt (§ 29) sein muß, wenn er gleichzeitig die erforderliche Bewilligung des betroffenen Berechtigten (§ 19) oder Zustimmung (§ 27, wonach Eigt jeder Hyplöschung zustimmen muß) des Antragstellers enthalten soll, **b)** der beglaubigten Bewilligung des betroffenen Berechtigten (§ 19) oder, falls (auch zeitlich beschränkte) Rechte durch Zeitablauf oder Ereignisse (Tod, Heirat, Verurteilung zur Bewilligung, mangelnde Zustellung der einstweiligen Verfügung nach Vormerkung 5 usw § 22—25) aufhören, dessen Nachweis durch Standesamtsurkunden, Urteile, Urkunden erfolgt. Eine Löschungsbewilligung oder Zustimmung des Eigt nach § 19, 27 ist unnötig, wenn z B über Tilgung der

Hypforderung durch den Eigt seitens des Gl beglaubigt quittiert ist oder andere Urkunden (Kaufverträge über das Grundstück) diese Bewilligung u Zustimmung klar ergeben. Durch die Quittung ist auch die Forderung untergegangen u Eigtgrundschuld geworden (§ 1163 B G B), sodaß dann nur der Eigt der Betroffene (§ 19) ist. Das Gba muß den gesamten in den Urkunden formell erklärten wirtschaftlichen Willen u Erfolg der Beteiligten berücksichtigen, ohne das materielle Grundgeschäft prüfen zu müssen. Eine Quittung ist eine verpflichtende Urkunde (s Löschbewilligung), u enthält eine Verfügung über eine Hyp, sodaß z Zt ihres Eingangs beim Gba alle diejenigen quittiert haben müssen, denen „dann" die Verfügung darüber zustand. Hat also z B ein gesetzlicher Vertreter darüber früher quittiert u ist bis zum Eingange beim Gba ein Gl volljährig geworden, so muß dieser die Quittung noch genehmigen, es sei denn daß ein Vormund (nicht Vater) früher dazu die nach § 1812 B G B erforderliche vorm Gen erhalten hat, weil dann die Quittung vorher voll wirksam wurde. **Aw=Gbsachen:** Die Hyplöschung kann nicht verweigert u der Hypbrief muß herausgegeben werden, wenn der Awbetrag der Hyp bezahlt wird, selbst wenn die Forderung höher awbar ist. Ausnahme bei einer Sicherungshyp. R G 111, 397; Ring 27, 495; D Not V 27, 532. — Zur Löschung einer seit 15.6.1922 **abgetretenen Hyp** ist die Zustimmung des Abtretenden erforderlich. R G D Not V 28, 161. — Eine Markhyp, deren Awbetrag unter 1 Goldpfennig (dem niedrigsten nach § 28 G B O zulässigen Reichswährungsbetrage) beträgt, kann nicht nach § 54 G B O nur auf unbeglaubigten Antrag hin gelöscht werden. Es entscheidet § 22 G B O. K G D Not V 26, 623. — Selbstverständlich kann eine Löschung einer PM=Hyp nicht auf Grund einer Löschungsbewilligung, die einen Vorbehalt (§ 14 Aw G) oder eine Zahlung der Hyp in der Rückwirkungszeit des § 15 Aw G ab 15.6.22 bis 15.7.25 ergibt, erfolgen. S **Löschungsbewilligung** wegen weiterer Fälle. — Wegen **Verzichtseintragung** bei einer gelöschten Awhyp nach § 2 D Vo 12.9.27 zum Awerg s Muster 68 Gbblatt f Anmerkung, Verzicht. — Ist die Hypsumme nicht ausgezahlt u deshalb ein Widerspruch für den Eigentümer eingetragen, so muß dieser bzw der Widerspruchsgläubiger nach Weiterveräußerung des Grdst der Hyplöschung zustimmen, weil der Widerspruchsgläubiger eine Eigtgrundschuld erworben u U behalten hatte. K G D Not V 28, 577.

1. **Form. In Abt** II erfolgt die Löschung einer Eintragung stets auf **formlosen** Antrag, wenn **in beglaubigter Form** die Löschungsbewilligung des Gl oder der Nachweis, daß die Eintragung nicht mehr besteht oder das Gb unrichtig ist, beigebracht wird. § 13, 19, 22—25, 29 G B O. So muß ein Altenteil oder Ausgedinge auf schriftlichen Antrag des Eigt gelöscht werden, wenn nach der überreichten Sterbeurkunde der Gl ein Jahr tot ist. § 23. S Grunddienstbarkeit 6. — Löschung der Auflvormerkung Seite 112 u Joh 52, 228; Rötung. S Vorkaufsrecht, Verfügungsbeschränkung 1, einstw Verfgg, Hyp 19 wegen Löschung bei Zeitablauf oder Eintritt eines Ereignisses.

2. **In Abt** III muß bei Hyp, Grundschulden u Rentenschulden der **Löschungsantrag** bezw die Zustimmung des Eigt u bei Löschung von Rechten, die auf solchen Eintragungen lasten, die Zustimmung der Gl der belasteten Rechte beglaubigt sein. Der Zustimmung bedarf es nicht, wenn es der Löschung im Falle einer nachgewiesenen Grundbuchsunrichtigkeit (§ 29) bedarf. § 27 G B O (Ausnahme unten 4, 10). Der Zustimmung des Eigt aus § 27 G B O bedarf es nicht, wenn auf seinen Antrag eine Löschungsvormerkung (s dort) bei der Hyp eingetragen ist. Auch wenn die Entstehung einer Eigthyp ausgeschlossen ist, muß der Eigt der Löschung zustimmen. O L G K G 3.9.01 III 225. Zinsen 5. Widerspruch 1c. — Die Hypbriefe müssen (abgesehn von

§ 42 II G B O beim Vorliegen des Ausschlußurteils) immer vorliegen. Auch wenn es sich um inhaltlich unzulässige Eintragungen handelt. Joh 42, 178. Diese Entscheidung trifft nicht zu, weil die inhaltlich unzulässige Hyp schon kraft Gesetzes nicht besteht u es für diese selbstverständliche Löschung nicht mehr des § 62 G B O bedurfte, sowie, weil die inhaltliche Unzulässigkeit als erkennbar gegen jeden Briefbesitzer wirkt. — S Ausschlußurteil 4, 5, Hypbrief Einl, Enteignung 7. — Einer besonderen ausdrücklichen Zustimmung des Eigt zur Löschung gemäß § 27 G B O bedarf es (z B beim Eigentumswechsel) nicht, wenn sie schon aus den übrigen Urkunden u Umständen hervorgeht. O L G K G XXV 380; D Not V 28, 578; O L G 3, 224. — Löschung infolge versehentlicher Urkundeneinreichung s Berichtigung 18, Beispiel 6 Anm. Wiedereintragung s Eigentümergrundschuld 1. — Die **Löschungsbewilligung** muß immer in beglaubigter Form vorgelegt werden. — S die gegebenen Beispiele u Seiten sowie auch Einziehung, vorm Gen u unten. — Löschung einer abgetretenen Buchhyp s dort 2.

111, 112. **3.** Löschungen **von Amtswegen**, insbesondere bei „inhaltlicher Unzulässigkeit" (s **dort**) der Eintragungen. § 8 Abs 2, 18 Abs 2, 49, 54, 76 G B O. S Anteile 2, Eigtgrundschuld 10, Eintragungsfähigkeit 6, 7, Gl 12, Miterben 5, 8, Verfügungsbeschränkung 1, 5, Sicherungszwangshyp 1b, Rang 12, Vorerbe 14, Nebenleistungen 1. Löschung 15, Bezugnahme, Vormerkung 12. Wegen Rötung gelöschter oder gegenstandsloser Eintragung s Rötung.

Nr 22. **4.** Zu den Löschungen des § 27 Abs 1 G B O sind nicht diejenigen zu rechnen, die lediglich eine **Rechtsfolge anderer Eintragungen** sind, z B bei Verteilung von Gesamthyp (§ 1132 B G B), sodaß hierbei die Zustimmung des Eigt nicht erforderlich ist. Ebenso nicht bei Vormerkungen, abgesehn von § 18 G B O. S Verteilung.

Nr 12, 13. **5.** Sie muß auf Ersuchen des **Vollstreckungsrichters** erfolgen, ohne daß dieser die Unterlagen oder Briefe beizufügen hat. K G 14.10.01 II 253.

6. Sie muß auf **Ersuchen** einer **Behörde**, das im Rahmen ihrer Befugnisse liegt, erfolgen, weil durch ein solches Ersuchen die Erklärungen des „Betroffenen" ersetzt werden. K G 10.8.00 I 157. S Ritterschaft, Generalkommission.

7. S **Ausschlußurteil**, Buchhyp, **Konkurs**, Sicherungszwangshyp 8, **Testamentsvollstrecker.**

8. einer Hyp auf einem **Teile** des Grundstücks **ohne Abschreibung** des Teils ist unzulässig. K G 19.11.00 I 208.

9. Für die Löschung einer **Gesamthyp** auf den **nicht versteigerten** Grundstücken, auch wenn die Hyp auf dem versteigerten Grundstücke **voll** zur **Hebung** gelangt ist, ist der **Versteigerungsrichter nicht zuständig.** Die **Löschung** auf den **nicht versteigerten** Grundstücken erfolgt vielmehr auf Grund von Erklärungen der Beteiligten, insbesondere des früheren Eigt des versteigerten Grundstücks, daß ihm **Ersatzansprüche** (§ 1173 Abs 2 B G B) nicht zustehen. Diese Erklärungen wird der Vollstreckungsrichter zweckmäßig im Verteilungs- oder Versteigerungstermine aufnehmen u dem Gba übermitteln. K G 23.12.01 III 48. S auch O L G XIV 124. § 27 G B O. Die Gesamthyp erlischt nicht durch Zuschlag eines der haftenden Grundstücke an ihren Gl. Joh 51, 299.

10. a) Eine Gesamthyp darf nur auf dem Grundstücke, für das die Löschungsbewilligung erteilt ist, nicht auf den mitverhafteten, nicht benannten Grundstücken gelöscht werden. Die Löschung ist auf diesen nur zu vermerken. Joh 45, 246. **b)** Die Löschung einer **Gesamthyp**, nachdem der Gl durch den **Schuldner** u **Eigt eines** der belasteten Grundstücke befriedigt ist, erfolgt **ohne Zustimmung** u **Antrag** der **Eigt** der anderen Grundstücke. § 1173 B G B § 27, 49 Abs 2 G B O. Für das Grundstück des **Schuldners** war in diesem Falle **Quittung u Löschungsbewilligung,** für das andere Grundstück nur eine Löschungsbewilligung des Gl überreicht. Die Hyp auf dem Grundstücke des **zahlenden** Eigt wurde wegen der Quittung Eigtgrundschuld, während sie wegen der bloßen Löschungsbewilligung (s ebenda) auf dem anderen Grundstücke nicht Eigtgrundschuld werden konnte, deshalb erlosch u gelöscht werden mußte, weil das letzte Gbblatt sonst unrichtig blieb. Nach § 49 Abs 2 G B O ist, soweit eine Mitbelastung (d i die Hyp der anderen Grundstücke) erlischt, dies von Amtswegen zu berichtigen, was einer Löschung gleichsteht. K G 13.9.04 IV 267. Um die Löschung auf dem anderen Grundstücke bewirken zu können, muß der tilgende Eigt erklären, daß ihm ein Ersatzanspruch gegen den anderen Eigt nicht zustehe, oder es muß dies sonstwie erhellen. O L G K G 3.2.02 IX 318. — Vgl R G 77, 149, wo der den früheren Gl befriedigende Gesamthypgl nachträglich das Eigentum eines der zwei mithaftenden Grundstücke erwarb, niemals persönlicher Schuldner der Hyp war, u diese auf dem anderen Grundstücke gemäß § 1173 ¹ B G B nicht erlosch. — S Miteigt 2. **c)** Ist der Verzicht des Gl auf die Gesamthyp an einem der belasteten Grundstücke eingetragen, so bedarf es zu ihrer dem Verzicht entsprechenden Löschung nicht der Zustimmung des Eigt. Der Gl einer Nachhyp ist zum Antrag der Löschung einer außerhalb des Gb erloschenen Vorhyp ohne Zustimmung des Eigt berechtigt. Joh 47, 207. Die Löschung einer **Gesamthyp kann nicht erfolgen,** auch wenn der Gl auf die Hyp an einem der Grundstücke **verzichtet** u ihre Löschung bewilligt hat. Der **Verzicht** muß eingetragen u die Zustimmung des betreffenden Eigt gemäß § 27 G B O beigebracht werden. O L G Colmar 7.5.06 XIV 131. Der Verzicht verursacht eben nach § 1168 Abs 1 B G B eine Eigthyp bezw Grundschuld. Dieser Fall liegt insofern andern, als der erste Fall zu 10a, in dem die **bloße Löschungsbewilligung** nur die Löschung zuließ. S Löschungsbewilligung.

11. einer **Hyp** auf einem zum **Gesamtgute** gehörenden, auf den Namen beider **Ehegatten** eingetragenen Grundstücke kann auf Bewilligung des Gl u **alleinigen Antrag** des Ehemanns erfolgen, wenn keine Schenkung ersichtlich vorliegt. K G 8.2.04 IV 168. **Dasselbe** gilt auch für **Rheinische Gütergemeinschaft.** O L G K G 17.10.04 X 88.

12. der Hyp eines **Minderjährigen** kann nicht lediglich auf die Bewilligung dessen gesetzlichen Vertreters erfolgen, wenn dieser der persönliche Schuldner der auf dem Grundstücke eines Anderen eingetragenen Hypforderung war, u obwohl der neue Grundstückseigt die Schuld getilgt hat. Es muß ein Pfleger bestellt werden. K G 23.12.01 III 50. Eine bedenkliche Entscheidung! Ich verlange keinen Pfleger.

13. einer Hyp auf Grund der **Pfändung des Berichtigungsanspruchs** des Eigt kann nicht ohne dessen beglaubigte Zustimmung erfolgen. Abtretung 3c.

14. Sie muß auch dann erfolgen, wenn eine vom **eingetragenen Zessionar erteilte Löschungsbewilligung** vorliegt u obwohl die Abtretung unwirksam war. O L G K G 9.3.08 XVIII 110.

110ff. **15.** Die Löschung **vor 1900 eingetragener,** jetzt nicht mehr eintragungsfähiger **Rechte** darf nicht ohne Bewilligung des Gl erfolgen. O L G K G 2.3.03 VI 492. S Eintragungsfähigkeit 6 wegen Wiedereintragung versehentlich gelöschter, vor 1900 eingetragener Rechte.

16. Wegen **Unmöglichkeit** der **Löschung** von Dienstbarkeiten s Seite 112.

17. Eine für eine nicht zur Entstehung gelangte G m b H oder geschäftsunfähige Person unzulässigerweise eingetragene Hyp ist nichtig mangels Einigung u steht weder dem früheren Vertreter der G m b H noch dem Eigt zu. Sie ist im Berichtigungsverfahren nach § 22 G B O zu löschen. München Ring II 342.

18. Zur Löschung eines Hypbruchteils bedarf es nur der Bewilligung des Bruchteilsgläubigers, nicht der Zustimmung der Gläubiger, der übrigen Bruchteile. K G D Not V 28, 250.

Löschungsbewilligung, löschungsfähige Quittung. Eine Löschungs-„Bewilligung" ist für das Gba die bewilligte „Aufhebung" der Hyp durch den Gl, während eine Quittung u daraufhin eine Bewilligung der „Berichtigung" des Gb dem Gba die Prüfung überläßt, ob die Forderung untergegangen, deshalb die Hyp ebenfalls untergegangen u zu löschen ist. R G 110, 93, 67. Sie ist im Sinne der Städteordnung 30.5.1853 (§ 56 Nr 8, Ges S 281) **keine verpflichtende Urkunde,** sondern nur ein Teil des Gbverfahrens u hat mit dem Rechtsgeschäfte nichts zu tun. Es liegt, wie erforderlich für verpflichtende Urkunden, keine neue Verpflichtung vor. Dasselbe gilt für Quittungen, Verzichte, Aufhebungserklärungen (K G Joh 33, 198). Damit ist m E der Wille des Gesetzgebers u die gewollte Sicherheit in der Städteordnung ausgeschaltet, weil der Vorsteher der Kommunen nun allein über alle Hyp durch obige Urkunden verfügen kann. — Zur Löschung einer Hyp ist eine formelle Bewilligung der Löschung dann nicht erforderlich, wenn der verfügungsberechtigte Gl (Vormund, Pfleger, Beistand mit vorm Gen, da die Quittung eine verpflichtende, über eine Hypforderung verfügende Urkunde ist, § 1812 G B B) unter Angabe des zahlenden Eigt beglaubigt über Tilgung der Forderung quittiert, wodurch die Forderung untergeht u eine Eigtgrundschuld entsteht. — In **Aw-Gbsachen** (s dort B, F, J.): **a)** Sind Quittung u Löschungsbewilligung mit einem Vorbehalt versehn, sind sie zur Löschung ungeeignet u Löschung ist Gesetzesverletzung mit der Folge des W (Ring II 413, 415, 417, 423) u sind sie **vorbehaltlos** (s auch Quittung!), kann nicht mittels § 18 G B O der Nachweis, daß kein Vorbehalt gemacht sei, verlangt werden, es sei denn, daß „begründeter" Anlaß zu einer Vorbehaltsannahme vorliegt. **b)** Die Löschungsurkunde ist nach § 20 II Aw G (unabhängig von Vorbehalten K G D Not B 28, 272) erst „erteilt", wenn sie dem Eigt oder Vertreter oder Gba zugegangen ist. K G Ring 26, 689, wogegen sie nach R G Ring 28, 204 nicht schlechthin dem Veräußerer erteilt zu sein braucht. S Aw-Gbsachen F, Fälle 1, 2. über nicht „erteilte" Löschungsurkunden. **c)** Sie genügt, wenn sie zwischen 14.6.22 u dem Aw G erteilt ist, selbst dann zur Löschung nicht, wenn sie über die Zahlung nichts enthält. Sie bedarf ergänzender Unterlagen z B eines Awverzichts oder einer Nichtanmeldungsbescheinigung (Art 126 D Vo) oder des Nachweises der Zahlung einer vergleichsweisen festgesetzten Awsumme von 25 v H oder mehr gemäß § 29 G B O. Auch die Aufhebung einer Hyp fällt unter § 14, 15, 16 II. K G Ring III 378, 381, 384, wonach sogar ein Vorbehalt nicht schadet, wenn Zahlung von 25 v H nachgewiesen ist. **d)** Eine Löschungsbewilligung wie c mit dem Vermerke „vorbehaltlos quittiert" enthält keinen Awverzicht. Löschung ist abzulehnen. K G Ring III 396. **e)** Sie ist keine Urkunde gemäß § 1155 B G B, § 21 II Aw G. R G 27, So VI, 45. **f)** Sie steht im Sinne des § 20 II Aw G nicht der Löschung gleich, die vor dem Aw G erfolgt sein muß. R G Ring 27 So VI 45, was nicht nur dem § 20 II, sondern auch dem § 14 Awerg (s Ricks Bay Not B 28, 84) klar widerspricht.

1. Wenn in einer solchen **lediglich** die **Löschung** oder **Aufhebung** der
Nr 33, 47, 48. Hyp durch den Gl ohne Angabe des Grundes (Quittungsleistung, Verzicht) bewilligt ist, kann der Eigt **nur durch Löschung** über die Hyp verfügen. In solchen Fällen findet nur das formelle Konsensprinzip Anwendung. Es entsteht **keine Eigtgrundschuld.** Nach der Löschung muß die Schuldurkunde an den Gl zurückgehen, da der Forderungsuntergang nicht feststeht. § 1163, 1168, 1183 B G B. Aus einer Löschungsbewilligung ist nicht ein Verzicht auf die Hyp zu folgern. Jena 5.7.06 VIII 41. S 3 u O L G XV 380. — Konkurs 6. — Eine Quittung u Löschungsbewilligung, die den Namen des Zahlenden nicht angeben, genügen zur Begründung des Löschungsantrags (und einer Eigtgrundschuld) nicht, sondern berechtigen zur Annahme, daß ein Anderer als

der Eingetragene Gl der Hyp ist. Joh 40. A 294. K G 28.12.10; unten 3. S auch Eigtgrundschuld 21. — Ein Fall, in dem die erst nach Eintragung der Hyppfändung vom Gl ausgestellte Quittung zur Löschung der Hyp nicht genügte. O L G K G XXIII 326. — Inhalt der Löschungsbewilligung, wenn der Eigt der Pfändungsgl bei Überweisung zur Einziehung ist s Pfändung 3. Bei unbedingter Löschungsbewilligung kann kein Vorbehalt vermutet werden. S oben Einl a).

2. Hat die Gl einer Buchhyp zunächst nur deren Löschung wie zu 1 bewilligt, so kann sie später mit Zustimmung des Eigt die Hyp in neuer Urkunde abtreten. Joh 38, 273. K G 1.3.09. Die formelle Löschungsbewilligung hebt keine Hyp auf (Beispiel 33). Die Verfügungsmacht hört erst mit ihrer Einreichung an das Gba unter Beifügung des mit Zustimmung des Eigt versehenen Löschungsantrags auf. — Die Löschung einer Hyp darf nicht erfolgen., wenn dem Gbr ein Mangel im Rechte des Eigt oder Gl bekannt ist. K G 10.10.10 XI 62. — Eine Löschungsbewilligung gilt als von allen Erben einer bestätigten Erbauseinandersetzung abgegeben,. auch wenn zum Teile ihre Zustimmung nur durch das Versäumnisverfahren gemäß § 91—93 Freiw angenommen worden ist, und wenn die zu löschende Hyp infolge Erlöschens der Forderung nicht mehr zum Nachlasse gehört. Joh 41. A 249.

3. Ist eine Hyp Eigtgrundschuld geworden, kann der Eigt vom Gl nach § 894 B G B die Zustimmung zur Berichtigung des Gb oder zur Löschung der Hyp verlangen und darauf klagen, weil er über die Hyp materiell verfügungsberechtigt ist. Es genügt nicht eine bloße Löschungsbewilligung des Gl dieser Hyp, um diese auf Antrag des Eigt als Eigtgrundschuld auf ihn umzuschreiben. R G 101, 234.

Löschungsvormerkung (Löschvorm.) bei einer Hyp aus § 1179 B G B ist nichts anderes als eine Vormerkung zur Sicherung des Anspruchs auf Aufhebung eines Rechts im Sinne des § 883 Abs 1 Satz 1 B G B. Sie begründet keinen Rang. S dort 13.
Nr 25, 40. Die §§ 883 Abs 2 und 888 finden Anwendung. Die Vormerkung hindert
Nr 46 II. nicht, daß ihre Hyp Eigtgrundschuld wird. Sie braucht nicht die ganze
11, 23 Hyp zum Gegenstande zu haben, sondern kann auch nur zu einer Nebenleistung eingetragen werden. Joh 49, 220. Nicht jede Verfügung über die zu löschende Post ist unwirksam. Der Eigt kann ohne Zustimmung des Berechtigten der Vormerkung über sie nicht anders als durch Löschung verfügen. (Jedoch bedeutet nach Oberneck D Not V 1914, 13 die Vormerkung nicht nur, daß der Eigt schlechthin zur Löschung verpflichtet ist u diese auf alle Fälle erfolgen muß. Dies müßte in der Bewilligung gesagt sein. Vielmehr bezweckt sie in der Regel nur eine Verbesserung der Rangstellung der Hyp ihres Gl, sodaß dieser sich auch mit einer Vorrangseinräumung vor der entstandenen Eigtgrundschuld auch m E begnügen müßte; Eigtgrundschuld 10). Das Gb wird durch die Vormerkung bei dieser Post nicht etwa völlig gesperrt. Der Gbr hat nach formellem Gbrechte jede Eintragung vorzunehmen, bei der auch nur die **Möglichkeit** materieller Rechtsgültigkeit besteht. Der Vormerkungsberechtigte kann aber sein Recht gegenüber jedem Rechtsnachfolger des Eigt oder Gl zur Durchführung bringen. Es kann u muß deshalb ohne Gefahr für ihn auf Antrag bei einer Hyp mit Löschvorm ein neuer Gl u ein Pfändungsvermerk eingetragen werden. Eine Löschvorm dahin, daß eine Grundschuld, wenn sie sich mit dem Eigentume in einer Person vereinigt, zu löschen ist, ist insofern wirkungslos, als nach R G 78, 61 (s Grundschuld) der § 1163 Abs 1 Satz 1 nicht anzuwenden ist. D J Z 1913, 1432. M E ist die Löschvorm des § 1179 nicht nur streng für die dort angegebenen Fälle der Vereinigung von Eigentum u Hyp in einer Person, sondern auch für andere Fälle in gleicher Richtung, z B dafür, daß auf eine

Grundschuld nicht das gesamte Kapital gewährt ist, gegeben. Joh 45, 268 hält § 1179 für eine Ausnahmevorschrift u auf andere Fälle nicht anwendbar, z B auf Verpflichtungen zur Umschreibung einer Hyp R G 84, 82, ebenso bei Verpflichtungen zu anderen Verfügungen über die Eigtgrundschuld als durch Löschung, z B auf Übertragung, Rangänderung. Diese Fälle liegen aber nicht in der Richtung des § 1179. R G 93, 114 hält jedoch die Löschvorm auch wegen Nichtentstehung der Hypforderung für zulässig. — Zur Sicherung der Löschung eines nicht begebenen Grundschuldteiles kann auch § 883 B G B verwendet werden. Ricks D J Z 1914, 225. Die übernommene Verpflichtung zur Löschung ist eine subjektiv persönliche auch bei Sicherung durch § 1179; dagegen muß ein späterer Eigt wegen § 883 Abs 2, 888 B G B nach § 27, 29 G B O der zu seiner Zeit erfolgenden Löschung noch besonders zustimmen. Die Eintragung „der jeweilige Eigt" ist zur Löschung verpflichtet, ist nicht zulässig. Joh 44, 309. — Zur Eintragung der Löschvorm ist die Zustimmung des betreffenden Hypgl (O L G K G 2.2.03 VIII 145) nicht erforderlich. Sie wird auch nur bei der zu löschenden Hyp u nur auf dem zugehörigen **Briefe** vermerkt, der jedoch vorliegen muß. Sie kann abgesehen von einer Person auch **für die jeweiligen Gl oder Inhaber der begünstigten Hyp** eingetragen werden. In der Bewilligung
Nr 25, 40. **muß** aber vom Eigt erklärt werden, daß „der Anspruch auf Löschung dem jetzigen Inhaber für die Dauer seiner Inhaberschaft uneingeschränkt, von dem Übergange auf einen Anderen ab diesem u mit derselben Maßgabe dem jeweiligen Inhaber der Hyp zustehen solle." Joh 32, 219; 33, 294. Diese Entscheidung über den notwendigen Inhalt der Bewilligung ist gegenüber dem einfachen Wortlaute des § 1179 B G B (einem Anderen gegenüber) nicht befriedigend. Sie ist eine Last u ein Hemmschuh für die Praxis geworden u wird nicht allgemein angewendet. Vor der Richtanwendung der Entscheidung ist bei der Bedeutung der Vormerkung wegen möglicher Nichtigkeit der Eintragung zu warnen. Leider hat das R G 63, 152 sich nicht darüber ausgesprochen, ob die vom K G verlangte Fassung oder nur die Bewilligung einfach dahin, daß die Vormerkung für den jeweiligen Gl einzutragen sei, genüge. Enthält nicht diese kürzere Erklärung dem Sinne nach denselben Inhalt, wie die vom K G erforderte
Nr 25, 40. längere Erklärung? — Werden Löschvorm u Rangänderung gleichzeitig beantragt s Seite 54 Anm. — S Vollstreckungsrichter am Schlusse, Rang 13. — Löschvorm bei einer Inhaber oder Orderhyp s dort u Joh 50, 198.

Magistrat. 1. Er besteht aus dem Bürgermeister, Beigeordneten u den Schöffen
84. (Stadtverordneten, Ratsherren) u vertritt nach § 56 Preuß Städteordnung für die **östlichen Provinzen** vom 30.5.1853 die Stadtgemeinde nach außen u hat die Gemeindeurkunden in Urschrift zu vollziehen. Die Ausfertigungen der Urkunde werden namens der Stadtgemeinde unter der Bezeichnung „**der Magistrat**" von dem Bürgermeister oder Stellvertreter gültig unterzeichnet. Bei **verpflichtenden** Urkunden (nur Vorrangseinräumungen, Abtretungen, nicht Löschungsbewilligungen. S Löschungsbewilligung Einleitung.) muß ein Magistratsmitglied gegenzeichnen. Für einzelne Verwaltungen der Gemeinde können Deputationen oder Kommissionen bestellt werden. (S Sparkasse.) Für Veräußerung von Grundstücken u gleichstehenden Rechten ist die Genehmigung des Regierungspräsidenten nach der Städteordnung, z Zt aber nach Art 2[4] Kriegsges zur Verwaltungsvereinfachung 13.5.18 (Ges S Seite 53), das gemäß Gesetz 3.1.28, Ges S 1, wieder in Kraft gesetzt ist, nicht erforderlich. Urkunden einer Verwaltungsdeputation nach § 59 Preuß Städteordnung, in denen Verpflichtungen nicht übernommen werden, werden vom Vorsitzenden oder Vertreter gültig unterzeichnet. Joh 47, 135. Die Bestätigung des Vertrages durch den Bezirksausschuß erletzt die **Genehmigung** u alle übrigen Nachweise für Beobachtung der

gesetzlichen Vorschriften. Zur Bestellung eines **Erbbaurechts** seitens einer Stadt bedarf es **nicht** der Genehmigung der Aufsichtsbehörde. O L G K G 19.11.00 IV 66. Löschung eines Vorkaufsrechts Joh 49, 184. — S **Berlin** unten 4.

2. Für **Westfalen, Rheinland, Hannover, Schleswig-Holstein, Hessen-Nassau** gilt das zu 1 Gesagte. Im Rheinlande gibt es an Stelle des Magistrats nur einen Bürgermeister. (S wegen dessen Vertretungsbefugnis. O L G K G 16.6.04 IX 350.) In **Schleswig-Holstein** müssen verpflichtende Urkunden außer vom Bürgermeister u einem Magistratsmitgliede noch vom Stadtverordnetenvorsteher oder seinem Stellvertreter unterschrieben werden.

3. Die **Schulen** haben entweder juristische Persönlichkeit oder gehören den Gemeinden. Im ersteren Falle werden sie durch die Schulvorstände (über ihre Eigenschaft als öffentliche Behörden, über den Vorstand einer ländlichen Volksschule in Westpreußen, Vollmacht, Aufl s O L G K G 8.6.03 VII 365), im letzteren Falle durch die Vertreter der Gemeinden (Schuldeputation; ihr Ausweis ist durch eine Bescheinigung der Aufsichtsbehörde zu erbringen) vertreten. Es gilt daher das zu 2, 3 Gesagte. S Gl 9. — **Sparkasse 3.** — Übergang des Vermögens einer aufgelösten Körperschaft (Schulgemeinde) auf den Eigen- oder Gesamtschulverband; Bestimmungsberechtigung Joh 43, 184. — Zur Veräußerung von Schulverbandsgrundstücken ist in Alt-Preußen nach A L R die Einwilligung des Schulpatrons nicht erforderlich, nur in besonderen Ausnahmefällen Joh 51, 165.

4. Gesetz über die Stadtgemeinde Berlin vom 37.4.1920 (Ges S Seite 19). Laut Ortsgesetz vom 15.12.1920, 10.2., 2.3.1921 sind die Verwaltungsdeputationen des Magistrats u Bezirksämter befugt, innerhalb des ihnen übertragenen Geschäftsbereichs die Stadtgemeinde Berlin nach Außen zu vertreten; verpflichtende Erklärungen bedürfen der Unterschriften des Vorsitzenden oder Stellvertreters u eines weiteren Mitglieds des Bezirksamts. (Der Geschäftsbereich ist nicht angegeben; die Bezirksämter haben Generalvollmacht bis auf Weiteres erhalten.)

5. Grenzveränderungen bei Stadtgemeinden s § 1 Ges 29.12.27, Ges S 211.

Mahnung. S Eintragungsfähigkeit 1.

Marksteine s Enteignung 3.

Miete u **eintragungsfähiges Wohnungsrecht** gegen Entgelt. O L G K G 43, 8.

Mietseinigungsämter, ihre Vergleiche u § 313 B G B s Nichtigkeit.

Militärpersonen u die Aufhebung ihrer Vermögensbeschränkungen s Verfügungsbeschränkungen 2.

Minister s Fiskus, Reich, Preußen, Post.

Miteigentümer. Nach § 1008 B G B (Miteigentum nach Bruchteilen) ist das Recht des Miteigentums auch Eigentum, sodaß darauf alle für das Alleineigentum geltenden (abgesehn von abweichenden) Vorschriften anzuwenden sind. Der Anteil (**Bruchteil**) am Miteigentum kann mit Nießbrauch, Vorkaufsrecht, Reallast, Hyp usw (aber **nicht mit Erbbaurechten, Dienstbarkeiten,** § 1 Vo 15.1.19, R G Bl 72, § 1018, 1090 B G B) wie selbständige Grundstücke belastet werden. Auch steht ihm die Befugnis nach § 7 Aw G zu, weil auf Bruchteilen auch Hyp eingetragen werden können. K G Ring 28. 549.

103. 1. Wollen **nach altem Rechte** ohne Angabe der Anteile eingetragene Miteigt die Eintragung ihrer Anteile veranlassen, so müssen sie sämtlich unter Vorlegung öffentlicher Urkunden (z B des ihrer Eintragung zu Grunde liegenden Vertrages) u Angabe ihrer Anteile gemäß § 22, 29 G B O die Berichtigung (s dort 5) beantragen oder, wenn sie den Nachweis mittels öffentlicher Urkunden nicht bringen können, **auch die beglaubigte Zustimmung der Grundstücksgl** bei-

bringen. OLG KG 7.2.07 XVIII 209. S auch 28.2.07 XVI 179. Sind keine **Gl** vorhanden, dann genügt m E die einfache Bewilligung wie bei Berichtigungen 5. — S Eigtgrundschuld 5, Gemeinschaft, Miterben, Bruchteil 5.

2. Bezahlt ein Miteigt die auf dem ganzen Grundstücke lastende Hyp namens aller Miteigt, so erwirbt jeder von diesen einen seinem Anteil entsprechenden Teil der Hyp; zahlt er aber nur im eigenen Namen, so erwirbt er die Hyp ganz auf seinem Anteile u im Falle eines Ersatzanspruches gegen die Miteigt einen Hypteil in Höhe des Anspruchs auf den übrigen Grundstücksanteilen. Joh 41, 243. § 420, 1173 BGB. Im ersteren Falle kann also jeder Miteigt ohne Zustimmung des Zahlers über seinen Hypteil wie im Beispiel Nr 7 frei verfügen; im zweiten Falle nur mit beglaubigter Zustimmung des Zahlers. — S Löschung 10a.

Miterben. 1. Über seinen Anteil am Nachlasse kann jeder Miterbe selbständig verfügen (§ 2033 BGB), während die Miterben über einen Nachlaßgegenstand nur gemeinschaftlich (wenn auch nicht notwendig gleichzeitig, bei derselben Gelegenheit; s Aufl 12) verfügen können. § 2040 BGB) RG 93, 335, 295. (Dies gilt auch für die, welche einen Erbteil nach § 2033 BGB erworben haben. RG 112, 132.)

Deshalb können wegen § 181 BGB mehrere minderjährige Miterben im ersten Falle zusammen durch einen gesetzlichen Vertreter, im letzteren Falle nur durch je einen gesetzlichen Vertreter vertreten werden. Wenn danach im letzteren Falle ein freihändiger Verkauf des Nachlaß-Grundstücks abgeschlossen wäre, sodann zwischen den Miterben keine Ausgleichungspflicht u kein Schuldverhältnis bestände u nur die Verteilung des Erlöses in Erfüllung der Kaufverbindlichkeit erfolgte, bedarf es auch nur eines Vertreters der Minderjährigen. RG 93, 334, wo auch heute noch die Zulässigkeit eines Vertreters für mehrere Erben abgelehnt wird, auch wenn die Teilung des Überlassungspreises nur eine rein rechnerische ist. Ich vermag nicht einzusehn, warum das RG angesichts des Widerstandes der Praxis, die die nötigen Pfleger nicht beschaffen kann u wegen der großen Umstände u Kosten nicht will, u der Lebensschwierigkeiten nicht nachgibt. Ist der **Nachlaß ungeteilt,** kann ein Miterbe nicht über seinen Anteil an **einzelnen Nachlaßgegenständen,** also auch nicht an einem Nachlaßgrundstücke, verfügen (s Verfügung 4), wohl aber über seinen ganzen **Erbanteil** ganz oder zum Bruchteile (unten 9, RG 90, 233); nach Joh 52, 272 auch dann noch, wenn nach Teilung des Nachlasses nur noch ein Grundstück in Erbengemeinschaft steht. (§ 2033 BGB.) Die Verfügung über Letzteren kann auch **zwangsweise** geschehen; dagegen dürfen einzelne Grundstücke vor der Erbteilung, abgesehen von **Verfügungsbeschränkungen,** nicht mit einer bestimmten Eintragung belastet werden. S **Pfändung** 5, 6, **Berichtigung 1, Verpfändung** wegen **Miterbenanteils** u Eintragung im Gb. KG 27.6.04 IV 253, 5.10.05 VI 235, 14.12.08 X 69. Verfügungsbeschränkungen sind auch erst dann eintragbar, wenn das Gb auf die Miterben in ungeteilter Erbengemeinschaft berichtigt ist. Das Dasein von Testamentsvollstreckern hindert nicht. Joh 37, 273. — **Antragsberechtigung** der Miterben 1 Erbanteil, Antrag 4. — Erbengemeinschaftsgrundschuld s Eigtgrundschuld 20. — Nachträgliche Genehmigung aus § 185 BGB s Aufl 12.

2. Sind **einem** Miterben **alle Anteile** der übrigen Miterben am gesamten Nachlasse gemäß § 2033 BGB in einem gerichtlichen oder notariell beurkundeten Vertrage **übertragen** u haben darin alle Miterben die Umschreibung der Naßlaßgrundstücke auf den einen Miterben beantragt, so hat diese Verfügung insofern **dingliche Wirkung,** als der eine Miterbe alle Anteile als **Alleinerbe** auf sich vereinigt u dadurch **Eigt** des gesamten Nachlasses einschließlich der Grundstücke

(u der sonstigen gbuchlichen Rechte) ist. Es bedarf daher nur noch der **Berichtigung** des Gb gemäß § 22 G B O, die nach Vorlegung des Vertrages erfolgen muß. K G 11.5.03 III 262, Joh 52, 274. — Der Erwerber sämtlicher Erbteile (im Gegensatze zum Käufer eines Erbanteils nach § 2037 B G B) kann weder über die einzelnen ehemaligen Erbteile noch über einen Bruchteil noch über die ganze Erbschaft weiter mit sofortiger dinglicher Wirkung mittels Vertrages verfügen, sondern nur über die einzelnen Nachlaßgegenstände z B ein Grundstück durch Aufl.

3. Es seien hier folgende **verschiedene Fälle der Vererbung u Umschreibung eines Grundstücks** auf Grund überreichten **Erbscheins** oder öffentlich beurkundeter **letztwilliger Verfügung** besprochen. (§ 36 G B O Seite 89). S Erbschaftskauf, **Aufl 14, 21, Bruchteile 7, Testamentsvollstrecker 8.**

Der Erblasser ist noch eingetragen als Eigt. a) Um die **Umschreibung** oder **Berichtigung** Nr 7. des noch auf den Erblasser lautenden Gb auf sich zu erreichen, müssen **alle Erben** einen dahingehenden **beglaubigten** Antrag (§ 22, 29 G B O) stellen. Ist in diesem über die Anteile oder die Gemeinschaft (§ 48 G B O) nichts gesagt, so erfolgt die Eintragung der Erben **in Erbengemeinschaft.** Diese Berichtigung des Gb nach dem bereits seit dem Erbfalle außerhalb des Gb bestehenden Rechtsverhältnisse bedeutet: Die Erben sind nicht zu einem bestimmten Bruchteile am Grundstücke, sondern Eigt **zur gesamten Hand in Erbengemeinschaft,** so daß nicht etwa über ihren Anteil am Grundstücke durch Aufl oder Belastung verfügt werden kann, da er nicht bestimmt ist. Überträgt ein Miterbe sodann seinen Anteil an der Erbschaft gemäß § 2033 B G B, so findet keine Aufl statt, sondern auf Grund beglaubigten Antrags nach § 13, 22 ,30 G B O u des vorgelegten Übertragungsvertrages wird in Abt I der bisherige Miterbe gerötet u eingetragen: Sp 1, 2, 3: Der N (oder die N u N zu gleichen Teilen in N in Erbengemeinschaft). Nr 1 auf Grund der Erbanteilsübertragung vom 1.12.1920 an Stelle des E eingetragen am . . . Joh 46, 182. **b)** Enthält der beglaubigte Antrag zu a Bestimmungen darüber, **zu welchen Anteilen** (Bruchteilen) die sämtlichen Erben eingetragen werden sollen, z B zu den im Erbscheine oder Testamente angegebenen Bruchteilen, so müssen die Antragsteller nach § 18 G B O aufgefordert werden, entweder gemäß § 29 G B O nachzuweisen, daß das Grundstück den alleinigen gesamten Nachlaß bildet, oder zu veranlassen, daß die Erben sich gegenseitig die Aufl erklären. O L G K G 10.11.02 VI 114 Anm. Joh 38, 221. K G 27.9.09. — S unter 9. **c)** Wird auf Grund eines **gerichtlichen** oder **notariellen Erbauseinandersetzungsvertrages,** in dem die Miterben den Nachlaß u das Grundstück unter sich geteilt haben, die Eintragung eines oder mehrerer oder aller Erben zu **bestimmten Anteilen** am Grundstücke verlangt, so müssen die Antragsteller gemäß § 18 G B O aufgefordert werden, die **Aufl** seitens der Erben zu veranlassen. In diesem wie im vorhergehenden Falle zu b kann eine Berichtigung trotz der öffentlichen Urkunden nicht erfolgen. Denn **weder** der beglaubigte **Antrag noch** die **Erbauseinandersetzung** haben eine **dingliche Wirkung** d h den Übergang des Eigentums am einzelnen Nachlaßgegenstände, dem Grundstücke, erzielt (§ 2033 B G B s Nr 1, 2 oben; O L G K G 10.3.02 IV 435). S jedoch Nachlaßgerichtrszeugnis. **d)** Enthielte dagegen die Erbauseinandersetzung zu c die Übertragung des **gesamten Nachlasses** auf **einen** oder **mehrere** Erben in **Erbengemeinschaft** (nicht zu Bruchteilen), so könnte die Berichtigung des Gb auf den einzelnen Erben bezw die mehreren Erben zur Gemeinschaft erfolgen. (Vgl oben 2.) Anderenfalls muß Aufl erfolgen. S auch Erbschaftskauf 2, 3. — Insbesondere kann ein Nachlaßgrundstück, das mehreren der Miterben überlassen wird, ihnen nur gemäß § 48 G B O d h zu Bruchteilen oder als Teilhabern an einer anzugebenden Gemeinschaft übertragen werden, da die Erbengemeinschaft

für die Erwerber nicht mehr besteht, wenn ihnen nicht der gesamte Erbanteil der veräußernden Miterben nach § 2033 B G B übertragen wird. S Aufl 12!
Die **Erben sind als Eigt eingetragen.** **e)** Sind sämtliche oder mehrere Erben in **Erbengemeinschaft** oder **ohne jeden Zusatz** im Gb schon eingetragen, so bedarf es aus den Gründen zu b, c oben der **Aufl,** wenn sie ihre Anteile zu bestimmten Bruchteilen eingetragen haben wollen. Hier liegt es genau so, als ob zwei zu gleichen Rechten eingetragene Eigt eine Eintragung zu einem u zwei Dritteln nachträglich wünschen. Vgl auch O L G Colmar 31.10.05 XIII 92 Anm. S **jedoch Miteigt.** In diesem Falle e bedarf es auch der vorherigen Prüfung, ob nicht die **Eintragung** der Erben **ohne Angabe der Anteile** auf einem Versehen beruht u die bei den Grundakten befindliche **Aufl** oder **Unterlage der Eintragung** die Anteile ergibt. Dann muß Berichtigung von Amtswegen erfolgen. Ein in der Praxis nicht seltener Fall! — S Miteigt 1; unten 5. **f)** Sind sämtliche Erben in **Erbengemeinschaft** oder ohne jeden Zusatz eingetragen u überreichen einen gerichtlichen oder notariellen Vertrag **gemäß § 2033 B G B,** wonach mehrere, nicht alle Erben, den gesamten Nachlaß **zu gleichen Rechten u Anteilen** erhalten haben, u die Umschreibung der Grundstücke demgemäß beantragt ist, muß wie zu c **Aufl** verlangt werden. Sollen dagegen diese Erben in **ungeteilter** Gemeinschaft eingetragen werden, so bedarf es der Aufl wie zu d nicht. Vielmehr kann Berichtigung erfolgen. Es liegen die Voraussetzungen wie zu 2 oben vor. **g)** Sind mehrere auf Grund eines Testaments **gemeinschaftlich ohne Angabe des Rechtsverhältnisses** eingetragen, muß aus dem **Testamente** festgestellt werden, ob Erbengemeinschaft oder Gemeinschaft nach Anteilen auf Grund eines Vermächtnisses vorliegt. O L G K G 28.9.03 VIII 104 Anm. S oben e; Berichtigung 5.

Nr 21. **4.** Die **Fälle der Vererbung von Hyp,** Grundschulden, Rentenschulden sind einfacher, da schon außerhalb des Gb Eigentum an Brief-Hyp erworben werden
103. kann. S Abtretung 1, 2, Berichtigung 5, 6. Es kann stets eine **Berichtigung** auf die Erben infolge nur **formlosen Antrags** auch eines **einzelnen** Erben erfolgen, weil § 22 Abs 2 G B O nur von der Zustimmung des Eigt u Erbbauberechtigten spricht. Wird ein Testament oder Erbschein oder ein Zeugnis des Nachlaßgerichts (§ 36—38 G B O) vorgelegt u im unbeglaubigten Antrage nur die Umschreibung auf den oder die Erben verlangt, so kann u muß sie erfolgen, jedoch bei mehreren Erben mit dem Zusatze: in Erbengemeinschaft. (Der Zusatz „ungeteilter" ist bei einer Gemeinschaft überflüssig.) Soll die Umschreibung **unter Angabe von Anteilen** erfolgen, so müssen alle Erben eine entsprechende beglaubigte Bewilligung gemäß § 19 G B O erklären. Neben dem formlosen Antrage eines Erben genügt auch die beglaubigte Abtretungserklärung der Erben auf einen oder mehrere Erben. Bei den letzteren kommt wieder § 48 G B O zur Anwendung. Die Übertragung von Hyp auf Miterben brauchen nur die übrigen Miterben beglaubigt zu erklären. Dies gilt auch für Aufl eines Grundstücks, aber nicht für Schließung eines Erbteilungsvertrages. O L G K G XXVI 299. Joh 51, 21. Aufl 12. S Anteile, Gemeinschaft.

5. Sind mehrere Erben als Eigt des Grundstücks ohne Bruchteilsangabe eingetragen, so kann der Anteil eines Erben (Ausnahme Pfändung 5) nicht belastet werden. Eine trotzdem erfolgte Eintragung ist als ihrem Inhalte nach unzulässig gemäß § 54 G B O zu löschen. Der Brief ist nach § 62 G B O, Art 15 A G Freiw von Amtswegen herbeizuschaffen. — Besteht an sich schon (ohne Eintragung) Bruchteilsmiteigentum, so soll der Gbr nach § 40, 48 G B O keine Belastung vor der Bruchteilseintragung eintragen. Eine trotzdem erfolgte Eintragung ist aber wirksam. O L G K G 2.5.10 XXI 41.

6. Die Übertragung eines Anteils an dem Nachlasse nach § 2033 Abs 1 B G B ist auch dann zulässig, wenn zu diesem Nachlasse ein Anteil am Vermögen einer Gesellschaft des bürgerlichen Rechts gehört. Der Erwerber sämtlicher Anteile am Nachlasse erwirbt auch den Erblasseranteil am Gesellschaftsvermögen. Bestand die Gesellschaft nur aus dem Erblasser u dem Erwerber der Anteile, so wird das Miteigentum der Gesellschafter an den Gesellschaftsgrundstücken Alleineigentum des Erwerbers. Das Gb ist ohne Aufl auf ihn zu berichtigen. Joh 38, 233. R G 3.6.09. Die Unterlagen sind vorzulegen. S Erbschaftskauf, Aufl 21, Berichtigung 5.

7. Wenn ein Miterbe nacheinander seinen Erbanteil an 2 Personen außerhalb des Gb überträgt, so erwirbt die zweite Person nicht, auch wenn sie in Unkenntnis über die erste Übertragung war. § 892 Abs 1 B G B findet nicht Anwendung, sondern § 413. Joh 40, 167. R G 23.1.11.

8. Nach preuß Rechte bildet die Erbschaft als solche den Gegenstand des Miteigentums der Miterben. Diesen steht während der Dauer der Gemeinschaft zwar ein bestimmter verhältnismäßiger Anteil an der gesamten Erbschaft, nicht aber an jedem einzelnen Nachlaßstücke zu. Der einzelne Miterbe erhält vielmher erst durch die Erbteilung ein freies Verfügungsrecht über das einzelne Nachlaßstück. Seine Verfügung über Letzteres oder über einen seinem Erbteile entsprechenden Anteil wird erst wirksam, wenn u soweit er bei bei Teilung das einzelne Stück oder einen Teil davon zugewiesen erhält, indem die Unzulässigkeit der früheren Verfügung nur das gegenseitige Verhältnis der Miterben, nicht aber das rechtliche Verhältnis zu Dritten betrifft. Deshalb ist eine auf dem dem Erbteile des Miterben entsprechenden Anteile eingetragene Hyp nicht schlechthin unwirksam, sondern besteht, wenn der Miterbe das belastete Grundstück bei der Erbteilung ganz oder teilweise erhält. Sie besteht aber nicht, wenn kein Anteil am Grundstücke auf den Miterben-Schuldner übergeht. R G 79, 395. — Der Anteil (nicht Bruchteil) eines Miterben an einem zum ungeteilten Nachlasse gehörigen Grundstücke kann nicht mit einer Hyp oder Grundschuld belastet werden. R G 88, 21.

9. Alle Miterben können gemäß § 2033 B G B ihre Erbanteile zu je einem Bruchteile auf Dritte übertragen. Diese stehn dann in einem dem Miterbenverhältnisse nahestehenden Gesamthandsverhältnisse. Zum Erwerbe von entsprechendem Bruchteilseigentum am Grundstücke selbst bedarf es der Aufl, selbst wenn ihnen die ganze Erbschaft schon zu bestimmten Anteilen gehört. Oben 3e f, Joh 46, 181.

Mutter s Vater.

Nacherbe. S Vorerbe, Verzicht 2; **Nr 7, Nr 21.**

Nachlaß s Miterbe. Nachlaßakteneinsicht s Bezugn 2. **Nachlaßverwalter** s vorm Gen 7.

Nachlaßgerichts-Zeugnis Seite 84, 90. § 37, 38, 99 G B O Art 10 A G G B O.

1. Sein Inhalt R G 8.5.11 XI 150. Wenn bei einer Nachlaßhyp ein Miterbe als neuer Gl einzutragen ist, muß die Erbfolge u Eintragungsbewilligung der Erben vom Nachlaßgericht bescheinigt werden. Ein Überweisungszeugnis der Art ist auch möglich bei Auseinandersetzung einer Gütergemeinschaft von Todeswegen nach märkischen Provinzialrechten nach Einwerfung des Ehegattenvermögens zum Zwecke der Eintragung des neuen Eigt oder Hypgl. Die Aufl vor dem Nachlaßrichter des Amtsgerichts, bei dem das Gba ist, ist wirksam. Joh 44, 233; Aufl 1.

2. Das Nachlaßgericht muß auf Antrag des überlebenden Gatten einer gütergemeinschaftl Ehe ein Zeugnis darüber ausstellen, daß fortgesetzte Gütergemeinschaft nicht eingetreten ist. Erteilung u Wirkung wie beim Erbschein. Joh 45, 246.

3. Der Bestätigungsbeschluß bindet das Gba. Ring I 362.

Nachlaßpfleger hat bei Erbenermittlung mitzuwirken u bis dahin den Nachlaß zu erhalten u verwalten. Nur in diesem Rahmen ist er Vertreetr der „unbekannten", nicht von bestimmten einzelnen oder mehreren Erben R G 106, 46. S vorm Gen.

Nachricht s Bekanntmachung.

Nachweis durch öffentliche Urkunden, Feststellung s Aufl 3, Berichtigung 1, 5, Eheleute 7, 8, Offenkundigkeit, Urkunden.

Näherecht s Vorkaufsrecht 3.

Namen s Einzelfirma, Gl, Schreibweise, Zweigniederlassung, Testamentsvollstrecker 7. **Namensänderung** fällt nicht unter § 40 G B O. O L G K G 1.12.02 VI 201. (Also auch nicht Firmenändrung!) S Beschw 4.

Nebenleistungen. (Die Nebenbestimmungen nach Aw G s K G Ring III 342.)

25, 26, 92, **1.** Sie sind solche Leistungen, die nicht **zu,** sondern **neben** u **außer** dem
113. Kapitale zu entrichten sind. Z B Zinsen, Vertragsstrafen für un-
Nr 32. pünktliche Kapitals- oder Zinszahlung, Entschädigung oder Vergütung für vorzeitige Kapitalsrückzahlung, Provisionen. Dagegen sind Bestimmungen über die **Tilgung** eines Darlehns durch Zuschläge zu den Zinsen (z B **Amortisationsbeiträge**) Rückzahlungsbedingungen, die **nicht neben** dem Kapitale, sondern als Kapitalsteile zu entrichten sind. Für sie genügt daher die Bezugnahme auf die Bewilligung. R G 4.3.03 V 98. Zinsen für rückständig gebliebene, von einer Kreditanstalt im Sinne des § 1115 Abs 2 Abs 2 B G B satzungsgemäß vorgeschossene Hypzinsen sind „satzungsgemäß zu entrichtende Nebenleistungen". Darunter fallen nicht Zinsen für rückständig gebliebene, von der Anstalt satzungsgemäß vorgeschossene Lebensversicherungsbeiträge, wenn der Schuldner nach der Satzung zum Abschlusse eines Lebensversicherungsvertrags nicht verpflichtet ist; solche Zinsen sind nur wie sonst, nicht durch Bezugnahme auf die Satzung einzutragende Nebenleistungen. Joh 47, 202. S Bezugnahme 1. Die Bezugnahme ist indes bei Nebenleistungen (Entschädigung usw) nicht in der Weise zulässig, daß nur eingetragen wird: „¼% Entschädigung bei vorzeitiger Fälligkeit", also die Dauer der Nebenleistung nicht angegeben wird. (S vielmehr die Beispiele 28, 32 vorn). Diese Eintragung ist insoweit in sich widerspruchsvoll, also inhaltlich unzulässig u insoweit von Amtswegen zu löschen (§ 54 G B O). Deswegen ist jedoch nicht die übrige Eintragung unzulässig, sondern nur dann, wenn ihr selbst ein wesentliches Erfordernis z B Gläubigereintragung fehlt. Die Nebenleistung ist nach der obigen Löschung in Spalte Veränderungen neu einzutragen, jedoch nur mit dem Range nach den inzwischen erfolgten Eintragungen, Joh 42, 260. S dazu Rang 3. — Der Geldbetrag der Nebenleistung ist für Preußen nicht in Spalte 3 der Abt III einzutragen, sondern nur der Betrag der Hauptforderung. Joh 43, 230.

Nr 17, 28, 32. **2.** Sie müssen zu der Hauptforderung der Hyp in einem **Abhängigkeitsverhältnisse** stehen u ihr **Höchstbetrag** muß aus der Eintragungsformel ersichtlich bezw berechenbar sein. Andernfalls liegt eine unzulässige, **unwirksame** Eintragung vor. K G 22.3.06 VII 154, O L G K G 28.12.03 VIII 206. — Die Dauer der Nebenleistungen u ihre einzelnen Fälligkeitstermine müssen eingetragen werden. Bezugnahme auf sie ist unzulässig. Joh 49, 211.

25. **3.** Solche, die nachträglich vereinbart werden, werden in Spalte **Ver-**
änderungen eingetragen. K G 9.6.06 VII 259. S auch, insbesondere wegen
113. des Ranges, unter **Zinssatz** 6, Verwaltungskostenbeiträge.

4. Die bei der Kapitalshyp eingetragene Nebenleistung, wonach Gl bei gegen den Vertrag vorzeitiger Kapitalsrückzahlung oder Fälligkeit eine **Entschädigung** (Vergütung, **Strafzinsen**) verlangen kann, enthält eine **Hyp** für eine **bedingte Forderung** u ist insoweit gleichzeitig eine **das Schicksal der Hyp teilende,** zwar nicht so eingetragene, **vorläufige** durch die Entstehung der Nebenleistungsforderung **auflösend bedingte Eigtgrundschuld.** Sie steht beim Ausfalle der Bedingung, dem **Besteller** der Hyp zu, aber geht m E mit jeder vorbehaltlos alle Eigtrechte übertragenden Aufl gemäß den Abmachungen auf den neuen Grundstückseigt über. Wird bei einer Hypverlängerung nicht ausdrücklich die alte Entschädigung aufgehoben u an ihre Stelle die neue, nicht erweiterte Entschädigung gesetzt, oder die alte durch Bedingungsausfall entstandene Entschädigungseigtgrundschuld in eine Hyp für die neue Entschädigung umgewandelt u eingetragen, kann die neue Entschädigung nicht den Rang ihrer Haupthyp haben (Eintragung wie Rang 5), weil die alte Entschädigung noch ihre alte Stelle hat u die neue in dem Rahmen der Rangstelle nicht mehr Platz hat. — Die Nebenleistung erlischt mit dem Hauptrechte u für sie gelten die Vorschriften der Haupthyp. § 1178 B G B spricht nur von Rückständen. Joh 49, 214; 52, 197. Wenn ausdrücklich oder offenbar (s Rötung) alle früheren Nebenbestimmungen durch neue ohne Entschädigung aufgehoben sind, so lösche ich jene sinn- u zweckgemäß, da dieser Wille anzunehmen ist. — Wird die **„Hypforderung“** abgetreten, s **Abtretung 9** wegen Überganges oder Vorbehalts der Nebenleistungen. — Nach R G 51, 43 erwirbt der eingetragene Gl, obwohl die Hyp nach § 1113 Abs 2 B G B für künftige oder bedingte Forderungen bestellt werden kann, kein materielles Hyprecht. Nach Joh 51, 174 hat das Gba das materielle Grundgeschäft nicht nachzuprüfen.

Nichtigkeit einer Eintragung s Aufl 2, 7, 8, 27; Berichtigung; Genehmigung 5; Gl, Eigtgrundschuld 2, 13; **Inhaltliche Unzulässigkeit**; Miterben 8, Nebenleistung 1, 2, Vollmacht 16, Verschuldungsgrenze, Vormerkung 5, Bestandteil 5, Urkunden, Sicherungszwangshyp 6. Die Nichteintragung des Zinssatzes bewirkt nicht Nichtigkeit der Hyp, sondern nur, daß diese die Zinsen nicht mitumfaßt. R G unter inhaltliche Unzulässigkeit. — **Nichtigkeit** des schuldrechtlichen Grundgeschäfts zieht nicht regelmäßig die Nichtigkeit des dinglichen Erfüllungsgeschäfts nach sich. R G 109, 202. S aber z B wegen offenbaren Wuchers Eintragungsfähigkeit 2, 3a. — Wegen Formmangels ist der beurkundete Kaufvertrag u das verdeckte Rechtsgeschäft nichtig, wenn der Grundstückspreis zum Scheine höher als vereinbart angegeben ist. R G 78, 115. — **Nichtigkeit** einer Aufl, wenn ein Erschienener sich dem Gba oder Notar fälschlich als Erwerber ausgibt, obwohl er nur bevollmächtigt ist. R G 106, 198. Ein Vergleich vor den **Mietseinigungsämtern** hat nicht die Form des § 313 B G B, da diese keine Gerichte, sondern Verwaltungsbehörden sind. Gerichtliche Form nach § 313 B G B wird nur nach Freiw oder durch prozeßgerichtliche Vergleiche gewährt. R G J W 1924, 804. — Eine nach Ort u Zeit der Verhandlung unrichtige Urkunde ist nichtig. R G 109, 368. Der Formzwang des § 313 B G B erstreckt sich nicht nur auf den die Verpflichtung zur Übertragung des Eigentums am Grundstücke betreffenden Bestandteil des Vertrages, sondern auf alle Vereinbarungen, aus denen sich nach dem Willen der Vertragschließenden der schuldrechtliche Veräußerungsvertrag zusammensetzen soll, insbesondere auf die, die die Gegenleistungen des Erwerbers betreffen, dagegen nicht auf die sogenannten „Erfüllungsgeschäfte“ d h die Rechtsgeschäfte, durch welche die Vertragsverpflichtungen erfüllt werden. R G 33, 219; 103, 295. Ein gegen § 181 B G B verstoßender Vertrag ist nicht nichtig, sondern unwirksam, weil er durch Genehmigung wirksam werden kann. R G 93, 337. — S auch Heilung. Die Einigung kann auch der Eintragung des Grdsterwerbers nachfolgen. S Aufl 35.

Nießbrauch. Zur Nießbrauchsbestellung an Grundstücken in Genehmigung wie bei Grdstveräußerungen (s Auflassung Einleitung) erforderlich. § 1030—1067 B G B. Seine Verlängerung unter demselben Nießbraucher s unter 6; über seinen Tod bezw bei juristischen (s dort) u ähnlichen Personen über deren Bestehn hinaus, ist ebenso wie überhaupt seine Vererbung, Abtretung, Verpfändung nach § 1061, 1059 unzulässig. Seine Löschung, Erlöschen s § 23, 24 G B O. Wegen seiner Befristung s Bezugnahme.

18, 84. **1. Er kann nicht eingetragen werden,** wenn die **Vereinbarungen** seinem im G B G festgesetzten **Wesen zuwiderlaufen,** z B wenn er schlechthin bis zur Tilgung einer Hypforderung ohne Rücksicht auf die Lebensdauer des Gl oder die Dauer des Bestehens einer juristischen Person bestellt ist. § 1061 B G B. Eine Änderung des gesetzlichen Inhalts des Nießbrauchs ist unzulässig. K G 15.12.02 III 214. Ich trage den so beantragten Nießbrauch einfach mit dem Zusatze ein, daß er nicht über das Lebensende des Gl hinaus währt. Etwas anderes wollen die Beteiligten ja nicht. — Er kann auch nicht eingetragen werden, wenn er mit den Merkmalen der Antichrese ausgestattet ist. O L G K G 15.12.02. VI 266. S Eheleute 11, Grundschuld 1, **Bezugnahme** wegen Bedingung, Befristung. — Über Nießbrauchbestellung u Vorbehalte gelegentlich der Abtretung s Abtretung 9. — Nach K G Ring 28, 687 wird das Recht des Nießbrauchers wegen Aw nicht durch Abtretung der Forderung beeinflußt.

2. Bestellt der Grundstückseigt eine **Hyp** u einen **Nießbrauch** daran **gleichzeitig,** muß der Hypgl beglaubigt zustimmen. O L G Hamburg 2.7.06 XVI 171. Diese Entscheidung ist nicht zutreffend. Das Gba hat auch eine solche Hyp einzutragen u kann nicht ohne weiteres annehmen, daß dieser Antrag das Recht des Gl entgegen seinem Willen u der wahren Rechtslage einschränkt! Es muß sich mangels entgegenstehender Tatsachen auf die Prüfung des formellen Antrags beschränken. So auch Joh 43, 227, Zinsgenußrecht, Hypbrief. An eigenen Sachen u Rechten kann man sich nicht selbst Nießbrauch bestellen. S Abtretung 9.

3. ist für **Eheleute** in **Gütergemeinschaft** nach § 1439, 1522, 1552, 1059 B G B **nicht eintragbar,** weil nicht übertragbare Gegenstände vom Gesamtgute ausgeschlossen sind. O L G XVI 181.

4. s Hypbrief 8, Löschung 2 Satz 2, Eintragungsfähigkeit 6. — Wegen Befristung eines Nießbrauchs u Bezugnahme auf die Bewilligung s Bezugnahme.

5. Der Nießbrauch des Ehemanns ist ebensowenig eintragungsfähig wie seine Ausschließung. O L G K G 23.7.02 V 190. S Pfandrecht, Pfändung 10.

6. Ein zeitlich begrenzter Nießbrauch am Grundstück kann nicht Sp Ver des Gb durch eine Eintragung verlängert werden. Eine Verlängerung ist eine neue, in Sp 1, 2, 3 einzutragende Belastung u hat nicht den Rang des ersten Nießbrauchs. Joh 50, 188. Ein mit Befriedigung wegen der Forderung erlöschender Nießbrauch ist zulässig. R G 108, 109. Diese Bedingung ist im Gb eingetragen. S Bezugnahme.

7. Der Nießbrauch ist grundsätzlich ein teilbares Recht. Fällt ein Nießbraucher fort, so kann für ihn ein anderer eingetragen werden, aber nur neu wie Nr 6. Joh 49, 191, wo auch Bruchteilseintragung, die ich zulasse, erörtert wird.

8. Der Nießbrauch für eine Aktiengesellschaft geht durch ihr Erlöschen infolge Verschmelzung gemäß § 304, 306 H G B unter, da die Akt Ges nicht mehr rechtsfähig ist. Joh 51, 262.

9. Wird **Ausübung** eines Nießbrauchs übertragen (nach Ring I 411, O L G 43, 7 **nicht eintragbar**!) bleibt die dingliche Verfügung beim Nießbraucher; der Ausübungserwerber wird nicht Inhaber des Nießbrauchsrechts, hat nur schuldrechtlichen Anspruch gegen den Nießbraucher mit dem Rechte, die Nießbrauchsrechte für seine Rechnung im Namen des Nießbrauchers auszuüben. R G 101, 5, wonach nur Einzelrechte dinglich übertragbar sind. Wegen Nießbrauchs an den Zinsen einer abgetretenen Hyp s Abtretung 9.

10. Rang des Nießbrauchs s Pfändung.

Norwegen. Nach dessen Gesetzen ist der norwegische Notar berechtigt, die Vertretungsberechtigung von Vorstandsmitgliedern, Geschäftsführern, Prokuristen bei Aktien- u ähnlichen Gesellschaften, juristischen Personen zu bescheinigen, wie eine Bescheinigung des Deutschen Konsuls zu Bergen von 1927 bei Tempelhof Bl 1231 ergibt.

Notar. 1. ist u bleibt **Antragsteller,** auch wenn er die von ihm schon in der Be-
85, 93, 101, willigung beurkundeten Anträge nur wiederholt, u ist deshalb beschwerde-
106. berechtigt. Er muß daher stets Nachricht von dem Geschehenen u Verfügungen aus § 18 GBO erhalten. KG 1.3.06 VII 137; KG 14.6.09 X 226. Sonst ist die Verfügung aus § 18 unwirksam. — Er muß m E als Antragsteller die Nachricht auf die Richtig- u Vollständigkeit der Eintragung prüfen. RG 81, 429 läßt diese Pflicht zwar noch unentschieden, erklärt ihn aber, wenn er ohne Auftrag eine Nachricht vom Gba erhält, gemäß § 677 BGB für verpflichtet, diese entweder nicht anzunehmen oder zurückzugeben oder zu prüfen oder an den Beteiligten zur Selbstprüfung weiterzugeben. — S **Antrag** 7 wegen Zwischenverfügung. Er muß, wenn er Auflassung beurkundet hat, die Eigentumseintragung beim Gba herbeiführen, sofern er dies nicht ausdrücklich abgelehnt hat. (KG D Not V 27, 169) u haftet für die ordnungsmäßige Antragsstellung aus den vor ihm errichteten Urkunden, ohne daß das Gba (?) zu prüfen hat, ob das Gb mit dem Kaufvertrage übereinstimmt. KG Kiel D Not V 28.3, 87.

Nr 30, 41. 2. ist durch § 15 GBO **nicht ermächtigt,** Parteierklärungen durch eigene Angaben zu **ergänzen** (OLG Colmar 30.7.07 XVI 157) oder **einzuschränken** (oder ihnen widersprechende Anträge zu stellen). Tut er Letzteres, dann soll das Gba diesen Antrag ganz abweisen. OLG 11.1.04 VIII 302. M E ist
102. jedoch dem Notar vorher durch Fristbestimmung gemäß § 18 GBO die Abweisung anzudrohen, falls er die Einschränkung nicht zurücknimmt.

3. Er kann namens der Antragsberechtigten **auch Löschungen beantragen,** wenn er die notwendige Bewilligung des betroffenen Berechtigten beurkundet hat. Jedoch ist die **beglaubigte Zustimmung** des Eigt in den Fällen des § 27 Abs 1 GBO (Löschung von Hyp, Grund- u Rentenschulden) erforderlich. Vergl auch KG 17.12.00 II 38.

4. S Rang 8, Vollmacht 2, 11, Vorbehalt 2, Antragswiederholung nach Antragsabweisung Seite 105. Unnötige Antragswiederholung aus den überreichten Urkunden im Begleitschreiben S 56.

5. Ist in **einer Urkunde** die Eintragung des Eigentums **beantragt** u die Eintragung von Sicherungshyp nur **bewilligt,** so ist der Notar berechtigt, zunächst nur die Eigentumseintragung zu beantragen, weil ein Antrag der Beteiligten betreffend die Sicherungshyp nicht vorliegt. Dies ist eine Ausnahme von der Regel, wonach Antrag u Bewilligung sich decken müssen. OLG Colmar 16.3.08 XVIII 199.

6. Der Notar kann einen **von ihm** (nie aber den in der Bewilligung von den Berechtigten) gestellten **Antrag** auf Eintragung nur in **beglaubigter** Form gemäß § 32 GBO **zurücknehmen.** Er kann die von ihm überreichten **Anlagen** nur dann **zurückfordern,** wenn er ihre Überreichung von der **Bedingung**
Nr 30; 101. **der Rückgabe** an ihn abhängig gemacht hat. Dasselbe gilt von jedem anderen Überbringer von **Urkunden.** OLG KG 6.6.04 X 92. OLG KG XXIII 319 u Widerruf. M E gibt dem Notar die Antragsbefugnis aus § 15 GBO nur das Recht, seine eigenen Anträge, nicht aber auch die der Beteiligten in den überreichten Urkunden zurückzunehmen, es sei denn, daß er besonders ermächtigt ist. Bloße Vermutungen finden entgegen Joh 44, 173 keinen Raum. Daher ist er auch zu der (einer Antragsrücknahme gleichkommenden) Rückforderung der überreichten Urkunden nur dann berechtigt, wenn er allein die Anträge

zurücknehmen kann. Anderenfalls müssen die Beteiligten gemäß § 32, 29 GBO beglaubigt zustimmen. M E genügt bei Rücknahme durch den Notar, daß er seinem Namen einen Dienstsiegelabdruck beifügt, weil er Amtsperson ist und diese Beifügung die Beglaubigung des § 32 G B O vernunftgemäß vollgültig ersetzt. Abgesehen von obigem sind dem Notar auf sein Verlangen Urkunden zur Beseitigung eines äußeren Formmangels oder Unterlagen der Eintragungsbewilligungen (Erbschein, Testamente, Vollmachten usw) nach Entnahme begl Abschriften zurückzureichen. Sonst muß die Erteilung von Abschriften der eingereichten Urkunden genügen, wenn der Rückgabe der Urkunden selbst Bedenken entgegenstehen. D Not V 1914, 217.

7. Der Notar hat **kein Beschwerderecht** im **eigenen** Namen. O L G K G 20.4.05 X 444. — S Beschwerde 2b.

8, 95. 8. Der Notar kann eine ihm erteilte Vollmacht selbst beurkunden (R G D Not V 28, 404) u nach Art 31 Satz 2 A G Freiw nicht nur Rechtsgeschäfte, sondern (D Not V 28, 229) auch **Tatsachen beurkunden,** also auch **bescheinigen,** daß Jemand eine bestimmte Urkunde zu einer bestimmten Zeit besessen hat. O L G K G 30.9.01 V 197. S Vollmacht 2, **Ausland 2.** Es bedarf also für das Gb keiner Standesamtsurkunden, wenn ein Gericht oder Notar Personen als Eheleute oder Witwen im Protokolle oder Beglaubigungsvermerke als Erschienene aufführt. Joh 52, 111. Es genügt natürlich nicht solche Angabe der Beteiligten im Texte einer beglaubigten Urkunde, da für den Textinhalt Beweiskraft fehlt.

9. **Form** seiner **Protokolle** u Beglaubigungen. S auch D Not V 1921, 311 wegen Abkürzungen der Formulare. — Außerhalb des Bundesstaates, für den er bestellt ist, kann ein Notar m E nichts beurkunden s D Not V 1913, 446, wo die Frage streitig ist. R G D Not V 27, 526 ebenso. Danach hat eine Beurkundung außerhalb des Landesgebietes nicht die Eigenschaft einer notariellen Amtshandlung. Dagegen ist die im Amtsbezirke „vorgenommene" Beglaubigung wirksam, **a)** wenn die Partei die Unterschrift zwar in Gegenwart des Notars, aber außerhalb der Landesgrenze vollzogen oder anerkannt hat, **b)** wenn ein Notar eine Unterschrift, ohne bei Vollziehung oder Anerkennung zugegen zu sein, beglaubigt hat. (Nur Dienstwidrigkeit zu b.) — Der Notar darf zwar nach Art 80 Preuß Freiw nicht außerhalb seines Amtsbezirks tätig werden, aber das Geschäft ist wirksam u gebührenpflichtig, R G 111, 279. — D Not V 1914, 343, ob u wann Notar als Mitglied einer Genossenschaft für diese beurkunden kann.

10. Zur Gbeinsicht ist der Notar nicht kraft seines Amtes, sondern kraft besonderen Vertrages verpflichtet; er muß sich vor der Beurkundung eines Kaufvertrages davon überzeugen, ob die Beteiligten u insbesondere die Käufer vom Gbinhalte, insbesondere Hypbestande Kenntnis haben. R G 95, 299. Er wird m E dies zu seiner Sicherheit im Protokolle vermerken. — Über verbotene Beglaubigung u Beurkundung s Urkundsbeamte.

11. Ausschließliche Zuständigkeit der rheinischen Notare bis 31.12.26 (höchstens bis 31.12.29 verlängerbar) für Beurkundung, Beglaubigung, Zwangsversteigerung gemäß Ges 2.1.24 (Ges S 5). Ges 13.12.26 (Ges S 319, D Not V 27, 22), wonach die Notare für die bei ihnen anhängigen Sachen über 1.1.1931 hinaus zuständig bleiben. — Zuständigkeit außerpreuß Notare s Aufl 35.

12. Die Aufl an eine Stadt, die durch einen vom Stadtrate bevollmächtigten städt Beamten vertreten wird, kann von einem Notar beurkundet werden, der selbst Mitglied des Stadtrats ist. München, Ring III 281, da Notar nach § 170 Nr 1 Freiw weder Vertreter noch Beteiligter ist u § 176 eng auszulegen ist. S auch Urkundsbeamte mit R G 113, 271.

13. Der Notar kann eine auf ihn selbst ausgestellte reine Vollmacht u in einem Testamente beurkunden, daß er selbst Testamentsvollstrecker werden soll, wenn nur sonst keine Begünstigung nach § 171 Nr 1 Freiw vorliegt. R G D Not V 28, 404.

Notopferhypothek, Notzins, ihr Rang s Reichsnotopfer in der V—VII Auflage, da ihre Rolle ausgespielt ist.

Öffentlicher Glaube des Gb § 892, 893 G B O. S besonders dazu R G u K G in D Not V 27, 468, 470 Aw=Gbsachen F. S Aw=Gbsachen F!

1. Er schützt nur den Erwerb durch ein **Rechtsgeschäft, nicht** durch **Zwangsvollstreckung** oder **Arrest,** jedoch auch dann, wenn der Schuldner durch Urteil auf Grund eines Rechtsgeschäfts verurteilt wird, in eine Rechtsänderung zu willigen. K G 12.3.00 I 30. § 892 meint mit „**der Inhalt des Grundbuchs**" nur die an einem Grundstücke bestehenden **dinglichen Rechte, nicht tatsächliche Angaben** des Grundstücks über seine Bezeichnung u Größe, nicht das Bestandsverzeichnis. O L G XV 335. Diese Eintragungen im V d G stehen daher nicht unter dem Schutze des öffentlichen Glaubens des Gb. O L G K G 23.3.04 VIII 312. Die Berichtigung des V d G auf Grund des Katasters kann jedoch nur insoweit erfolgen, als wohlerworbene **materielle Rechte** nicht verletzt werden. Es dürfen also nicht Trennstücke ohne beglaubigte Zustimmung des Eigt bezw der Gl des Blattes abgeschrieben oder sonstwie von dem Gbblatte entfernt werden. K G 25.1.04 VIII 214; 17.3.02 V 1. S zu 4; Anerbengüter.

2. Voraussetzung für den Schutz des § 892 ist ein vollendeter rechtsgeschäftlicher Erwerb. Ferner daß kein Widerspruch gegen die Richtigkeit des Gb bezw daß nicht die Verfügungsbeschränkung der Berechtigten eingetragen ist, endlich daß dem Erwerber die Unrichtigkeit bzw die Verfügungsbeschränkung nicht bekannt, daß der Erwerber also in gutem Glauben ist. Wo zum Erwerbe die Eintragung erforderlich ist, muß auch diese bewirkt sein. Es genügt nicht der Eintragungsantrag oder die Aufl. K G 9.11.03 IV 111.

3. S Eintragungen 2, 3, Vormerkung 1 J M Bl 1911 S 98 § 7 Nr 3.

4. Der Inhalt des Gb kommt für den guten Glauben nur insoweit in Betracht, als er sich auf ein Rechtsverhältnis bezieht. Wieweit die aus dem Steuerkataster in das Gb übernommenen Eintragungen vom öffentlichen Glauben des Gb gedeckt werden, hängt davon ab, welche Bedeutung den einzelnen Eintragungen in rechtlicher Beziehung zukommt, bzw ob sie geeignet sind, eine rechtliche Beziehung des Eigt zum Grundstücke nachzuweisen. Bejahendenfalls deckt sie der öffentliche Glaube. Eintragungen über rein tatsächliche Verhältnisse aber z B über das Flächenmaß, die örtliche Lage, die Baulichkeiten (die Bestandteile § 93, 94 B G B) sind unbeachtlich. Beachtlich ist daher die Eintragung, die eine bestimmte Grundfläche als zum Grundstücke gehörig nachweist, weil sie zum öffentlichen Glauben feststellt, worauf sich die eingetragenen Rechte erstrecken u besonders welche Fläche das Eigentumsrecht des Eigt zum Gegenstande hat u umfaßt. R G 73, 125; 077, 33, S J W 1911, 519; D J Z 1912, 1274. Inhaltlich unzulässige Eintragungen bewirken keinen öffentl Glauben des Gb. R G 88, 21.

5. Der Erwerber eines Grundstücks kann sich auf den öffentl Glauben des Gb nicht berufen, wenn das Grundstück zur Auflzeit auf zwei Blättern für verschiedene Eigt eingetragen stand. Joh 39, 154. Aufl 27.

6. Name des Gl, öffentlicher Glaube s Beschw 4.

7. Miterbe 7. — Über den maßgebenden Zeitpunkt für den gutgläubigen Erwerb einer Hypforderung bei noch nicht eingetragener Abtretung der Forderung R G 92, 255. Der gutgläubige Hyperwerber braucht die Rechtmäßigkeit des Briefbesitzes seines Vornamens u die Echtheit äußerlich unverdächtiger Urkunden

nicht nachzuprüfen. R G 93, 41. Der öffentl Glaube bei Verfügung über noch nicht eingetragene Rechte s Recht 1921, 180.

Öffentliche Lasten s Hyp 5.

Öffentliche Urkunden nach § 29 G B O s O L G 44, 148, Urkunden, eidesstaattl Versicherung.

Österreich. Die Urkunden u Beglaubigungen mit Dienstsiegel oder Stempel der Behörden nach R G Bl 1881, 4 bedürfen keiner besonderen Beglaubigung. Wohl aber die von Notaren, Gerichtsvollziehern (außer Wechselprotesten). Dies gilt auch für **Tschecho-Slowakei**! R G Bl 1921, 504 Nr 22. — Kirchenbuchauszüge von Deutschem Reiche u Österreich bedürfen keiner weiteren Beglaubigung. R G Bl II 1924, 61. Für Ungarn u sonstiges Ausland s dort, Legalisierung, Länder, Form österr Grdstverträge, Vollmachten s Ausland. — Nachlaß- u Vormundschaftsabkommen vom 16.7.1927 (R G Bl 505ff, 510ff) Beerbung nach Heimatrecht (§ 3), Form der Verfgg von Todes wegen nach Heimatrecht; es genügt jedoch Gesetz am Orte der Errichtung (§ 5). Für Nachlaßregelung sind die Heimatsbehörden zuständig, als welche auch die Konsularbehörden gelten, soweit sie ihnen übertragen sind (§ 8). Eröffnung des Testaments durch die Ortsbehörden; Übersendung an die Heimatsbehörde (§ 12). Erbrechtliche Zeugnisse über erbrechtliche Verhältnisse, Rechte der Erben u Testamentsvollstrecker, die von Heimatsbehörden ausgestellt sind, genügen dem anderen Staate u Gba (§ 18). Unter das Abkommen fallen die Erben, Vermächtnisnehmer u Pflichtteilsberechtigte (§ 23). Die Vormundschaft erstreckt sich auf Person u Vermögen, aber nicht auf Grdst, die nach dem Rechte des Staats, in dem sie liegen, einer besonderen Güterordnung unterworfen sind (Art 3 II). Es gilt Heimatsrecht für Zeit u Grund der Vormundschaft, sonst aber das Recht des Staats, der die Vormundschaft führt. (Art 4). — Wegen Aufnahme der Vollstreckungsklausel in Österreich s Zwangsvollstreckung 2.

Offene Handelsgesellschaft s Aufl 3, 4, 15, Bruchteil 4, Gl 15, Berichtigung 15. — Sie wird vertreten gemäß § 125 H G B durch jeden einzelnen oder alle (oder mehrere) Gesellschafter, die auch eine G m b H (s dort) sein können, gemeinschaftlich oder durch einen Gesellschafter mit einem Prokuristen je nach Gesellschaftsvertrag (auch mit Beschränkung auf bestimmte Geschäfte u Arten davon). Ausweis durch Zeugnis des Registergerichts. § 33 G B O. Für ausländische Gesellschaften s Ausland 2. Sie ist selbständiges Rechtssubjekt s Kommanditgesellschaft. — S **Höchstbetragshyp 3** wegen Eintragung einer Forderung gegen sie! — Wegen Befreiung der Vertreter von § 181 B G B s G m b H.

Offenkundigkeit liegt vor, wenn dem Gba aus eigener amtlicher beurkundeter An-
86. schauung (Inaugenscheinnahme), ferner aus anderen Akten, amtlichen Wahrnehmungen in anderen Geschäftszweigen **Tatsachen** bekannt sind. Liegt sie nicht vor, so muß der Nachweis für Voraussetzungen einer Eintragung durch öffentliche Urkunden geführt werden, nicht aber durch „amtliche" Erklärungen eines Notars außerhalb einer von ihm aufgenommenen Urkunde, durch eidesstattliche Versicherungen oder Gutachten erbracht werden. § 29, 33—38 G B O. S Handelsregister, Nachweis. Offenkundigkeit beim Gba aus eigner amtlicher, außeramtlicher oder beurkundeter Anschauung. O L G 43, 213; S 206.

Orden. Die vom Konvente eines Ordens oder einer ordensähnlichen Kongregation ausgestellten Urkunden sind keine öffentlichen Urkunden des § 29 G B O. Im Bereiche des A L R bedürfen geistliche Gesellschaften zur Veräußerung verzinslicher Hyp der staatlichen Genehmigung. — S Klostergut; über ihre Vertreter u Urkunden. Behörde 8. — Das Staatsaufsichtsrecht über die geistlichen Orden ist durch die R V nicht beseitigt, sondern wird in Preußen nur nicht ausgeübt.

Joh 53, 113. Die Preuß Provinz des Franziskanerordens ist ein nicht rechtsfähiger Verein nach § 54 B G B.

Orderhypothek Nr 49. S Inhaberhyp.

Ordnungsvorschrift. Ihre Verletzung ist an sich eine Pflichtwidrigkeit u nur in besonderen Fällen gestattet. Über die Haftung s Hypbrief 18.

Ordnungsstrafen s Gba 9, Hypbrief 18. Einleitung, Zwangsmaßregeln u S 74 wegen ihrer Verhängung u Höhe.

Pachtschutzordnung. Ihre neue Fassung v 19.9.24 Ges S 192, 177. S Altenteil.

Parzellierungsformular Nr 4, 50. S Seite 107ff. — **Parzelle** s Verz d Grundstücke.

Patron s Kirche 4.

Personenfeststellung durch die Urkundsbeamten in Urkunden s Notar 8, Seite 95; Ricks D Not V 28, 229 wegen Eheleute. Nötige Vorsicht u Haftpflicht bei der Feststellung durch den Beamten s R G D Not V 28, 306.

Personenstandsgesetz u Urkunden s Standesamt.

Pfandbriefdarlehen. Die Eintragung einer Verkehrshyp für eine in Pfandbriefen rückzahlbare, nach dem Nennwerte bezifferte Darlehnsforderung ist nicht zulässig, weil die Hypforderung eine Geldforderung sein muß u der Kurs ungewiß ist. Ring II 366. Dagegen ist zulässig, wenn Schuldner die Wahl hat, in Gold oder Pfandbriefen nach dem Nennwerte zu zahlen. Ring I 456. Keine Tilgung **alter** Pfandbriefe durch minderwertige Pfandbriefe. Rostock Ring II, 368. — S Ritterschaft. — **Berliner Pfandbriefamt ist Behörde.** S dort 6. Die Hyp für ein Pfandbriefdarlehn haftet nicht auch für das zur Kursunterschiedsausgleichung gewährte Zuschußdarlehn; dieses muß besonders eingetragen werden. R G 79, 126. Ihre **Aw** wird ebenso wie bei anderen Hyp mit bestimmten Darlehnssummen u Gläubigern eingetragen. K G D Not V 28, 108.

Pfandentlassung. 1. ist keine unentgeltliche Verfügung des Testamentsvollstreckers s unentgeltliche Verfügung.

111. 2. ist lediglich die teilweise Aufhebung eines Rechts (O L E K G 30.9.01 IV 80) und zwar durch Löschung des Rechts im Gb auf dem Grundstücke, ohne welche sie keine dingliche, sondern nur schuldrechtliche Wirkung hat, sodaß die dingliche Haftung weiter besteht. R G 101, 120. S Erben 4. Die Bezeichnung des Trennstücks muß eingetragen sein. Joh 38 A 243.

107. 3. Eine Verpflichtung des Gl zur Pfandentlassung von Trennstücken aus der Pfandverbindlichkeit des eingetragenen Rechts kann nur als Vormerkung eingetragen werden. Sie fällt nicht unter § 137 B G B. O L E K G 9.12.01 IV 23. Sie wird etwa folgendermaßen in Spalte Veränderungen eingetragen: Der Gl ist verpflichtet, Trennstücke des Grundstücks nach Maßgabe der Bewilligung der Bewilligung vom 11.9.1910 aus der Pfandverbindlichkeit dieser Hyp zu entlassen. Zu Gunsten des Grundstückseigt N N vorgemerkt am 1.10.1910. Nießbrauch 2; über Inhalt der Pfandentlassung K G 22.5.11 XI 154.

Pfandrecht. 1. an Hyp, Nießbrauch s Verpfändung, Nießbrauch 2, **Pfändung.** — Mittels § 2033 B G B kann an den Nachlaßanteilen der Miterben ein Pfandrecht bestellt u eingetragen werden. Braunschweig Ring IV 294, D Not V 27, 339.

2. Es muß vom Gbr, der irgendwie davon Kenntnis erhalten hat, berücksichtigt werden, auch wenn es nicht eingetragen ist. Naumburg 31.1.07 VIII 235.

3. Rang der Pfandrechte s Pfändung 4. — Das Pfändungspfandrecht an einer Forderung ergreift auch die für diese später eingetragene Hyp. Ist daher eine Kaufgeldforderung gepfändet, so hat das Gba die Pfändung auch bei der Hyp einzutragen. K G D Not V 27, 337.

4. S **Aw-Gbsachen** C k, n; D y; E e; H 81.

Pfändung. 100. Nr 39 1. einer Hyp a) kann nur eingetragen werden, wenn der vom Pfandrechte erfaßte **Teilbetrag** feststeht. O L G K G 19.4.02 IV 486; b) ist als **Vorpfändung** nur wirksam, wenn binnen 3 Wochen die Pfändung durchgeführt, bei einem Buchrechte also im Gb eingetragen ist. § 845 II Z P O. S Pfändung 2a, 4 unter Rang.

2. a) einer **Eigtgrundschuld** kann eingetragen werden, auch wenn bei ihr eine Löschungsvormerkung eingetragen ist. (K G 8.11.06 VIII 154), jedoch sonst nur dann, wenn der **Betrag,** zu welchem die Hyp Eigtgrundschuld geworden ist, **feststeht** (K G 14.4.02 III 107) u **nachgewiesen** ist, daß der Eigt die Hyp erworben hat. R G 18.10.05 VI 215. **Vorpfändungen** des § 845 Z P O gelten auch für Eigentümergrundschulden, wenn binnen 3 Wochen wirksame Pfändung (s 1b) erfolgt. Sie geben **Vorrang** vor anderen Pfandgläubigern trotz deren endgültiger Pfändung nach Vor-, aber vor endgültiger Pfändung R G 71, 183; 75, 314; 97, 222; O L G 23, 213; 21, 108. Die Vorpfändungsmitteilung an das Gba mit Antrag auf Eintragung kann einen **Vormerkungseintragungsantrag** enthalten. K G D Not V 26, 257. — **b)** einer **bedingten** oder **zukünftigen** oder vorläufigen **Eigthyp** ist zulässig, aber nicht ihre Eintragung. R G 61, 374; 97, 223; Eigtgrundschuld 10. K G 31.1.07 VIII 234; O L G K G 16.2.05 X 388. Jedoch ist die Pfändung der Hypforderung unwirksam, wenn die Hyp später wegfällt u dem Gl der Brief nicht übergeben ist. R G 76, 231. Die nach dem Zuschlage bewirkte Pfändung der Eigtgrundschuld ist nicht schlechthin unwirksam. R G 75, 313. — **c)** Die Pfändung einer „angeblichen" Eigtgrundschuld ist inhaltlich unzulässig. Gba muß den Beweis, daß Eigtgrundschuld entstanden ist, verlangen. Eine Eintragung muß einen nach Person, Inhalt, Umfang bestimmtes Recht bezeichnen. Also u U Löschung v A nach § 54 G B O. Ring I 496. — S unten 9. — Pfändung der Treuhänderhyp s Gl 5. — **d)** Solange das Erlöschen der Forderung nicht nachgewiesen ist, kann zwar nicht die Pfändung der Eigentümergrundschuld, aber durch einstw Verfügung eine Vormerkung zur Sicherung des Anspruchs auf Pfändung u Übertragung der Eigentümergrundschuld eingetragen werden. Hamburg D Not V 27, 338.

Nr 38, 39. 3. Dasselbe wie 2b Satz 1 gilt von der Eintragung der Überweisung einer Hyp zur **Einziehung** neben dem Pfändungsvermerke. S Hyp 7. Nach § 830, 837 Z P O ist zur Pfändung u Überweisung außer dem Pfändungs- u Überweisungsbeschlusse die Wegnahme des Briefes bezw bei einer Buchhyp die Eintragung der Pfändung u Überweisung erforderlich. — Die Gerichtskasse als Pfändungsgl muß den Brief im Besitze haben; dieser Besitz wird nicht dadurch ersetzt, daß der Brief im Gba oder in der gerichtl Verwahrungsstelle sich befindet. Joh 44, 275. Nach O L G K G 15, 11 ersetzen die Pfändungsbeschlüsse, Zustellungen u Pfändungseintragung in das Gb zur Entstehung des Pfandrechts nicht die nötige Briefübergabe; dem Gba muß diese Entstehung nach § 22, 29 G B O zur Gbberichtigung nachgewiesen werden; ein weiteres Pfandrecht kann nicht entstehn, wenn der erste Pfandgl nicht freiwillig oder infolge Urteils den Brief aushändigt oder seinen Mitbesitz für den neuen Gl durch Verwahrungsvertrag mit Letzterem oder dem Schuldner erklärt; s dort auch über Reihenfolge der Pfandrechtseintragungen, die für das Gba sich nach dem Eingange der Anträge richtet. — Pfändung u Überweisung zur Einziehung hat nicht wie die an Zahlungsstatt den Übergang an Forderung u Hyp auf den Pfändungsgl zur Folge. Es entsteht auch keine Eigthyp bezw Grundschuld, wenn der Eigt der Pfandgl ist u keine Quittung erteilt hat, daß er für die gepfändete Forderung im Wege der Verrechnung (nicht Zahlung) befriedigt sei. Eine einfache Löschungsbewilligung ohne solche Quittung reicht nicht aus; bis dahin bleibt trotz Eintragung der Pfändung der Hypgl gemäß § 19 G B O Betroffener; seine Löschungsbewilligung erübrigt sich aber, wenn der Pfandgl-Eigt die genannte Erklärung abgibt u, falls er Ersteher aus Zwangsversteigerung ist sowie eine Ersatzsicherungshyp nach § 123, 125, 50 Zw für ihn gepfändet u ihm zur Einziehung überwiesen ist, seiner obigen Erklärung noch den Zusatz zufügt: „Falls u soweit die der Hyp zugrundeliegende Forderung entstanden ist." Joh 52, 204. — Wegen **Pfändung infolge Arrestes** s Arrest, wegen **Pfändung** eines **Berichtigungsanspruchs** s Abtretung 3, wegen Eintragung der Pfändung des **Miterbenanteils** im Gb s Verpfändung; wegen **Pfändung** einer **zinslosen** Hyp Beispiel Nr 38, Seite 100. — Zur Eintragung der Pfändung rückständiger Zinsen bedarf es nicht der Vorlegung des Hypbriefes, wohl aber bei der Pfändung künftiger Zinsen. R G 74, 83. Bei Pfändung einer Buchhyp bedarf es nicht der Angabe des Anfangszeitpunktes der Zinsenverpfändung. K G D Not V 28, 153. — Pfändung einer Teilbriefgrundschuld, Auslegung des § 1258 B G B, Erwerb des Pfandrechts an dem an die Stelle des Anteils tretenden Gegenstande (Hypbriefe) Joh 43, 268. — Wegen Pfändung einer verzinslichen Hyp u wegen der notwendigen Angabe des Zeitpunktes bei den Zinsen s unter Verpfändung.

4. eines **Anteils** an einem **Nachlasse** bezw **Nachlaßgrundstücke** s Miterben u nächste Nummer. — Verpfändung eines Erbanteils s Nr 5; R G 83, 27; 84, 395. — Nach K G Ring III 439 richtet sich der **Rang** der Pfandrechte u Nießbrauchsrechte infolge Pfändung nach § 879 B G B entsprechend, also nach der zeitlichen Reihenfolge der Eintragungen. Die Eintragung erfolgt, wenn nicht ein anderer Rang des Pfandrechts **außerhalb des Gb** urkundlich (durch Pfändungsbeschluß, **Vor**pfändungsnachweis (nach § 845 Z P O) nachgewiesen wird, gemäß § 46 G B O nach dem Eingange der Anträge, wobei im Übrigen eine Rangberichtigung durch Prozeßgericht erfolgen muß. Bei Buchrechten entsteht das Pfandrecht erst durch Eintragung. Eine Verpfändung ist nur wirksam, wenn innerhalb 3 Wochen die Pfändung durchgeführt ist, also bei Buchrechten durch Eintragung. Also muß das Gba, wenn mehrere Anträge noch unerledigt vorliegen, prüfen, welche Pfändung außergrundbuchlich den Vorrang hat. — S auch 2a wegen Vorrang der Verpfändung.

5. eines **Erbanteils** eines **Nacherben** ist nicht möglich, da ein solcher Anteil noch nicht besteht. (Vgl aber die Pfändung der Nacherbenrechte u ihre Eintragung. R G 83, 434; Vorerbe 16.) Sie ist aber **auch bei ungeteilter Erbengemeinschaft** an einem **sonstigen Erbanteile zulässig** u als **Verfügungsbeschränkung** in Abt II eines Nachlaßgrundstücks gegen den Erben-Schuldner eintragbar, weil durch den Pfändungsbeschluß die Verfügung über den Anteil verboten ist. **Voraussetzung** ist, daß das Grundstück schon auf die Miterben als Eigt umgeschrieben ist oder gleichzeitig wird, ohne daß ihre Anteile angegeben sind. Das Gb würde ohne die Eintragung der Verfügungsbeschränkung unrichtig sein. K G 5.10.05 VI 235; 14.12.08 X 69, O L G 5.2.09 XIX 156. Braunschweig Ring IV 294, R G 90, 232. Ebenso ist auch die (klar u bestimmt einzutragende) **Pfändung des Anteils** eines **Gesellschafters** am Vermögen einer **Gesellschaft bürgerlichen Rechts** eintragbar. K G D Not V 28, 575. Dasselbe gilt m E für eine **Nachlaßhyp.** Ebenso liegt es bei einer freiwilligen Verpfändung. Die Pfändung eines Erbauseinandersetzungsanspruchs geschieht durch Zustellung an den unbeschränkten Testamentsvollstrecker. Die Zustellung an die Miterben ist dann nicht nötig. D Not V 1912, 140. K G 1.7.1911. Wegen Umschreibung auf die Miterben s Berichtigung 1. — Wirkung der Pfändung bei Eintragung von **Widersprüchen** u bei Übertragung des **gepfändeten Erbanteils**, die unter Vorbehalt der Pfandrechte als erfolgt gilt, weil durch das Pfandrecht die Verfügungsmacht des Schuldners nur teilweise beschränkt ist.

6. Ist der **Anteil** eines Miterben **gepfändet** u dies dem **Gba** bekannt, so darf dieser den von den Miterben an einen anderen aufgelassenen Anteil nicht auf Letzteren umschreiben, ohne gleichzeitig die Pfändung des Anteils dabei einzutragen. Dies muß auch dann geschehen, wenn die Pfändung erst nach der Aufl, aber vor der Eintragung des neuen Eigt bekannt wird. K G 7.7.02 III 151.

7. der Rechte aus einem **Rangvorbehalte** (s dort) (§ 881 B G B) ist unzulässig. K G 9.8.06 VIII 53.

8. einer **Gesamthyp** s ebenda 2.

9. Die Pfändung des zur Eigtgrundschuld gewordenen Teiles einer Hyp, nachdem der Eigt diesen Teil getilgt hatte, durch Pfändung des Eigtanspruchs an der Hypforderung; ferner die Pfändung des Eigtanspruchs auf Berichtigung des Gb, der Einreichung des Hypbriefes an das Gba zur Berichtigung u Bildung eines Teilgrundschuldbriefes sowie dessen Aushändigung an den Pfändungsgl (§ 1145, 1152 B G B) ist zulässig. Letzterer muß alle diese Rechte des Eigt u seines Schuldners pfänden u sich zur Einziehung überweisen lassen. Zur Berichtigung des Gb gehört in diesem Falle auch die Teilbrieferteilung an den Gl. Es muß von dem eingereichten Hypbriefe ein Teilgrundschuldbrief gebildet werden. O L G K G 2.5.1910 XXI 40. Es bedarf natürlich auch des Nachweises (beglaubigter Quittung des Hypgl), daß der Eigt die Hypforderung getilgt hat, daß dadurch die Hyp ganz oder teilweise Eigtgrundschuld geworden ist.

10. Ein vertragliches Pfandrecht am Nießbrauche ist unzulässig. Joh 40, 254. Ebenso die Pfändung des Nießbrauches selbst, wohl aber seine Ausübung. Es bedarf der Vorlegung des Hypbriefes. R G 74, 83. Die gesetzliche Sicherungshyp des Pfandgl nach § 1287 B G B.

11. Pfändung eines Hypbriefes beim Gba s Hypbrief 13.

12. Durch die **Auflassung** erlangt der Erwerber ein nach § 857 Z P O **pfändbares Recht.** Durch die Pfändung, die auch **ohne Zustellung** des Pfändungsbeschlusses an den **Veräußerer** wirksam ist, kann Pfändungsgläubiger die Umschreibung des Grdst auf den Schuldner beantragen u erlangt kraft Gesetzes Sicherungszwangshyp am Grdst, die auf seinen Antrag durch Berichtigung des Gb einzutragen ist, aber der vom Erwerber bestellten Restkaufgeldhyp im Range nachgeht. Neben obiger Pfändung aus § 857 Z P O hat Gläubiger noch das Recht aus § 848 Z P O. S Sequester. K G Ring IV 339.

13. S **Aw-Gbsachen** C n.

Pfarre, Pfarrgut s Kirche.

Pfleger bei mehreren Minderjährigen. S Aufl 9, Vormund, **Miterben.** 1

Polen. Ges 19.3.25, R G Bl II 139. **Keiner Legalisation bedürfen** nach Art 18 **a)** von deutschen Landgerichten oder polnischen Gerichten I Instanz oder Gerichten höherer Instanz, von obersten Verwaltungsbehörden oder Verwaltungsgerichten mit ihrem Dienstsiegel oder Stempel, **b)** von anderen als zu **a** genannten Gerichten, Gba, Hinterlegungsstelle, Notaren, Gerichtsschreibern, Gerichtsvollziehern aufgenommenen, ausgestellten oder beglaubigten Urkunden, die mit Siegel oder Stempel vom Gerichtspräsidenten I bezw des höheren Gerichts beglaubigt sind. — Im Gesetze ist auch der Zustellungsverkehr geregelt. Nach R G Bl II 26, 240ff, wo die polnischen Gerichte u Orte verzeichnet sind, u J M Bl 12.7.26 sollen bei Auslandsersuchen die Behörden u Orte nur polnisch ohne deutschen Zusatz bezeichnet sein. Auf den Außenumschlägen soll aber „Polen" zugesetzt werden. — (Bekanntm Ges R G Bl II 514, 879.). S Ritterschaft 1, 3.

Post. 1. **Reichspostfinanzgesetz** 18.3.24 (287), wonach **„Deutsche Reichspost"** selbständiges, durch Reichspostminister (mit Verwaltungsrat) geleitetes Unternehmen ist, dessen Vermögen Sondervermögen des Reichs ist. Schuldschein gemeinschaftlich durch Postminister u Reichsschuldenverwaltung ausgestellt; Sicherstellung s Reich. (Vo 13.2.24, 93, 70.) Ges 27.4.1920 (R G Bl 643). Die Grundstücke der Länder für die Post gehen ohne Aufl auf das Reich über. Die Umschreibung erfolgt auf Grund besonderer Urkunden der Schlußprotokolle zu § 1. Entsprechend s Eisenbahn, Wassergesetz. —

2. Nr 230/1928. Verfg v 8.5.1928 (J M Bl 1928, 354; 1921, 434, 1927, 31), Ausführung von Verträgen über Grundstückskäufe u Verkäufe (V/VI K —). Gemäß A D A (Allgemeine Dienstanweisung für Post- u Telegraphie Abschnitt I) I § 3 Abs 1 haben die O P D (Oberpostdirektionen) die D R P (Deutsche Reichspost) bei allen Angelegenheiten der streitigen u freiwilligen Gerichtsbarkeit innerhalb ihrer Geschäftsbereiche zu vertreten. Das Entsprechende gilt vom R P Z (Reichspostzentralamt). Nach dieser Bestimmung, die von der neuen Z O (Zuständigkeitsordnung) nicht berührt wird, sind die Präsidenten der O P D u des R P Z ermächtigt, die D R P in allen Grundbuchangelegenheiten zu vertreten, die sich aus der Ausführung von Verträgen über Grundstückskäufe, -verkäufe oder -tausche oder aus der Übernahme von Bürgschaften der D R P für Baudarlehen ihrer Beamten u sonstigen Bediensteten ergeben. Sie sind insbesondere ermächtigt, alle hierzu erforderlichen Erklärungen rechtsverbindlich abzugeben u entgegenzunehmen sowie Anträge auf Auflassung, grundbuchliche Eintragungen u Löschungen zu stellen. Sie können nachgeordnete Stellen oder Personen mit der Vertretung der D R P in diesen Angelegenheiten beauftragen. — Diese Verfügung bezweckt lediglich, die Bevollmächtigung der Oberpostdirektionen oder der sonst zuständigen Stellen für den Einzelfall unnötig zu machen. Eine sachliche Erweiterung oder Beschränkung der bestehenden Vertretungsbefugnisse ist nicht beabsichtigt. Insbesondere bleibt die durch A V v 4.8.1921 (J M Bl S 434) bekanntgegebene Regelung der Vertretung des Reichspostfiskus bei Pfändungen von Postscheckguthaben unberührt. —

3. S Behörde 5, Urkundsbeamter, Reich, Fiskus.

Preußen. Der „Freistaat Preußen" ist der Träger Preußens oder des Preußischen Staatsfiskus. Für ihn kann nur der betreffende **Minister** Grundstücke erwerben. Die **Regierungspräsidenten** u andere Pfäsidenten können allgemeine oder besondere Befugnis zum Erwerbe erhalten. O L G K G 30.11.03 VIII 100. Laut ministeriellen Erlassen vom 5.5.86 (J M Bl 97, 139) können selbständig ohne besondere Genehmigung über Grundstückserwerb Verträge schließen u Aufl entgegennehmen im Bereiche der allgemeinen Bauverwaltung die Regierungspräsidenten, Regierungen, Ministerial-Baukommissionen, Oberpräsidenten von Westpreußen, Schlesien, Sachsen, Rheinprovinz als Leiter der Strombauverwaltung. — **Veräußerung:** Der Justiz- u Finanzminister sind laut Erlasses vom 23.2.11 (J M Bl 1912, 67) ermächtigt, justizfiskalische Grundstücke oder Teile, sofern sie 1250 qm nicht erreichen, zu veräußern. — Die zur Vertretung des preuß Fiskus im Privatrechtsverkehr zuständige Provinzialbehörde kann ein zum Verwaltungsvermögen des Staates gehöriges Grundstück auflassen, ohne die nach den geltenden Verwaltungsvorschriften zur Veräußerung etwa erforderliche Genehmigung der Zentralbehörde nachweisen zu müssen. Joh 42, 194. (Hier waren die Veräußerungsverträge mit den Genehmigungen des Regierungspräsidenten unter Angabe der Ermächtigung der zuständigen Minister zu den Akten überreicht).

2. Der preußische Landesfiskus ist trotz der Selbständigkeit der einzelnen Verwaltungsstellen ein einheitliches Rechtssubjekt. Es bedarf daher, wenn ein Grundstück des Preuß Staates (Forstverwaltung) auf den Preuß Staat (Schule oder Justiz) umgeschrieben werden soll, nicht der Aufl, sondern es genügt ein mit dem Amtsstempel versehenes Ersuchen der zuständigen Regierung auf

Umschreibung u die Beibringung der ministeriellen Genehmigung zur unentgeltlichen Abtretung des Grundstücks. Es bleibt derselbe Eigt. Es liegt auch keine Berichtigung aus § 22 G B O vor. Joh 38, 238, O L G K G 5.4.09 XX 397. — In **Preußen** gilt nach Vo 12. 3. 24 (Ges S 132) entsprechend wie im Reiche (s Reich) die Staatsschuldenverwaltung. D h die Staatsschuldenverwaltung stellt Schuldschein aus u der Finanzminister bestellt mit Zustimmung des Staatsministeriums die Sicherheiten. — Nach A V 18. 7. 1925, J M Bl 269 vertritt der Oberstaatsanwalt des Landgerichts zum Strafverfahren den PrJustizfiskus bei Eintragungen von Gbrechten zur Anwendung der Untersuchungshaft. § 177 ff St P O. — Nach J M Bl 1926, 366 ist als Eigentümer staatseigener Grundstücke für Gefangenenanstalten einzutragen: „Der Preußische Staat (Justizverwaltung)." — Ist das O L G erste Instanz, vertritt der Generalstaatsanwalt beim O L G. S J M Bl 1925 Nr 46. — Die Befugnis zum Grundstückserwerb für die **staatliche Polizeiverwaltung** einschließlich **Landjägerei** hat der Regierungspräsident. Die ministerielle Zustimmung ist nur innere Verwaltungssache. K G D Not V 28, 573. Ministerialblatt für preuß innere Verwaltung 1925, 421.

Preußische Staatsbank. (Seehandlung) Ges S 26, 123. Beschluß des Staatsministeriums 11. 3. 26 ist juristische Person öffentlichen Rechts in Berlin, vertreten (§ 1) durch Generaldirektion mit Behördeneigenschaft, bestehend aus Präsidenten, Stellvertretern u Anzahl von Mitgliedern. 2 Mitglieder vertreten mit Dienststempel (§ 5, 6); § 232 I S 2, 3 H G B gilt; Generaldirektion kann Vollmacht erteilen.

Prokurist. Er ist nach § 49 H G B zur Veräußerung u Belastung von Firmen-Grundstücken nur bei besonderer (nicht ausdrücklicher) Ermächtigung befugt; wohl aber zum Erwerbe (mit Restkaufgeldhypbestellung) u zur Entlastung von Grundstücken der Firma befugt. S. Grunddienstbarkeit 1. — Seine Vertretungsmacht erstreckt sich auf das gesamte Vermögen seines Prinzipals. Er ist gesetzlich ermächtigt, die Löschung einer auf den Familiennamen des Einzelkaufmanns eingetragenen Hyp zu bewilligen. Joh 37, 227. 4.1.09. Diese schon an sich m E nicht richtige Entscheidung trifft, nachdem das R G (s Einzelfirma) die Eintragung der Einzelfirma außerhalb Preußens als Berechtigte für zulässig erklärt hat, nicht mehr zu. Der Prokurist darf m E nur über für die Firma eingetragene Rechte verfügen, da der Richter annehmen muß, daß der Prinzipal die Verfügung über auf seinen Familiennamen lautende Rechte sich selbst vorbehalten hat, es sei denn, daß die Forderung nach der Eintragung oder der Eintragungsbewilligung als Geschäftsforderung anzusehn ist. — Zeichnet der Prokurist nicht die Firma u seinen Namen mit einem die Prokura andeutenden Zusatze (§ 51 H G B), sondern geht aus der Urkunde gemäß § 29 G B O hervor, daß er für die Firma in den Grenzen seiner Macht Erklärungen abgegeben hat, genügt dies. Joh 71, 175. S Vorstand. — Bei einer Grundstücksveräußerung, bei der ein Prokurist mitwirkt, ist dessen Ermächtigung dazu zu prüfen; sie kann sowohl aus dem Inhalte des Handelsregisterauszuges wie aus dem Gesellschaftsvertrage (m E auch wenn die Firma nur Grundstücksgeschäfts betreibt) gefolgert werden; wenn es z B heißt, daß die Gesellschaft durch ein Vorstandsmitglied u einen Prokuristen oder durch 2 Prokuristen vertreten wird. § 49 H G B. Joh 43, 162. Der Prokurist kann über seine Geschäftsführung „Handelsvollmacht" erteilen. K G Ring III 277. S Testamentsvollstrecker 10.

Protokoll. Zu Protokollaufnahmen muß Gbr, Gbf, oder Notar gemäß Freiw, A G
Nr.3, 3a, 4, Freiw zuziehen, wenn Beteiligte **a)** taub, blind, stumm oder am
18, 19, 47, Sprechen verhindert sind, einen bzw 2ten Gerichtsschreiber, bzw
50, 14. 2ten Notar oder 2 Zeugen während der ganzen Verhandlung, § 169;
b) erklären, nicht schreiben zu können, zur Verlesung u Genehmigung einen

Zeugen unter Feststellung der Erklärung des Beteiligten im Prot; Zuziehung unnötig, wenn Gerichtsschreiber u Notar nach a bereits zugezogen sind, § 177; c) stumm oder sonst am Sprechen behindert sind, u schriftliche Verständigung mit ihnen nicht möglich ist, unter dieser Feststellung im Prot einen vereideten Dolmetscher unter Ausschluß der Zuziehung der anderen Personen zu a, § 178; d) erklären, der deutschen Sprache nicht mächtig zu sein u Gbr, Npf u Notar der Sprache nicht mächtig sind, einen vereideten Dolmetscher unter Feststellung der Erklärung u Verlesung des Protokolls in allen Sprachen durch Dolmetsch u Urkundenperson im Prot. Beeidigung des Dolmetsch bei Verzicht des Beteiligten unnötig. Keine Unwirksamkeit, wenn kein Dolmetsch zugezogen, § 179; e) taub sind u Geschriebenes nicht lesen können, eine Vertrauensperson, unter Feststellung, daß Beteiligte die Person verstanden hat. Vertrauensperson können auch die nach a Zugezogenen sein. Art 41 A G Freiw. Zu a—e haben alle Personen das Prot zu unterzeichnen. Ist einer taub, so soll ihm, (unter dieser Feststellung) das Prot zur Durchsicht vorgelegt werden. Art 41. — Wer am Sprechen u Schreiben gehindert, ist testamentsunfähig. Joh 53, 80.

1. Die **Urkundsperson** ist im Protokolle genau zu bezeichnen; ihr Name am Schlusse genügt nicht. Das Protokoll ist vollständig mit Urkundsperson, Datierung u den zu Protokollbestandteilen gewordenen Anlagen vorzulesen. Die Abkürzung des Verlesungsvermerks in **v. g. u.** ist pflichtwidrig, bewirkt aber keine Nichtigkeit. S Schreibweise 2 u R G 96, 181, wonach es ratsam, jedoch nicht immer nötig ist, die Verlesung der Anlage des Protokolls in diesem festzustellen. — Falls Erblasserunterschrift über dem Verlesungsvermerk steht, s Testament 6.

86, 87ff, 94ff 2. Seine Form, Fassung, Prüfung, des Gerichtsschreibers. S auch Beschwerde 5. — Reine Vollmachtsurkunden sind keine Protokollanlagen nach § 176 Abs 2 Freiw. Sie werden durch den Ausfertigungsvermerk nicht gedeckt, sondern sind, falls sie beigefügt sind, besonders zu beglaubigen. Joh 45, 12. Man fügt zweckmäßig die Vollmachtsabschriften gesondert bei. — S Nichtigkeit, Aufl 31, Form.

Provinzen. 1. Provinzialordnung für Ost- u Westpreußen, Brandenburg, Pommern, Schlesien, Sachsen vom 29.6.75, 22.3.1881 (Ges S Seite 1881, 233). § 1, 2, wonach die Provinz einen mit Korporationsrechten ausgestatteten Kommunalverband zur Selbstverwaltung bildet u alle ihre Kreise u die dazugehörigen Ortschaften mit Ausnahme von Berlin umfaßt. Sie wird nach Außen durch den Landesdirektor (Landeshauptmann) vertreten, der für sie verhandelt u Schriftstücke zeichnet. § 90. Nach § 91 müssen jedoch unter Anführung des betreffenden Beschlusses des Provinziallandtages bzw Provinzialausschusses bei verpflichtenden Urkunden, wozu nach O L G R G VIII, 47 u Joh 17, A 107 auch Abtretungen, Vorrangseinräumungen, nicht aber Löschungsbewilligungen, Verzichte, Aufhebungserklärungen, Quittungen (s Löschungsbewilligung) gehören, 2 Mitglieder des Provinzialausschusses mitunterschreiben u das Amtssiegel des Landesdirektors beigefügt sein. (S Gemeinde.) Es sei denn, daß gemäß § 91 Abs 2 für einzelne Verwaltungszweige u Anstalten in Betreff der Vollziehung von „Urkunden u Vollmachten" (s darüber Joh 17, 52) zur Vereinfachung anderweitige statutarische Bestimmungen vom Provinziallandtage getroffen sind. Letzterer (§ 9, 37, 38) beschließt über Anleihen, Bürgschaften, Veräußerung von Grundstücken u gleichen Rechten. Der Provinzialausschuß (§ 46) besteht aus Vorsitzendem, 7—13 Mitgliedern u dem Landesdirektor (s dort). Falls Genehmigung der Staatsaufsichtsbehörden nötig, muß diese den Urkunden nach § 91 beigefügt sein. S Landesdirektor, Behörde 1. Andere obere Beamte (Landesräte) können mit beschließender Stimme dem Landesdirektor zugeordnet werden.

2. Die Provinzialordnung zu 1 ist auch eingeführt in a) **Hannover** durch Ges 7.5.84 (Ges S Seite 237). Nach § 87, 90 wird diese Provinz nach außen durch das Landesdirektorium (Landesdirektor, ersten u zweiten Schatzrat) vertreten. Der Direktor zeichnet die Schriftstücke; an seine Stelle tritt bezüglich § 91 unter 1 das Landesdirektorium. b) **Westfalen** ganz durch Ges 1.8.86 (Ges S Seite 254). c) **Rheinprovinz** ganz durch Ges 1.6.87 (Ges S Seite 249). d) **Schleswig-Holstein** durch Ges 27.5.88 (Ges S Seite 191); wegen des Herzogtums Lauenburg s ebenda Seite 192. e) **Hessen-Nassau** durch Ges vom 8.6.1885 (Ges S Seite 242), jedoch sind nach Art I die kommunalständischen Verbände der Regierungsbezirke Cassel u Wiesbaden einschließlich Frankfurt a M bestehen geblieben. Vgl das Weitere dort. An Stelle der Bezeichnungen Provinz, Provinzialverband, Provinziallandtag, -Ausschuß treten hier die Bezeichnungen Bezirk, Bezirksverband, Kommunallandtag, Landesausschuß usw.

3. Für **Posen** gilt das Gesetz über die Provinzialstände vom 27.3.24 (Ges S Seite 141), geändert durch Ges 19.5.89 u Verordnung 5.11.89 (Ges S Seite 108, 111, 177), sodaß jetzt die Vertretung wie zu 1 oben erfolgt. (§ 25 Seite 182). Nach § 25 Abs 2 genügt in gewissen bestimmten Sachen (mit Ausnahme der Urkunden über Veräußerung von Grundstücken u gleichen Rechten) die Zeichnung durch den Landesdirektor u einen oberen Provinzialbeamten (Landesrat). § 25 Abs 3 besagt dasselbe wie § 91 Abs 2 zu 1 oben. — Wegen Neuordnung der kommunalen Verfassung u Verwaltung der **Ostmark** Ges 21.7.22, Ges S 171 u von **Oberschlesiens** Selbständigkeit Ges 25.7.22, Ges S 205.

Quittung. Der Zahlende muß in ihr angegeben werden. S Löschungsbewilligung, Miteigt. — In vorbehaltloser Quittung liegt kein Verzicht auf Geldentwertungsschaden. R G J W 25, 600.

Rang. **Beispiele für Beurkundung:** § 880 B G B. **Rangänderung:** Ich N in N räume
83. mit meiner Hyp Nr 8 von Schönwald Bd 21 Bl 601 über 12 000 M der Hyp Nr 19 über 140 000 (oder dem in Abt II Nr 9 eingetragenen Nießbrauch des N in N) den Vorrang ein u bewillige diese Eintragung in das Gb. Ich, der Grundstückseigt beantrage sie auf meine Kosten. (Datum, Unterschrift, gerichtl oder notarielle Beglaubigung der Unterschriften). Im übrigen s Seite 113 u die Beispiele Nr am Rande unter Rang. Man halte sich mit der Fassung streng an das, was eingetragen werden soll u an den Gesetzeswortlaut. — Für einen „**Rangvorbehalt**“ (s dort u Rang 4) wähle man den Wortlaut der Beispiele 9, 12 u des § 881 B G B (D Not B 1914, 587). — Will man nach Eintragung des zurücktretenden Rechts bei diesem eine „**Rangvormerkung**“ auf Sicherung des Ranges nach § 883, 885 B G B für ein noch nicht oder schon eingetragenes Recht eintragen lassen, so vermeide man jede Vermengung mit vorgenannten Begriffen u sage einfach: Ich, der Grundstückseigt N in N u ich N in N als Gl der Hyp Nr 8 von Schönwald Bd 21 Bl 601 über 12 000 M verpflichten uns gegenüber dem Gl der Hyp Nr 19 (oder der noch einzutragenden bis zu 5 v H verzinslichen Baugeld- oder Darlehnshyp) von 140 000 M, dieser Hyp den Rang vor der Hyp Nr 8 einzuräumen. Ich, Gl N bewillige u ich Eigt N beantrage auf meine Kosten zu Gunsten des Gl der Hyp Nr 19 (oder wenn dieser noch nicht bekannt ist, zu meinen, des Grundstückseigt N, Gunsten) eine entsprechende Vormerkung zur Sicherung des Anspruchs auf Vorrangseinräumung bei der Hyp Nr 8 in das Gb einzutragen. Vgl auch hierüber Beispiel Seite 25 zu Abt III Nr 8, 9, Rang 10e, Joh 46, 200, 262, R G 84, 79, wo die Unzulässigkeit der Verfügung über eine künftig mögliche Eigtgrundschuld, die Eintragung einer Rangvormerkung bei einer solchen Grundschuld u die Ausdehnung

einer Löschungsvormerkung auf Rangänderung (entgegen Joh 46, 262) abgelehnt wird. — Wird gegen Aufl eines Grundstücks vom Erwerber eine **Restkaufgeldhyp** einzutragen beantragt, so hängen Eintragung in Abt I u III innerlich u auch nach § 16 II G B O so zusammen, daß sie Beide **allen anderen Eintragungen** aus Urkunden, die gleichzeitig mit Aufl u Kaufvertrag ohne Rangänderung eingehn, **im Range vorgehn,** wenn nichts anderes beantragt ist. Es muß als selbstverständlicher Wille der Beteiligten gelten: Zunächst nur Eintragung des Käufers gegen die der Kaufgeldhyp vor allen anderen Eintragungen auf Antrag des Käufers. § 46 G B O steht in seinem Absatz 1 diesem Willen nicht entgegen. S auch K G Ring IV 339 bei Pfandrecht 12. — Es ist ein bei der Zwangsversteigerung verhängnisvoller Unterschied ,ob bei 2 Hyp Nr 1, 2 u späteren Hyp einzutragen ist: „Den Hyp Nr 1, 2, 9 ist **untereinander**" oder „Der Hyp Nr 9 ist der gleiche Rang mit den Hyp Nr 1, 2 eingeräumt." Verhängnisvoll natürlich nur, wenn die Hyp verschiedenen Gl zustehn. Nr 9 steht dann zunächst der Nr 1 u dann nochmals der Hyp Nr 2 gleich, was eine Benachteiligung für 2 bringen kann. — Ist vom **Gesetze** wie z B vom § 6 II, 21 II Aw G der Vorrang vor einem anderen Rechte eingeräumt, ist einzutragen, daß „der Vorrang zusteht." Räumen aber die Beteiligten den Vorrang ein, muß es heißen: „Der Vorrang ist eingeräumt". Das ist etwas Anderes als oben. Wäre im letzteren Falle, „Der Vorrang stehe zu", eingetragen, so ist unrichtig eingetragen. — S **wegen Rang nach dem Aw G** in Aw-Gbsachen C, E, F. U a kann durch Rangänderung der Eigentümer **mit der Befugnis** aus § 7 Aw G hinter ein einziges Recht (§ 14 D Vo), aber auch ein Recht hinter die Befugnis treten. K G D Not V 28, 358. — Für den Rang eines erst durch Eintragung entstehenden Rechts an einem Grdstrechte z B Pfandrecht an einer Eigentümergrundschuld ist grundsätzlich die räumliche Reihenfolge der Eintragungen maßgebend. § 879 B G B sagt darüber nichts. S Pfändungen 4, 2a. Die Eintragung von Rang u Rangänderungen erfolgt nach den eingehenden Bewilligungen mit Anträgen. **Das Gba darf u kann nicht** darnach eintragen, wie die Befriedigung der Gläubiger aus dem Versteigerungserlöse in der Zwangsversteigerung erfolgen wird. Der Vollstreckungsrichter muß sich vielmehr nach den Eintragungen im Gb richten. So ist auch bei der Berichtigung der Hypbriefe zu verfahren. — **3 Beispiele:** A. Eingetragen ist eine Hyp Nr 1 von 10 000 RM mit Rangvorbehalt aus § 881 B G B für eine Hyp von 20 000 RM bis zu 10 v H Zinsen (s unter B). Sobald deren Eintragung mit Hinweis auf den Rangvorbehalt beantragt ist, wird sie eingetragen unter Nr 2 mit dem Zusatze: „eingetragen am . . ten . . . . mit dem Range vor der Hyp Nr 1". Bei der Hyp Nr 1 wird in Spalte 5—7 eingetragen: „Nr 1: 10 000 RM. Vor dieser Hyp ist gemäß dem Rangvorbehalte der Hyp Nr 2 der Vorrang eingeräumt. Eingetragen am . . ten . . . ." — Bei diesen unmittelbar aufeinanderfolgenden Hyp liegt also ein reiner „Stellentausch" vor, weil kein Zwischenrecht zwischen ihnen besteht. Auf dem **Briefe Nr 1** wird daher nur vermerkt: „Vor vorstehender Hyp Nr 1 von 10 000 RM ist gemäß dem Rangvorbehalte der Hyp Nr 2 von 20 000 RM mit 10 v H Zinsen (Nur 5 v H übersteigende Zinsen sind bei ihr anzugeben) der Vorrang eingeräumt. Dies ist im Gb eingetragen." **Auf dem Briefe Nr 2** ist **nicht etwa** die Hyp Nr 1 als „vorgehendes" Recht mit späterer Vorrangseinräumung zu vermerken. — **Im Gb bleibt der Rangvorbehalt** (s dort 6) bestehn, wenn nicht nur einmalige Ausübung zugelassen ist. — **Beispiel** B: Eingetragen sind eine Hyp Nr 1 von 10 000 RM mit Rangvorbehalt aus § 881 B G B für eine Hyp von 20 000 RM bis 10 v H Zinsen u dahinter eine spätere Hyp Nr 2 von 2000 RM, die nicht unter den Rangvorbehalt fällt. Alsdann geht der Antrag des Eigentümers ein, eine Darlehnshyp von 20 000 RM mit 10 v H Zinsen in der Rangstelle des Vorbehalts einzutragen. Der Hypbrief Nr 1 liegt noch nicht vor. Diese von den Mustern Nr 9, 12 wegen § 881 IV B G B abweichende Eintragung nehme ich so vor: **a)** Sp 1—4: Nr 3 auf 1: 20 000 RM. Darlehnshyp usw . . . . . Eingetragen am . . ten . . . . . — **b)** Sp 5—7: Nr 1: 10 000 RM, Nr 3: 20 000 RM: Der Hyp Nr 3 ist wegen des Rangvorbehalts bei der Hyp Nr 1 u wegen der Hyp Nr 2 von 2000 RM der Vorrang mit der Maßgabe des § 881 IV B G B eingeräumt. Eingetragen am . . ten . . . . . 2. Begl Abschrift der Urkunde über 20 000 RM zu d A. 3. Nachricht an **a)** Eigentümer, **b)** Gläubiger Nr 3 nebst Brief Nr 3 mit dem Rangvermerk. **c)** Gläubiger Nr 1 mit Zusatz: Sie wollen Ihren Hypbrief Nr 1 über 10 000 RM zu seiner Berichtigung wegen des Vorrangs der Hyp Nr 3 u zur Vermeidung seiner zwangsweisen Einziehung nach § 62 G B O , § 33 Freiw, Art 15 Pr Freiw binnen 2 Wochen einreichen. 4. Wohnungsblatt berichtigen. 5. Nach 2 Wochen wegen Brief 1. — **Briefentwürfe:** Auf Brief Nr 1 ist der Vermerk zu setzen: „Auf Grund des Rangvorbehalts ist vor vorstehender Hypothek Nr 1 von 10 000 RM der Hyp Nr 3 von 20 000 RM nebst 10 v H Zinsen der Vorrang u zwar wegen der Hyp Nr 2 von 2000 RM mit der Maßgabe des § 881 IV B G B eingeräumt. Dies ist im Gb eingetragen." — Auf dem Briefe Nr 3 sind unter „Vorgehenden oder gleichstehenden Rechten" die Hyp Nr 1 mit Rangvorbehalt sowie Nr 2 u sodann zu vermerken: „Der vorstehenden Hyp Nr 3 von 20 000 RM ist . . . usw wie Gbeintragung zu b Sp 5—7 bis „eingeräumt". Dies ist im Gb eingetragen. — Ein Weniger erscheint unlässig. — **Beispiel** C: Die 3 Hyp zu Beispiel B (ohne Rangvorbehalt bei Nr 1) sind im Gb eingetragen. Hyp Nr 1 räumt der Nr 3 den Vorrang ein. Die Hypbriefe 1, 3 liegen vor. Die Eintragung lautet in Sp 5—7: Nr 1: 10 000 RM; Nr 3: 20 000 RM: Der Hyp Nr 3 ist der Rang vor der Nr 1 eingeräumt. Eingetragen am . . ten . . . . . . — **Briefentwürfe:** Auf Brief Nr 1 ist lediglich zu vermerken: „Vor vorstehender Hyp Nr 1 von 10 000 RM ist der Hyp Nr 3 mit 10 v H Zinsen der Vorrang eingeräumt. Dies ist im Gb eingetragen." Ein Mehr z B wegen der Hyp Nr 2 ist unnötig und unzulässig, weil Zwischenrechte bei solchen Rangänderungen unberührt bleiben u hier nicht etwa Nr 2 einen Vorrang vor Nr 1 erhalten hat u der Nr 1 im Zwangsversteigerungsverfahren vorgeht. Wegen des Zwischenrechts liegt kein reiner Stellentausch vor! Das Gba hat nicht etwa den Verteilungsplan dieses Verfahrens vorzubereiten u nur die Übereinstimmung mit dem Gb (§ 42, 62 G B O) entscheidet. Auf dem Briefe Nr 3 ist zu vermerken: „Vorstehender Hyp Nr 3 von 20 000 RM ist der Vorrang vor der Hyp Nr 1 von 10 000 RM eingeräumt. Dies ist im Gb eingetragen."

1. Ein vom Gba **abgewiesener Antrag,** dem vom Beschwgerichte stattgegeben wird, gilt von Anfang an als wirksam u hat den **Rang vor den** inzwischen eingegangenen, aber **noch nicht erledigten** Anträgen. Die Beschw hat keine aufschiebende Wirkung. Weitere Eintragungen erfolgen rechtswirksam, sodaß unter Umständen die infolge des Beschlusses des Beschwgerichts angeordnete Eintragung nicht mehr erfolgen kann. Als Sicherung dagegen § 76 G B O. R G 14.10.06 O L G XVI 150. — Unrichtige Behandlung der Beanstandung eines Antrags u des Ranges dieses u eines neuen Antrags durch das Gba mit Haftpflicht. R G 60, 392. — Rang der Pfändungen, Vorpfändungen s Pfändung 2, 4.

8,9,20,21,23, **2.** Die Bestimmungen über das **Rangverhältnis** sind in den § 874—881,
25, 27, 57. 883, 1119, 1131, 1151 B G B; § 46 G B O enthalten. Nach formellem
Anm113,114. Gbrechte braucht bei einer **Rangänderung** nur die Bewilligung des
114. betroffenen zurücktretenden Gl, bei Hyp, Grund- oder Rentenschulden
Nr 25, 28, aber außerdem die **beglaubigte** Zustimmung des Eigt u bei Teilen einer
29IV, **32**II, Hyp untereinander, § 1151 B G B) nebst den Briefen beider Posten

34, 35. vorzuliegen. (S Hypbrief 3). Die Änderung muß bei dem vor- u zurück-
83. tretenden Rechte eingetragen werden. O L G K G 27.6.07 XVI 151. Joh 44, 256. Selbstverständlich ist, daß die den Rang ändernden Rechte sämtlich eingetragen sind. S Teilhyp u wegen der Form der Zustimmung. O L G K G 12.4.06 XVIII 108. § 46 G B O ist eine Ordnungsvorschrift. Bewirkt das Gba die Eintragungen in anderer Reihenfolge z B mit anderer Datierung als nach der Zeitfolge der Anträge, bestimmt sich trotz dieses falschen Verfahrens das Rangverhältnis nach § 879 I B G B nach der Reihenfolge der Eintragungen im Gb. R G R Komm 6 Aufl III 76; R G 57, 280; Joh 34, 290; O L G 36, 148. Ein Berichtigungsanspruch nach § 894 B G B besteht nicht, da das Gb nicht unrichtig geworden ist. Denn durch den Eintragungsantrag des Benachteiligten ist für diesen kein dingliches Recht außerhalb des Gb entstanden. So L G II 15 T 557/28. — (Ich kann diesen Entscheidungen wegen der Unrichtigkeit u der Berichtigung des Gb nicht zustimmen, da sie den Tatsachen zuwiderlaufen.) — S auch **Vormerkung 10 u 5.** Wichtig!

3. § 879 Abs 1 B G B bezieht sich nur auf das Recht in seiner Gesamtheit. Die später zu dem Rechte in einer Nebenspalte eingetragenen Nebenrechte teilen auch dann den Rang des Hauptrechts, wenn inzwischen diesem nachstehende Rechte eingetragen sind u beim Nebenrechte kein abweichender Rangvermerk gemacht ist. Joh 43, 234. (S aber Nebenleistung 4.) Sollen danach später 5 v H übersteigende Zinsen u neue Nebenleistungen zu gleichem Range mit dem Hauptrechte eingetragen werden u hat diesem der dem Hauptrechte nachstehende Gl nicht zugestimmt, so muß wie Seite 25 Sp 7 u 11 Anm verfahren werden. Vgl auch Nr 32 Seite 64, 65. — Bestimmungen über das **Rangverhältnis** können bei zwei unmittelbar (oder nicht unmittelbar) aufeinander folgenden Hyp **auch als Veränderungen** des Inhalts der bisherigen vorgehenden (bezw beider) Hyp angesehen u eingetragen werden. München 19.6.08 IX 266.

Nr 9, 12. **4.** Bei einer schon eingetragenen, später zurücktretenden Hyp kann ein **Rangvorbehalt** für künftig einzutragende Rechte eingetragen werden. Er fällt dann als „Änderung" (§ 877 B G B) nicht unter § 880, 881 B G B. § 880 betrifft die Rangänderung zweier schon eingetragener Rechte u § 881 einen Vorbehalt, der schon bei der ersten Eintragung des später zurücktretenden Rechtes bei diesem eingetragen wird. K G 8.5.07 IX 51. Ist dagegen das begünstigte Recht bereits eingetragen, so kann ein Vorbehalt aus § 881 B G B nicht mehr eingetragen werden. § 877 ist anzuwenden. Joh 39, 193. K G 21.2.10. Es gibt nur einen Vorbehalt, der den Vorrang, nicht den gleichen Rang einem späteren Rechte sichert. § 881.

5. Die Vorschriften über **Rangänderungen** finden auch auf die **Vormerkungen,** gleichviel welche rechtliche Natur sie haben, Anwendung. K G 17.6.01. Ebenso auf die **Befugnis** aus § 7 Aw G (oben Einleitung), auf das **Vorkaufsrecht,** dessen Rangänderung eintragungsfähig u nicht überflüssig ist. Ring I 422. — Ausnahmen 12 unten.

57. S Vormerkung 5. — Werden **Rangänderung** u **Löschungsvormerkung** gleichzeitig beantragt, vgl Seite 57 Anm. — Wegen Ranges bei einer Verlängerung des eingetragenen Nießbrauchs am Grundstück s Nießbrauch 6. — Veränderungen bei einer Hyp einschließlich Nebenleistungen haben den Rang der Hyp, soweit sie diese nicht erweitern durch Erhöhung des Zinssatzes, neue Nebenleistungen, Goldklausel usw, die dann gemäß Beispiel Seite 25 Nr 10, 60 eingetragen werden, wenn nicht die nachstehenden Gl den Vorrang eingeräumt haben. S Nebenleistung 4, Goldklausel. Joh 52, 197.

6. Die Eintragung einer **Rangänderung** ist unzulässig, wenn einer nachstehenden Hyp allgemein der Vorrang **vor dem jeweils getilgten Teile** anderer vorgehender Hyp eingeräumt wird. R G 11.10.06 VIII 70, ferner wenn sie mit der Einschränkung erfolgen soll, daß die das zurücktretende Recht belastenden Rechte durch die Änderungen nicht berührt werden sollen. Das B G B hat eine relative Rangänderung nicht zugelassen. Joh 37, 213. Rangänderungen und Verfügungen über noch nicht entstandene etwaige künftige Eigthyp oder Grundschulden sind nicht zulässig. R G 61, 374; Eigtgrundschuld 10. Es kann also nicht einer Hyp vor einer künftigen Eigtgrundschuld der Vorrang eingeräumt u eingetragen werden. S auch R G 84, 82 unter Löschungsvormerkung.

7. Die nachstehende Entscheidung spricht zunächst denselben Grundsatz wie **6** Einleitung aus u fährt fort: „Es müßten aber jedenfalls auch die vorgehenden Gl beglaubigt der Eintragung solcher Veränderungen zustimmen u deren Briefe zwecks Berichtigung vorgelegt werden. Es soll dadurch verhindert werden, daß jemand im Vertrauen auf den Brief eine Hyp erwirbt, die grundbuchmäßig Veränderungen erlitten hat." R G 6.6.04 IV 243.

8. Ein **Notar** kann bei Einreichung der Anträge auf Eintragung **zweier Hyp**, in deren Bewilligungen nichts über ihr Rangverhältnis gesagt ist, ohne beglaubigte Zustimmung der Beteiligten (zu 2 oben) nicht beantragen, daß die eine mit dem Range vor oder nach der anderen eingetragen werden soll, obwohl er sonst ihren Rang dadurch regeln kann, daß er die Bewilligungen nacheinander in der Reihenfolge ihres beabsichtigten Ranges einreicht. R G 2.2.03 III 246. O L G Colmar XXV 373.

9. Der in **Gütergemeinschaft** lebende Ehemann kann der **Rangänderung** einer **Hyp** „als Grundstückseigt" ohne Zustimmung der Ehefrau im Sinne des § 880 Abs 2 vorletzter Satz B G B zustimmen. R G 1.4.01 II 99.

10. a) R G 64, 105 sagt: Wenn sämtliche Hyp einer Hyp den Vorrang einräumen, so behalten die zurücktretenden mangels entgegenstehender Vereinbarung ihren bisherigen Rang untereinander u die vortretende tritt einfach vor die gesamten übrigen Hyp. Eine andere Auffassung ist nur da zulässig u geboten, wo nicht die Gl **aller** vorgehenden Hyp einer nachstehenden Hyp den Vorrang eingeräumt haben u wo der Betrag der an erster Stelle stehenden Hyp, vor welcher allein der nachstehenden der Vorrang eingeräumt ist, denjenigen der vortretenden nicht erreicht. Joh 42, 265; 47, 189 sagt in einem Falle, in dem 2 Hyp (Nr 6 von 50 000 M, Nr 9 von 50 000 M) der Hyp Nr 12 von 100 000 M in 2 dem Gba gleichzeitig vorliegenden Urkunden mit dem Zusatze, daß es bei dem bisherigen Range der zurücktretenden Hyp bliebe, den Vorrang einräumten: „Die Beibehaltung des bisherigen Rangverhältnisses der zurücktretenden Hyp ist als gewollt anzusehn, wenn nicht die Beteiligten das Gegenteil gemäß § 880 B G B vereinbaren oder aus den Umständen das Gegenteil als vereinbart zu entnehmen ist. Aus demselben Grunde kann auch der gleichzeitigen Eintragung der beiden Vorrangseinräumungen nicht die Wirkung einer solchen Rangänderung beigelegt werden. Der besonderen Eintragung, daß das alte Rangverhältnis geblieben ist, bedarf es daher als überflüssig nicht." S auch Joh 53, 178. — Das Gba wird aber gut tun, durch die Art der Eintragung u durch Vermeidung unnötiger Zusammenziehung nicht Umstände zu schaffen, die eine Rangänderung der zurücktretenden Posten vermuten lassen. Man ziehe nicht unnötig Eintragungen aus verschiedenen Urkunden zusammen oder mache einen Zusatz, daß eine Rangänderung bei den zurücktretenden nicht eintrete. Ich verfahre wie bisher u trage dadurch nicht den Gedanken einer nicht vorhandenen Gemeinschaftlichkeit des Handelns hinein. — **b)** Beantragt nur der Eigt in einer Bewilligung, aus der eine Hyp eingetragen werden soll, bei dieser einzutragen, **daß der Hypgl verpflichtet ist, einer** noch einzutragenden **Hyp** den **Vorrang** vor seiner Hyp **einzuräumen**, so **ist diese Eintragung** m E nicht zulässig. § 881

B G B liegt nicht vor. Es kann nur eine entsprechende Vormerkung mit Zustimmung des Gl eingetragen werden. S auch Nießbrauch 2; Fassung der Formel: Pfandentlassung 3.

11. Der Nießbrauchs- u Verwaltungsberechtigte an einer Hyp kann ohne Zustimmung des Hypgl keine Rangänderung bewilligen. O L G K G 6.12.09 XX 400.

12. Ein Zwangsversteigerungsvermerk u der eingetragene Verzicht am Grundstückseigentum können weder unter sich noch zu anderen Eintragungen in einem Rangverhältnisse stehn. Die Rangvermerke sind als inhaltlich unzulässige Eintragungen gemäß § 54 G B O von Amtswegen zu löschen. Auch im Beschwwege. Joh 38, 262. Wohl aber kann eine Vormerkung in eine Rangstelle einrücken (z B gemäß § 7 IV Aw G, § 48 Zw Ges K G, Dresden Ring 26, 458, 581.) u hat die Vormerkung wegen Wiederkaufsrechts [s dort] ein Rangverhältnis zu anderen Rechten. Joh 39, 198. Joh 38, 262 führt aus: Der Rang bestimmt die Reihenfolge, in der mehrere an dem Grundstücke bestehende Rechte ihre Berücksichtigung oder Befriedigung finden. Ein Rangverhältnis zwischen dem Eigentum u den sonstigen Rechten am Grundstücke in Abt II, III kann nicht in Frage kommen; denn die vom Rangverhältnisse vorausgesetzte Konkurrenz mehrerer Rechte zwischen dem Eigentum u den Rechten Dritter besteht nicht, weil die am fremden Grundstücke begründeten Rechte vom Eigentumsrechte eines anderen an diesem Grundstücke oder durch Eigentumswechsel nicht berührt werden ... Die Aufgabe des Eigentums (Verzicht) berührt die dinglichen Rechte am Grundstücke nicht. (Auch m E nicht die Vormerkungen in Abt II z B Auflvormerkungen). Ist der Schuldner zur Zeit der Zwangsversteigerungsanordnung im Gb als Eigt eingetragen, so wird die Zulässigkeit des Verfahrens durch die nach der Beschlagnahme erfolgende Eigentumsaufgabe nicht berührt. Zwischen dem Verzichte u dem Zwangsversteigerungsvermerke besteht keine Beziehung, also auch kein Rangverhältnis. Eine Verzichtseintragung steht einer Löschung, die in keinem Rangverhältnisse stehen kann, gleich. — S auch Zuschlag 5b. — — M E gilt das Gesagte auch für Konkurs-, Nacherben-, Testamentsvollstrecker-, Enteignungs-, Pfändungsvermerke, Vormerkungen u Widersprüche (weder aus § 899 B G B, § 54 G B O noch aus § 8, 16 Aw G, 15 D Vo in Aw-Gbsachen F, G, K G 1 X 752, 27.10.27 Tempelhofer Vorstadt 913), die sämtlich keine Rangbeziehung haben u bei denen deshalb weder im Gb noch auf den Hypbriefen **Rang**beziehungen vermerkt werden können. (Wohl aber besteht ein Rangverhältnis nach § 46, 57 G B O nach ebengenanntem K G 1 X 752, wonach die Eintragung des Rangverhältnisses bei solchen Vermerken die Rangfolge wirksam zum Ausdruck bringt. **Auch ist die Befugnis** aus § 7 Aw G **rangfähig.** K G D Not V 28, 358.) Da jedoch die Zeit ihrer Eintragung im Gb von Bedeutung sein kann u die obigen Vermerke, wenn auch keinen Rang, so doch (Dresden Ring So 28 II 35ff; s Befugnis 8b) Rangwirkungen haben, ist sie im Gb wie auf den Hypbriefen etwa wie folgt zu vermerken: „Gleichzeitig mit (oder vor oder nach) der Hyp Nr oder anderen Eintragungen Nr eingetragen am .. ten ..“. Dieser Vermerk genügt zum obigen Zwecke. Es kann auch die Zeit der Eintragung näher angegeben werden müssen. Im Übrigen wird es in gewissen Fällen (z B oben K G, Dresden) sich nicht vermeiden lassen, richtige Rangvermerke bei obigen Vermerken im Verhältnisse zu anderen Rechten einzutragen. Das Leben, nicht Theorie entscheidet. — Löschungsvormerkungen aus § 1179 B G B begründen ebenfalls keinen Rang, Bayer O L G 12.4.11 XII 281. R G 84, 79 (s oben) Rang vor 1. — Eine Vormerkung aus § 18 G B O darf nicht gelöscht werden, wenn inzwischen Zwvermerk eingetragen ist. Ring I 310.

13. Der Rang mehrerer Rechte an einem Grundstücksrechte bestimmt sich nach dem Gbinhalte, nicht nach ihrer Entstehung. Mehrere Pfandrechte an einer Gesamthyp müssen auf dem einen Grundstücke denselben Rang wie auf dem anderen haben. Andernfalls sind die betreffenden Eintragungen ihrem Inhalte nach unzulässig u zu löschen. § 54 G B O Joh 39, 248. Bei dieser Entscheidung verkennt das K G, daß alle Gbblätter als „ein" Gb anzusehen sind, daß ferner, wenn versehentlich nur auf dem einen Gbblatte bei der Gesamthyp der Verpfändungsvermerk steht, dieser auch vermöge des öffentlichen Glaubens für die ganze Hyp auf allen Blättern gilt u daher auch jederzeit mit demselben Range auf den anderen Blättern nachgetragen werden kann u muß. Ein Berechtigter, der nur die anderen Blätter bezüglich der erkennbaren Gesamthyp einsieht, muß das Übersehn des Vermerks auf dem berichtigten Blatte sich selbst zuschreiben. Handelte es sich hier um eine Buchhyp, so ist außerdem bei einer Briefhyp auch der Brief mit dem Vermerke zu versehn. — S Vormerkung 5, inhaltliche Unzulässigkeit.

14. Über den Rang der **Pfandrechte, Pfändungen, Vorpfändungen** s Pfändungen 4, 2a.

15. Rang infolge Aw G s Aw-Gbsachen E.

Rangvorbehalt (s auch Vorbehalt wegen Rangvorbehalt für den Fall der Löschung **Nr 9, 12.** vorgehender Hyp!) aus § 881 B G B kann nur gleichzeitig mit dem zurücktretenden Rechte, wenn das später vortretende Recht noch nicht eingetragen ist, eingetragen werden. — Ist für eine „Hyp" der Rangvorbehalt eingetragen, so kann der Eigentümer statt der Hyp eine Grundschuld von gleichem Umfange eintragen lassen. K G D Not V 28, 574. **S Rang vor 1 wegen seiner Fassung mit 3 Beispielen u Hypbriefentwürfen. Rangvormerkung s ebenda** u Rang 10b; auch D Not V 1914, 582. — **„Rangvorbehalt"** aus § 7 Aw G s **Befugnis** in Aw-Gbsachen H.

1. Die **Befugnis des Rangvorbehalts** gemäß § 881 G B B ist **kein selbständiges Recht,** sondern ein Ausfluß u untrennbarer Teil des Eigentumsrechts. Es kann über sie nur zusammen mit dem Eigentume verfügt werden. Auch **abgetreten** oder **verpfändet kann sie nicht werden.** K G 9.8.06 VIII 53.

2. Seine Eintragung hat nur die Wirkung, dem Eigt die Befugnis vorzubehalten, ein anderes Recht mit Vor- oder „gleichem" Rang (so auch Güthe-Triebel S 986 Nr 19 mit Rechtsprechung!) eintragen zu lassen. Ein **Rangverhältnis** entsteht erst mit der Eintragung des vorbehaltenen Rechts. Das **preußische Gba** hat dieses Verhältnis bei der Eintragung des vorbehaltenen Rechts sowohl bei diesem als bei dem mit dem Vorbehalte eingetragenen Rechte zu vermerken. Die Vorlegung des Briefes der zurücktretenden Post gemäß § 42 G B O ist in diesem Falle nicht erforderlich, weil die durch den Vorbehalt schon geschaffene dingliche Rechtslage durch den Vermerk nicht geändert, sondern nur eine Tatsache kundgegeben wird. K G 10.2.08 IX 199. Man wird ihn jedoch zwecks Berichtigung nachträglich erfordern müssen. — Der Rangvorbehalt steht dem Eigentümer zu; **nicht** kann das **Gba** daraufhin später einzutragenden Rechten einen Vorrang verschaffen. O L G K G 43, 4 Anm.

3. Es ist zulässig, eine Hyp mit dem Vorbehalte einzutragen, daß der Eigt befugt ist, eine andere zweite Hyp mit dem Range vor jener Hyp u der Maßgabe eintragen zu lassen, daß der zweiten Hyp der Vorrang nur in soweit zustehen soll, als die Forderung, für welche die zweite Hyp bestellt ist, zur Entstehung gelangt, oder daß nur die wirklich gezahlten Baugelder den Vorrang haben sollen. K G 13.6.04 IV 250 (O L G X 106).

4. Wird einer **verzinslichen Hyp** der Vorrang aus § 881 B G B vorbehalten, muß der Zinssatz angegeben werden. K G 13.6.04 IV 247.

5. S Rang 4; Vorbehalt.

6. Der Rangvorbehalt erlischt nicht durch einmalige Ausübung. (A M Hamburg Ring 27, 619.) An Stelle der bisherigen Vorrangshyp kann daher immer wieder eine neue eingetragen werden, wozu nur die Bewilligung des Eigt nötig ist. Die bisherige Vorrangshyp ist natürlich zur Löschung zu bringen. Es kann die vorbehaltene Rangstelle auch durch mehrere einzelne, den vorbehaltenen Umfang nicht überschreitende Rechte ausgefüllt werden. Der Eigt kann über sie nach Belieben verfügen, wenn sie nicht besetzt ist, u geht als Teil des Eigentumsrechts auch auf den jeweiligen Erwerber des Grundstücks über. Anders bei der Vormerkung auf künftigen Rücktritt einer Hyp. Wird der Rücktritt eingetragen, geht der Anspruch endgültig unter u die zurückgetretene Hyp rückt bei Löschungen vor. Der Rangvorbehalt kann aber auf einen bestimmten Fall beschränkt werden u geht dann nach einmaliger Ausübung unter. Joh 40, 235.

Rangvormerkung s Rang vor 1, Rangvorbehalt.

Reallast. (Außer in RM auch in FGM; s Beispiel 56; 54 B; Siedlung).

1. Begriff. K G 12.3.00 I 25. Für den jeweiligen Eigentümer eines Grundstücksteils u wegen der subjektiv dinglichen Reallast u das herrschende Grdst s Grunddienstbarkeit. — Aus ihrem Wesen folgt nicht, daß ihre Leistungen (s Altenteil) sämtlich wiederkehrend sein müssen. Ring I 440. „Nach dem Tariflohn des Sohnes" ungenügend bestimmt. O L G 43, 228. — S Bergrecht (Tonnenzins).

6, 91. 2. ist nicht eintragbar, wenn ihr Inhalt so unbestimmt bezeichnet ist, daß ihre Umwandlung in eine Geldforderung nicht erfolgen kann. K G 8.7.01 II 191. Ihr wesentlicher Inhalt ist in der Eintragung zu kennzeichnen. Joh 51, 266; s Bezugnahme, sodaß nicht bloß eine „Reallast", sondern eine „Rente" u a einzutragen ist. — Ihr Inhalt muß bestimmt oder bestimmbar eingetragen sein (auch durch Bezugn). Eintragungsfähig ist a) eine Geldrente nach dem Getreidepreise. Eine „feste" Geldrente ist solche in Geld. (Ring I 432), b) eine Rente in Reichsgoldmünzen (Goldwertklausel), im Falle ihrer Nichtbeschaffung in ihrem Werte in RM zahlbare Geldschuld. (Für Hyp unzulässig.) Ring I 435.

3. Die **Übertragung des Rechts** aus einer **Reallast** ist unzulässig, wenn die Ansprüche auf die einzelnen Leistungen teils übertragbar, teils nicht übertragbar sind. K G 1.8.07 IX 69.

4. Reallast-Aw s § 31 Aw G, Art 27 D Vo, Altenteil, Aw-Gbsachen J. Nach R G 113, 93 u K G D Not V 26, 73 sind dinglich gesicherte wiederkehrende Geldleistungen aus Ablösungsrezessen Reallasten nach § 1105 B G B u nach § 31 Aw G awbar, selbst wenn sie vor B G B eingetragen u öffentlichrechtlich sind. — Reallasten wie eingetragene **Rentenbank- u Domänenamortisationsrenten,** die der Eintragung zur Wirksamkeit nicht bedürfen, kommen für Befugnisse aus § 7 Aw G nicht in Betracht. K G D Not V 26, 573; 27, 222; Ring 27, 227. — S Naumburg Ring 27 So II 43, daß Renten aus abgelösten Holzgerechtigkeiten Reallasten sind. — Die Aw einer awbaren gelöschten u nicht mitübertragenen Reallast ist nach § 31 Aw G nicht gehindert. Ihre Wiedereintragung bestimmt sich nach der G B O. Dresden Ring 28, 861. — Eine altrechtliche Belastung, daß eine Geldrente jährlich zu zahlen ist, ist eine Reallast u nach Aw G aufzuwerten. „Taler" ist eine in nicht mehr geltender Währung ausgedrückte Geldsumme (S Silberklausel.) Daneben kann nach Preuß Rechte eine Forderung bestehn. R G So 27 VI 61. Bei Reallast findet nicht Aw der Ablösungssumme, sondern der wiederkehrenden Leistungen nach § 31 Aw G statt. K G Ring 28, 165; D Not V 28, 375, wo das Nähere steht.

5. Die Pflicht zur Zahlung von Zinsen für verauslagte öffentliche Lasten, Pflicht zur Zaunerrichtung sind keine Reallasten, wohl aber Zaununter-

haltung oder Geldrenten mit Angabe, wonach sich ihre Höhe richtet, eine Pflicht auf Brückenbau u ähnliche Lasten. O L E 43, 9 u Anm.

Rechtsfähigkeit s Gl. — **Rechtshilfe** s Ersuchen.

Rechtskraft (materielle) der Entscheidungen in der Freiw Gerichtsbarkeit Joh 44, 303.

Rechtspfleger s Gba.

Referendar als Richter kraft Auftrags Beispiel 3a Anm. — S Ausbildung.

Regierungspräsident. Erwerb von Grundstücken für den Fiskus s Preußen.

Register, Registergericht s Handelsregister. S auch Seite 98, 88, 89. Ausland 2.

Reich: Reichsbahn; Reichspost (s Post). Die Reichsbehörden sind aufgezählt im R G Bl 1928, 369. Zur Verfügung über Grundstücke des Reichs, seine Rechte an solchen u Rechten ist die Zustimmung des Reichsfinanzministeriums erforderlich, da diesem die Verwaltung u Verwertung des reichseigenen Besitzes u Gutes übertragen ist. Vo 21.3.23 (R G Bl II 233; J M Bl 23, 439). Das Reich (Reichsfiskus, Reichsmilitärfiskus von Heer u Marine) wird vertreten durch die Präsidenten der örtlich zuständigen Landesfinanzämter, Abteilung Reichsschatzverwaltung usw nach Allgem Verfg 13.8.1921 (J M Bl 442) u 24.4.1922 (J M Bl 147). Nach Vo 12.2.1924 RG Bl 57 ist „Deutsche Reichsbahn" juristische Person; das Reich bleibt Eigt der Reichseisenbahn. — Nicht zum Betriebe gehörende Reichsbahngrundstücke können mit Hyp ohne Eintragung in das Gb belastet werden. R Ges 19.3.24 RG Bl 285. — Hypaufnahmen für das Reich durch Reichsschuldenverwaltung, die den Schuldschein (2 Unterschriften) ausstellt, u **Reichsverkehrs-** oder **Reichspostminister,** die die Sicherungen erklären. V O 13.2.1924, R G Bl 93, 70. — Preuß **Reichsheimstätten.** S Ausf Ges 18.1.1924, Ges S 49. — Laut J M Bl 1925, 73—79 wird **Reichsbahn,** jetzt **„Deutsche Reichsbahngesellschaft"** durch Generaldirektor, Vorstandsmitglieder, Abteilungsleiter, Reichsbahndirektionen, Eisenbahnzentralamt vertreten. (Firmenzeichnung mit Unterschrift eines der Vertreter, u U Zusatz: In Vertretung:). Ihre Dienststellen sind öffentliche Behörden. Die Reichsbahngesellschaft hat **keine Gebühren- u Stempelfreiheit.** J M Bl 26, 407; R G D J Z 26, 72. — Übergang des Eigentums an den **Eisenbahngrundstücken** der Länder auf das Reich. Art 171 Reichsverfassung, Preuß Ges 29.4.1920 (Ges S 97 ff, § 2). Keine Aufl, sondern Berichtigung auf das Reich auf Ersuchen des Reichs u des Vertreters des Eisenbahnfiskus. S **Eisenbahngrundstücke.** — S Behörden, Fiskus. — Die **Wohnungsfürsorgeangelegenheiten** werden nach Erlaß des Reichsarbeitsministers 13.3.26 (Reichsarbeitsblatt 26 Nr 12 S 89), J M Bl 26, 137 von diesem Minister u dieser wieder vertreten durch den Präsidenten des zuständigen Landesfinanzamts. Also **Eintragung:** „für das Deutsche Reich, vertreten durch den Reichsarbeitsminister, dieser wieder vertreten durch den Präsidenten des Landesfinanzamts in N."

Reichsbank s Behörde 7. — **Reichsbewertungsgesetz** 10.8.1925, R G Bl 214.

Reichsheimstättengesetz vom 10.5.1920 (R G Bl 962). § 1: Ausgeber (A) der Heimstätten (H) sind Reich, Länder, Gemeinden u behördlich zugelassene öffentliche Verbände oder gemeinnützige Unternehmungen. — § 4, 6: Eintragung der Eigenschaft als H, des A u des Entgeltbetrages im Gb. **Über Eintragung der Reichsheimstättenvermerke** u das neue (m E überflüssige) Gbblatt für H auf Grdst u Erbbaurechten s A V 30.12.1924, J M Bl 1925, 23 mit Eintragungsmuster S 24. Preuß A G 18.1.1924 (Ges S 49) mit Ausführungsbestimmungen des Wohlfahrtsministers 25.4.24, Ges S 25, 131: Eintragung des An- u (hier sonst nicht eintragungsfähigen u pflichtigen) Wiederkaufsrechts (§ 5). Erbfolge, Erbe (Hfolger), seine Eintragung in das Gb auf Grund Bescheinigung des Nachlaßgerichts (§ 13—15). Gleichzeitige Eintragung des Hfolgers u der Miterbenhyp (§ 18). Beschränkung des Hstätters bei letztwilligen Verfügungen (§ 21). Pflichten des Nachlaßgerichts (§ 4, 15, 22). Verbot der Übertragung des Hrechts durch Verfügung unter Lebenden, Erbschaftskauf (§ 16). **Urkundsbeamten** vom Reg-Präsidenten ernannt. Form der Beurkundung (§ 24). — Genehmigung der Belastung der H durch oberste Landesbehörde, übertragen auf Reg- u Oberpräsidenten. J M Bl 24, 51.) Nach § 5 des Reichsheimstättengesetzes kann die H-Eigenschaft nur zur ausschließlich ersten Rangstelle eingetragen werden: Ausnahmen s dort. § 9, 10 machen die Teilung der H, die Vereinigung u Zuschreibung anderer Grundstücke zur H von der Zustimmung des A abhängig. § 11 setzt für jede Veräußerung der H ein gesetzliches Vorkaufsrecht gegenüber den Erwerbern zugunsten des A u ein Eintragungsverbot für das Gba (§ 18 G B O) wie beim Reichssiedlungsgesetz (s dort, § 6, 10) fest. Nach § 17 bedarf eine (auch zwangsweise) Belastung der H (Hyp u Grundschulden, die mit dem Erlöschen der Schuld erlöschen, nur als unkündbare Tilgungsschulden, in anderer Form nur mit Genehmigung der obersten Landesbehörde, übertragen auf Regierungs- u Oberpräsidenten. J M Bl 24, 251.) der Zustimmung des A. (Die Unzulässigkeit einer Zwangs-Arresthyp K G O L G 44, 140.) — Gemäß § 18 Zulässigkeit der Eintragung behördlich anzuordnender Verschuldungsgrenze (s dort) für Hyp, Grund- u Rentenschulden, die nur mit behördlicher Genehmigung überschreitbar ist; Eintragungen innerhalb der Grenze bedürfen keiner Zustimmung des A. — § 19: Teilung der H infolge Vererbung nur gemäß § 9. — § 20: Zwangsvollstreckung in H wegen persönlicher Schuld unzulässig; Zwangshyp nur zulässig binnen Jahresfrist nach Erwerb der H, wenn Schuld schon damals bestand; Überschreitung der Verschuldungsgrenze s § 18; Beitreibung öffentlicher Abgaben bleibt unberührt. (Keine Zwangshyp oder Arrestvollziehung in H ohne Genehmigung außer § 20 II wegen § 17, 18. K G D Not V 28, 43. Die bereits eingetragenen bleiben bestehn.) — Löschung der H-Eigenschaft nur mit behördlicher Genehmigung (§ 21). — § 25: Will ein Eigt sein Grundstück als H eintragen lassen, muß ein A mit seiner Zustimmung eingetragen werden. Wertbetrag gemäß § 6, 15 einzutragen; bei Belastung des Grundstücks mit Rechten Dritter behördliche Anordnung der Eintragung. (Die nachträgliche Bestellung eines Grundstücks- oder Erbbaurechts zur H mit Belastung von Rechten Dritter erfordert in Preußen z Zt die Genehmigung des Ministers, m E des Wohlfahrtsministers. K G Ring IV 384.) In § 26 wird die H bei Erbbau, Erbpacht, Büdner- u Häuslerrechten geregelt. **Gebühren- u Stempelfreiheit** s dort. Als **Reichsheimstätten** dürfen nur diesem Gesetz entsprechende H bezeichnet werden. Nach J M Bl 26, 336; 25, 410 genehmigt Wohlfahrtsminister allgemein die Eintragung von Hauszinssteuerhyp u ermächtigt die Ober- u Regierungspräsidenten zur Genehmigung der Eintragung von Sicherungshyp.

Reichsnotopfergesetz s Auflage V—VII, da es keine Rolle mehr spielt.

Reichspost s Post. — **Reichssiedlungsgesetz** s Siedlungsunternehmen.

Reichssteuer. 1. Grunderwerbsteuer s Auflassung Einleitung.
2. Reichssteuerbeitreibung u Zwangsvollstreckung in Grundstücke, Hyp s Verwaltungszwangsverfahren.

Reichsversorgungsgesetz s Kapitalabfindungsgesetz.

Religiöse Vereine. Ihre Eintragungsfähigkeit. O L G K G 28.12.03 VIII 164. R G 77, 19. S Klostergut.

Rente s Reallast. Die **Rentenbank** für die Rentenmark ist laut Gesetz 18.7.25 (R G Bl 145) abgelöst durch die **Deutsche Rentenbank-Kreditanstalt** (Landwirtschaftliche Zentralbank) in Berlin. Juristische Person öffentlichen Rechts (§ 1), vertreten durch Vorstand nach außen (2 Mitglieder [auch stellvertretende] oder 1 u 1 Prokurist unterzeichnen unter der Firma, § 7).

Rentenbankrente. Preuß Ges über die Rentenbanken 2.3.1850, Ges S 112; über die Rentengüter 27.6.1890 (209), 7.7.1891 (279). — Seite 6, 91, 92. Die **Rentenbanken** wurden zum 1.7.1928 aufgelöst. Ihre Rechte u Verbindlichkeiten gehn auf die **Preußische Landesrentenbank** über. Vo 29.3.1928, 47. S Behörde u Rentengut.

Rentenguts- u Gemeinheitsteilungssachen. 1. Bei Rentengutsbildung (Preuß Ges 7.7.1891, S 279) durch Konsolidation ist die Generalkommission nicht befugt, die Eintragung des Rentengutskäufers als Eigt der Stammstelle zu beantragen. O L G K G 11.4.07 XVI 160. Die Eintragung einer **Ausführungsbeschränkung** darf trotz Bewilligung des Eigt nicht erfolgen. O L G 28.7.06 XIV 89. Die Generalkommission kann das Gba um lastenfreie Abschreibungen eines zum Rentengute ausgegebenen oder durch ein Nebengeschäft veräußerten Grundstücks ersuchen. Joh 41, 185. Ist die Vormerkung über die eingeleitete Rentengutsbegründung eingetragen, so ist die Generalkommission ohne den Nachweis der Zustimmung der Eigt oder Gl befugt, um die Löschung der vor oder nach der Vormerkung eingetragenen Hyp u Grundschulden zu ersuchen, bevor das Eigentum auf den Rentengutsnehmer umgeschrieben werden soll oder die Rentengutsbegründung bis zur Vertragsbestätigung durchgeführt ist. Joh 43, 197. — Nach der Bestätigung des Rentengutsrezesses bezeichnet dieser die Grenzen der Zuständigkeit der Generalkommission zu Eintragungsersuchen. Joh 43, 191. S Generalkommission, Feuerversicherungspflicht, Wiederkauf. — Das Eigentum am Rentengut wird dadurch erworben, daß die Generalkommission den von ihr bestätigten Rentengutsvertrag dem Gba mit dem Ersuchen auf Eigentumseintragung einreicht u diese erfolgt. Aufl ist nicht nötig. Gebühren- u Stempelfreiheit außer Auslagen nach Mügel 1916, 59 Nr 3, R Haack 1913, 49, 72. Über Heilung von Formmängeln s Heilung. R G 82, 416. Über Eintragung von Beschränkungen u beschränkten persönlichen Dienstbarkeiten. Joh 45, 220. — Zulässige Eintragung von Verpflichtungen zur Sicherung der Rentengutsselbständigkeit aus § 4 Rentengüterges 27.6.1890 Ges S 209 u der dafür eingesetzten z B durch Vertragsstrafe Joh 50, 232; 52, 171. — Die Zuständigkeit der Generalkommission zum Ersuchen wird durch den bestätigten Rezeß beschränkt. S Generalkommission 2.

2. Wann ist bei Veräußerung eines Rentenguts Genehmigung des Kulturamts erforderlich? O L G K G 44, 169.

3. **Rentenübernahmeverfahren** durch **Landesrentenbank.** (S Behörde.) Ges 29.12.1927, 283. Vo 17.1.1928; Ges S 5. § 12. (S Eintragung u Löschung des **Rangsicherungsvermerks** im Gb nur auf Ersuchen des Vorstehers des Kulturamts u seine Wirkung). § 19. (Wird das Rentenübernahmeverfahren mit Begründung des Rentenguts verbunden, so ist der Rentengutserwerber auf Ersuchen des Vorstehers des Kulturamts einzutragen. S § 19 darüber u **Rentengutssperrvermerk**, der wie im § 12 einzutragen u zu löschen ist.) § 22 (**Landesrentenbankrente** = Reallast u öffentliche Last bedarf nicht der Eintragung im Gb, ist aber auf Ersuchen der Landeskulturbehörde eintragbar. § 42 (Das Ges über die Beförderung der Errichtung von Rentengütern v 7.7.1891, S 279 wird aufgehoben.) § 37 (Nach Errichtung der Landesrentenbank können die Rentenbanken aufgehoben werden. Neue Geschäfte werden nicht mehr übernommen.)

Rentenschuld. Begriff. K G 9.7.00 I 122. Die nachträgliche Erhöhung der Ablösungssumme ist unzulässig. Joh 40 A 342. K G 19.9.10. **Rentenschuld** mit Bedingung u Zeit zur Begleichung einer Schuld z B auf Lebenszeit des Gutsverkäufers, nach dessen Tode seiner Frau mit Kapitalsablösungsmöglichkeit ist zulässig. Sie darf nicht zur Verzinsung u Tilgung einer Kapitalsschuld dienen, sondern nur dessen Beweggrund sein. O L G 43, 17, Ring I 500. — § 16 Awerg findet auf Rentenschulden keine Anwendung. München D Not V 28, 323.

Restkaufgeldhypothek s **Eheleute** 1, **Prokurist.** Ihr Rang, wenn der Erwerber vor oder gleichzeitig mit Einreichung seiner Auflassung noch andere Eintragungsanträge eingereicht hat, geht diesen vor. S Rang Einleitung.

Revenüenhypothek ist eine solche, deren persönlicher Schuldner der Stammgutseigt (Stammgutsfamilie, Obereigt) ist, die aber niemals aus der Substanz, sondern immer aus den Einkünften (Aufkünften) des Guts zu tilgen ist. Es kann jedoch auch der Stammgutsbesitzer, zu dessen Besitzzeit die Hyp eingetragen ist, persönlich haften, wenn dies aus der Eintragung oder den Urkunden ersichtlich ist. Darüber, über Stammgutseigtgrundschuld, über Unterschied zwischen Substanz- u Revenüenbelastungen s Joh 44, 307.

Rezeß s Berichtigung 16.

Ritterschaft. Art 167 E G B G B. 1. Die Befugnisse der Ritterschaftlichen Kreditdirektionen s Kur- u Neumärkisches Ritterschaftliches Kredit-Reglement vom 15.6.1777 bei Mylius Nov. corp. const. march. Bd 6. — Landschaften sind öffentlich rechtliche Korporationen nach J M Bl 1921, 354, wonach die jetzige polnische Posener Landschaft nicht die frühere preußische ist. — S Amortisation wegen Eigtgrundschuld.

2. Die Ritterschaftlichen Kreditdirektionen können, wenn es sich nicht um Pfandbriefsdarlehen der Pommerschen Landschaft handelt, ohne Zustimmung des Eigentümers trotz § 27 G B O um Löschung von Hyp für Pfandbriefdarlehen ersuchen. Turnau u Förster 1903 II 263 Nr 16. Sonst sind die Direktionen aber nicht berechtigt, Erklärungen von Beteiligten zu ersetzen. — Unzulässige Pfandbriefhyp s Pfandbriefdarlehen.

3. Ges über Verwaltung der Westpreußischen u der Neuen Westpreußischen Landschaft v 27.12.1921 (Ges S 569). Laut Schutzgesetz 1.3.1922 (R G Bl 228) wird eine **Treuhandstelle** (Unterschrift mit Siegel oder Stempel) ermächtigt, die **Posener Landschaft** wegen ihrer Hyp in Deutsch-Posenschen Gb zu vertreten, ohne daß dies der Eintragung oder Vorlegung der Briefe bedarf. Durch Leistung an sie ist der Gl befriedigt u der Brief kraftlos. Die Ausführungsvorschriften sind von der Landeszentralbehörde (J M Bl 1922, 376) zu erlassen. — Die Posener Landschaft besteht in früherer Gestalt nicht mehr. — Die Generalgarantieklausel ist für Abt II eintragungsfähig. Joh 53, 196, 203. S Amortisationshyp wegen Eigtgrundschuld.

Rötung von Amtswegen. § 8, 9, 10, 13, 14 Allgem Verfgg 20.11.99 (J M Bl 349) bestimmen ausdrücklich, wann Eintragungen (nicht mehr geltende Nr Nr u ab- u umgeschriebene Trennstücke im Verz I d G; gelöschte Eintragungen, umgeschriebene Vormerkungen im Verz II der Rechte, Abt II, III u frühere Eigt in Abt I mit dazu gehörigen Vermerken) durch Rotunterstreichung (Rötung) im Grundbuche als nicht mehr geltende Eintragungen zu kennzeichnen sind. (**Rötung der Befugnisse u Widersprüche** aus § 7, 8, 16 Aw G s Beispiel 72, Befugnisse in Aw-Gbsachen H u Hypbrief). Es erfolgen jedoch im Gb Eintragungen, die genau wie eine Löschung auf die bisherigen Eintragungen in Spalte Veränderungen wirken u wirken müssen, sodaß auch diese sinngemäß nach § 13 Abs 3 gerötet werden müssen. Der Gesetzgeber hat an diese Rötung offenbar nicht gedacht, obwohl sie dem Willen der Beteiligten u dem Gbzwecke u Wesen entspricht, auch im öffentlichen wie im Interesse aller Beteiligten, der Einsichtnehmenden, Notare, Gbbeamten, des Staates (wegen Arbeits- u Kostenersparnis) liegt. **Auch diese Rötungspflicht ist eine der ersten Pflichten** des leitenden Gbbeamten! Ist z B ein eingetragenes Recht wiederholt ganz an Andere abgetreten, so sind die Rechte der früheren Gl durch die neueste Abtretungseintragung wie die Rechte des früheren Eigt nach Eintragung des neuen Eigt (§ 10 Abs 2) in Abt I aufgehoben u gelten als gelöscht. (Dies gilt nicht für das Aw G, § 17, 20, 21, wie das R G in D Not B 28, 161 gegen das K G Ring 26, 463 entschieden hat.) Das Gb wird unrichtig, tritt mit dem wahren Rechtsverhältnisse in Widerspruch, wenn die bisherigen gegenstandslos gewordenen Abtretungseintragungen ungerötet bestehen bleiben. Um so bedeutungsvoller wird die Nichtrötung, wenn z B eine mit einem **Testamentsvollstrecker-** oder **Nacherbenrechte** oder **Nießbrauche** belastete Hyp von der Vorerbin oder dem Testamentsvollstrecker mit voller Verfügungsbefugnis (s Vorerbe 1c) oder mit Zustimmung des Nießbrauchers auf den neuen Gl umgeschrieben ist; denn alsdann ergibt das Gb, daß die Nacherben-, Testamentsvollstrecker- oder Nießbraucherrechte noch bestehen, wenn nicht wenigstens im neuen Vermerke die Bemerkung „frei vom Rechte der Nacherben oder des Nießbrauchers" zugefügt ist. (S Unentgeltlichkeit.) — In manchen Fällen, z B bei Abtretung verschiedener Teilhyp ohne Rangverschiedenheit ist natürlich die Rötung nicht angängig; denn man muß von Anfang an erkennen können, wie die neue Eintragung entstanden u welcher Teil abgetreten ist, wenn nicht alle Teile besonders z B mit 1a, 1b, 1c usw bezeichnet sind (Beispiel 28, 29). — Dieselbe Rötungspflicht besteht, wenn für eine Hyp die bisher in Sp Ver eingetragenen Nebenbestimmungen durch die neuen Bestimmungen u ihre Eintragung ausdrücklich oder offenbar vorbehaltlos aufgehoben sind u beantragt ist, die neuen Bestimmungen einzutragen. Das bedeutet nichts anderes als daß die neuen Bestimmungen, nicht die alten, im Gb eingetragenen sein sollen u daß Letztere wie sonst (durch Rötung) zu beseitigen d i zu löschen sind, ohne daß dies durch den besonderen sonstigen Löschungsvermerk zum Ausdruck gebracht zu werden braucht, weil dies genügend durch die Neueintragung ausgedrückt wird. Die Aufhebung der alten Bestimmungen ist auch dann anzunehmen, wenn es in der Urkunde heißt: „Wir vereinbaren folgende Bestimmungen oder Folgendes für die Hyp .....", ohne daß ein Vorbehalt für die Aufrechterhaltung alter Best gemacht ist. — Ich klammere in allen diesen Fällen die zu rötenden Bestimmungen wegen der zu großen Verantwortlichkeit mit Rotstift in der Tabelle **Nr 28, 7b.** selbst ein und verfüge selbst: „Röten wie geklammert." Es ist dabei große Vorsicht geboten! Sollten in der neuen Urkunde, wie es leider zu häufig vorkommt, umfangreiche, aber nicht völlig erschöpfende Nebenbestimmungen vereinbart sein u trotzdem, obwohl es sich oft nur um einen oder zwei Sätze der alten Urkunde handelt, gesagt sein: „Im Übrigen verbleibt es bei den Bestimmungen der bisherigen Urkunden von .. ten ....", so wird man trotzdem die früheren Eintragungen röten u in der neuen Eintragung auf die früheren u die neuen Urkunden Bezug nehmen, da dann alles eingetragen ist. — Frühere Rangvermerke sind bei neuer Ranganordnung zu röten. Frühere Teilhypabtretungen können zum Gbvorteile mit Ausnahme des ersten gerötet werden, wenn, ohne daß es der früheren Namen der Teilgl zur zweifelsfreien Teilhypbezeichnung bedarf, die Teilhyp bei der neuesten Abtretungs- oder anderen Eintragung genau bezeichnet ist (z B Erst-, zweit- oder letztstelliger Teil der Hyp Nr 7) u daß man diesen Teil klar (auch durch Buchstaben) von den anderen Teilen unterscheiden kann. Es ist daher, falls der rangerste oder letzte Teil einer Hyp weiter u weiter abgetreten wird, stets von vorneherein einzutragen: „10 000 M erststelliger Teil der Hyp Nr 7 ... abgetreten an ...." Bei weiterer Abtretung ist ebenso zu verfahren, also nicht etwa einzutragen „10 000 M der Frau Schulz abgetreten an ...." Das ist völlig unrichtig! Dann können die bisherigen Teilabtretungen nicht gerötet werden, was u U seitenlange Eintragungen unnötig zum Bestehnlassungen bringt, weil oft nicht zu erkennen ist, welcher Teil gemeint ist. In geeigneten, verwirrten Fällen trage ich von Amtswegen kostenfrei zur Klarstellung ein: Nr 7: 100 000 M. Diese Hyp hat folgende 3 Teile: 30 000 M erststelliger, 20 000 M zweitstelliger, 50 000 M letztstelliger Teilbetrag. Eingetragen am . . ten . . . ." Zweckmäßig kann man sie auch noch mit „7a, b, c" bezeichnen (Nr 28). Die ersten Teilabtretungen mit neuer Rangbestimmung dürfen natürlich nie gerötet werden. Die Rötung fällt fort, wenn die Unterscheidung u genaue Bezeichnung der Teile unmöglich ist, besonders wenn alle Teile gleichen Rang haben u die Buchstabenbezeichnung unzweckmäßig ist. Alle ersten Teilabtretungen müssen ebenso unterschiedslos stehn bleiben, um die Entstehung von Teilen u Teilbriefen erkennen zu können. — Über Rötung von **Auflvormerkungen** s dort, Seite 112, Vormerkung 1, Vorerbe 14; ihre Rötung ist unzulässig, wenn sie noch die Aufgabe hat, ihren Gl gegen nacheingetragene Rechte in Abt II, III durch den Rang der Vormerkung zu schützen. — Die erste Eintragung der Hyp usw in Abt III Sp 1—4 ist nie zu röten, da sie als geschichtliche u rechtliche Unterlage für alle nachfolgenden Eintragungen bestehen bleiben muß; enthält sie jedoch außergewöhnlich lange Zins- u Kapitalszahlungsbest, auf die man Bezug nehmen kann, so röte ich diese, da der übrige Teil als Unterlage genügt. — Wegen **Nacherbenvermerke** s Vorerbe 1c, 4ff, 14, Unentgeltlichkeit, wegen Testamentsvollstreckervermerke s Testamentsvollstrecker 5, 9. — Die praktische Rötung erleichtert die Arbeit des Gba, die Einsicht, den Überblick über die Gbrechte, das Lesen u Schreiben von Gbabschriften, die Expedition von Hypbriefen, die Umschreibung voll geschriebener Gbblätter. Vergl auch das Gutachten des K G 25.5.1908 I G.7, ferner Ricks D Not V 1912, 195; 1915, 433; 1921, 312; Recht 1920, 72. Allgem Verfgg 20.11.99 ist (besonders § 13 Abs 3, § 14 Abs 3) entsprechend anzuwenden u fortzubilden. M E verletzt der Gbbeamte, der nicht entsprechend wie oben bei jeder neuen Eintragung auf Rötung prüft, die Pflichten unter Gba 2. Das Gb erst zu reinigen oder richtigzustellen, wenn es umgeschrieben werden soll, wie es die Allgem Verf 31.3.19 J M Bl 207 bisher noch vorschreibt, genügt nicht u entspricht nicht dem Geiste, Wesen u Zwecke des Gb. (Vergl Ricks Vorschläge u Kritik zur allgem Verf im Recht 1920, 72.) — Rötungen infolge von Löschungen u Eintragungen mit löschender Wirkung (z B weil die neuen Eintragungen die bisherigen aufheben) stehen den einfachen Rötungen (z B solchen infolge von Umschreibung einer Vormerkung in das endgültige Recht) in ihrer Wirkung (s auch Auflassungsvormerkung) nicht völlig gleich, weil erstere die völlige Beseitigung u Wirkungslosigkeit der früheren Eintragung bedeuten u letztere die gerötete Eintragung noch insoweit bestehen lassen, als sie z B bei Umschreibung einer Aufl-, Hyp- oder Rangvormerkung usw zur geschichtlichen Darstellung der Entstehung u des Ranges der Hyp u der endgültigen Rangveränderung noch nötig sind, deshalb beachtbar bleiben u in zu erteilende Abschriften des Gb aufzunehmen sind. Sonst aber braucht der das Gb bearbeitende Beamte oder die das Gb Einsehenden die Rötungen beider Arten nicht mehr besonders zu prüfen. Die geröteten Eintragungen gelten insoweit als fortgefallen, können aber zur Auslegung u dgl stets trotz Rötung herangezogen werden. Auch das geschlossene Gb bleibt bestehen. Anderenfalls müßte notwendig ein äußerlicher Unterschied zwischen beiden Rötungen angeordnet werden, um den Unterschied klar u leicht erkennen zu können. Denn es ist unmöglich, bei Bearbeitung oder Einsicht älterer Gbblätter die sämtlichen Rötungen nachzuprüfen. Es würde das einen Arbeitsstillstand bedeuten. — Ist das Gb gereinigt u ist ein **Teilbrief** zu bilden, so s **Teilhypbrief**! — **S das Wohlwollen des Justizministers zu meinen Bestrebungen D Not V 1919, 308.**

Rückgabe von Briefen u Urkunden s Urkunden 2, 3.

Rücknahme s Anmeldung, Widerruf, Zurücknahme.

Rücksendung von Urkunden s Zurücksenden! Urkunden 2, 3.

Rußland. Nach dem russischen Gesetze, das am 1.1.27 in Kraft getreten ist, ist die Eheschließung vor dem Standesamte nicht mehr erforderlich. Es gibt außer dieser Eheschließung auch die tatsächliche Ehe, also auch mit mehreren. Die Scheidung erfolgt durch Erklärung auch nur eines Ehegatten mündlich oder schriftlich vor dem Standesamte (Eintragung in das Eheregister) u durch **tatsächliche** Aufhebung der Ehe. Es herrscht Gütertrennung. Aber das von den Eheleuten während der Ehe erworbene Vermögen ist Gesamtvermögen beider Ehegatten; der Anteil jedes Ehegatten ist unbestimmt. Streitigkeiten entscheidet das Gericht nach dessen Ermessen. (Also, wenn nicht beide Ehegatten Erklärungen beglaubigt abgeben, kann Ehescheidung des Gerichts vorgelegt oder vom Gba erfordert werden.) D A Z Wirtschaft u Recht 12.2.27 Nr 6. — S ferner Bergmann, Internationales Privatrecht 1926, 582 ff. — Nach § 109 des Russischen Zivilgesetzbuches bestand Gütertrennung. Nach § 114 war es den Ehegatten — auch der Ehefrau — gestattet über ihr Vermögen frei zu verfügen, „unabhängig von einander u ohne hierzu von einander Erlaubnis — oder Vollmachtsurkunden zu verlangen." (Klibanski, Codex des Russischen Zivilrechts 1902. Vgl auch Gebhard, Russisches Familien- u Erbrecht 1910 S 73, 74; Klibanski Handbuch des gesamten Russischen Zivilrechts Bd 1 1911 S 47 ff). Nach § 111a a o durfte die Frau in den Gouvernements Tschernigow u Poltawa nur über ihre, als ihr Sondereigentum anerkannte Mitgift nicht ohne Ehemannszustimmung verfügen.

Salzabbaugerechtigkeit, ihre Bestellung, Eintragung, Form Joh 53, 150.

Satzung. Bezugnahme auf die Satzung einer Kreditanstalt § 1115 Abs 2 B G B. K G 12.11.00 I 205. S Seite 26. Unter „Satzung" des § 1115 II B G B ist **nicht die jeweilige,** sondern die zur Zeit der Hypbestellung geltende Satzung zu verstehn. K G D Not V 28, 252. — Die Bescheinigung der Übereinstimmung der gedruckten Satzung einer städtischen Sparkasse mit der Urschrift s Sparkasse 4.

Schatz. Eine bei der Grundstücksveräußerung getroffene Abrede, durch die der Veräußerer sich Eigentumsrechte auf den Schatz vorbehalten hat, ist nicht eintragungsfähig.

Schein s Nichtigkeit.

Schenkungsverträge zwischen Eheleuten. Eine Bereicherung muß für den Beschenkten gewollt u objektiv erfolgt sein. Es liegt auch dann ein Schenkungsvertrag vor, wenn die Hyp vom Beschenkten übernommen werden; nur muß der Grundstückswert den Wert der Hyp übersteigen. Die Absicht muß auf Bereicherung gehn, während sonst das Geschäft auch in Form eines lästigen Vertrages abgeschlossen sein kann u an sich nicht die Bezeichnung „Schenkungsvertrag" genügt. Die Stempelpflichtigkeit (Landes- u Reichsstempel) richtet sich nach dem Inhalte. R G J W 1911, 998. — S **Unentgeltlichkeit** über Schenkung.

M E muß auch bei der Beurteilung berücksichtigt werden, daß bei Schenkungen von Grundstücken des Mannes an die Frau fast immer eine Bereicherung vorliegt, weil der Mann regelmäßig Zinsen u Lasten weiterträgt, seine Ehefrau nicht belastet u nicht belasten, sondern bevorzugen will. Man muß die Erfahrungstatsachen u das Leben, nicht nur die Zahlen des Grundbuchs u den äußerlichen Inhalt des Vertrages, ferner das innere Wesen des vorliegenden Vertrages berücksichtigen, d h die vom Mann beibehaltenen Pflichten u Lasten dem Werte seiner Leistungen zurechnen.

Schiffsmühlengerechtigkeit. Seite 85, 87.

Schließung eines Grundbuchblattes s Beispiel 15, 15a, 71. Gbblatt 10, Umschreibung 1.

Schreibweise. 1. Es ist zulässig, schriftliche Urkunden mit demjenigen Namen zu voll-
91 ff, 94 ff. ziehen, den der Aussteller im Verkehre zu tragen pflegt, auch wenn es nicht sein Familienname ist.

2. In Protokollen unterzeichnen Vertreter nur mit ihrem Namen, während sie unter andere Schriftstücke die Firmenzeichnung zu setzen haben. S jedoch Prokurist. — Über Formulare s Protokoll.

3. Die Firma als solche bestimmt sich in allen ihren Einzelheiten durch die Eintragung im Handelsregister u ist geschützt. Sie hat Anspruch darauf, daß die im Firmenregister angewandte Firmenbezeichnung auch im Gb angewendet wird. O L G K G 26.7.09 XX 396. Es ist also vom Gba Actien- oder Grundcreditbank einzutragen, wenn im Register statt k ein c eingetragen ist.

4. Die Entscheidung über die **Bezeichnung des Grundstücks** u der **Berechtigten** unterliegt der Entscheidung durch die Gerichte. O L G K G 21.9.08 XVIII 194.

5. Der Vertreter kann gültig den Namen des Vertretenen unter einer Privaturkunde zeichnen. (Auslegung des § 126 B G B) R G 74, 69. Für den Gbverkehr mit öffentlichen Urkunden gilt diese Entscheidung m E nur in Beziehung auf Urkunden, deren Unterschrift beglaubigt ist.

Schuldverschreibung auf den Inhaber. **Nr 49, 61!**

Schule s Magistrat 3, Gl 9.

Schutzforstbildung, Schutzforstvermerke s Familiengüter, Adel.

Schweden. Nach Auskunft der Schwedischen Gesandtschaft (Temp Vorstadt Bl 2062) ist der schwedische Notar zur Abgabe einer Bescheinigung über die Vertretung von Aktienges befugt. Also auch über andere Gesellschaften! — Bei Berlin-Tempelhof Bl 1196 (O Nr 41) hat die Schwedische Gesandtschaft in Berlin bescheinigt daß a) die Witwe N als Miterbin u der Vormund X der minderjährigen Kinder der Witwe N u gleichzeitigen Miterben nach Schwedischem Rechte befugt sind, einem Dritten in Berlin mit Untervollmachtsrecht u Befreiung von § 181 B G B Vollmacht für alle Rechtsgeschäfte betreffend Grundstücke des Nachlasses in Berlin zu geben. (Dies befreit natürlich den Bevollmächtigten nicht von der dem Vormunde etwa obliegenden vormundschaftsgerichtlichen Genehmigung, da er nicht mehr Rechte als der Vormund hat.) b) die Witwe nach Schwedischem Rechte die Hälfte des Nachlasses als Heiratsanteilsgut u die Hälfte der anderen Nachlaßhälfte als Testamentserbin zu beanspruchen hat.

Schweiz. Vertrag 14.2.1907, R G Bl 411; Behördenverzeichnisse u Bekanntmachungen 19.7.1907, 11.9.1911, R G Bl 415 bzw 907. — — Öffentliche Urkunden, zuständige Behörden für Beurkundung u Beglaubigung. R G Bl 1907 Seite 411, 412 Art 2, J M Bl 1922, 363, wonach die von Schweizerischen **Gerichten u Behörden** (nicht Notaren, deren Urkunden u Beglaubigungen legalisiert oder nach Vertrag 14.2.1907, R G Bl 411 von schweizerischen Gerichten beglaubigt werden müssen) d h Staats-, Kantons-, Standes- u Regierungskanzleien, Landammanämtern, chancellerie d'Etat u von Gerichtsschreibern aufgenommenen, ausgestellten oder beglaubigten mit Siegel oder Stempel versehenen öffentlichen Urkunden **nicht** der deutschen konsularischen Beglaubigung (Legalisierung) bedürfen. — S Legalisierung. Ausland. — Nach Schweizerischem Zivilgesetzbuch 10.12.1907 leben Ehegatten (Art 178) in „Güterverbindung", wenn nicht Ehevertrag anderes (Gütergemeinschaft, Gütertrennung) festlegt oder außerordentlicher Güterstand (infolge Konkurses mit gesetzlicher Gütertrennung oder infolge Verschuldens oder Verschuldung usw eines Ehegatten auf Antrag des anderen oder Gl mit gerichtlicher Gütertrennung) eintritt. „Güterverbindung" bedeutet eheliches Vermögen der Eheleute mit Ausnahme des Sondergutes der Frau (Art 190). Der Mann „verwaltet" das eheliche Vermögen; „verfügt" er über Eingebrachtes der Frau, soweit es sich um mehr als gewöhnliche Verwaltung handelt, bedarf es der Fraueneinwilligung (200, 202). Bei Gütergemeinschaft (Art 215) verwaltet der Mann wie eben; in „Verfügungen" müssen beide Eheleute einwilligen (215, 217). Bei Gütertrennung verwaltet u nutzt jeder sein Vermögen, das er behält (241). — Ein in Deutschland wohnender Schweizer wird nach dem schweizerischen Rechte beerbt. Joh 53, 246. — **Schweizer Goldhypabkommen,** Frankengrundschuld s Goldklausel, Eigtgrundschuld 25, Muster 65. — Für den Kanton Graubünden besteht ein Handelsregisteramt, das Auszüge wie die deutschen Registergerichte erteilt. (Tempelhof Bl 733, O Nr 150.)

See, Landsee u seine Rechtsverhältnisse R G 80, 365; Wassergesetz § 196ff, J M Bl 1914, 492ff. — **Seehandlung** s Preußische Staatsbank.

Selbständiges Grundstück s Sicherungszwangshyp 1b.

Separationsverfahren s Gbblätter 3, Generalkommission. Über Separationsbeteiligte, ihre Gesamtheit u Vertreter s Joh 45, 210.

Sequester (Sequ) aus § 848 Z P O (Pfändung eines eine unbewegliche Sache betreffenden oder auf Eigentumsübertragung gerichteten Anspruchs u Bestellung eines Sequesters zu diesem Zwecke). Die Aufl erfolgt zwar an den Sequ als Schuldnervertreter, in Abt I ist aber nicht dieser, weil er nicht Eigt wird, sondern der Schuldner „vertreten durch den gerichtlichen Sequester" (ohne Namen) u in Abt II als Verfügungsbeschränkung, damit Schuldner oder Dritte die Rechte des die Sequbestellung veranlassenden Gl nicht vereiteln können, einzutragen: „Die Verfügung über das Grundstück steht gemäß der Bestellung des Amtsgerichts vom . . ten dem gerichtlichen Sequester bis zur Erfüllung seiner Aufgabe zu". Die den „Sequ" betreffenden Vermerke sind nach zweifelsfreier Erfüllung seiner Aufgabe aus der vorzulegenden Bestallung d h mit Eintragung der Sicherungshyp für die Glforderung auf Antrag oder m E auch von Amtswegen in Abt II zu löschen u in Abt I zu röten, da der Sequester dann fortfällt, keine Rechte mehr hat u sonst das Gb unrichtig würde. Die Eintragung der Sequestervermerke ist aber überhaupt nicht nötig, wenn Eintragung des Schuldners als Eigt u der Sicherungshyp für die Gl gleichzeitig sofort erledigt werden kann. — Die Eintragung der kraft Gesetzes mit dem Eigentumsübergange entstehenden Sicherungszwangshyp für den Glanspruch ist vom Sequ zu beantragen; ist er für mehrere Gl bestellt, entscheidet die gesetzliche Rangfolge der verschiedenen Pfändungen der Ansprüche gemäß § 848 Z P O nach der Zeit ihres Wirksamwerdens. Bei Rangstreitigkeiten der Gl ist gleicher Rang mit Vorbehalt anderweitiger Feststellung durch Einigung oder Urteil einzutragen. Der Sequ stellt selbst die erforderlichen Anträge unter Angabe der Reihenfolge, die das Gba nach dem Inhalte der Urkunden zu beanstanden oder ihnen mit dem Vorbehalte stattzugeben hat. S auch K G 20 U 28.5.19/19; Beschluß 1.X.231 20/56 in Grundakten Tempelhof 1302. Der Sequ ist von dem ihn bestellenden Vollstreckungs-Amtsgerichte in festumschriebenem Umfange zu ermächtigen u anzuweisen, an Stelle des Schuldners die zum Erwerbe des Grundstücks erforderlichen Erklärungen abzugeben u die Eintragung der Glforderung aus dem Schuldtitel N N in der vorgeschriebenen Form (§ 867 Z P O; s Sicherungszwangshyp) zu bewilligen u zu beantragen. Er kann nicht für andere Gl, für die er nicht als Sequ bestellt ist u die nicht gemäß § 848 Z P O den Anspruch gepfändet haben, die Eintragung von Sicherungshyp beantragen. Schwierigkeiten entstehen nur, wenn andere Eintragungen vom Schuldner freiwillig oder gegen ihn zwangsweise durch Dritte beantragt werden, da der Eigt bis zur Beendigung des Sequamts nicht über das Grundstück verfügen kann. Sollte die durch den Sequ zu bewilligende Sicherungshyp nicht sofort eingetragen werden können, so muß den übrigen Anträgen unter Sicherung der vom Sequ zu bewilligenden Hyp durch Eintragung einer von ihm durch das Gba zu erfordernden u zu beantragenden Vormerkung oder, wenn gegen ihn eine Frist aus § 18 G B O läuft, durch Eintragung einer Vormerkung aus § 18 G B O stattgegeben werden.

— Ist der Sequester unrichtigerweise als Eigt eingetragen, bleibt die Hyp wirksam. Ring I 298. — Die Sicherungshyp entsteht nach § 26e Vo 22.12.1923 (1239) bei Pfändung eines Anspruchs auf Eigtübertragung als Höchstbetragshyp mit dem Höchstbetrage nach § 26d. Kann für ihn eine wertbeständige Hyp (s dort) eingetragen werden, entsteht sie als solche. S Muster 62.

Sicherungshypothek. 1. Sie ist kraft Gesetzes **Buchhyp.** Wird sie ohne besondere Er-
Nr 23; 103. klärung über Briefbildung in eine Hyp oder Grundschuld **umgewandelt,** so entsteht auch eine Buchhyp oder Buchgrundschuld u ein Brief ist nicht zu erteilen. Dresden 27.3.07 VIII 283. — Auf sie findet § 1115 B G B Anwendung, sodaß die Verzinslichkeit der Forderungen zur Vermeidung der Nichtsicherung der Zinsen eingetragen werden muß. R G Ring 28, 639.

2. Auf sie finden auch die in den § 1163, 1168, 1170, 1172, 1173 B G B für die Umwandlung in eine Eigthyp geltenden Vorschriften Anwendung. S Eigtgrundschuld 2. K G 14.12.03 IV 119.

3. Sie kann mit anderen ungleichartigen, z B gewöhnlichen Hyp keine **Gesamthyp** (s dort) bilden. R G 70, 245. In dieser Entscheidung wird auch als Ersatz für diese Unzulässigkeit die Zulässigkeit einer besonderen selbständigen **bedingten Sicherungshyp** für den Fall des **Ausfalls** einer anderen Hyp besprochen. — Nach Joh 48, 262 kann für eine durch Vertragssicherungshyp gesicherte Forderung auf einem anderen Grundstücke eine Zwangshyp eingetragen werden. Dagegen ist entgegen Joh 48, 265; 44, 285 nach R G 98, 106 eine Zwangshyp (s Sicherungszwangshyp) für eine bereits durch Vertragshyp auf anderen Grundstücken gesicherte Forderung eintragbar; nur ist die Mithaft auch auf allen Grundstücken bei den Hyp (§ 49, 42 G B O) zu vermerken.

4. Sie muß für jeden **Bürgen** besonders eingetragen werden, wenn sie für **mehrere Bürgen** als **Gesamtgl** wegen deren Ansprüche gegen den Schuldner für den Fall der Befriedigung des Gl durch sie bestellt ist. § 48 G B O trifft hier nicht zu. Denn dieser kennt, wie das B G B, **nur eine Gemeinschaft zu ideellen Teilen** oder **zur gesamten Hand.** Die Letztere ist aber nur für die Gesellschaft sowie Güter- u Erbengemeinschaft anerkannt. Die Bürgen würden hier nicht in einem solchen Verhältnisse stehen. K G 18.1.04 IV 128.

5. für Teilschuldverschreibungen, die an Order lauten. Art der Bezeichnung des Gl u der Hyp. Dresden 25.6.01 II 147. — S Beispiele 49, 64, 61 auch wegen Gesamtsicherungshyp für das Ausland. Hyp in ausländischer Währung. — Für Forderungen aus Schuldverschreibungen auf den Inhaber aus § 1187 B G B sind nicht nur die Sicherungshyp aus § 1184 (Nr 49), sondern auch Höchstbetragshyp das § 1190 zulässig, wofür § 51 G B O (K G Ring IV 425 keine Anwendung findet, wohl aber die Vorschriften über Inhaberhyp, insbesondere § 1189 B G B. Z B: „12 Millionen RM oder FGM oder nordamerikanische Dollars Sicherungshyp bis zum Höchstbetrage von 12 000 000 i B für die Inhaber der von der Aktiengesellschaft N N in N zur Sicherung der Ansprüche aus 12 000 000 RM (oder FGM usw) Teilschuldverschreibungen (Buchstaben) Nr 1 — 3000 gemäß der Eintragungsbewilligung vom . . ten . . . . . Zu Vertretern sind bestellt . . . . usw (wie Beispiel 49, 61)." — Wird bei Teilschuldverschreibungen für deren Ausgabebank oder Rechtsnachfolger (nämlich die künftigen Besitzer der Teilverschreibungen) für einen realen Anleiheteil eine Sicherungshyp nach § 1184 B G B bestellt, so muß aus der Eintragung die Teilschuldverschreibung, die durch die Hyp gesichert werden, hervorgehen. Sonst **inhaltliche Unzulässigkeit** wegen Fehlens einer **bestimmten** Forderung. K G Ring III 424. S aber dazu Dresden, München ebenda 429, 436, die in ihren Fällen die inhaltliche Unzulässigkeit ablehnen, wenn die Sicherungshyp nur für die Ausgabebank, nicht als Vertreterin der Inhaber der Obligationen von vorne-

herein eingetragen wird, sodaß bei Übergang der Teilschuldverschreibungen die Hyp nicht zum entsprechenden Teile mit auf die neuen Indossatare (die neuen Teilschuldverschreibungsbesitzer) übergeht. München besonders schützt das Gba gegen solche Löschung durch weniger formalistisches Urteil. Diese Entscheidungen München u Dresden sind durch R G 113, 223 (s inhaltliche Unzulässigkeit!!) bestätigt.

6. S **Höchstbetragshyp.** — Die gesetzliche Sicherungshyp des **Pfandgläubigers** aus § 1287 B G B.

7. Die Löschung einer zur Sicherung eines **Ausgedinges** eingetragenen Sicherungshyp (s Altenteil Joh 53, 166) kann gemäß § 22, 23 G B O ohne Zustimmung der Erben des Gl erfolgen, wenn ein Jahr seit dem nachgewiesenen Tode des Ausgedingers verflossen ist. Die Hyp wird dann Eigtgrundschuld. Deshalb muß der Eigt einen beglaubigten Löschungsantrag stellen. § 27. O L G K G 23.1.07 XV 391.

8. Eine Gesamtsicherungshyp an mehreren bebauten Grundstücken kann der Unternehmer eines Bauwerks verlangen, wenn für die Bebauung mehrerer selbständiger Grundstücke die Vergütung einheitlich für die gesamten Bauarbeiten festgesetzt ist. Eine dahingehende Vormerkung kann durch einstweilige Verfügung angeordnet werden. Joh 36, 259. K G 2.3.08.

9. Die Sicherung der übernommenen privatrechtlichen Verpflichtung eines (nicht des jeweiligen) Eigt eines Grundstücks, dieses nicht an Polen (oder Deutsche) zu verkaufen u im Falle der Zuwiderhandlung eine Vertragsstrafe an den Verkäufer zu zahlen, durch Eintragung einer Sicherungshyp für die Vertragsstrafe ist zulässig. R G 73, 16; 77, 419.

10. Es ist nach dem Wortlaute des § 1184, 1190 B G B u dem Wesen der Sicherungshyp selbstverständlich, daß die Forderung bei der Bestellung angegeben wird.

11. **Unser heutiges Hypsystem** s Muster 54ff, 61!

Sicherungszwangshypothek. Über die Pflicht schnellster Erledigung solcher Anträge **Nr 13, 24, 62.** R G 84, 265ff.

8, 10, 24. 1. Die Zwangshyp wird aus vollstreckbaren Titeln (auch Vollstreckungsbefehlen) nach § 866ff, 700, 704ff, 794, 801, 916, 935ff, 1042, 1044a Z P O, V O 22.12.1923 (R G Bl 1923, 1239 § 26a, e, f, g, i, 27a, Art II Nr 2, Neufassung R G Bl 24, 437, 552), 10.1.1924 (R G Bl 1924, 27; auch **Verwaltungszwangsverfahren**) eingetragen als a) feste Hyp laut Beispielen 13, 24, 54—62. b) wertbeständige u c) Höchstbetragshyp in Beispiel 62. — Es gibt a) Sicherungszwangshyp auch aus von Mitgliedern oder Beamten des Jugendamts aufgenommenen vollstreckbaren Urkunden gemäß § 794 Nr 5 Z P O über Verpflichtungen des unehelichen Vaters auf Unterhaltsrente. Form § 168ff Freiw. Vollstreckbare Ausfertigung vom Gerichtsschreiber des A G des Jugendamtssitzes. Ges 24.12.1926, Ges S 369. b) aus § 75 der Vergleichsordnung (s dort). c) von Urteilen der Arbeitsgerichte u Landesarbeitsgerichte des Arbeitsgerichtsgesetzes vom 23.12.26 (R G Bl 507) laut § 62, 64 III des Gesetzes, die alle kraft Gesetzes vorläufig vollstreckbar sind, ohne daß dies im Urteil auszudrücken ist, es sei denn daß die Vollstreckbarkeit ausgeschlossen ist. J M Bl 1927, 213. Ebenso gibt es Arreste, einstw Verfügungen der Arbeitsgerichte; (§ 62). — Die Zwangshyp ist unwirksam, wenn ihre Eintragung erst erfolgt, nachdem die Beschlagnahme des Grundstücks gemäß Zw zu Gunsten eines anderen Gl wirksam geworden ist; auch dann, wenn der Eintragungsantrag der Beschlagnahme vorausging. Dies gilt nur für Eintragungen im Wege der Zwangsvollstreckung, nicht für solche, die auf rechtsgeschäftlicher Grundlage beruhn. R G 84, 280! M E geht jedoch die rückwirkende Kraft u Rangwirkung des § 18 G B O im Falle der nachträglichen

Behebung des Hindernisses nicht verloren. Ricks, D Not V 1913, 729. — Es ist zweckmäßig, in die Zwangshyp-Eintragungsformeln den Zusatz „im Wege der Zwangsvollstreckung" zur Unterscheidung von freiwilligen Sicherungshyp aufzunehmen, wenn darin nicht schon der vollstreckbare Titel angegeben ist. Joh 49, 228. **a)** Sie ist (S 24) **unzulässig** bei einem Betrage, der die (§ 866 III Z P O) für die **Zuständigkeit der Amtsgerichte festgesetzte Wertgrenze** (heute 500 RM; § 23 Nr 1 G V G) **übersteigt.** Nach § 14 Bekanntmachung 13.5.1924 (R G Bl 552) findet **diese Beschränkung des § 866 Z P O auf wertbeständige Hyp** (S Muster Nr 54—56, 62) **keine Anwendung.** Unter dem Münzgesetze 30.8.1924 (R G Bl 254), II Vo 12.12.1924 (R G Bl 775) entstandene Schuldtitel in „M" sind nur „RM", die nicht unter wertbeständige Schuldtitel fallen. Wertbest Hyp sind nur die aus dem Ges 32.6.1923 u den Vo dazu. Die FGM kann nicht an die Stelle der RM treten. K G Ring III 443. (Aus zu b, c unten.) Der Betrag von über 500 RM kann nicht durch Zurechnung von Kosten oder durch Zusammenrechnung mehrerer Schuldtitel erzielt werden. R G 17.6.01 V 79. Ebenso ist ihre Eintragung unzulässig, wenn die Forderung mehrerer Schuldtitel zwar Teile einer Forderung sind, aber heute nur zusammen 500 RM übersteigen. Joh 43, 310! S R G 84, 273 über einen besonders beachtenswerten Fall unzulässiger Zusammenrechnung im Verwaltungszwangsverfahren. Ist die Hyp für die Hauptforderung bereits eingetragen, so kann heute nachträglich eine Nebenforderung bis 500 RM nicht selbständig eingetragen werden. R G 1.11.05 VI 225. S unten c, 2. Ferner brauchen die Sicherungshyp, um deren Eintragung der Vollstreckungsrichter gemäß § 132ff Zw ersucht, 500 Reichsmark nicht zu übersteigen. **b)** Sie ist **unzulässig** als **Gesamthyp,** wenn es sich um Belastung mehrerer Grundstücke auf mehreren Gbblättern oder mehrerer selbständiger Grundstücke auf demselben Gbblatte unter besonderen Nummern handelt. R G 84, 270. Die dort geäußerte Ansicht aber, daß jeder gegen andere Teile räumlich abgesonderte Teil der Erdoberfläche, der für sich allein auf besonderem Gbblatte oder auf demselben unter besonderer Nr gebucht ist, im Sinne des Liegenschaftsrechts als ein selbständiges Grundstück anzusehn ist, ist nicht allgemein richtig u für die alltägliche Praxis ein Hindernis. Die Selbständigkeit entscheidet sich nach Lage des Falls. Es kann jedoch eine **Verteilung** der vollstreckbaren Forderungen in der Weise stattfinden, daß der Antragsteller formlos angibt, in welcher Höhe die einzelnen Grundstücke des Schuldners belastet werden sollen. (§ 867 Abs 2 Z P O.) Über die Form s unten 6. — Wenn mehrere „Gesamtschuldner" in der vollstreckbaren Urkunde stehn, kann die Zwhyp auf jedem Grundstücke der Schuldner (Mithaft vermerken!) eingetragen werden. Denn § 867 Abs 2 Z P O sagt „des" (also desselben) Schuldners. — Die Eintragung der einzelnen Hyp kann hier auch dann erfolgen, wenn die einzelnen Beträge die Grenze nicht überschreiten. O L G Dresden 26.8.01 III 201; R G 84, 277. Sind mehrere **Gesamtschuldner** vorhanden, kann die Forderung nebst dem Vermerke der Gesamthaft der einzelnen Grundstücke auf allen Grundstücken der Schuldner ganz eingetragen werden. K G 11./25.3.01 II 87./97. Die Gesamtzwangshyp ist ihrem Inhalte nach unzulässig u nach § 54 G B O zu löschen. Joh 40, 310; Gesamthyp 5. — S Sicherungshyp 8. — Sicherungshyp aus § 130ff Zw sind als Gesamthyp zulässig. **c)** Sie ist auch dann **unzulässig,** wenn ihre Eintragung auf Grund eines **Arrestbefehls** im Betrage bis zu obiger Grenze verlangt wird. (R G 15.3.05 V 256), es sei denn, daß es sich nicht um Vollstreckung aus einem Schuldtitel auf Zahlung einer bestimmten Summe handelt, sondern um eine **Individualleistung,** wie sie der Unternehmer eines Bauwerks auf Bestellung einer Sicherungshyp gemäß § 648 B G B hat. (Einstweilige Verfügung.) In diesem letzteren Falle kann die Sicherungshyp als Gesamthyp eingetragen werden u kommt es auf **die Höhe** der Forderung **nicht an.** K G 17.12.00 II 41. S Arrest, Sicherungshyp 8. — Sie ist unzulässig während der Geschäftsaufsicht zu Gunsten eines von diesem Verfahren betroffenen Gl. Joh 50, 223. **d)** Sie ist sogar inhaltlich **unzulässig** (§ 54 G B O; s inhaltliche Unzulässigkeit) nur für das Zinsrecht (s Zinsen 1) u für **künftig fällig** werdende, wiederkehrende Leistungen, da eine Zwangsvollstreckung nur wegen fälliger Forderungen erfolgen kann. Wegen künftiger Leistungen kann nur eine **Arrestsicherungshyp** als Höchstbetragshyp (§ 916 ff, 932 Z P O) eingetragen werden. Joh 52, 125; IV 44 O L G Colmar 14.4.05 XI 114. — Eine **freiwillige** Sicherungshyp ist natürlich hier zulässig. **e)** Sie ist **unzulässig** bei einem Grundstücke von Erben in Erbengemeinschaft, auf dem Anteile einzelner oder mehrerer Miterben (s dort 8) u auf dem von den Eigt der anderen Anteile eines Grundstücks **hinzuerworbenen Anteile.** Es muß deshalb z B im Zwangsversteigerungsverfahren der **Vollstreckungsrichter** um ihre Eintragung auf dem **ganzen** Grundstücke bezw sämtlichen Anteilen derselben Eigt ersuchen. K G 20.1.02, 23.2.03 III 92, 255. **f)** Sie ist **unzulässig,** nichtig, wenn der **Schuldtitel nicht** dem Schuldner **zugestellt** ist, oder wenn sie gegen § 752 Z P O ohne Voranzeige an die Militärbehörde gegen eine Militärperson eingetragen ist. Joh 49, 236. Die trotzdem erfolgte Eintragung wäre zunächst unwirksam, würde aber durch nachträgliche Zustellung wirksam, jedoch nicht gegenüber Dritten, für die **vor** der Zustellung inzwischen eine Eintragung erfolgt ist. Joh 43, 252. **S aber 6,** Konkurs 5, Arrest. M E gilt dies auch, wenn die Vollstreckungsklausel fehlt. Dieser bedarf es nicht bei Arresten, einstweiligen Verfügungen (§ 929, 936 Z P O), Kostenfestsetzungsbeschlüssen auf dem Urteile (§ 795), Vollstreckungsbefehlen (§ 796). **g)** Es gibt **keine Vormerkung** zur Sicherung des Rechts auf Eintragung einer **Zwangshyp.** Joh 21, 324. Die V aus § 18 G B O gilt jedoch. — S Sicherungshyp 3 wegen Vertragssicherungshyp u Zwangshyp für dieselbe Forderung. — S **Vormerkung** 5. — Voraussetzung für die Eintragung von Zwangshyp aus **ausländischen** rechtskräftigen Urteilen ist, daß ihre Zulässigkeit durch deutsches Vollstreckungsurteil nach § 722 Z P O ausgesprochen ist. — S auch Urteil.

2. Ist eine Zwangshyp auf Grund eines Titels wegen zu geringer Höhe nicht eintragbar, so bleibt dem Gl doch das Recht, die Zwangsversteigerung u die Berichtigung des Gb zu betreiben. S Berichtigung 1.

3. Ihre Eintragung kann nicht vom Gba abgelehnt werden, auch wenn es sich um ein **vorerbschaftliches Grundstück** handelt. Jedoch muß zur Sicherung der Nacherbenrechte gleichzeitig die **Eintragung** der **Vor- u Nacherben** in Abt I u II gemäß § 14, 40, 52 G B O erfolgen. K G 5.10.03 IV 59.

4. Die Eintragung der **Eintragungskosten** ist nach § 867 Abs 1 Z P O überflüssig, also **unzulässig. Sonstige Kosten** z B wegen früherer Zwangsvollstreckung bedürfen zu ihrer an sich zulässigen Eintragung des **Nachweises durch öffentliche Urkunden,** die nicht notwendig vollstreckbare Titel zu sein brauchen. K G 6.4.05 VI 57. Ich trage ohne solchen Titel nicht ein, da zu einer Zwangshyp in vollem Umfange ein vollstreckbarer Titel gehört. Das Gka hat keine Kostenfestsetzung.

5. S Eheleute 4 wegen **notarieller vollstreckbarer** Urkunden aus § 794 Nr 5 Z P O.

6. Der Eintragungsantrag des Gl u Bevollmächtigten, deren **Verteilungserklärung** (oben 1b) u die **Vollmacht** des Bevollmächtigten bedürfen **keiner** besonderen **Form.** K G 9.11.08 X 61, R G 3.7.09 X 142. Der **Schuldtitel,** auch der zu 5 genannte, muß zugestellt u mit Vollstreckungsklausel bezw Rechtskraftzeugnis versehen sein. Ist die Vollstreckung nur gegen Hinterlegung zugelassen, muß deren Nachweis oder Rechtskraftzeugnis vorliegen. Den Wechselurteilen müssen die Wechsel, u allen Urteilen (abgesehen von den Urteilen der Amtsgerichte, welche die Vollmachten von Amtswegen prüfen), die Vollmachten der bevollmächtigten Antragsteller beigefügt sein. Das die Prozeßbevollmächtigten benennende Rubrum des Urteils reicht nicht aus, während andrerseits die Prozeßvollmacht auch die Zwangsvollstreckung einbegreift. — Die Sicherungshyp, die unter Verletzung der § 750, 798 Z P O eingetragen wird, ist nichtig. Im Falle des § 750 kann die Nichtigkeit im Verhältnisse zwischen Gl u Schuldner durch Nachholung der Zustellung geheilt werden, dagegen nicht im Falle des § 798 Z P O (besondere Kostenfestsetzungsbeschlüsse u sofortige vollstreckbare Urkunden aus § 794 Nr 5 Z P O, 3 Tage Zustellungsfrist). Die Zwangsvollstreckung aus einer vollstreckbaren Urkunde darf auch dann nicht beginnen, wenn eine der im § 750 Abs 2 bezeichneten Urkunden nicht mindestens 3 Tage vorher zugestellt ist. Joh 43, 243. — Eine gegen § 751 Abs 2, 921 Z P O eingetragene Arresthyp ist unheilbar nichtig nach Joh 53, 189, wo die Unheilbarkeit von Mängeln besprochen wird.

Nr 13, 24, II. 24, 26. 7. Ihre Eintragung erfolgt auch auf bloße Ersuchen von **Behörden.** § 39 G B O. S Verwaltungszwangsverfahren, Behörden, Ersuchen, Gbr 4. Die ersuchenden **Behörden** haben die Voraussetzungen u die Zulässigkeit der Zwangsvollstreckung selbst zu prüfen u zu verantworten, z B gegen eine Ehefrau, die als Eigt eingetragen ist. Das Gba prüft nur die **Zuständigkeit** der Behörden, die äußere **Form** u den **Inhalt** des Ersuchens. Die Behörden
88. brauchen für das Verwaltungszwangsverfahren (s jedoch dort 2) die **Unterlagen** des Ersuchens nicht beizubringen. § 867 Abs 1 Satz 1 Z P O. (Vermerk der Eintragung auf dem Titel) findet keine Anwendung, es sei denn, daß der an sich nicht notwendige Titel überreicht wird. Im übrigen finden die § 866 ff. Z P O Anwendung. Der Inhalt des Ersuchens muß den Grund des Anspruchs u diesen selbst genau angeben. — Eine Sicherungshyp muß auch für den Ersteher eingetragen werden. Das Gba hat nicht das Recht, dieses Ersuchen des Vollstreckungsrichters, der allein dafür die Verantwortung trägt, zu beanstanden, wenn nicht eine inhaltlich unzulässige Eintragung (§ 54 G B O) gefordert wird. Joh 44, 292.

8. Zu ihrer **Löschung** genügt die Vorlegung der Quittung des **Gerichtsvollziehers** u des **Schuldtitels.** O L G Dresden, 13.11.07 XVI 314. Die Quittung muß m E den Amtsstempel des Gerichtsvollziehers tragen. Der Löschungsantrag des Eigt muß beglaubigt sein.

9. Zur Umwandlung einer Arresthyp in eine Zwangshyp genügt die Vorlegung des die Eintragungsbewilligung des Eigt ersetzenden Schuldtitels u ein unbeglaubigter Antrag des Gl. Joh 40, 314 R G 26.9.10, wo auch die Unterschiede zwischen obigen Hyp aufgezählt sind. — S Eigtgrundschuld 9, 13. Die „Arresthyp" ist keine gewöhnliche Zwangshyp u wird keine solche, wenn über die Arrestforderung ein rechtskräftiges Urteil vorliegt. Also keine Berichtigung nach § 22, 29 G B O, sondern Umwandlung durch Eigt u Gl oder neue Verurteilung dazu. § 866, 867 Z P O. § 877, 1186 B G B. O L G 44, 177.

10. Die Zwangshyp am Bergwerke s dort.

11. Wegen einer in ausländischer Währung ausgedrückten Geldschuld eines Urteils kann nach R G 106, 74 nur eine Höchstbetragshyp in Reichswährung nach § 866 Z P O eingetragen werden. Zinsen sind einzurechnen; für die Höhe der Hyp ist der am Tage des Eintragungsantrags geltende Kurs entscheidend; die Berechnung ist vom Antragsteller beizufügen u vom Gba zu prüfen. (Zur Zeit dieser Entscheidung gab es noch nicht RM.)

Siedlungsunternehmen, Siedlung. Die **Siedlungsunternehmungen** gemäß dem **Reichssiedlungsgesetze** vom 11.8.1919 (R G Bl 1429) haben ein **gesetzliches Vorkaufs-**

recht gemäß § 4—12 ff gegenüber den Erwerbern von Grundstücken seitens der Eigt, die landwirtschaftlich nutzbaren Grundbesitz von **insgesamt** 25 ha u mehr haben u soweit nicht mit dem Eigt in gerader Linie oder bis zum dritten Grade der Seitenlinie verwandte oder bis zum zweiten Grade verschwägerte Personen die Erwerber der Grundstücke sind. Die Erwerber sollen nach § 10 nicht eher als Eigt (§ 18 G B O) eingetragen werden, bis dem Gba die Nichtausübung des Vorkaufsrechts durch Vorlegung eines (nach J M Bl 1919/457) unbeglaubigten schriftlichen Verzichts des zuständigen Siedlungsunternehmens nachgewiesen ist. (S R G 106, 320.) Bei Ausübung des Vorkaufsrechts ist der dritte Erwerber nicht einzutragen. Joh 53, 161. — Die berechtigten Unternehmen werden bekannt gemacht; ihre Gebühren-, Stempel- u Steuerfreiheit § 29. S dazu ferner Aufl III (Siedlungsunternehmen). — Auch das Kulturamt gilt als Siedlungsunternehmen. § 11 Ges 15.12.1919 (Ges S 31). S Behörde 9. — Den Siedlern kann man erhebliche Kosten ersparen, wenn die mit Gebühren- u Stempelfreiheit ausgestattete Siedlungsgesellschaft beim Stammgrundstücke alle Siedlertrennstücke fertig für den Verkauf belastet. S Gbblatt 1, **Nr 52.** — Der Eigt muß laut § 16 Ges über Genehmigung von Siedlungen 1.3.1923, Ges S 49 in Abt II einen Vermerk eintragen lassen, daß u für welche Flächen die Genehmigung auf Einspruch des Bergwerksbesitzers versagt u welche Entschädigung gezahlt ist. — S auch wegen **Sicherung** von **Schuldverschreibungen** Beispiel Nr 54 B.

Siegel-Stempel der **Behörden** u **Urkundsbeamten.** (S 86—88). Neu: Preußischer Adler u Landeswappen. (Erlaß 11.7.1921, Ges S 45.) — **Reichs**-Dienstsiegel. (30.3.1922, R G Bl 329.) Großes u kleines Reichssiegel mit Reichsadler u Kranz ohne Umschrift bezw mit Adler u Behördenangabe. Genehmigung zum Reichsadler im Dienstsiegel durch Reichsinnenminister. Erlaß 27.3.24, R G Bl 375. Über das Preuß Landeswappen s Bekanntmachung vom 11.7.1921 (Ges S 444.)

1. Als **Siegel** kann weder ein bloßer farbiger Abdruck des Dienstsiegels noch ein in die Urkunde eingedruckter Trockenstempel angesehen werden. (Allgem Verf des Justizministers vom 24.1., 6.4.00 (J M Bl 45, 297). Er muß aus einem mit der Urkunde zu verbindenden Stoffe, der den Eindruck des Siegelzeichens in sich aufnehmen kann, hergestellt werden. Der **Stempel** ist ein **farbiger Abdruck** des Dienstsiegels. S zu 2 u Seite 88 (Farbstempel); Joh 20, 14, wonach der Abdruck des Siegelinstruments in den Siegellack oder in eine mit einem Papierstücke bedeckte Oblate, die vorher mit der Urkunde zu verbinden ist, gedrückt werden muß. Es darf nicht nur ein mit dem Siegel- oder Stempelabdrucke versehenes Papierstück auf die Urkunde geklebt werden.

2. Die **Berechtigung** der öffentlichen Behörden zur **Führung des Dienstsiegels oder Stempels** ergibt sich in **Preußen** nicht aus besonderen Vorschriften, sondern ist nach der sonstigen Gesetzgebung als selbstverständlich angesehen worden. Sonach haben auch die Verwaltungen kommunaler **Sparkassen,** die öffentliche Behörden sind, die Befugnis zur Führung eines Amtssiegels (Stempels). Über die Beschaffenheit der Siegel bestehn ebenfalls keine allgemeinen Vorschriften O L G K G 7.11.04 X 431. Das Siegelrecht der Standesherren besteht nicht gegenüber dem Gba. Es ist Beglaubigung erforderlich. § 29 G B O (D Not V 1912, 50). Die Siegel u Stempel (Art 9 A G G B O), welche die Sparkassen führen, sind dieselben wie die ihrer Behörden, deren Teile sie sind. Die Städtischen Sparkassen haben das Recht, das **Magistratssiegel,** die Kreissparkassen das **Landratssiegel** zu führen, es sei denn, daß besondere Siegel verordnet sind. S auch O L G K G 11.4.04. Die Beifügung des Siegels soll die Echtheit der Urkunde gewährleisten. Art 9 A G G B O. Diesem Zwecke kann aber nur ein Siegel dienen, das offenbar für die unterzeichnete Behörde bestimmt ist. Nicht

aber kann ein **Kirchensiegel** unter der Urkunde des **Schulvorstandes** verwendet werden. Hat Letzterer kein Siegel, so müssen seine Erklärungen anderweit beglaubigt werden. O L E K G 2.6.02 V 6. Ist die von einer Behörde ausgestellte Urkunde mit dem Amtssiegel oder Amtsstempel versehn, spricht die Vermutung dafür, daß die Unterzeichner gesetzlich oder satzungsgemäß berufene Vertreter sind. Das Gba kann nur die Beseitigung begründeter Zweifel (s dort) verlangen. K G 16.3.05. — S Gemeinde. — Nach R G 46, 364 kann ein Urteil oder Beschluß statt mit Gerichts**siegel** mit Gerichts**stempel** trotz § 317 Z P O ausgefertigt werden, da die strenge Vorschrift über das Gerichtssiegel nur für die Freiw gilt. Nach § 182 Freiw, Art 18, 45 Preuß Freiw sind Ausfertigungen gerichtlicher Verfügungen (auch Erbscheine, Entscheidungen) u gerichtlicher wie notarieller Urkunden mit dem Siegel zu versehen. — S Behörde 5.

Silberklausel. Sie fällt, wenn die weiteren Voraussetzungen des § 1 Aw G vorliegen, unter das Aw G. Die Taler waren = 3 M geworden. Die Talerforderung war also Mforderung geworden. Wäre sie etwa in eine Forderung in Reichsgoldwährung übergegangen, so wäre diese Klausel nach Bekanntmachung des Reichskanzlers 28.9.1924 (R G Bl 417) außer Kraft gesetzt. R G Ring 27, 463. S auch Reallast.

Sittenwidrigkeit liegt **nicht** vor, wenn Vereinbarungen getroffen sind, daß **nur** an Katholiken oder Nationalpolen oder Deutsche verkauft werden darf. Joh 42, 210. R G 77, 419. — S Aufl 2, Eigtgrundschuld 2.

Spanien. a) Eine Witwe, der mit ihren minderj Kindern eine ungeteilte Erbschaft zufällt, ist nach spanischem u katalonischem Rechte allein berufen, alle zur Erbschaftsübernahme u Eigentumsumschreibung auf sie u die minderjährigen Kinder erforderlichen Handlungen ohne Genehmigung von Gerichten oder Behörden oder Personen vorzunehmen, die Erbteile ihrer Kinder zu verwalten u nutznießen. — b) Nach Provinzialrecht von Barcelona tritt die Volljährigkeit bei männlichen Personen mit 25 Jahren ein. (Gutachten des Deutschen Generalkonsuls in Barcelona vom 26.4.28 in Akten Tempelhof Bl 1210.) In Spanien tritt sonst (nach Bergmann 1926, 675) die Volljährigkeit mit 23 Jahren ein.

Sparkasse. 1. Kommunale (u auch Kreis-) Sparkassen sind **keine juristischen Personen** u sind **keine selbständigen,** mit Vermögensfähigkeit ausgestatteten **Rechtseinrichtungen.** O L E K G 4.7.04 IX 357, 12.10.03 VIII 204; Güthe 4 Aufl 1851. Der Magistrat ist also Vertreter (§ 56 Nr 3, 8 Städteordnung 30.5.1853; K G Joh 34, 224) u muß Dienststempelabdruck beifügen. (S Löschungsbewilligung über verpflichtende Urkunden, sodaß eine Unterschrift genügt.) Der Magistrat kann zwar neben den von ihm ernannten Vertretern auch die Sparkasse vertreten, jedoch nicht, wenn diese juristische Person ist. Joh 34, 224. — Eine städtische Sparkasse ist eine öffentliche Behörde, wenn sie mit selbständiger Verwaltung ausgestattet ist, weil sie dann den Charakter einer städtischen Deputation hat. Joh 42, 1; Sparkasse 2, 4. Welche Sparkasse „öffentlich" ist entscheidet das Landesrecht. R G Ring 27, 550, D Not V 27, 614. Hyp sind daher auf den Namen der Gemeinden u des Kreises, am Besten mit zweckentsprechenden Zu-
8,29. sätzen (Sparkasse u A) einzutragen. — Auch die Ziffer 18 des Reglements 12.12. 1838, Ges S 1839, 5, mit selbständiger Leitung der Sparkasse betrauten Organen sind selbständige Behörden mit dem Rechte das Dienstsiegel zu führen. (Z B die organisierten Vorstände der Gemeindesparkassen.) Joh 11, 136; 30, 162; 42, 1. — S **Behörden 2, Gläubiger, Siegel 2.**

2. Zur Legitimation einer Sparkasse, deren **Vorstand nicht die Eigenschaft einer Behörde** besitzt, ist außer dem Nachweise der Bestellung ihrer Vertreter auch Vorlegung der Satzung oder eine Bescheinigung der Aufsichtsbehörde unter Anführung des Satzungsinhalts erforderlich. K G 1.11.06. Joh 33,200.

S auch O L G K G 25.5.05 XII 169, wonach für das Geltungsgebiet des Sparkassenreglements die organisierten Vorstände der kommunalen Sparkassen **Behördeneigenschaft** haben. Ferner O L G K G 22.6.03 VIII 170, über die **Voraussetzungen,** unter welchen Sparkassen **öffentliche Behörden** sind.

3. Weder in den sieben östlichen Provinzen Preußens noch in Schleswig-Holstein haben die besonderen Verwalter einer von einer Landgemeinde oder einem Sparkassenverbande mit den Rechten öffentlicher Körperschaften errichteten Sparkasse (z B Vorstand der Sparkasse eines Sparkassenverbandes) die Stellung einer öffentlichen Behörde, sondern die eines privatrechtlichen Bevollmächtigten, da die Eigenschaft einer Behörde ohne gesetzliche Ermächtigung nicht von der Landgemeinde oder dem Sparkassenverbande verliehen werden kann. Dasselbe gilt für die Stadtgemeinden bezüglich ihrer Verwalter von Gemeindevermögen bezw Gemeindeanstalten mit besonderer Verwaltung. Daß **einzelne** besondere Gemeindeorganisationen Behördeneigenschaft erhalten können, beruht auf § 59 Preuß Städteordnung u § 167 Pr Kreisordnung, die die Wahl besonderer Deputationen, Kommissionen zulassen. Joh 38, 200; 43, 176. S oben 2. Der Vorstand muß also wie Jeder Erklärungen beurkunden oder Unterschriften beglaubigen lassen.

4. Nach der rheinischen Städteordnung bescheinigt außer den Gerichten u Notaren die Aufsichtsbehörde (Regierungs- oder Oberpräsident; nicht der Bürgermeister oder Sparkassenvorstand) die Übereinstimmung der gedruckten Satzungen mit der Urschrift. Joh 42, 1.

Spezialitätsprinzip. (Grundsatz der Bestimmtheit des § 28 G B O.) 1. bei Eintragung eines **Widerspruchs** gegen die **Größe** eines Grundstücks. O L G K G 14.11.04 X 80.

2. Ihm unterliegen neben den dinglichen Rechten auch die Verfügungsbeschränkungen, Vormerkungen, Widersprüche. K G 9.2.05 V 263 sowie die Pfandentlassungen. München Ring IV 371. — S Auflassung 23.

Sprachunkundig oder **unfähig** s Protokolle.

Staat s Fiskus, Reich, Preußen. — **Staatsbank** s Preußische Staatsbank.

Stadtgemeinde s Berlin, Magistrat. Verzicht s wegen Aneignungsrecht.

Stadtgemeinde, Städteordnung s Magistrat; Berlin.

Stammgutseigenschaft, Stammgutseigt, Stammgutseigthyp s Hyp 24, Joh 44, 301. — S Familienfideikommisse.

Stand des § 4 Allgem Verfgg 20.11.99 ist der soziale Stand, die Stellung im bürgerlichen Leben. Joh 72, 179.

Standesamt. Vo 14.2.24 R G Bl 116, 257 über Standesamtsurkunden u ihre Beweiskraft.

Stempel s Reichssteuer, Siegel.

Stempelfreiheit s Gebührenfreiheit. Halbe Stempelfreiheit für Schul- u Kirchenangelegenheiten, auch für Erwerb von Land zu Kommunalfriedhöfen. K G Joh 29 B 40ff J W 1909 Seite 438. — S Verzicht 2, Vollmacht 14.

Steuern s Reichssteuer; ihre Beitreibung s Verwaltungszwangsverfahren.

Steuerflucht, Gesetz gegen die Steuerflucht vom 26.7.1918 (§ 5ff, 14, 1—3), 24.6.19 (R G Bl 1918, 951; 1919, 583). S Verwaltungszwangsverfahren, Reichsabgabenordnung.

Stiftung. Ihre Urkunden u Vertreter s Behörde 8. — Nicht genehmigte Stiftung als **Nacherbe** s Vorerbe 5. — Stiftungen u Wohltätigkeitsanstalten der Rheinprovinz bedürfen zur Belastung von Grundstücken der Genehmigung der Bezirksregierung. Joh 39, 310. Bei Veräußerung von einzelnen Grundstücken gilt das Gleiche. Joh 44, 205. S jedoch Hospitalstiftung u Versorgungsanstalten.

— Über Rechtsfähigkeit von Familienstiftungen nach gemeinem u Frankfurter Recht. Joh 44, 348.

Stumm s Protokoll.

Subjektiv-dingliche Rechte s Entscheidungen bei Gerechtigkeiten.

Teilhypothek. Werden Hyp geteilt, versieht man die Teile zweckmäßig mit Buchstaben.
Nr 25. III. Vgl Muster 28, S 60, 62 Anmerkung, Rötung. Wird eine Hyp geteilt, so bedarf es bei einer **Rangänderung** der Teile nicht der Zustimmung der Eigt. § 1151 B G B. R G 7.2.07 VIII 241; Dresden Ring IV 427. In dieser Entscheidung handelte es sich sogar um **drei** Hyp, die ursprünglich nach der Bewilligung **eine** Restkaufgeldhyp bilden sollten u nur aus Zweckmäßigkeit getrennt eingetragen waren, aber trotzdem vom R G als **eine** Hyp angesehen wurden, sodaß es der Zustimmung des Eigt nicht bedurfte. (?)

Teilhypothekenbrief. Vor Bildung von Teilbriefen ist der Stammbrief von im Gb
Nr 29, 38, geröteten Vermerken (z B mittels Rotdurchkreuzung mit oder ohne
39. einen Gerichtsvermerk: „Im Gb gelöscht (oder gerötet)" zu befreien.
99, 142 (11). Die Teilbriefe sind ohne diese gegenstandslosen Vermerke zu bilden, m E auch am Schlusse mit Berichtigung des Briefes nach Abt I u Verz d G. § 61 Abs 2 Satz 2 G B O meint nicht gegenstandslose oder nicht mehr geltende Vermerke. S Ricks, D Not V 1919, 305, § 68 Abs 2 GB O. — Für **Buchhypteile** nur selbständige Briefe. § 1152 B G B.

1. Er muß nicht von Amtswegen, sondern kann nur auf Antrag erteilt werden, auch wenn von einer Hyp ein **Teil** abgetreten u **Aushändigung** des „Briefes" an den neuen Gl beantragt wird. Der Stammbrief wird mit dem Abtretungsvermerk dem neuen Gl des Teiles übersandt. R G 25.2.01 II 83. (Nach preuß Gbrechte mußte von Amtswegen ein Brief erteilt werden.) Wird eine Briefhyp zum Teile eine Eigtgrundschuld, so ist, wenn ein Brief für den Teil verlangt wird, ein Teilgrundschuldbrief herzustellen. Joh 40, 339. S aber Eigtgrundschuld 18. — Ersetzung der Übergabe eines Teilbriefes durch Vereinbarung nach § 1117 II B G B s Hypbrief 23, R G D Not V 28, 150.

87. 2. Er kann nur auf (formlosen) **Antrag** erteilt werden, auch wenn der Eigt den Gl **teilweise befriedigt.** (§ 1145 B G B.) Der Gl erhält den Brief mit dem Vermerke von der teilweisen Befriedigung bezw mit dem Vermerke,
99ff daß die Hyp in Höhe eines letztstelligen Teiles Eigthyp bezw Grundschuld geworden ist, zurück. Der **Rang** des Teiles **muß** angegeben werden. O L G R G
9, 21, 23, 25 8.6.03 VIII 158, worin auch über das Verfahren der Bildung der
29. Briefe verhandelt ist. — § 1152 B G B. § 48 G B O. Joh 39, 268.

3. bei Pfändung einer **zinslosen** Hyp **Nr 38. Seite 100.**

Nr 16. 4. Er kann nicht erteilt werden, wenn ein Grundstück nebst Hyp verteilt wird. R G 7.3.04 IV 170. § 64, 68 Abs 3 G B O. Es müssen für die einzelnen Teile neue Briefe erteilt werden.

99ff. 5. S Hypbrief 4, 11; Abtretung 5 über nötige Vorlegung des Stammbriefes, wenn Notar Teilbriefe gebildet hat u **Seite 99ff.**

6. Ein nach § 83 Abs 1 Pr G B O vom 5.5.1872 wirksam hergestellter Teilbrief muß jetzt bei Vorlegung mit dem Nochgültigkeitsvermerke versehn werden. Joh 40, 328. **Zinsen-Teilbriefe** nur für **künftige** Zinsen.

Teilschuldverschreibungen. Nr 49, 61. S Sicherungshyp 5.

Teilungsanordnung im Testamente s Aufl 14.

Termine s Gbr 11.

Testament. 1. Seine Auslegung s Erbschein. Die wichtigsten Testaments- u Steuerfragen s D Not V 1921, 163, 195, 347. Wird ein öffentliches Testament u ein **später** errichtetes **eigenhändiges** Testament vorgelegt, so muß Letzteres berücksichtigt werden. O L G R G 2.3.08 XVI 271. — S Aufl 14.

Nr 5; 84, 89. **2.** Das **eigenhändige** Testament oder seine beglaubigte Abschrift ist im Gbverkehre als Privaturkunde nicht verwendbar. Das Nachlaßbericht muß einen **Erbschein** erteilen.

3. Teilungsanordnung im Testamente s Aufl 14. Test-Akten Seite 89 u Bezugnahme 2. — S Erbschein, Miterben.

4. Durch seine Vorlegung kann nicht die **Unrichtigkeit** einer infolge eines vom **Nachlaßgerichte** erteilten **Zeugnisses** geschehenen Eintragung nachgewiesen werden. O L G XVIII 114.

5. Anfechtung eines gemeinschaftlichen Testaments durch überlebenden Ehegatten s D Not V 1921, 175. — Testamentsunfähig s Protokoll.

6. Die Feststellung nach § 2240 ff B G B, daß Protokoll vom Erblasser vorgelesen, genehmigt u unterschrieben sei, braucht vom Erbl nicht unterschrieben zu sein, sodaß seine Unterschrift auch über diesem Vermerke stehn kann. Braunschweig Ring IV, 275.

7. Ausländische Testamente s Ausland 8.

Testamentsunfähigkeit s Protokoll.

Testamentsvollstrecker. 1. Er ist **nicht Vertreter der Erben,** sondern hat nach B G B 9, 85, 103. Amtsstellung, ist unabhängiger, allein zur „Verfügung" (s dort) über Nr 21. Nachlaßrechte berechtigter Vertreter der Nachlaßrechte u übt seine Befugnisse **zu eigenem Rechte** aus, soweit nicht Test oder Gesetz (§ 2208 B G B) entgegenstehn; er kann soweit auch zu einzelnen Geschäften Vollmacht erteilen; auch findet bei ihm insoweit § 181 B G B keine Anwendung. Er bedarf keiner vorm Gen, wenn er über den Nachlaß Minderjähriger oder sonstwie durch gesetzliche Vertreter vertretener Personen verfügt. R G 61, 139; Joh 51, 176. Enthält die Verfügung einen Widerstreit der persönlichen Interessen des Testvollstrs mit denen seines Amtes, so steht die Verfügung in diesem Falle den Erben zu, da in dem Umfange, in dem der Testvollstr amtsunfähig ist, ein Wegfall der Testvollstreckung vorliegt. Joh 50, 162. Nach R G 98, 173 durften von 4 nur gemeinschaftlich berechtigten Testvollstr nur 3 gegen den 4ten als Nachlaßschuldner klagen, da der 4te rechtlich in einem Falle vorübergehend verhindert war. Sonach wird man gegebenenfalls von 2 oder mehreren Testvollstr 1 bezw die übrigen (nicht wie oben die Erben) für verfügungsberechtigt halten, wenn 1 oder mehrere vorübergehend in einem Falle rechtlich behindert sind. **a)** Sind **zwei** Testvollstr ernannt, u ist der eine durch rechtliche Gründe an der Ausübung seiner Rechte u Pflichten in seiner Person dauernd **behindert,** so kann der andere allein handeln. **b)** Ein Vollstr kann eine andere Person als **Vertreter bestellen** mit der Ermächtigung, in des Vollstrs Namen mit sich als Bevollmächtigten der Erben Aufl von Nachlaßgrundstücken zu erklären. Er kann auch Generalvollmacht erteilen. Güthe § 36. Joh 32, 90 u K G Ring III 272, wonach er aber nicht seine gesamten Obliegenheiten u Befugnisse, sondern **nur die „Führung der Geschäfte"** durch **Generalvollmacht** übertragen darf. **c)** Der Vollstr, der **Miterbe** ist, kann auch dann über den Nachlaß verfügen, wenn es in seinem eigenen Interesse liegt, es sei denn, daß das Testament es verbietet. R G Bd 61, 139; über Ausnahmen Joh 50, 162. **d)** Mehrere Vollstr führen nach § 2224 B G B ihr Amt gemeinsam; fällt Einer fort, führen die Anderen es weiter, soweit nicht das Test neue Ernennungen bestimmt. Die Bescheinigung auf einem Vollstrzeugnis, daß ein Vollstr verstorben, ist wertlos, wenn nicht dabei bescheinigt ist, daß ein Anderer ernannt oder nicht zu ernennen ist. § 2198—2200 B G B. Nach Joh 50, 103 kann kein Zeugnis, daß eine Testvollstreckung durch Ablehnung des Vollstr fortgefallen sei, sondern nur ein Erbschein verlangt werden. M E trifft diese Entscheidung nicht zu, wenn ein Vollstrzeugnis nach Ablehnung eines der Vollstr bestehn bleibt u nur eine Veränderung durch Ablehnung oder Fortfall eines der Vollstr erfährt. e) Nach § 2217 B G B kann ein Vollstr wohl den Nachlaß oder Gegenstände davon den Erben frei überlassen, aber nicht die Testvollstreckung an sich aufheben, wenn sie nach dem Test noch bestehn soll. Er kann dann nur sein Amt niederlegen. S Nr 3. — Wenn daher Nachlaßgrundstücke u Rechte auf die Erbengemeinschaft oder auf einzelne Erben, welcher der Testvollstreckung unterliegen, umgeschrieben werden, ist gemäß dem Erbausweise nach § 36 u 53 G B O stets der Testvollstrvermerk im Gb einzutragen, auch wenn dies nicht beantragt ist. Diese Eintragung fällt aber natürlich fort oder muß, falls schon erfolgt (vgl Rötung), gerötet werden, wenn Grundstücke oder Rechte an dritte Nichterben oder auf den Alleinerben oder einen einzelnen Erben zur freien Verfügung nach dem Antrage des Vollstr überlassen werden; z B bei Erwerb gegen Entgelt oder Erbteilung (§ 2217 B G B). — f) Der von dem zwischen Vor- u Nacherbfall verstorbenen Nacherben über sein Nacherbrecht eingesetzte Vollstrecker s Vorerbe 16; R G 103, 354; Ring II 434, 431.

2. **Wer Testvollstr** ist, darüber entscheidet in Sachen der Freiwilligen Gerichtsbarkeit u des Gb das Nachlaßgericht. Das Gba hat keine Nachprüfung des Zeugnisses ohne besondere Tatsachen. Auch vom Erben vorgebrachte Einziehungsgründe oder für Entlassung des Vollstreckers berechtigen nicht zur Verfahrensaussetzung, sondern höchstens zu Nachfragen. O L G 43, 2. In Betreff des **Testvollstrzeugnisses** gilt das unter **Erbrecht** u **Erbschein** u besonders von
90, 89. Drewes D Not B 26, 450 Gesagte. Als Ausweis des Vollstrs nach § 36 G B O gilt auch ein Test in öffentlicher Urkunde nebst Eröffnungsverhandlung oder Erbschein mit Annahmenachweis unter 3. Das Zeugnis ist zum Ausweise nicht geeignet, wenn aus ihm die Nichtigkeit einer Testbestimmung hervorgeht; z B wenn das Test Jemanden zum Vollstr bestellt, falls ein Dritter diese Bestellung verlangen sollte. Joh 42, 220. — S **Vollmacht** 8! — Weder der Alleinerbe noch der Vorerbe kann abgesehn von § 2223 B G B alleiniger Testvollstr sein, wohl aber ein Miterbe u der Nacherbe Joh 52, 77, 38, 129; R G 26.10.11 J W 1912, 41. Das Zeugnis wird zweckmäßig genauen Wohnsitz u Wohnungsangabe des Erblassers u, soweit es geht, die Bezeichnung der Erben enthalten. Ist dies nicht der Fall, so ist Voraussetzung der Eintragung der Erben als Gl u des notwendigen Vermerks aus § 53 G B O, daß der Erbschein oder die letztwillige Verfügung vorgelegt werden. S Joh 40, 201. O L G K G 3.7.11 XXIV 88. Auch nach Joh 48, 151 bedarf es des Erbrechtsnachweises oder eines Nachlaßgerichtszeugnisses gemäß § 37 G B O, wenn Vollstr an einen „Erben" eine Hyp oder ein Nachlaßgrundstück durch Erbteilung überweisen oder auflassen will. M E fällt das Erfordernis fort, wenn in der Urkunde die Erbteilung u die Erwerber garnicht als „Erben" bezeichnet werden. Denn der Vollstr hat ja Verfügungsmacht über den Nachlaß; dann kann das Gba nicht aus diesem Grunde beanstanden. — Es genügen also nicht Erklärungen von Testvollstr oder Anderen, daß Jemand oder Mehrere Erben oder alle Erben sind. S auch Joh 44, 231, wo begründet ist, daß eine Gbberichtigung auf Erben nur auf Erbausweise nach § 36 G B O hin erfolgen kann. Ebenso Joh 50, 165. — Der Vollstr kann auch Vormund des Alleinerben sein, ohne daß sein Vollstramt erlischt u ohne daß er der vorm Gen (s dort 7) bedarf. Joh 48, 141.

3. **Nach neuem Rechte** muß durch öffentliche oder öffentlich beglaubigte **Urkunden** nachgewiesen werden, daß der Vollstr sein **Amt angenommen** hat, auch wenn er durch solche Urkunden (Test, Erbschein) seine **Ernennung** nachweisen kann. Die Annahmeerklärung erfolgt formlos nur gegenüber dem Nachlaßgerichte durch ausdrückliche Annahmeerklärung oder durch Stellung von Anträgen oder Erklärungen an das Nachlaßgericht, die den Annahmewillen erkennen lassen. R G 81, 171. Es **genügt** aber **nicht**, daß das Gba in den Nachlaßakten die schrift-

liche Annahmeerklärung, die nur eine Privaturkunde ist, einsieht. Dies genügt nicht nach § 29 G B O (? S Offenkundigkeit.) K G 13.9.04 IV 265. Das Nachlaßgericht wird danach m E dem Vollstr eine amtliche **Auskunft** oder Bestätigung der Amtsannahme (eine „**Bescheinigung**" ist wegen der unnötigen Kosten nicht erforderlich!) erteilen müssen, die dem Gba einzureichen ist. S O L G K G 2.2.05 X 451. Ist ein Testvollstrzeugnis erteilt, bedarf es selbstverständlich nicht des Annahmebeweises. Bei mehreren Vollstr muß jeder sein Zeugnis vorlegen wie bei Vollmacht 3. Das Zeugnis wird mit der Amtsbeendigung von selbst kraftlos. O L G XXI 359. Das Vollstramt endet **a)** erst mit der völligen Erledigung der Aufgaben des Vollstr, der auch nicht mit Zustimmung der Erben sich ihrer dadurch vorzeitig entziehen kann, daß er sie anderen überträgt; **b)** selbstverständlich, wenn der Erbe, für den der Vollstrecker eingesetzt ist, fortfällt u nicht das Amt ausdrücklich weiterfestgelegt ist.

4. **Nach unter A L R** errichteten u eröffneten Test brauchen die danach ernannten Vollstr den zu **3** genannten Nachweis der Amtsannahme nicht zu erbringen, da die für das B G B geltenden Bestimmungen damals nicht bestanden. Nach A L R I 12 § 557 ist auf Grund der Testvorlegung vom Richter anzunehmen, daß sie die Vollstr sind. Das Test „ist als seine **Vollmacht** u **Instruktion** u er selbst als **Bevollmächtigter** des Erblassers anzusehen." Zu Handlungen aber, die nach A L R I 13 § 99ff eine **Spezialvollmacht** erfordern, ist der Vollstr in der Regel u ohne ausdrückliche Ermächtigung nicht befugt z B **nicht** zu **Abtretungen, Kauf** u **Ankauf** von Grundstücken, Löschungen usw. — Der Ausdruck des Art 213 E G B G B „Erbrechtliche Verhältnisse" ist im weitesten Sinne aufzufassen.

5. Über Führung des Nachweises, daß die vom Vollstr erteilte Bewilligung einer Eintragung z B der Pfandentlassung keine **unentgeltliche** Verfügung enthält, s K G 8.11.06 VIII 143. — Auch der Vollstrecker darf nicht unentgeltlich verfügen; seine vermeintliche entgeltliche, in Wahrheit unentgeltliche Verfügung ist unwirksam. R G 105, 246. S Vorerbe. — Ich halte jede Verfügung eines Vollstreckers u Vorerben, der Hyp gegen Papiermarkzahlung aufgab, für unentgeltlich, also nach § 2205 B G B für unwirksam. Ricks D Not V 1924, 108, Recht 1924, 470. A M K G, das die Unentgeltlichkeit gegen das Leben verneint, wenn die Verfügung vor Mitte 1923 erfolgt ist. O L G 44, 57, Ring II 436, 388. S dazu jetzt **Unentgeltlichkeit**; unten 9.

6. Will der **ausländische** Vollstr über Grundstücke eines **Ausländers** im Inlande verfügen, muß er seine Befugnis durch ein öffentliches Zeugnis gemäß § 29, 36 Abs 2 G B O, § 73 Abs 3 Freiw nachweisen. Hamburg 10.7.05 VI 160. S Ausland.

7. Die Eintragung des **Namens des Vollstr** u **des Umfangs seiner Befugnisse** ist ihrem Inhalte nach **unzulässig.** O L G K G 30.3.08 XVIII 247. Soll der Vollstr die Nacherben vertreten, ist dies einzutragen. Er gilt solange als Vollstr, bis die Unrichtigkeit nachgewiesen ist. Vor der Amtsannahme können weder er noch der Erbe verfügen. Joh 40, 196. Grundstücke u sonstige Rechte können nicht auf den Namen des Testvollstrs, sondern nur auf die wahren Gl u Träger (die Erben, Vermächtnisnehmer usw) mit oder ohne den Zusatz der Testvollstreckung gemäß § 53 G B O eingetragen werden, je nachdem er verwaltungsberechtigt ist oder nicht. S Gl 10.

8. Der **Vollstrecker** (nicht die Erben) hat die Verfügung über den Nachlaß; **er** hat die nötigen Erklärungen abzugeben und ist frei von den für einen bestimmten Erben, z B einen bevormundeten Erben geltenden Verfügungsbeschränkungen, z B der vorm Gen. (Ausnahme Rostock Ring II 132: Wenn bei einem minderjährigen Miterben die Erbteilsverwaltung durch elterlichen

Gewalthaber ausgeschlossen, muß Pfleger bestellt werden.) So auch wenn der Erbe eine juristische Person, eine Kirche ist. Er kann die von einer Kirche ererbten Grundstücke veräußern, ohne daß die behördliche Genehmigung zum Erbschaftserwerbe vorliegt. Nur die Abführung des Erlöses an die Kirche bedarf der Genehmigung. Joh 40, 214. K G 4.7.10. Der Vollstr kann die Zustimmung des Erben gemäß § 22 Abs 2 G B O selbst erklären u ersetzen. Joh 40, 204, A M R G 61, 145. Ich schließe mich dem K G an. — Die Berichtigung des Gb auf die Erben hat nur der Testvollstr zu beantragen. Joh 51, 214. Er ist eben allein verfügungsberechtigt.

9. Testamentswidrige bezw unentgeltliche Verfügungen des Testvollstr werden auch durch die Zustimmung der Erben nicht gültig bzw entgeltlich. R G 74, 215; 105, 246. Das Gba hat nicht zu prüfen, ob eine Verfügung des Vollstr mit seinen Pflichten im Einklange steht. Das Gesetz hat ihm eine solche Pflicht nicht auferlegt. K G 9.5.10. D Not V 1912, 114. Nach Joh 52, 113 hat die Ausschließung der Erbteilung auf Zeit durch den Erblasser nur schuldrechtliche Wirkung, wodurch der Testvollstr in seinem Verfügungsrechte nicht beschränkt wird; der Testvollstr, nicht die Erben oder das Gba, hat über die Wirkung der Anordnung, über den wichtigen Grund zur früheren Teilung, vorbehaltlich der Schadenersatzansprüche der Erben, zu entscheiden. M E entspricht diese Entscheidung seiner Stellung als **Vertreter des Erblassers** zu 1 **oben**. — S oben 5; **Unentgeltlichkeit.**

10. Der unbeschränkte Vollstr kann für das Nachlaß-Handelsgeschäft Prokura erteilen. — Die von einem Vollstr erteilte Vollmacht erlischt mit dem Vollstramte. Joh 41, 75, 79.

11. § 2211 B G B, wonach ein Erbe über einen Nachlaßgegenstand unter Verwaltung von Testvollstr nicht verfügen kann, enthält kein relatives Veräußerungsverbot aus § 135 B G B. R G 87, 434.

Titelverleihungen, unzulässige s Adel.

Tod des Antragstellers, Eigt, Gl u seine Wirkung s Gl 13. S Überlassungsvertrag.

Trennstücke, ihre Selbständigkeit s Verzeichnis der Grundstücke.

Treuhänder als Gl s ebenda 5. — S Vertreter (aus § 1189 B G B). Treuhänder der Posener Landschaft s Ritterschaft 3. — Der Treuhänder bei Schweizer Goldgrundschulden s Nr 65.

Triangulation, Trigonometrische Punkte s Enteignung 3.

Tschechoslowakei. Zustellungsanträge u Rechtshilfeersuchen sind mit kurzem Begleitschreiben an die Präsidien der tschechoslowakischen Gerichte I. Instanz zu richten. R G Bl II 1924, 136; 1923, 57. — Für Legalisierung s **Ungarn.** Es gilt der alte Vertrag mit Österreich v 25.2.1880 (R G Bl 1881, 4), Bekanntmachungen v 5.5.1921 (R G Bl 504); 16.9.1922 (R G Bl 760), 10.11.1923 (R G Bl 412). D A Z 14.4.28 Nr 176: „Der Oberste Verwaltungsgerichtshof in Prag hat entschieden, daß die Bestimmungen des Artikels 78 Absatz 2 im 14, Hauptstück der Sprachenverordnung in der Tschechoslowakei ungültig sind, wonach also kein Sprachenzwang für deutsche Gemeinden der Tschechoslowakei besteht. Nach dieser Entscheidung müssen also deutsche Gemeinden künftig nicht mehr tschechische Eingaben in tschechischer Sprache erledigen. Sie können Heimatsscheine, Legitimationen für den Grenzverkehr und Mittellosigkeitszeugnisse in deutscher Sprache ausfertigen. Sie können deutsche Siegel führen." — Die deutschen Notarsurkunden in der Tschechoslowakei s D Not V 26, 158. — S Ungarn.

Türkei. Nach J M Bl 1927, 124 müssen in der Türkei die im Auslande ausgestellten Vollmachten für türkische Gerichte u Behörden von den Notaren des Auslandes ausgestellt u vom türkischen Konsulate beglaubigt **oder** von Letzterem ausgestellt sein. Die Übersetzungen von Auslandsvollmachten, Urkunden, Akten, Quittungen usw müssen von türkischen Notaren oder Konsulaten ausgeführt sein.

Überbau. Der Verzicht auf die Überbau-Rente (§ 914 B G B) ist auf dem rentenpflichtigen Grundstücke einzutragen. R G Ring IV 387.

Überflüssige Eintragungen sind unzulässig. S Widerspruch 6, Zuschlag 3, Verfügungsbeschränkungen 3, Aufl 11, Testvollstr 7, Vormerkung 9.

Übergabe von Briefen. Die Übergabe oder die Vereinbarung gemäß § 1117 Abs 2, 1192 B G B wird nicht durch den Antrag des Eigt gemäß § 60 G B O, daß der Brief auszuhändigen ist, ersetzt. Dieser Antrag ist nur eine einseitige Bestimmung des Eigt. Die Hyp oder Grundschuld steht daher dem Gl erst mit der Aushändigung der Briefe an ihn durch das Gba zu. Kommt der Eigt also vor der Aushändigung in Konkurs, so fällt die Hyp in die Konkursmasse. R G 77, 106. Diese Entscheidung übersieht, daß der Antrag auf Aushändigung praktisch die Vereinbarung des § 1117 Abs 2 B G B mit anderen Worten kurz enthält. Leider läßt das R G im vorliegenden Falle nicht erkennen, ob es ebenso erkannt hätte, wenn die Aushändigung des Briefes an den Gl selbst beantragt gewesen wäre.

Überlassungsvertrag. Er hat als wesentliches Merkmal, daß eine (auch nur teilweise) Erb-
Nr 53. abfindung beabsichtigt ist, daß der Annahmepreis hinter dem wirklichen Werte oder dem üblichen Preise zurückbleibt. Es muß auch die Absicht vorliegen, einen Zustand herbeizuführen, der sonst erst mittels Erbfolge eintreten würde. Joh 40, 367. — Ein Gutsüberlassungsvertrag ist rechtlich zulässig; der Überlasser kann darin Jemanden bevollmächtigen, die Aufl erst nach seinem Tode zu geben. Eine versteckte nichtige Verfügung von Todeswegen u Nichtigkeit des Vertrages würde nur dann vorliegen, wenn das Eigentum am Grundstücke mit seinem Tode ohne Aufl übergehen soll. Joh 41, 162. S Vollmacht 13. Entwurf eines Überlassungsvertrags in Beispiel 53.

Übernahme eines Vermögens s Vermögensübernahme.

Übersetzung fremdsprachlicher Urkunden oder Auszüge daraus **in beglaubigter Form** können gemäß § 29 G B O Unterlagen von Eintragungen sein. O L G 11.7.06. XVI 172. Nr 61 II c.

Übertragung eines Grundstücks Seite 86, 107. S Verzeichnis der Grundstücke, wenn z B awbare gelöschte Rechte darauf stehn.

Überweisung der **Hyp a)** zur **Einziehung** ist nicht eintragbar. S Hyp 7. **b)** an **Zahlungsstatt** steht in der Wirkung der Abtretung gleich. R G Ring 28, 29.

Ukraine Erbfolge u Testamente dort R G D Not V 26, 469; J W 26, 2143.

Umlegungsordnung. Preuß Ges über die Umlegung von Grundstücken 21.9.1920 (Ges S 453) von Feldmarken zur besseren Bewirtschaftung. Der Präsident des Landeskulturamts ernennt, wenn die Voraussetzungen vorliegen, einen Kommissar. Das Eigentum geht mit der von der Landeskulturbehörde festgesetzten Zeit (§ 19) über. S Kulturamt, Landeskulturamt.

Umschreibung. 1. von **Gbblättern.** Die **Schließung** u **Umschreibung unübersichtlicher** u
Nr 15a, 15, anderer **Gbblätter** ist durch Allgem Verf vom 31.3.1919 (J M Bl 207,
72 und 15.4.1921 ((J M Bl 260) neugeordnet. Auf dem alten Blatte Aufschrift:
Tabellen. Wegen Unübersichtlichkeit in Band 21 Blatt 601 umgeschrieben u geschlossen am 5.3.1908. — Alle Schließungs- u Übertragungsvermerke auf dem alten Blatte im Verz I, II u Abt I—III fallen (vgl amtl Muster des geschlossenen Blattes) fort, m E die Übertragungsvermerke mit der Ausnahme, daß Bestand u Eintragungen auf **verschiedene** Blätter übertragen werden. Die beschriebenen Seiten des alten Blattes sind außer dem Schließungsvermerke, soweit sie ausgefüllt sind, rot zu durchkreuzen. Im neuen Blatte fallen die Übereinstimmungsbescheinigungen fort u sind alle Eintragungen des alten Blattes in den neuen

Hauptspalten 1ff nach dem neuesten tatsächlichen u rechtlichen Stande kurz zusammenzufassen; nur Pfandrechte, Löschungsvormerkungen u gemeinschaftliche Vermerke zu mehreren Eintragungen kommen in Spalte Veränderungen (vgl den neuen § 20a u Anlagen I, II der Verf). In der Aufschrift des neuen Blattes ist auf das bisherige Blatt zu verweisen durch den Vermerk: „Dieses Blatt ist an Stelle des wegen Unübersichtlichkeit geschlossenen Blattes Bd 1 Bl 1 getreten." — Vergl Ricks,.Recht 1920 S 72ff, D Not V 1915, 433; 1919, 305, 308; 1921, 312. Seite 1, 45; Gbblatt 10. Vgl die Verfügungen des K G-Präsidenten vom 20.7.08 mit dem Berichte vom 2.1.08 nebst Gutachten des 1. Senats des K G (Seite 97). S Gbreinigung, Rötung. — Gehn nur einzelne Trennstücke infolge Umgemeindung oder Bezirksänderung auf ein anderes Gbblatt über, schreibt das Gba nur diese wie gewöhnlich in Spalte Abschreibungen (Bl 1 Nr . . . auf das Gb des Amtsgerichts N übertragen am . . ten . . . . . .) entweder unter sofortiger Angabe des vorher erfragten neuen Gbblattes oder unter späterer besonders verfügten Nacheintragung ab. Dann übersendet es dem neuen Gba einen nur diesen betreffenden beglaubigten Tabellenauszug unter Beifügung der „zurückerbetenen" Grundakten, um daraus die erforderlichen Auszüge u Abschriften zu entnehmen. Das neue Gba trägt danach die Trennstücke bei sich ein wie in Nr 15a. S K G Joh 34, 215.

Nr 21, 48. 2. von **Hyp** s Abtretung, Versteigerung, Konkurs 6. — Umschreibung auf Erben, Gesamtrechtsnachfolger s Berichtigung, Erben, Eingemeindung.

Umwandlung von Hyp s Abtretung 2, Berichtigung 7, Eigtgrundschuld, Höchstbetragshyp 7, Sicherungshyp 1, Sicherungszwangshyp 9. — Seite 11, 21, 25, 29, bei wertbest Hyp s Muster 58. **Nr 26, 27, 32, 42.**

Unentgeltliche Verfügung. Eine solche ist in der Pfandentlassung von Trennstücken nicht zu sehen, da bei der Weigerung der Pfandentlassung die Kündigung der Hyp usw erfolgen würde. K G 8.11.06 VIII 145. Ebenso nicht, wenn ein Vorerbe Straßenland freigibt, weil er durch die Straßenherstellung einen Vorteil erhält. O L G K G XXIII 342. Die Unterlassung der Kündigung ist die Gegenleistung bezw die Steigerung des Grundstückswertes. — **S Vorerbe 1c, 9,** Testamentsvollstrecker 5 wegen dieser u Vorerben u K G Ring III 278. Danach setzen die für die „Entgeltlichkeit" einer Verfgg aufgestellten Erfahrungssätze normale wirtschaftl Verhältnisse voraus u sind daher für die Inflation einzuschränken. Man muß unterscheiden in Verfügungen über Rechte (Hyp) u Grdstücke. Erstere waren mit dem Schicksal der P M verbunden. Die Grdstücke blieben vom Währungsverfall unberührt (??). Unentgeltlichkeit der Vorerben u Testvollstrecker liegen nach K G 1 X 752/27; 27.10.27 bei Tempelhofer Vorstadt 913 solange nicht vor, als die Überzeugung von der Awpflicht noch nicht allgemein war. (Ich bin a M!) S dagegen K G Ring 27, 512; D Not V 26, 465 Nr 18. — Eine unentgeltliche Verfgg braucht nicht eine Schenkung zu sein. Dresden Ring IV 292. Schenkung ist enger als unentgeltlich u erfordert Bereicherung u Einigkeit über Unentgeltlichkeit. K G D Not V 27, 530.

Ungarn hat laut amtlichen Budapester Zeugnisses bei Berlin Tempelhofer Vorstadt Bl 1851 ein Handelsregistergericht. — Es gilt mit Ungarn noch der Vertrag von 25.2.1880 (R G Bl 4, 8, 19, 253). Danach bedürfen nur die Urkunden der **Behörden** (s 5, 6, 19) d h Gerichte, oberste Verwaltungs-, staatl oder kirchl obere Behörden mit Amtssiegel keiner Beglaubigung, wohl aber die von Notaren, Gerichtsvollziehern, Hilfsbeamten ausgefertigten Urkunden der gerichtlichen Beglaubigung mit Unterschrift u Amtssiegel. Keine Beglaubigung für Wechselproteste der Notare, Gerichtsschreiber u Vollzieher mit Siegel u der Kapitel- u Ordenkonvente mit Siegel. Beglaubigung der Kirchenbuchsauszüge durch Gericht s Art 3. (Auch Güthe 1923, 139.)

Ungiltigkeit der Eintragung s Nichtigkeit, Nebenleistung 1.
Unrichtigkeit, Undeutlichkeit von Eintragungen. 1. Deren Unterschied. O L G K G 25.4.07 XI 171. — S Gba 2, Eintragungen.
2. Die Berichtigung der Bezeichnung des Eigt (oder Gl), seines Standes usw. O L G K G 3.1.07 XV 345. Durch unrichtige Löschung eines Widerspruchs wird das Gb nicht unrichtig. Joh 49, 179.
Unschädlichkeitszeugnis ersetzt nur die Freigabeerklärung für Lehns-, Fideikommiß-, Erbstammguts-, Stammguts-, oder Leiheverbandseigenschaften u für **privatrechtliche** Lasten wie **Reallasten, Hyp, Grundschulden, Rentenschulden** Joh 42, 199; es umfaßt nicht andere Belastungen u Verfügungsbeschränkungen, **also nicht** Dienstbarkeiten u Lasten mit öffentlich-rechtlichem Charakter, Rentenbank- u Domänenamortisationsrenten, welche daher mangels besonderer Pfandentlassungen mit übertragen werden müssen. Es wird vom Kulturamt bei über 600 M Wert mit Genehmigung des Präsidenten des Landeskulturamts, bei landschaftlichen Eintragungen von den **Kreditdirektionen** erteilt. Es soll nur bezeugen, daß die Abveräußerung oder der Austausch von Grundstücksteilen, z B bei Familienfideikommissen den **privaten** Interessen der Fideikommißberechtigten u der Realgläubiger nicht nachteilig ist, u ersetzt deren Zustimmung. Dagegen kann es nicht bekunden, daß die Besitzveränderung auch vom Standpunkts der **öffentlichen** Interessen unschädlich ist. Darüber entscheidet landesherrliche Genehmigung. Wenn daher durch einen Austausch das Fideikommiß über einen Jahresertrag von 30000 M hinaus vergrößert oder dieser schon vorhandene Ertrag noch erhöht wird, darf eine Gbeintragung trotz Vorliegens eines Unschädlichkeitszeugnisses erst erfolgen, nachdem die Fideikommißaufsichtsbehörde mitgeteilt hat, daß die von ihr einzuholende landesherrliche Genehmigung erteilt oder nicht erforderlich sei. § 57 II 4 A L R; § 1 Ges 3.3.1850; § 2, 5 Ges 27.6.1860; § 1 Ges 15.7.1890 der Pr Ges S 226; Art 20 A G G B O. — Die zu einem öffentlichen Zwecke unentgeltlich abgetretenen Trennstücke müssen infolge des Zeugnisses gemäß § 1 Ges 1890 frei von allen, auch nach seiner Ausstellung eingetragenen Hyp abgeschrieben werden. Joh 41, 199. Auf Grund eines Unschädlichkeitszeugnisses kann die lastenfreie Abschreibung eines von mehreren auf demselben Blatte gebuchten „selbständigen" Grundstücks (im Gegensatze zum Teile eines solchen selbständigen Grundstücks) nicht erfolgen. Joh 44, 226. — Die Beschlußbehörde kann bei Auflösung von Gutsbezirken Unschädlichkeitszeugnisse gemäß Art 20 A G G B O nach § 12 Ges 27.12.27, Ges S 211 erteilen.
Unterschrift, Unterzeichnung, nicht eigenhändig gefertigte Unterschriften s Schreibweise, Beglaubigung S 87; Prokurist; S Personenfeststellung. — Über Firmenaufdruck statt Unterschrift, Wirksamkeit bezw Stempelung des Vertrages s R G 83, 121.
Unübersichtliche Gbblätter s Umschreibung, Rötung.
Unwirksamkeit s Nichtigkeit. Wirksamwerden. — § 878 B G B über Unwirksamwerden von Erklärungen bezieht sich nur auf Eintragungen auf rechtsgeschäftlicher Grundlage, nicht auf solche im Wege der Zwangsvollstreckung. Ein Urteil, wodurch der Berechtigte gemäß § 894 Z P O zur Bewilligung einer Eintragung rechtskräftig verurteilt ist, steht einer rechtsgeschäftlichen Erklärung gleich, nicht aber gilt dies von einem Schuldtitel auf Zahlung, woraufhin nach § 867 Z P O eine Zwangshyp eingetragen werden kann. R G 84, 280.
Unzulässige Eintragung s Eintragung, Löschung 3, Gba, Inhaltliche Unzulässigkeit.
Urkundsbeamte von Behörden Seite 85—88. S Landschaftssyndikus, Genehmigung 6, Industriebelastungsgesetz. — Vergl auch Art 12 § 2 u Art 27 A G B G B. Die Befugnis zur Beurkundung erstreckt sich aber nur auf die Aufnahme von persön-

lich-rechtlichen Verpflichtungen auf Eigentumsübertragung, nicht auf die Aufnahme von Eintragungsbewilligungen, Vollmachten zur Aufl u Schenkungsverträgen. Hier gilt § 29 G B O wie sonst u § 313, 518, 873 B G B. Joh 29, 135—139, O L G R G XIII 420. — Landräte, zu ihrer Vertretung beauftragte höhere Staatsbeamte, Regierungsassessoren gemäß Besitzbefestigungsges 26.6.1912 (Ges S 183), die bei der Pommerschen bezw Ostpreuß Landgesellschaft m b H angestellten höheren Beamten gemäß V O 12.3.1913 (Ges S 33) in Pommern u Ostpreußen als Urkundsbeamten für Grundstücksangebote, Kaufverträge. J M Bl 1913, 381, 439. Weitere Urkundsbeamte s Behörde. — Beurkundung oder Beglaubigung darf nicht erfolgen, wenn offenbar Strafbarkeit oder Ungültigkeit der Urkunde vorliegt. R G 88, 232. § 170 Nr 1 Freiw liegt nicht vor u es kann ein gemäß Art 12 § 2 A G B G B bestellter Urkundsbeamter die Beurkundung aufnehmen, wenn sein Stellvertreter im öffentl Amt bei dem Rechtsgeschäft beteiligt ist. R G 113, 271. S auch Notar 9, 12. (Urkundsbeamter der Geschäftsstelle s Gba u Rechtspfleger.) — S auch Generalkommission 6. — Postamtsvorsteher u ihre Vertreter können Verträge u Erklärungen über Übertragung von Grundstückseigentum in Preußen auf das Reich (Post- u Telegraphenverwaltung) beurkunden (Dienstsiegel oder Stempel) J M Bl 1922, 362. — S § 24 Preuß A G Reichsheimstättenges 18.1.1924, Ges S 49 unter Reichsheimstätte.

Urkunden, öffentliche. 1. Form Seite 86, 88, Inhalt 90, Protokoll (mit Blinden, Tauben, Stummen, Sprech- u Schreibunfähigen), Prüfung, Behandlung 98, 87ff, 102; bei der Aufl Seite 83, Gba 4, Richtigkeit. S auch J M Bl 1922, 225. O L G 44, 148. § 29 G B O. — Der Begriff der öffentl Urkunde ist aus § 415 Abs 1 Z P O zu entnehmen. Joh 43, 168. — Unter Art 9 A G G B O fallen an sich nicht nur die Behördenerklärungen gemäß § 29 Satz 1 G B O, sondern auch die Erklärungen rechtsgeschäftlicher oder tatsächlicher Art. Z B auch eine Bescheinigung der Hinterlegungsstelle über eine Hinterlegung. Art 9 ist aber eine bloße Ordnungsvorschrift u die genannte Bescheinigung ist auch ohne Untersiegelung eine öffentliche Urkunde. Eine daraufhin erfolgte Eintragung einer Zwangshyp macht das Gb nicht unrichtig, wie wenn § 751 Abs 2 Z P O verletzt würde. Art 9 ist jedoch eine zu erfüllende (und daher eine vom Gbr zu erfordernde) Ordnungsvorschrift. Joh 43, 143.

2. S Beglaubigung 2, **eidesstattliche Versicherungen**, Schweiz, Eheleute 8, Schreibweise 1 und Übersetzung. S **Gemeinde**, Behörde 5, 6ff. — Die Rückgabe von Urkunden erfolgt grundsätzlich an den Einreichenden oder an den, für welchen sie eingereicht sind, es sei denn, daß ein anderer Antrag gestellt ist oder der Einreichende die Urkunde unter Vorbehalt der Rückgabe an ihn eingereicht hat. S Notar 6. S 102. — Überreichte Urkunden, die wie **Erbscheine, Testamente, Erb- u güterrechtliche Verträge, weiterbestehende Vollmachten, Güterrechtsregisterauszüge** usw, die stets weiter von den Beteiligten benötigt werden, sind **stets** nach Entnahme begl Abschrift, falls nötig **zurückzugeben**, auch wenn sie nicht zurückerbeten sind. Anderenfalls unnötige Arbeit, Schwierigkeiten u Schaden. **Nach Eintragung** hat das Gba unbedenklich den **Eigt** der Urkunden diese auf ihren Antrag nach Entnahme beglaubigter Abschrift zurückzugeben.

3. Bei der Zurückweisung eines Eintragungsantrags sind die Urkunden dem, der sie eingereicht hat, zurückzugeben u zwar eine Vollmacht selbst dann, wenn sie der Aussteller widerrufen hat. § 9 G B O Joh 39, 162. Vor der Aufl oder vor dem Antrage auf Eintragung ist das Gba nicht verpflichtet, Urkunden bei den Akten aufzubewahren. O L G R G XXIII S 318.

4. S Berichtigung 18 (versehentlich dem Gba eingereichte Urkunde).

Urteil. 1. bei **Aufl Nr 3a.** Es ersetzt die Bewilligung, wenn es rechtskräftig ist.
84, 88. Ist es nur vorläufig vollstreckbar, s Seite 84.
2. Eine notarielle vollstreckbare Urkunde aus § 794 Nr 5 Z P O steht einem vollstreckbaren Urteile gleich. K G 5.4.06. VII 218.

Vater s vorm Gen, Eheleute 2, 3, 4, Vorerbe 3, Pfleger, Kosten. — Vater u Witwe können an ihren Grundstücken verzinsliche Hyp usw für ihre minderjährigen Kinder wirksam bestellen. Joh 52, 180 bei Eheleute 11. — S Erbrecht.

Veränderungen bei einer Hyp s Hyp 9, Zinsen 6. **Nr 28, 29** IV, **30—32**; 9, 11, 25, 92, 99ff.

Veräußerungs- u Verfügungsverbot, Verbot der Eintragung, ihre Löschung s Verfügungsbeschränkungen 2, 3; einstw Verfgg, Vormerkung 5.

Vereine s religiöse Vereine; Aufl 18, Gl 3, Testvollstr 11. Ein eingetragener Verein wird durch seinen Vorstand, bei seiner Auflösung durch Liquidatoren vertreten; Ausweis der Vertretungsmacht durch Einsichtnahme des Gba in die Vereinsakten desselben Gerichts oder durch ein Zeugnis des Registergerichts. § 26, 76, 69 B G B. — Der nicht eingetragene, nicht rechtsfähige Verein des § 54 B G B wird wie die Gesellschaft (s dort) des B G B vertreten.

Vereinigung von Grundstücken. 1. § 890, 93ff, 1131 B G B § 5 G B O. Über die **Nr 1, 2, 4.** Form des Antrags Seite 86. S ferner Verwirrung, Bruchteil 2, O L G 3, 109, 112. K G 19.10.05. XII 145; Zurückführungen. — Das Gba hat, wenn mehrree Trennstücke örtlich u wirtschaftlich ein einheitliches Grundstück bilden u das Katasteramt auf dem Steuerbuchsauszuge ihre Vereinigung zu einer Gbnummer als zweckmäßig bezeichnet, das Geeignete u den Antrag des Eigt zu veranlassen. J M Bl 1917, 125.

2. Der **Hypgl** der vereinigten Grundstücke wird durch die Vereinigung **nicht betroffen.** Die Rechtsverhältnisse der Hypotheken werden nicht geändert. Es bedarf daher seiner Zustimmung zur Vereinigung nicht. Auch das Recht des **Eigt** wird nicht materiell geändert. Es bedarf daher der **Beglaubigung** seines Antrages **nicht.** — Das **K G** verlangt bei Zusammenschreibungen, die eine **materiell-rechtliche** Bedeutung haben, beglaubigten Antrag des Eigt. O L G K G 7.12.05 XVI 166. S Beschw 2c.

3. Die Vereinigung zweier in **verschiedenen Gerichtsbezirken** belegener Grundstücke desselben Eigt kann weder von der vorherigen Eingemeindung des zuzuschreibenden Grundstücks noch von der vorherigen Anlegung eines neuen Blattes dafür abhängig gemacht werden. O L G K G 17.3.02 V 188.

4. Sind verschiedene Grundstücke durch Zusammenschreibung zu einer **Einheit** gebracht, so können neue Grundstücke nur dem **Ganzen,** nicht aber den früheren einzelnen Grundstücken als Bestandteile zugeschrieben werden O L G K G 4.3.01 II 407.

Verfügung. 1. des Gba Seite 90ff, 93, 94, 102ff. Die der „Verfügung" eigene Wirkung, ein Recht zu übertragen, ändern, belasten, aufzuheben tritt im Grundstücksverkehr nur in Verbindung mit der Eintragung im Gb ein. R G 113, 406. S Vormerkung.

2. über **Gesamtgut** aus Gütergemeinschaft, Errungenschaftsgemeinschaft s Eheleute.

3. über **künftige Eigthyp** u Grundschulden sind nicht zulässig s Eigtgrundschuld 10. R G 84, 80.

4. ist **jedes Rechtsgeschäft,** das unmittelbar ein Recht überträgt, ändert, belastet oder aufhebt, gleichviel ob entgeltlich oder unentgeltlich. K G 8.11.06 VIII 145. Die Wirksamkeit der Verfügung setzt die **Verfügungsmacht** im Augenblicke der Verfügung voraus. Die in bindender Form erklärte Einigung steht unter der Rechtsbedingung, daß die Eintragung im Gb erfolgt. Deshalb muß

der **betroffene** Verfügende noch im Zeitpunkte der Eintragung die unbeschränkte Verfügungsmacht haben. S Eheleute 9. K G 19.10.08 IX 274. — Die Genehmigung unberechtigter Verfügung nach § 185 B G B s Aufl 12, 29. Joh 53, 133.

5. über ein **Grundstück** im Sinne des § 1821 Nr 1 B G B ist u a nicht nur die Belastung mit einer Hyp, sondern auch eine Änderung **der Belastung**, durch welche die **Belastung** des Eigt über das frühere Maß hinaus **vergrößert** wird. Diese Änderung bedarf daher der vorm Gen. K G 5.12.04 V 197. S auch R G 90, 395, Eheleute 3, 4. — Auch die Bewilligung der Löschung des Nacherbenvermerks im Gb ist eine Verfügung über das Grundstück. R G 93, 292, aber nicht die Löschung eines Widerspruchs nach § 16 II Aw G. K G D Not V 28, 326. S Aufl 24.

6. Auch die freiwillige Bewilligung einer Vormerkung ist eine „Verfügung" = Rechtsgeschäft, was sehr umstritten ist. S Vormerkung, Verfügungsbeschränkung 7, öffentlicher Glaube 8, Aw Gbsachen F u Celle Ring 28, 116 mit gesamter Rechtsprechung des R G, wonach sie zwar eine Verfügung über das Grdst, aber kein Recht an ihm enthält.

Verfügungsbeschränkungen. (S auch § 11 Nr 2 Verf 20.11.99.)

103. 1. sind allgemein nach § 892 Abs 1 Satz 2 B G B zulässig. Ihre **Eintragung** erfolgt wie jede andere nach § 19, 29, 13, 39 G B O auf Grund besonderer Bewilligungen, Urteile, Pfändungs- u Überweisungsbeschlüsse, einstweiliger Verfügungen, deren **Zustellung** an den Gegner zwar (K G Ring IV 418; unten 7) die Verfügungsbeschränkung **erst wirksam** macht, aber bei Ersuchen des „Gerichts" („des Gläubigers" ist vom K G unentschieden gelassen, von mir bejaht) um Eintragung der Beschränkung nach K G D Not V 28, 412, J W 28, 2466 bei Verfügungsverboten **nicht nachzuweisen** ist, letztwilliger Verfügungen, Erbscheine, Testvollstrzeugnisse, Ersuchen zuständiger Behörden (Vollstreckungs- u Konkursrichter usw). **§ 25 G B O** ist **nicht** auf sie anwendbar, da sie nicht zu den Vormerkungen u Widersprüchen gehören. Die Entscheidung des K G D Not V 28, 412, J W 28, 2466, daß die Anordnung der Eintragung des Verfügungsverbots in der einstw Verfgg nicht nötig sei, widerspricht in diesem Einzelfalle der klaren Anordnung des § 941 Z P O mit den Worten „auf Grund der einstw Verf". Also es kann nur auf Grund der bloßen Beschränkung durch Veräußerungsverbot mittels einstw Verf außerhalb des Gb wie dies bei Pfändungen sonst zur Gbberichtigung nach § 22 G B O genügt, das Verbot im Gb nicht vermerkt werden, sondern nur auf Grund der besonderen Anordnung nach § 941 Z P O. Diese Anordnung wird von § 941 deswegen vorgeschrieben sein, um ohne vorherige Zustellung der einstw Verf u ohne Prüfung der materiellen Wirksamkeit des Verbots dessen sofortige Eintragung in allen Fällen zu ermöglichen. — Die auf Grund einstweiliger Verfügung bei einer Hyp eingetragene, ihrem Inhalte nach nur bis zum Eintritte eines bestimmten Ereignisses wirksame Verfügungsbeschränkung ist keine Vormerkung u bei nachgewiesenem Eintritte des Ereignisses wegen Unrichtigkeit des Gb auf Antrag des Hypgl zu löschen, auch wenn durch eine nachträglich erlassene weitere einstweilige Verfügung das Fortbestehn der Eintragung angeordnet ist. Es muß durch eine neue einstweilige Verfügung eine ganz neue Eintragung angeordnet werden. Joh 43, 205. S auch einstweilige Verfügung. — Die Verfügungsbeschränkung ist inhaltlich unzulässig u nach § 54 G B O v A zu löschen, wenn der Berechtigte bei ihr nicht eingetragen ist. Joh 45, 254. Wegen Nachholung des Mangels s unten 5, Inhaltliche Unzulässigkeit. — Ein durch einstweilige Verfügung zu einer Briefhyp erlassenes Veräußerungsverbot wird schon durch Zustellung der einstweiligen Verfügung an die Hypgl wirksam u bedarf nicht mehr der

Eintragung. Zu dieser ist Beibringung des Briefes erforderlich. R G 90, 335. § 42 G B O. — Die Genehmigung zur Aufhebung von Vermögensbeschränkungen bisheriger **Militärpersonen** im Gb ist jetzt nach J M Bl 1921, 61 allgemein erteilt. —

27. **2.** Zu den **eintragungsfähigen** Beschränkungen gehören die durch Nach-
Nr 7, 21, 36. erben (Verzicht 2, Vorerbe 7), Testvollstr, Nießbrauch, Teilungsverbote
(§ 2044 B G B), Konkurs, Löschungsvormerkung, Nachlaßverwaltung.
Nr 40, Zwangsversteigerung u -Verwaltung, Enteignungsvermerk, Ver-
Nr 37, 38, 39. äußerungsverbot aus § 135, 136 B G B (s Kapitalabfindungsgesetz,
Versicherungsunternehmen) u aus der Vergleichsordnung (s dort) durch
das Vergleichsgericht, Pfändung, Verpfändung, Arrest, Anordnungen aus
27. **Nr 36** III. einstweiligen Verfügungen, (Recht 1925, 97; J W 1923, 1022), Familien-
fideikommiß-, Stammguts- u Lehnsbestimmungen, Verwaltungs-, Nutzungs- u andere Bestimmungen gemäß § 1010 B G B. S auch Genehmigung 6, Sequester, einstw Verfügung.

3. **Nichteintragungsfähig** sind **a)** diejenigen, welche schon **nach dem Gesetze selbst** (§ 134, 135 B G B) ohne weiteres bestehen. Nämlich die aus dem Mangel an Geschäftsfähigkeit wegen Bevormundung oder aus dem gesetzlichen Güterrechte (z B daß etwas zum Gesamtgute oder Vorbehaltsgute gehört, Hamburg 24.8.04 IV 261; daß Verwaltung u Nießbrauch des Mannes besteht
Joh 38. oder nicht K G 23.7.02 III 161). Darüber hat nur das Güterrechts-
A 210. register Auskunft zu geben, Joh 52, 125; R G 105, 71, wo die rechtsgeschäftlichen u gesetzlichen Veräußerungs- u Belastungsschränkungen, die Notwendigkeit ihrer Eintragung, ihre Wirkung, die Unwirksamkeit aller freiwilligen u zwangsweisen Eintragungen behandelt sind. Eintritt der **absoluten Gbsperre** bei dem gesetzlichen Verbote. (S Kapitalabfindungs- u § 17 Reichsheimstättenges). **b)** Ferner das rechtsgeschäftliche Veräußerungsverbot. § 137, 1136 B G B. Dies alles, soweit nicht das Gesetz selbst die Eintragung vorschreibt oder zuläßt. Joh 52, 127. Soweit Veräußerungsverbote nicht eintragungsfähig sind, können die Beteiligten die Eintragung von entsprechenden Vormerkungen oder Sicherungshyp veranlassen, um sich zu sichern. S Beschlagnahme. Die Verfügungsbeschränkung, daß eine Forderung gemäß § 399 B G B nicht abtretbar ist, ist also nach alledem m E genau wie alle anderen eintragbaren Beschränkungen einzutragen, um sie wirksam u erkenntlich zu machen. (S Pfandrecht **4**, wegen Wirkung von Forderungseigenschaften auf die Hyp.) Die Pflicht des Hypgl zur **Entpfändung** fällt nicht unter § 137 B G B. O L E K G 9.12.01 IV 23. Ein auf Grund einstweiliger Verfügung erlassenes Verfügungsverbot wirkt u dient nur zum Schutze desjenigen, zu dessen Gunsten es erlassen ist. Ist das Verbot eingetragen, können deshalb trotzdem entgegenstehende Verfügungen über das Grundstück eingetragen werden. Joh 44, 179. Wirkung bei einer Hyp, wenn sie dem eingetragenen Gläubiger nicht zusteht. R G 106, 136. — S Auskunft.

4. Eine nichtige Vereinbarung gemäß § 1136 B G B liegt nicht schon dann vor, wenn sie mit einer Person getroffen ist, die zugleich Gl ist oder werden soll, sondern nur wenn sie mit besonderer Beziehung auf das Glrecht dergestalt eingegangen ist, daß das Glrecht als solches eine über das gesetzliche bestimmte Maß hinausgehende Verstärkung erfahren soll. Joh 39, 159. Hier ist unter gewissen Umständen eine Sicherungshyp für zulässig erachtet, die zur Sicherheit des Anspruchs auf Vertragsstrafen dafür bewilligt war, daß der Eigt sein Grundstück ohne Genehmigung des Gl veräußerte oder verpachtete. Sicherungshyp 9.

5. Eine zur Zeit des Inkrafttretens des B G B bestehende Verfügungsbeschränkung bleibt nicht wirksam, wenn sie mit den gegenwärtigen Normen des öffentlichen Rechts im Widerspruche steht, z B dem Vormundschaftsrichter ihm nicht mehr obliegende Entscheidungen zuweist. Löschung von Amtswegen wegen inhaltlicher Unzulässigkeit! § 54 G B O. Joh 40, 228 17.10.10. — „**Löschung**" (§ 54 G B O) einer solchen **eingetragenen V** schreibt K G in O L G 44, 164 (s oben 1) vor, **selbst wenn sie unter Verweisung auf die einstweilige Verfügung ohne ausdrückliche Bezeichnung des Berechtigten** eingetragen ist. Hier, obwohl das Gba nach Eintragung des neuen Eigt u Löschungsantragsstellers die Berechtigten nachträglich eingetragen hatte. Das K G sagt selbst, eine solche V sei keine Belastung, sagt aber nicht, wo das Gesetz eine solche inhaltliche Unzulässigkeit u Eintragung des Gl bei einem solchem rangunfähigen „Vermerke" des Inhalts u Zwecks der Angabe, daß außerhalb des Gb der Eigt nach erfolgter Zustellung an ihn wirksam (s oben 1) in der Verfügung beschränkt sei, formell vorschreibt. § 1115 B G B für Hyp trifft nicht zu! Zw-, Konkursvermerke werden ohne Angabe eines Berechtigten eingetragen. Nach Ansicht des K G soll ein Testvollstrecker bei § 53 G B O zutreffend als Berechtigter nicht namentlich eingetragen werden. Geschieht es trotzdem, gilt er dennoch! Dadurch, daß nach § 52 G B O mal nicht „alle" Nacherben richtig erkannt u deshalb nicht vollständig eingetragen sind, bleibt der Nacherbenvermerk u die Verfügungsbeschränkung dennoch bestehn u wirksam. Bei einstw Verfggen ist das Gba an diese nach K G bei Verboten an Käufer sich eintragen zu lassen, gebunden, obwohl nichts einzutragen ist. So bleibt auch hier die materielle Wirkung u der Schutz aus § 892 B G B gegenüber dem Eigt bestehn. Was soll also diese Löschung?! Formalistische, für Gbr wie Berechtigte höchst gefährliche, aber überflüssige Konstruktionstheorie, für die im Gesetz die für § 54 G B O erforderliche positive Formvorschrift (vgl R G 110, 313) „nicht" vorhanden ist. Für jeden Rechtserwerber genügt ein kurzer Hinweis im Gb auf eine bestehende Beschränkung des Eigt, um Näheres zu erforschen! Ich gebe zu, daß es praktisch ist, den Gl anzugeben, u trage selbst so ein. Also Schönheitsfehler, die bei Beschwerden zu beseitigen sind, aber nicht zur Löschung v A berechtigen. S auch inhaltliche Unzulässigkeit mit R G 113, 229. — Zur Löschung eines Verfügungsverbots, das aus einstw Verfügung eingetragen ist, genügt ein vollstreckbares Urteil der Aufhebung der einstw Verf m E nicht, da § 25 G B O diese Erleichterung ausdrücklich nur für Vormerkungen u Widersprüche gibt, die Z P O für diesen Löschungsfall keine Vorschrift enthält u § 868 Z P O nur Zwangshyp betrifft. Sonach bedarf das Urteil des Rechtskraftzeugnisses.

6. Vgl die Verfügungsbeschränkungen in § 325, 326, 334 St P O. S Preußen 2 zu § 177 ff St P O.

7. **a)** Das eingetragene **Veräußerungsverbot** (§ 135, 136 B G B), das **erst mit der Zustellung** der einstw Verfügung an den Gegner **wirksam wird**, ist gemäß § 878 B G B durch die im Range vorgehende u **vor** der Zustellung der einstw Verfg **beantragte Auflassungsvormerkung einflußlos**. Beide wirken relativ. Welche stärker ist, entscheidet ihr Rang untereinander. § 878 B G B gilt auch hier. Die Auflvormerkung ist rechtsgeschäftliche Verfügung. **b)** Das Verbot mittels einstw Verfg, über das „Grdst" zu verfügen, enthält nicht das Verbot, daß Eigentümer zur Aufhebung einer Hyp oder Eigentümergrundschuld seine Zustimmung gibt. Das Verbot, zum Nachteile der Gläubiger zu verfügen, enthält nicht das Verbot wie vorher, weil die „Aufhebung" einer Hyp unregelmäßig ein rechtlicher Vorteil ist. Verbote sind eng auszulegen. Wohl aber bewirkt ein Verbot „über die Hyp zu verfügen." Die Unwirksamkeit der Aufhebungszustimmung des Eigt u der Hyplöschung. K G Ring IV 418.

Verfügungsmacht. S Gba 2, Konkurs, Verfügung 4, Vertretungsbefugnis. Verfügungsfähigkeit ist nicht dasselbe wie Geschäftsfähigkeit. Joh 44, 210.

Verfügungsverbot s Verfügungsbeschränkungen.

Vergleich in einem Rechtsstreite. Seine Form Seite 87. — **Vermerke** Seite 84, 86, 106. **a)** Ist Awvergleich in RM geschlossen, ist in RM einzutragen, wofür die Bewilligung maßgebend ist. K G D Not V 26, 630. **b)** Vergleiche zwischen Abtretungsneugläubiger u Schuldner vor dem Aw G u vor 15.6.1922 oder nach 14.2.1924 schließen die Altgläubigerrechte nach § 17 Aw G aus. R G D Not V 27, 403, Ring 28, 2, 6; R G 116, 184. **c)** Kein Vergleichsirrtum nach § 779 779 B G B, wenn Parteien beim Awvergleichsabschlusse sich über die spätere Gesetzgebung geirrt haben. Altgläubiger muß sich aber die vom Schuldner an Abtretungsneugläubiger geleistete volle Vergleichssumme nach § 18 II Aw G anrechnen lassen. R G Ring 27, 525, 588. **d)** Awvergleich, Verzicht, Vereinbarung 1, R G Ring 27, 675, wonach Awvergleich mit Verzicht auf weitere Aw dem § 67 Aw G unterliegen. (S **auch Zurücknahme.**) **e)** S R G Ring 28, 335 über Übertragung der Awrechte auf Neugläubiger, wenn Aufschlag gezahlt ist u Letzterer diesen gegen Altgläubiger geltend macht.

Vergleichsordnung. Ges 5.7.1927 R G Bl 139 anstelle der Vo über die Geschäftsaufsicht 14.12.1916. (R G Bl 1924, 51, 641.) Die Verfügungsmacht des Schuldners wird durch die Verfahrenseröffnung nicht berührt. § 40. Es bedarf genauer Feststellung der Zeit des Eingangs des Antrags auf Anordnung der Geschäftsaufsicht jetzt (des Vergleichsverfahrens) gegenüber Vollstreckungsanträgen. München Ring IV 389. — Zwangsvollstreckung gegen Vergleichsbürgen aus rechtskräftig bestätigtem Zwangsvergleiche. K G Ring IV 391. — Jetzt **Vertrauensperson** statt Konkursverwalter. Ein Kaufmann muß seiner **Firma** einen **Zusatz „im Vergleichsverfahren“** (s Firma) machen. § 37. — In das Gb sind auf Ersuchen des **Vergleichsgerichts** oder auf Antrag der Vertrauensperson die vom Gericht etwa angeordneten Verfügungsbeschränkungen z B ein allgemeines **Veräußerungsverbot** oder Verbot der Verfügung über einzelne Gegenstände nach § 50, 51, 53—55, 58 II (auch über Wirksamkeit, Aufhebung) **gebührenfrei** einzutragen. Der Vergleich berührt nicht die Pfandrechte, Hyp, Grund- u Rentenschulden, Vormerkungen mit Ausnahme der Eintragungen aus Zwangsvollstreckung, Arrest, einstw Verfg innerhalb 30 Tagen vor Antragstellung auf Vergleichsverfahren. § 73, 70. — Aus bestätigten Vergleichen Zwangsvollstreckung § 75. S Sicherungszwangshyp.

Vermögensübernahme als Ganzes liegt nicht nur vor, wenn Jemand das gesamte Vermögen einer natürlichen oder juristischen Person übernimmt, sondern auch dann, wenn nur eine relativ verselbständigte Vermögensmasse übertragen wird. (So bei Sondervermögen einer Aktienges, ferner wenn bei Auflösung einer Sparkasse ohne Rechtspersönlichkeit Sparkasseneinlagen u Hyp restlos einer anderen Sparkasse übertragen werden; ferner bei Übernahme des gesamten Vermögens einer offenen Handelsges. Aber nicht die Übertragung des Geschäftsvermögens der **Einzelfirmen,** die nach § 17 H G B kein selbständiges Rechtssubjekt u kein verselbständigtes Sondervermögen, keinen Unterschied zwischen Geschäfts- u Privatvermögen schafft. K G Ring Ri27, 665.

Vermutung. S Gbr 4, 5, Beistand; § 5 Aw G.

Verpfändung einer **Hyp.** (S Hypbrief.) Die Forderung, für welche die Hyp verpfändet

Nr 37. 23. wird, muß im Gb bezeichnet werden. Es **kann** auf die über diese Forderung errichtete Urkunde Bezug genommen werden. Die Urkunde **darf nicht** mit dem Briefe verbunden werden. Sie ist nicht die Schuldurkunde der Hyp. § 58 G B O. K G 28.6.06 VII 271. Es muß in der Verpfändungserklärung angegeben u auch wie bei Hypabtretungen angegeben werden, ob u von wann ab die Zinsen mitverpfändet sind. Joh 46, 240. Unter Umständen kann man dies auch durch Auslegung feststellen z B unter Benutzung des Urkundendatums als Zinsenübergangstag. Die durch das Pfandrecht an der Hyp gesicherte (bedingte oder befristete) Forderung braucht nur bestimmbar, nicht mit einem bestimmten Geld- oder Höchstbetrage angegeben zu sein, selbst wenn dies möglich wäre. Joh 44, 269. Bei einer **Buchhypverpfändung** bedarf es nicht der Angabe der Zinsabtretungszeit. K G D Not V 28, 153, Joh 53, 186. — **Verpfändung** eines Erbanteils R G 83, 30; 84, 395; 90, 232. — Nach letzterer Entscheidung erwirbt der Pfandgl durch die Verpfändung des Erbanteils eines Miterben gemäß § 2033 B G B bei der Erbauseinandersetzung kraft Gesetzes noch kein Pfandrecht an den dem verpfändeten Miterben zugeteilten Nachlaßgegenständen; er hat nur einen Anspruch auf Bestellung eines Pfandrechts daran erlangt u seine Zustimmung zur Erbteilung zu geben. — S auch Hypbrief 8, Pfändung, Rang 13, Gesamthyp 2, Löschung 2. — Hypothekenverpfändung in Blanko ist zulässig. R G 78, 30, welches sich dort über die Verpfändung weiter ausspricht. **Verpfändung** einer Hyp. Ist für eine Forderung eine solche auf Eigentumsübertragung verpfändet, erwirbt der Gl mit Übertragung am Grundstücke eine Sicherungshyp. § 1287 B G B. J W 1923, 271. — Bei Teilbriefgrundschuld s Pfändung 3. — S überhaupt Pfändung, auch wegen Pfandrechtsranges. — Verpfändung eines Miterbenanteils kann u muß im Gb eingetragen werden. Braunschweig D Not V 27, 339. — **S Aw-Gbsachen Ck, n. Dy. Ee. H 8 l.**

Verpflichtende Urkunden s Löschungsbewilligung Einleitung; Magistrat, Gemeindevorstand, Kreis, Provinz, Sparkasse.

Verschmelzung (Fusion) s Aufl 3, 28. — Sie bedarf der öffentlichen Form. München D Not V 226, 552. J W 25, 1645.

Verschuldungsgrenze. Unter „vorgehenden" Belastungen des § 5 Ges 20.8.1906 (Ges S 388) sind nicht nur die vorhergehenden, sondern sämtliche eingetragenen Belastungen zu verstehn. Jenseits der eingetragenen Verschuldungsgrenze liegende Belastungen sind nichtig, sodaß das Gba solche Eintragungen nicht vornehmen darf. Joh 46, 217. — S Reichsheimstättengesetz.

Versicherungsanstalt von Berufsgenossenschaften s Ersuchen 2.

Versicherungspflicht u ihre Eintragungsfähigkeit s Feuerversicherungspflicht.

Versicherungsunternehmen. Gesetz über private Versicherungsunternehmen 12.5.1901; 19.7.1923 (R G Bl 139; 684). **Ausländische** V im Inlande werden durch „Hauptbevollmächtigte", die auch alle Ladungen u Verfügungen in Empfang nehmen, vertreten. Eintragung des V u des Hauptbevollm in das Handelsregister § 85 ff, 29 ff. Nachweis der Vertretungsmacht des Hauptbevollmächtigten durch Bescheinigung des Reichsaufsichtsamts R G Bl II 1923, 410. — Nach § 90 Abs 2 ist der Prämienreservefonds für Inlandsversicherungen ausländischer Versicherungsunternehmen nach Bestimmung des Aufsichtsamts für Privatversicherung (A P V) dadurch sicherzustellen, daß über ihn, also auch über dazu gehörige Hyp nur mit seiner Genehmigung verfügt werden kann. Das ist ein relatives, gesetzliches oder behördliches Veräußerungsverbot nach § 135, 136 B G B, das bereits außerhalb des Gb besteht. Das Gb kann deshalb bei den Hyp durch Eintragung eines entsprechenden Vermerks auf beglaubigten Antrag des Eigt oder Ersuchen des A P V nach § 39 G B O berichtigt werden. Das A P V hat dadurch kein privates Recht u ist deshalb, wenn es nicht selbst den Antrag auf Eintragung stellt, nach § 55 G B O nicht zu benachrichtigen, was Güthe zu § 55, Gruchot 53, 387 wegen seines öffentlich-rechtlichen Interesses für nötig erachten. Wenn solches öffentliches Interesse entscheidend wäre, müßten alle Aufsichtsämter für Hypbanken usw benachrichtigt werden. Es genügt die Sicherung durch Eintragung. — S Aufl Einleitung unter IV c wegen erforderlicher Genehmigung zum Grdsterwerb seitens A P V. S Aufl 28 wegen unzulässiger Verschmelzung u Gesamtrechtsnachfolge zwischen Versicherungsverein u Aktien-Ges.

Versorgungsanstalten bedürfen, wenn sie Anstalten gemäß § 42 II 19 A L R sind, zur Veräußerung ihrer Güter u Häuser der Genehmigung des Ministers der geistlichen Angelegenheiten. Joh 37, 268; 23.11.08. S jedoch Stiftung.

Versteigerung. 1. S Vollstreckungsrichter, Zuschlag, Gbr, Ersteher.
2. einer verpfändeten Hyp durch den Gerichtsvollzieher u ihre Löschung ist zulässig. Joh 40. 285. K G 16.1.11.

Verteilung. 1. von **Grundstücken** u **Hyp Nr 16** s Teilhypbrief 3; s Höchstbetragshyp 1.
2. von **Sicherungszwangshyp** s dort 1b, 6, von **Höchstbetragshyp** s dort 1.
Nr 22. 3. von **Gesamthyp** einschließlich der dadurch auf den einzelnen Grund-
101. stücken notwendig werdenden Löschungen kann **allein durch den Gl** in beglaubigter Form ohne Zuziehung des Eigt erfolgen. R G 5.12.08 X 53. § 1132 Abs 2 B G B. **S Seite 101.**
4. Einfaches Beispiel außer Nr 16, 22 vorn: Gesamthyp Nr 3 von 80000 M soll nach beglaubigtem Antrage der Gl auf die 2 haftenden Grundstücke nach § 1132 B G B verteilt werden: 1) Schönwald Bd 23 Bl 858 Abt III a) Sp 5—7: Nr 3: 30000 M i B Teilbetrag zur Alleinhaft nach Bd 28 Bl 998 übertragen u die Mithaft von Bl 998 gelöscht. Für die Resthyp von 50000 M ist ein neuer Brief erteilt. Eingetragen am . . ten . . . b) Sp 9—11: Nr 3: 30000 M i B. Teilbetrag hier gelöscht am . . . . (Rest 50000 M in Sp 3; Mithaft Sp 4 röten). 2) Schönwald Bd 28 Bl 998 Abt III Sp 5—7 u Sp 9—11 . . . . . (entsprechend wie vorher zu 1). 3) Nachricht an a) Eigt mit altem unbrauchbarem Briefe; b) Gl mit 2 neuen Briefen gemäß § 64, 68 G B O. c) Bl 998 von der Verfg zu 2. d) Notar.
5. Weder eine Einzel- noch eine Gesamthyp kann an derselben Rangstelle erhöht oder derartig auf mehrere Grdst verteilt werden, daß der bisherige Hypbetrag von der Gesamtsumme der verteilten Beträge überstiegen wird. Auch nicht mit Zustimmung aller Nachgläubiger. Ricks D Not V 27, 309.
6. Unzulässigkeit der Verteilung von Gesamthyp s Höchstbetragshyp 2.

Verträge bei der Aufl Seite 83. Heilung des Formmangels s Heilung.

Vertragsstrafe ist eine eintragbare **Nebenleistung.** K G 18.6.00 I 119. Im übrigen
Nr 17. s Nebenleistung, Verfügungsbeschränkung 4, Sicherungshyp 9, Rentengut.

Vertreter aus § 1189 B G B s Gl 5, Beispiel 61 II. — Die Verhinderung des gesetzlichen Vertreters (Vater, Mutter, Vormund, Pfleger) an der Vertretung des Kindes oder Mündels s Joh 43, 152. — Vertreter aus § 58 Z P O bei herrenlosen Grundstücken s Verzicht. — Vertreter von Wohltätigkeits- u Armenanstalten, Stiftungen s Behörde 8. Wegen Vertretung sonst s Verein, G m b H, die einzelnen Gesellschaften usw. — Wegen § 181 B G B s Vollmacht 4, 10, Eheleute 4, G m b H. **Generalvollmacht beweist nicht die Befreiung von § 181 B G B.**

Vertretungsbefugnis betreffend inländische u ausländische Gesellschaften s Ausland. Ferner Vollmacht, Aufl 12, Behörde 5 (Oberpostdirektor), Bewilligung 1 u S 98, 88, 89.

Verwaltung u Nießbrauch des **Ehemanns** ist ebensowenig eintragungsfähig wie ihre Ausschließung. O L G K G 23.7.02 V 190.

Verwaltungskostenbeitrag. Die Eintragung seiner Erhöhung (Ges 3.6.1922, R G Bl 485) hat auf Antrag der Kreditanstalt ohne Zustimmung des Eigt zu erfolgen. Nach J M Bl 1922, 256 bedarf Antrag nicht der Form des § 29 G B O, selbst wenn er enthält, daß die nach § 9 erforderliche Mitteilung gemacht ist. — S Nebenleistung.

Verwaltungszwangsverfahren. Die Forderungen müssen wie bei den übrigen Hyp genau bezeichnet sein (s Hyp 1b, 4, 5, Sicherungshyp 5, K G Ring III 424). Im Übrigen s Sicherungszwangshyp.

84, 85. 1. (R G 84, 274). Verordnung vom 15.11.99. Es bestimmen § 51 Abs 1: Die Zwangsvollstreckung in das unbewegliche Vermögen erfolgt nach den für gerichtliche Zwangsvollstreckungen bestehenden Vorschriften. Die erforderlichen Anträge sind durch die Vollstreckungsbehörden (§ 4) zu stellen. Abs 2. Anträge auf Zwangsversteigerung oder -Verwaltung sind nur zulässig, sobald feststeht, daß durch Pfändung die Beitreibung des Geldbetrags nicht erfolgen kann. Abs 3. Die Vollstreckbarkeit der Forderung u die Zulässigkeit der Zwangsvollstreckung nach Maßgabe des Abs 2 unterliegen nicht der Beurteilung des Gerichts oder des Gba. § 4: Diejenigen Behörden oder Beamten, welchen die Einziehung der der Beitreibung im Verwaltungszwangsverfahren unterliegenden Geldbeträge zusteht, bilden die zur Anordnung u Leitung des Zwangsverfahrens zuständigen Vollstreckungsbehörden. S Sicherungshyp, Ersuchen 1. Vergl auch die Anweisung vom 28.11.1899 für Preußen zur obigen Verordnung. Dieses Verwaltungszwangsverfahren, d i die Beitreibung von Geldbeträgen durch Vollstreckungsbehörden wie Rendant der Gerichtskassen, Regierungshaupt-, Kreis-, Gemeindekassen, Steuerbehörden (s Steuerflucht, Reichsabgabenordnung usw) kann nur in den von Gesetzen zugelassenen Fällen erfolgen. Ersuchen nun die zuständigen Behörden um Eintragung von Sicherungszwangshyp, so hat das Gba zu prüfen, ob der Gegenstand des Ersuchens dem Verfahren unterliegt (wie z B rückständige Gerichtskosten, öffentliche Abgaben, Stempel) u ob die sonstigen Voraussetzungen der Sicherungszwangshyp (s dort) vorliegen. Im Zweifelsfalle muß um Angabe der gesetzlichen Bestimmungen, zu denen auch die der Ortsstatute gehören, ersucht werden. Nötigenfalls sind die Schuldtitel beizufügen, obwohl sonst m E bei den obigen Kosten, Abgaben, Stempel das Ersuchen der Behörde, die dafür verantwortlich ist, genügt. Vgl O L G R G XXIII 329. Die Behörden können aber nicht etwa ohne vollstreckbare Titel der Gerichte andere Forderungen aus Darlehen oder rückständigen Armenpflegekosten einziehen oder um ihre Sicherstellung ersuchen. Voraussetzung ist ferner stets, daß die Vollstreckung der Gemeinde fruchtlos war, was aber das Gericht, wenn das Ersuchen nicht das Gegenteil ergibt, nicht nachzuprüfen hat. Der Schuldtitel (R G 84, 272) für Beitreibung der Beiträge für die Berufsgenossenschaften gemäß § 866 Z P O wird nicht durch den Vollstreckungsantrag der zuständigen die Vollstreckung betreibenden Gemeindekasse, sondern durch die in der Heberolle erfolgte Festsetzung der Beiträge von Seiten des Berufsgenossenschaftsvorstandes gebildet. Joh 41, 253. — § 46 Vo 16.3.26, Ges S 1926, 103, Verbote u Beschränkungen für Pfändung von Forderungen usw nach § 850—852 Z P O u andere Reichsvorschriften gelten auch für das Verwaltungszwangsverfahren. — Einzelne Rückstände aus verschiedenen Schuldtiteln dürfen nicht zusammengerechnet werden, um über 500 RM (s Sicherungszwangshyp 1a) zu erreichen. Joh 39, 258, 261; R G 84, 272. — Die Eintragung ist gebührenfrei. Joh 39, B 3. — § 103 Gewerbeunfallsversicherungsgesetz 30.6.00. § 13, 27, 28, 45, 39 Bauunfallsversicherungsgesetz 30.5.00. § 56 Städteordnung 30.5.1853; Ges S 261ff. — Die Kostenrechnung der Gerichtskasse ist der Schuldtitel. Werden mehrere einzelne Rechnungen in eine Gesamtrechnung zusammengefaßt, so gilt Letztere als Schuldtitel u eine Sicherungszwangshyp ist zulässig. Joh 40, 301. Kostenschuldner der Eintragung ist der Eigentümer der Vollstreckungsschuldner J M Bl 1922, 568. S Kosten.

2. Reichsabgabenordnung 13.12.1919 (R G Bl 1993). a) Die **Finanzämter** (F A) sind nach § 298ff für die Betreibung der Leistungen nach den Steuergesetzen auf Grund der von ihnen zu treffenden Entscheidungen (Schuldtitel, Pfändungsbeschlüsse, Arreste) als Vollstreckungsbehörden zuständig. Ebenso die Hauptzollämter, der Magistrat (Steuerverwaltung) u der Kreisausschuß

wegen der den Gemeinden u Kreisen zustehenden Abgaben nach § 40 Abs 4 Landessteuerges 30.3.1920 (R G Bl 402); Ausf Ges 13.1.1921 (Ges S 268); § 7 Ausf Best betr Erhebung von Zuschlägen zur Grunderwerbsteuer (s dort) 31.7.1920; § 866 ff Z P O; Ges 7.5.1920 (Ges S 278); § 1—3 V O 23.9.1919 (Amtsblatt 4), Erlaß preuß Finanzmin § 2 V O zur Einführung der R A O 18.12.1919 (R G Bl 2101). **b)** Zwangsvollstreckung in Forderungen u Hyp § 334 ff, 344. Die zugestellten vollstreckbaren Schuldtitel sind dem Gba mit dem Ersuchen um Eintragung unter Nachweis der Zustellung vorzulegen. Ersucht ein F A um Zusendung eines zufällig beim Gba befindlichen Hypbriefes, kann dieser nicht daraufhin nur wegen der bloßen Angabe, daß gepfändet sei, übersandt werden, sondern es muß gepfändet werden, wie wenn ein Dritter den Brief in Händen hätte. Zurückbehaltungsrechte des Gba oder eines Dritten, der den Brief unter Rückforderung oder Vorbehalten eingereicht hat, gehn für das Gba der Pfändung vor. **c)** Zw in das unbewegliche Vermögen wie für gerichtliche Zw auf Ersuchen des F A § 345. Vollstreckbarkeit der Forderung u Zulässigkeit der Zw nach § 345 Abs 2, 3 (ob der Geldbetrag durch Pfändung beitreibbar ist); Zw in Kleinsiedlungen, z B Ackernahrungen, Kleinwohnungen, unterliegen nicht der Beurteilung des Gerichts oder des Gba. **d)** Sicherungsverfahren durch Arrestanordnung des F A § 351. Die Fristen des § 929 Z P O gelten nicht. S Arrest 1. Vollstreckung wie b, Arrestvollziehung gemäß § 930 ff Z P O. **e)** Beschlagnahme des Inlandsvermögens durch F A kann auf sein Ersuchen in das Gb eingetragen werden. § 353. **f)** V O über den Übergang von Rechten u Pflichten (d h aller für die Länder eingetragenen Rechte aus ihren Steuerverwaltungen) auf das Reich Ges 18.9.1920 (R G Bl 1783). Berichtigung des Gb erfolgt auf Ersuchen der F A.

Verwirrung. **a)** bei Zusammenschreibungen von Grundstücken. § 5 G B O. Sie
109. liegt nicht schon durch Zusammenschreiben von Grundstücken verschiedener Feldmarken oder Grundbücher oder mit verschiedener Belastung vor. Der Begriff „Verwirrung" erfordert vielmehr, daß die Eintragungen derart unübersichtlich u schwer verständlich sind, daß der gesamte grundbuchliche Rechtszustand des Grundstücks nicht mit der für den Gbverkehr notwendigen Klarheit u Bestimmtheit erkennbar ist u die Gefahr von Streitigkeiten u Verwicklungen z B bei der Zwangsversteigerung besteht. O L G K G 27.4.03 VIII 300. **b)** soll vermieden werden nach der Ordnungsschrift des § 6 G B O, wenn nur ein Grundstücksteil belastet u deshab durch Eintragung unter besonderer Nr oder Übertragung auf ein eignes Blatt, was Beides „abschreiben" bedeutet, als selbständiges Grundstück eingetragen werden soll, was bei Dienstbarkeiten u Reallasten unterbleiben kann. R G 101, 120.

Verzeichnis a) der Grundstücke, seine Bearbeitung. S Tabellen, **Nr 1, 2.** Seite 2, 3, 14, 15, 107, 114. Die Frage, ob die auf einem alten preußischen, noch nicht umgeschriebenen Gbblatte unter verschiedenen Nummern aufgeführten Trennstücke mehrere selbständige Grundstücke oder ein einheitliches Grundstück bilden, ist auch für die Jetztzeit nach dem Inhalte des Gbblattes (z B der Abt I) u der Akten zu entscheiden. Die danach vorhandene Eintragung unter verschiedenen Nummern läßt also einen Schluß auf die Selbständigkeit der Grundstücke nicht ziehen, wohl aber nach der Umschreibung gemäß § 8, 20 Verf 20.11.99. Joh Bd 37, 209 9.11.08. S Bestandteil 3. **b)** der mit dem Eigentume verbundenen Rechte 85, 86, 110. Bei Übertragung von Grundstücksteilen auf andere Gbblätter sind nach dem Datum der Löschungsbewilligung oder der Löschung möglicherweise nach § 15 Aw G awbare gelöschte Rechte mitzuübertragen, wovon nur Pfandentlassungen der Awgläubiger befreien. Es genügt nicht bloß die Nr Nr mit „gelöscht" einzutragen, sondern es müssen die betr Rechte mit Löschungsvermerk eingetragen werden. S J M Bl 1925, 367. (Verfgg vom 5.10.25) K G Ring III 417.

Verzicht. 1. auf das Eigentum am Grundstücke, § 928 B G B; Nachricht von der Eintragung des Verzichts an Regierungs- (Berlin Polizei-) Präsidenten J M Bl 1911, 94, **Nr 8**; 17, 103. In Berlin ist z Zt die Preuß Bau u Finanzdirektion für die staatlichen Verzichtsangelegenheiten zuständig. S auch J M Bl 1922, 495. Eine solche Eintragung kann keinen Rang haben. S Rang 12. — Der Widerruf des Verzichts vor seiner Eintragung ist zulässig; bis dahin ist das Grundstück wirksam nicht aufgegeben; der Eigt kann weiter darüber verfügen; Joh 48, 255. — Die Bestellung eines Vertreters nach § 58 Z P O für den Fall, daß ein Grundstück nach Eigentumsverzichte des bisherigen Eigt herrenlos ist, gilt auch, wenn Rechte aus einer Auflvormerkung geltend gemacht werden sollen. Dieser Vertreter kann auch die Aufl an den Vormerkungsgl erklären oder dazu rechtskräftig verurteilt werden, ohne daß der Vormerkungsschuldner (d i der verzichtende Eigt) seine Zustimmung nach § 19 G B O zu geben braucht. Wird nur auf ein Grundstück auf gemeinsamen Gbblatte für mehrere Grundstücke verzichtet, so muß es (§ 6 G B O) auf ein anderes Gbblatt abgeschrieben werden. Joh 51, 192. — Nach R G (J M Bl 1913, 441) hat A auf sein Grundstück, das bei 55000 M Hyp u 41000 M Wert überschuldet war, verzichtet. Die Stadt B hatte nach Art 129 E G B G B u preuß Kabinetsordre vom 15.3.1829 ein mit dinglicher Wirkung ausgestattetes übertragbares gesetzliches Aneignungsrecht; sie trat dieses zu gerichtlichen Protokolle 1911 an einen Hypgl von 18500 M ab, der dann als Eigt eingetragen wurde. Es war nur der Abtretungsstempel zu berechnen, weil ein lästiges Veräußerungsgeschäft fehlte u der Eigterwerb sich nicht vom früheren Eigt A herleitete, sondern sich auf Grund Gesetzes vollzogen hatte; die Rechtslage des persönlichen Schuldners änderte sich nicht; auch sind schuldenrechtliche Beziehungen zwischen A u der Stadt oder ihrem Rechtsnachfolger nicht entstanden. — Auflassung war nicht nötig; es hätte eine vom Bürgermeister u einem Magistratsmitgliede (mit Dienstsiegel) unterschriebene, vom Reg-Präsidenten genehmigte Abtretungsurkunde u eine vom neuen Aneignungsberechtigten nach § 22, 29 G B O beglaubigter Antrag auf dessen Eintragung genügt. — ME kommen § 928 B G B, Art 190, 129 E G B G B zur Anwendung dafür, wem das Aneignungsrecht am herrenlosen Grundstücke nach Verzicht zusteht. Der Staat hat es nach § 928; aber dann nicht, wenn die Stadt auf Grund des „Weichbildrechts" oder möglicherweise (wie Berlin) aus früherer oberer Gerichtsbarkeit das Recht (entsprechend dem auf erblose oder erledigte Verlassenschaften) hat. Recht 1913, 201; Joh 24, 58. Wenn das Aneignungsrecht nicht zweifelsfrei feststeht, erfordere ich Zustimmung von Staat u Stadt zu seiner Abtretung, falls frühere Eigt oder Dritte auf Grund einer Abtretung des Aneignungsrechts am Grundstücke seitens Staat oder Stadt in begl Form (mit Grunderwerbsteuerbescheinigung) beantragen, sie als Eigt in das Gb einzutragen. Danach hat Staat nicht ohne Weiteres ein Anrecht auf einen Überschuß aus dem Versteigerungserlöse bei einem herrenlosen Grundstücke. (Ricks, Berliner Lokalanzeiger, Volkswart 28.1.1923).

2. des **Nacherben** auf Eintragung des **Nacherbenrechts** im Gb ist entgegen § 52 G B O zulässig. Er muß in beglaubigter Form vorliegen. Er enthält aber nicht die Bedeutung, daß der Nacherbe sein Nacherbenrecht an sich verliert, sondern bedeutet nur, daß auf die Offenkundigmachung des Nacherbenrechts im Gb verzichtet wird. K G 7.11.04 V 192. M E geht natürlich das Nacherbenrecht gegenüber demjenigen verloren, der auf Grund einer Aufl oder Bewilligung unter obigem Verzichte ein Recht an einem Grundstücke erwirbt. — Das Nach-

erbenrecht ist kein dingliches Recht an den einzelnen Nachlaßgegenständen nach § 891, sondern eine Verfügungsbeschränkung nach § 892 Abs 1 Satz 2 B G B, aber dem Erwerber des Nachlaßgrundstücks gegenüber nur, falls es ihm bekannt oder eingetragen ist, obwohl es sonst auch unabhängig vom Gb entsteht. Das Gba muß es daher immer beachten u zu Verfügungen über das Grundstück nötigenfalls (s Vorerbe 1c) die Zustimmung der Nacherben durch Beanstandung erfordern, es sei denn, daß die Nacherben auf ihr Recht verzichtet oder seine Löschung bewilligt haben. Damit geht es für das Grundstück, aber nicht sonst, verloren. Joh 52, 166. — S Erbverzicht.

Nr 33; 103. **3.** auf eine **Hyp** ist nicht zu folgern, wenn lediglich die Löschung einer Hyp bewilligt wird. Dies ist deshalb wichtig, weil bei einem **Verzichte** nach § 1168 Abs 1 B G B eine **Eigthyp** bezw Grundschuld entsteht, dagegen nicht bei einer Löschungsbewilligung. S dort. — Über die Bedeutung des Verzichts des Gl auf den nicht begebenen Teil einer Höchstbetragshyp R G 97, 223.

4. auf **Vorlegung des Briefes** bei Kündigung einer Hyp oder Mahnung ist eintragungsfähig. R G 57, 342.

5. Er muß beim **Verzichte auf eine Hyp** noch eingetragen werden, damit der Eigt deren Löschung bewirken könne. K G 21.10.01 III 36. Diese **Eintragung** ist überflüssig u daher **unzulässig**, wenn Löschungsantrag u Verzicht gleichzeitig eingereicht werden. Es gibt einen Verzicht des Gläubigers mit der verschiedenen Absicht, daß der Eigt die Hyp erwerben oder daß die Hyp (§ 875, 1183 B G B) beseitigt werden soll. Die Hyp wird nach § 1168 B G B erst mit Verzichtseintragung Eigtgrundschuld. K G Ring 28, 374.

6. Verzicht auf Widerruf einer Vollmacht s Vollmacht 4.

7. § 2 D Vo 12.9.1927 zum Awerg (s Aw-Gbsachen J Muster Nr 68 Gbblatt f Anmerkung, 69b, Verzicht) gibt die Möglichkeit, gelöschte oder noch eingetragene, aber nach § 14, 15, 78 Aw G gezahlte **„Hypotheken"** (nicht Grundschulden), die außerhalb des Gb als Awhyp bestehn, aber vom Eigentümer infolge „Verzichts" des Gläubigers (oder sonstwie z B nach K G D Not V 28, 362 durch Awverzicht oder löschungsfähige Quittung über Tilgung u Untergang der Forderung) Eigtgrundschulden geworden sind, ohne Nachweis der Aw u ohne Eintragung der Aw u des Grundschulderwerbs gegen Vorlegung der Urkunde nach § 29 G B O über diesen Erwerb aus dem Gb endgültig zu entfernen. D h sie erstmalig oder nochmals (am Besten unter dem alten Löschungsvermerke zu löschen. Diese Löschung ist keine Löschung nach B G B u besser als eine Feststellung des endgültigen Erloschenseins des Rechts außerhalb des Gb zum Schutze gegen Wiederaw oder Wiedereintragung zum Nachteile anderer Gbgläubiger zu bezeichnen. K G Ring 28, 372. — **Verzicht auf „Anmeldung" s Aw-Gbsachen J Seite 203, Vergleich d, Zurücknahme.**

8. Alle Verzichte (auch auf die Befugnisse aus § 7 Aw G) bedürfen der Form des § 29 G B O, **aber nach § 13, 30 G B O nicht der Antrag auf Eintragung des Verzichts**! Sie können nicht durch andere Erklärungen z B der Aufgabe der Befugnis u daß sie gelöscht werde u nicht durch ihre einfache Löschung im Gb ersetzt werden. Es muß ein ausdrücklicher Verzicht, der m E auch aus anderen Erklärungen (vgl Bewilligung, Einigung, § 133 B G B) klar entnommen werden kann, **erklärt** u **eingetragen** werden. Die bloße Löschung der Befugnis im Gb genügt nicht, da § 7 V Aw G zu ihrem materiellen Untergange den Verzicht erfordert u dieser außerhalb des Gb nicht bestehn bleiben darf. Eine Verzichtseintragung setzt aber auch voraus, daß eine Befugnis noch besteht u m E auch nicht verbraucht ist (Muster 68, Aw Gbsachen H 9). K G Ring 28, 906.

9. Beispiele für Verzichte auf die Befugnisse aus § 7 I, V Aw G:
a) Befugnisse sind noch nicht eingetragen: Abt III Spalte 7: Der Eigentümer

hat auf alle seine Befugnisse aus § 7 AwG (oder auf seine Befugnis gemäß § 7 AwG nach der Hyp Nr 2 oder nach den Hyp Nr 2, 3) verzichtet. Eingetragen am . . ten . . . **b)** Die Befugnisse Nr 6, 7 sind bereits eingetragen: Abt III Sp 9—11: Nr 6: 20000 FGM, Nr 7: 5000 FGM. Auf Grund Verzichts des Eigentümers gelöscht am . . ten . . . (Vgl die Vorschriften Nr 22 III der Gesetze-Zusammenstellung vorn.)

Vollmacht. Die **General-Vollmachten** sind fast ausnahmslos zu umständlich abgefaßt. **Mein Muster lautet:** Ich erteile dem Kaufmann N N in N, Straße Nr Generalvollmacht, mich u meine Erben in allen meinen Vermögensangelegenheiten zu vertreten. Ich befreie ihn von der Beschränkung des § 181 BGB u ermächtige ihn, Untervollmacht zur Durchführung einzelner Geschäfte zu erteilen. (Falls erforderlich, Zusatz: Die Vertretung erstreckt sich auch auf meine persönlichen Rechte wegen Genehmigung von Erklärungen zu Rechtshandlungen meiner Ehefrau u auf die Erziehung meiner Kinder, soweit dies gesetzlich zulässig ist.) — **Am Besten** wird die Vollmacht **zu gerichtlichem oder notariellem Protokoll** erklärt, um vor den Folgen eines Vollmachtsverlustes geschützt zu sein u jederzeit eine oder mehrere Ausfertigungen erhalten zu können.

Nr 47, 50. 86, 88, 98. 1. Die Vollmacht reicht aus, wenn sie schriftlich erteilt u die Unterschrift des Vollmachtgebers beglaubigt ist. KG 8.7.01 II 189. Sie kann **einer Person** zur Erteilung u Entgegennahme der **Aufl** erteilt werden. OLG KG 4.3.01 II 493. Vergl Beispiel **Nr 4** Anm. Ist zu den Grundakten auch nur unbeglaubigt angezeigt, daß eine Vollmacht widerrufen ist, so mache ich in der Tabelle einen Bleistiftsvermerk bei dem Namen des Vollmachtgebers u beanstande bei Anträgen des Bevollm auf Grund der Anzeige. S Zweifel. Die Anzeige des Widerrufs hat das Gba nicht zu beachten, wenn ein Widerruf unzulässig ist. KG D Not V 27, 752b. — Sie bedarf keines Nachweises nach § 29 GBO, wenn im gerichtlichen Prozeßvergleiche (nicht vorm Mietseinigungsamte s dort) oder vor der Awstelle im Awvergleiche von dem darin bezeichneten Bevollmächtigten in Parteiabwesenheit eine Erklärung als Unterlage für eine Gbeintragung abgibt. Diese genügt. Dies gilt auch bei Urteilen. Die Vollmachtsprüfung des Prozeßgerichts u der Awstelle binden das Gba. Es kann also keine beglaubigte Vollmacht verlangt werden. KG Ring I 331; 28, 302. — S Legalitätsprinzip unter Gba 2.

2. Ihr Inhalt muß vom **Gbr** selbst geprüft werden; sie muß ihm deshalb in Urschrift oder Ausfertigung vorgelegt werden. Es **genügt nicht** die **Bescheinigung** des Notars, daß eine Vollmacht mit bestimmten Inhalte u bestimmter Form ihm vorgelegen habe. Hamburg 7.5.09 X 159. Joh 43, 154. S Notar 8, wonach auch **der Notar eine ihm erteilte Vollmacht** selbst beurkunden kann. Erklärt der Notar in der Beglaubigungsformel, daß ihm eine bestimmte Vollmacht in Urschrift oder Ausfertigung vorgelegen habe, genügt die Vorlegung einer beglaubigten Abschrift. Joh Bd 37, 221. Im Gegensatze dazu: Wenn eine Abtretung vom Bevollmächtigten vor dem Notar erklärt ist, so gilt diese Erklärung nicht schon mit der Niederschrift als abgegeben, sondern mit der Einreichung der Urkunde beim Gba (Joh 37, 221). Das Gba hat deshalb zu prüfen, ob in diesem Zeitpunkte eine wirksam erteilte Vollmacht vorlag. KG 4.4.1912 bei Tempelhofer Vorstadt Bl 1449. Sonst wie Vollmacht 2—4. Diese Entscheidung ist für den Fall unrichtig, daß es sich um eine Briefhyp mit Übergabe des Briefes an Erwerber handelt. Dann ist die Abtretungsurkunde u Briefübergabe (s Hypbrief) entscheidend. Denn die Hyp geht schon mit der Übergabe des Briefes u der Abtretung über. Das Gba berichtigt dann nur noch. Im übrigen kommt es darauf an, ob der Richter begründete Bedenken gegen das Weiterbestehen der Vollmacht hat z B bei zu großem Zeitablaufe seit Errichtung der notariellen Urkunde wegen

Möglichkeit eingetretenen Vollmachtswiderrufs! S 10. Nach O L G 43, 1 bildet der Widerruf (s dort) einer Vollmacht kein Hindernis, wenn sie z Zt der Aufl bestand. — § 172 B G B findet nur Anwendung, wenn die Vollmacht selbst beim Geschäftsabschlusse vorliegt. Das Gba hat trotz ihres Vorliegens unter freier Tatsachenwürdigung zu prüfen, ob eine Vollmacht erloschen oder widerrufen ist. Joh 53, 127. S Zweifel. Über Vollmachtsabschrift s Urkunde 2 u als Protokollanlage s **Protokoll**.

3. S 88. **Jeder** Bevollmächtigte muß **seine** Vollmacht vorlegen, auch dann, wenn mehrere Bevollmächtigte gemeinsam auftreten müssen, es sei denn, daß die Ausfertigung allen Bevollmächtigten gemeinschaftlich erteilt ist.

4. Hat der **Gbr** gegen das Bestehen der **überreichten** Vollmacht **Bedenken**, kann u muß er sie berücksichtigen. K G 14.12.05 VII 57. Eine **Generalvollmacht** beweist **nicht die Befugnis**, daß der Bevollmächtigte **mit sich selbst** (§ 181 B G B) Geschäfte abschließt. O L G K G 18.5.03 VIII 30. S Zweifel. — Der **Verzicht auf den Widerruf** (s 10 unten) einer Generalvollmacht ist unwirksam Joh 47, 150. — Eine Frau kann mittels ihrer Generalvollmacht ihres Mannes namens dieses auch die ehemännliche Zustimmungserklärung zur Verfügung über ihr Vermögen abgeben, ohne daß § 1408, 181 B G B hindern. Joh 51, 205. M E bedarf es einer besonderen Zustimmungserklärung nicht, weil diese selbstverständlich in ihren Erklärungen kraft der Mannesvollmacht enthalten ist.

5. Die **nachträglich** eingereichten **Auflvollmachten** müssen darauf geprüft werden, ob sie schon zur Zeit der Aufl erteilt waren. Die Vollmacht muß dies ergeben. O L G Kolmar 13.2.05 X 1905 u K G 6.10.02 VI 17. Joh 37, 221. K G 1.2.09. S jedoch Aufl 12. — Eine Vollmacht, die zur Aufl an einen bestimmten Käufer erteilt ist, enthält ohne Weiteres nicht die Macht, die Aufl an einen Dritten, an den die Rechte aus dem Kaufvertrage abgetreten sind, (oder sonst **Untervollmacht**) zu erteilen. Joh 51, 202. — Über Formfreiheit der Auflvollmacht zum Kaufabschlusse nach § 313 B G B s R G 104, 236. — Ist an Einzelfirma u Einzelkaufmann Auflvollmacht erteilt, kann der Bevollmächtigte die Aufl an sich unter bürgerlichem Namen geben. Braunschweig Ring II 313. (S Einzelfirma für Preußen!). — Die **Auflvollmacht** wird von der **Nichtigkeit** des wegen unrichtiger Preisangabe **nichtigen Kaufvertrags** nicht mitergriffen, da die Aufl sicher gewollt war. Ebenso nicht, wenn von 2 Rechtsgeschäften in einer Urkunde das Eine nur Scheinvertrag zur Verdeckung des wahren Geschäfts u das andere Geschäft wirklich gewollt war. § 139 B G B. Die Auflvollmacht ist auch wirksam, wenn sie auf die Zeit nach dem Tode des Vollmachtgebers beschränkt ist, da sie keine Verfügung von Todeswegen u nur Vollmacht zur Geschäftserfüllung unter Lebenden ist. R G 114, 351. S unten 10. K G D Not B 28, 35.

6. S Testvollstr 1b, 10, Sicherungszwangshyp 6.

7. Eine Vermutung für das Fortbestehen einer Vollmacht nach dem **Tode des Vollmachtgebers** besteht nicht. Das Fortbestehen der Vollmacht ist in jedem Falle nachzuweisen. Das Erlöschen bestimmt sich nach dem der Vollmacht zu Grunde liegenden **Rechtsverhältnisse**. Dieses muß entweder aus der Vollmacht selbst oder sonstwie gemäß § 29 G B O dargetan werden. O L G Colmar X 436 u Entsch zu 10. — S Überlassungsvertrag.

8. Die unter Allgem Preuß Landrecht für den Machtgeber **u seine Erben** erteilte Generalvollmacht erlischt nicht durch den nach dem 1.1.00 erfolgten Tod des Machtgebers bezw durch das B G B u berechtigt auch zur Verfügung über der Verwaltung von Testvollstrn des Machtgebers unterliegende Nachlaßgegenstände, da die Vollstrernennung keinen Vollmachtswiderruf enthält. Joh 37, 231.

9. Die Dauer einer Untervollmacht (s 5 oben) richtet sich nach dem Umfange der Hauptvollmacht u ihrem eigenen Umfange. Auf einer zeitlich begrenzten Hauptvollmacht können im Zweifel zeitlich unbegrenzte Untervollmachten nicht beruhen. Joh 37, 239.

10. Die von dem Machtgeber **für sich u seine Erben** erteilte Vollmacht ermächtigt den Bevollmächtigten auch zu Handlungen für die Erben u Nacherben, soweit diese vor Eintritt der Nacherbfolge handeln können. Joh 36, 166; 41, 168. Dagegen kann der **Vorerbe** keine die Nacherben nach dem Nacherbfalle bindende Vollmachten erteilen. K G D Not V 28, 35. S aber 5 oben R G 114, 351. S Vorerben. Auf **§ 181 B G B** achten! — **§ 181** steht m E einer Vollmacht „ohne" Befreiung von ihm nicht entgegen, wenn der Bevollm als Schuldner eines Dritten diesem für seine Schuld eine Hyp am Grundstücke des Vollmachtgebers bestellt u der Bestellung nicht irgend eine vom Bevollm auf Grund der Vollmacht deswegen erklärte Schuldverpflichtung des Vollmachtgebers gegenüber dem Bevollm zu Grunde liegt. Denn dieser könnte das Grundstück sonst ohne jede Grundangabe auflassen u den Dritten aus dem Erlöse befriedigen. Außerdem kann der Vollmachtgeber die Bürgschaft für eine Schuld des Bevollm ohne seine Zustimmung übernehmen. — Die Befreiung vom § 181 muß m E bei Gesellschaften in das **Handelsregister** eingetragen u durch Registerauszug nachgewiesen werden. S aber G m b H! — § 181 bezieht sich auch auf die **Eintragungsbewilligungen.** K G Joh 37, 221, 283; 39, 325; 41, 168; 47, 168. — Die vom Machtgeber für sich u seine Erben erteilte Vollmacht hat keine Geltung über den Tod des Machtgebers hinaus, wenn der Bevollmächtigte der alleinige Erbe oder Vorerbe des Machtgebers ist. Joh 43, 157. Die auch für die Erben erteilte Vollmacht hat keine Geltung, wenn der Bevollm der alleinige Vorerbe des Machtgebers ist (Joh 43, 157) oder die V vom Erblasser als unwiderruflich durch die Erben erklärt, durch das Grundgeschäft nicht eingeschränkt ist u den Gesamtnachlaß umfaßt. (Ring I, 318). § 168, 139 B G B. Eine **unwiderrufliche Generalvollmacht** ist (m E insofern) **unwirksam.** Joh 47, 150. Zur Unwiderruflichkeit genügt nicht eine einseitige Erklärung des Vollmachtgebers, sondern ist dazu eine mit dem Bevollm oder Dritten ausdrücklich oder stillschweigend getroffene Vereinbarung u Annahme durch den Bevollm nötig. Ein Widerruf ist insbesondere zulässig, wenn er bei Vollmachtserteilung noch ungiltig oder nichtig war. R G 109, 331; D Not V 26, 549; J W 25, 603. — Die Vollmacht **mit Unwiderruflichkeit der Grdstübertragung** ist **formpflichtig nach § 313** B G B, aber der Vollmachtgeber kann den vom (wegen Formlosigkeit) vollmachtslosen Vertreter geschlossenen unwirksamen Vertrag nach § 185 B G B genehmigen. R G D Not V 26, 55, 4; 110, 319. S oben 1, 2, 4, 8; Widerruf. — Vornahme eines Rechtsgeschäfts mit sich selbst nach § 181 B G B liegt auch vor, wenn Jemand selbst u im Namen Anderer (z B seiner Mündel oder minderj Kinder) Geschäfte abschließt u die Anderen ihre Einwilligung geben müssen. (S Eheleute 4). Die Einwilligung dieser (auch deren Pflegers) kann auch dem Gba gegenüber erklärt werden. Ring II 283.

11. Vormünder, Pfleger, Beistände können ihre Pflichten, die sie nach dem Gesetze nicht selbst erfüllen müssen, nicht durch Generalvollmachten übertragen, sondern nur die Erledigung einzelner Angelegenheiten, die natürlich den Vorschriften über die Vorm Gen — im Gegensatze zur Erteilung der Vollmacht bezw dieser selbst — unterliegen. Staudinger B G B 1905, S 1029. Eine „Geschäftsführung" im Gegensatze zu „Befugnissen, Pflichten" kann der Vormund usw nach K G Ring III 272 durch Generalvollmacht übertragen. Die Einzelvollmacht erlischt weder durch Geschäftsunfähigkeit noch Tod des Vollmachtgebers noch durch Geschäftsfähigwerden des Mündels, wenn ihr ein Auftrag (§ 672 B G B) zugrundeliegt u sie nicht widerrufen wird. Die V bedarf auch nicht der vorm Gen, sondern nur das Geschäft selbst, wie beim Vormunde, aber nicht bei Volljährigkeit des Mündels. O L G 43, 184, Ring I 313. § 168, 672, 1793, 1812, 1821 B G B.

12. Der Ehemann ist zur Vollmachtserteilung in seinen ehemännlichen Verwaltungsrechten trotz § 1408 B G B befugt. Joh 51, 207. Hat eine Ehefrau einem Dritten vor der Ehe Vollmacht erteilt, so bleibt diese wirksam, es muß jedoch m E der Ehemann der Vollmacht oder allen einzelnen Verfügungen des Bevollmächtigten beglaubigt zustimmen, da auch die von Letzterem getroffenen Verfügungen immer nur in Vertretung vorgenommene Verfügungen einer Ehefrau sind u deshalb der Zustimmung des Ehemanns bedürfen. S auch R G 80, 248.

13. Der vom Erblasser für sich u seine Erben bestellte Bevollmächtigte braucht zum Nachweise seiner Verfügungsmacht nicht durch Test oder Erbschein nachzuweisen, wer die Erben sind, wenn er für diese verfügt; er bedarf, wenn er für einen minderjährigen Erben als gesetzlicher Vertreter verfügt, der vorm Gen. S vorm Gen 7b. R G 88, 345; 106, 185. Wer gesetzlicher Vertreter Minderjähriger ist, aber nicht als solcher, sondern auf Grund Erblasservollmacht (7) auftritt, bedarf keiner vorm Genehmigung. R G 106, 185. — Soweit Rechte für den inzwischen verstorbenen Machtgeber nach vorliegenden Urkunden eingetragen werden sollen, sind für diese Urkunden neue Eintragungsbewilligungen zu Gunsten der Erben zu beschaffen, da die Rechte durch den Tod des Berechtigten ihre Wirkung verloren haben. O L G R G XXV 381. Die Erben sind nachzuweisen gemäß § 36 G B O. Joh 40, 201; 44, 231; 50, 165. Testvollstr 2.

14. Stempelfreiheit der Auflvollmacht gemäß § 31 G B O tritt nur ein, wenn das der Aufl zu Grunde liegende Rechtsgeschäft vollständig in der die Vollmacht enthaltenden Urkunde beurkundet ist. R G 78, 157. Wer von einer ausländischen Vollmacht (auch der Bevollm) im Inlande Gebrauch macht, haftet für die Preuß Stempelgebühr selbstschuldnerisch nach § 13 II Stempelsteuerges. L G Präsident II Berlin Tempelhofer Vorstadt 685. 21.12.25 10 Gen II 167c 348.

15. Der Vorstand einer eingetragenen Genossenschaft kann eines seiner Mitglieder zur Vornahme von Rechtsgeschäften für die Genossenschaft bevollmächtigen. R G 80, 180. Dies gilt auch in allen Fällen der Gesamtvertretung d h ein Vertreter kann von den anderen bevollmächtigt werden. R G 81, 329. Dies gilt nicht, wenn die Vertretung in der Satzung verboten ist.

16. Die Vollmacht zur Aufl ist auch dann nicht nichtig, wenn der der Vollmacht zu Grunde liegende Vertrag nichtig ist oder wenn der Verkäufer sich nicht vor der Aufl vom Vertrage losgesagt oder die V widerrufen hat. R G 103, 300; 104, 192, 296. — Ob die V noch z Zeit der Antragserledigung beim Gba besteht, ist gleichgiltig. Ob im maßgebenden Zeitpunkte eine V bestanden hat, bedarf nicht stets des Nachweises nach § 29 G B O durch öffentl Urkunden (z B daß sie dem Notar vorgelegen hat), sondern ist unter Würdigung aller bekannten Tatsachen u Erfahrungsgrundsätze zu entscheiden. Beweis für die V ist deren Besitz, sofern nicht andere bestimmte Umstände (z B Anzeige, des Widerrufs) bekannt sind, daß V widerrufen ist. Ring I 322.

17. **Blankovollmacht** S Oberneck, Notariatsrecht 199, 202; Ricks J W 1926, 2709, der diese Vollmachten im Gbverkehr unter folgenden Voraussetzungen für zulässig erachtet: Ich stelle mir vier Arten von Blankovollmachten vor. Die erste: Name des Vollmachtgebers mit vorstehendem Datum auf einem sonst unausgefüllten Blatte Papier, das später mit dem Vollmachtsinhalte u dem Namen des Bevollmächtigten vom Papierinhaber ausgefüllt wird. Nach klarem Verbote des § 129 B G B kann diese Blankovollmacht vom Gba (Güthe-Triebel, Anm 115 zu § 29) nicht als Urkunde des § 29 G B O anerkannt werden, weil eine Unterschrift eine darüber stehende schriftliche Erklärung voraussetzt u deshalb nach Art 31 Preuß Freiw keine Beglaubigung einer „Unterschrift“, sondern nur eine Bescheinigung, daß „N N in N seinen vorstehenden Namen gezeichnet“ habe, erteilt werden durfte. Vorausgesetzt ist natürlich, daß das Gba den Sachverhalt erkennt. — Die zweite bis vierte Art der Blankovollmachten ist, daß der Vollmachtgeber Datum u Unterschriften auf einen Bogen Papier **a**) nur mit der Überschrift „Vollmacht“ oder „Blankovollmacht“, **b**) mit dem Vollmachtsinhalte ohne Nennung des Bevollmächtigten oder unter Angabe des jeweiligen Inhabers der Vollmacht als Bevollmächtigten und **c**) mit dem Namen bezw Nennen des Bevollmächtigten wie b) ohne Angabe des Vollmachtsinhalts setzt u seine diesmal wahre „Unterschrift“ zulässig gerichtlich oder notariell beglaubigen läßt. Hier liegt die von § 129 B G B erforderte schriftliche Erklärung über der Unterschrift vor. Denn schon die Überschrift „Vollmacht“ ohne weiteren Zusatz bedeutet klar: Ich erteile Blankovollmacht. Der berechtigte Inhaber dieser drei Blankovollmachten kann sie nach seinem berechtigten Ermessen benutzen oder, soweit sie nicht ausgefüllt sind, ausfüllen, sodann mittels ihrer über Grundstücke oder Grundstücksrechte des Vollmachtgebers verfügen, u das Gba kann die Vollmacht nebst Eintragungsbewilligung nur beanstanden, wenn es nicht bloß Zweifel hat oder entfernte Möglichkeiten befürchtet, sondern tatsächliche Unterlagen für die unrichtige Ausfüllung oder Benutzung hat. Wer eine solche Vollmacht zu a—c aus der Hand gibt, muß u will sich gefallen lassen, daß davon in weitestem Umfange, z B zur vollen Verfügung über ein Grundstück oder Grundstücksrecht des Vollmachtgebers, Gebrauch gemacht wird. Daran ist auch das Gba gebunden. Die Blankovollmacht ist in zahlreichen Fällen des Verkehrs gebräuchlich u oft unentbehrlich. Warum soll sie dies nicht im Gbverkehr sein!? Das Gba soll nicht ein den Verkehr hinderndes, sondern beförderndes Amt sein! In K G Joh 35, 227 wird sowohl das Vorliegen wie die Absicht der Erteilung einer Blankovollmacht in dem Falle („Endlich wird der ... ermächtigt, aufzulassen“) abgelehnt. Das K G sagt aber, daß jede nachträgliche Ausfüllung der Vollmacht einer neuen Beglaubigung der Unterschrift des Ausstellers bedürfe u daß die Vollmacht ohne solche keine Beweiskraft für das Gba mehr biete, wenn nachträglich ein wesentlicher Teil nach der ersten Unterzeichnung u Beglaubigung hinzugefügt ist. Darauf beruht aber der Irrtum des K G. Dieser Satz trifft für alle übrigen Urkunden zu. Nicht aber für die Blankovollmacht! Solche Zusätze sind das Wesentliche u die Natur einer Blankovollmacht! Sonst kann sie nicht bestehen! Ist es nun Rechtssatz, daß der Vollmachtgeber, wie oben gezeigt, durch solche Zusätze bei einer Blankovollmacht gebunden ist, so muß ihn das Gba ebenfalls gelten lassen, falls die Blankovollmacht als solche erkennbar ist. Es bedarf dann keiner Beweiskraft mehr, weil der offenkundige Rechtssatz gemäß § 29 G B O die sonst fehlende Beweiskraft wegen der Zusätze ersetzt. Im übrigen ist jeder Einzelfall für sich zu beurteilen! In Falle a) ist es zweckmäßig zu „Blankovollmacht“ noch den Zusatz zu machen: „mit“ oder „ohne Befreiung von § 181 B G B.“!

18. Vollmacht u Grdstaufträge (auch ausländische), ihre Form s Ausland 2, Türkei.

Vollstreckbare Ausfertigungen mit der Vollstreckungsklausel (s Zwangsvollstreckung 2ff); ihre Erteilung durch das Gba; Beschwerde gegen Versagung Joh 46, 18.

Vollstreckungsbehörden außer den Gerichten s Verwaltungszwangsverfahren.

Vollstreckungsrichter. Sobald er den Zuschlag erteilt hat, müßte er dem Gba (S Seite 105, **Nr 11, 12, 13,** 113) sofort davon u vom Ersteher Nachricht geben. Dann weiß das

43. 105, 113. Gba, daß der bisherige Eigt nicht mehr wahrer Eigt ist u kann ungerechtfertigte Anträge von ihm abweisen u so große mögliche Schwierigkeiten verhindern. Ich würde bei Abt I der Tabelle einen Vermerk über den neuen Eigentümer machen. Dem Vollstreckungsrichter-Ersuchen auf Eintragung des Zwangsversteigerungs- u Verwaltungsvermerks ist unbedingt stattzugeben, auch wenn z B Aufl an den 3. bei den Akten liegt oder der 3. als Eigt eingetragen ist. Der Vermerk darf nicht gelöscht werden außer bei seiner Aufhebung. S Ring I 312, IV 301; Zuschlag 5b, Hindernis 3. Das Ersuchen ersetzt die Eintragungsanträge, Bewilligungen sowie nach § 13, 19 G B O erforderliche Erklärungen, nicht aber die Zulässigkeit der Eintragung z B des Betroffenen, der Vorlegung der Briefe (abgesehn von den Briefen der ausgefallenen u nach Ersuchen zu löschenden Posten) u Urkunden, Grunderwerbsteuerbescheinigung (s Industriebelastungsgesetz u Aufl Einleitung), Genehmigung. § 40, 41—44 G B O. Ring I 406. — S Verzicht (Erlös) bei herrenlosen Grundstücken. — Das Ersuchen (s dort) des Vollstreckungsrichters aus § 130 Zw kann vom Gba **nicht** wegen sachlicher sich aus dem Gb ergebender Anstände **abgelehnt** werden. (S **Zuschlag 1, 2, 5.**) Soweit er innerhalb seiner gesetzlichen Befugnisse handelt, hat das **Gba sein Ersuchen nicht nachzuprüfen.** K G 23.2.03 III 255. (S jedoch Nachprüfungsrecht unten.) Nach K G 1 X 651/27. 27.10.27 Tempelhofer Vorstadt 317 kann Vollstreckungsrichter auch um **Berichtigung versehentlicher Buchungen** infolge seines Ersuchens ersuchen. (§ 39 G B O.) Z B um Wiedereintragung gelöschter Hyp. Darin kann auch ein Antrag auf Eintragung eines Widerspruchs nach § 54 G B O gesehn werden. Dieser ist einzutragen, wenn z B inzwischen § 892, 893 B G B anwendbar geworden ist. Jedoch muß der Berechtigte seinen gutgläubigen Erwerb beweisen. — Er darf um die Löschung der auf **Siedlungsgrdst** eingetragenen **Beschränkungen** aus § 35 Preuß A G zum Reichssiedlungsgesetz **nicht ersuchen,** da sie als öffentlichrechtliche Verfügungsbeschränkungen auch außerhalb des geringsten Gebots nicht erlöschen. K G Ring IV 364. — Er kann, wenn sein erstes Ersuchen als unrichtig beanstandet ist, ein **berichtigtes Ersuchen** erlassen. K G 23.2.03 III 255. Er ist auch befugt, nachdem infolge **versehentlichen Ersuchens** eine **Hyp gelöscht** ist, das Gba zu ersuchen, die Hyp wieder einzutragen. Die Eintragung muß erfolgen. Jedoch dürfen nach Lage der Sache wohlerworbene Rechte Dritter nicht beeinträchtigt werden. § 892 B G B K G 29.12.02 III 217. Er ist jedoch **nicht befugt,** um Löschung von **Gesamthyp** auf **nicht versteigerten** Grundstücken (K G 23.12.01 III 48) oder um die Eintragungen von neuvereinbarten **Nebenbestimmungen** bei einer gemäß § 91 Abs 2 Zw stehenbleibenden Hyp zu ersuchen. Das **Gba hat hier ein eigenes Recht auf Prüfung** der Eintragungsbewilligung. K G 10.6.01 II 184. Dasselbe Recht **der Nachprüfung hat das Gba,** wenn der Ersteher nach dem Zuschlage verstorben ist. Das Vollstreckungsgericht hat den wahren Ersteher bezw neuen Eigt u den Zuschlagsbeschluß im Berichtigungsersuchen anzugeben. Es „kann" aber außerdem noch, nur als Vermittler im Auftrage der Rechtsnachfolger, nicht kraft Gesetzes, die Nachfolger des Erstehers angeben u um ihre Eintragung ersuchen. Joh 46, 257. M E muß der Vollstrrichter von Amtswegen sowohl den wahren Ersteher nebst dem Zuschlagsbeschlusse wie die Rechtsnachfolger unter Beifügung der Unterlagen gemäß § 36 G B O **zur Nachprüfung** durch das Gba (wie bei Testamentsvollstrecker 2) angeben u um Eintragung der Rechtsnachfolger ersuchen. Sind sie noch nicht bekannt, müssen sie **entsprechend Gl 4** benannt u um ihre Eintragung ersucht werden. Denn ein Verstorbener kann (Gl 13) nicht eingetragen werden. Dies alles ist selbstverständlich! — Der Vollstrrichter (nicht das Gba) hat bei teilweisen Hyplöschungen die Briefe berichtigen zu lassen. Joh 51, 308. Der Vollstrrichter tritt, wenn er sein Ersuchen aus § 130 Zw erläßt, nicht als Vertreter

des Erstehers oder anderer Beteiligter auf, sondern unabhängig in Ausübung einer zu seiner Zuständigkeit gehörigen selbständigen amtlichen Tätigkeit. Stehn der Ausführung des Ersuchens Hindernisse entgegen, so ist die Zwischenverfügung aus § 18 G B O an den Vollstrichter als ersuchende Behörde, die als Antragsteller des § 18 gemäß § 39 G B O anzusehn ist, zu richten. Das Ersuchen ist wie jeder andere Eintragungsantrag zu behandeln. Joh 52, 156. K G 20.1.11. (Nicht veröffentlicht.) Der Vollstrichter muß auch von allen nach Erteilung der begl Abschrift erfolgenden Eintragungen Nachricht erhalten, damit er über den Inhalt des Gb genau unterrichtet ist, was besonders bei Buchhyp wichtig ist. Rechtsänderungen, die nicht durch das Vollstreckungsverfahren herbeigeführt werden, können nicht Gegenstand des Berichtigungsersuchens sein. Alle eingetragenen u vorgemerkten Rechte, die durch den Zuschlag erloschen sind, müssen auf Ersuchen gelöscht werden. Also auch Löschungsvormerkungen (München 21.10.10 XI 73), Nacherbenrechte (s Vorerbe 14), Auflvormerkungen. Für den **Versteigerungsrichter wie alle Behörden** gilt § 48 **G B O** (Anteile 2) u **insbesondere auch § 4 Verf. 20.11.99.** (S Gl.) Er muß auch die Briefe entsprechend dem Versteigerungsausfalle berichtigen oder unbrauchbar machen. Joh 51, 308. S Grundschuld 1, Anerben u Rentengüter, Wiederkauf. **Eigtgrundschuld** 6, **Bruchteil** 3, **Sicherungszwangshyp 1e**, Gbr 2, 4. Der Vollstreckungsrichter hat nicht über § 20 Aw G, § 892 zu entscheiden. Der Gläubiger einer gelöschten, awbaren Hyp gilt nicht als Beteiligter nach § 9 Nr 1 Zw Ges. Gelöschte awbare Hyp sind zum Zwverfahren anzumelden. Beteiligter u zu berücksichtigen beim geringsten Gebot ist aber der Gl eines Widerspruchs nach § 16 II Aw G Hamburg, Dresden, Hamm, Ring 26, 213, 214, 371, 410. Der Vollstreckungsrichter hat **Beschwerderecht** (K G 7.11.07 IX 130; Joh 52, 154), **ist aber auch dem gesamten Gbrechte u insoweit der Prüfung des Gba unterworfen.** Das Gba vertritt bei Zwangsvollstreckung u Arrestvollziehung den Vollstreckungsrichter. Joh 53, 191.

Vorbehalt. Nr 9, 12. 1. des Eigt aus § 881 B G B bei Eintragung einer neuen Hyp, im Falle der Löschung der voreingetragenen Hyp andere Hyp in gleicher Höhe eintragen zu lassen, ist **sofort** eintragbar **bei der Eintragung** der neuen Hyp, **nachträglich** aber **nur mit Zustimmung** des Hypgl. K G 17.5.06 VII 249. **S Rangvorbehalt!**

2. **gemäß § 16 Abs 2 GBO.** Bei Überreichung der Urkunde, in welcher neben anderen Eintragungsbewilligungen ein Löschungsantrag erklärt ist, kann der Antragsteller, also auch der Notar erklären, daß der Löschungsantrag als noch nicht gestellt angesehen werden soll. Der Antrag kann später formlos unter Beifügung der Unterlagen wiederholt werden. — Der Antrag mit dem **Vorbehalte** einer **Befristung** fällt nicht unter § 16 G B O. Der Gbr ist **nicht verpflichtet,** einen Antrag entgegenzunehmen, der den Vorbehalt enthält, daß die Entscheidung erst später nach Beibringung aller Unterlagen ergehen soll. Ein Antrag kann nämlich erst dann gestellt werden, wenn die Unterlagen vorliegen. Der Richter **darf jedoch** die Frist abwarten. K G 29.9.05 VI 232.

3. Ist eine **Eintragungsbewilligung** an einen Vorbehalt z B Genehmigung geknüpft, so ist dessen Erledigung beglaubigt nachzuweisen. O L G K G 17.4.03 X 84. S Löschungsbewilligung Einleitung a wegen unberechtigten Verlangens des Nachweises, daß kein Vorbehalt gemacht sei. **Vorbehalt bei Gebäuden** s Aufl 20.

4. Was ein **Vorbehalt** nach **§ 14 Aw G** ist, s R G 110, 65, 88; Ring 26, 53, 458. Danach ist Vorbehalt die Erklärung des Gl, das Recht in Höhe des Awbetrags nicht annehmen zu wollen. Vorbehaltlose Annahme ist nur dann vorhanden, wenn das Glverhalten den Willen ausdrückt, die Geldleistung als Erfüllung anzunehmen. Ist solche Annahme nicht erfolgt, bedarf es keines

Vorbehalts. Das Glverhalten ist nach Treu u Glauben zu beurteilen. — Die Umstände entscheiden. Wer sich Forderung pfänden u zur Einziehung überweisen läßt, bekundet dadurch nicht Annahme als volle Erfüllung. R G Jur Rundschau 25 Nr 1666.

Vorbehaltsgut. Die Eintragung, daß etwas Vorbehaltsgut sei, ist nicht zulässig. S Verfügungsbeschränkungen 3. — Grundstücke wie Hypotheken usw werden nach § 1370 B G B (3ter Fall) Vorbehaltsgut, wenn sie durch ein Rechtsgeschäft, das subjektiv mit Beziehung auf das Vorbehaltsgut abgeschlossen ist u objektiv damit in Zusammenhang gebracht werden kann, in der Vorbehaltsgutsabsicht u mit Vorbehaltsgutsmitteln durch die Frau erworben sind. Die Absicht, sie zu Vorbehaltsgut zu machen, braucht nicht notwendig den Beteiligten bei Rechtsgeschäftsvornahme erklärt zu sein; sie wird jedoch m E zweckmäßig zum leichteren Nachweise in der Urkunde erklärt. S R G 92, 139, wo auch Fall 1 von § 1370 B G B besprochen ist. — Die Bestimmung zu V gemäß § 1369 B G B ist nach R G 106, 381 schon vor der Ehe gestattet.

Vorerbe, Nacherbe. Das Nacherbenrecht zwischen dem Erbfalle und dem Eintritte
Nr 7, 21. des Nacherbfolgefalles ist ein besonders geartetes Recht an der Erbschaft
5, 6, 9, 85, (nicht an ihren einzelnen Gegenständen), das nur erbrechtliche, aber
103, 112. nicht zugleich auch sachenrechtliche Wirkungen hervorbringt. Es hat allerdings auch gewisse dingliche Wirkungen, wie sie sich aus ablosuten Rechten ergeben. § 52 G B O begründet und verlautbart nicht ein dingliches Recht an den einzelnen Nachlaßgegenständen, sondern bezweckt die richtige Eintragung des Vorerbenrechts und Sicherung des Nacherbenrechts. Joh 42, 228. Weiteres unter Vorerbe 16!

1. a) Erbe im Sinne des § 41 G B O ist nur der Vorerbe, da der Nacherbe erst mit dem Eintritt der Nacherbfolge Erbe wird. Der **Vorerbe** ist also nur Eigt u Gl u die unten besprochene Zustimmung der Nacherben ist meistens deshalb nur eine Erklärung u ein Beweismittel dafür, daß Entgeltlichkeit (s Unentgeltlichkeit) vorliegt oder sonst der Verfügung des Vorerben ein Hindernis nicht entgegensteht. b) Der Gbr hat im Falle der **Verfügung** (s **ebenda 4, 5**) auch eines **befreiten** Vorerben über ein zum Nachlasse gehöriges Recht, bei der die **Entgeltlichkeit nicht feststeht,** das Vor- u Nacherbenrecht gemäß § 52 G B O einzutragen, es sei denn, daß ihm die Zustimmung (oder ein Verzicht, s ebenda 2) der Nacherben zur freien Verfügung des Vorerben über das Recht oder der Nachweis der berechtigten Verfügung durch den Vorerben beigebracht wird. S Eheleute 14, Vorerbe 1c, 8. Ist der Vorerbe fortgefallen, sind die Nacherben „Erben" d h Eigt der Erbschaft geworden, sodaß der Nacherbenvermerk nicht mehr eingetragen werden darf. Alsdann kann auch ein gelöschter Nacherbenvermerk nicht wiederhergestellt werden. Joh 50, 159; 49, 177, Ring I 366. Sind Nacherben in Abt II des Gb eingetragen u stirbt der Vorerbe aus Abt I, sind für das Gba **mit dem Nachweise des Vorerbentodes** durch Sterbeurkunde die klar u bestimmt eingetragenen Nacherben die Grdsteigentümer u können auf ihren beglaubigten Antrag nach § 22 G B O als Eigentümer in Erbengemeinschaft eingetragen werden. Zu Bruchteilen bedarf es der Aufl. Das Gleiche gilt für andere Rechte entsprechend. Bestehn Zweifel, wer Nacherbe ist, entscheidet nach § 36 G B O ein **Erbschein** nicht nach dem Vorerben, sondern **nach dessen Erblasser-Voreigentümer,** da das Grdst zu dessen Nachlaß gehört. c) Der Vorerbe kann über ein Nachlaßgrundstück oder ein Nachlaßrecht an einem Grundstücke nicht wirksam verfügen, wenn dadurch die Nacherbenrechte beeinträchtigt oder vereitelt werden. (Das kann **offenbar nicht durch Verwaltungsmaßnahmen** z B Hypverlängerung geschehn, sondern nur verhindert werden). Er kann auch nicht zum Teile unentgeltliche (s dort) Zuwendungen oder Schenkungen machen, es sei denn, daß sie

ihm auferlegt sind. Selbst Maßregeln im Wege der Zwangsvollstreckung oder durch den Konkursverwalter, die aus Angelegenheiten des Vorerben herrühren u dem Nachlasse oder Nacherben gegenüber keinen Bestand haben, sind unwirksam. Der Vorerbe kann vom Erblasser nur hinsichtlich der beeinträchtigenden „rechtsgeschäftlichen" Verfügungen befreit werden; im übrigen bleiben die obigen Beschränkungen bestehn. (§ 2113, 2115, 2136, 2137 B G B.) Will nun ein Vorerbe verfügen (unten 9), so muß das Gba stets prüfen, ob nicht eine beeinträchtigende oder entgeltliche Verfügung oder eine Zwangsmaßregel wie oben vorliegt. Der letzte Fall ist der einfachste, da der Schuldtitel alles ergibt. Im ersten Falle, beim nicht befreiten Vorerben, wird man ,abgesehn von Verwaltungshandlungen, stets die beglaubigte Zustimmung aller Nacherben erfordern. Selbst eine offensichtlich vorteilhafte Verfügung kann noch beeinträchtigen. Dagegen kann der Nachweis der Entgeltlichkeit (s Vorerbe 9, 12, 14, Unentgeltlichkeit) einer Verfügung erbracht werden mit den nach § 29 G B O zulässigen Urkunden, gerichtlicher Taxe, vom Gba erforderten Auskünften der Gemeindevorstände, Steuerämter über den (den gemeinen Wert regelmäßig übersteigenden) Steuerwert der Grundstücke, ferner durch beglaubigte Erklärungen der Beteiligten in Verbindung mit solchen aller oder mehrerer oder gar einzelner geeigneter Nacherben, durch die Natur der Sache, durch einen verhandelten Rechtsstreit (Urteil) oder unzweifelhaft entgeltlichen Vertrag, ferner durch die Sachlage z B wenn die anderen Beteiligten Behörden, große Banken, Pfandbriefinstitute oder andere offenbar glaubwürdige Personen sind, die die Entgeltlichkeit bestätigt haben oder unentgeltliche Zuwendungen nicht anzunehmen oder zu erhalten pflegen. Es genügt auch eine Notarsbescheinigung über Zahlung. Siehe darüber auch den die Rechtsprechung enthaltenden Aufsatz von Güthe in Nr 1 D Not V 1911. Ich kann jedoch dem Verfasser nicht soweit zustimmen, als nach ihm das Gba allein auf Grund einer Erklärung des Vorerben (Quittung, Löschungsbewilligung des Vorerben als Gl) den Nachweis der Entgeltlichkeit annehmen muß. Außer Verwandtschaft gibt es doch noch andere Beziehungen u Gründe, die solche Verfügungen veranlassen. Die Vorerbin kann ihrer Kirche aus reinen Gründen ein Grundstück billiger überlassen. Der Vorerbe kann aus nationalen Gründen den Kaufpreis ermäßigen, kann aber gegen die Nacherben auch böswillig handeln. Die Lebenserfahrungen sprechen dafür, u die hier fraglichen Gesetzesbestimmungen bezwecken auch einen Schutz für die Nacherben. Ich verweise deshalb darauf, was zu Eheleute 14, unten 14, 12 gesagt ist. Es ist doch große Vorsicht geboten, namentlich wenn in der zu billigen Überlassung eines Grundstücks eine Schenkung liegen kann! Mir ist ein Fall bekannt, in dem eine ältere Witwe (Vorerbin) ihrem Geliebten, dessen Stand keinen Verdacht schöpfen ließ, die tollsten Zuwendungen machte. — Es empfiehlt sich eine Notiz in den Akten, um die Sorgfalt zu beweisen! — Ist das Gba vom Fehlen der Hindernisse überzeugt, so muß es den Erwerber des vom Vorerben aufgelassenen Nachlaßgrundstücks als freien Eigt oder den neuen Gl der abgetretenen Nachlaßhyp ohne Neueintragung des noch fehlenden Nacherbenvermerks (S 1b, 2, 4) oder unter gleichzeitiger Löschung des schon vorhandenen Vermerks von Amtswegen (S 112, Rötung) eintragen oder die Hyp auf dem Nachlaßgrundstücke löschen. Ist er nicht überzeugt, so muß er die beantragten Eintragungen u neuen Hyp mit dem Nacherbenvermerke (§ 52 G B O) eintragen; die Hyp am Nachlaßgrundstücke aber darf er nicht löschen, sondern muß einen solchen Antrag abweisen. **Jeder Vorerbe darf übrigens über ein mit dem Nacherbenvermerke versehenes Grundstück oder Recht verfügen,** da die Nacherbenrechte durch den Vermerk gesichert sind. Jedoch muß das Gba darauf z B achten, ob nach den Urkunden der Erwerber das Grundstück nicht frei vom Nacherbenrechte erwerben soll. Dann muß es die neue Eintragung beanstanden, zur Löschung die Zustimmung der Nacherben erfordern oder nach 14 unten (s auch Rötung) von Amtswegen löschen. An dieser Frage darf im Gbverkehr nicht achtlos vorübergegangen werden, da Dritte mit solchen Beschränkungen nichts erwerben wollen. So kann auch eine Hypbelastung des Nachlaßgrundstücks ohne die Nacherbenbeschränkung verlangt werden u wenn die Nacherben zustimmen, dies bei der Hyp vermerkt werden. (Rechtsprechung 12 unten.)

2. Der Vorerbe kann aber **ohne Zustimmung** u **ohne Eintragung** der Nacherben in Abt II ein Nachlaßgrundstück auflassen, wenn er damit eine letztwillige Anordnung des Erblassers befolgt. Stuttgart 19.4.06 VII 221. Dies gilt m E **für jede Verfügung** (s ebenda, 4 5).

3. Der **Vorerbe** kann **als gesetzlicher Vertreter** der Nacherben nicht für diese die Zustimmung oder den Verzicht zu 1b oben oder eine Löschungsbewilligung erklären. Es muß ein **Pfleger** bestellt werden. O L G K G 22.11.06 XIV 132. Der Vorerbe allein kann nicht vom Erblasser zur Nacherbenvertretung z B als Testvollstr oder durch Vollmacht über den Tod hinaus ermächtigt werden. Joh 43, 157. Er kann durch eine ausschließlich für die Zeit nach dem Nacherbfallseintritt erteilte Vollmacht nicht zur Nacherbenvertretung ermächtigen. Joh 50, 159.

4. Erwirbt der **Vorerbe** ein Grundstück oder ein Recht an einem solchen **mit Mitteln der Erbschaft**, so muß das Vor- u Nacherbenrecht wie zu 1 oben eingetragen werden. Wird Letzteres erst später bekannt, muß die **nachträgliche Eintragung** gemäß § 22 G B O geschehen, wenn kein Erwerb im guten Glauben auf Grund Rechtsgeschäfts (S öffentlicher Glaube, auch unter Aw-Gbsachen F) vorliegt. (Siehe zu 6, 7.) Das Nacherbenrecht wird nicht nur dann eingetragen, wenn das Recht auf den Namen des Erblassers eingetragen ist, sondern wenn es überhaupt der Nacherbfolge unterliegt. Die Löschung eines solchen Rechts darf daher auch dann nur mit Zustimmung der Nacherben erfolgen, wenn das Nacherbenrecht nicht in Abt II eingetragen, sondern dem Gba sonst bekannt ist. K G 2.11.03 IV 69. Zur Eintragung der Berechtigten u des Vermerks aus § 52 G B O muß aber die letztwillige Verfügung oder der Erbschein vorgelegt werden. Joh 40, 190. K G 23.5.10. Es genügen nicht die Erklärungen von Beteiligten, da diese keine Unterlagen für die Richtigkeit der Angaben u Eintragungen gemäß § 29, 36 G B O sind. Wegen **Löschung des Nacherbenrechts** s unten 14; Rang 12 wegen seines Ranges. Eintragung des Vorerben des überlebenden Ehegatten bei fortgesetzter Gütergemeinschaft s Eheleute 13.

5. Auch eine **noch nicht genehmigte Stiftung** ist als Nacherbin einzutragen. K G 2.5.04 IV 228.

6. Ein von Amtswegen eingetragener Vermerk bei einer anderen Eintragung darüber, daß zur Letzteren die Zustimmung (der in Abt II eingetragenen) Nacherben nicht nachgewiesen ist, ist unzulässig. O L G K G 5.9.08 XVIII 342.

7. Joh 52, 140. Danach können Nacherben, wenn das Nachlaßgrundstück an einen Dritten (auch 1 Nacherben) ohne ihre Zustimmung u vorherige Eintragung des Nacherbenvermerks vom Vorerben aufgelassen u umgeschrieben ist, im Falle der Unwirksamkeit der Aufl ihnen gegenüber bis zum Eintritt ihres Erbfalls nach § 54 G B O die Eintragung eines Widerspruchs gegen die Richtigkeit des uneingeschränkten Eigentums des Erwerbers beanspruchen. Nach Sinn u Zweck des Gesetzes (§ 892, 894, 2113ff B G B) gibt es den Berichtigungsanspruch nicht nur für die dinglichen Rechte, sondern auch für die durch Verfügungsbeschränkungen (also auch Nacherbenrechte) geschützten, der nicht durch die Grundstücksveräußerung erlischt. Auch nach Löschung des Nacherbenvermerks

könnte der Widerspruch eingetragen werden. Der Widerspruch muß für alle Nacherben eingetragen werden.

8. Notwendigkeit der Aufl u nochmaligen Eintragung des früheren Vorerben, wenn er das Nachlaßgrundstück nach dem Eintritt der Nacherbfolge von den dann zu Eigt gewordenen Nacherben nochmals erwirbt. S Aufl 4. Bei einer **Erbteilung** unter den Vor- u Nacherben bedarf es nicht der Eintragung des Nacherbenrechts. O L G K G 18.5.05 X 446.

9. Die Wirksamkeit der Annahme der an den nicht befreiten Vorerben gezahlten Hypschuld hängt von der Nacherbenzustimmung bezw vormundschaftsgerichtlichen Genehmigung der Pflegerzustimmung ab. Der Nacherbe war Ende 1921 zur Annahme entwerteten P M Kapitals nicht verpflichtet. R G D Not V 28, 429, Ring 28, 460. Das Recht der Verfügung über die Hyp (bei Eigtgrundschulden s dort 16, 21) steht dem befreiten Vorerben zu, gleichviel ob die Verfügung zur ordnungsmäßigen Verwaltung erforderlich ist oder nicht. Die Verfügung darf nur nicht unentgeltlich sein. Dies kann bei Löschungsbewilligungen trotz formgerechter Quittung des Vorerben der Fall sein. Deshalb ist die Zustimmung der Nacherben erforderlich, liegt aber nicht in ihrem Belieben. Ihr Widerspruch muß sachlich begründet sein. R G 70, 332. (Mit solchen Vermutungen läßt sich in der Praxis des Gba nicht arbeiten. S Zweifel!) — Entgeltlichkeit liegt vor, wenn der befreite Vorerbe auf Verlangen eines neuen Darlehnsgebers die Löschung einer Nachlaßeigentümerhyp u gleichzeitig auf demselben Grundstücke die Eintragung einer neuen Darlehnshyp beantragt. Joh 41, 180. Die Aufhebung einer letztstelligen Eigtgrundschuld durch den Eigt ist stets ein entgeltliches Geschäft (O L G 44, 61), falls nicht etwa gleichzeitig mit der Löschung der Grundschuld ein anderes Recht eingetragen wird. Nur dann bedarf auch der befreite Vorerbe zur Löschung der Nacherbenzustimmung. (Es sei denn, daß die Entgeltlichkeit nach 1c oben sonst klar ermittelt werden kann.) Joh 43, 263. Die Löschung einer Eigtgrundschuld ist dann sicher unentgeltlich (auch wenn Nachgl vorrücken), sobald die Hyp den Grdstwert übersteigen. O L G 44, 61. Wenn Vorerbe eine Hyp auf dem Nachlaßgrundstücke aus eigenen Mitteln tilgt s Eigtgrundschuld 21. Das Geschäft wird noch nicht dadurch **unentgeltlich**, wenn in einem Vertrage die Gegenleistung kleiner als die Leistung des Vorerben ist. Es kommt nicht ausschließlich oder vorwiegend auf die objektiven Werte, sondern auf die Absicht der Beteiligten an. O L G K G 5.6.09 XXI 326. Hier war der Unterschied gering oder sogar zweifelhaft. Es kommt bei der „Entgeltlichkeit" nicht ausschließlich oder vorwiegend darauf an, ob dem vom Vorerben oder Testvollstrecker Fortgegebenen kein objektiv völlig gleichwertiges Entgelt gegenüber steht. Dem Willen der Beteiligten bei Bestimmung des Verhältnisses von Leistung u Gegenleistung ist Rechnung zu tragen. Z B dem Zwecke des Geschäfts, den herrschenden Verhältnissen, der Zwangswirtschaft, den gesunkenen Werten u Einnahmen der Grdst, der Kaufkraft des Grdstpreises, der Aw der Restkaufhypgeld usw. (M E auch der körperlichen u geistigen Verelendung der Eigt durch die Not der Zw, schlechten Behandlung durch die Mieter, Sehnsucht nach Ruhe davor, Genesung von Krankheit.) R G 105, 248. O L G 44, 56. Über Unentgeltlichkeit der Verfgg bei Quittung u Löschung von PMhyp s Unentgeltlichkeit, Testamentsvollstrecker 5. — R G 81, 364 sagt: Das Wesen der entgeltlichen Verfügung oder des ihr zugrundeliegenden Rechtsgeschäfts darf nicht ausschließlich in objektiven Begriffsmerkmalen gesucht werden. Wie hoch jeder Beteiligte die beiderseitigen Leistungen einschätzt, steht im Allgemeinen in seinem Ermessen u Willen; diese können jedoch nicht allein entscheiden, weil unter Umständen die Nacherben schwer benachteiligt u damit der Gesetzeszweck vereitelt würden. Im Sinne des Gesetzes liegt es deshalb, bei Beurteilung der

Entgeltlichkeit für sich allein weder den objektiven noch den subjektiven Maßstab entscheiden zu lassen. Heranzuziehen sind der Begriff der ordnungsmäßigen Verwaltung u die Erwägungen eines guten Haushalters, um das Maß der Leistungen zu bestimmen. Nach J W 23, 1023 kann auch durch die Sachlage Unentgeltlichkeit ausgeschlossen sein. Nach R G 105, 246 ist eine vermeintliche entgeltliche, in Wahrheit unentgeltliche Verfügung unwirksam. — Wenn nach § 2114 B G B dem Gba eine beglaubigte Quittung des Vorerben mit Nachweis der Hinterlegung der Hypsummen für Vor- u Nacherben durch den Eigt beigebracht wird, ist die Forderung untergegangen u Eigtgrundschuld entstanden, deren Löschung auf Eigtantrag erfolgen muß.

10. Wird eine **Hyp erweitert**, so ist auf dem Hypbriefe zu vermerken, daß ein in Abt II vorher eingetragenes Nacherbenrecht den Rang vor der Erweiterung hat. Bei einem zu erteilenden gemeinschaftlichen Briefe ist der Vermerk in den Auszug aufzunehmen. § 57, 66. G B O Joh 38, 299. — S wegen Satz 1 Rang 12.

11. Der Vorerbe kann nicht Gegenstände seines freien Vermögens mit dinglicher Wirkung der Erbschaftsmasse zuwerfen. Joh 40, 183.

12. Die wichtigsten Grundsätze über Vorerben-Testamente u Erbscheine s D Not V 1921, 163, 195, 347. Rechtsprechung zu 1c, R G 61, 228; 65, 214; 70, 333; 69, 257 (Löschung von Nachlaßhyp; Entgeltlichkeit nach der Sachlage oder sonst offenkundig); Joh 38, 223; 40, 174 (die obigen Grundsätze gelten für zwei- u einseitige entgeltliche Geschäfte); Joh 40, 180 (Vorliegen einer notariellen Bescheinigung, daß Zahlung an den Vorerben erfolgt ist, sowie sonstige Umstände für Entgeltlichkeit). S ferner Joh 41, 176; 43, 161, Unentgeltlichkeit, Vorerbe 1c, 9, 14. — **R G 102, 332** über Notwendigkeit der Zustimmung der Nacherben zur Löschung einer Nachlaßhyp, wenn der Vorerbe deren Umschreibung auf seinen Namen gleichzeitig beantragt. (Ausführliche Darlegung!)

13. Falls **„Ersatznacherben“** ernannt sind, haben außer den Nacherben auch diese ihren Verzicht oder ihre Zustimmung immer in den einzelnen Fällen, in denen § 52 G B O in Frage käme, auszusprechen. O L G Rostock XXIII 336. Zwischen Dresden u Rostock einerseits u K G andererseits streitig, ob die Ersatznacherben ein eintragungsfähiges Recht (§ 52 G B O) haben. Ich bejahe, trage mit Joh 43, 304 mit dem Vorerben auch die Nach- u Ersatzerben ein. Vgl dazu auch Joh 42, 224, oben 5; O L G K G 25.9.11 XXIII 338, wonach ferner ein Erbschein nicht vom Gba verlangt werden darf, wenn die genannten Erben noch nicht bezeichnet werden können, u die Nacherben, die zum Teile unbekannt sind, in ihrer Gesamtheit nur durch einen Pfleger vertreten werden können. § 1913 B G B. — Hat der Erblasser für Nacherben, die zwar den Erbfall, aber nicht den Nacherbfall erleben, **Ersatzerben** eingesetzt, ist zur Wahrnehmung der Rechte „aller“ Nacherben gegenüber dem Vorerben ein Pfleger zu bestellen. Dresden Ring IV 291.

14. Die **Rötung** (s dort) oder **Löschung** des Nacherbenvermerks, deren Bewilligung eine Verfügung über das Grundstück nach R G 93, 292 enthält, erfolgt unter Umständen von Amtswegen. Vergl S 112, Ricks, D Not V 1912 S 195, 1913, 366; 1914, 46, O L G K G 30.1.11 XXIV 87, wo die Entgeltlichkeit als nach der Natur u Lage der Sache dargetan gilt, weil ein Kaufvertrag u kein Grund für die Annahme eines Scheinvertrags vorliegt, weil der neue Kaufpreis höher als ein früherer u der Käufer ein Fremder ist. — Um die Löschung des Nacherbenvermerks muß m E der Vollstrichter nach dem Zuschlage über das Nachlaßgrundstück im Falle des § 130 Zw ersuchen, wenn das Grundstück zu freiem Eigentum (nicht aus Mitteln des Nachlasses von der Vorerbin) erworben ist. Das Ersuchen muß beanstandet werden, da sonst ein Widerspruch zwischen Abt I u II entsteht. S oben 14, inhaltliche Unzulässigkeit.

15. Nach dem Erbanfalle kann der Nacherbe nur durch Ausschlagung, nicht durch Verzicht, seine Rechte gegenüber dem Vorerben aufheben; sein übertragbares Nacherbenrecht kann er auch auf den Vorerben, der dadurch freier Erbe wird, übertragen. Joh 51, 214. Erbverzicht in Eheleute 2.

16. Das **Nacherbrecht** geht nach § 2108 B G B **beim Tode des Nacherben zwischen Vor- u Nacherbfall** auf seine **Erben** über, wenn nicht sein Erblasser etwas anderes nachweislich „gewollt" (nicht „angeordnet"! Vgl R G 106, 355; s auch K G D Not V 26, 461 Nr 3) hat. Der Nacherbe kann deshalb, soweit über sein Nacherbrecht außer bei Lebzeiten, auch letztwillig verfügen wie jeder andere Erblasser z B durch Testamentsvollstrecker u Nacherbenernennung. Das Nacherbrecht fällt wie jedes Vermögen in seinen Nachlaß. R G 103, 354; 106, 355. — Das Nacherbenrecht in seiner Gesamtheit unterliegt als Vermögensrecht der Pfändung, da seine Übertragbarkeit, Vererblichkeit (§ 2108 Abs 2 B G B) u Pfändbarkeit nicht ausgeschlossen ist. Die Pfändung erfolgt gemäß § 857, 829 (nicht 830) Z P O durch Erlaß eines Beschlusses auf Pfändung „des Nacherbenrechts" u Zustellung an den Schuldner d h den Nacherben (nicht Vorerben). Ein Drittschuldner ist bei dieser Pfändung nicht vorhanden. § 857 Abs 2 Z P O. (Ist auch der Anspruch auf Herausgabe des Hypbriefes gepfändet, muß die Zustellung an den Drittschuldner d h den Briefbesitzer erfolgen.) Sind mehrere Nacherben vorhanden u ist nur das Recht Eines oder Einzelner gepfändet, so sind die übrigen Nacherben die Drittschuldner u die Zustellung muß an diese oder an den Testvollstr erfolgen. Die Zustellungsurkunde muß ausnahmslos vorgelegt werden. Eine Bescheinigung z B der Gerichtskasse genügt nicht. Die wirksame Pfändung bewirkt ein Pfandrecht an dem Nacherbenrechte, das sich mit dem Eintritt des Falles der Nacherbfolge ohne Weiteres in ein Pfandrecht an sämtlichen einzelnen Nachlaßgegenständen umwandelt u bei einem Grundstücke erwirbt dann der Pfandgl entsprechend § 1075, 1287 B G B, 848 Z P O eine Sicherungshyp. Die wirksame Pfändung des Nacherbenrechts ist eintragungsfähig. Ist eine solche Pfändung eingetragen oder dem Gba bekannt, muß einer Vorerbenverfügung nötigenfalls neben dem Nacherben auch der Pfandgl zustimmen. S Vorerbe. Im Beschlusse ist auch die Rede von der Pfändung der einzelnen Rechte des Nacherben (der sogenannten Hilfsansprüche aus § 2113—2119, 2121—2123, 2127—2138 B G B) neben der Pfändung des obigen Nacherbenrechts als solchen (des Hauptanspruchs). Es wird hervorgehoben, daß manchmal noch neben der Pfändung des Hauptanspruchs die Pfändung von einzelnen oder mehreren Hilfsansprüchen notwendig sein wird, um zum Ziele zu gelangen. Dann ist es gegebenenfalls notwendig, den Pfändungsbeschluß an den dabei sich ergebenden Drittschuldner zuzustellen. Joh 42, 228. Es kann das Nacherbenrecht veräußert u verpfändet werden u ist diese Eintragung zulässig. Durch die Eintragung des Nacherbenrechts gemäß § 52 G B O entsteht nicht etwa ein Recht an Grundstücken oder Hyp. Es ist selbständig u unabhängig von der Vorerbeneintragung nicht eintragbar. Gegenstand der Eintragung ist das „Recht des Nacherben" als solches gemäß dem Gesetze, insbesondere § 2113 B G B. Die Eintragung ist kein bloßer Vermerk, sondern eine Eintragung im Sinne des Gesetzes, dem ein Unterschied zwischen dieser u einem „Vermerke" fremd ist. Die Eintragung der erfolgten **Veräußerung**, Pfändung oder **Verpfändung** des **Nacherbenrechts** muß daher nach § 22 G B O als **Berichtigung** der Nacherbeneintragung gemäß § 52 G B O zugelassen werden u ist nötig. Denn sonst erweckte das Gb unrichtigerweise den Anschein, als ob der Nacherbenvermerk nur zu Gunsten der Nacherben gälte. Auch könnte durch Nichteintragung der Berichti-

gung der eigentliche Zweck der Nacherbeneintragung (Gegenmittel gegen die Gefahren gutgläubigen Erwerbs u gegen unrechtmäßige Vorerbenverfügung) vereitelt werden. In rechtlicher Beziehung erfährt die Verfügungsbeschränkung des Vorerben keine Veränderung, da durch die Pfändung, Verpfändung oder sonstige Veräußerung des Nacherbenrechts nicht das Recht des Vorerben betroffen wird. R G 83, 434; 90, 233. Joh 47, 165. — Nach Erbschaftskauf 2, R G 101, 186 können ein Mitnacherbe u Alleinnacherbe die Nacherbschaft vor dem Erbanfalle mit dinglicher Wirkung mittels § 2033 B G B veräußern u kann der Erwerber das Gleiche tun, sodaß Grundstück u Rechte auf alle Erwerber mittels gerichtlichen oder notariellen Vertrages (ohne Aufl) umgeschrieben werden können. § 22 G B O.

Vorkaufsrecht. Für Bestellung eines persönlichen wie dinglichen V ist gerichtliche oder notarielle Verhandlung nötig. R G 110, 332, 327.

1. **ist nicht eintragbar,** wenn für den Fall seiner Ausübung der Berechtigte zur Zahlung eines **im Voraus bestimmten Preises** verpflichtet sein soll. K G 3.10.04 V 120. Nach R G 104, 122 ist ein dingliches V zu festem Preise nichtig u nicht eintragbar, aber nicht ein gleiches schuldrechtliches V. Für solches V kann eine Auflvormerkung eingetragen werden. R G 104, 122. Das nichtige V kann in Sp Ver zu diesem Teile der Eintragung nach § 54 G B O gelöscht werden. Ring I 284. Ein dingliches Vorkaufsrecht für eine bestimmte Person ist **ohne besondere Abrede nicht** übertragbar. Nach Joh 43, 223 ist die Eintragung des V zum festen Preise nicht im Ganzen inhaltlich unzulässig. Der unzulässige Teil ist zu löschen. — **S Ankaufsrecht!**

2. ist eintragbar mit der Beschränkung auf bestimmte Grundstücksteile. Dresden 23.4.01 II 104. S Erbbaurecht. — Ein Vorkaufsrecht erlischt durch einen Verkauf oder Austausch des belasteten Grundstücks, wenn es nicht ausdrücklich für mehrere Fälle bestellt ist. Joh 40, 133. § 1097 B G B. S auch Einigung am Schlusse!

3. Familienvorkaufs- u Näherecht; seine Löschung durch Familienschluß unzulässig. Joh 50, 182. Gesetzliches V der Siedlungsunternehmen auf land- u forstwirtschaftliche Trennstücke. S Auf III.

4. Vorkaufsrecht einer Stadt u seine Löschung Joh 49, 184.

5. Ein 2tes gleiches Vorkaufsrecht mit dem Range nach dem 1ten ka n nicht eingetragen werden. Rechtsnatur des Vorkaufsrechts. Joh 51, 273. — Rang des V s Rang 5.

6. Das Vorkaufsrecht ist ausgebaut durch gesetzliches Vorkaufsrecht in § 4—11, 14 Reichssiedlungsges (s dort) u § 11, 15 Reichsheimstättenges (s dort), wobei es nicht auf den in einem neuen Kaufvertrage, sondern auf einen von vornherein bestimmten Kaufpreis ankommt. K G Ring III 319.

Vorlegung der Briefe s Hypbrief 3, 12.

Vormerkung. Zweck u Unterschied zwischen Vormerkung u Widerspruch s Hindernis. S ferner Verfügungsbeschränkung 7 wegen Auflvormerkung. — Ist Letztere früher als der Widerspruch (s dort 1) aus Schwarzkauf eingetragen, ist Erstere stärker.

1. Die Eintragungsformel braucht nicht die Bezeichnung „Vormerkung“ zu enthalten. K G 4.1.06 VII 64, R G 82, 23. Sie kann abgesehen vom § 54 G B O u § 1139 B G B in denselben Fällen wie der Widerspruch eingetragen u gelöscht werden. (S Widerspruch, unten 13.) Dazu § 648, 881, 1179 B G B.

Nr 25, 40—43. Vergl auch § 883, 885 B G B. Joh 46, 200!! Zum Gegenstande
6, 8, 11, 18, darf sie, kurz gesagt, nur in den Eintragungsbewilligungen u einstw
22, 23, 25. Verfügungen genannte Rechte haben, die selbst später Gegenstand einer
84—86, 93, einer Eintragung sein können. Nicht aber andere **persönliche** Rechte.

106, 112. Sie unterliegt denselben Vorschriften wie die Hyp, deren Eintragung u Rang sie sichern soll. Nur kann sie ohne Umschreibung in eine Hyp **nicht Eigtgrundschuld** werden. K G 11.7.02 III 158. In ihrer Eintragungsformel muß der Gl u der Grund des Anspruchs (auch durch Bezugn) eingetragen sein. S Auflvormerkung, Verfggsbeschränkungen. A M K G 10.6.27 14 U 275/27 J W 27, 2532, wonach der Grund nur anzugeben u einzutragen ist, wenn mehrere Ansprüche auf Geldsummen bestehn u daher Verwechslungsgefahr bestehe, die bei Auflvermerkungen nie bestehn. So auch Güthe-Triebel 4 Aufl § 45 Nr 22. Ich halte die Grundangabe durch kurze Eintragung oder Bezugnahme, die durch Benennung der einstw Verfgg ersetzt wird, für zweckmäßig, aber nicht wesentlich wegen § 54 G B O. — Ferner ist sie auch kein **Recht** im Sinne des **§ 892 B G B,** sodaß ihr Erwerb im guten Glauben **keine Rechtswirkung** hat. S auch Eintragungen 3. Joh 44, 301. Für sie findet § 892 B G B nach § 893 entsprechende Anwendung, wenn auf freiwillige Bewilligung (nicht durch einstw Verfgg!) eine Vormerkung auf ein Recht eingetragen ist, weil dann „eine Verfügung über ein Recht" durch „Rechtsgeschäft" vorliegt. O L G 44, 41, Ring II 410. Hiergegen hat nach R G Ring 1927 So VI 57, D Not V 27, 751 die Vormerkung **kein Recht** am Grdst begründet, wohl aber ist sie eine Verfügung im Sinne des § 893 B G B mit der Wirkung dinglicher Gebundenheit. Sie ist nach R G D N ot V 27, 466 nicht als ein Recht am Grdst anzusehn, auf das § 22 II Aw G unmittelbar anzuwenden ist. (S dagegen Ricks Bay Not V 1928, 84 u § 6 Nr 2—4 Awerg sowie § 6 II Aw G). S Beschw 4.

Nr 48. Sie ist auch **abtretbar.** Mit Abtretung des schuldrechtlichen Anspruchs geht auch die dafür eingetragene Vormerkung ohne Umschreibung auf den Erwerber als Nebenrecht über, wenn dies nicht ausgeschlossen ist, u erlischt mit seiner Erfüllung. Ist der Anspruch auf Eigtübertragung gerichtet, so gehört zu seiner Erfüllung nicht nur die Eigtübertragung, sondern auch die Beseitigung der nach der Vormerkungseintragung eingetragenen, den Erwerberanspruch beeinträchtigenden dinglichen Rechte. Mit ihrer Löschung erst erlischt die Vormerkung, auch wenn die wirkliche Rechtslage eine andere ist; sie ist nur ein Gbvermerk mit einzelnen dinglichen Wirkungen, z B der Sicherungs- u Rangwirkung. Joh 43, 209. Deshalb **darf man** nach Eintragung des Vormerkungsgl als Eigt die **Auflvormerkung erst röten,** wenn **ihre sonstige Aufgabe** (die Sicherungs- u Rangwirkung gegen nacheingetragene Rechte) **erfüllt** ist. K G Ring I 310. Dies gilt auch für die Löschung der Vormerkung aus § 18 G B O nach Ring I 310. — Sie ist nur dann auf der ersten Hälfte der Spalte, in die das endgültige Recht gehört, einzutragen, wenn sie an derselben Stelle (d i in der **anderen** Halbspalte), in eine endgültige Eintragung umgeschrieben werden kann. Deshalb

Nr 42. wird eine Aufl- oder Löschungsvormerkung sofort in der ganzen Spalte

99. eingetragen. (§ 14 Verf 20.11.09.) — Es ist wünschenswert, daß die **zuständigen Gerichte** möglichst **selbst** um Eintragung der Vormerkungen u Widersprüche **ersuchen.** Der Parteibetrieb bereitet dem Gba wegen fehlender Unterlagen (Ausfertigungen, Vollmachten) u Prüfung der Fristen (§ 929 Z P O) oft die größten Schwierigkeiten. (S Arrest.) — Kosten der Löschung der Auflvormerkung Joh 40, 353. (Seite 112.) — Inhalt, Geltendmachung der Auflvormerkung Joh 51, 192. — Sie hat m E eine **Doppelaufgabe a)** den Übergang **des Rechts überhaupt, b)** den Übergang des Rechts, das Grdst in dem Zustande u Range zur Zeit der Stellung des Eintragungsantrags beim Gba zu sichern. Hat das Gba festgestellt, daß jede dieser Aufgaben erfüllt ist, muß es die Auflvormerkung bei Eintragung des neuen Eigt röten. (S Rötung.) Das R G sagt in Bd 113, 407: Die V hat die Aufgabe, die Verwirklichung des gesicherten Anspruchs in die Wege zu leiten, den Rang zu wahren, die künftige Eintragung

vorzubereiten. Sie ist keine „Verfügungsbeschränkung" oder „Veräußerungsverbot", die im Sinne der § 878, 892 B G B nur solche Einschränkungen des Verfügungsrechts sind, die auf Gesetz oder behördliche Anordnung (z B einstw Verfg) beruhe. Ist also ein Grdst einmal vom Bevollmächtigten des Eigt aufgelassen u dann Eintragungsantrag beim Gba gestellt, alsdann das Grdst vom Eigt selbst (s auch S 83) an einen 2ten Käufer aufgelassen u vor Eigentumseintragung des 1ten Käufers eine Auflassungsvormerkung für den 2ten Käufer eingetragen, würde diese Vormerkung selbst dann dem Eigentum des 1ten Käufers vorgehn, wenn dieser nach der Vormerkungseintragung als Eigentümer eingetragen wäre u das Gba den § 17 G B O verletzt hätte. Denn nach § 883 II B G B läge eine anspruchswidrige Rechtsänderung in der nachträglichen Eintragung des 1ten Käufers. (Wäre der Antrag auf die Auflvormerkung erst nach der Stellung des Antrags auf Eintragung des 1ten Käufers beim Gba gestellt, hätte dieses eine Vormerkung aus § 18 G B O für den 1ten Käufer eintragen müssen u die obige Wirkung nach R G träte m E nicht ein.)

6, 18. 2. **Ihre Eintragung ist unzulässig:** **a)** wenn sie zur Sicherung des Anspruchs auf „**kosten- und lastenfreie" Aufl** beantragt ist (R G 55, 274),
106, 107. da die Vormerkung sich nur auf die Aufl, nicht aber auf den persönlichen Anspruch der Kosten- u Lastenfreiheit bezieht; **b)** als Vormerkung zur Sicherung des Rechts auf eine **Zwangshyp.** Joh 21, 324; D Not V 28, 418. **c)** als Vormerkung zur Sicherung von Ansprüchen eines Gl wegen der **Anfechtbarkeit** der von seinem Schuldner vorgenommenen **Abtretung einer Hyp** gegenüber dem Hyperwerber. K G 19.1.05 V 215; **d)** wenn sie bei einer Hyp **ohne Briefvorlegung** eingetragen werden soll (§ 42, 62 G B O) K G 26.10.03 IV 66; auch wenn es sich um eine Vormerkung zur Sicherung der Verbesserung des Hypanspruchs (Zinserhöhung) handelt. Joh 44, 250. **e)** auf einem Grundstücksanteile (s Anteil 2) eines Miteigt, wenn es sich um ein zu sicherndes **bestimmtes** Recht, z B Hyp handelt, wenn auch bei einstw Verfg (§ 40 G B O) der Betroffene nicht eingetragen ist. K G D Not V 28, 253. — Eine Vormerkung zur Sicherung des Anspruchs darauf, daß mit der Hyp noch ein anderes Grundstück belastet werden soll, ist nur auf dem neuen Grundstücke u nicht auf dem bisherigen Hypbriefe zu vermerken. Sie muß aber auf jedem Gbblatte alle jetzt u später mithaftenden Grundstücke enthalten, um die volle beabsichtigte Gesamthyp erkennen zu können. Die § 49, 63 G B O kommen erst zur Anwendung, wenn die Vormerkung in die Hyp umgeschrieben wird. Joh 44, 250.

3. Sie ist **eintragbar** **a)** unter der Beschränkung auf bestimmte **Grundstücksteile,** ohne daß diese gemäß § 6 G B O vorher abgeschrieben werden müssen. K G 17.8.00 I 158. **b)** in Abt II auf dem Anteile eines Miterben. S Miterben, Pfändung 5. **c)** Zur Sicherung des **Vorrangs** einer erst **später** einzutragenden u erst durch **Sachverständige** zu bestimmenden **Hyp.** K G 4.1.06 VII 62. Über die Vormerkung auf Einräumung des Vorrangs s Joh 46, 202, Rang (Einleitung). **d)** in Ansehung einer **zukünftigen Eigthyp** s Eigthyp 10. **e)** Zur Sicherung des Anspruchs auf Umwandlung einer Höchstbetragshyp in eine mit dem Rechte der sofortigen Zwangsvollstreckung ausgestattete gewöhnliche Hyp. O L G Colmar 11.8.06 XIII 197. **f)** als Vormerkung aus § 18 G B O auf eine Vormerkung oder einen Widerspruch oder wenn der Eigt vorläufig vollstreckbar zur Bewilligung einer Hypvormerkung verurteilt u eine Vormerkung aus § 895 Z P O beantragt ist. S auch D Not V 1913, 591. **g)** als Vormerkung zur Sicherung der künftigen Ansprüche eines letztwillig Bedachten vor dem Erbfalle. Joh 48, 189. **h)** auf Grund einstw Verfügungen s dort. **i)** als Auflvormerkung auf Grund **wirksamen** Kaufvertrags aus dem **Ankaufsrecht** (S dort) zur Sicherung der späteren Übertragung des Eigentums. Der in

Bezug zu nehmende (s k) Vertrag muß ergeben die Entstehungsursache für den Anspruch u ob zur Entstehung des Anspruchs gehört, daß der Besteller oder seine Erben noch Grdsteigt sind. K G Ring III 320. **k)** aus dem **Wiederkaufsrechte** (s dort) nach K G Ring III 322, worin enthalten: Begriff des W u **Fassung der Eintragung:** „Vormerkung zur Sicherung des Wiederkaufsrechts der N N in N gemäß der Bewilligung vom . . . ten.

Nr 48, 41, 43. 4. aus § 18 Abs 2 G B O. Über das Verfahren, wenn wegen derselben
93. Eintragung **einander widersprechende Anträge** aus verschiedenen Urkunden vorliegen. K G 23.8.04 IV 259. S unten 12 weiter; Hindernis.

5. Die Löschung der V auf Grund einstw Verfgg (S dort) darf erst erfolgen, wenn die Unrichtigkeit des Gb nach § 25, 29 G B O durch öffentl Urkunden (z B vollstreckbare Entscheidungen, Bewilligung des Gl) oder durch nicht fristgemäße Zustellung der einstw Verfg (§ 929 Z P O), Eintragung des Eigt, Gl u dadurch erfolgten Untergang der V. Joh 52, 165. — Es genügt nicht die Behauptung des **Eigt**, daß die einstweilige Verfügung nicht rechtzeitig zugestellt ist. (§ 929 Abs 3 Z P O.) O L G Colmar 6.4.08 XVIII 209. Darüber, daß der Eigt unmittelbar u mit Erfolg auf Bewilligung der Löschung der Vormerkung aus einer nicht rechtzeitig zugestellten einstw Verfügung gegen den Gl, selbst wenn der gesicherte Anspruch zu Recht besteht, wegen nicht zu heilender Nichtigkeit der Eintragung klagen kann, u über die sonstigen Wege zur Beseitigung einer Vormerkung s R G 81, 288. Wird eine einstw Verfügung, auf Grund deren eine Vormerkung auf eine Hyp eingetragen ist, aufgehoben, so gilt wegen ihrer Löschung der einen Fall der „Gbberichtigung" enthaltende § 25 G B O; das Gb wird unrichtig u die Vormerkung erlischt. Wird sie vor ihrer Löschung in eine endgültige Hyp umgeschrieben u gerötet (§ 14 Abs 3 Verf 20.11.99), so steht diese Rötung nicht der vollständigen Aufhebung der Vormerkung gleich. Ihre Wirkungen fallen mit Ausnahme der Rangwirkung fort. Der Rang der endgültigen Hyp bleibt, jedoch nur äußerlich wegen ihrer Stellung in der Reihenfolge der Eintragungen. Nicht aber nach der wirklichen Rechtslage, weil das Gb unrichtig u die Vormerkung an sich erloschen war. Etwa vor der Umschreibung in die Hyp dahinter eingetragene Hyp haben also den Rang vor der umgeschriebenen Hyp. Denn unter „Reihenfolge der Eintragungen" ist nicht das äußerliche Hintereinander-Einschreiben in das Gb, sondern die Folge, welche durch die nacheinander erfolgende Eintragung bestimmter Rechte geschaffen wird, zu verstehn. Zur Beseitigung der Unrichtigkeit ist ein Widerspruch einzutragen. Joh 41, 220. — S Verfügungsbeschränkung 1, auch Rang 12, 13 Satz 1. — Widerspruch 1c.

6. S Pfandentlassung 2, Eigtgrundschuld 10 (Vormerkung auf etwaige künftige Eigtgrundschulden ist unzulässig), Grunddienstbarkeit 3; Rangvormerkung s Rang (Einleitung, 10b).

7. Die Eintragung einer Vormerkung zur Sicherung des Rechts des **abtretenden** Hypgl auf **Rückabtretung** der Forderung bedarf der **Zustimmung** des **neuen** Gl. O L G K G 9.3.03 VIII 306.

8. Eine Vormerkung zur Sicherung des Anspruchs **auf Löschung einer Hypvormerkung gibt es nicht,** da ein solches dingliches Recht neben § 1179 B G B nicht bekannt ist. O L G K G 1.12.02 VI 123).

9. An Stelle einer durch die Vormerkung gesicherten Forderung kann bei Eintragung der Hyp keine andere Forderung gesetzt werden. § 1180 B G B. O L G K G 15.11.09 XX 419. Da dies aber sofort nach der Eintragung geschehn kann, u somit die erste Eintragung überflüssig u als leerer Formalismus erscheint, so ist die Entscheidung unzutreffend. S überflüssige Eintragungen, Widerspruch 6. — In der Vormerkungsformel kann auf die Eintragungsbewilligung wegen der künftigen Vollstreckungsklausel aus § 800 Z P O Bezug genommen werden. S Zwangsvollstreckung 2.

10. Die zur Sicherung des Anspruchs auf Einräumung einer Sicherungshyp eingetragene Vormerkung kann nur auf Grund der Bewilligung des Eigt oder eines diesen dazu verurteilenden rechtskräftigen Urteils, nicht aber auf Grund eines zur Schuldzahlung verurteilenden Urteils in die Hyp umgeschrieben werden. Joh 36, 253.

11. Vormerkung für Gesamtsicherungshyp ist zulässig. S Sicherungshyp 8 u K G D Not V 28, 416, wonach eine Vormerkung aus einstw „Verfügung" zur Sicherung des Anspruchs auf Einräumung einer Hyp auf mehreren Grundstücken des Schuldners als Vormerkung zur Sicherung des ungeteilten Anspruchs auf Einräumung einer Gesamthyp eingetragen werden kann. — Hier ist auch die Frage bejaht, daß eine „Vormerkung aus § 18 G B O" auf mehreren Grundstücken ganz einzutragen ist, auch wenn eine Zwangshyp ohne die Verteilung nach § 867 II Z P O beantragt war.

12. Die Vormerkung aus § 18 G B O fällt nicht unter § 24 K O u verliert bei einer Zwangshyp wegen § 14 Abs 1 K O ihre Wirksamkeit, wenn vor Behebung des Hindernisses über das Vermögen des Grundstückseigt der Konkurs eröffnet wird. S Konkurs 5. In der wegen des Vorstehenden unzutreffenden Entscheidung sagt das K G (auch D Not V 28, 418) über die Bedeutung der Vormerkungen aus § 18 K O u die sonstigen Vormerkungen aus § 883 B G B: Die Letzteren dienen zur Sicherung eines privatrechtlichen persönlichen Anspruchs des Vormerkungsberechtigten gegen den Inhaber des betroffenen dinglichen Rechts auf Einräumung eines dinglichen Rechts. Die Vormerkung aus § 18 dient dagegen zur Sicherung des aus dem dinglichen Rechtsakte sich ergebenden Rechts des Antragstellers auf Eintragung. (Auch gegen Zwangsversteigerungsvermerk. K G Ring I 310, Hindernis 3.) Ein persönlicher Anspruch braucht im Falle des § 18 nicht zu bestehn; wenn er aber besteht, dient diese Vormerkung nicht seiner Sicherung, sondern dazu, dem Rechte, dessen Eintragung der früher gestellte Antrag bezweckt, eine bestimmte Rangstelle zu sichern. Die Sicherung ist keine unbedingte; sie erfolgt nur unter der Bedingung, daß der früher gestellte Antrag durch Eintragung erledigt wird. Die Vormerkung u Rangsicherung steht u fällt mit dem Antrage, zu dessen Gunsten sie eingetragen ist. — R G sagt 62, 375, „daß das vorgemerkte Recht endgültig eingetragen wird, sobald die vorläufig entgegenstehenden Hindernisse behoben sind." Das entspricht meiner Meinung unter Konkurs 5. Joh 38, 262 sagt: Nach § 18 Abs 2 G B O ist ein Recht betroffen sowohl, wenn die zeitliche Erledigung der mehreren Anträge auf das Rangverhältnis der beiden Eintragungen von Einfluß ist, als auch, wenn die Vornahme der einen Eintragung die Zulässigkeit der anderen ausschließt. — Eine Vormerkung auf Hypeinräumung gewährt trotz Zwangsvergleich ein Absonderungsrecht für den Berechtigten. R G 78, 75. — Die V aus § 18 ein Absonderungsrecht für den Berechtigten. R G 78, 75. — Die V aus § 18 G B O kann auch für eine Hyp mit Zinssatz in Höhe von 2 v H über den Bankdiskont eingetragen werden. Karlsruhe D Not V 27, 336. Sie sichert auch gegen Zwvermerke (Hindernis 3). Wird das durch sie gesicherte Recht eingetragen, so sind **von Amtswegen** alle Rechte, die ihre Eintragung veranlaßt haben, (auch in Abt I der neue Eigt) zu löschen. S 256, R G 110, 204, Joh 53, 109, Ring I 305, II 445, O L G 44, 44. Eine Löschung des Zwvermerks u damit auch der V darf nicht erfolgen. S Vollstreckungsrichter. (Diese Löschungen von Amtswegen erfolgen aber nicht, wenn der Gl z B einer Auflvormerkung als Eigt eingetragen wird. Dann erfolgt freiwillige oder zwangsweise Löschung der nach der Auflvormerkung eingetragenen Rechte nach § 19 G B O, 894 B G B. Vgl

K G D Not B 27, 754.) Dies gilt auch, wenn zuerst Auflvormerkung u dann Widerspruch wegen fehlender Genehmigung eingetragen ist. K G 1 X 492/25 24.9.25 Temp Vorstadt Bl 928.) Ist diese Löschung unterblieben, muß sie trotz inzwischen — unzulässig — gelöschter Vormerkung erfolgen, wenn nicht auf Grund späterer Eintragung ein gutgläubiger Erwerb stattgefunden hat. Das Letztere kann das Gba m E nicht entscheiden. Handelt es sich um nacheingetragene Buchhyp (also nicht um Briefhyp, die durch schriftliche Erklärungen abgetreten, verpfändet usw werden können), u andere Eintragungen ohne Briefe, so kann m E die Löschung nachgeholt werden, da kein solcher Erwerb ohne Eintragung erfolgt sein kann. Im übrigen findet § 888 B G B nicht Anwendung.

13. Die Löschung der Vormerkung aus § 18 G B O kann m E nur mit beglaubigter Bewilligung aller **betroffenen** Beteiligten erfolgen, d h je nach Lage des Falls mit Bewilligung des Gl u Eigt, falls der Eintragungsantrag vom Antragsteller (Eigt oder Gl) vor dem Fristablaufe zurückgenommen wird. Es bedarf z B der sorgfältigen Prüfung, ob das Recht des Eigt betroffen wird, wenn der Antragsteller = Gl nach Zustellung der Verfügung u Eintragung der Vormerkung aus § 18 G B O vor dem Fristablaufe seinen Antrag zurücknimmt. Ich würde im Zweifel stets die Zustimmung des Eigt verlangen, da er z B ein Interesse daran haben kann, daß die Hyp an dieser Stelle vor einer hinter der Vormerkung schon eingetragenen Hyp erfolgt. Wenn der Eigt den Eintragungsantrag so zurücknimmt, bedarf es selbstverständlich der Glzustimmung. S Zurücknahme, § 873 Abs 2 B G B. — Wegen Nichtlöschung der Vormerkung aus § 18 G B O s Hindernis 3.

14. Eine Vormerkung aus § 883 B G B mit Wirkung wie eine Verfügungsbeschränkung aus § 137 B G B ist zulässig. Joh 40, 123. Es handelt sich darum, daß der Eigt Jemanden berechtigt hatte, jederzeit sein Grundstück für einen durch Sachverständige zu ermittelnden Preis zu erwerben.

15. Eine einstweilige Verfügung auf Eintragung einer Vormerkung eines künftig erst zu erwerbenden Eigentumsanspruchs ist unzulässig. R G 74, 158.

16. Wer seine Rechte aus einer Auflvormerkung bei herrenlosen Grundstücken nach Eigentumsverzicht geltend machen will, muß Vertreter nach § 58 Z P O bestellen lassen. S Verzicht 1.

Vormund kann als **Vertreter mehrerer Mündel** weder einen Erbauseinandersetzungs-
89. vertrag schließen, noch die Aufl vornehmen. Daran ändert **nichts**, daß der Vertrag **vorm genehmigt** oder der Vormund zum Abschlusse ermächtigt war. R G 71, 162. **S Miterben 1,** vorm Gen 3; Vollmacht 11, 13 wegen Vollmacht des Vormundes.

Vormundschaftsgerichtliche Genehmigung (Vorm Gen). **1.** S Vormund, Verfügung 4, Vollmacht 11, 13 wegen Vormundsvollmacht; wegen Pfleger u **Nachlaßverwalter,** soweit sie einander gleichzustellen sind, s unten 7. — Die vorm Gen ist nach § 1228 B G B zur Vertragswirksamkeit gegenüber dem gesetzlichen Vertreter zu erklären u von diesen nach § 1829 dem Vertragsgegner mitzuteilen. (Form der Mitteilung O L G 44, 82, Ring II 120). Im Vertrage kann aber schon das Wirksamwerden mit der Erklärung an den gesetzl Vertreter oder die Empfangnahme aller Mitteilungen an eine Person vereinbart werden u ist dann die Mitteilung an den Gegner nicht nachzuweisen. Es genügt: Vermerk des Vormgerichts auf dem Vertrage oder sonstwie über Erklärung der vorm Gen gegenüber dem gesetzl Vertreter u darunter der Vermerk der Kenntnisnahme des Gegners oder Bevollmächtigten. Auch kann man aus dem Besitze der Urkunden mit Genvermerk die Wirksamkeit nach § 1829 schließen. Ring I 347, 351. Nach § 1831 ist zu einseitigen Rechtsgeschäften (Zahlungsannahme, Löschungsbewilligung) „vorherige“ vorm Gen nötig, wenn sie nicht nachträglich mittels Gen u Bestätigung nach § 141 B G B wirksam gemacht wird. O L G 44, 82. (Wann u wo ist dies wohl bisher geschehen?) —

2. Vorm Gen ist nicht nötig, wenn elterlicher Gewalthaber für sein Kind selbst mit gleichzeitiger Restkaufgeldhypbestellung ein Grdst erwirbt. R G 108, 356. Ebensowenig bedarf der **Testvollstr** auch beim Handeln für Minderjährige der vorm Gen nicht (Testvollstr 8.) Das Gba hat die „Entgegennahme" der Aufl durch den Inhaber der elterlichen Gewalt für minderjährige Kinder nicht von der vorm Gen der Verträge oder der Auflentgegennahme abhängig zu machen. Denn Letztere enthält zwar eine Verfügung über die darauf gerichtete Forderung (§ 1821 Nr 2 B G B), aber der Mangel der vorm Gen berührt die sachenrechtliche Wirkung der Aufl nicht. Das dieser zu Grunde liegende Rechtsgeschäft ist nicht Bestandteil der Aufl u das Gba hat nur mit der dinglichen Seite des Rechtserwerbes zu tun, nichts aber mit den materiellen Wirkungen des materiellen Grundgeschäfts u den etwaigen Folgen von Mängeln, worüber die Beteiligten zu wachen haben. Joh 51, 174; 53, 146; R G 104, 103. Also das Gba kann „Entgegennahme" der Aufl im obigen Falle einschließlich Vormund oder durch eine Ehefrau ohne Einwilligung des Mannes nicht beanstanden. Es kann aber auch die Beanstandung nicht damit begründen, daß durch die Eintragung des Eigentums für die Minderjährigen oder Frau deren Recht im Sinne des § 19 G B O „betroffen" werde u daß deshalb wegen Aufhebung oder Beschränkung oder Verminderung eines Eigentums- oder Gbrechts die mit den gesetzlichen Genehmigungen versehene Bewilligung der gesetzlichen Vertreter oder Ehefrau zu beschaffen sei. Das Recht ist noch nicht erworben u somit nicht betroffen. Die fraglichen Genehmigungen sind aber mittels § 19 G B O stets zu erfordern, wenn gesetzliche Vertreter oder Frauen die Aufl geben oder Hyp abtreten oder über sie quittieren oder sonst über Gbrechte verfügen wollen. (§ 1643, 1812, 1821 usw B G B). Es kommt hier garnicht auf das materielle Grundgeschäft an. § 19 G B O ist stets der entscheidende! — Wenn nun auch in obigen Fällen keine Beanstandung erfolgen darf, so gebietet die Amtspflicht dem Gba, das nach Außen wie Innen „das Amtsgericht" ist u vertritt, die Eintragung nicht sofort vorzunehmen, sondern dann, wenn das materielle Grundgeschäft an sich genehmigungspflichtig ist, die Angelegenheit der zuständigen Vormundschaftsabteilung zu unterbreiten mit der Maßgabe, daß Eintragung erfolgen werde, wenn nicht bis zu einem nicht zu weit hinaus bestimmten Zeitpunkte das Nötige veranlaßt werde. Das Gba muß v A zu verhindern suchen, daß die Rechte der Minderjährigen geschädigt werden, ehe es zu spät ist. S Ricks, D Not V 1922, Heft 8. S auch Eheleute 4. Die vorm Gen ist zur Einwilligung des Vormundes des Ehemanns zur Verfügung (s dort) über Frauengut nicht nötig. Joh 43, 63, wohl aber die **Vorrangseinräumung** vor einer **Befugnis** aus § 7 Aw G nach § 1821 Nr 1 B G B. K G D Not V 28, 644.

3. ist zur Löschung einer Hyp, Reallast (Altenteil, Ausgedinge), Wohnungsrecht erforderlich, wenn ein Gegenvormund nicht vorhanden oder nicht beglaubigt zugestimmt hat. Joh 27, 169. § 1813 Nr 2 (Gen des Gegenvorm oder Vormgerichts ist bis 300 RM nicht nötig) ist m E auch anwendbar, wenn von der durch eine Hyp gesicherten gemeinschaftlichen Forderung von 500 RM (s Hyp 10) für 2 Mündel je zur Hälfte zunächst nur bis 300 RM gelöscht werden sollen, da es sich um eine Verfgg über „eine" Forderung bis 300 RM handelt. Wären es 2 Forderungen, so ist „Hyp" nach K G inhaltlich unzulässig u nach § 54 G B O zu löschen. — Trotz § 1795 B G B ist dem Mündel als Gl ein Pfleger zu bestellen, wenn die gesetzlichen Vertreter Hauptschuldner sind u die Hyp gelöscht werden sollen. Außerdem vorm Gen. Joh 24, 17. Im übrigen ist

die Löschung einer Hyp **keine Aufhebung oder Minderung** der Sicherheit einer Forderung im Sinne des § 1822 Nr 13 B G B, wenn die Forderung getilgt ist. Dafür aber § 1643, 1686, 1812, 1897 ff, 1915 B G B. — Die Wirksamkeit der Annahme der Hypsumme durch Vorerben hängt von der Nacherbenzustimmung ab. Der Pfleger eines Minderjährigen bedarf der vorm Gen. R G Ring 28, 461.

4. Das Vormundschaftsgericht kann einen für mehrere Mündel bestellten Vormund oder Pfleger nicht ermächtigen, unter Abweichung von der Regel des § 181 B G B im Namen des einen Mündels mit sich selbst als Vertreter des anderen ein Rechtsgeschäft vorzunehmen, u somit ein solches ohne Ermächtigung vorgenommenes Rechtsgeschäft nicht durch nachträgliche Zustimmung wirksam machen. R G 71, 162. Wann mehrere Minderjährige in Nachlaßangelegenheiten einen oder „je" einen gesetzlichen Vertreter haben müssen s Miterben 1. R G 93, 334.

5. Sind bei einem vom Vormunde oder Gewalthaber ohne vormgerichtliche Genehmigung geschlossenen Vertrage auf der andern Seite Mehrere beteiligt, so ist die Frage, ob diese sämtlich oder nur Einer allein den Vormund oder Gewalthaber zur Mitteilung über Erteilung der Genehmigung gemäß § 1829 Abs 2 B G B auffordern können, nach dem unter den Mehreren bestehenden Rechtsverhältnisse zu beurteilen. Ist dieses nicht klar, muß das Gba mit der Möglichkeit rechnen, daß nur alle wirksam auffordern können, d h es kann dann eine vorliegende Genehmigung des Vormundschaftsgerichts nicht beanstanden, wenn nur Einer aufgefordert hat. Joh 36, 160..

6. Der Vormund (Vater) bedarf der vorm Gen auch dann, wenn die Minderjährigen zusammen mit anderen Volljährigen Miteigt des Grundstücks, über welches verfügt werden soll, sind u zwar auch dann, wenn die Verfügung zwecks Erfüllung einer erzwingbaren Verpflichtung geschehn soll. Joh 38, 219. Die Verpflichtung bestand hier darin, daß den Minderjährigen u Miterben auf Grund Vermächtnisses ein bestimmter Grundstücksanteil aufgelassen werden sollte. S dazu Vorerbe 2, Aufl 14. — § 1643 Abs 2 B G B gilt auch für Nacherbenrecht. Joh 53, 33.

7. Es bedarf keiner vorm Gen **a)** im Falle des § 1822 Nr 13 B G B, wenn die Forderungen des Mündels nicht selbst bestehn bleiben, sondern getilgt sind u die Hyp dafür gelöscht werden sollen. Ebenso nicht bei Löschung eines Nießbrauchs an einer zu löschenden Hyp. Es genügt die Genehmigung des Gegenvormundes. Joh 40, 163. **b)** wenn der Testvollstr für den von ihm oder einem Anderen bevormundeten oder sonst vertretenen minderjährigen Erben verfügt. S Testvollstr 8; Vollmacht 13, R G 91, 69, wonach der Bevollmächtigte des Erblassers dieser Gen bedarf. S Vollmacht 13, wenn gesetzlicher Vertreter nicht als solcher, sondern nur laut Erblasservollmacht auftritt. **c)** wenn der Konkursverwalter (nicht der **Nachlaßverwalter!** Denn dieser steht nach § 1975, 1962 B G B, Gäthe-Triebel S 1897 bezüglich der erforderlichen Genehmigungen des Nachlaßgerichts dem Pfleger völlig gleich. § 1812, 1821, 1822 B G B.) für Minderjährige verfügt, u zwar aus gleichem Grunde m E wie der Testvollstr, da auch sie aus eigenem Rechte verfügen. **d)** wenn der durch den Vormund vertretene Mündel (auch im Falle des Anerkenntnisses des Vormundes) rechtskräftig zur Abgabe einer Willenserklärung verurteilt ist. Joh 45, 264. — Dagegen bedarf ihrer der Nachlaßpfleger ohne Gegenpfleger aus § 1812 B G B. Auch Bewilligungen der Gbberichtigungen ohne besondere Erbringung des Nachweises der Unrichtigkeit (Berichtigung 5) unterliegen ihr, wenn ihr das eingetragene Recht unterworfen war. Joh 42, 215; O L G R G XXV 392. **e)** S Vollmacht 11. **f)** bei einem

Auseinandersetzungsrezesse vor den Kulturämtern, soweit die Erklärungen von den Beteiligten nicht von ihrem freien Willen abhängen u ihre Rechte von der Auseinandersetzungsbehörde vertreten werden. J W 1925, 1174. **g**) wenn der Vater Rangrücktritt bewilligt, es sei denn, daß dies „schenkungsweise", was enger als unentgeltlich ist, geschieht. K G D Not V 27, 530. S Unentgeltlichkeit.

8. Die Abtretung einer Hypforderung des Kindes zur Sicherung eines Gl des gesetzlichen Vertreters bedarf der vorm Gen. R G 76, 89. Ebenso die Verfügung eines Bevollmächtigten s Vollmacht 13.

9. Bedingte Vorm Gen s Genehmigung 4.

10. Der vorm Gen bedürfen die Abtretung von **Geschäftsanteilen** einer ein Erwerbsgeschäft betreibenden **G m b H** u der Erwerb eines Geschäftsanteils durch einen Minderjährigen nach § 1822 Nr 10 u 11 auch Nr 3. Ebenso die Beteiligung eines Minderj an der Gründung einer G m b H. K G D Not V 27, 529.

Vorpfändung s Pfändung 1, 2a; Abtretung 3b.

Vorrang s Rang.

Vorstand einer Aktiengesellschaft braucht in einer notariell beglaubigten Urkunde nicht
87, 88. stets in der Weise zu zeichnen, daß die Zeichnenden zur Firma der Gesellschaft oder Benennung des Vorstandes ihre Namensunterschrift beifügen. § 233 H G B. Es müssen nur die Erklärungen ausdrücklich im Namen der Gesellschaft abgegeben werden. O L G K G 12.10.08 XX 66. Ich bin auf Grund des § 233 H G B anderer Ansicht. Seite 87, 88. S auch Prokurist.

Währung, heutiges Hypsystem, ausländische Hyp s Muster Nr 54—65. — Zwangsversteigerung eines Grundstücks mit Hyp ausl Währung § 5ff. — Feststellung des Kurses in ausl Währung s Allgem Verf 5.4.1922 (J M Bl 116). — S Goldklausel.

Wald- u Weingutsbildung s Familiengüter, Adel.

Wassergesetz: **1.** (Preußisches) vom 7.4.1913 (Ges S 53ff), das bezüglich seiner § 1, 2, 4—6, 152—175, 383 (Ausbau der Wasserläufe 1. Ordnung) schon in Kraft getreten ist u im übrigen erst mittels Verordnung vom 7.4.1913 am 1.5.1914 in Kraft getreten ist. § 7ff Eigentum an den **Wasserläufen.** (S unter Wasserstraßenübergang.) Im Gb wird ein solcher nur auf Antrag des Eigt oder eines Berechtigten eingetragen; wird die Eintragung des Anliegeranteils an einem Wasserlaufe beantragt, so ist er im Gb nach den Grundsteuerbüchern, wenn er aber in diesen nicht verzeichnet ist, nur als Anteil zu bezeichnen. J M Bl 1914, 449. § 13. S Bestandteil 4. — Muß ein Unternehmer ein Grundstück nach § 53 erwerben, so hat die Verleihungsbehörde (Bezirksausschuß § 64) um Eintragung des entsprechenden Vermerks in das Gb zu ersuchen. Der Vermerk wirkt dem öffentl Glauben gegenüber wie eine Vormerkung auf Eigtübertragung. § 74. Letztere erfolgt auf Ersuchen der Verleihungsbehörde. § 78. Das an einem Wasserlaufe verliehene Recht (§ 46ff) ist auf Antrag auf dem Gbblatte des Grundstücks, mit dem es verbunden ist, zu vermerken. § 81 Abs 2 J M Bl 1914, 501. Wasserbücher u die darin eingetragenen Rechte § 182ff. Diese Rechte werden unbeschadet des § 81 Abs 2 in das Grundbuch nicht eingetragen. § 185 Abs 2. Wassergenossenschaften § 206ff. Zwangsgenossenschaften 245ff. **Deichverbände** § 294ff. Der Deichverband muß einen **Vorstand** haben, der aus einer Person als **Deichvorsteher,** oder aus mehreren Personen, von denen einer als Deichvorsteher den Vorsitz führt, bestehen kann. Der Vorstand vertritt den Verband gerichtlich und außergerichtlich u hat die Stellung eines gesetzlichen Vertreters. Seine

Vertretungsmacht kann durch die **Satzung** mit Wirkung gegen Dritte beschränkt werden. Der sich ausweisende Vorsitzende des Vorstandes bedarf zur Vertretung vor den Gerichten keiner besonderen Vollmacht. Durch die Satzung kann mit Ausnahme der Fälle des § 275 Abs 1, 2, 278 Abs 1 Nr 1 bestimmt werden, daß an die Stelle der Mitgliederversammlung ein Ausschuß tritt. § 299. Die Rechtsverhältnisse des Deichverbandes u seiner Mitglieder richten sich gemäß § 301, soweit sie nicht in diesem Gesetze geregelt sind, nach der Satzung. Für die Satzung gilt § 214, der angibt, was sie enthalten muß. Zur Veräußerung von Grundstücken oder zur Aufnahme von Anleihen, die nur den Schuldenbestand vermehren, sowie zum Bau von neuen Schleusen bedarf der Verband der Genehmigung der Aufsichtsbehörde; durch die Satzung können auch andere Fälle vorgeschrieben werden. § 303. Die Aufsichtsbehörden bei Deichen an Wasserläufen erster Ordnung sind der Regierungspräsident (2. Instanz: Oberpräsident); sonst der Landrat als Vorsitzender des Kreisausschusses, in Stadtkreisen die Ortspolizeibehörde (2. Instanz: Regierungspräsident). Bei Unterdeichverbänden kann in der Satzung bestimmt werden, daß die Aufsicht über die Unterverbände von dem Deichvorsteher des Hauptverbandes geführt wird. § 302. — § 7—14, 16, 17, 33, 36—39, 45—49 Enteignungsges 11.6.1874 finden Anwendung (§ 311 Abs 4). Der Übergang des Eigentums der an den Deichverband abzutretenden Grundstücke erfolgt mit der Rechtskraft des Beschlusses des Deichvorstandes. § 311. Übernimmt ein Deichverband die Unterhaltung bereits bestehender Deiche, so gehen sie mit Genehmigung oder Erlaß der Satzung in sein Eigentum über. § 314. Unter dieses Gesetz fallen, sobald es in Kraft tritt, die dann schon bestehenden Deichverbände; abweichende Bestimmungen bisheriger Satzungen bleiben in Kraft, soweit die neuen Vorschriften geändert werden können. § 318. Für Hannover, Schleswig-Holstein besondere Vorschriften. § 323ff. Zwangsrechte wegen Aufnahme von Wasser, Duldung der ober- oder unterirdischen Durchleitung von Wasser sowie Einrichtung von Treppen, Brücken, Bootshäusern, Wascheinrichtungen, Haltepfählen, Stauanlagen; § 330ff. Eintragung des Benutzungsrechts § 340 Abs 7. Wasserpolizeibehörden § 342ff. Wasserpolizeibehörde: Preuß Landeswasseramt Ges 18.3.1914 (Ges S 55), V O 18.4.22 (Ges S 113). Aufgehoben sind insbesondere Gesetze über das Deichwesen 28.1.1848, 11.4.1872; Artikel 1 der Verordnung 13.11.99 über „öffentliche Gewässer" usw J M Bl 1914, 492 über das neue Wasserrecht u den Gbverkehr; Bestandteil 4.

2. Des Reichs u Preußens: Staatsvertrag betr den Übergang der Wasserstraßen von den Ländern auf das Reich. Ges 29.7.1921 (R G Bl 961); 26.9.1921 (Ges 519). Übergang von Eigentum u Rechten an Grundstücken erfolgt kraft Gesetzes, Berichtigung des Gb auf gemeinschaftliches Ersuchen der zuständigen Stellen des Reichs u der Länder. Die Stellen werden vom Reichsverkehrsministerium (der Leitung der Reichswasserstraßen) u den Ländern (durch deren bisherige Wasserstraßenverwaltungen) bestimmt. (§ 4) Gebühren- u Stempelfreiheit!

3. Öffentlich eintragbare Last entsteht aus der vereinbarten Pflicht zur Unterhaltung der Ufer von Wasserläufen. K G Ring IV 373.

Wegerecht. S Grunddienstbarkeit. D Not V 1914, 65ff über die Bedeutung des Wegezuges beim Wegerechte u wieweit das dienende Grundstück belastet ist.

Wehrbeitragswert s Befugnis H 11.

Weichbildrecht der Städte s Verzicht 1.

Wert. Seine Berechnung bei Berliner Mietsgrundstücken Ricks J W 1924, 773, 1956, bei landwirtsch Grdst J M Bl 1924, 257. — Die Entscheidung des K G D Not V 27, 544; Ring 27, 454, welche den Wehrbeitragswert, berichtigten Wehrbeitragswert, 17fachen Gebäudesteuernutzungswert nicht als Unterlagen für die Feststellung im Awverfahren anerkannt, widerspricht den Erfahrungen von Gbämtern.

Wertbeständige Hypotheken s **heutiges Hypsystem Muster 54—63.** Die w H bleibt wertbeständig d h sich in ihrem Umfange nach dem Geld- u Warenpreise bestimmend bis zur Aufhebung oder Zwangsversteigerung. Ein Stichtag ist nicht festzusetzen u einzutragen. Ring II 347, O L G 43, 234; 44, 31; also entscheidet die Zahlungszeit. Ich bin a M u verweise auf D Not V 1924, 63, ferner Bay Not V 1925, 8, auch München Ring II 353, wonach neben Fälligkeitstag noch Zahlungstag bei unpünktlicher Zahlung als Stichtag vereinbart werden kann. Das R G muß entscheiden! — Nach Ring II 353 O L G 43, 234 braucht ein Stichtag bei einer Höchsthyp nicht eingetragen zu werden, da als **solcher** der Tag der Beendigung des Rechtsverhältnisses gilt.

Widerruf. Eine Eintragungsbewilligung ist einseitig d h ohne beglaubigte Zustimmung des Begünstigten nicht durch den Schuldner einerseitig widerruflich, wenn sie nach § 130 B G B wirksam geworden ist. O L G 44, 142; Ring II 337, wonach ohne Zustimmung des Gläubigers zum Widerrufe einzutragen ist. Wird sie dem Begünstigten gegenüber in einem notariellen Vertrage beurkundet, so gilt sie Letzterem als zugegangen mit Beurkundungsabschluß, wenn er nach § 49 Abs 1 Freiw ein Recht auf Ausfertigungserteilung hat. Zur materiellen Bindung gemäß § 873, 875 B G B bedarf es keiner körperlichen Aushändigung der der G B O entsprechenden Bewilligung, wenn der daraus Berechtigte ein Recht auf Ausfertigung des darüber errichteten notariellen Vertrags wie vorher hat. Joh 49, 149. Der Eigt kann die in der dem Gl oder Gba überreichten Bewilligung
86, 87, 101. ausgesprochene erste (§ 60 G B O) **Erteilung eines Hypbriefes** an den
Gl ohne dessen beglaubigte Zustimmung nicht widerrufen. K G 8.2.09 X 79. Ebenso nicht der Abtretende die in der dem Gba vorliegenden Abtretungsurkunde enthaltenen Erklärungen. R G 93, 248.

K G D Not V 28, 639 über Unwiderruflichkeit einer beglaubigten, dem neuen Gläubiger ausgehändigten Abtretungsurkunde. — § 60 G B O betrifft nur die Neuerteilung eines Briefes. — Seite 102. — Die **Zurücknahme** eines **Eintragungsantrages** kann **bis zur Eintragung** in beglaubigter Form (§ 32 G B O) vom Antragsteller erklärt werden. Antragsteller sind außer den Behörden Seite 84 Nr 4 **a)** wenn der Eigt (oder der Gl) den Antrag gestellt u die Bewilligung eingereicht hat, der Eigt (oder der Gl); **b)** wenn der Eigt den Antrag gestellt u der Gl den Antrag nebst Bewilligung eingereicht hat, Beide, weil der Gl als Veranlasser des Verfahrens dem Antragsteller gleichsteht; (s Antrag 7) **c)** wenn der Gl den Antrag gestellt u der Eigt wie zu **b** einreicht, Beide wie zu **b**; **d)** wenn der Notar den Antrag stellt, ohne zu sagen, für wen er die Bewilligung einreicht, der Notar allein oder der Eigt **und** der Gl; **e)** wenn der Notar, ohne etwas zu erklären, die Bewilligung einreicht, der darin genannte Antragsteller. Soweit Gl u Eigt oder Mehrere die Antragsteller sind, muß der eine der Zurücknahme des anderen zustimmen, während zu **d** der Notar allein zurücknehmen kann. Die materiellrechtlichen Verhältnisse bleiben ungeändert, insbesondere die Bindung des Schuldners. Der Antrag hat nur prozessuale Bedeutung. Für wen die Urkunde eingereicht ist, kann man auch aus dem Ausfertigungsvermerke der Urkunde erkennen. Eine reine Zurücknahme ist jedoch nicht eine Veränderung des Inhalts der Bewilligung oder eine Herabsetzung der Summe; sie bedarf der beglaubigten Erklärung der Antragsteller; sie ist **keine privatrechtliche** Willenserklärung, sondern eine verfahrensrechtliche Handlung; sie kann daher nicht nach B G B mit der Wirkung angefochten werden, daß sie von Anfang an nichtig sei; ist sie nach § 32 G B O erfolgt, ist der Antrag erledigt; ihre Rückgängigmachung daß z B der alte Antrag den alten Rang wieder erhält, ist unzulässig. (K G D Not B 28, 254.) — Das Recht der Notare Anträge zurückzunehmen u Urkunden zurückzufordern s Notar 6. — Form des Widerrufs Seite 86. — S Antrag 7; s Genehmigung 1 über W vor Genehmigung. — Unwiderruflichkeit der Generalvollmacht ist unwirksam. Joh 47, 150. Zur Unwiderruflichkeit einer, auch nur vorwiegend zum Vorteile des Bevollm oder Dritten erteilten Vollmacht ist eine hierauf gerichtete ausdrückliche oder stillschweigend getroffene Vereinbarung nötig. R G 109, 332, Vollmacht 10. — Widerruf des Eigentumsverzicht s Verzicht 1; Vollmacht 2. Unwiderruflichkeit einer Einwilligung s Aufl 29. — Ein Prozeßvergleich, daß eine Aufl aufgehoben sein soll, genügt nicht, sondern nur klare Antragszurücknahme nach § 29 G B O oder im Vergleiche. O L G 43, 183.

Widerspruch. Zweck u Unterschied von Vormerkung u W s Hindernis. Zweck u Wesen des W bestehn nur darin, nicht oder nicht richtig eingetragene dingliche Rechte an Grdst gegen die ihnen aus öffentlichem Glauben des Gb drohenden Nachteile zu schützen. Die der Aufl u Eintragung in § 313 Satz 2 B G B verliehene Wirkung kann er nicht ausschließen. R G J W 1925, 604. — **Muster für W** s Nr 44, 45; 66—68 (Gbblätter a—g); unten 2, Aw-Gbsachen G.

Nr 44, 45. 1. Er kann **in folgenden Fällen** eingetragen werden: **a)** Nach § 18
84—87, 106. G B O **von Amtswegen,** wenn während des Fristlaufes ein neuer Antrag eingeht. Spätere **Löschung** von Amtswegen. § 14 Abs 3 Verf 20.11.99. S Seite 85, 112, Vormerkung 4, 5. **b)** Joh 38, 207. Nach § 54 Abs 1 G B O von **Amtswegen,** wenn das Gba eine ihrem Inhalte nach zulässige Eintragung unter Verletzung gesetzlicher Vorschriften vorgenommene hat u dadurch das Gb **erwiesenermaßen** unrichtig geworden ist. (S Vorerbe 7.) Um die Voraussetzungen des Satzes 1 § 54 G B O feststellen zu können, muß nach R G 88, 86 aus den Unterlagen der Eintragung die Verletzung des Gesetzes u aus der Sachlage die Gbunrichtigkeit ersichtlich sein. Die Unrichtigkeit muß zur Zeit der Eintragung des Widerspruchs noch bestehen. Da die inzwischen erfolgte Eintragung des Rechts eines Dritten durch den nachher eingetragenen Widerspruch nicht betroffen werden darf (§ 892 B G B), ist in diesem Falle der spätere **Rang** des **Widerspruchs** im Gb zum Ausdruck zu bringen. Ist das Grundstück nach Entstehung der Unrichtigkeit rechtsgeschäftlich von einem Dritten erworben, so ist der Widerspruch trotzdem einzutragen, wenn das Nichtvorliegen eines gutgläubigen Erwerbers (durch Tatsachen, Sach- oder Aktenlage) auch nur glaubhaft gemacht ist. Joh 41 225, K G 6.2.11. Ein Beweis gemäß § 29 G B O ist danach nicht mehr notwendig. — Der nach einer Auflvormerkung eingetragene W aus Schwarzkauf ist schwächer als die Vormerkung. R G VI 336/27 2.4.28. Über die größere Stärke des W nach dem Eintragungsantrage s Aw-Gbsachen F 3 f. — **Löschung des** Widerspruchs in der Regel nur nach Bewilligung gemäß § 19, 13 G B O, unter Umständen von Amtswegen (§ 22 G B O, § 14 Verf 20.11.99), z B nach § 54 G B O als inhaltlich unzulässig (s inhaltliche Unzulässigkeit), wenn bei ihm sein Berechtigter nicht eingetragen ist. Joh 45, 231. S auch K G D Not B 28, 150, Ring I 392, wo aber die Löschung von W, die auf Ersuchen der Behörden (z B § 11 Preuß Grdstverkehrsgesetz u § 4 Bekanntmachung 15.3.1918 unter Aufl Einleitung) eingetragen sind, **auf Bewilligung der Parteien oder Gläubiger des W** nicht erfolgen kann. Die Behörde muß der Löschung zustimmen. Über die Wirkung einer zu Unrecht erfolgten Eintragung

O L G K G 19.10.03 VIII 188. Eintragung, Ermittlungsverfahren 1, 3, Gba 6, 7.

6. **Nr 45.** **c**) Auf Grund der eingereichten Ausfertigung einer **einstweiligen Verfügung** oder eines **vorläufig vollstreckbaren Urteils** auf Ersuchen des Gerichts (§ 941 Z P O) oder auf schriftlichen Antrag der Partei, die die Verfügung oder nach § 894, 895 Z P O das Urteil erwirkt hat. Falls nicht der Eigt, sondern ein Dritter z B ein Nachgläubiger den W gegen eine Hyp verlangt, ist eine einstw Verfg gegen den Eigt u Gl nötig. K G D Not V 27, 660. — **Löschung** auf Antrag unter Vorlegung einer (nicht notwendig rechtskräftigen oder zugestellten)
84. vollstreckbaren Entscheidung gemäß § 25 G B O oder von Amtswegen, wenn das Gb unrichtig geworden, z B im Falle einer Auflvormerkung, wenn die Aufl erfolgt ist. (§ 14 Abs 3 Verf 20.11.99.) Falls der nach § 42, 43 G B O erforderliche Hypbrief fehlt, s Hypbrief 18. **d**) Auf Grund einer **Bewilligung**
Nr 44. gemäß § 19, 29, 13 G B O. Seine **Löschung** erfolgt ebenso. (Löschung eines W nach § 16 II Aw G ist keine Verfügung über ein Recht. R G D Not V 28, 326, die m E für alle W gilt. — Durch unrichtige Löschung eines Widerspruchs wird das Gb nicht unrichtig. Joh 49, 179. **e**) Nach **§ 71, 76 G B O** auf Anordnung des **Beschwgerichts. Löschung von Amtswegen** bei Zurücknahme oder Zurückweisung der Beschw (§ 76 Abs 2) u bei der endgültigen Eintragung des zuerst abgewiesenen Rechts. K G 10.5.09 X 161. S Beschw 4. **f**) Nach § 1139 B G B bei einer **Buchhyp** über nicht gewährtes Darlehen auf formlosen Antrag des
87. Eigt binnen Monatsfrist seit der Eintragung. **Löschung** wie **d. g**) auf Ersuchen des Landrats oder Bürgermeisters bei Eintragungen aus Aufl u Kaufverträgen bei über 5 ha-Grundstücken ohne ihre Genehmigung. S Reichssteuer. § 4 der Bekanntmachung 15.3.18 (R G Bl 123). S oben 1 Ring I 392.

2. Die **materiellrechtliche Unterlage** des Widerspruchs enthält § 899 B G B. **Stelle** u **Art** der Eintragung s § 14 Verf 20.11.99; auch § 892, 900, 902 Abs 2 B G B. (Wegen W aus § 18 G B O s Hindernis.) Er soll bereits **bestehende dingliche Rechte** gegen die Folge einer Eintragung schützen, während die **Vormerkung** Rechte auf Eintragung sichern soll. Der Widerspruch **muß ergeben**, gegen welche Unrichtigkeiten er sich richtet, zu wessen Gunsten er eingetragen ist u welchen Berichtigungsgrund oder Anspruch er betrifft. Zur Kennzeichnung des Anspruchs des W gehört u A nur die Angabe seines Inhalts, nicht auch der besondere Grund der Entstehung, der für seine Wirkung bedeutungslos ist. Bei unrichtiger Begründung ist kein neuer W nötig, wenn ein solcher nur aus anderen Gesetzesverstößen begründet ist. Ring II 291, O L G 44, 59. (Wie anders lautet es hier als bei dem Formalismus des K G zu „Verfügungsbeschränkungen"!) O L G K G VIII 109 18.5.03; Joh 45, 231. S Abtretung 3a. Widerspruchs-Beispiele Nr 44, 45 u Abt III Sp 5—7: **a**) 5:1750 M. Ein Widerspruch gegen die Eintragung des N in N als Hypgl des Inhalts, daß diese Hyp nicht dem genannten N, sondern dem Grundstückseigt N wegen Nichtzahlung der Darlehnssumme, zusteht. (S Joh 53, 219, Hypbrief 18a.) **b**) 5:1750 M. Ein Widerspruch gegen diese Grundschuld, weil die den Rechtsgrund der Bestellung der Grundschuld bildende Forderung der Einrede der völligen (oder teilweisen) Nichtzahlung der Forderungssumme (in Höhe von 750 M) unterliegt. Zu ab) Zu Gunsten des Grundstückseigentümers N in N eingetragen am . . ten . . . . . **c**) 2 Hyp sind dadurch, daß der Notar versehentlich eine Löschungsbewilligung nebst Antrag vor Zahlung der Hypsumme eingereicht hat, zu früh gelöscht: Nach Glaubhaftmachung oder einstweiliger Verfügnng (zu c): 1. Abt III Sp 1—4, Halbspalte an nächster offener Stelle: Nr 18 auf 1: Ein Widerspruch gegen die Löschung der Hyp (des Widerspruchsberechtigten) Nr 5 von 1750 M

für den N in N auf Grund der einstw Verfügung des A G Berlin-Tempelhof II G 85/21 vom 11ten 2.1921 (oder nach Glaubhaftmachung, daß die Löschungsurkunden vor Zahlung der Hypsumme versehentlich dem Gba eingereicht sind) eingetragen am . . ten. 2. Die Löschungsverfügung vom 1.2.1921 nicht weiter ausführen. 3. Briefe zur Verwahrung. 4. Nachr an Eigt, Gl, R A u Notar. (S jedoch Widerspruch 4.)

3. S Eintragungen 1, 3, Enteignung 6, Gba 7, Vorerbe 7, Vormerkung. K G 5.10.05 VI 241, 11.1.06 VII 69.

4. **Keine Eintragung** eines Widerspruchs von Amtswegen a) gegen unrichtige **Löschung** einer **Hyp**, wenn inzwischen das Grundstückseigentum gewechselt hat. (O L G K G 5.10.05 XII 162); ebenso nicht gegen einen Widerspruch oder Vormerkung. O L G K G 28.1.01 II 243. — Es gibt keinen Widerspruch gegen einen solchen. S Beschw 4. — b) Unzulässig ist die Eintragung eines beantragten Widerspruchs gegen die ungerechtfertigte Löschung einer Vormerkung aus § 18 G B O, wenn die Eintragung der durch die gelöschte Vormerkung gesicherten Hyp hinter anderen Rechten schon eingetragen ist, weil dadurch die Unrichtigkeit schon beseitigt ist. Streitig ist, ob das Gb überhaupt durch die ungerechtfertigte Löschung der Vormerkung unrichtig werden kann bezw ob nicht durch die Löschung alle Vormerkungswirkungen erlöschen. O L G K G XXV 389. Eine sehr bedenkliche Entscheidung! Ich trage den Widerspruch ein. Der Rang muß dadurch gesichert werden. Ich prüfe lediglich, ob der Widerspruch nach § 54 G B O berechtigt sein kann, da über § 18 die Meinungen auseinandergehen. c) Gegen die vom Beschwerdegericht angeordnete Eintragung, wogegen nur weitere Beschw zulässig. K G Ring III 264. d) Gegen unzulässige Befugniseintragung S Befugnis 5b (Aw-Gbsachen H S. 199). e) Wenn auch bei Eintragung aus einstw Verfg der Betroffene aus § 40 G B O nicht eingetragen ist. K G D Not V 28, 253.

5. Wegen Vermerks des eingetragenen Widerspruchs auf dem Briefe u wegen Erzwingung der Einreichung der Briefe s Hypbrief 18.

6. Der auf Anordnung des Beschwgerichts gemäß § 76 G B O eingetragene Widerspruch kann an Stelle eines neuen Widerspruchs, der infolge der Beschwgerichtsentscheidung mit demselben Inhalte einzutragen wäre, stehn bleiben. Seine Löschung u Neueintragung wäre leerer Formalismus. O L G K G 10.5.09 XXI 23, Joh 38, 276. Eine überflüssige Eintragung ist unzulässig.

7. S Beschw 4ff. Eintragung der Abtretung der Rechte aus dem Widerspruche s Abtretung 3a.

8. Der Widerspruch auch des § 54 G B O ist nur zulässig gegen Eintragung des Gba (oben 4c) u dient zum Schutze gegen die Gefahren des öffentlichen Glaubens des Gb. Daher kann der, welcher unter Verletzung gesetzlicher Vorschriften zu Unrecht als Eigt eingetragen sein will, nicht im Beschwwege einen Widerspruch gegen seine Eintragung beantragen. Joh 47, 182. Zur Eintragung eines Widerspruchs aus § 54 Abs 1 Satz 1 G B O genügt neben dem Nachweise der ursächlichen Gesetzesverletzung die Glaubhaftmachung der Unrichtigkeit des Gb (Joh 47, 185) oder außer Verletzung gesetzlicher Vorschriften, mit oder ohne Versehen des Beamten, auch eine unrichtige rechtliche Beurteilung der Sachlage auf Grund der vorliegenden Urkunden. Es genügt aber nicht, wenn auf den ohne Wissen des Beamten unrichtigen oder unvollständigen Tatbestand das Gesetz richtig angewendet ist. Die Berichtigung des Gb kann im letzteren Falle jedoch erfolgen, wenn die Unrichtigkeit durch die früher nicht vorgelegten Urkunden nachgewiesen wird. S Gläubiger 3 über K G u inhalt-

liche Unzulässigkeit. Joh 40, 167, die auch die Entstehungsgeschichte des Widerspruchs bespricht. — Für Annahme der Gbunrichtigkeit nach § 54 G B O genügt Glaubhaftmachung. Joh 52, 203.

9. **Über Widersprüche des Aw G** s Aw Gbsachen G; über ihre Rötung Beispiel 72.

Wiedereintragung 1. nach **§ 20 Aw G** s **Aw-Gbsachen** C 1.

2. eines zu Unrecht gelöschten **Hütungsrechts** muß auf Ersuchen der **Generalkommission** erfolgen (O L G K G 8.4.07 XVI 161) u zu Unrecht gelöschter, seit vor 1900 bestehender u nach heutigem Rechte an sich nicht eintragungsfähiger Rechte s Eintragungsfähigkeit 6.

Wiederkauf. Form der Begründung des persönlichen (nach B G B) u dinglichen (s unten) Wiederkaufsrechts **gerichtliche oder notarielle Beurkundung.** Dies gilt nicht für die Festsetzung des Preises u der Bedingungen für das Wiederkaufsrecht im Ansiedlungsvertrage gemäß § 20 Abs 2 Rsiedlungsges 11.8.1919 R G 110, 328. Es ist nicht als W nach B G B, sondern nach Art 62 E G B G B, 29 A G B G B bei Siedlungen, Reichsheimstätten in den Fällen des § 20 Rsiedlungsges eintragungsfähig. R G 110, 332, Ring I 424; III 319. Es ist zulässig, ihn für den Verkäufer eines Trennstücks u für die jeweiligen Eigt des Restgrundstücks durch Eintragung einer Vormerkung zur Sicherung des Rechts auf Aufl zu sichern. K G 15.6.08. IX 263. K G Ring III 321. Dasselbe gilt bei einem Grundstücksangebote. Gegenstand u Grund müssen aber in der Bewilligung angegeben sein. Andernfalls inhaltlich unzulässig. § 54 G B O. K G Ring I 427, Joh 37, 280. — Das Wiederkaufsrecht bei Rentengütern ist ein privatrechtliches dingliches Recht und erlischt geeignetenfalls durch den Zuschlag. Joh 42, 207. — An der Stammstelle eines Zukaufrentenguts kann ein Wiederkaufsrecht nicht begründet u deshalb trotz Ersuchens der Generalkommission nicht eingetragen werden. Joh 43, 191. S Generalkommission, Rentengut. — Wiederkauf nach A L R fällt nicht unter Art 29 A G B G B.

Wiederkaufsrecht des Preuß A G zum Reichsheimstättenges 18.1.1924 (Ges S 49) ist eintragbar. — Vormerkung (s dort) aus Wiederkauf zulässig.

Wirksamwerden von Erklärungen s Bewilligung, Vollmacht 2, 10, 12, Antrag 1, Abtretung 9. Wirksamkeit s Unwirksamkeit. — S **Widerruf.** — Wirksame Form von **ausländischen Urkunden** s Ausland. — Unwirksamkeit (nicht Nichtigkeit!) eines Kaufvertrags, wenn die Vollmacht dazu nicht in Form des § 313 B G B erteilt ist. **Nachträgliche Heilung.** R G 110, 319, Vollmacht 10.

Witwe. Die Prüfung ihrer Vertretungsmacht hat von Amtswegen zu erfolgen. S Beistand, Vater, Vorerbe 3. Ist die Witwe als solche in den überreichten Urkunden bezw im Beglaubigungsvermerke bezeichnet, so bedarf es nicht mehr der Sterbeurkunde des Mannes. Joh 44, 208. Das gilt auch für Eheleute, Kinder usw. S vorm Gen.

Wohnungsrecht ist auch gegen Entgelt eintragungsfähig. O L G 43, 8, Ring I 409. § 1093, 1090, 1021, 1041 B G B.

Zahlungsstatt s Überweisung.

Zeitablauf, zeitlich beschränkte Rechte u ihre Löschung s Hyp 19.

Zeitpunkt des Eingangs der Anträge beim Gba muß nach Tag, Stunde, Minute auf jeder Urkunde, die einen **Eintragungsantrag** enthält, nach § 13 G B O vermerkt werden.

Zentralgenossenschaftskasse, Preußische, in Berlin, zur Förderung genossenschaftlichen Personalkredits; jur Person unter Staatsaufsicht u Leitung, wird durch Direktorium mit Behördeneigenschaft nach Außen vertreten; Zeichnung durch 2 Mitglieder oder ihre Stellvertreter. § 1, 6, 9 Ges 8.3.24, 28.4.28. Ges S 175, 105.

Zeugnis s Nachlaßgerichtszeugnis, Testvollstr.

Zinsen. S **Abtretung 9,** Hyp 4, Eheleute 3, Pfändung 3, **Teilhypbrief** 6.

99, 103, 113. 1. Für **nicht kapitalisierte laufende Zinsen** kann eine Verkehrshyp nicht eingetragen werden. K G 15.6.03 IV 38. Ein Zinsrecht ist zwangshypothekarisch nur als Nebenrecht einer Kapitalforderung eintragbar. Joh 50, 149. — Einrechnung der Zinsen in die zu sichernde Summe der Sicherungs- u Höchstbetragshyp s dort 5.

2. **Die Abtretung** u Vorrangsräumung **rückständiger Zinsen** einer Hyp kann nicht Gegenstand einer Eintragung werden. Planck B G B § 1159 O L G XII 130, 286; K G 10.4.12. (Mariendorf Bl 377). Joh 42, 248. Die Abtretung u Einräumung des Ranges rückständiger Zinsen kann nicht Gegenstand einer Eintragung werden. Joh 42, 248. Hyp für Zinsrückstände, Vorrangseinräumung s R G 88, 160. S Verpfändung wegen Zinsen.

3. **Neue Zinsen** können bei Umwandlung von Höchstbetragshyp in gewöhnliche Hyp erst von der Eintragung der Letzteren ab eingetragen werden. S Höchstbetragshyp 4.

4. Der **Anfangstag** der Verzinsung muß bei einer Hyp in der Bewilligung angegeben werden. K G 31.1.07 VIII 233; O L G K G XV 374. Ist der Anfangstag der Verzinsung nicht ausdrücklich angegeben, sondern nur durch Auslegung der Urkunde z B aus ihrem Datum anzunehmen, muß er besonders eingetragen werden. Die Bezugnahme würde ihn nicht ersetzen. Seine Eintragung ist aber nicht erforderlich. Joh 24, 127; 50, 194.

5. Das Zinsrecht ist ein Teil des Hyprechts. Die Eintragung einer Zinsherabsetzung oder die Löschung von Zinsen oder Zinsteilen stehn der Löschung einer Hyp im Sinne des § 27 G B O gleich, d h der Eigt muß beglaubigt zustimmen. R G 72, 362.

6. Zulässigkeit einer verzinslichen Hyp für die Frau u die minderjährigen Kinder des Eigt s Eheleute 11.

7. **Zinsen in Aw-Gbsachen: a)** § 28 II Aw G bezieht sich nur auf § 15, nicht § 14 Aw G. K G D Not V 27, 47. § 28 II Aw G, § 1 Awerg findet auf Forderung u Hyp u nur auf gelöschte Rückwirkungshyp Anwendung. R G D Not V 26, 620; 114, 178; Ring 27, 570. S d. — **b)** § 1119 B G B (Erhöhung der Hypzinsen über 5 v H nur mit Zustimmung der Nach- u Gleichranggläubiger) findet Anwendung auch gegenüber § 28 I Aw G nach Mügel (§ 67 Aw G Anm 6), München Ring I 190. A M K G (nicht veröffentlicht) nach Bay Not V 27, 214. S aber K G Ring 27 So V 15. — **c)** Unverzinsliche Hyp werden auch nicht nach § 28 I verzinslich. R G D Not V 27, 619. § 28 bezieht sich nur auf vertragliche, nicht gesetzliche Zinsen. R G Ring 28, 263. — **d)** Nach § 1 Awerg Zinsen seit 1.4.26 wie zu a auch bei Wiedereintragung der Hyp der abtretenden Gläubiger (§ 17 Aw G). R G Ring 28, 466. — Verzinsung seit 1.1.25, wenn Hyplöschung bewilligt, aber nicht erfolgt ist. R G Ring 27, 781, D Not V 28, 48. — **e)** Nach Hamburg, K G Ring 28, 480 bzw 641 rücken die Hyp des § 7 IV Aw G mit allen, gleichviel wie hohen Zinsen in die Befugnisrangstelle ein. Jedoch bedarf es bei diesen wie bei allen Hyp, die unter dem Aw G vom Eigt in der Rangstelle der Befugnis bestellt sind, der Zustimmung der Nach- u Gleichranggläubiger, wenn für diese Hyp Zinsen über 5 v H ein-

getragen werden sollen. Das K G erklärt sogar die **Befugnis für voll verbraucht,** wenn der Eigt in ihrer Rangstelle eine unverzinsliche oder unter dem üblichen Zinsfuße (jetzt 10 v H) verzinsliche Hyp hatte eintragen lassen. **Diese Ansicht bekämpft Ricks in D Not V 28, 450.** Bis zur Entscheidung des R G muß also bei Zinserhöhungen über 5 v H § 1119 B G B d h Zustimmung der Nach- u Gleichranggläubiger erfolgen. Andernfalls erhält der 5 v H überschießende Betrag den Rang hinter den Nachhyp. **S Hypbrief Einleitungsschluß!!!** — **f)** Der Verzicht auf **Zwischenzins** ist ohne Zustimmung der Gleich- u Nachranggläubiger eintragungsfähig. Art 21, 22 D Vo 29.11.25; K G D Not V 28, 163. — **g)** Nach München Ring 28, 733 (mit Mügel S 845 gegen Nadler S 109 u die bisherige Praxis) hat das Aw G durch § 25 I Satz 2, § 28 nur die **„normalen"** Zinsen festgesetzt u im übrigen die **„vertraglich"** festgesetzten Verzugs- u Strafzinsen bestehn gelassen. Wenn diese offenbar unrichtige Entscheidung vom K G u R G bestätigt würde, wären alle **Wiedereintragungen** mit der Formel „verzinslich u zahlbar nach dem Aw G" (vgl K G D Not V 28, 135; § 1 Vo 18.6.26 (R G Bl 273) bei den Hyp, für die früher Strafzinsen, Vergütungen vereinbart u eingetragen waren, unrichtig, obwohl mir bisher kein einziges Verlangen auf Ergänzungen der Eintragungen bekannt geworden ist. Die allgemeine Ansicht ist offenbar eine andere. Nach Bestätigung der Entscheidung durch das K G oder R G müßte Ergänzung der Eintragungen erfolgen. — **h)** Die nach § 1 geschuldeten Zinsen des § 2 Awerg sind die neuen Zinsen des Awerg, nicht des § 28 II Aw G, auch wenn sie in die Zeit des § 2 II Awerg fallen. K G Ring 28, 883.

Zinseszins ist im Allgemeinen nicht eintragungsfähig, abgesehen von bestimmten Kreditanstalten u Sparkassen (K G 11.6.01 I 81) u, falls er eine bedingte Nebenforderung im Sinne des § 1113 Abs 2 B G B darstellt. O L G K G 29.3.09 XX. 408. Die Ausnahme von dem Zinseszinsverbote (§ 248 B G B) bezieht sich auch auf ausländische Kreditanstalten. Joh 44, 263.

Zinsgenußrecht ist für sich allein **übertragbar. Forderung** u **Zinsen** können verschiedenen
Nr 29 Anm. Personen zustehen. Der Gl kann bei der Übertragung der Hauptforderung sich die Zinsen ganz oder zum Teile vorbehalten. **(Nießbrauch.)** Joh 40, 275. K G 14.11.10 u Pfändung 3, 10. Wegen Angabe des Zinsenüberganges bei Abtretung, Pfändung, Verpfändung s **Abtretung 9,** Seite 62 Anm; Verpfändung. — Zinsenteilbriefe s Teilhypbrief 6.

Zinssatz. 1. Der jeweilige **Bankdiskont** oder Lombardzinssatz kann nicht als
99. Zinssatz eingetragen werden. O L G Oldenburg 28.2.06 VII 135. Es müssen wenigstens die Grenzen der Zinsverpflichtung im Mindest- u Höchstbetrage (M E nur im Höchstbetrage, da der Mindestzinssatz mit Null feststeht) angegeben werden. K G 25.9.24. 1 X 399/24. Der Zinssatz muß aus dem Gb feststellbar sein. Jur Rundschau 1925 Nr 1760, Heft 23; D Not V 27, 335. — Der Hundertsatz u die Dauer der Leistungen müssen den Umfang der Belastung erkennbar machen. Dies gilt auch für w H. Ring I 461. Die Leistung muß nach der Eintragungsbewilligung bestimmt oder wenigstens bestimmbar sein. Ring I 429, 432. Also ist auch ein Zins zum jeweiligen Bankdiskontsatze entgegen bisheriger Rechtsprechung eintragungsfähig. So auch Gilow D Not V 1925, 148. Die obigen Entscheidungen machen es unmöglich, eine Zwangshyp mit allen Zinsen einzutragen, wenn ein Urteil oder eine Urkunde nach § 794 Nr 5 Z P O vorliegt, wonach der Eigt zur Zahlung einer Summe nebst Zinsen zum jeweiligen Bankdiskontsatze oder 1 oder 2 v H Zinsen darüber verurteilt ist. Man muß praktisch danach auf ausdrückliches Verlangen, a) entweder den Zinssatz des Urteils gegen obige Entscheidungen eintragen oder b) für die schon abgelaufene Zinsen-

zeit den nach dem bisherigen Bankdiskont ermittelten Zinssatz für die fraglichen Zeiten fest bestimmt u für die Zukunft gemäß § 288 B G B, 352 H G B wenigstens die gesetzlichen Verzugszinsen zu 4 oder 5 v H je nach Lage der Sache zu a u b nebeneinander eintragen. Dann wären wenigstens einige Zinsen gesichert. Daß der Gläubiger selbst den Höchstzinssatz, wenn auch mäßig hoch, bestimmt, ist nach § 19 G B O unzulässig.

2. Der Zinssatz ist in der Weise eintragbar, daß im Gb die in der Urkunde als regelmäßig zu zahlenden Zinsen angegebene Geldsumme vermerkt wird. Die besondere Angabe des nicht angegebenen Zinssatzes erübrigt sich in diesem Falle. K G 30.5.04 IV 237.

3. Seine **Erhöhung** ist auch für die Vergangenheit, nicht nur vom Tage der Eintragung der Erhöhung bezw Veränderung an, zulässig. Die Zustimmung gleich- oder nachstehender Berechtigter ist nicht erforderlich. S Hyp 9. K G 21.12.08 X 146. Der Zinssatz darf bei einer **Gesamthyp** bezüglich eines Grundstücks erhöht oder ermäßigt werden. O L G K G 10.12.00 II 86.

4. Für die Voraussetzungen des Eintritts eines **erhöhten** oder **veränderten** Zinssatzes genügt die Bezugnahme auf die Bewilligung; z B „zu 4 bis 5" oder
22, 25, 63. „zu 4, gegebenenfalls (oder im Verzugsfalle) zu 5 v H verzinslich". K G 6.7.03 IV 42. S Zinsen 5.

5. Der **erhöhte** Zinssatz ist keine Nebenleistung, der wie diese dem vollen Geldbetrage nach anzugeben ist. K G 21.5.00 I 79.

Nr 32, 28. 6. Seine **Erhöhung** über 5 v H (§ 1119 B G B) oder die **Erweiterung**
25. der Hyp um eine **Entschädigung, Vertragsstrafe** usw, ohne daß ausdrücklich verlangt wird, die neuen Eintragungen sollten den Rang der
92, 99ff, 113. Hyp haben, kann **in Spalte Veränderungen** sofort, insbesondere ohne Anwendung des § 18 Abs 1 GBO, mit dem Zusatze eingetragen werden, daß die 5 v H übersteigenden Zinsen bezw die Entschädigungen den der Hyp sonst nachstehenden (zu bezeichnenden) Eintragungen in Abt II u III im Range nachgehen. Die Zustimmung der sonst nachstehenden Berechtigten ist hingegen gemäß § 18 a a O zu verlangen, wenn ausdrücklich die Veränderungen zu gleichem Range mit der Hyp eingetragen werden sollen. K G 9.2.03 III 248, 9.6.05 VII 259.

7. Wegen **Zinsen in Aw-Gbsachen** s Zinsen 7.

Nr 28, 32. 8. Wird die Hyp durch die Zinsänderung nicht erweitert, so hat Letztere ohne Zustimmung der nachstehenden Berechtigten den Rang ihrer Hyp. K G 28.4.02 III 131.

Zinszuschläge (Amortisationsbeiträge) s Nebenleistung, Amortisation.

Zubehör s Bestandteil 3.

Zurückführungen Nr 2; Seite 3, 109. Allgem Verf 18.2.1911. J M Bl 91. S auch Krause-Ziffer II Auflage S 40ff. S **Zusammenschreibung.**

1. Das Kataster besteht aus **a**) dem Flurbuche mit allen Trennstücken des Gemeindebezirks (Gemarkung, Flur) nebst Größe u Grundsteuer-Reinertrag (R E). **b**) der Grundsteuermutterrolle mit denselben Trennstücken, geordnet nach Artikeln mit je einer Artikelnummer für jedes auf einem Gbblatte eines Eigt verzeichneten Grundstücks mit der jährlichen Grundsteuer. **c**) der Gebäudesteuerrolle mit den durch Gebäudesteuern belegten bebauten Grundstücken desselben Eigt unter einer lfd Nr, unter welcher ihre Zahl, Art, Gebäudesteuernutzungswert (N W) aufgeführt sind. — Das Kataster wird vom Katasteramt geführt. Die Grundstücke sind nach Gemarkungen (Fluren) auf einer Karte (Kartenblatt = Kbl, Gemarkungs- oder Flurkarte) mit Eigentumsgrenzen, Wegen,

Eisenbahnen, Flüssen, Kulturart usw aufgeführt. Je nachdem Kblätter nach der Größe der Gemarkung erforderlich sind, werden sie Kbl 1, 2, 3 usw genannt. Die einheitlichen Trennstücke sind bei jedem Kbl laufend numeriert. Also Schönwald Kbl 1 Nr 1 Acker am Dorfe 1 ha 3 a 20 qm 1,20 Thaler R E; Kbl 2 Nr 1 Wiese usw; Kbl 3 Nr 2 bebauter Hofraum mit Hausgarten 5 a 27 qm 700 M NW! Die Grundstücksbezeichnungen im Gb müssen, soweit die Allgem Verf 20.11.99 (s Zusammenstellung der Gbvorschriften) es vorschreibt, mit dem Kataster übereinstimmen. Beim Gba sind deshalb auch ein Flurbuch u 2 Rollen zu a, b, c, die bei Katasterveränderungen infolge Aufteilung, Neumessung usw durch sogenannte, vom Katamte nach den „Fortschreibungen" im Kataster gefertigte u bescheinigte sowie dem Gba zu vorgeschriebenen Zeiten übersandte „**Flurbuchs- u Rollen-Anhänge**" ergänzt werden. Danach wird das Gb von den jetzigen Gbführern auf das Kataster „**zurückgeführt**" (§ 4). Kommen im Gb durch Eigentums- oder Gbblattveränderungen, Bestandteilszuschreibungen, Vereinigung von Grundstücken Änderungen vor, so sendet das Gba durch die Geschäftsstelle Eigentumsveränderungeslisten nach § 3, 6 an das Katamt, das durch Zurücksendung mit Berichtigungen wieder das Gb berichtigen lassen kann. -- Die Zurückführung des Gb erfolgt so: Die Anhänge (§ 4) enthalten auf der linken Seite den alten Bestand des Katasters, der mit dem Gb übereinstimmen muß, u auf der rechten Seite die Veränderungen (den neuen Bestand, die neugebildeten Trennstücke), die aber in der Gesamtheit mit dem alten übereinstimmen müssen. Abweichungen müssen vom Katamt auf den Anhängen oder auf Katasterauszügen mit Karte begründet sein. Etwa mit: „Zugang (oder Abgang) an Größe infolge richtiger Neuvermessung **ohne** Veränderung der Grenzen." (§ 7 Nr 6.) Ist aber etwa von einem Gbblatte eines anderen Eigt ein neues, nicht aus dem Stammgrundstücke gebildetes Trennstück als Zugang vermerkt, so war diese Fortschreibung unzulässig. Es muß dann das Gba von Amtswegen die beteiligten Eigentümer zur Abgabe der erforderlichen Berichtigungserklärungen (m E wegen Eigentumsüberganges Aufl mit Grunderwerbsteuerbescheinigung) u Beschaffung der Pfandentlassnngen gemäß § 7 Nr 2, 4 veranlassen, die Eintragung eines Widerspruchs gemäß § 54 G B O androhen u nach Fristablauf eintragen. Die Berichtigung des Gb darf nicht gegen den öffentlichen Glauben (s dort) des Gb oder gegen einen Eigtumserwerb durch Zuschlag erfolgen. Dies alles gilt für alle Grenzveränderungen u auch dann, wenn das Gba sonstwie von der Eintragung eines Trennstücks auf einem unrichtigem Gbblatte Kenntnis erhält. Nach der Berichtigung Nachricht an das Katamt zwecks Katasterberichtigung. — Bleiben die wirklichen Grenzen bestehen, ist aber die unrichtige Grenze der Karte u deswegen Kataster u Gb wegen des Zu- u Abgangs zu berichtigen, so darf diese Berichtigung nur mit Zustimmung der beteiligten Eigt vor dem Katamt, die dem Gba vorzulegen ist, erfolgen. Weigern sich die Eigt, so muß das Katamt die Zustimmung des Gba, die nicht gegen öffentlichen Glauben oder Zuschlag wie oben erfolgen darf, zur Berichtigung unter Darstellung der Sache einholen. Der Vermerk des Katamts auf den Anhängen würde etwa lauten: „Berichtigung infolge materiellen Irrtums unter Berichtigung der Umfangsgrenzen der Karte nach der wirklichen Grenze" (§ 7 Nr 3, 5). — Die **Zurückführung** selbst erfolgt nach den Anhängen des Katamtes oder nach den von den Beteiligten gelegentlich vorgelegten, ebenso wie die Anhänge beschaffenen Katasterauszügen nebst Karte nach Seite 2, 14, 107ff, Beispielen Nr 4, 50. Man darf Trennstücke, die nicht als solche im Gb aufgeführt, sondern aus einem Stammtrennstücke neu gebildet sind, nicht abschreiben, wenn nicht ein Hauptkatasterauszug über (links) das Stammtrennstück u (rechts) die daraus neu gebildeten sämtlichen Trennstücke vorliegt. Werden Trennstücke aufgeteilt, so werden vom Katamt für die Teile neue

Nr Nr so in das alte Trennstück des Kbl eingezeichnet, daß sie Bruchbezeichnungen erhalten. D h: die Stammnummer wird zwecks Herkunftsbezeichnung als Nenner u die fortlaufende, auf dem Kbl noch nicht vorhandene neue Teilnummer als Zähler verwendet. Also Kbl 1 Nr 1 wird in $\frac{30,\ 31,\ 32}{1}$ geteilt. Werden Teile aus alten Trennstücken oder aus Teilen alter zusammengelegt, so wird Nenner nur eine Nr des alten Stücks mit dem Zusatze „usw", z B $\frac{269}{4\ \text{usw}}$, wenn sie aus Nr 4—7 gebildet ist. Werden bisher unbezeichnete Trennstücke oder Teile daraus zusammengelegt, so wird ein O (Orientierungsnummer) dem Nenner vorgesetzt. Z B $\frac{269}{\text{O}\,.\,4}$. Erhält ein Trennstück z B Kbl 1 Nr 4 Teile anderer, z B $\frac{81}{5}$ hinzu, so werden diese mit ihm neu, z B unter Kbl 1 Nr $\frac{131}{4\ (\text{aus Nr}\ \frac{81}{5})}$ vereinigt. — Über die Behandlung des Verzeichnisses der Grundstücke s S 107. Dazu noch Folgendes: **a)** Sind unter einer Nr eines Gbblattes viele Trennstücke aufgeführt u eines oder mehrere von ihnen nach Anhängen aufgeteilt, so röte man nur die geteilten Stücke, z B Kbl 1 Nr $\frac{247}{41}$, $\frac{251}{43}$ u trage die neuen unter derselben Nr, wenn Platz ist, u dann in Spalte 12 den Vermerk ein: „Kbl 1 Nr $\frac{247}{41}$ in Nr $\frac{421—444}{41}$, Nr $\frac{251}{43}$ in Nr $\frac{445—453}{43}$ nach dem Steuerbuche berichtigt am ten 4.1922. **b)** Man führe bei Aufteilung in viele Stücke erst nach der oder den ersten Aufl zurück, um die abzuschreibenden Stücke nicht erst noch unnötig in das Gb einzutragen. **c)** Wer die Zurückführung zu b nicht wie Seite 14 zu Nr 2 machen will, trägt nur die Nr, Größe, R E einzeln u in Sp 7 zusammenfassend allgemein z B „Acker an u zu den Straßen 1,3—7,9 gemäß dem Hauptauszuge vom 21.10.1922" ein, wenn die Trennstücke voraussichtlich aufgelassen werden. Zu a—c alles nur zur Vermeidung unnötiger Wiederholungen unter neuer Nr. **d)** Der Vermerk in Sp 11, 12 „Nach dem Steuerbuche berichtigt am . ." ist nur bei wichtigen Änderungen nötig, nicht z B bei Umwandlung von Acker in Hofraum, wenn R E gerötet wird usw. **e)** Nachrichten erhält Eigt nur von den wichtigen Zurückführungen; nicht aber in den Fällen zu d, nicht bei Änderungen von ihm schon sicher bekannten Straßenbezeichnungen, wohl aber von Änderungen der Größe, des NW, Trennstücksnummern. S Berichtigung 12 wegen Verwechslung oder unrichtiger Bezeichnung der Trennstücke.

2. Wie weit das Verzeichnis der Grundstücke unter den öffentlichen Glauben des Gb, gilt, darüber s öffentlicher Glaube. Unrichtige Zurückführungen, die den Bestand vermindern, sind keine Abschreibungen. Es hat also eine Berichtigung, nicht eine Gbblattanlegung zu erfolgen. Das gilt, wenn sich ein Trennstück z B durch Anlandung vergrößert. O L G K G 10.4.11 XXIII 355. Über die Pflicht der Zurückführung von Amtswegen. Ebenda. 6.2.11, Seite 357. — Allgem Verf 14.3.12 J M Bl 125 über die grundbuchmäßige Vereinigung örtlich u wirtschaftlich zusammengehöriger Trennstücke zu **einem** solchen. Das Gba soll nach Einreichung eines Katasterauszuges seitens des Katasteramts die Zulässigkeit der Vereinigung prüfen u den Eigt zulässigenfalls zur Stellung eines (unbeglaubigten) Antrags auf Vereinigung (s Zusammenschreibung) anregen. (Vorsicht! Belastung in Abt III prüfen, insbesondere, ob die Trennstücke als Bestandteile zugeschrieben sind oder nicht.) Hat sich eine Zurückführung versehentlich nur auf einen Teil des Bestandes bezogen, so ist selbst der gerötete u versehentlich nicht wieder gebuchte Restbestand als gebucht anzusehn, wenn sogar ein neues Titelblatt angelegt ist. Joh 43, 122. S Anlandung, Ausbuchung.

Zurücknahme s Widerruf. Notar 6, Seite 86, 87. S Antrag 7, Vormerkung 13. — Die **Awhyp** außerhalb des Gb ist die gleiche echte Hyp wie die gelöschte Hyp mit der Möglichkeit **Eigtgrundschuld** zu werden wie die Hyp nach B G B. Die **Anmeldungsrücknahme bewirkt nicht,** daß das Awverfahren sich mit allen Folgen erledige, u beseitigt nicht die materielle Wirkung der Anmeldung d h der Hypentstehung. Diese Rücknahme hat **nicht die Wirkung eines Verzichts** nach § 116 B G B. Will Gläubiger seine Awhyp aufgeben, muß er nach B G B verzichten. Dieser Verzicht ist einzutragen. (Art 7 D Vo 29.11.25.) Dadurch entsteht eine Eigtgrundschuld. Will der Eigt z B auf Verlangen der übrigen Gl auch diese beseitigen, muß Löschung nach Art 2 D Vo 12.9.27 zum Awerg erfolgen. Die Hyp ist im Falle der Aw bestehngeblieben u es besteht für den Fall der Wiedereintragung die Möglichkeit des Rangvorbehalts-Befugnis des § 7 Aw G u Einrückens anderer Rechte aus § 7 IV Aw G. R G Ring 28, 196; D Not V 28, 255. S auch Verzicht 7; Aw-Gbsachen F.

Zurücksenden von Urkunden u Anträgen vor der Eintragung, die Unterlagen der Eintragung sind, unterlasse man als gefährlich, soweit nicht Formmängel zu beseitigen sind. Im letzteren Falle muß man entweder eine begl Abschrift zurückbehalten oder die Eintragungsverfügung, was ich stets tue, entwerfen, damit eine Vormerkungseintragung aus § 18 G B O u Kostenberechnung ermöglicht wird. Im übrigen s Urkunden, S 90.

Zusammenschreibung u **Zuschreibung** s Vereinigung, Verwirrung; die Tabellen; ferner **Nr 1, 4,** Seite 86, 108 ff. Das Katasteramt kann nicht die Zusammenschreibung selbständiger Grundstücke beantragen, sondern nur der Eigt, auch wenn sie schon in den Steuerbüchern u Karten ein Trennstück bilden. (Begriff des „selbständigen" Grundstücks s Sicherungszwangshyp 1b). — Auch der Gesamthypgl kann formlos beantragen, daß die belasteten Grundstücke einander als Bestandteile zugeschrieben werden, wenn der Eigt in beglaubigter Form zugestimmt hat. K G 18.5.05 VI 75. S Zurückführungen. — Zuschreibungen eines Grundstücks hängen, abgesehn von § 5 G B O lediglich vom Willen des Eigt ab, nicht von der Zustimmung der an den Grundstücken dinglich Berechtigten. Joh 43, 125.

Zuschlag, Zwangs-Verwaltung u **Versteigerung.** S **Vollstreckungsrichter, Ersteher, Eigtgrundschuld** 6, **Anerben- u Rentengüter.**

Nr 11, 12, 13, 43. 5, 6, 17, 18, 112, 105.

1. § 130 Zw besagt, daß der **Vollstreckungsrichter** nur um Löschung der Rechte ersuchen darf, die durch den **Zuschlag** erloschen sind, d h nur der **vor** dem Zuschlage eingetragenen u nicht bestehen bleibenden Rechte. (§ 52, 59 Zw.) **Nach** dem Zuschlage eingetragene Rechte können zwar materiell unwirksam sein, erlöschen aber nicht durch den vorher erteilten Zuschlag. Der Vollstreckungsrichter hat solchen nachträglichen Eintragungen gegenüber nicht die Rechte des Erstehers wahrzunehmen. Der eingetragene Eigt ist trotz der Zwangsversteigerung befugt, das Grundstück weiter zu belasten u zwar auch zwischen Zuschlagserteilung u der Berichtigung des Gb auf den Ersteher (?). K G 11.10.06 VIII 65, 68. Die letztere Anschauung ist für die
113. Zeit nach dem Zuschlage nicht zutreffend. Das K G sagt richtig in anderen Entscheidungen (s unter Nr 2 Auflverhandlung u Gl), daß als Eigt oder Gl eines Grundstücks der dem Gba bekannte wahre Berechtigte anzusehen ist, also nicht etwa nur der eingetragene Eigt, der Bucheigt. Daher ist nach dem Zuschlage

nur der durch diesen zum Eigt gewordene Ersteher der wahre Berechtigte, dessen
105, 113. Recht allein gemäß § 19 G B O „betroffen" werden kann. Eine vom bisherigen Eigt nach dem Zuschlage beantragte Eintragung würde auch das Gb unrichtig machen, wobei wiederum das Gba nach wiederholten Entscheidungen des K G nicht mitwirken darf. Es muß angesichts des Versteigerungsvermerks in Abt II erhebliche Bedenken bekommen u das Verfügungsrecht durch Nachfrage beim Vollstrrichter des eingetragenen Eigt nachprüfen; erfährt es, daß der Zuschlag erteilt sei, muß das Gba den Antrag des bisherigen Buch-Eigt abweisen, da ihm die Verfügungsmacht fehlt. Es kommt nach der Feststellung der Zuschlagserteilung nicht darauf an, ob der Zuschlagsbeschluß rechtskräftig ist, sondern ob er noch besteht u nicht aufgehoben ist. Wird er später aufgehoben, so können die während seines Bestehens abgewiesenen Anträge des früheren Eigt formlos
105. wiederholt u erledigt werden, wenn nicht inzwischen ein neuer Zuschlag erteilt u ein anderer wahrer Eigt vorhanden ist. Ich vermisse eine Vorschrift des Zw bezw der Justizverwaltung für die Vollstrichter, daß sie nach rechtskräftiger Zuschlagserteilung sofort das Gba zur Vermeidung neuer Belastung durch den bisherigen Schuldner benachrichten sollen. (Ricks Recht 1922, 149.)

2. **Durch den Zuschlag** wird der **Ersteher wahrer Eigt** des Grundstücks, auch wenn er nicht eingetragen ist. Etwaige nach dem Zuschlage zu **Eigtgrundschulden** gewordene Eintragungen stehen dem **Ersteher** zu. K G 10.5.09 X 161. S Eigtgrundschuld 6. Das Ersuchen des Vollstrrichters muß auch das Datum des **Zuschlagbeschlusses** angeben. Beides ist im Gb einzutragen. O L G vom 19.1.03 VI 438. Erwerbsgrund ist nicht das Ersuchen des Vollstrrichters. Dieser darf ferner nur um Eintragung des im Zuschlagsbeschlusse bezeichneten Erstehers ersuchen. Ist dieser verstorben, kann nicht einfach um die Eintragung seiner Rechtsnachfolger ersucht werden. Wohl aber kann der Vollstrrichter unter Einreichung **a)** eines von ihm oder einem Notar aufgenommenen Antrags der Rechtsnachfolger (§ 13, 22 G B O) auf deren Eintragung u **b)** der Unterlagen der Rechtsnachfolge (§ 22, 36, 29 G B O) um Eintragung der Rechtsnachfolger gemäß § 130 Zw ersuchen. Der Antrag der Rechtsnachfolger kann auch vor dem Gba gestellt werden. D J Z 1914, 760. Ist der nach dem Zuschlage verstorbene Ersteher trotzdem versehentlich als Eigt in das Gb eingetragen worden, ist wie bei Gl 13 zu verfahren. — Zuschlag über doppelt auf 2 Gbblättern eingetragene Trennstücke s R.G 85, 316.

3. Wird nach § 91 Abs 2 Zw **vereinbart**, daß ein an sich durch den **Zuschlag erloschenes Recht** am Grundstücke **bestehen** bleiben soll, so geht infolge der Vereinbarung zusammen mit der dinglichen Haftung auch die persönliche Verbindlichkeit auf den Ersteher über. Dieser tritt an die Stelle des bisherigen persönlichen Schuldners. Es können daher, wenn Ersteher u Gl die früheren, schon eingetragenen persönlichen Abreden u Unterwerfung unter die sofortige Zwangsvollstreckung in einer besonderen Urkunde wiederholen, die **nicht nochmals** in das Gb **eingetragen** werden. Denn **Überflüssiges** ist **nicht eintragbar.** K G 6.7.05 VI 152ff.

4. Die **Anordnung** der **Zwangsverwaltung** durch **einstweilige Verfügung** ist zulässig; es darf sich aber nicht um Befriedigung „wegen einer Geldforderung" z B Verwendung der Überschüsse aus der Verwaltung behufs Befriedigung, sondern nur um die **Sicherung** der Hypgl gemäß § 1134 B G B handeln. K G 7.11.07 IX 130, 134. S auch Ersuchen.

5. Der **Vermerk** der **Zwangsversteigerung** u **-Verwaltung a) muß** auf Ersuchen eingetragen werden, auch wenn die **Erben** oder der **Bruchteil** des betroffenen Eigentumsanteils noch nicht im Gb eingetragen stehen. K G 7.2.07

VIII 237. — S Rang 12. — **b)** darf, wenn beim Gba schon Aufl des bisherigen Eigt vorliegt u Frist aus § 18 G B O läuft, erst nach Eintragung einer Vormerkung aus § 18 G B O für die Auflanträge erfolgen. Bei Eintragung des neuen Eigt ist die Vormerkung u der Versteigerungsvermerk m E zu löschen. S Vormerkung, aber auch Vollstreckungsrichter Satz 2 zu Ring I 312, IV 301, wonach der Versteigerungsvermerk nicht von Amtswegen, sondern auf Ersuchen zu löschen ist.

Zustellung s Verfügungsbeschränkung 1, 7. — Über Zustellung an **exterritoriale** Beteiligte nur auf diplomatischem Wege. S J M Allgemeine Verfgg 20.1.93. — Notwendige Zustellung bei Fristen aus § 18 G B O s Hindernis 3.

Zustellungsbevollmächtigter s Gl 10, Vertreter. — **Zustellungsprüfung** s Arrest.

Zustimmung des Ehemanns s Genehmigung. Zustimmung der Eigt S 83, 86. Besondere Zustimmung ist nicht erforderlich, wenn sie schon aus den Umständen, gemeinschaftlicher Erklärung u anderen Urkunden (s Löschung 2) hervorgeht.

Zuwachssteuer. Reichsgesetz vom 14.2.1911 (33); Preuß A G vom 14.7.1911 (95): Die Zuwachssteuer wird in den Stadtgemeinden durch ihren Vorstand, in den Landgemeinden u Gutsbezirken sowie auf Antrag der Stadtgemeinden unter 2000 Einwohnern durch den Kreisausschuß erhoben. Auf Antrag der Landgemeinden über 5000 Einwohner geht die Veranlagung auf diese über. Also geht die Nachricht der Gba in erster Linie an den Magistrat oder Kreisausschuß. Allgemeine Verfgg über Mitteilungen an die Zuwachssteuerämter durch die Geschäftsstelle s J M Bl 1911, 144, 201, 255.

Zwangshypothek s Sicherungszwangshyp.

Zwangsmaßregeln aus § 62 Abs 2 G B O, § 33 Freiw, Art 15 ff Preuß Freiw s Gba 9, Hypbrief. S 74 über Höhe der Ordnungsstrafe bis 1000 RM.

Zwangs- u Bannrechte s Abdeckerei, Wassergesetz § 330 ff.

Zwangsversteigerung s Zuschlag, Vollstreckungsrichter, Rang 12 u Aw-Gbsachen E a ff wegen Rang infolge Aw G, Befugnisse H 8 u Seite 202. Grundschuld 1; **Zwangsvergleich** s Vormerkung 12. Der Zwangsversteigerungs- oder Zwangsverwaltungsvermerk in Abt II des Gb ist keine absolute Gbsperre. S Zuschlag 1, Verfügungsbeschränkungen 3, Kapitalabfindungsgesetz.

Zwangsversteigerungserlös bei herrenlosen Grundstücken s Verzicht.

Zwangsvollstreckung (Zw). 1. S Sicherungszwangshyp, Verwaltungszwangsverfahren, Vergleichsordnung. **Solche Anträge sind Eilsachen!** R G 84, 265 ff.

103. 2. Die Unterwerfung unter die **sofortige Zw** muß auf alle Fälle besonders eingetragen werden. Eine Bezugnahme darauf ist nicht zulässig, wohl aber auf diejenigen Erklärungen, die den Umfang dieser Vollstreckungsklausel angeben. K G 19.9.04 IV 270. Dagegen genügt die Bezugnahme, wenn zunächst eine Hypvormerkung eingetragen wird (K G Ring IV 407). Ich halte es für zweckmäßiger einzutragen: Eine Vormerkung auf Eintragung folgender Hyp: ..... (alsdann die volle Hyp eintragen, sodaß man später in der 2ten Halbspalte nur die Hypformel einzurücken braucht. Der Gl braucht der Unterwerfung nicht zuzustimmen. O L G München 7.2.03 VI 401. Ebenso nicht die Nachgläubiger bei nachträglicher Eintragung der Klausel. K G D Not V 26, 261. — Die Klausel ist auch auf Grund einer in **Österreich** aufgenommenen gerichtlichen oder notariellen Urkunde einzutragen. Ein Bevollmächtigter muß die Erklärungen auf Grund öffentlich beurkundeter oder beglaubigter Vollmacht abgeben. K G D Not V 28, 466.

Nr 19, 25; **3.** In der Eintragung der **Klausel zu 2**, für die nicht nur der Antrag 9, 21, 25, 92. „auf Eintragung der Klausel aus § 800 Z P O" genügt, muß das Gba zum Ausdruck bringen, daß der Eigt sich u die Sondernachfolger der sofortigen Zw unterworfen hat. K G 25.1.02 III 95. Fassung der Formel s Beispiele, Seiten am Rande. Die neue Fassung im amtlichen neuen Muster (J M Bl 1919, 240: „Der jeweilige Eigt **unterliegt** der sof Zw" ist m E nach § 800 Z P O unzulässig, da sie nicht die im Abs 1 Satz 2 vorgeschriebene „Tatsache" der Unterwerfung, sondern ein Urteil über die spätere Zulässigkeit der Zw selbst enthält, über die erst später, im gegebenen Falle, entschieden werden kann. **S Ricks, D Not V 1922, 162,** wo auch erörtert ist: Es sei zwar zweckmäßig, daß der **Ehemann** einer die Klausel aus § 800 Z P O erklärenden Ehefrau abgesehen von seiner allgemeinen etwa nötigen Genehmigung der Frauenerklärung klar u deutlich auch die sofortige Zw in die seinen Rechten unterliegenden Grundstcküe gemäß § 794 Abs 2 Z P O bewillige, **daß diese Duldungserklärung aber nicht schon zur Eintragung,** sondern erst zur Zw an sich erforderlich sei; § 800 betreffe nur die „Eintragung" u § 794 nur die Vollstreckung; eine solche Duldungserklärung ersetze auch nicht dieselbe Erklärung des Ehemanns einer später das Grundstück mit oder sogar ohne ehemännliche Genehmigung erwerbenden anderen Ehefrau.

4. Die fragliche **Klausel** ist, wenn laut Bewilligung das **Darlehen noch nicht gezahlt** ist (O L E K G 21.11.04 X 86) u bei **Höchstbetragshyp** (in der Regel!) grundsätzlich **nicht eintragbar,** da die sofortige Zw wegen zukünftiger Ansprüche unzulässig ist, wogegen sie wegen bestehender, wenn auch bedingter oder betagter Ansprüche zulässig ist. Die Urkunde muß auch die Schuld in bestimmter Höhe angeben. K G 6.8.01 II 202. Ausnahmen s jedoch Höchstbetragshyp 5, 9. — **Goldklausel.**

5. Die Erklärung des gesetzlichen Vertreters betreffend die **Klausel** zu 2 bedarf, wenn die Hyp schon eingetragen u der unterworfene **Eigt minderjährig** ist, der vorm Gen. K G 31.12.00 II 44. Es bedarf der Gen **nicht,** wenn der Inhaber der elterlichen Gewalt sein Kind in einer **notariellen** Schuldurkunde verpflichtet, es der sofortigen Zw unterwirft u dann auf Grund der vollstreckbaren Ausfertigung eine Zwangshyp eingetragen werden soll. K G 5. 26.4.06 VII 224, 216. S Eheleute 3, 4.

6. Ist die Klausel zu 2—5 schon früher bei der Hyp eingetragen, so muß sie, falls die Leistungspflicht durch eine neue vollstreckbare Urkunde auch nur wegen der Fälligkeitsbestimmungen geändert oder sonst erhöht wird, neu eingetragen werden. Die Eintragungen dieser 2ten u weiteren Klausel ist nicht überflüssig oder unzulässig. Es muß aber in einer neuen Eintragung hervorgehoben werden, daß die schon früher eingetragene Klausel sich nicht auf die neuere Eintragung erstrecke, wenn keine neue Unterwerfung oder die neue Vereinbarung nur in beglaubigter, nicht in Verhandlungsform beurkundet ist, da wegen der Einheitlichkeit aller Eintragungen sonst der Eindruck erweckt werden kann, daß die frühere Klausel sich auch auf die späteren Eintragungen erstrecke. — Bei der Klausel braucht im Gb nicht die Urkunde genannt zu werden. Die Vollstreckbarkeit einer Urkunde bestimmt sich nur nach ihrem Inhalte. Eine solche Urkunde braucht nicht die gesamten Verpflichtungen des Schuldners zu enthalten, sondern kann auch durch eine nur bezüglich der Ergänzung vollstreckbare Urkunde durch Angabe des Umfangs u näheren Inhalts der Leistung ergänzt werden. Eintragungen aus Erklärungen wie „Im übrigen bleiben die bisherigen Bestimmungen bestehen, die entgegenstehenden sind aufgehoben" oder „Sonst gelten die hierdurch nicht aufgehobenen (oder die sonstigen) Bestimmungen der Urkunde (oder Eintragung) vom . . ten . . ." können nicht erfolgen. Diese

Erklärungen sind überflüssig, da die neuen bestimmten Vereinbarungen genügend ergeben, was geändert ist, weil ferner sie zu unbestimmt sind, das Gba auch nicht dazu berufen ist, daß nach solchen unbestimmten Erklärungen wirklich geltende festzustellen; auch nach Joh 52, 193—196 der Umfang u nähere Inhalt der Leistungen in „derselben“ Urkunde der Vollstreckungsklausel zu beurkunden ist; anderenfalls darf die Klausel nicht eingetragen werden. — Die Form des § 794 Nr 5 Z P O u Unterwerfung wegen jeder Änderung ist erforderlich, sodaß u U 2 oder mehrere Urkunden „die vollstreckbare Urkunde“ bilden u nur aus allen Urkunden gemeinsam vollstreckt werden kann. Die Erklärung des Schuldners aus § 794 Nr 5 kann sich nur auf eine bestimmte Urkunde beziehen. Joh 52, 190. Kurz: Es empfiehlt sich bei neuen Urkunden u Eintragungen stets wieder die Klausel zu beurkunden u einzutragen. Werden zweckmäßig alle geltenden Bestimmungen in der neuen Urkunde u Eintragungsformel mit neuer Klausel zusammengefaßt, so können alle früheren Eintragungen in Sp 5—7 gerötet werden (Mehrkosten entstehn durch solche Beurkundung u Eintragung nicht. K G 1a X 358/19 26.9.1919.) S Rötung. — Eine Beurkundung der Vollstreckungsklauselerklärungen einer Ehefrau enthält zweckmäßig auch die klare **Vollstreckungsduldungserklärung** des Ehemanns des § 794 Abs 2 Z P O, wenn sie auch als solche zur Eintragung nach § 800 Z P O nicht erforderlich ist u zur Eintragung der Klausel die Genehmigung der Frauenerklärung durch den Ehemann genügt. S Ricks D Not V 1922, 162.

7. **Aw-Gbsachen: a**) Die Vollstreckungsklausel ist bei der Aw nicht gelöschter Hyp weder erforderlich noch zulässig, wohl aber bei der Wiedereintragung gelöschter Hyp geboten. K G J M Bl 1926, 209. **b**) Die Awstelle u das Gba darf die Vollstreckungsklausel aus § 800 Z P O nicht beurkunden, weil sie nicht „Gericht“ gemäß § 794 Z P O, sondern reichsgesetzliche Verwaltungsbehörden sind. R G in München Ring 26, 564. Auf alle Fälle sind ihre Richter zuständig, wenn sie auch die Geschäfte der freiwilligen Gerichtsbarkeit übertragen erhalten haben. Die Entscheidung entspricht nicht der Praxis!

Zweckverbände, denen die Rechte öffentlicher Körperschaften verliehen sind, bedürfen zum Erwerbe von Grundstücken über 5000 RM der Genehmigung der staatlichen Aufsichtsbehörde. § 128ff Landgemeindeordnung vom 3.7.91 A G B G B Art 7 § 1. O L G K G 11.1.04 VIII 168. Nach K G D Not V 26, 50 bedürfen sie der Genehmigung nicht, wenn die Stadt- u Landgemeinden des Rechtsgebietes nicht erforderlich ist. S Aufl IV.

Zweifel. Bloße Zweifel an der Richtigkeit der Urkunden u ihres Inhalts ohne begründete Tatsachen berechtigen das Gba nie zur Beanstandung der Anträge. S Gba 5, 6, 12, Joh 41, 201, Ring I 322 (Widerruf einer Vollmacht vor Aufl), Joh 43, 297, 340. Entfernte Möglichkeiten sind m E nicht beachtbar, wenn tatsächliche Unterlagen nicht vorhanden sind. § 29, 19, 20, 13 G B O begründen eine Eintragungspflicht. Wir haben ein formelles Gbrecht. S Berichtigung 7, Gba 2, 6, 12.

Zweigniederlassung 1. einer Handelsgesellschaft (Aktiengesellschaft) kann **nicht selbständig Rechte** (Eigentum, Hyp usw) an Grundstücken **erwerben**, es sei denn, daß sie eine von der Hauptniederlassung abweichende Firma hat. K G 15.3.06. VII 148. Indes kann bei einer Handelsgesellschaft „mit“ einer Zweigniederlassung ohne abweichende Firma als Hypgl der Zusatz eingetragen werden, daß die Hyp im Betriebe der Zweigniederlassung erworben ist. K G 2.5.04 IV 224.

2. Bei **Aktiengesellschaften**, anderen **juristischen Personen** u einem **gewerblichen Unternehmen des Reichs**, eines Bundesstaats, Kommunalverbandes hat die Firma eine wesentlich andere Bedeutung als beim **Einzelkaufmann**. Sie ist bei ihnen der alleinige Name . . . Errichten sie aber eine Zweigniederlassung mit **abweichender Firma**, so bildet diese für ihren Geschäftskreis wieder deren **einzigen Namen**, auf welchen Rechte an Grundstücken eingetragen werden müssen, wenn dieser Name in der Bewilligung oder im Schuldtitel genannt ist. R G 1.11.05 VI 223ff.

3. Umschreibung der Aktiengesellschaft in die Zweigniederlassung s Beschw 4.

4. Die Haupt- u die Zweigniederlassung können selbständig mit ihrer Firma veräußert werden, nur muß der Zusatz „Zweigniederlassung" in Wegfall kommen. R G 77, 60.

Zwischenverfügung aus § 18 G B O s Hindernis, Notar, Beschw 5.

Kroll's Buchdruckerei, Berlin S 14, Sebastianstraße 76.

Gebührenordnung für Notare vom 28. Oktober 1922 (GS. 404) nebst den einschlägigen Vorschriften des Preußischen Gerichtskostengesetzes vom 28. Oktober 1922 (GS. 363), beide in der Fassung der Gesetze vom 12. April 1923 (GS. 107), 18. Dezember 1923 (GS. 556) und der Verordnung vom 28. Juni 1924 (GS. 573). Erläutert von **Julius Rausnitz**, Geheimem Justizrat, Rechtsanwalt beim Kammergericht. Sechste, umgearbeitete Auflage. Oktav. 158 Seiten. 1925. (Guttentagsche Sammlung Preußischer Gesetze Bd. 4.) Geb. M. 7.—

„Die Aufgabe, einen kurzgefaßten, aber möglichst vollständigen Handkommentar für den täglichen Gebrauch des Praktikers zu schaffen, hat der Verfasser glänzend gelöst."
Juristische Wochenschrift.

Zivilprozeßordnung und Gerichtsverfassungsgesetz nebst Anhang, enthaltend Entlastungsgesetze. Mit Anmerkungen unter besonderer Berücksichtigung der Entscheidungen des Reichsgerichts. Begonnen von Dr. **R. Sydow**. Fortgeführt von **L. Busch**, Reichsgerichtsrat i. R., jetzt zugleich mit Dr. **W. Krantz**, Landgerichtsdirektor. Neunzehnte, vermehrte Auflage. Groß-Oktav. VIII, 1335 Seiten. 1926. (de Gruytersche Sammlung Deutscher Gesetze, Handkommentare.) Geb. M. 25.—

„Endlich liegt der Kommentar zur ZPO., der wie kein anderer die tägliche Praxis der Gerichte und der Anwälte beherrscht, in neuer Auflage vor. Einem derartig eingeführten Werk wie dem Sydow-Busch gegenüber ist jedes Wort des Lobes überflüssig. Es sei daher lediglich festgestellt, daß auch die Änderungen der ZPO., die durch Fettdruck hervorgehoben sind, eine den praktischen Zwecken des Werkes entsprechende knappe, aber sorgfältige Erläuterung erfahren haben, daß auch der neue Sydow-Busch bald wieder das unentbehrliche Rüstzeug der Praktiker sein wird." *Juristische Wochenschrift.*

Bürgerliches Gesetzbuch nebst Einführungsgesetz. Mit Einleitung, Anmerkungen und Sachregister. Nach dem Tode des ersten Herausgebers Dr. **A. Achilles** in Verbindung mit F. André, für die vorliegende Aufgabe vertreten durch Kieckebusch, O. Meyer, O. Strecker, K. von Unzner herausgegeben von **M. Greiff**, Wirkl. Geh. Oberjustizrat, Oberlandesgerichtspräsident in Breslau. 12. Auflage, mit Erläuterungen der Verordnung über das Erbbaurecht, des Gesetzes über die religiöse Kindererziehung und des Gesetzes für Jugendwohlfahrt. Oktav. XVI, 1246 Seiten. 1927. (Guttentagsche Sammlung Deutscher Reichsgesetze Bd. 38/39.) Geb. M. 24.—

„Diese Handausgabe darf unter ihresgleichen einen hervorragenden Rang beanspruchen."
Leipziger Zeitschrift für deutsches Recht.

Das Bürgerliche Gesetzbuch, mit besonderer Berücksichtigung der Rechtsprechung des Reichsgerichts erläutert von Dr. **Busch, Erler,** Dr. **Lobe, Michaelis, Oegg, Sayn, Schliewen** und **Seyffarth**, Reichsgerichtsräten und Senatspräsidenten am Reichsgericht. Sechste, neubearbeitete Auflage. Fünf Bände. §§ 1—2385. Lex.-Oktav. 3182 Seiten. 1928.
M. 125.—, geb. M. 150.—

„So darf mit Freuden festgestellt werden, daß vor allem der Praxis, aber nicht nur ihr allein, sondern der ganzen Juristenwelt eines ihrer wertvollsten Hilfsmittel wiedergeschenkt ist."
Juristische Wochenschrift.

Handelsgesetzbuch (ohne Seerecht). Mit den ergänzenden Vorschriften des Bürgerlichen Gesetzbuchs und einem Anhang, enthaltend das Einführungsgesetz, das Depotgesetz, die Bestimmungen über Börsentermin- und Differenzgeschäfte u. a. Nebst Erläuterungen. Im Anschluß an die Textausgabe von F. Litthauer. Von Dr. **Albert Mosse**, weil. Geh. Justizrat, Oberlandesgerichtsrat a. D. und ord. Honorarprofessor. Neubearbeitet von Dr. **Ernst Heymann**, Geh. Justizrat, ord. Professor an der Universität Berlin. Siebzehnte Auflage. Unter Mitwirkung von Dr. Karl August Crisolli in Berlin. Oktav. VIII, 693 Seiten. 1926. (Guttentagsche Sammlung Deutscher Reichsgesetze Bd. 4.) Geb. M. 14.—

„Der Mosse-Heymann gehört zur deutschen Handelspflege. Das abgegriffene und oft mißbrauchte Wort: ‚Es gibt kaum einen deutschen Juristen, auf dessen Schreibtisch er fehlt', wird an ihm zur Wahrheit." *Juristische Wochenschrift.*

Staubs Kommentar zum Handelsgesetzbuch. Zwölfte und dreizehnte Auflage. Bearbeitet von Dr. h. c. **Heinrich Koenige**, Senatspräsident am Reichsgericht i. R., Dr. h. c. **Albert Pinner**, Justizrat, Dr. **Felix Bondi**, Geh. Justizrat. Vier Bände und Registerband. Lex.-Oktav. Zusammen 3970 Seiten. 1926/27.
M. 157.—, in Halbleder M. 183.60

„Die neue Auflage des berühmten Werkes ist wieder von einer hervorragenden praktischen Brauchbarkeit und eine unvergleichliche Fundgrube für Rechtsprechung und Schrifttum zum Handelsrecht und zum allgemeinen bürgerlichen Verkehrsrecht." *Juristische Wochenschrift.*

Das Reichsgesetz, betreffend die Erwerbs- und Wirtschaftsgenossenschaften. Textausgabe mit Anmerkungen und Sachregister. Von **Ludolf Parisius** und Dr. **Hans Crüger**. Neunzehnte, neubearbeitete Auflage (81. bis 86. Tausend) von Dr. **Hans Crüger**, Dr. **Adolf Crecelius** und Kammergerichtsrat **Fritz Citron**. Taschenformat. 299 Seiten. 1928. (Guttentagsche Sammlung Deutscher Reichsgesetze Bd. 29.) Geb. M. 4.—

„Das Werk ist für den praktischen Juristen, welcher im Genossenschaftswesen tätig ist, und für die Genossenschaft unentbehrlich." *Blätter für Genossenschaftswesen.*